**Informationsintegration**

**Ulf Leser** schloss 1995 sein Informatikstudium an der Technischen Universität München ab und arbeitete danach am Max-Planck-Institut für molekulare Genetik in Berlin an der Entwicklung von integrierten Datenbanken im Rahmen des »Human Genome«-Projekts. Von 1997 bis 2000 promovierte er am Berlin-Brandenburger Graduiertenkolleg »Verteilte Informationssysteme« über Anfrageplanung und -optimierung in heterogenen Umgebungen. Daneben beschäftigte er sich mit Techniken zur Informationsintegration im Web und auf Basis von objektorientierter Middleware. Nach seiner Promotion ging er in die Industrie und leitete bei der PSI AG Projekte im Bereich Data Warehousing, E-Commerce und Wissensmanagement. Seit 2002 ist er Professor für Wissensmanagement in der Bioinformatik an der Humboldt-Universität zu Berlin.

**Felix Naumann** studierte Wirtschaftsmathematik an der Technischen Universität Berlin und erhielt sein Diplom 1997. Als Stipendiat des Graduiertenkollegs »Verteile Informationssysteme« promovierte er im Jahr 2000 an der Humboldt-Universität zu Berlin zum Thema Informationsqualität und erhielt für seine Arbeit den GI Dissertationspreis 2000. In den folgenden zwei Jahren forschte er am IBM Almaden Research Center im Clio-Projekt zum Thema Schema Mapping zur Informationsintegration. Seine Arbeit dort wurde mit dem IBM Research Division Award ausgezeichnet. Unterstützt im Rahmen des DFG Aktionsplan Informatik leitete er von 2003 bis 2006 als Juniorprofessor die Arbeitsgruppe Informationsintegration an der Humboldt-Universität. Seit 2006 leitet er das Fachgebiet »Information Systems« am Hasso-Plattner-Institut an der Universität Potsdam.

Ulf Leser · Felix Naumann

# Informationsintegration

## Architekturen und Methoden zur Integration verteilter und heterogener Datenquellen

dpunkt.verlag

Ulf Leser
leser@informatik.hu-berlin.de

Felix Naumann
naumann@hpi.uni-potsdam.de

Lektorat: Christa Preisendanz
Copy-Editing: Ursula Zimpfer, Herrenberg
Satz: Ulf Leser, Berlin und Felix Naumann, Potsdam
Herstellung: Birgit Bäuerlein
Umschlaggestaltung: Helmut Kraus, www.exclam.de
Druck und Bindung: Koninklijke Wöhrmann B.V., Zutphen, Niederlande

Bibliografische Information Der Deutschen Bibliothek
Die Deutsche Bibliothek verzeichnet diese Publikation in der Deutschen Nationalbibliografie;
detaillierte bibliografische Daten sind im Internet über <http://dnb.ddb.de> abrufbar.

ISBN-10: 3-89864-400-6
ISBN-13. 978-3-89864-400-6

1. Auflage 2007

Ringstraße 19 B
69115 Heidelberg


5 4 3 2 1 0

# Vorwort

Dieses Buch widmet sich der Integration von Information. Unter Integration verstehen wir das Erzeugen einer *redundanzfreien* (oder wenigstens redundanzarmen) Repräsentation von Informationen, die zunächst in einer Menge von sich inhaltlich überlappenden Systemen vorliegen. Dabei wird Redundanzfreiheit sowohl auf der Schemaebene (nur eine Klasse »Kunden«) als auch auf der Datenebene (nur ein Kunde »Thomas Mustermann«) angestrebt. Dieses Ziel zu erreichen ist erstaunlich kompliziert, denn zur Erkennung von Redundanz muss man die Bedeutung, die *Semantik*, der zu integrierenden Daten verstehen. Dies ist für Menschen meist einfach, für Computerprogramme aber sehr schwierig.

Wir stellen im Folgenden eine Vielzahl von Architekturen, Verfahren und Algorithmen dar, die sich mit der Lösung semantischer (und anderer) Probleme im Kontext der Informationsintegration befassen. Diese wurden in den letzten 20 Jahren von der internationalen Forschergemeinde entwickelt, haben jedoch größtenteils noch keinen Eingang in Lehrbücher gefunden. Es ist uns in Vorlesungen und Seminaren immer wieder schmerzlich aufgefallen, dass wir zu vielen neueren Themen nur auf Originalveröffentlichungen verweisen konnten. Diese Lücke möchten wir mit dem vorliegenden Buch schließen. Unser Ziel ist es, damit erstmals eine in sich geschlossene Darstellung der vielen Facetten von »Informationsintegration« zu bieten.

Im ersten Teil des Buches werden die notwendigen Grundlagen dazu dargestellt. Wir erläutern die vielen Ausprägungen, die »Informationen« haben können, klassifizieren die Probleme, denen man sich bei der Informationsintegration stellen muss, und diskutieren die wichtigsten Architekturen und Eigenschaften integrierter Systeme.

Die Themen in Teil II bilden den Schwerpunkt unseres Buches. Zunächst wird das sehr aktuelle Thema *Schemamanagement* beschrieben, also Algorithmen und Methoden zur Analyse heterogener Schemata. Das darauf folgende Kapitel widmet sich der *Anfragebearbeitung in heterogenen föderierten Systemen* basierend auf Korrespondenzen zwischen Schemaelementen. Anschließend erläutern wir Verfahren zur *semantischen Integration* von Informationen mit Hilfe von Ontologien und Wissensrepräsentationssprachen. Der Teil schließt mit einem Kapitel über *Datenintegration und Datenqualität*. Diese vier wichtigen Bausteine moderner Informationsintegration sind bisher nur ansatzweise in Lehrbüchern beschrieben worden.

Abgerundet werden die zentralen Themen in Teil III durch Kapitel über Systeme und Produkte, die als Infrastruktur zur Integration dienen können, sowie eine vergleichende Darstellung einer Vielzahl konkreter Integrationsprojekte im besonders komplexen Umfeld der molekularbiologischen Forschung.

Dieses Buch ist im Rahmen einer Reihe von Forschungs- und Lehrtätigkeiten der Autoren entstanden. Insbesondere ist die Vorlesung »Informationsintegration« zu nennen, die seit einigen Jahren am Institut für Informatik der Humboldt-Universität zu Berlin gehalten wird. Die Folien der Vorlesung sind im Netz zur freien Verwendung in der Lehre verfügbar: `http://www.informatik.hu-berlin.de/wbi/ii/`. Dort findet man auch Korrekturen zu den Fehlern, die wir bei aller Mühe nicht vor der Drucklegung gefunden haben.

Die Vorlesung richtet sich ebenso wie dieses Buch an Studierende der Informatik im Hauptstudium, die bereits eine Datenbankgrundvorlesung gehört haben; auch für Studenten der Wirtschaftsinformatik ist das Thema sicher sehr interessant. Der größte Teil unserer Darstellung nimmt eine »datenbanklastige« Perspektive auf Integration ein; für das Kapitel 7 sind darüber hinaus Kenntnisse in Prädikatenlogik sehr nützlich, und Kapitel 10 macht Ausflüge in das Software Engineering und dort insbesondere in den Bereich Middleware.

Die Erfahrungen in Forschung und Lehre, die dieses Buch ermöglichten, haben die Autoren im Laufe der letzten zehn Jahre erworben. Daher gilt unser Dank einer ganzen Reihe von Personen, ohne deren Hilfe, Beratung, Kritik, Unterstützung und Ermutigung dieses Buch nicht entstanden wäre. An erster Stelle ist das Graduiertenkolleg »Verteilte Informationssysteme« der drei Berliner Universitäten und der BTU Cottbus zu nennen, in dem beide Autoren über spezielle Themen der Informationsintegration promoviert haben. Unser Dank gilt insbesondere den Professoren Johann-Christoph Freytag, Oliver Günther und Herbert Weber sowie unseren damaligen Kollegen Marcus Jürgens, André Bergholz, Lukas Faulstich und Torsten Schlieder. Viele Anregungen haben wir auch von den Professoren Hans-Joachim Lenz, Heinz Schweppe und Myra Spiliopoulou erhalten. Ulf Leser war in dieser Zeit am Lehrstuhl für Computergestützte Informationsysteme der Technischen Universität Berlin beheimatet und profitierte dort vor allem von den Gesprächen mit Ralf Kutsche und Susanne Busse. Felix Naumann ist in gleicher Weise dem Lehrstuhl für Datenbanken und Informationssysteme der Humboldt-Universität zu Dank verpflichtet. Seine Arbeit am IBM Almaden Research Center, insbesondere mit Mauricio Hernandez, Lucian Popa und Howard Ho, war ebenso förderlich.

Seit 2003 leiten beide Autoren eigene Forschungsgruppen im Bereich Informationsintegration und lernen stetig mit jedem Mitarbeiter und Doktoranden dazu – insbesondere mit Jana Bauckmann, Alexander Bilke, Jens Bleiholder, Jörg Hakenberg, Heiko Müller, Armin Roth, Kristian Rother, Silke Trißl und Melanie Weis. Auch dem dpunkt.verlag, und dort insbesondere Christa Preisendanz, gilt unser Dank für die Anregung und Ermutigung, überhaupt ein Buchprojekt zu beginnen. Frau Zimpfer hat durch ihr akribisches Korrekturlesen für die Beseitigung zahlloser Fehler gesorgt, und Ulrich Kilian stand uns stets bei LaTeX-Problemen zur Seite. Ebenso gaben die anonymen Reviewer und unser Kollege Kai-Uwe Sattler zahlreiche Hinweise und Verbesserungsvorschläge, die die Qualität des Buches gehoben haben.

Abschließend wissen wir auch beide, wer die Hauptlast unserer intensiven Arbeit ertrug: unsere Familien – vielen, vielen Dank.

# Inhaltsverzeichnis

# Teil I

# Grundlagen

# 1 Einleitung

Die Integration von IT-Systemen gewinnt ständig an Relevanz. Der Grund dafür ist, dass IT-Systeme seit ca. 40 Jahren entwickelt werden und heute tragende Säulen nahezu aller Unternehmen und Verwaltungen sind. Gleichzeitig wachsen die Erwartungen an IT ständig – man denke nur an das Aufkommen des World Wide Web und die damit verbundenen neuen Anforderungen an Systeme bzgl. Offenheit und Zugriffsmöglichkeiten. Neue Anforderungen machen die Entwicklung neuer Systeme notwendig. Da die Entwicklung von Software aber ein extrem kostspieliges Unterfangen ist, müssen diese neuen Systeme mit den alten zusammenarbeiten. Das genau erfordert Integration. Es existieren viele Schätzungen, die besagen, dass heute mehr als die Hälfte aller IT-Kosten auf die Integration von existierenden Systemen aufgewendet werden.

*Informationsintegration versus Anwendungsintegration*

Man unterscheidet bei der Integration von IT-Systemen zwei Klassen: Informationsintegration und Anwendungsintegration. *Informationsintegration* beschäftigt sich mit der Integration bestehender Datenbestände. Informationsintegration verbirgt sich hinter vielen Synonymen wie etwa Informationsfusion, Datenkonsolidierung, Datenreinigung (*data cleansing*) oder Data Warehousing. Anwendungsintegration oder *Enterprise Application Integration* dagegen befasst sich mit der Integration von IT-Prozessen. Die in den beiden Klassen anfallenden Aufgaben haben Gemeinsamkeiten, wie die Abbildung heterogener Strukturen oder Probleme bei der Semantik von Begriffen, aber es existieren auch diverse Unterschiede. Beispielsweise spielen bei der Informationsintegration Anfragesprachen und die Verarbeitung von Datenmengen eine wichtige Rolle, während Anwendungsintegration auf dem Austausch von Nachrichten basiert. Dieses Buch widmet sich vornehmlich der Informationsintegration. Die seit vielen Jahren erfolgreich in Unternehmen eingesetzten Data Warehouses sind ein klassisches Beispiel integrierter Informationssysteme.

Alon Halevy, Professor an der University of Washington in Seattle und einer der Protagonisten der Forschung im Gebiet der

Informationsintegration, schreibt dazu treffend (aus [114], eigene Übersetzung):

> *Die Integration von Daten verschiedener Quellen ist eines der anhaltendsten Probleme der Datenbankforschung. Es ist nicht nur ein Problem fast aller großen Unternehmen, sondern die Forschung wird auch von der Aussicht angetrieben, Daten auf dem Web zu integrieren. In den letzten paar Jahren wurden signifikante Fortschritte bei der Informationsintegration erzielt, von konzeptionellen und algorithmischen Aspekten bis hin zu Systemen und kommerziellen Lösungen.*

Das Ziel des vorliegenden Buches ist es, neben den Grundlagen eine zusammenhängende Übersicht dieser Fortschritte zu geben.

## 1.1 Integrierte Informationssysteme

*Ziel: Einheitlicher Zugriff*

Das Ziel der Informationsintegration ist fast immer das gleiche: Der Zugriff auf eine Reihe bestehender Informationssysteme soll durch eine zentrale, integrierte Komponente mit einer einheitlichen Schnittstelle für Anwender und Anwendungen erleichtert werden. Integrierte Informationssysteme stellen damit eine *einheitliche Sicht* auf die Datenquellen zur Verfügung. Für Anwender besteht die Schnittstelle meist aus einer deklarativen Anfragesprache wie SQL und gegebenenfalls Werkzeugen, die die Formulierung von Anfragen erleichtern. Anwendungen greifen auf das integrierte System mittels definierter Softwareschnittstellen oder auch mittels einer Anfragesprache zu.

*Mögliche Typen von Datenquellen*

Die bestehenden Informationssysteme können vielfältig sein: klassische relationale Datenbanksysteme, Dateien, Daten, auf die man mittels Web-Services oder HTML-Formulare zugreift, datenproduzierende Anwendungen oder auch andere integrierte Informationssysteme. Diese Systeme haben meist nur wenig gemein: Anfragen müssen in unterschiedlichsten Sprachen gestellt werden, Daten werden in heterogenen Formaten geliefert, die Struktur der Daten ist unterschiedlich usw. Anfragen an das integrierte Informationssystem müssen daher zerlegt, übersetzt und an die jeweiligen Datenquellen weitergeleitet werden. Diese reichen ihre Antworten zurück an das integrierte System, das die Resultate transformiert, integriert und dem Nutzer einheitlich darstellt.

*Beispiel Metasuchmaschinen*

Besonders einfache Beispiele solcher Systeme sind die im Internet weit verbreiteten Metasuchmaschinen wie der MetaCrawler[1] oder MetaGer[2]. Metasuchmaschinen speichern keine eigenen Informationen über Webseiten, sondern reichen Suchanfragen an »echte« Suchmaschinen weiter, die tatsächlich einen Teil des World Wide Web (WWW) indiziert haben. Die Ergebnislisten der einzelnen Suchmaschinen werden von der Metasuchmaschine zusammengestellt und dem Nutzer einheitlich präsentiert. Ein Benutzer muss also nur eine WWW-Adresse anwählen, die Suchanfrage nur ein einziges Mal formulieren und bekommt als Antwort die kombinierten Ergebnisse einer Reihe von Systemen.

*Data Warehouses*

Komplexere Beispiele sind die kommerziell weit verbreiteten *Data Warehouses* (DWH), die regelmäßig die Daten einer Vielzahl von Datenbanken importieren, reinigen, transformieren und zur Analyse aufbereiten. Damit sind DWH Vertreter einer *materialisierten Integration*: Daten werden zur Integration ins DWH kopiert. Das Gegenstück zur materialisierten ist die *virtuelle Integration*, deren wichtigste Vertreter die *föderierten Datenbanken* sind. Sie definieren ein globales Schema und die Beziehung der Elemente dieses Schemas zu Schemaelementen in den Datenquellen. Anfragen an das globale Schema werden dann zur Anfragezeit in Anfragen an die Datenquellen übersetzt. Auch Metasuchmaschinen sind damit Vertreter einer virtuellen Integration.

*Materialisierte versus virtuelle Integration*

*Föderierte Datenbanken*

*Vorteile der Informationsintegration*

Neben der Vereinfachung für Nutzer und Anwendungen bieten integrierte Systeme weitere Vorteile. Da mehrere Datenquellen integriert werden, können sich Nutzer *bessere Ergebnisse* erhoffen. Dies hat zwei Aspekte, die wir an einem Beispiel erläutern wollen. Bei der Suche nach einer bestimmten Webseite greifen Metasuchmaschinen auf die Daten vieler Suchmaschinen zu. Das erhöht die Chancen, alle relevanten Webseiten zu finden, denn was die eine Suchmaschine nicht kennt, weiß vielleicht eine andere: Das Ergebnis vergrößert sich also um potenziell relevante Ergebnisse. Gleichzeitig speichern Suchmaschinen unterschiedliche Informationen über die von ihnen indizierten Webseiten. Beispielsweise kennt die eine Suchmaschine die Dateigrößen von Webseiten, eine andere die Sprachen, in der Seiten geschrieben wurden. Durch eine solche Verknüpfung verschiedener Informationen mehrerer Quellen kann eine Metasuchmaschine detailliertere Informationen bieten, als dies einzelne Suchmaschinen können: Das

*Größere Ergebnisse*

[1]Siehe `www.metacrawler.com`.

[2]Siehe `meta.rrzn.uni-hannover.de`.

Vollständigere Ergebnisse

Ergebnis wird also *vollständiger*. Schließlich bieten integrierte Informationssysteme tendenziell eine *höhere Zuverlässigkeit* für die von ihnen gelieferten Informationen, da diese auf mehreren, nach Möglichkeit unabhängigen Datenquellen beruhen. Gerade bei der Integration von autonomen und potenziell unzuverlässigen Quellen im Internet ist die Verifizierbarkeit von Informationen wichtig.

Schwierigkeiten

Heterogenität

Die wesentliche Schwierigkeit, die integrierte Informationssysteme überwinden müssen, ist – neben ihrer physischen Verteilung – die *Heterogenität* der Datenquellen, also deren Ungleichartigkeit. Datenquellen unterscheiden sich auf vielen Ebenen. Zunächst können die Daten in verschiedenen *Datenmodellen* gespeichert sein, also etwa dem relationalen Modell, im XML-Modell oder auch nur als einfacher Text. Ein integriertes Informationssystem muss die Übersetzung in ein einheitliches Datenmodell leisten. Als Nächstes unterscheiden sich die *Schnittstellen* zu den Datenquellen. Eine relationale Datenbank kann vollen SQL-Zugriff erlauben, während auf einer Datei womöglich nur die »Suche« als Schnittstelle zur Verfügung steht. Nicht nur die Datenmodelle, sondern auch die *konkreten Schemata* unterscheiden sich. Die Überbrückung der schematischen Unterschiede bereitet allerlei Schwierigkeiten, da es viele Wege gibt, um denselben Sachverhalt zu beschreiben. Das schwierigste Problem schließlich sind die Unterschiede in der *Semantik* der Daten. Zu ihrer Überbrückung ist im Prinzip ein »Verständnis« der Daten notwendig, das man kaum automatisch gewinnen kann; daher müssen hier Methoden gefunden werden, die Semantik von Datenquellen zueinander in Bezug zu setzen, also relativ zueinander zu erklären.

Datenmodell

Schnittstellen

Schemata

Semantik

Sind diese Schwierigkeiten überwunden, bleibt dem integrierten System das Problem, konkrete Anfragen entgegenzunehmen und diese an die Datenquellen weiterzuleiten. Die dabei gewonnenen Daten müssen im letzten Schritt noch bereinigt werden, was insbesondere die Erkennung von Duplikaten und die Lösung von Konflikten erfordert. Die Struktur des vorliegenden Buches folgt in etwa dieser Reihenfolge.

Anfrageplanung

Datenfusion

## 1.2 Grundlegende Begriffe

Wir erläutern an dieser Stelle auf informelle Weise eine Reihe von Begriffen, die zum Verständnis der weiteren Kapitel notwendig sind. Einige werden im Laufe des Buches noch eine genauere Definition erfahren. Wir orientieren uns dabei an der idealtypischen *Grundarchitektur* der Informationsintegration, die in Abbildung 1.1 dargestellt ist.

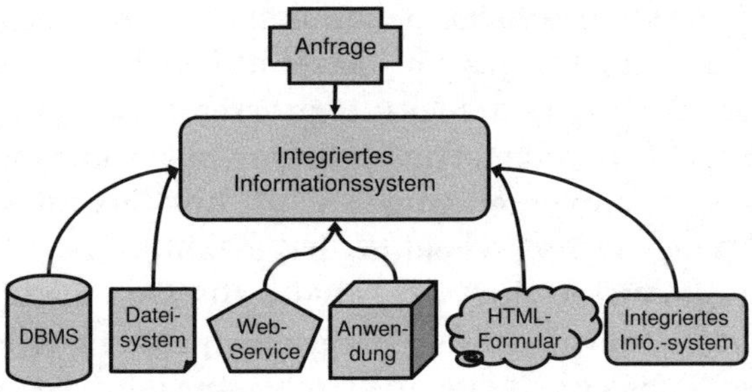


***Abbildung 1.1*** *Grundarchitektur der Informationsintegration*

Informationsintegration beschäftigt sich mit den Techniken, die zur Erstellung des in der Abbildung zu sehenden *integrierten Informationssystems* angewendet werden können. Aufgabe des integrierten Informationssystems ist es, einen Zugang zu einer Menge von *Datenquellen* zu schaffen. Für den Benutzer soll der Umgang mit dem System möglichst einfach sein, was bedeutet, dass ein hoher Grad an *Transparenz* erreicht werden sollte. Dazu benutzt das System verschiedenste Arten von *Metadaten*, insbesondere solche, die die Syntax und Struktur der Datenquellen auf die des integrierten Systems abbilden.

- **Datenquelle:** Eine Datenquelle bezeichnet einen beliebig aufgebauten Informationsspeicher, dessen Daten in das integriertes System integriert werden sollen. Beispiele für Datenquellen sind in Abbildung 1.1 dargestellt. Insbesondere kann ein integriertes System selbst wiederum als Datenquelle für ein anderes System dienen. Die wichtigste Klasse von Datenquellen sind *Datenbanken*. Datenbanken speichern strukturierte Daten und bieten eine komplexe Anfragesprache zum Zugriff auf die Daten.
- **Integriertes oder integrierendes Informationssystem:** Ein integriertes Informationssystem bezeichnet ein Programm, das Zugriff auf Daten aus verschiedenen Datenquellen ermöglicht. Wir betrachten in diesem Buch nur *automatische* integrierte Informationssysteme, also solche, bei denen nach der Erstellung des Programms kein menschliches Eingreifen mehr beim Zugriff notwendig ist; sämtliche dazu notwendigen Informationen und Rechenvorschriften müssen also in Form von Programmcode, Wissensbasen oder Regelwerken verfügbar sein. Wir machen keine Unterscheidung zwischen den Begriffen »integriertes System« und »integrierendes System« und verwenden meist den ersten Begriff. Wörtlich verstanden wäre der Unterschied der, dass ein integrie-

rendes System Informationen erst beim Zugriff integriert – also virtuelle Integration betreibt – während in einem integrierten System die vorintegrierten Daten zum Zeitpunkt des Zugriffs bereits fertig vorliegen – also eine materialisierte Integration vorgenommen wird. Aus Sicht des Zugreifenden ist diese Unterscheidung irrelevant.

- **Transparenter Zugriff:** Integrierte Systeme bieten transparenten Zugriff auf die integrierten Datenquellen. Das bedeutet, dass ein Nutzer über bestimmte interne Informationen des integrierten Systems keine Kenntnis haben muss bzw. kann – sie sind für ihn unsichtbar. Transparenz kann auf verschiedensten Ebenen und für unterschiedlichste Eigenschaften vorhanden sein. Bietet ein integriertes Informationssystem beispielsweise Transparenz bzgl. seiner Datenquellen, so ist es dem Benutzer des Systems nicht ersichtlich, und er muss auch nicht wissen, welche Datenquellen in dem System integriert sind, welche Informationen in welchen Quellen vorhanden sind und welche Informationen einer Antwort aus welcher Datenquelle stammen – bietet das System diese Transparenz nicht, muss ein Benutzer explizit oder implizit die Datenquelle auswählen, mit deren Daten seine Anfrage bzw. Teile davon beantwortet werden. Während man auf den ersten Blick geneigt ist, immer *höchstmögliche Transparenz* anzustreben, so werden wir im Laufe des Buches sehen, dass das nicht immer möglich und auch nicht immer sinnvoll ist.

*Transparent = unsichtbar*

- **Metadaten:** Metadaten sind Daten, die andere Daten beschreiben. Wir verwenden den Begriff nur in diesem allgemeinen Sinn; eine präzisere Definition ist kaum möglich und soll hier auch nicht versucht werden. Metadaten für Bücher sind beispielsweise deren Autoren oder Titel, Metadaten für Filme sind Darsteller und Regisseur, Metadaten für Datenquellen sind deren URL, Zugriffsmöglichkeiten und Inhaltsbeschreibungen. In einer Datenbank werden umfangreiche Metadaten über die gespeicherten Daten im *Systemkatalog* gehalten. Da eine Menge strukturierter Daten durch die Namen der Strukturelemente beschrieben wird, sind Schemata Metadaten für Instanzen dieses Schemas; Metadaten zu einem Schema wiederum sind das Datenmodell, in dem das Schema erstellt ist. Was in einem System Daten und was Metadaten sind, ist eine *anwendungsabhängige Designentscheidung*. Metadaten müssen genauso wie »normale« Daten gespeichert, durchsucht und integriert werden.

## 1.3 Szenarien der Informationsintegration

In den folgenden Absätzen schildern wir einige beispielhafte Anwendungen für die Informationsintegration. Sie sollen zum einen zeigen, dass die Informationsintegration und die Entwicklung integrierter Informationssysteme nutzbringend sind, zum anderen wollen wir mit ihnen die *Schwierigkeiten der Informationsintegration* verdeutlichen.

### Datenkonsolidierung

In großen Unternehmen entsteht eine Vielzahl von Datenquellen, die verschiedene Anwendungen im Unternehmen unterstützen. Die Vielzahl ergibt sich zum einen durch die verschiedenen Funktionen innerhalb des Unternehmens (Marketing, Personal, Herstellung, Vertrieb etc.), zum anderen durch die Aufteilung der Funktionen (Vertrieb USA, Vertrieb Europa, Vertrieb Asien etc.). Dadurch entstehen oftmals *viele Repräsentationen* derselben Objekte in verschiedenen Datenquellen. Daten über ein bestimmtes Produkt sind etwa in der Marketing-Datenbank, in der Herstellungsdatenbank und in sämtlichen Vertriebsdatenbanken gespeichert.

*Redundante Datenhaltung*

Die Schwierigkeiten bei der Haltung von *redundanten Daten* für verschiedene Anwendungen waren in den 1960ern mit die wichtigsten Gründe zur Entwicklung von Datenbanksystemen. Heute sind sie zu einem wichtigen Antrieb zur Informationsintegration geworden: Die Leitung eines Unternehmens muss ein strategisches Interesse daran haben, eine einheitliche und konsolidierte Sicht auf die Informationen in einem Unternehmen zu erhalten.

*Data Warehouses*

Zu diesem Zweck werden oft Data Warehouses eingerichtet. Dies sind spezialisierte Datenbanken, die für die strategische Planung relevante Daten eines Unternehmens sammeln und integriert speichern. Da die Daten oft in unterschiedlichen Strukturen und Formaten gespeichert sind, andere Einheiten verwenden, doppelte Einträge enthalten usw., ist die Transformation der Daten in ein homogenes Format und eine homogene Struktur besonders schwierig, wie wir in Kapitel 9 sehen werden.

*Transformation der Daten*

### Customer Relationship Management

*Kundendatenbestände*

Kundendatenbestände sind eines der wertvollsten Güter eines Unternehmens. Sie bilden den Ausgangspunkt für Kundenkontakte, spezialisierte Angebote usw. Um einen Kunden zu »kennen«, ist deshalb von großer Wichtigkeit, sämtliche Daten über einen Kunden integriert zur Verfügung zu haben. Jedoch werden Kundendaten oft auf verschiedene Weise erfasst, etwa am Telefon, über HTML-Formulare, brieflich usw., und in verschiedenen Datenbanken gespeichert. Gleiches gilt bei Unternehmensfusionen: Daten über dieselben Kunden liegen verstreut in verschiedenen Datenquellen.

Neben den strukturellen und Formatunterschieden der einzelnen Datenquellen müssen bei der Integration von Kundendaten zwei besonders schwierige Probleme gelöst werden. Erstens müssen sämtliche Informationen über denselben Kunden als solche erkannt werden. Diese so genannte *Duplikaterkennung* ist schwierig, da die Einträge sich oft unterscheiden, z.B. aufgrund eines Umzugs oder einer Heirat. Zweitens müssen die Einträge, nachdem sie als Duplikate erkannt wurden, zusammengefügt werden. Dabei soll aus den verschiedenen Einträgen ein einziger, konsistenter Datensatz entstehen, der möglichst viele Informationen erhält. Man nennt diesen Vorgang Datenfusion.

*Duplikaterkennung*

*Datenfusion*

#### Unternehmensfusionen

Beim Zusammenschluss zweier Unternehmen ist es meist wünschenswert, die ursprünglichen Datenbestände auf allen Ebenen zu einem Datenbestand zu vereinheitlichen. Da dazu erhebliche Umstellungen in den Anwendungen notwendig sind, wird als Zwischenschritt oftmals zunächst versucht, die Datenbanken zu *föderieren*, d.h. eine integrierte Schnittstelle bereitzustellen. Dadurch werden die Daten in den jeweiligen Datenbanken belassen und der Betrieb etablierter Anwendungen wird nicht beeinträchtigt.

*Föderierte Datenbanken*

Da die Datenbanken in unterschiedlichen Umgebungen entstanden, sind die jeweiligen Schemata und die darin gespeicherten Daten *heterogen*. In einfachen Fällen haben z.B. Attribute oder Relationen gleicher Bedeutung unterschiedliche Namen erhalten. Schwieriger ist es, wenn die Daten in unterschiedlichen Datenmodellen und unterschiedlichen Strukturen vorliegen. Zur Definition der einheitlichen Schnittstelle muss zunächst ein *integriertes Schema* entworfen werden, das sämtliche Aspekte der einzelnen Datenbanken abdeckt und gemeinsame Aspekte zusammenfasst. In einem zweiten Schritt müssen Korrespondenzen spezifiziert werden, die die Daten der Datenquellen mit dem globalen Schema in Bezug setzen. Diese Korrespondenzen bestimmen dann die Anfragebearbeitung, also die Verteilung einer globalen Anfrage auf die Datenquellen.

*Integriertes Schema*

*Anfragebearbeitung*

### Virtuelle Unternehmen

Mittels moderner Methoden zum Informationsaustausch und Internetmarktplätzen, auf denen Unternehmen ihre Produkte und Dienstleistungen anbieten, ist es heute möglich, *virtuelle Unternehmen* zu gründen. Diese Unternehmen kombinieren verschiedene Dienste über einzelne Unternehmensgrenzen hinweg und bieten dem Kunden ein umfassendes Produkt inkl. Bestellung, Bezahlung, Lieferung, Wartung etc.

Der Datenaustausch geschieht in der Regel mit *Web-Services*, die den einfachen Zugriff auf strukturierte Informationen im XML-Datenformat realisieren. Zwar sind die Datentransferprotokolle und das Datenmodell standardisiert, es können sich aber erhebliche Unterschiede in den Schemata der einzelnen Daten ergeben. Eben in deren Integration liegt der Mehrwert, den virtuelle Unternehmen anbieten. Mittels Schema-Mapping-Techniken wird spezifiziert, wie zwei Schemata zusammenpassen, insbesondere also wie der Output eines Web-Service zum Input des nächsten Web-Service transformiert werden muss. Die Spezifikation sollte weitestgehend automatisiert erfolgen und es so ermöglichen, komplexe Geschäftsprozesse leicht zu erstellen.

*Schema Mapping*

### Molekularbiologische Datenbanken

Informationen aus dem Bereich der molekularbiologischen Forschung sind weltweit in mehreren hundert Datenquellen frei zugänglich. Für viele neuere Forschungsfragen ist es notwendig, Informationen aus verschiedenen *Quellen zu kombinieren*. Um beispielsweise etwas über die Mechanismen beim Abbau bestimmter Stoffwechselprodukte herauszubekommen, reicht es nicht, sich nur mit den Proteinen, die den Abbau vornehmen, zu beschäftigen, man muss auch wissen, wann und unter welchen Umständen diese Proteine erzeugt werden und wie sie untereinander in Wechselwirkung treten.

*Semantische Heterogenität*

Für jede dieser Informationen existieren prinzipiell verschiedene Datenquellen. Die Hauptschwierigkeit bei deren Integration ist die *semantische Heterogenität* in den Daten. Schon ein so grundlegender Begriff wie ein »Gen« kann in verschiedenen Quellen verschiedene Bedeutung haben. Diese Unterschiede müssen überwunden werden, um ein einheitliches und *korrektes Ergebnis* bei der Integration der Daten zu gewährleisten. Dazu verwendet man *Ontologien*. Eine Ontologie ist ein standardisiertes, strukturiertes und formal spezifiziertes Vokabular eines Anwendungsge-

*Ontologien*

biets. Zur Anfragebearbeitung in Ontologien werden aufgrund dieser Spezifikationen *logische Schlussfolgerungen* getroffen.

## 1.4 Adressaten und Aufbau des Buches

### Adressaten

*Studenten der Informatik*

Das Buch richtet sich in erster Linie an Studenten der Informatik, die bereits einen Grundkurs zu Informationssystemen bzw. Datenbanken gehört haben. Darauf aufbauend geht dieses Buch den Schritt von der Erstellung eines vollkommen neuen Systems – was man in einer Datenbankvorlesung lernt, aber in der Praxis nur in einem verschwindend kleinen Teil seiner Zeit auch tatsächlich macht – zur Erstellung neuer Funktionalität unter Rückgriff auf existierende Systeme. Dieses Szenario ist aufgrund der immensen Menge an bereits existierender und teuer bezahlter Anwendungen, Datenbankmanagementsysteme (DBMS) und Datenmengen in der Praxis weitaus häufiger anzutreffen.

Kenntnisse in relationalen Datenbanken und der objektorientierten Modellierung setzen wir im Wesentlichen voraus. In Kapitel 2 rekapitulieren wir in aller Kürze wichtige Begriffe und Konzepte dieser Techniken, die für das weitere Verständnis des Buches unerlässlich sind – wer dort Schwierigkeiten hat, sollte seine Kenntnisse zunächst mit einem klassischen Datenbanklehrbuch ergänzen, wie zum Beispiel [81], [124] oder [144].

Daneben richtet sich das Buch auch an Praktiker, die in konkreten Integrationsprojekten mitarbeiten. Diesen hoffen wir, vier Dinge vermitteln zu können:

*Was Praktiker lernen können*

1. Ein klares Gefühl dafür, warum Integration von Informationssystemen ein so schwieriges Thema ist und meist zu sehr komplexen Projekten und Systemen führt. Dieses Gefühl ist für Aufwandsschätzungen und damit für die *Planung von Integrationsprojekten* unerlässlich.
2. Das konzeptionelle Rüstzeug, um sich in diesen komplexen Systemen zu orientieren und die verschiedenen, zur Integration notwendigen Komponenten und Arbeitsschritte zu erkennen. Damit gelingt eine wesentlich bessere *Modularisierung von Integrationsaufgaben*, was zu klareren Aufgaben und Zuständigkeiten im Projekt führt.
3. Eine Reihe von Techniken, die einem das Leben erleichtern können und zu *robusteren und leichter wartbaren Systemen* führen.

4. An vielen Stellen Hinweise auf Funktionalität und Ausrichtung einer Reihe von kommerziellen Werkzeugen zur Informationsintegration. Dies hilft, *Produkte besser einzuschätzen* und ihre jeweiligen Einsatzgebiete zu kennen.

### Aufbau

Der erste Teil dieses Buches beschreibt die Grundlagen der Informationsintegration. In Kapitel 2 erläutern wir grundlegende Datenmodelle, insbesondere das relationale und das XML-Datenmodell, mit denen sich Integrationssysteme beschäftigen müssen, sowie die dazugehörenden Anfragesprachen. Sprachen und Modelle werden nur sehr kurz angerissen, da wir sie im Wesentlichen als bekannt voraussetzen.

*Datenmodelle*

Kapitel 3 erörtert die grundlegenden Probleme, denen man sich in der Informationsintegration stellen muss – Datenquellen sind verteilt, autonom und heterogen. Diese Eigenschaften werden in ihren unterschiedlichen Ausprägungen ausführlich dargestellt. Das Kapitel spannt also den Raum möglicher Probleme bei der Informationsintegration auf, deren Lösung sich der Rest des Buches widmet.

*Verteilung, Autonomie und Heterogenität*

Kapitel 4 stellt die verschiedenen Architekturen von Integrationssystemen, etwa Multidatenbanken, föderierte Datenbanken und Peer-Daten-Management-Systeme, dar. Wichtige Unterscheidungen, wie virtuelle versus materialisierte Integration oder enge versus lose Kopplung, werden mit ihren Vor- und Nachteilen diskutiert.

*Architekturen*

Mit Kapitel 5 beginnt der zweite, technischer orientierte Teil des Buches. Wir diskutieren Probleme und Lösungen im Bereich des Schemamanagements, also des systematischen Umgangs mit Schemata. Dies umfasst die Integration von Schemata, die automatische Erkennung semantischer Beziehungen zwischen Schemata sowie die Ausnutzung dieser Beziehungen im Schema Mapping.

*Schemamanagement*

Kapitel 6 widmet sich der Anfragebearbeitung in integrierten Systemen. Wir erklären, wie verschiedene Arten von Korrespondenzen zwischen heterogenen Systemen zur Übersetzung von Anfragen verwendet werden können. Der gesamte Prozess wird mit seinen einzelnen Schritten Anfrageplanung, -übersetzung, -optimierung und -ausführung ausführlich erläu-

*Anfragebearbeitung*

tert. Einen Schwerpunkt bilden dabei Planungsverfahren, die auf dem Konzept des *query containment* beruhen.

*Ontologien*

Einen alternativen Ansatz stellt das Kapitel 7 vor. Wir erläutern, wie, aufbauend auf der Verwendung von Ontologien zur semantischen Beschreibung eines Anwendungsgebiets, Anfrageplanung auf ein logisches Inferenzproblem zurückgeführt werden kann. Diese Methoden spielen vor allem im Umfeld des Semantic Web eine wichtige Rolle, worauf wir ebenfalls ausführlich eingehen.

*Integration auf Datenebene*

Kapitel 8 schließt den zweiten Teil des Buches mit einer Darstellung der Techniken zur *Integration auf Datenebene*. Denn die Lösung der Probleme auf Schemaebene (»Gehören zwei Objekte zur selben Klasse?«), denen die vorherigen drei Kapitel gewidmet waren, lässt die Probleme auf der Datenebene (»Sind dies dieselben Objekte, und welche der möglichen Attributwerte sind die richtigen?«) unberührt. Wir erläutern dazu Verfahren zur Duplikaterkennung, zum Umgang mit inkonsistenten Daten und zur Fehlerbereinigung und stellen diese in den größeren Kontext der Informationsqualität.

Der dritte Teil des Buches, »Systeme«, rundet das Buch in verschiedener Hinsicht ab. Kapitel 9 beschreibt die kommerziell wichtigen Data Warehouses und ordnet sie in die Begriffswelt dieses Buches ein. Wir beschreiben den Grundaufbau von Data Warehouses, ihre speziellen Modellierungsmethoden und den ETL-Prozess (*extraction, transformation, load*) zur Integration von Daten.

*Data Warehouses*

*Infrastrukturen*

In Kapitel 10 gehen wir auf Infrastrukturen zur Informationsintegration ein. Wir vergleichen die Probleme der Anwendungsintegration und ihrer Basistechnologien, wie objektorientierte Middleware, Applikationsserver und Enterprise Application Integration (EAI), mit denen der Informationsintegration. Hier werden auch die auf technischer Ebene immer wichtiger werdenden *Web-Services* in den Kontext des Buches eingeordnet.

*Fallstudien*

Anhand des vielschichtigen Problems der Integration molekularbiologischer Datenbestände stellt Kapitel 11 in Fallstudien eine Vielzahl von *konkreten Projekten* zur Informationsintegration dar. Diese verdeutlichen, wie viele der besprochenen Methoden in tatsächlichen Systemen zum Einsatz kommen und in welchen Bereichen heute die größten Probleme auftreten.

Kapitel 12 beschließt das Buch mit der Konzeption eines Praktikums zur Informationsintegration, das die Autoren (in abgewandelter Form) schon erfolgreich in der Lehre auf diesem Gebiet eingesetzt haben.

### Wie liest man dieses Buch?

Das Buch ist im Grunde zum Lesen von vorne nach hinten konzipiert. Leser mit ausreichenden Grundkenntnissen können Kapitel 2 schnell überblättern. Kapitel 3 ist unerlässlich zum Verständnis des Rests des Buches, denn nur wer die Probleme versteht, kann auch Lösungen richtig einordnen. Die Kapitel 4 bis 8 bilden das Herzstück des Buches und vermitteln die wichtigsten Techniken und Konzepte zur Informationsintegration. Wer sich ganz auf die Datenbankperspektive beschränken möchte, kann Kapitel 7 überspringen. Wer es eilig hat, mag nach Kapitel 8 die Lektüre beenden bzw. sich aus den folgenden Kapiteln nur die Rosinen picken.

Aufgrund der zunehmenden Bedeutung von Integration bei der Entwicklung von IT-Systemen sind wir der Überzeugung, dass schon in Datenbankgrundvorlesungen die wichtigsten Konzepte der Informationsintegration gelehrt werden sollten. Dieses Buch geht einen Schritt in diese Richtung und soll helfen, die Informationsintegration als Vorlesung im Vertiefungsgebiet Datenbanken einzuführen.

# 2 Repräsentation von Daten

Um Daten automatisiert und elektronisch zu verarbeiten, müssen sie in einem geeigneten Format gespeichert werden. Feste Formate sind aber keine Erfindung der IT-Industrie. Schon vor der Einführung der elektronischen Datenverarbeitung wurden Daten, Informationen und Wissen auf sehr unterschiedliche Weise repräsentiert. Als einige der ältesten Beispiele strukturiert repräsentierter Daten gelten die Arbeitszeittabellen, die beim Pyramidenbau angefertigt wurden [91].

*Auch zum Bau der Pyramiden wurden Daten in festen Formaten präsentiert*

Man unterscheidet heute drei verschiedene Klasse von Daten bzw. Datenformaten. *Strukturierte Daten*, wie sie in Datenbanken vorliegen, besitzen eine durch ein Schema vorgegebene Struktur. Das Schema trägt wesentlich zur Bedeutung der Daten bei. Semistrukturierte Daten sind im Kern auch nach einem Schema strukturiert, können aber von diesem abweichen. Der wichtigste Vertreter *semistrukturierter Daten* sind XML-Dokumente ohne ein begleitendes XML-Schema. Die dritte Klasse sind schließlich *unstrukturierte Daten*, wie man sie in natürlichsprachlichen Texten findet.

*Strukturiert, semistrukturiert, unstrukturiert*

Der Fokus der automatischen Datenverarbeitung liegt auf strukturierten Daten. Zur Definition ihrer Struktur wurde eine Vielzahl *verschiedener Datenmodelle* entwickelt, wie zum Beispiel einfache Listen, Tabellen, hierarchische Strukturen oder objektorientierte Modelle. In diesem Kapitel beschreiben wir zunächst die beiden wichtigsten und am weitesten verbreiteten Datenmodelle, nämlich das relationale Modell und das XML-Datenmodell. Ebenso erläutern wir semistrukturierte Daten und den Zusammenhang von Daten und Texten. Auf andere Datenmodelle, wie das klassische hierarchische Datenmodell und das objektorientierte Modell, gehen wir nicht näher ein, geben aber entsprechende Hinweise in Abschnitt 2.3. Wir beschreiben zudem, wie Daten zur Integration von einer Repräsentation in eine andere überführt werden können. Das Ziel jeder solchen *Datentransformation* muss die Erhaltung der Semantik der Daten sein, was man insbesondere an den Beziehungen zwischen Entitäten festmachen kann.

*Datenmodelle*

*Datentransformation*

*Anfragesprachen*

Im zweiten Teil des Kapitels gehen wir auf Anfragesprachen ein. *Anfragesprachen* ermöglichen es Nutzern und Anwendungen, auf kompakte Weise Suchen in Daten durchzuführen und die Ergebnisse wunschgemäß zu strukturieren. Die Möglichkeit, die ursprüngliche Struktur der Daten im Anfrageergebnis zu verändern, ist eine der Kernmethoden zur Integration heterogener Datenbestände.

Die wichtigste Anfragesprache für relationale Daten ist SQL. SQL wurde in den letzten Jahren speziell um Konstrukte zur Integration und zum Zugriff auf Daten in anderen Modellen erweitert. Wir besprechen speziell den *Standard SQL/XML* zum Management von XML-Daten in relationalen Datenbanken. Die Erweiterung *SQL/MED* wird in Abschnitt 10.1 dargestellt. Für XML-Daten haben sich zwei Anfragesprachen durchgesetzt: zum einen XSLT und zum anderen die Sprachkombination XPath/XQuery. Beide werden kurz mit Fokus auf deren spezielle Fähigkeiten zur Informationsintegration vorgestellt.

Das Ziel dieses Kapitels ist es nicht, das relationale und das XML-Datenmodell bzw. darauf aufbauende Anfragesprachen umfassend zu erklären. Leser, die diese Grundlagen nicht kennen, sollten vorab auf entsprechende Lehrbücher zurückgreifen, wie [81] für relationale Daten und Sprachen oder [167] für XML. Wir führen im Folgenden relevante Begriffe und Konzepte nur sehr kurz und unvollständig ein – unser Ziel ist hier, Bekanntes in Erinnerung zu rufen, nicht Neues zu vermitteln. Zudem führen wir Notationen ein, die in den folgenden Kapiteln verwendet werden.

## 2.1 Datenmodelle

Konzeptuelle Datenmodelle erlauben die systematische und strukturierte Beschreibung von Entitäten der wirklichen Welt. In diesem Abschnitt stellen wir die beiden am weitesten verbreiteten Datenmodelle für strukturierte Daten vor: das relationale Datenmodell und das XML-Datenmodell.

*Relationales Datenmodell*

Beide sind aus unterschiedlichen Gründen weit verbreitet. *Relationale Daten* bilden für viele Unternehmen seit über 20 Jahren den Grundbestand an strukturierten Daten. Personaldaten, Produktinformationen, Bestellungen, Kundendaten usw. werden in großem Maße in relationalen Datenbankmanagementsystemen (RDBMS) gespeichert. Bei der Zusammenführung von Unternehmen oder beim Datenaustausch zwischen Unternehmen sind es also vorrangig relationale Daten, die integriert werden müssen.

*XML-Datenmodell*

XML hingegen ist ein junges Datenmodell. Es wird heute vor allem beim Datenaustausch zwischen Anwendungen und Unternehmen benutzt. Ein prominentes Beispiel dafür sind *Web-Services*. Diese bieten eine technologisch einheitliche Schnittstelle, nehmen XML-Daten als Input entgegen und liefern wiederum XML-Daten als Ergebnis eines Aufrufs. Solche ausgetauschten Daten müssen mit den Stammdaten eines Unternehmens, die meist in relationaler Technik gehalten werden, integriert bzw. in Beziehung gebracht werden (siehe Abbildung 2.1).

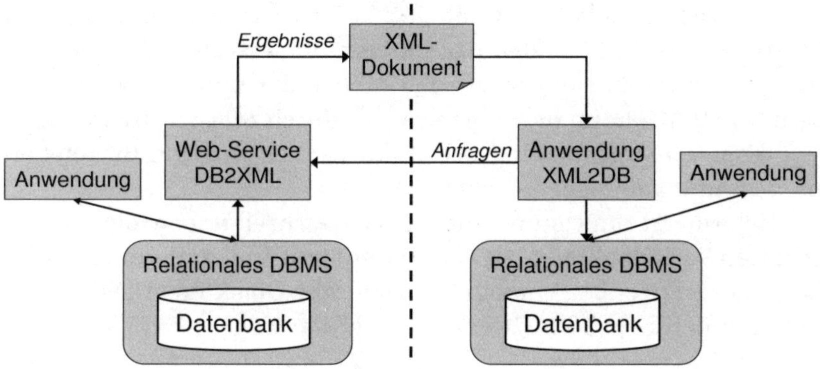


***Abbildung 2.1*** *Datenaustausch zwischen Unternehmen mittels Web-Services*

## 2.1.1 Das relationale Datenmodell

*Industriestandard*

Das relationale Datenmodell wurde 1970 in einer Serie von Artikeln von Edgar Codd vorgestellt [54]. Beginnend mit dem ersten relationalen DBMS namens System R [9] trat es seinen Siegeszug an und ist heute, vor allem in Unternehmen, das dominierende Modell zur Speicherung und Verwaltung von großen Datenmengen. Bekannteste Vertreter kommerzieller relationaler DBMS sind IBMs DB2, Oracles Enterprise Server und Microsofts SQL Server. Daneben gibt es auch ausgereifte Open-Source-Datenbanken, wie beispielsweise MySQL[1] oder PostGreSQL[2].

### Grundbausteine des relationalen Modells

Die wesentlichen Elemente des relationalen Modells sind*Relationen* (dargestellt als Tabellen), *Attribute* (die Spalten der Tabelle)

[1]Siehe www.mysql.com.
[2]Siehe www.postgresql.org.

und *Tupel* (die Zeilen der Tabelle). Eine Datenbank besteht in der Regel aus mehreren Relationen. Jedes Tupel einer Relation stellt normalerweise eine Entität der realen Welt dar. Die Tupel einer Relation bilden eine Menge – sie unterliegen also keiner Ordnung. Erst Anfragen an ein DBMS können eine bestimmte Sortierung erzwingen. Für jedes Attribut hat jedes Tupel einen Datenwert aus einem bestimmten Wertebereich, definiert durch den Datentyp. Wir notieren eine Relation $R$ mit ihren Attributen $A_1, A_2, \ldots, A_n$ als $R(A_1, A_2, \ldots, A_n)$. Man nennt $R(A_1, A_2, \ldots, A_n)$ auch ein ***Relationenschema***. Ein Relationenschema für Filme könnte also lauten `film(titel, regisseur, jahr, genre)`. Tupel einer Relation werden mit $t_1$, $t_2$ usw. bezeichnet. Der Datenwert des $i$-ten Attributs eines Tupels $t$ wird mit $t[A_i]$ bezeichnet und muss aus dem Wertebereich $dom(A_i)$ des Attributs stammen. Der Wertebereich für `jahr` kann beispielsweise die Menge der natürlichen Zahlen sein. In DBMS kann der Wertebereich durch *Integritätsbedingungen* (engl. *constraints*) eingeschränkt werden, wie zum Beispiel eine Bedingung der Art `jahr>1850`.

*Relationen*
*Tupel*
*Attribut*

Relationen sind zum einen also Beschreibungen der Eigenschaften von Objekten (den Attributen) und zum anderen, in einer konkreten Datenbank, auch Mengen von Objekten. Dies erfasst man mit den Begriffen *Extension* und *Intension*.

***Definition 2.1*** *Extension und Intension einer Relation*

**Definition 2.1**
Gegeben sei ein Relationenschema $R(A_1, A_2, \ldots, A_n)$ in einer konkreten Datenbankinstanz $I$.

- Die *Intension* von $R$ ist die Menge ihrer Attribute, also $A_1, A_2, \ldots, A_n$.
- Die *Extension* von $R$ ist die Menge von Tupeln von $R$ in $I$. ■

*Atomare Werte*

Datenwerte sind im relationalen Modell grundsätzlich *atomar*, d.h., sie bestehen für die Datenbank nur aus einem einzigen Wert. Gehört beispielsweise ein Film mehreren Genres an, so muss, bei Verwendung des obigen Schemas, der Film mit mehreren Tupeln repräsentiert werden – ein Tupel für jedes der Genre. Die damit verbundene Redundanz kann leicht zu Anomalien und inkonsistenten Daten führen. Daher vermeidet man sie, indem man das Schema *normalisiert*. Da das Verhältnis von Genres zu Filmen von der Kardinalität *m:n* ist, sind dafür zwei zusätzliche Rela-

*Normalisierung*

tionen notwendig. Eine Relation `genres` speichert alle Bezeichner von Genres, jeweils mit einem eindeutigen *Schlüssel*, etwa einer `genreID`. Die Beziehung zwischen Genres und Filmen wird dann durch eine Brückentabelle gebildet, die für jedes Genre eines Films ein Tupel enthält, das aus der `genreID` und einem Schlüssel für den Film besteht, beispielsweise dem `titel`. Diese Verweise, also das Speichern von Schlüsseln anderer Relationen, heißen *Fremdschlüssel*.

*Fremdschlüssel*

Fremdschlüssel symbolisieren Beziehungen zwischen Tupeln. Sie dürfen aber nicht mit echten Zeigern verwechselt werden. Der Fremdschlüssel garantiert lediglich, dass es einen passenden Wert in einer anderen Relation gibt. Beziehungen werden erst über Anfragen mittels *Joins* (auch: Verbund) hergestellt, und die sind in keiner Weise an Fremdschlüssel gebunden.

*Fehlende Werte und Null*

Ist ein bestimmter Datenwert für ein Attribut eines Tupels unbekannt oder existiert kein entsprechender Datenwert, wird stattdessen ein *Nullwert* (geschrieben als »$\perp$«) gespeichert. Der Umgang mit Nullwerten ist gerade bei der Informationsintegration nicht trivial. In Abschnitt 8.3 werden einige relationale Operatoren vorgestellt, die versuchen, bei der Integration verschiedener Datenbestände den Anteil an unbekannten Werten, also Nullwerten, zu reduzieren.

### Beispiel

Zur Verdeutlichung des relationalen Modells führen wir ein beispielhaftes Schema aus der Domäne der Filme ein. Filme haben einen Titel, einen Regisseur, ein Erscheinungsjahr, ein Genre und ein Produktionsstudio. Diese Entitäten (Filme) können anhand einer Relation modelliert werden, die in Abbildung 2.2 gezeigt wird.

| **film** | **titel** | **regisseur** | **jahr** | **genre** | **studio** |
|---|---|---|---|---|---|
| | Troja | Petersen | 2004 | Historie | Fox |
| | Ben Hur | Wyler | 1959 | Drama | MGM |
| | Alien | Scott | 1979 | SciFi | Fox |

***Abbildung 2.2*** *Relation zur Speicherung von Filmdaten*

*Fremdschlüsselbeziehung*

Will man nicht nur den Namen des Studios, sondern auch dessen Adresse speichern, sollte man dazu eine zweite Relation definieren und die beiden Relationen mittels einer Fremdschlüsselbeziehung verknüpfen. Die Relation `studio` speichert für jedes Studio eine eindeutige ID, den Schlüssel. Die film-Relation speichert nun nicht mehr den Namen des Studios, sondern eine studioID, die eindeutig auf ein Studio verweist, den Fremdschlüssel. Abbildung 2.3 zeigt diese Situation. Studios und Filme stehen in einer *1:n*-Beziehung: Jedes Studio kann mehrere Filme produziert haben, aber jeder Film wurde von genau einem Studio produziert.

***Abbildung 2.3*** *Relationale Modellierung von Filmen und Studios*

| film | titel | regisseur | jahr | genre | studioID |
|---|---|---|---|---|---|
| | Ran | Kurosawa | 1985 | Drama | S1 |
| | Ben Hur | Wyler | 1959 | Historie | S3 |
| | Alien | Scott | 1979 | SciFi | S1 |

| studio | ID | name | adresse |
|---|---|---|---|
| | S1 | Fox | Hollywood |
| | S2 | Paramount | Los Angeles |
| | S3 | MGM | Beverly Hills |

Eine weitere Entität der Filmdomäne sind Schauspieler, für die man beispielsweise Vorname, Nachname und Geburtsjahr speichern kann. In Filmen spielen in der Regel mehrere Schauspieler in gewissen Rollen; erfolgreiche Schauspieler spielen in mehr als einem Film. Schauspieler und Filme stehen also in einer *n:m-Beziehung*, die mittels der Relationen in Abbildung 2.4 modelliert werden kann. Die Relation rolle verknüpft die beiden anderen Relationen mit Hilfe zweier Fremdschlüsselbeziehungen, indem Paare von filmID und SchauspielerID gespeichert werden.

*n:m-Beziehung*

## Relationale DBMS

Die große Mehrheit strukturierter Daten in Unternehmen wird derzeitig in RDBMS gespeichert. Insbesondere Data Warehouses sind prominente Beispiele großer relationaler Datenbanken. Für Anfragen an RDBMS wird die standardisierte *Sprache SQL* verwendet, die in Abschnitt 2.2 vorgestellt wird. Mittels dieser Sprache können Administratoren und Benutzer die Daten modellieren (Relationen mit Attributen anlegen, Fremdschlüsselbeziehungen spezifizieren etc.), speichern (Tupel in Tabellen einfügen, Attributwerte ändern etc.) und schließlich Anfragen stellen (Tabellen verknüpfen, Tupel selektieren und ausgeben etc.).

*SQL*

Ein wichtiger Aspekt von Datenbanken ist die *physische Speicherung* von Daten auf Festplatten und andere Medien. Es muss

| film | ID | titel | regisseur | jahr | genre |
|---|---|---|---|---|---|
| | F1 | Troja | Petersen | 2004 | Historie |
| | F2 | Ben Hur | Wyler | 1959 | Drama |
| | F3 | Alien | Scott | 1979 | SciFi |
| | F4 | Seven | Fincher | 1995 | Thriller |

| rolle | filmID | schauspielerID | Rolle |
|---|---|---|---|
| | F1 | A1 | Achill |
| | F1 | A2 | Agamemnon |
| | F2 | A3 | Judah Ben Hur |
| | F4 | A1 | David Mills |

| schauspieler | ID | vorname | nachname | geburtsjahr |
|---|---|---|---|---|
| | A1 | Brad | Pitt | 1963 |
| | A2 | Brian | Cox | 1946 |
| | A3 | Charlton | Heston | 1924 |

***Abbildung 2.4*** *Relationale Modellierung von Filmen und Schauspielern*

beispielsweise festgelegt werden, auf welche Festplatten welche Daten in welchen Bereichen abgelegt werden. In diesem Buch gehen wir nicht auf dieses Thema ein, sondern widmen uns einzig der *konzeptionellen Modellierung* von Daten, kümmern uns also um die Frage, welche Relationen angelegt werden, welchen Typs die Attribute sind und mittels welcher Sprache man die Daten anfragen kann.

## 2.1.2 XML-Daten

*XML als Austauschformat*

Die Extensible Markup Language (XML) wurde vom World Wide Web Consortium (W3C) für den *Austausch strukturierter Daten* entwickelt und ist eine Teilmenge der Standard Generalized Markup Language (SGML). XML wurde 1997 standardisiert[3] und hat seitdem große Verbreitung gefunden. Daten werden in XML aber nicht nur ausgetauscht, sondern auch persistent gespeichert. Zusätzlich zu nativen XML-Datenbanken gibt es heute fast kein relationales DBMS, das nicht auch in der einen oder anderen Form die Speicherung und Anfrage von XML-Daten unterstützt.

*Elemente und Tags*

XML ist prinzipiell eine *Formatbeschreibungssprache* für Textdateien. Eine XML-Datei kann man daher mit jedem beliebigen Editor ansehen. Informationen in diesen Dateien werden

[3] Siehe `www.w3c.org/XML/`.

mit so genannten *Tags*, Markierungen, umschlossen und dadurch strukturiert. Um das Genre eines Films darzustellen, könnte man ein XML-Element mit dem Tag `<genre>` verwenden: `<genre>SciFi</genre>`. Das wesentliche Merkmal des XML-Modells ist die Möglichkeit, Elemente und somit auch Daten *hierarchisch zu schachteln*. Ein Film mit Titel, Regisseur und Genre könnte also wie folgt dargestellt werden:

*Hierarchische Schachtelung*

```
<film>
<titel>Alien</titel>
<regisseur>Scott</regisseur>
<genre>SciFi</genre>
</film>
```

Solche Strukturen kann man als eine XML-Repräsentation eines relationalen Tupels mit drei Attributwerten betrachten. Beziehungen der Kardinalität *1:n* und *1:1* werden durch weitere Schachtelungen erreicht, da jedes Element weitere Subelemente beinhalten kann. Schwierig in XML sind allerdings *m:n*-Beziehungen. Diese kann man entweder über die mehrfache Darstellung von Werten erreichen, oder man benutzt (die wenig verbreiteten) XPointer. Dokumente, deren Elemente korrekt, d.h., überschneidungsfrei, geschachtelt sind und die auch sonst dem XML-Format entsprechen, nennt man *wohlgeformt*.

*Wohlgeformtheit*

*Ordnung von Daten*

Ein wichtiger Unterschied zum relationalen Modell liegt in der *Ordnung der Daten*: Tupel in Relationen sind ungeordnet, d.h., eine Datenbank garantiert weder, dass die Daten in Anfrageergebnissen in der Reihenfolge ausgegeben werden, in der sie eingegeben wurden, noch dass die Reihenfolge stets die gleiche ist. Nur explizite Angaben zur Sortierung der Daten im Ergebnis garantieren eine bestimmte Ordnung. XML-Daten hingegen haben eine innere Ordnung, nämlich die Ordnung, in der sie im XML-Dokument auftauchen.

*XML-Schema*

Die Struktur einer XML-Datei kann mittels des ebenfalls standardisierten XML-Schemas[4] spezifiziert werden. XML-Schema hat heute als Strukturdefinitionssprache die zuvor gängigen DTDs abgelöst (siehe Infokasten 2.1). Mit Hilfe von XML-Schema werden die in einem Dokument erlaubten Elemente und deren Attribute, die Schachtelungsstruktur und Arität von Elementen, Datentypen für Werte sowie Schlüssel und Fremdschlüssel definiert. Dokumente, die einem XML-Schema entsprechen, nennt man *valide* bzgl. dieses Schemas.

*Valide XML-Dokumente*

[4] Siehe `www.w3c.org/XML/Schema/`.

***Infokasten 2.1***
*DTD und XML-Schema*

Bis zur Ablösung durch den *XML-Schema*-Standard waren *Document Type Definitions* (DTDs) die gängige Beschreibungssprache für XML. Sie sind auch heute noch verbreitet. DTDs sind im Grunde Grammatiken, die erlaubte Sequenzen von Elementen definieren.

Mit dem XML-Schema-Standard können deutlich detailliertere Vorgaben für die Struktur von Daten gemacht werden. Dazu zählen insbesondere die Einführung vordefinierter Datentypen, die Möglichkeit von benutzerdefinierten Datentypen und die Definition von Integritätsbedingungen. Zudem werden XML-Schemata selbst im XML-Format geschrieben und sind somit leichter zu verarbeiten als das DTD-Format.

*Vorteile von XML*

Die große Beliebtheit von XML beruht im Wesentlichen auf der *guten Erweiterbarkeit und großen Flexibilität*. Eine initiale Definition von Strukturen lässt sich später durch das Hinzufügen neuer Elemente und Subelemente leicht erweitern. Die Validität alter Dokumente wird dadurch in der Regel nicht beeinträchtigt. Daneben sprechen eine Reihe weiterer Faktoren für XML:

- Für viele Anwendungen ist eine hierarchischen Schachtelung von Daten die natürlichste Modellierung.
- Die Möglichkeit, XML-Daten mit jedem Editor anzusehen, erleichtert den Umgang mit ihnen sehr gegenüber den sonst vorherrschenden Binärformaten.
- Es gibt eine Vielzahl von Werkzeugen zum Parsen, Transformieren, Darstellen und Restrukturieren von XML-Dateien.
- XML wird mittlerweile von den meisten Anwendungen in der einen oder anderen Weise unterstützt.

**Beispiel**

Die Relation `film` aus Abbildung 2.2 kann im XML-Format wie in Abbildung 2.5 dargestellt werden.

Um die Situation aus Abbildung 2.3 (*1:n*-Beziehung zwischen Filmen und Studios) im XML-Format darzustellen, kann man Filme unter Studios schachteln, wie in Abbildung 2.6 gezeigt wird.

*Abbildung 2.5* XML-Modellierung von Filmen

```
<filmdb>
    <film>
        <titel> Troja </titel>
        <regisseur> Petersen </regisseur>
        <jahr> 2004 </jahr>
        <genre> Historie </genre>
        <studio> Fox </studio>
    </film>
    <film>
        <titel> Ben Hur </titel>
        <regisseur> Wyler </regisseur>
        <jahr> 1959 </jahr>
        <genre> Drama </genre>
        <studio> MGM </studio>
    </film>
    <film>
        <titel> Alien </titel>
        <regisseur> Scott </regisseur>
        <jahr> 1979 </jahr>
        <genre> SciFi </genre>
        <studio> Fox </studio>
    </film>
</filmdb>
```

### XML-Datenbanken

Mit der Verbreitung von XML entstand der Bedarf, XML-Daten persistent zu speichern. Die nahe liegende, rein textuelle Speicherung in Textdateien wird sicherlich einigen Anwendungen gerecht, vergibt aber die Vorteile der datenunabhängigen Speicherung, die relationale Datenbanken so effizient und erfolgreich machen. Ein einzelnes Datum müsste navigierend innerhalb der Datei gesucht werden, so dass komplexe Anfragen nur sehr ineffizient beantwortet würden. Als Konsequenz entwickelten und entwickeln mehrere Hersteller XML-Datenbanken bzw. XML-Erweiterungen für relationale Datenbanken.

*Native XML-Datenbanken*

Man unterscheidet in diesem Zusammenhang native und nicht native XML-Datenbanken. *Native XML-Datenbanken* werden von Grund auf für die Speicherung und Anfrage von XML-Daten entwickelt. Sie erhalten das XML-Format der Daten und bieten Zugriff auf diese Daten mittels XML-Anfragesprachen wie XPath und XQuery (siehe Abschnitt 2.2.5). Bei nicht nativen Systemen werden XML-Daten zur Speicherung in andere Formate transformiert. Viele Hersteller relationaler Datenbanken haben ihre Systeme erweitert, um den Umgang mit XML-Daten zu unterstützen. In der Regel wird die Struktur der XML-Daten auf eine Struktur aus Relationen abgebildet und die Daten entsprechend gespeichert. Entsprechende Verfahren werden wir in Abschnitt 2.1.4 näher beschreiben.

*XML in RDBMS*

```
<filmdb>
    <studio>
        <name> Fox </name>
        <adresse> Hollywood </adresse>
        <filme>
            <film>
                <titel> Ran </titel>
                <regisseur> Kurosawa </regisseur>
                <jahr> 1985 </jahr>
                <genre> Drama </genre>
            </film>
            <film>
                <titel> Alien </titel>
                <regisseur> Scott </regisseur>
                <jahr> 1979 </jahr>
                <genre> SciFi </genre>
            </film>
        </filme>
    </studio>
    <studio>
        <name> Paramount </name>
        <adresse> Los Angeles </adresse>
    </studio>
    <studio>
        <name> MGM </name>
        <adresse> Beverly Hills </adresse>
        <filme>
            <film>
                <titel> Ben Hur </titel>
                <regisseur> Wyler </regisseur>
                <jahr> 1959 </jahr>
                <genre> Historie </genre>
            </film>
        </filme>
    </studio>
</filmdb>
```

***Abbildung 2.6***
*XML-Modellierung von Studios und Filmen*

### 2.1.3 Semistrukturierte Daten, Texte und andere Formate

*Elemente können fehlen oder zusätzlich vorhanden sein*

Wie aus den Beispielen ersichtlich ist, haben auch XML-Daten eine Struktur. Diese Struktur ist aber weniger strikt als im relationalen Fall: Alle Daten einer Tabelle `film` mit den Attributen `titel`, `genre` und `laenge` müssen drei Werte besitzen – die zwar null sein dürfen, aber nicht desto weniger vorhanden sein müssen. Bei einem XML-Element `film` mit den genannten drei Unterelementen ist das anders, denn bei geeigneter Definition des verwendeten XML-Schemas können diese Subelemente einfach fehlen. Wird ein XML-Dokument ganz ohne Schema betrachtet, können Elemente beliebige Subelemente besitzen bzw. nicht besitzen, ohne dass die Wohlgeformtheit des Dokumentes beeinträchtigt wird. Man nennt daher XML-Daten auch *semistrukturiert*.

### XML als semistrukturiertes Datenmodell

Daten heißen semistrukturiert, wenn zwar eine Struktur erkennbar ist, diese aber für verschiedene Datensätze variieren kann. XML-Daten werden durch die Verwendung von Tags und damit durch Schachtelung strukturiert, aber verschiedene Dokumente können unterschiedliche Tags und unterschiedliche Schachtelung benutzen. Dadurch ist die Datenmodellierung in XML *flexibler als im relationalen Modell*, gleichzeitig wird die Verarbeitung aber auch erschwert:

*Eigenschaften semistrukturierter Daten*

- Die Modellierung ist flexibler, da Spezialfälle in einzelnen Tupeln lokal behandelt werden können. Möchte man beispielsweise 1.000 Filme speichern und kennt nur zu fünf dieser Filme den von ihnen eingespielten Umsatz, so kann man in einer XML-Darstellung nur für diese fünf Datensätzen ein Element `<umsatz></umsatz>` angeben, ohne dass die restlichen 995 Datensätze davon betroffen wären.
- Die Verarbeitung der Daten wird erschwert, da man sich nicht mehr auf eine feste Struktur verlassen kann. Um beispielsweise die durchschnittliche Länge von 1.000 Filmen im XML-Format auszurechnen, würde das entsprechende Dokument geparst, zu jedem Film das Attribut `laenge` gesucht und der Mittelwert all dieser Werte berechnet. Da in XML ohne eine Schemazuordnung keine Struktur erzwungen wird, kann es vorkommen, dass bei einigen Datensätzen das entsprechende Attribut versehentlich `filmlaenge` heißt – und damit bei der Mittelwertberechnung nicht erkannt wird. Das Fehlen des Attributs `laenge` ist kein struktureller Fehler, wie es im relationalen Modell der Fall wäre, und damit ist der Fehler in den Daten auch ungleich schwerer zu finden.

*Flexibilität erleichtert flache Integration*

Gerade zur Integration sind semistrukturierte Datenformate, und von diesen insbesondere XML, sehr beliebt, da man durch die Flexibilität in der Datenstruktur Unterschiede zwischen verschiedenen Datenquellen einfach verarbeiten kann. So ist es kein Problem, aus zwei Filmdatenbanken, die unterschiedliche Elementmengen haben und unterschiedlich strukturiert sind, eine wohlgeformte XML-Filmdatei zu erstellen – man fügt die Daten einfach aneinander. Damit ist das eigentliche Integrationsproblem aber nicht gelöst, da weder *semantische noch syntaktische Unterschiede* oder Gemeinsamkeiten in den Daten erkannt oder behoben sind. Methoden für genau diese Art der Integration sind Inhalt dieses Buches.

### Text

Auch wenn man es nicht vermuten mag, werden die allermeisten Daten in Unternehmen nach wie vor in gänzlich *unstrukturierter* Form gehalten – nämlich als Text, in Form von Briefen, Berichten, E-Mails, Webseiten, Katalogen, Dokumenten etc. Verschiedene Schätzungen gehen davon aus, dass das auf 80-90% der Daten eines Unternehmens zutrifft. Nur der Rest liegt in strukturierten Datenbanken vor.

Die Verarbeitung und Integration von inhärent unstrukturiertem Text erfordern gänzlich andere Methoden, als sie bei strukturierten oder semistrukturierten Daten angewandt werden.

*Umgang mit Text*

- Es gibt *kein Datenmodell und kein Schema*. Zwar kann ein menschlicher Leser Strukturen erkennen (Kapitel und Abschnitte, Aufzählungen etc.), aber dies ist automatisch praktisch unmöglich und bietet auch bestenfalls eine sehr grobe Struktur. Das Erkennen von Personennamen oder Filmtiteln ist dadurch nicht erleichtert.
- Zur Suche in Text wird Volltextsuche bzw. *Information Retrieval* [12] anstelle von Anfragen, wie sie in Abschnitt 2.2 besprochen werden, verwendet. Als einzige Suchoperation ist damit das Prädikat »Wörter enthalten in« verfügbar (eventuell erweitert um Verfahren zur Reduktion von Wörtern auf Wortstämme, Ignorierung von Stoppwörtern etc.), während Suche mit anderen Prädikaten (»Finde alle Dokumente, die eine Firma mit einem Umsatz von mehr als 2 Milliarden Euro jährlich erwähnen«; »Finde alle in einem Text genannten Personen, die nicht verheiratet und über 30 Jahre alt sind«) nicht möglich ist.
- Zur Verarbeitung von Texten werden Methoden der maschinellen Sprachverarbeitung und des *Text Mining* angewandt [296]. Diese liefern aber grundsätzlich nur approximative Ergebnisse und sind daher mit klassischen Anfragen nicht vergleichbar (siehe Infokasten 2.2).

Die Integration von Texten zu einem kohärenten Gesamttext ist mit heutiger Technik nicht möglich, da schon das automatische Verständnis von Texten ein ungelöstes Problem ist. In diesem Buch werden wir uns mit diesem Thema nicht weiter beschäftigen. Eine wichtige Ausnahme sind Webseiten, die aus Datenbankanfragen erstellt werden und deren HTML-Repräsentation daher eine so regelmäßige Struktur aufweist, dass man sie durch

*HTML-Seiten*

**Infokasten 2.2**
*Text Mining*

*Text Mining* analysiert Texte mit Methoden der maschinellen Sprachverarbeitung und des maschinellen Lernens. Typische Probleme, die im Text Mining untersucht werden, sind:

- das Erkennen von Entitäten in Textdokumenten (engl. *named entity recognition*), z.B. Firmennamen, Personennamen, Telefonnummern,
- die Extraktion von Beziehungen zwischen Entitäten, wie beispielsweise die Vorstandssprecher von Firmen oder die Assoziation von Krankheiten und Medikamenten,
- die Klassifikation von Dokumenten, z.B. zur Einordnung von E-Mails in Spam und Nicht-Spam, und
- das inhaltliche Clustern von Dokumenten, z.B. zur automatischen Zusammenfassung von Ergebnissen einer Internetsuche in thematische Cluster.

Zur Lösung dieser Probleme nehmen Text-Mining-Verfahren zunächst eine linguistische Analyse von Texten vor [296]. Dabei werden Wörter auf ihren Stamm reduziert, mit ihrer grammatikalischen Form annotiert und einer Bedeutung im Satz zugeordnet (*part of speech*-Analyse). In naturwissenschaftlichen und technischen Texten, die oftmals mit Formeln und mit Sonderzeichen durchsetzt sind, ist bereits das Erkennen von Satzgrenzen nicht trivial (»Zu dem Zeitpunkt konnte der Server 193.227.146.10 von den .NET-Anwendungen nicht erreicht werden«).

Bei der Named Entity Recognition ist insbesondere das Erkennen von Namen, die aus mehreren Wörtern bestehen, ein schwieriges Problem (»Dorothee von der Marwitz, Mitglied des Vorstandes der Carl-Hans Graf von Hardenberg Stiftung ...«). Eine vollständige grammatische Analyse von Sätzen gelingt aufgrund der ungeheuren Komplexität menschlicher Sprachen mit heutiger Technik nur bei einfachen Sätzen, weshalb oftmals nur Phrasen erkannt werden, wie Nominal- oder Verbalphrasen. Aufbauend auf diese Informationen können Texte zum Beispiel mit Hilfe des *Vector-Space-Modells* verglichen und geclustert werden oder nach einer Abbildung in einen hochdimensionalen Featureraum durch Methoden des maschinellen Lernens klassifiziert werden [204].

*Wrapping-Techniken* in strukturierte Daten zurückverwandeln kann. Auf solche Techniken gehen wir in Abschnitt 6.6 näher ein.

### Weitere Datenformate

*Anwendungs- und branchenspezifische Modelle*

Neben den bisher besprochenen und weit verbreiteten Datenmodellen gibt es eine Vielzahl weiterer Formate, Beschreibungssprachen, Strukturierungsvorschriften und Datenmodelle. Viele davon sind für spezielle Anwendungsgebiete entwickelt worden oder dienen als Standard in bestimmten Branchen. So wird in der Automobilbranche sehr häufig das objektorientierte Datenmodell EXPRESS verwendet, in dem durch das STEP-Konsortium (»Standard for the Exchange of Product Model Data«) ein Standardschema zum Austausch von Produktionsdaten definiert wird [251]. Für die Speicherung und den Austausch von Daten in molekularbiologischen Genomprojekten wurde lange das Datenmodell der Anwendung ACeDB verwendet [257], das häufig als Vorläufer aller semistrukturierten Datenmodelle genannt wird.

*Datenmodell oder Datenformat?*

Den oben genannten Beispielen ist gemeinsam, dass man sie im Allgemeinen eher als Format denn als Datenmodell bezeichnet. Der Übergang zwischen diesen Begriffen ist fließend. Ein *Datenformat* kann als definierte Repräsentation von Daten eines bestimmten Datenmodells betrachtet werden, während *Datenmodelle* eine logische Fundierung zur Strukturierung von Daten sind. Oftmals macht eine Unterscheidung keinen Sinn; beispielsweise ist XML im Wesentlichen über sein syntaktisches Format definiert, und erst in den letzten Jahren sind Arbeiten zur Erstellung eines grundlegenden und theoretisch abgesicherten XML-Datenmodells zur Verwendung bei der Anfragebearbeitung entstanden[5].

Bei der Informationsintegration muss man sich oftmals mit *exotischen Datenformaten* beschäftigen. Als Beispiel sei hier das textbasierte Austauschformat der Proteindatenbank UniProt genannt [13]. Die Daten in diesem Format sind in Zeilen angeordnet, die jeweils mit einem zweibuchstabigen *Line Code* beginnen (siehe Abbildung 2.7). Dieser Code bestimmt die Bedeutung bzw. den Typ der Daten dieser Zeile. Die Reihenfolge von Zeilentypen ist teilweise festgelegt, teilweise aber auch frei. Manche Zeilen (z.B. die erste in der Abbildung) zerfallen wiederum in einzelne Felder, deren Begrenzung individuell verschieden ist; man bezeichnet dieses Phänomen als *Microsyntax*. Typen können nicht explizit geschachtelt werden, aber Subtypen können durch die Reihenfolge von Line Codes definiert sein (im Beispiel die Literaturreferenzen).

Auf viele *Legacy-Anwendungen* kann man nicht über APIs und Anfragesprachen zugreifen, sondern muss stattdessen mit von diesen Anwendungen in speziellen Formaten exportierten Daten

[5] Siehe `www.w3.org/TR/xpath-datamodel/`.

*Abbildung 2.7*
*Austauschformat der UniProt-Proteindatenbank*

```
ID   GRAA_HUMAN     STANDARD;      PRT;   262 AA.
AC   P12544; DT 01-OCT-1989 (Rel. 12, Created)
DT   01-OCT-1989 (Rel. 12, Last sequence update)
DT   16-OCT-2001 (Rel. 40, Last annotation update)
DE   Granzyme A precursor (EC 3.4.21.78) (Cytotoxic T-lymphocyte p.
DE   1) (Hanukkah factor) (H factor) (HF) (Granzyme 1) (CTL tryptase)
DE   (Fragmentin 1).
GN   GZMA OR CTLA3 OR HFSP.
OS   Homo sapiens (Human).
OC   Eukaryota; Metazoa; Chordata; Craniata; Vertebrata; Euteleostomi;
OC   Mammalia; Eutheria; Primates; Catarrhini; Hominidae; Homo.
OX   NCBI_TaxID=9606;
RN   [1]
RP   SEQUENCE FROM N.A.
RC   TISSUE=T-cell;
RX   MEDLINE=88125000; PubMed=3257574;
RA   Gershenfeld H.K., Hershberger R.J., Shows T.B., Weissman I.L.;
RT   "Cloning and chromosomal assignment of a human cDNA encoding a T
RT   cell- and natural killer cell-specific trypsin-like serine
RT   protease.";
RL   Proc. Natl. Acad. Sci. U.S.A. 85:1184-1188(1988).
RN   [2]
RP   SEQUENCE OF 29-53.
RX   MEDLINE=88330824; PubMed=3047119;
RA   Poe M., Bennett C.D., Biddison W.E., Blake J.T., Norton G.P.,
RA   Rodkey J.A., Sigal N.H., Turner R.V., Wu J.K., Zweerink H.J.;
RT   "Human cytotoxic lymphocyte tryptase. Its purification from granules
RT   and the characterization of inhibitor and substrate specificity.";
RL   J. Biol. Chem. 263:13215-13222(1988).
RN   [3]
RP   SEQUENCE OF 29-40, AND CHARACTERIZATION.
RX   MEDLINE=89009866; PubMed=3262682;
RA   Hameed A., Lowrey D.M., Lichtenheld M., Podack E.R.;
RT   "Characterization of three serine esterases isolated from human IL-2
RT   activated killer cells.";
RL   J. Immunol. 141:3142-3147(1988).
RN   [4]
...
```

*Legacy-Anwendungen erzeugen nur Dateien*

arbeiten. Diese können in einfachen, kommaseparierten Dateien oder in komplexen Formaten wie den oben genannten vorliegen. Zum Erkennen der Struktur und damit dem Verständnis der Daten ist oftmals ein erheblicher Aufwand notwendig, insbesondere wenn Dokumentation und Beschreibungen nicht mehr vorliegen. Zur Integration müssen dann *Parser* entwickelt werden, die die Daten einlesen und in das Datenmodell umwandeln, das in der Integrationsschicht verwendet wird.

### 2.1.4 Überführung von Daten zwischen Modellen

Wie bereits im Zusammenhang mit nicht nativen XML-Datenbanken erwähnt wurde, müssen Daten oft – und gerade bei der Integration – zwischen verschiedenen Datenmodellen transformiert werden. Wir betrachten stellvertretend für andere Paare die Überführung zwischen dem relationalen und dem XML-Datenmodell.

### Relational → XML

In relationalen Datenbanken gespeicherte Daten können auf verschiedenste Weise in XML-Daten umgewandelt werden. Es liegt dabei nahe, die Namen der Datenbank, der Relationen und der Attribute als XML-Tags zu verwenden. So wurden die relationalen Daten der Relation `film` (Abbildung 2.2) in die XML-Daten der Abbildung 2.5 umgewandelt. Dabei bildet der Name der Datenbank (filmdb) das äußerste Tag, Gruppen von Datenwerten werden mit einem Tag mit dem Namen der Relation (Film) umschlossen, einzelne Werte schließlich werden mit dem Namen des jeweiligen Attributs eingefasst.

Die SQL-Anfragesprache definiert seit 2003 eine Erweiterung namens *SQL/XML* [131]. Darin wird eine *Standardstruktur* definiert, die spezifiziert, wie relationale Daten im XML-Datenmodell dargestellt werden sollen. Der Standard sieht vier Schachtelungsebenen vor: Datenbanknamen, Relationenname, das generische Tag `<row>` und der Attributname. Eine Schachtelung der Daten verschiedener Relationen ist nicht vorgesehen. Eine solche Schachtelung ist aber oft erwünscht und bildet gerade den Vorteil des XML-Datenmodells. Relationen, die in einer Fremdschlüsselbeziehung stehen, eignen sich hervorragend zur Schachtelung, wobei die Daten der Relation mit dem Schlüssel die äußere Ebene bilden. *SQL/XML*

SQL/XML definiert nicht nur eine Standardabbildung, sondern spezifiziert auch XML-spezifische SQL-Funktionen, die relationale Daten in XML-Elemente umwandeln. Datenbanken, die SQL/XML unterstützen, können somit vielfältige XML-Dokumente als Ergebnis einer Anfrage erzeugen (siehe Abschnitt 2.2.4).

### XML → Relational

Umgekehrt ist es oft nötig, XML-Daten in eine relationale Repräsentation zu überführen, beispielsweise zur feingranularen Speicherung in einem RDBMS. Auch für diesen Fall bietet SQL/XML eine Vorschrift: Der *neue Datentyp »XML«* erlaubt die Speicherung beliebig langer XML-Dokumente und XML-Fragmente. Intern wird dieser Datentyp meist als *BLOB* realisiert. Bei der Speicherung stark strukturierter Daten ist diese Methode allerdings nicht vorteilhaft, denn es ist dann schwierig, auf bestimmte Teile der XML-Daten zuzugreifen.

*Shredding*

Einen Ausweg bieten so genannte *Shredding*-Methoden, die ein XML-Schema oder ein XML-Dokument in einzelne Relationen zerlegen und speichern. Shredding-Methoden betrachten das XML-Dokument von innen nach außen. Sich wiederholende Strukturen auf einer Hierarchieebene erhalten eine eigene Relation. Falls es darunter geschachtelte Ebenen gibt, die wiederum eine eigene Relation bilden, erhalten diese einen Fremdschlüssel, und ein entsprechender Schlüssel wird in der Relation, die die Vorgängerebene darstellt, eingefügt. Auch beim Shredding gibt es viele Entscheidungsfreiheiten und einen großen Fundus an Literatur (siehe Abschnitt 2.3).

## 2.2 Anfragesprachen

Datenbanken dienen zur Speicherung von Daten des jeweils unterstützten Datenmodells. Um an die gespeicherten Informationen heranzukommen, werden Anfragesprachen benutzt. In diesem Abschnitt stellen wir drei prominente Vertreter von Anfragesprachen vor, die im weiteren Verlauf des Buches zur Anwendung kommen. Die erste ist die *relationale Algebra*, die nicht direkt von Systemen unterstützt wird, aber die Grundlagen der weit verbreiteten Sprache *SQL* bildet, die wir als Zweites vorstellen. Schließlich besprechen wir die Sprache *XQuery* mit ihrer Teilmenge XPath, die sich als Standardanfragesprache für XML durchgesetzt hat.

### 2.2.1 Relationale Algebra

*Operationen auf Relationen*

Die relationale Algebra wurde ebenso wie das relationale Datenmodell von Codd vorgestellt [53]. Sie umfasst sieben Basisoperatoren zur *Transformation* einer oder mehrerer Relationen in eine Ergebnisrelation, von denen zwei auch durch Kombinationen anderer Operationen ausgedrückt werden können, wie zum Beispiel der Join. Wir führen sie trotzdem zur Bequemlichkeit ein.

*Sieben Basisoperationen*

**Selektion ($\sigma_p(R)$):** Die Selektion wirkt als Tupelfilter und belässt nur solche Tupel im Ergebnis, die der Bedingung $p$ genügen. $p$ ist eine logische Formel über den Attributen der Relation und besteht aus Termen der Art $a_i \theta const$ oder $a_i \theta a_j$, wobei der Vergleichsoperator $\theta$ die Werte $\{=, <, >, \leq, \geq, \neq\}$ annehmen kann und $a_i, a_j$ Attribute von $R$ sind. Terme können durch `AND` bzw. `OR` verknüpft und durch `NOT` negiert werden.

**Projektion** ($\pi_{A_i,\ldots,A_k}(R)$) Die Projektion entfernt alle Attribute aus dem Ergebnis, die nicht in der Teilmenge $\{A_i, \ldots, A_k\}$ der Attribute von $R$ sind.

**Kreuzprodukt ($R \times S$):** Das Kreuzprodukt kombiniert alle Tupel von $R$ mit allen Tupeln von $S$. Das Ergebnis enthält alle Attribute aus $R$ und $S$ und $|R| \cdot |S|$ Tupel. Das Kreuzprodukt wird selten in Anfragen direkt verwendet, sondern dient vornehmlich zur Definition der Join-Operation.

**Join ($R \bowtie_p S$):** Der Join verknüpft Tupel zweier Relationen, falls für das jeweilige Tupelpaar die Join-Bedingung $p$ erfüllt ist. Somit kann man den Join als ein Kreuzprodukt gefolgt von einer Selektion umschreiben: $R \bowtie_p S = \sigma_p(R \times S)$. Besteht die Join-Bedingung nur aus einem Term mit einem $=$ als Vergleichsoperator, spricht man von einem *Equi-Join*.

*Equi-Join*

**Vereinigung ($R \cup S$):** Die Vereinigung vereinigt die Tupel der Relationen $R$ und $S$ in der Ergebnisrelation. Vorbedingung zur Verwendung von $\cup$ ist die Vereinigungskompatibilität (*union compatibility*): Die Schemata beider Relationen müssen gleich sein, d.h., beide haben die gleichen Attribute von jeweils gleichem Typ.

**Schnittmenge ($R \cap S$):** Auch zur Bildung der Schnittmenge muss Vereinigungskompatibilität gelten. Die Schnittmenge von $R$ und $S$ enthält die Tupel, die in beiden Relationen vorhanden sind.

**Differenz ($R \backslash S$):** Zur Bildung der Differenz muss ebenso Vereinigungskompatibilität gelten. Die Differenz berechnet die Menge aller Tupel aus $R$, die nicht in $S$ vorkommen.

*Abgeschlossenheit der Algebra*

Die relationale Algebra ist *abgeschlossen*, d.h., jede Operation auf einer Relation erzeugt wiederum eine Relation als Ergebnis. Ausdrücke können somit zu *komplexeren Anfragen verbunden* und geschachtelt werden. Ebenso wie für Relationen gilt auch für Ergebnisrelationen die Mengeneigenschaft: Exakte Duplikate, also Tupel, die in jedem Wert mit einem anderen Tupel übereinstimmen, müssen entfernt werden. Da das Finden solcher Duplikate aufwändig ist, unterlassen die meisten kommerziellen DBMS die Duplikatentfernung, es sei denn, sie wird in der Anfrage durch das Schlüsselwort `DISTINCT` explizit gefordert.

Zur Informationsintegration sind weitere Operationen wichtig, die nicht mittels der ursprünglichen relationalen Algebra ausgedrückt werden können. Einige darunter werden von allen gängigen relationalen Datenbanken unterstützt; andere werden bisher nur in der Literatur spezifiziert und sind allenfalls prototypisch implementiert. Die gängigen Operatoren sind im Folgenden aufgeführt, eine Beschreibung der anderen folgt in Abschnitt 8.3:

*Gruppierung und Aggregation*

**Gruppierung und Aggregation:** Zur Zusammenfassung einer Menge von zusammengehörenden Datenwerten dient die Gruppierung und Aggregation. Eine *Gruppierung* nimmt eine Partitionierung der Ergebnisrelation nach den Werten eines Attributs vor. Das Ergebnis enthält pro Gruppe ein Tupel. Die Attribute dieses Tupels werden über *Aggregatfunktionen* aus den Attributwerten aller Tupel der Gruppe gebildet. Zum Beispiel könnte man Filme nach ihrem Produktionsjahr gruppieren und für jedes Jahr die durchschnittlichen Produktionskosten aller Filme dieses Jahres (Aggregation) berechnen. Für Gruppierung und Aggregation existiert zwar eine Notation in der relationalen Algebra, in diesem Buch werden wir diese Operationen jedoch ausschließlich in SQL verwenden.

*Outer-Join*

**Outer-Join** ($R| \bowtie_p |S$)**:** Der Outer-Join verknüpft zwei Relationen ähnlich wie der Join-Operator, er belässt jedoch alle Tupel der einen, der anderen oder beider Relationen im Ergebnis, auch wenn sie *keinen Join-Partner* haben. Man unterscheidet Left-Outer-Join ($R| \bowtie_p S$), Right-Outer-Join ($R \bowtie_p |S$) und Full-Outer-Join ($R| \bowtie_p |S$). Der Left-Outer-Join belässt alle Tupel der Relation $R$ im Ergebnis. Tupel, die einen Join-Partner in der Relation $S$ haben, werden entsprechend des Join-Operators behandelt; Tupel aus $R$, die keinen Join-Partner haben, werden in den entsprechenden Attributen mit Nullwerten ($\perp$) ergänzt. Der Right-Outer-Join ist analog definiert. Der Full-Outer-Join belässt Tupel beider Relationen im Ergebnis.

*Duplikatentfernung und Konfliktlösung*

Gruppierung und Aggregation sind für die Informationsintegration von besonderer Bedeutung, da mit ihrer Hilfe die *Entfernung von Duplikaten* und die *Lösung von Datenkonflikten* elegant beschrieben werden können. Bei der Integration von Daten zweier Datenquellen passiert es häufig, dass dasselbe Realweltobjekt in beiden Quellen mit sich möglicherweise widersprechenden Daten dargestellt wird. In einem integrierten System soll nur eine Darstellung erscheinen (Gruppierung), und eventuelle Konflikte sollten gelöst werden (Aggregation). Näheres wird in Abschnitt 8.3 erläutert.

Die Outer-Join-Operatoren sind aufgrund ihrer *informationserhaltenden Eigenschaften* für die Informationsintegration besonders relevant: Innerhalb eines DBMS kann durch eine Fremdschlüsselbeziehung garantiert werden, dass jedes Tupel der Fremdschlüssel-Relation mindestens einen Join-Partner hat. Werden aber Relationen zweier unterschiedlicher Datenquellen verknüpft, ist dies nicht gegeben. Um dennoch alle Daten zu erhalten, wird ein Outer-Join verwendet. Auch hierauf werden wir in Abschnitt 8.3 näher eingehen.

## 2.2.2 SQL

*Structured Query Language*

Die Sprache SQL (*Structured Query Language*) ist die mit Abstand am weitesten verbreitete Sprache zur Definition, Manipulation und Anfrage von relationalen Daten. In diesem Abschnitt erläutern wir nur eine kleine Teilmenge der sehr umfangreichen Sprache[6]. Insbesondere betrachten wir nicht die DDL (data definition language) und aus der DML (data manipulation language) nur den lesenden Teil.

*SPJ-Anfragen*

Das Kernkonstrukt einer SQL-Anfrage ist der `SELECT...FROM...WHERE`-Ausdruck. Man nennt solche Anfragen auch *SPJ-Anfragen* (Selektion, Projektion, Join). Eine SQL-Anfrage kann eine oder mehrere Relationen einer Datenbank ansprechen und gibt als Ergebnis eine einzelne Relation, die Ergebnisrelation, zurück. Ein Beispiel einer SPJ-Anfrage mit einem Equi-Join ist:

```
SELECT titel, jahr, genre, adresse
FROM   film , studio
WHERE  film.studio = studio.name
```

Die `SELECT`-Klausel spezifiziert die Attribute der Ergebnisrelation, die `FROM`-Klausel benennt die angefragten Relationen, und in der `WHERE`-Klausel wird die Join-Bedingung genannt: Unter allen Paaren von Tupeln der beiden Relationen (dem Kreuzprodukt) sollen nur solche im Ergebnis auftauchen, die im Studionamen übereinstimmen. In der `WHERE`-Klausel können auch andere Bedingungen stehen, wie etwa `film.jahr = '2001'`. Im Anschluss kann eine `ORDER BY`-Klausel angefügt werden. Die folgende Anfrage gruppiert Filme nach ihrem Jahr und berechnet für jedes Jahr die durchschnittliche Filmlänge in Minuten. Im Anfrageergebnis erscheint also für jedes Jahr ein Tupel mit zwei Attributen.

[6]Der Standard ohne Erweiterungen umfasst zurzeit 1300 Seiten [131].

```
SELECT   jahr, AVG(laenge)
FROM     film
GROUP BY jahr
ORDER BY jahr
```

*Weitere Schlüsselwörter von SQL*

Weitere wichtige SQL-Konstrukte, die hier nicht näher erläutert werden, sind Mengenoperationen (`UNION`, `INTERSECTION`, `EXCEPT`), skalare Funktionen auf Attributen (z.B. `FahrToCel(Temperatur)`) und die Eliminierung identischer Tupel (`SELECT DISTINCT`).

### 2.2.3 Datalog

Für Betrachtungen, bei denen die Anfrage selber das Objekt der Analyse ist (und nicht die Auswertung der Anfrage), ist SQL zu sperrig und langwierig. Wir führen daher noch eine weitere Sprache ein, mit der man Anfragen an ein relationales Schema formulieren kann. Diese Sprache heißt *Datalog*. Unsere Darstellung ist ausführlicher als die der bisherigen Sprachen, da man Datalog nicht zum Grundkanon einer Datenbankvorlesung zählen kann.

*Prädikatenlogische Formeln*

Datalog ist eine deklarative Anfragesprache, die eng an der *Prädikatenlogik erster Stufe* angelehnt ist [283] und syntaktisch starke Ähnlichkeit zu Prolog aufweist [81]. Anfragen werden als logische Formeln formuliert, deren Ergebnis alle Kombinationen von Bindungen von Variablen der Anfrage an Werte aus der Datenbank sind, für die die Formel `TRUE` ergibt. Datalog lässt auch *rekursive Anfragen* zu und ist daher für theoretische Betrachtungen über die Ausdrucksmächtigkeiten von Anfragesprachen sehr geeignet (siehe auch Infokasten 2.3 auf Seite 42). Wir beschränken uns im Folgenden aber auf eine Teilmenge von Datalog, die weder rekursive Prädikate noch Disjunktionen, Vereinigungen oder andere Operationen als Equi-Joins zulässt. Diese Klasse nennen wir *konjunktive Anfragen*.

*Extensionale und intensionale Prädikate*

In Datalog unterscheidet man *extensionale* und *intensionale Prädikate*. Alle Relationen des Schemas sind extensionale Prädikate, während Anfragen intensionale Prädikate sind. Die Extension eines extensionalen Prädikats ist unmittelbar durch die konkrete Datenbankinstanz, also die in einer konkreten Datenbank in einer Relation vorhandenen Tupel, definiert; im Unterschied dazu müssen die Extensionen intensionaler Prädikate aus extensionalen Prädikaten berechnet werden.

Eine (konjunktive) Datalog-Anfrage besteht aus zwei Teilen: dem *Kopf* und dem *Rumpf*. Der Kopf gibt der Anfrage einen Namen und bestimmt, welche Variablenbindungen des Rumpfes zum Ergebnis der Anfrage gehören sollen. Er entspricht damit der `SELECT`-Klausel einer SQL-Anfrage. Der Rumpf besteht aus extensionalen Prädikaten, Verknüpfungen zwischen diesen Prädikaten durch Equi-Joins und Bedingungen an eine Variable. Er entspricht damit den `FROM`- und dem `WHERE`-Klauseln von SQL-Anfragen.

*Kopf und Rumpf einer Anfrage*

Betrachten wir als Beispiel die folgende SQL-Anfrage aus dem vorherigen Kapitel:

```
SELECT titel, jahr, genre, adresse
FROM   film , studio
WHERE  film.studio = studio.name
```

In Datalog-Notation erscheint diese Anfrage, die wir $q$ nennen wollen, wie folgt (wir benutzen für Datalog-Anfragen eine $Formel$-schrift im Unterschied zur `Schema`-Schrift von SQL):

$$\begin{aligned} q(titel, jahr, genre, adresse) \quad :- \quad & film(titel, regisseur, jahr, genre, studioID), \\ & studio(studioID, name, adresse); \end{aligned}$$

Im Unterschied zu SQL werden Attribute nicht durch ihren Namen referenziert, sondern durch ihre *Position im Prädikat*. Daher werden sie in der Regel abgekürzt; welches Attribut mit einem Variablennamen gemeint ist, ergibt sich durch dessen Position. Variable, die nur einmal auftauchen, ersetzen wir außerdem durch das Symbol »_«. Alle nach 1970 im »Universal«-Studio gedrehten Filme erhält man damit durch die folgende Anfrage:

*Attribute werden über Positionen adressiert*

$$\begin{aligned} q'(T, J, G, A) \quad :- \quad & film(T, \_, J, G, S), studio(S, N, A), \\ & N = \text{`}Universal\text{`}, J > 1970; \end{aligned}$$

Für konjunktive Datalog-Anfragen führen wir eine Reihe von Begriffen ein, die wir später im Buch noch an verschiedenen Stellen brauchen werden[7].

[7] Der Begriff *konjunktive Anfragen* bezeichnet in der Forschung oft eine größere Klasse von Anfragen, insbesondere auch solche, die Bedingungen der Form $v_1 \neq v_2$ oder $v_1 < v_2$ enthalten. Für Anfragen mit Bedingungen dieser Art werden aber die Anfrageplanungsalgorithmen (siehe Ab-

*Definition 2.2*
*Konjunktive Datalog-Anfragen*

**Definition 2.2**
Sei $V$ eine Menge von Variablensymbolen und $C$ eine Menge von Konstanten. Eine *konjunktive Datalog-Anfrage* $q$ ist eine Anfrage der Form:

$$q(v_1, v_2, \ldots, v_n) \;\;:-\;\; r_1(w_{1,1}, \ldots, w_{1,n_1}), r_2(w_{2,1}, \ldots w_{2,n_2}), \ldots,$$
$$r_m(w_{m,1}, \ldots, w_{m,n_m}), k_1, \ldots, k_l;$$

mit extensionalen Prädikaten $r_1, r_2, \ldots r_m$, $v_i \in V$, $w_{i,j} \in V \cup C$ und $\forall v \in V : \exists i, j : w_{i,j} = v$ und $\forall c \in C : \exists i, j : w_{i,j} = c$. Alle $k_i$ haben für beliebige $v_1, v_2 \in V$ und $c \in C$ die Form $v_1 < c$, $v_1 > c$, $v_1 = c$ oder $v_1 = v_2$. Dann ist:

- $head(q) = q(v_1, v_2, \ldots, v_n)$ der Kopf von $q$,
- $body(q) = r_1(w_{1,1}, \ldots), r_2(w_{2,1}, \ldots), \ldots, r_m(w_{m,1}, \ldots)$ der Rumpf von $q$,
- $exp(q) = \{v_1, v_2, \ldots, v_n\}$ die Menge der *exportierten Variablen* von $q$,
- $var(q) = V$ die Menge aller Variablen von $q$,
- $const(q) = C$ die Menge aller Konstanten von $q$,
- $sym(q) = C \cup V$ die Menge aller Symbole von $q$,
- $r_1, r_2, \ldots r_m$ sind die *Literale* von $q$, und
- $cond(q) = k_1, \ldots k_l$ sind die Bedingungen von $q$. ■

*Sichere Datalog-Anfragen*
*Normalform*

Man bezeichnet eine Datalog-Anfrage als *sicher*, wenn alle ihre exportierten Variablen im Rumpf gebunden werden. Sie ist in Normalform, wenn sie keine Bedingungen der Form $v = c$ mit $v \in var(q)$ und $c \in const(q)$ oder $v_1 = v_2$ mit $v_1, v_2 \in var(q)$ enthält.

*Auswertung von Datalog-Anfragen*

Datalog-Anfragen werden über einer konkreten Datenbankinstanz ausgewertet. Konzeptionell werden dazu die Variablen in den extensionalen Prädikaten an Tupel der jeweiligen Relationen gebunden. Im zweiten Schritt werden alle Kombinationen dieser Bindungen gebildet und für jede Kombination alle Bedingungen des Rumpfes überprüft. Von den Kombinationen, die alle Bedingungen erfüllen, werden die Werte der exportierten Variablen extrahiert und zum Ergebnis zusammengefasst. Die Kommata des Rumpfes symbolisieren daher ein logisches AND. In echten Systemen werden selbstverständlich effizientere Auswertungsmethoden als die hier beschriebenen benutzt.

schnitt 6.4) ungleich komplizierter. Wir beschränken uns daher auf Equi-Joins.

Eine extensionale Relation kann mehrmals als Literal in einer Anfrage vorkommen. Die folgende Anfrage hat beispielsweise drei Literale, die zwei verschiedene Relationen adressieren, und berechnet alle Filme, die in zwei unterschiedlichen Studios gedreht wurden[8]:

$$\begin{aligned} q(T) \;\; :- \;\; & film(T,\_,\_,\_,S), studio(S,N_1,\_), studio(S,N_2,\_), \\ & N_1 < \text{‘}LLL\text{‘}, N_2 > \text{‘}LLL\text{‘}; \end{aligned}$$

### 2.2.4 SQL/XML

*SQL mit XML-Daten*

Der SQL-Standard kennt viele Erweiterungen, etwa für die Definition eigener Funktionen (*User Defined Functions*) mittels SQL oder die Verknüpfung von SQL mit Programmiersprachen. Eine in unserem Kontext wichtige Erweiterung ist *SQL/XML*, spezifiziert in Abschnitt 14 in [131]. Der Standard beschreibt, wie relationale Datenbanksysteme mit XML-Daten umgehen sollen (siehe Abbildung 2.8). Der wesentliche Grundbaustein der Erweiterung ist ein *neuer Datentyp*, nämlich der `XML`-Datentyp. Wird in einer Relation ein Attribut mit dem Typ `XML` angelegt, lassen sich darin XML-Dokumente und XML-Fragmente, also einzelne XML-Elemente oder eine Menge von XML-Elementen (ein Wald), speichern. Die folgende Anfrage erzeugt eine Relation mit einem XML-Attribut.

*SQL/XML*

```
CREATE TABLE film (
  filmID      INTEGER,
  titel       CHAR(50),
  regisseur   CHAR(30),
  besprechungXML );
```

Umgekehrt können relational gespeicherte Daten (und auch als `XML` gespeicherte Daten) mit Hilfe spezieller Funktionen als XML-Dokument zurückgegeben werden. Die eingeführten XML-Funktionen sind nachfolgend aufgelistet. Einige werden wir anschließend an einem Beispiel erklären.

[8]Wenn der Name eines Studios ein Schlüssel für `studio` ist. Wir verwenden die etwas komplizierte Schreibweise, um nicht eine in unserer Definition von konjunktiven Anfragen unzulässige Bedingung der Art $N_1 \neq N_2$ verwenden zu müssen.

***Infokasten 2.3***
*Weitere relationale Anfragesprachen*

*Datalog* kann als eine Erweiterung der klassischen relationalen Algebra um rekursive Anfragen verstanden werden. Um rekursive Anfragen zuzulassen, muss man nur die Verwendung intensionaler Prädikate in der Definition intensionaler Prädikate erlauben. Betrachten wir als Beispiel eine Graphdatenbank mit einer Relation `kante( X, Y)`. Ein Tupel $(x, y)$ in `kante` repräsentiert eine Kante zwischen einem Knoten $x$ und einem Knoten $y$ in einem Graphen. Mit dem folgenden rekursiven Datalog-Programm können wir nun feststellen, ob es einen Pfad zwischen zwei Knoten $x$ und $z$ gibt:

$$pfad(x,z) \quad :- \quad kante(x,z);$$
$$pfad(x,z) \quad :- \quad kante(x,y), pfad(y,z);$$

Wir benötigen zwei Datalog-Regeln für das intensionale Prädikat `pfad`, was einer `UNION` zweier Anfragen entspricht. Die erste Regel besagt, dass es einen Pfad von $x$ nach $z$ gibt, wenn es eine Kante von $x$ nach $z$ gibt – dies entspricht einem Pfad der Länge eins. Die zweite, rekursive Regel besagt, dass es einen Pfad von $x$ nach $z$ gibt, wenn es eine Kante von $x$ zu einem beliebigen Knoten $y$ gibt und es außerdem einen Pfad von $y$ zu $z$ gibt.

Es existieren weitere Sprachen für relationale Daten. Datalog ist eng verwandt zum *Domänenkalkül*, einer Sprache, die auf der Verknüpfung und Instantiierung von Variablen an Attribute einer logischen Formel basiert. Auf dem Domänenkalkül basiert wiederum die Sprache *Query By Example* (QBE), die die Grundlage für die visuellen Anfragemöglichkeiten von Microsoft Access bildet. *Prolog* ist eine deklarative Programmiersprache, die man als Erweiterung von Datalog um Konzepte »echter« Programmiersprachen verstehen kann, insbesondere Funktionen und mengenwertige Datentypen.

*Funktionen zur Erzeugung von XML aus Relationen*

- `XMLGEN` erzeugt ein XML-Element mittels einer XQuery-Anfrage. Diese Funktion ist die allgemeinste und subsumiert die folgenden Funktionen, die lediglich abkürzende Schreibweisen bieten.
- `XMLELEMENT` erzeugt ein XML-Element aus einer Werteliste (siehe Beispiel).
- `XMLFOREST` erzeugt eine Menge (einen Wald) von XML-Elementen.

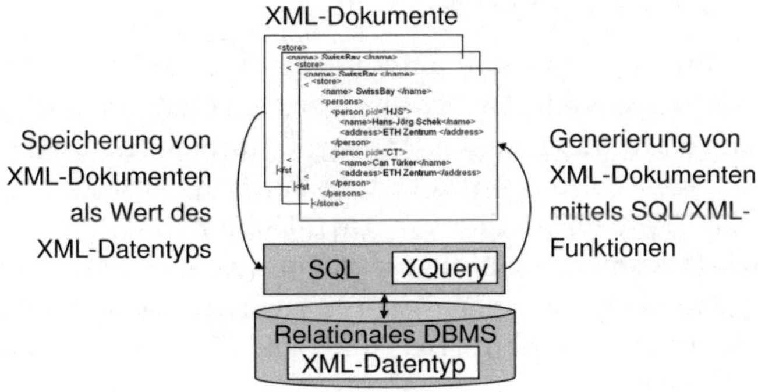


***Abbildung 2.8*** *Erweiterung eines relationalen DBMS mit SQL/XML (Quelle: [280])*

- XMLCONCAT konkateniert mehrere XML-Elemente zu einem Wald.
- XMLAGG aggregiert (= konkateniert) die XML-Elemente einer Gruppe von Werten (siehe Beispiel).

*Beispiele*

Die folgende Anfrage erzeugt eine Tabelle mit nur einer Spalte (film), in deren Zeilen jeweils ein XML-Fragment nach dem Muster <film ID='xy'>abc</film> steht:

```
SELECT XMLELEMENT(NAME 'film', XMLATTRIBUTES(ID),
       titel) AS film
FROM   film
```

Die nächste Anfrage gruppiert Filme nach Regisseuren und erzeugt eine Tabelle mit zwei Spalten und Zeilen mit dem Muster Scott, <film>Alien</film>...<film>Troja</film>. Filme werden also pro Regisseur aggregiert:

```
SELECT   regisseur, XMLAGG(XMLELEMENT(
         NAME 'film', titel)) AS film
FROM     film
GROUP BY regisseur
```

*Weitere Bestandteile von SQL/XML*

Außerdem definiert der Standard die Abbildung zwischen den Datentypen des XML-Modells und des relationalen Modells, zwischen den Datenwerten der beiden Datenmodelle, zwischen den Zeichensätzen und zwischen Schemata beider Modelle. Derzeit implementieren die meisten Datenbankhersteller aber nur eine Teilmenge der SQL/XML Funktionalität aus und haben die vollständige Umsetzung des Standards auf spätere Versionen verschoben.

### 2.2.5 XML-Anfragesprachen

*XPath, XQuery und XSLT*

Mit dem XML-Datenmodell entstand ein Vielzahl an Vorschlägen für eine entsprechende Anfragesprache, von denen sich *XPath*[9] zur Selektion von Knotenmengen, *XQuery*[10] zur Selektion, Strukturierung und Aggregation von XML und die Transformationssprache *XSLT*[11] zur Transformation von XML-Dokumenten, insbesondere in HTML-Dokumente, durchgesetzt haben. Wir stellen kurz die grundlegenden Operationen dieser Sprachen anhand von Beispielen vor und verweisen auf [151], [80] und [167] für eingehendere Beschreibungen.

#### XPath

*Navigation im XML-Baum*

Ausgehend von der Betrachtung eines XML-Dokuments als Baum und einem Kontextknoten, erlaubt XPath (1) die *Pfad-Navigation* in diesem Baum entlang mehrerer *Achsen*, (2) die Spezifikation von Bedingungen an die Knoten entlang des Pfades und (3) Funktionsaufrufe.

Der folgende XPath-Ausdruck kann auf die XML-Daten aus Abbildung 2.6 angewendet werden und selektiert, ausgehend von der Wurzel, die Menge aller Titel von Filmen der Paramount-Studios:

```
/filmdb/studio[name='Paramount']//titel/text()
```

*Weitere Achsen*

Dabei bezeichnet `/` den Achsenschritt zu einem Kindknoten mit dem entsprechenden Namen, `//` den Achsenschritt zu einem Nachfolger und `text()` den Textinhalt des eines Elements. Neben den Achsenschritten zu Kindern und Nachfolgern gibt es insgesamt elf weitere Achsen, die zum Beispiel Navigation zu Elternknoten, Geschwisterknoten, Vorgängerknoten oder Attributen gestatten.

#### XQuery

*Erweiterung von XPath*
*FLWOR-Anfragen*

Die Anfragesprache XQuery erweitert XPath um viele Konstrukte, wie Variablen, Funktionen oder logische Verknüpfungen von Bedingungen. Die wichtigste Erweiterung sind die so genannten *FLWOR-Ausdrücke*, bestehend aus einer `FOR`-Klausel, einer `LET`-Klausel, einer `WHERE`-Klausel, einer `ORDER BY`-Klausel und einer

[9] Siehe `www.w3.org/TR/xpath`.
[10] Siehe `www.w3.org/TR/xquery`.
[11] Siehe `www.w3.org/TR/xslt`.

RETURN-Klausel. Die folgende XQuery, ausgewertet auf dem Dokument aus Abbildung 2.6 (Seite 27), sortiert und listet alle Studios, die einen Film von Scott produziert haben:

```
<result>
 {
  for    $studio in fn:doc("filme.xml")/filmdb/studio
  let    $film := $studio/filme/film
  where  $film/regisseur/text() = 'Scott'
  order by $studio/name
  return <studio>{$studio/name/text()}</studio>
 }
</result>
```

In einer XQuery-Anfrage beginnen die Namen von Variablen mit einem $. Variable werden an Teilbäume des XML-Dokuments gebunden. Der FOR Ausdruck iteriert über all <studio>-Elemente, der LET-Ausdruck bindet die Variable $studio an alle <film>-Elemente in dem Studio, und der WHERE-Ausdruck prüft die Bedingung an den Regisseur. Der RETURN-Ausdruck schließlich generiert ein neues XML-Element für jedes Studio und schreibt den Namen des Studios hinein. Das gesamte Ergebnis wird mit einem <result>-Element umgeben. Möglichkeiten zur *Strukturierung von Anfrageergebnissen* sind eine wesentliche Stärke der XQuery-Sprache.

### XSLT

*Transformation von XML-Dokumenten*

Die EXtensible Stylesheet Language for Transformations (XSLT) ist eine weit verbreitete Sprache zur Transformation von XML-Dokumenten. XSLT-Programme bestehen aus *Transformationsregeln*, die sukzessive auf die Elemente eines XML-Dokuments angewandt werden. Dabei werden XPath-Ausdrücke zur Selektion von Elementen verwendet. XSLT-Programme sind selbst wiederum XML-Dokumente.

Der folgende XSLT-Ausdruck transformiert das XML-Dokument aus Abbildung 2.6 in ein HTML-Dokument, das tabellarisch Filme und Regisseure listet:

```
<xsl:stylesheet version="1.0">
 <xsl:template match="/">
   <html> <head><title>File</title></head>
   <body>
   <table>
     <xsl:apply-templates select="//film"/>
   </table>
   </body>
   </html>
 </xsl:template>
 <xsl:template match="//film">
   <tr>
     <td><xsl:value-of select="./titel"/></td>
     <td><xsl:value-of select="./regisseur"/></td>
   </tr>
 </xsl:template>
</xsl:stylesheet>
```

Das Programm definiert zwei Schablonen (templates). Die erste Schablone matcht nur den Wurzelknoten (`match="/"`), generiert einmalig die HTML-Umgebung und prüft dann für alle Filme, ob eine weitere Schablone zutrifft. Die zweite Schablone spezifiziert, wie die Kindelemente von Filmen in Felder einer Tabelle verwandelt werden.

*XSLT als XML-Anfragesprache*

Die Zielstruktur von XSLT muss natürlich nicht HTML, sondern kann ein beliebiges XML-Schema sein. Insofern ist XSLT auch eine XML-Anfragesprache.

## 2.3 Weiterführende Literatur

Die in diesem Kapitel vorgestellten Modelle und Sprachen sind größtenteils Standardwissen in der Informatik. Entsprechend existieren viele Lehrbücher, die weit über unsere Darstellung hinausgehen und auch vielfältige Hinweise auf und Referenzen für Spezialthemen enthalten.

### Das relationale Datenmodell

Die Literatur zum relationalen Datenmodell und zu relationalen Datenbanken ist so umfangreich, dass es schwer fällt, Empfehlungen auszusprechen. Immer noch lesenswert ist die ursprüngliche Artikelreihe von Codd beginnend mit [54], die sehr gut von Date zusammengefasst wird [66]. Die zwei meistzitierten englischen

Werke sind die zwei Bände von Ullman [283, 284], die eher theoretisch orientiert sind. Auch auf Deutsch sind viele hervorragende Lehrbücher zu relationalen Datenbanken erschienen, etwa von Heuer und Saake [124] oder von Elmasri und Navathe [81]. Zur Sprache SQL empfehlen wir das Buch von Türker, das sich bereits auf den SQL-2003-Standard bezieht und so unter anderem die Erweiterung SQL/XML bespricht [280].

### Das XML-Datenmodell

Auch zum XML-Datenmodell sind in den letzten Jahren einige Bücher erschienen. Eine Einführung in die XML-Syntax und Hinweise zur Modellierung von XML-Daten geben Eckstein und Eckstein [80]. Den Zusammenhang zwischen XML und Datenbanken beleuchten Klettke und Meyer [151]. Auch die Überführungsmöglichkeiten zwischen XML und dem relationalen Modell werden in dem Buch ausführlich erläutert. XPath und XQuery werden eingehend von Lehner und Schöning behandelt [167].

### Weitere Datenmodelle

Prominente Beispiele anderer Datenmodelle, die in diesem Buch nicht behandelt werden, sind Legacy-Datenmodelle wie das hierarchische Model, das Netzwerkmodell und das objektorientierte Datenmodell [47].

Das hierarchische Modell ist eines der ältesten Datenmodelle und bildet die Grundlage des weit verbreiteten IMS-Datenbanksystems (IBM). Datensätze können mit einer Eltern-Kind-Beziehung verknüpft werden um *1:n*-Beziehungen auszudrücken. Das Netzwerkmodell, auch unter dem Namen CODASYL bekannt, erlaubt es, ähnlich dem objektorientierten Datenmodell, Datensätze mittels Zeigern zu Mengen zu verknüpfen. In beiden Modellen erfolgt der Zugriff auf die Daten nur navigierend entlang der Zeiger und nicht deklarativ mittels einer höheren Sprache wie SQL.

Ein weiteres wichtiges Datenmodell ist das objektorientierte Datenmodell. Aufbauend auf diesem ursprünglich für Programmiersprachen entwickelten Paradigma wurden in den 90er Jahren kommerzielle objektorientierte Datenbanken, wie $O_2$, Versant oder ObjectStore, entwickelt, die heute aber nur noch geringe Bedeutung haben – was daran liegen mag, dass viele Hersteller von ursprünglich rein relationalen DBMS ihre Datenmodelle um objektrelationale Konzepte erweitert haben. Diese haben auch in neueren SQL-Standards Einzug gehalten [280]. Grundlagen und Techniken objektorientierter und objektrelationaler Datenbanken werden in [281] detailliert besprochen.

Semistrukturierte Datenmodelle tauchten in der Literatur erstmals mit den Projekten UNQl [37] und TSIMMIS [50] auf. Die dabei entstandenen Arbeiten waren grundlegend für die spätere Entwicklung von XML und insbesondere der Anfragesprachen für XML. Eine sehr gute Übersicht dazu findet man in [36].

Schließlich darf nicht unerwähnt bleiben, dass es weitere Datenmodelle gibt, die nur zur Modellierung der Daten dienen, jedoch nicht zur Speicherung. Weit verbreitete Modelle zum Datenbankentwurf sind das Entity-Relationship-Modell (ER-Modell) [52] und die Unified Modeling Language (UML) [29]. Die Integration dieser Modelle wird in diesem Buch nicht besprochen – wir konzentrieren uns auf Modelle, die direkt zur Datenspeicherung geeignet sind, also das relationale Modell und das XML-Datenmodell.

# 3 Verteilung, Autonomie und Heterogenität

Nachdem wir im vorigen Kapitel typische Datenmodelle, Formate und Anfragesprachen der zu integrierenden Datenquellen beschrieben haben, wenden wir uns nun der Frage zu, warum Informationsintegration ein so komplexes Thema ist.

*Hauptproblem bei der Integration: Semantik*

Einem Menschen fällt es in der Regel nicht schwer, Informationen aus verschiedenen Quellen zusammenzufügen. Stellen wir uns zwei Zeitungsartikel vor, den einen in gedruckter Form und den anderen in der Onlineausgabe einer Zeitung. In einem aus dem Jahr 2000 stammenden Artikel wird die Höhe des Einkommens deutscher Bundeskanzler von 1950 bis 2000 im Text als ausgeschriebene Zahlen dargestellt, während im zweiten Artikel in tabellarischer Form die höchsten Gehaltsstufen des aktuellen deutschen Beamtentarifs aufgelistet sind. Zu jeder Gehaltsstufe ist beispielhaft eine Person angegeben, deren Gehalt nach dieser Gehaltsstufe bemessen wird. Für eine der Gehaltsstufen ist als Beispiel Gerhard Schröder aufgeführt. Aus diesen beiden Artikeln kann ein menschlicher Leser problemlos die Entwicklung der Gehälter deutscher Bundeskanzler von 2000 bis September 2005 fortschreiben, obwohl dazu eine Reihe von Überlegungen anzustellen sind:

*Hintergrundwissen ist notwendig*

- Die Gehälter in dem Artikel aus dem Jahr 2000 werden in Deutscher Mark angegeben, während aktuelle Gehaltsstufen in Euro festgelegt sind.
- Gerhard Schröder war bis September 2005 deutscher Bundeskanzler.
- Man muss zwischen der Darstellung von Informationen in einer Tabelle (zweiter Artikel) und im Freitext (erster Artikel) »umschalten«.
- Man muss Zahlen in ausgeschriebener Form und in Zifferndarstellung erkennen können.

- Für einen groben Vergleich kann man die Begriffe Einkommen und Gehalt synonym verwenden.
- Als Hintergrundwissen sollte noch berücksichtigt werden, dass sich das deutsche Beamtentarifrecht in den letzten Jahren nicht wesentlich gewandelt hat, die Zahlen also miteinander in eine Reihe gesetzt werden können.
- Ebenso ist es wichtig zu wissen, dass Gehälter dieser Stufen für gewöhnlich am Beginn jeder Legislaturperiode neu festgelegt und dann nicht mehr geändert werden.

*Zusammenführung von Informationen*

Damit überbrückt ein Leser spielend eine Reihe von Schwierigkeiten, die sich aus der Tatsache ergeben, dass die beiden Datenquellen *heterogen* sind. Diese Heterogenität fällt einem Menschen meistens nicht auf, machen einem Computerprogramm das Zusammenführen der Informationen – also die Informationsintegration – aber sehr schwer. Im Beispiel finden wir semantische Heterogenität (Deutsche Mark versus Euro), Datenmodellheterogenität (Tabelle versus Freitext), Zugriffsheterogenität (gedruckter Artikel versus Onlineausgabe) und syntaktische Heterogenität (ausgeschriebene Form versus Ziffernddarstellung von Zahlen).

*Verteilung, Heterogenität und Autonomie*

Im Folgenden stellen wir die drei Grundprobleme dar, die die Konstruktion von Systemen zur Informationsintegration zu einer herausfordernden Aufgabe machen: die *physische Verteilung* von Daten, die *Autonomie* der die Daten verwaltenden Datenquellen und die verschiedenen Formen von *Heterogenität* zwischen Datenquellen und dem Integrationssystem. Diese Problemfelder werden auch als die *orthogonalen Dimensionen* der Informationsintegration bezeichnet (siehe Abbildung 3.1).

***Abbildung 3.1*** *Dimensionen der Informationsintegration*

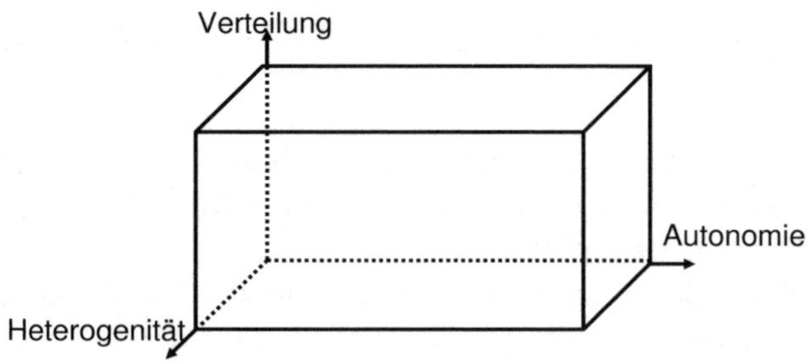


Bei der Integration können in jeder der Dimensionen unabhängig voneinander Probleme auftauchen, wobei Autonomie praktisch immer mit Heterogenität Hand in Hand geht (siehe Abschnitt 3.3).

In typischen Projekten treten immer alle drei Probleme gleichzeitig auf; das heißt, Datenquellen sind verteilt und heterogen und werden von autonomen Organisationen betreut.

## 3.1 Verteilung

Das offensichtlichste Hindernis zur Integration von Daten ist dann gegeben, wenn sie verteilt sind, also auf *unterschiedlichen Systemen* liegen. Wir gehen dabei immer davon aus, dass diese Systeme untereinander vernetzt sind, da sonst der Zugriff durch das Integrationssystem rein technisch gar nicht möglich wäre. Beispielsweise sind Datenquellen, auf die man über eine Webschnittstelle zugreift, verteilt: Der Browser zeigt nur einen Ausschnitt der Daten an, der von einem Webserver zur Verfügung gestellt wird. Die eigentlichen Daten werden aber auf dem Webserver oder einem von diesem angesteuerten Rechner verwaltet – irgendwo auf der Welt.

*Zwei Aspekte von Verteilung*

Verteilung hat zwei Aspekte, nämlich den der physischen und den der logischen Verteilung:

- Daten sind *physisch verteilt*, wenn sie auf physisch getrennten und damit meist auch geografisch entfernten Systemen verwaltet werden.
- Daten sind *logisch verteilt*, wenn es für ein Datum mehrere mögliche Orte zu seiner Speicherung gibt.

Prinzipiell sind diese beiden Eigenschaften voneinander unabhängig. Beispielsweise wird bei der *Replikation* von Datenbanken eine physische Verteilung vorgenommen, die keine logische Verteilung mit sich bringt. Andererseits erzeugt eine zur Optimierung eingeführte *Redundanz* innerhalb eines Schemas bereits logische Verteilung, da semantisch identische Daten plötzlich in mehreren Tabellen repräsentiert sind.

### Physische Verteilung

*Lokalisierung von Daten*

Physische Verteilung bringt für die Integration verschiedene Schwierigkeiten mit sich. Zunächst müssen die *physischen Orte der Daten*, also Rechner, Server und Port, im Netzwerk identifizierbar und im laufenden Betrieb lokalisierbar sein. Dies geschieht für die Anwendung in der Regel vollkommen transparent. Im Internet benutzen Anwendungen Namen (URLs) zur Identifizierung von entfernten Rechnern und Diensten, ohne dass sie noch Kenntnis darüber brauchen, wo sich diese tatsächlich befinden. Die Lokalisierung ist Aufgabe der *Netzwerkebene* eines Rechnersystems, die dazu Protokolle wie TCP/IP benutzt. Die damit verbundene Problematik ist aber nicht Inhalt dieses Buches. Entsprechende Literatur geben wir in Abschnitt 3.5 an.

*Adressierung mehrerer Schemata*

Als Zweites bringt physische Verteilung immer mit sich, dass Daten in verschiedenen Schemata vorliegen. Herkömmliche Anfragesprachen sind aber nicht in der Lage, Anfragen an *Tabellen in unterschiedlichen Schemata* zu formulieren. Daher ist es notwendig,

- entweder Anfragen über den Gesamtdatenbestand in verschiedene, schemaspezifische Anfragen zu zerlegen und die Ergebnisse in dem Integrationssystem wieder zu vereinen
- oder Sprachen zu entwickeln, die mit mehreren Schemata in einer Anfrage umgehen können.

*Globales Schema versus Multidatenbanksprache*

Die erste Variante basiert auf dem Vorhandensein eines *globalen Schemas* und erfordert komplexe Algorithmen, die wir in Kapitel 6 vorstellen werden. Die zweite Lösung, die wir in Abschnitt 5.4 erläutern werden, fasst man unter dem Begriff *Multidatenbanksprachen* zusammen. Der Zugriff auf die Datenquellen erfolgt hier ohne globales Schema.

*Optimierung verteilter Anfragen*

Das dritte Problem, das mit physischer Verteilung einhergeht, sind die geänderten Anforderungen an die Anfrageoptimierung. In zentralen Datenbanken ist es die Hauptaufgabe des Optimierers, die zur Beantwortung einer Anfrage verursachte Menge von Zugriffen auf den Sekundärspeicher klein zu halten, da diese Zugriffe um Größenordnungen mehr Zeit brauchen als Berechnungen im Hauptspeicher. Bei verteilten Datenbeständen müssen dagegen die *Zugriffe über das Netzwerk* möglichst minimiert werden, da diese nun um Größenordnungen mehr Zeit brauchen als Sekundärspeicherzugriffe. Netzwerkzugriffe haben darüber hinaus spezielle Eigenschaften, wie die verhältnismäßig lange Zeit zum *Aufbau einer Verbindung* und Beschränkungen in der Bandbreite (siehe Abschnitt 6.5).

#### Logische Verteilung

*Daten ohne festen Platz*

Aus logischer Perspektive bedeutet Verteilung, dass identische Daten im Gesamtsystem an verschiedenen Stellen liegen können. Logische Verteilung liegt damit schon vor, wenn man in einer zentralen Datenbank zwei Tabellen `film1` und `film2` anlegt, ohne dass klar wäre, wie sich Filme in den beiden Tabellen voneinander unterscheiden sollen. Um in einer solchen Situation alle Filme zu berechnen, muss ein Benutzer zwei Anfragen bzw. eine Anfrage mit einer `UNION`-Operation ausführen. Ist dagegen klar, dass in Tabelle `film1` alle Filme gespeichert werden, die vor dem Jahr 2000 gedreht wurden, und in `film2` alle danach gedrehten Filme, so liegt keine logische Verteilung vor, sondern nur eine ungeschickte Benennung von Tabellen. Die charakteristische Eigenschaft der logischen Verteilung ist also die *Überlappung* in der Intension verschiedener Datenspeicherorte – was das genau bedeutet, werden wir in Abschnitt 3.3.6 ausführlich erläutern. Dabei ist es unerheblich, ob diese Systeme tatsächlich an verschiedenen physischen Orten stehen – zwei Datenbankinstanzen auf einem Rechner bedingen bereits logische Verteilungsprobleme.

*Redundanz*

Von zentraler Bedeutung ist in dieser Situation die *Redundanz* im System. Wenn semantisch gleiche Daten an verschiedenen Orten liegen können, bezeichnen wir das System als redundant. Um bei Vorliegen von Redundanz ein *konsistentes Gesamtbild* zu erhalten, muss die Redundanz streng kontrolliert werden (etwa durch Trigger oder Replikationsmechanismen) – es muss erzwungen werden, dass an den verschiedenen Orten auch immer dieselben Daten vorliegen. Bei der Informationsintegration hat man es aber typischerweise mit *unkontrollierter Redundanz* zu tun, da die verschiedenen Datenbestände unabhängig voneinander gepflegt werden. Daraus ergeben sich mehrere Probleme:

- *Lokalisation* — Für einen Benutzer ist nicht klar, in welchen Systemen er welche Daten findet. Das Integrationssystem muss daher Metadaten zu Verfügung stellen, die eine *Datenlokalisation* ermöglichen, beispielsweise in Form eines Katalogs aller Schemata und deren Beschreibungen oder eines globalen Schemas mit Abbildungen in Quellschemata (siehe Abschnitt 6.2).
- *Duplikate* — Können Daten in verschiedenen Orten liegen, so werden *Duplikate* existieren, d.h., Objekte, die an beiden Orten gespeichert sind. Diese müssen vom System erkannt werden (siehe Abschnitt 8.2).
- *Widersprüche* — Redundante Daten können *Widersprüche* enthalten, die im Sinne einer homogenen Präsentation aufgelöst werden müssen (siehe Abschnitt 8.3).

### Gewollte versus ungewollte Verteilung

*Bewusste Verteilung*

Verteilung ist nicht per se ein Ärgernis, sondern der Einsatz von Verteilung ist oft eine *bewusste Designentscheidung* (siehe Abschnitt 10.1). Datenverteilung ist eine nützliche Hilfe zur Lastverteilung, zur Ausfallsicherheit und zum Schutz vor Datenverlust.

*Replikation und Verteilung*

Zur *Lastverteilung* werden Daten auf verschiedenen Rechnern repliziert, also logisch und physisch verteilt, die dann wechselseitig Anfragen an die Datenbestände bearbeiten können. Ebenso kann die *Ausfallsicherheit* von Anwendungen durch Datenreplikation erhöht werden, da bei Ausfall eines Rechners eine Bearbeitung der Daten durch die anderen Systeme möglich ist. Schließlich bilden physikalisch weit verteilte Datenbestände einen wirksamen Schutz vor *Datenverlust* durch Katastrophen wie Brand oder Erdbeben.

*Kontrollierte oder unkontrollierte Redundanz*

All diesen Fällen ist gemeinsam, dass die Verteilung der Daten von *zentraler Stelle* aus kontrolliert wird. Die Datenkonsistenz wird durch aufwändige Mechanismen wie das *2-phase-commit*-Protokoll gesichert [61]. Im Gegensatz dazu ist die Verteilung von Daten in typischen Integrationsprojekten *historisch gewachsen oder organisatorisch bedingt* und daher unkontrolliert redundant.

## 3.2 Autonomie

*Autonomie: Praktisch unvermeidbar*

Im Kontext der Informationsintegration bezeichnet Autonomie die Freiheit der Datenquellen, unabhängig über die von ihnen verwalteten Daten, ihre Struktur und die Zugriffsmöglichkeiten auf diese Daten zu entscheiden. Autonome Datenquellen trifft man immer an, wenn unternehmensübergreifend bereits bestehende Systeme integriert werden sollen. Auch innerhalb von Organisationen werden Systeme oft autonom entwickelt, etwa wenn Abteilungen Eigenentwicklungen vorantreiben. Es scheint ein generelles Bestreben von Menschen zu sein, sich *größtmögliche Autonomie* in ihren Entscheidungen zu erhalten, und dieses Bestreben findet man auch bei der Entwicklung von Informationssystemen, selbst wenn es Unternehmensinteressen direkt entgegen läuft. Da, wie wir sehen werden, Autonomie fast immer schwierige Heterogenitätsprobleme erzeugt, ist die *Einschränkung von Autonomie* ein probates Mittel, um Integration zu erleichtern. Gleichzeitig ist dieses Ziel aber auch sehr schwer zu erreichen, wie man an den langwierigen Prozessen typischer Standardisierungsgremien sehen kann. Man muss bei der Informationsintegration daher meistens mit hoher Autonomie und allen damit verbundenen Folgen leben.

Prinzipiell kann man vier Arten von Autonomie unterscheiden: Designautonomie, Schnittstellenautonomie, Zugriffsautonomie und juristische Autonomie.

*Verschiedene Arten von Autonomie*

#### Designautonomie

Eine Datenquelle besitzt Designautonomie, wenn sie frei entscheiden kann, in welcher Art und Weise sie ihre Daten zur Verfügung stellt. Dies umfasst insbesondere das Datenformat und das Datenmodell, das Schema, die syntaktische Darstellung der Daten, die Verwendung von Schlüssel- und Begriffssystemen und die Einheiten von Werten.

Designautonomie ist die Ursache der für die Informationsintegration schwierigsten Arten von Heterogenität, nämlich der strukturellen, semantischen und schematischen Heterogenität (siehe Abschnitt 3.3). Daher ist es verlockend, sie in Projekten einzuschränken, indem man Austauschformate, Schemata oder Zugriffsschnittstellen festlegt. Dies wird oftmals angewandt, wenn Unternehmen ihre Systeme miteinander vernetzen und ein Unternehmen dabei dominierend ist. So schreiben Automobilhersteller ihren Zulieferern oft detailliert vor, wie der Zugriff auf deren IT-Systeme erfolgen soll.

#### Schnittstellenautonomie

Schnittstellenautonomie bezeichnet die Freiheit jeder Datenquelle, selber zu bestimmen, mit welchen technischen Verfahren auf die von ihr verwalteten Daten zugegriffen werden kann. Beispielsweise kann sie festlegen, welches Protokoll und welche Anfragesprache benutzt werden muss. Schnittstellenautonomie hängt eng mit Designautonomie zusammen, da die Art der Datenrepräsentation auch die Art des Zugriffs bestimmt oder zumindest stark einschränken kann. Typische Schnittstellen sind heute HTTP-Schnittstellen oder Webformulare (siehe Abschnitt 6.6), Web-Services mit dem Austauschprotokoll SOAP (siehe Abschnitt 10.4), oder JDBC mit der Anfragesprache SQL (siehe Abschnitt 10.1).

Auch die Schnittstellenautonomie kann in Projekten durchaus eingeschränkt werden: So schreibt die Bundesfinanzaufsicht (Bafin) gemäß §24c des Kreditwesengesetzes KWG im Rahmen des so genannten automatisierten Abrufverfahrens jeder deutschen Bank vor, bestimmte Daten über Konten über eine genau definierte Schnittstelle zur Verfügung zu stellen.

### Zugriffsautonomie

Zugriffsautonomie ist gegeben, wenn eine Datenquelle frei entscheiden kann, wer auf welche der von ihr verwalteten Daten zugreifen kann. Dies betrifft insbesondere Fragen der Benutzerkonten, der *Authentifizierung* und der *Autorisierung*. Neben der binären Entscheidung »Zugriff oder nicht« umfasst Zugriffsautonomie auch die Vergabe von Lese- und Schreibrechten nur für bestimmte Daten, beispielsweise für alle Elemente einer bestimmten Klasse oder Relation. Die Zugriffsautonomie vieler Systeme ist ein unter dem Schlagwort »Identity Management« derzeit viel diskutiertes Problem, da ein durchschnittlicher Benutzer des Web in kurzer Zeit eine große Menge von unterschiedlichen Benutzerkonten und Passwörtern erzeugt und irgendwie verwalten muss. Verschiedene Konsortien versuchen, Systeme für das einfache und flexible Management dieser Zugangsberechtigungen zu entwickeln, ohne dass die Zugriffsautonomie der beteiligten Systeme eingeschränkt wird, z.B. die Liberty-Allianz[1] oder das Passport-Projekt[2].

### Juristische Autonomie

Mit juristischer Autonomie bezeichnen wir das Recht einer Datenquelle, die Integration ihrer Daten in ein Integrationssystem juristisch zu verbieten, wenn dadurch beispielsweise *Urheberrechte* verletzt werden. Die Durchsetzung der juristischen Autonomie ist keine triviale Aufgabe. Auf Webseiten dargestellte Information kann beispielsweise leicht durch systematisches und periodisches Parsen der HTML-Seiten kopiert und in andere Systeme integriert werden.

### Weitere Arten der Autonomie

In der Literatur werden als weitere Arten von Autonomie häufig die *Kommunikationsautonomie* und die *Ausführungsautonomie* genannt [57]. Eine Datenquelle ist autonom bzgl. ihres Kommunikationsverhaltens, wenn sie selber bestimmt, ob und wann sie eine Anfrage beantwortet. Kommunikationsautonomie erweitert damit Zugriffsautonomie um eine temporale Komponente. Ausführungsautonomie ist gegeben, wenn eine Datenquelle selber entscheiden kann, welche Arten von Operationen sie auf Anfrage externer Systeme hin ausführt. Dieser Begriff wird besonders

*Kommunikationsautonomie*
*Ausführungsautonomie*

[1]Siehe `www.projectliberty.org/`.
[2]Siehe `login.passport.com/`.

im Zusammenhang mit Problemen des schreibenden Zugriffs auf Datenquellen durch das Integrationssystem genannt und bezeichnet dann die Fähigkeiten bzw. Einwilligung einer Datenquelle, bestimmte Transaktionsprotokolle zu unterstützen. Auch fällt darunter die Entscheidung einer Datenquelle, Anfragen bestimmter Kunden schneller zu beantworten (*golden customers*).

#### Evolution von Datenquellen

Autonomie bezeichnet nicht nur die Freiheit einer Datenquelle, ihre Daten nach eigenem Gutdünken zum Zugriff freizugeben, sondern auch, diese Entscheidungen jederzeit zu ändern und zum Beispiel einmal erteilte Zugriffsrechte zu entziehen oder das Präsentationsformat der Daten zu ändern. Diese so genannte *Quellevolution* stellt Integrationssysteme mit mehr als einer Hand voll Datenquellen vor ein schwieriges Problem. Ändert beispielsweise eine Datenquelle im Durchschnitt nur einmal im Jahr etwas an ihrem Schema, bedeutet das für ein Integrationssystem mit 20 Datenquellen ungefähr zwei Änderungen pro Monat. Die Fähigkeit eines Integrationssystems, flexibel und schnell auf Änderungen in Datenquellen reagieren zu können, sollte daher ein wichtiges Kriterium bei der Wahl seiner Methoden zur Integration sein.

#### Autonomie bei Softwarekomponenten

Die Autonomie von Komponenten ist auch ein wichtiges Forschungsgebiet des *Software Engineering*. In komponentenorientierten Systemen versucht man, die Autonomie der Teilkomponenten sorgfältig gegen die Anforderungen des Gesamtsystems auszutarieren. Das klassische *Black-Box-Modell* beispielsweise gestattet vollständige Designautonomie, bietet aber durch die Festlegung der Zugriffsschnittstelle keine Schnittstellenautonomie. Moderne Softwarearchitekturen gehen zunehmend dazu über, im Sinne einer besseren Beherrschbarkeit des Gesamtsystems und einer leichteren Austauschbarkeit von Komponenten deren Autonomie einzuschränken, wie beispielsweise im EJB- Komponentenmodell.

*Black-Box-Modell*

#### Beispiele

Vollständige Autonomie von Datenquellen ist oftmals in Integrationssystemen gegeben, die *Webdatenquellen* integrieren, wie Metasuchmaschinen oder Preisvergleicher. Beispielsweise integriert eine Metasuchmaschine Suchmaschinen, die von ihrer Integrati-

*Webdatenquellen: Sehr hoher Grad an Autonomie*

on in der Regel gar nichts wissen und entsprechend auch keine Rücksicht auf Belange des integrierten Systems nehmen.

*Einschränkung von Autonomie*

Andererseits sind nicht in allen Integrationsszenarien nur vollständig autonome Datenquellen vorhanden. Bei der Integration von Systemen innerhalb eines Unternehmens, wie beispielsweise bei der Zusammenführung verschiedener Geldströme verursachender Systeme (Investmentbanking, Kreditgeschäft, Anlagemanagement etc.) einer Bank zu einem übergeordneten Liquiditätsmanagement, bleiben zwar die ursprünglichen Systeme aus Kosten- und organisatorischen Gründen oft erhalten, verlieren aber einen Teil ihrer Autonomie dahingehend, dass das Integrationssystem vorab über anstehende Änderungen informiert werden muss. Unter Umständen müssen solche Änderungen auch abgesprochen oder sogar genehmigt werden.

## 3.3 Heterogenität

Zwei Informationssysteme, die nicht die exakt gleichen Methoden, Modelle und Strukturen zum Zugriff auf ihre Daten anbieten, bezeichnen wir als *heterogen*. Heterogenität von Informationssystemen hat viele Facetten, denen wir uns im Folgenden zuwenden. Wir betrachten dabei Heterogenität ausschließlich auf der Ebene der Datenmodelle und -schemata; den ebenfalls wichtigen und schwierigen Integrationsproblemen bezüglich der tatsächlichen Daten ist Kapitel 8 gewidmet. Zunächst beleuchten wir aber den Zusammenhang zwischen Heterogenität und den anderen zwei Dimensionen der Informationsintegration.

### Heterogenität und Verteilung

*Heterogenität und Verteilung sind orthogonal*

Heterogenität und Verteilung von Datenquellen sind prinzipiell orthogonale Konzepte. Es können sowohl zwei homogene Datenquellen physisch verteilt sein als auch zwei auf einem Rechner liegende Systeme heterogen sein. Gleichzeitig ist es aber häufig anzutreffen, dass Systeme, die verteilt werden und damit von unterschiedlichen Personen betreut und weiterentwickelt werden, zum Auseinanderdriften neigen. Insofern erzeugt Verteilung oftmals, aber nicht zwingend, Heterogenität.

### Heterogenität und Autonomie

*Autonomie erzeugt Heterogenität*

In ähnlicher Weise sind Autonomie und Heterogenität zunächst orthogonale Dimensionen, die in der Praxis aber eng zusammenhängen. Generell ist zu beobachten, dass der *Grad der Hetero-*

*genität zwischen Datenquellen mit dem Grad der Autonomie der Quellen zunimmt.* Zwei vollkommen unabhängige Datenquellen werden praktisch immer heterogen sein, selbst wenn sie dieselben Arten von Informationen verwalten. Beispielsweise werden sich die Informationssysteme zweier unabhängiger Buchhändler in dem verwendeten Datenbankmanagementsystem, dem Schema, den verwendeten Begriffen, der Menge an Information zu den vertriebenen Büchern, der Zugangskontrolle, der Anfragesprache und so weiter unterscheiden. Ein Händler mag eine relationale Datenbank der Firma Oracle verwenden, eigene Tabellen für neue und antiquarische Bücher benutzen, zusammen mit dem Bücherbestand auch alle Verkäufe und Bestellungen verwalten und Preise in Euro ohne Mehrwertsteuer speichern, während ein anderer Händler ein XML-basiertes System einsetzt, in dem nur der Bestand gehalten wird, keine Unterscheidung zwischen neuen und antiquarischen Büchern getroffen wird, dafür aber zwischen Büchern und Buchreihen, und alle Preise als Brutto gespeichert sind.

*Heterogenität aufgrund unterschiedlicher Anforderungen*

Heterogenität ergibt sich in der Praxis aufgrund *unterschiedlicher Anforderungen*, unterschiedlicher Entwickler und unterschiedlicher zeitlicher Entwicklungen. Sie tritt selbst dann auf, wenn zunächst identische Softwaresysteme gekauft werden, da praktisch immer eine Anpassung der Software an die Notwendigkeiten eines Unternehmens vorgenommen wird (engl. *Customizing*).

### Begrenzung der Heterogenität durch Standards

*Homogenität erzwingen*

Heterogenität ist das Hauptproblem bei der Informationsintegration. Deswegen wird in Integrationssystemen oftmals versucht, die Autonomie der Quellen einzuschränken und damit in bestimmten Aspekten *Homogenität zu erzwingen*. Dies kann vom Festschreiben des verwendeten Systems über die verwendete Sprache bis zum Festschreiben der exakten Definition aller relevanten Konzepte reichen. Beispielsweise versuchen Branchenorganisationen oftmals, Heterogenität in der Bedeutung und der Repräsentation der branchentypischen Informationen durch die Festlegung von *Standards* zu vermindern. Dies setzt eine Einschränkung der Autonomie der Informationssysteme in dieser Branche voraus, erleichtert aber den Informationsaustausch. Beispiele hierfür sind Austauschformate für Handelswaren wie EBXML und RosettaNet [71], das Datenmodell EXPRESS/STEP für die Automobilbranche [251] oder das Begriffssystem »Gene Ontology« zur Bezeichnung der Funktionen von Genen in der Molekularbiologie (siehe Abschnitt 7.1). Ebenso wie Formate können

*Branchenspezifische Standards*

auch Schnittstellen oder Kommunikationsprotokolle vorgeschrieben werden.

### Heterogenität zwischen Integrationssystem und den Datenquellen

*Heterogenität zwischen verschiedenen Akteuren*

Heterogenität besteht sowohl zwischen Datenquellen untereinander als auch zwischen dem Integrationssystem und den Datenquellen. Von Interesse ist in den meisten Integrationsarchitekturen nur die letztere Form, da in diesen Datenquellen nicht untereinander kommunizieren[3]. Heterogenität liegt in diesen Fällen beispielsweise dann vor, wenn das Integrationssystem SQL-Zugriff auf die integrierten Daten gestatten möchte, aber Datenquellen beinhaltet, auf die nur über HTML-Formulare zugegriffen werden kann.

*Fehlende Funktionalität*

Zur Überbrückung der Heterogenität ist es offensichtlich notwendig, Anfragen zu übersetzen und fehlende Funktionalität im Integrationssystem zu implementieren. Dies ist aber nicht immer bzw. nur mit großem Aufwand möglich. Stellen wir uns ein System zur Integration von Filmdatenbanken vor, das unter anderem die Internet Movie Database (IMDB)[4]) integrieren möchte, selber SQL-Anfragen gestattet und die IMDB, zur Erreichung maximaler Aktualität bei den Antworten, nur über HTML-Formulare benutzen will. Eine Anfrage wie »Alle Filme mit Hans Albers als Darsteller, die vor 1936 gedreht wurden« kann man dann zunächst nicht beantworten, da ein entsprechendes Formular nicht existiert. Es gibt zwei Auswege: Entweder man kopiert die IMDB komplett (was lizenzrechtlich verboten ist), um Anfragen dann auf einer lokalen Kopie auszuführen. Alternativ kann man eine solche Anfrage beantworten, in dem man zunächst eine Anfrage nach Filmen mit »Hans Albers« per Webformular stellt, die Ergebnisse parst und die Selektion auf das Jahr des Filmes in der Integrationsschicht durchführt.

### Überblick

Man kann die folgenden Arten von Heterogenität unterscheiden:

*Arten von Heterogenität*

**Technische Heterogenität** umfasst alle Probleme in der technischen Realisierung des Zugriffs auf die Daten der Datenquellen.

[3]Ausnahmen sind solche Architekturen, die ohne eine ausgezeichnete Integrationskomponente auskommen. Siehe dazu auch Abschnitt 4.3.

[4]Siehe `www.imdb.org`.

**Syntaktische Heterogenität** umfasst Probleme der Darstellung von Informationen.

**Datenmodellheterogenität** bezeichnet Probleme in den zur Präsentation der Daten verwendeten Datenmodellen.

**Strukturelle Heterogenität** beinhaltet Unterschiede in der strukturellen Repräsentation von Informationen.

**Schematische Heterogenität** ist ein wichtiger Spezialfall der strukturellen Heterogenität, bei der Unterschiede in den verwendeten Datenmodellelementen vorliegen.

**Semantische Heterogenität** umfasst Probleme mit der Bedeutung der verwendeten Begriffe und Konzepte.

Datenmodellheterogenität und strukturelle Heterogenität werden oft auch unter dem Begriff *Modellierungsheterogenität* zusammengefasst.

*Wann ist Heterogenität überwunden?*

Intuitiv kann man die Unterschiede zwischen den verschiedenen Arten von Heterogenität am einfachsten wie folgt verstehen: Probleme der technischen Heterogenität sind gelöst, wenn das Integrationssystem einer Datenquelle eine Anfrage schicken kann und diese die Anfrage prinzipiell versteht und eine Menge von Daten als Ergebnis produzieren kann – ohne dass sichergestellt wäre, dass die in einer Anfrage benutzten Schemaelemente tatsächlich existieren und auch in beiden Welten dasselbe bedeuten. Probleme der syntaktischen Heterogenität sind bereinigt, wenn alle Informationen, die dasselbe bedeuten, auch gleich dargestellt werden. Probleme der Datenmodellheterogenität sind gelöst, wenn das Integrationssystem und die Datenquelle dasselbe Datenmodell verwenden. Probleme der strukturellen Heterogenität sind gelöst, wenn semantisch identische Konzepte auch strukturell gleich modelliert wurden. Probleme der semantischen Heterogenität schließlich sind überwunden, wenn das Integrationssystem und die Datenquelle unter den verwendeten Namen für Schemaelemente auch tatsächlich dasselbe meinen, gleiche Namen also gleiche Bedeutung mit sich bringen.

*Heterogenitätsarten kann man nicht immer klar trennen*

Im Folgenden beschreiben wir eine Vielzahl unterschiedlicher Arten von Heterogenität. In tatsächlichen Integrationsprojekten kommen aber in der Regel immer alle Arten gleichzeitig und in *komplexen Mischungen* vor. Der Sinn der in diesem Abschnitt vorgenommenen Klassifikation liegt deshalb nicht darin, eine erschöpfende Methode zur Beschreibung aller Arten von Heterogenität zwischen Datenquellen zu liefern, sondern darin, die Sensibilität des Lesers für die Art und Schwierigkeit der zu erwartenden Probleme zu erhöhen. Die Einteilung der Probleme bildet außerdem die Grundlage der in späteren Kapiteln folgenden Erläuterungen von Verfahren zur Lösung von Heterogenitätskonflikten.

Der Detaillierungsgrad der Darstellung der verschiedenen Heterogenitätsarten variiert mit ihrer Bedeutung für dieses Buch. Der Schwerpunkt liegt auf strukturellen und semantischen Problemen in relationalen Datenbanken, da diese in der Praxis die meisten Probleme bereiten.

### 3.3.1 Technische Heterogenität

Mit *technischer Heterogenität* fassen wir solche Unterschiede zwischen Informationssystemen zusammen, die sich nicht unmittelbar auf die Daten und ihre Beschreibungen beziehen, sondern auf die Möglichkeiten des Zugriffs auf die Daten. Eine Übersicht wichtiger Konzepte der technischen Heterogenität ist in Tabelle 3.1 zu sehen.

***Tabelle 3.1*** *Technische Ebenen der Kommunikation zwischen Integrationssystem und Datenquellen*

| **Ebene** | **Mögliche Ausprägungen** |
|---|---|
| Anfragemöglichkeit | Anfragesprache, parametrisierte Funktionen, Formulare (engl. *canned queries*) |
| Anfragesprache | SQL, XQuery, Volltextsuche |
| Austauschformat | Binärdaten, XML, HTML, tabellarisch |
| Kommunikationsprotokoll | HTTP, JDBC, SOAP |

*Voraussetzung zur Integration ist Erreichbarkeit*

Prinzipiell gehen wir davon aus, dass jede Datenquelle auf Netzwerkebene erreichbar ist, das Integrationssystem also einen »Kanal« öffnen kann. Hindernisse, die schon dieser Verbindung im Wege stehen, betrachten wir nicht weiter. Auf der konzeptionell nächsthöheren Schicht liegt das *Kommunikationsprotokoll*, das die Reihenfolge der Nachrichten und den Befehlssatz der Kommunikation festlegt. Über dieses Protokoll werden nun *Anforderungen* in Form von Anfragen oder Funktionsaufrufen verschickt und mit den Ergebnissen in einem *bestimmten Format* beantwortet.

*Anfragen versus Funktionsaufrufe*

Für die Informationsintegration von überragender Bedeutung ist die Möglichkeit, *Anfragen* an eine Datenquelle zu stellen. Ist die Datenquelle eine Datenbank, erwartet man eine deklarative Anfragesprache wie SQL oder XQuery. Anfragen sind in ihrer

Flexibilität unübertreffbar, da das Integrationssystem genau beschreiben kann, welche Daten es in welcher Form haben möchte. Oftmals sind die Zugriffsmöglichkeiten aber weitaus beschränkter und umfassen oft nur einen festen Satz von (parametrisierten) Funktionsaufrufen, beispielsweise in Form von Web-Services. Auch Middleware basiert auf der Festlegung von Schnittstellen, die aus Funktionen bestehen. Der Vorteil dieser *stärkeren Kapselung* liegt darin, dass ein Client das Schema der Quelle nicht kennen muss. Des Weiteren ist es für die Datenquelle sicherer, da sie viel besser vermeiden kann, dass ein Client zum Beispiel mit böser Absicht Anfragen formuliert, die extrem viele Ressourcen beanspruchen.

*Anfragesprachen: Flexibilität und Genauigkeit*

*Funktionen: Erhöhte Sicherheit, stärkere Kapselung*

Zur Verdeutlichung betrachten wir drei fiktive Datenquellen:

*Drei Beispielquellen*

- Datenquelle `XFilm` verwaltet Filmdaten in einer XML-Datenbank. Der Zugriff erfolgt über eine HTTP-Schnittstelle (Protokoll: HTTP). Eingebettet in einen HTTP-Request kann ein Client eine XQuery-Anfrage (Anfragesprache: XQuery) senden und erhält als Ergebnis eine XML-Datei (Austauschformat: XML) zurück. Die Anfragen werden typischerweise über ein HTML-Formular abgesetzt und die Ergebnisse über XSLT in einem Browser dargestellt, der Aufruf kann aber auch direkt aus einem Programm erfolgen.
- Datenquelle `FilmService` kann nur über eine Web-Service-Schnittstelle angesprochen werden (Protokoll: SOAP). Diese bietet eine Reihe von Funktionen wie »Suche Film nach Titel« oder »Suche Schauspieler nach Filmen«. Die Funktionen haben jeweils eine Reihe von Parametern (Wörter im Filmtitel, Name von Schauspielern etc.), die die Suche einschränken (Anfragemöglichkeit: parametrisierte Funktionen bzw. Web-Services). Intern werden die Aufrufe in SQL-Befehle umgewandelt; dies ist aber nach außen nicht sichtbar. Die Daten werden dem Client im SOAP-Format übermittelt (Austauschformat: XML).
- Datenquelle `FilmDB` speichert Daten in einer relationalen Datenbank. Für Clients ist ein Zugriff über JDBC möglich (Protokoll: JDBC). Externe Clients haben nur Leserechte und diese nur für manche Daten. Anfragen werden über SQL übermittelt (Anfragesprache: SQL) und die Ergebnisse über den JDBC-Cursor-Mechanismus zurückgeliefert (Austauschformat: binär bzw. tabellarisch).

*Arten technischer Heterogenität*

Entsprechend der Einteilung der verschiedenen Arten von Autonomie kann man technische Heterogenität weiter unterteilen. *Zugriffsheterogenität* bezeichnet Unterschiede in der Authentifizierung und Autorisierung zwischen Informationssystemen. *Schnittstellenheterogenität* umfasst Unterschiede in der technischen Realisierung des Zugriffs. Eine wichtige Unterart von Schnittstellenheterogenität ist *Heterogenität in den Anfragemechanismen*, insbesondere in der Art der verwendeten Anfragesprache. Der Begriff »Anfragemechanismus« ist bewusst sehr weit gefasst und beinhaltet auch HTML-Formulare oder Suchmaschinen im Web.

*Überwindung technischer Heterogenität*

Verfahren zur Überwindung technischer Heterogenität stellen wir an verschiedenen Stellen dieses Buches dar. Den Umgang mit Datenquellen, die nur eingeschränkte Anfragen erlauben, diskutieren wir in Abschnitt 6.6. Viele Probleme der Netzwerk-, Protokoll- und Formatebene werden in modernen Middleware-Architekturen behandelt, die wir in Abschnitt 10.2 kurz darstellen. Auch die seit einiger Zeit sehr populären Web-Services, die wir in Abschnitt 10.4 vorstellen, sind in erster Linie eine Methode zur Überbrückung technischer Heterogenität. Einen Überblick über Systeme, die technische Heterogenität zwischen verschiedenen relationalen Datenbanken überbrücken (und teilweise auch nicht relationale Quellen einbinden können), geben wir in Abschnitt 10.1.

### 3.3.2 Syntaktische Heterogenität

*Gleiche Information, unterschiedliche Darstellung*

Mit *syntaktischer Heterogenität* bezeichnen wir Unterschiede in der Darstellung gleicher Sachverhalte. Typische Beispiele sind unterschiedliche binäre Zahlenformate (*little endian* versus *big endian*), unterschiedliche Zeichenkodierung (Unicode versus ASCII) oder unterschiedliche Trennzeichen in Textformaten (*tab-delimited* versus *comma separated values, CSV*).

Wir reduzieren damit die Klasse syntaktischer Heterogenität auf technische Unterschiede in der Darstellung von Informationen. Nicht als syntaktische Heterogenität betrachten wir beispielsweise das Synonymproblem, also die Repräsentation gleicher Konzepte durch unterschiedliche Namen – solche Konflikte fallen in den Bereich semantischer Probleme (Abschnitt 3.3.6) – oder die strukturell unterschiedliche Repräsentation gleicher Konzepte – diese betrachten wir als strukturelle Heterogenität (Abschnitt 3.3.4).

Syntaktische Heterogenität in unserem Sinne kann bei der Informationsintegration meistens leicht überwunden werden. Zahlenformate lassen sich umrechnen, Zeichendarstellungen ineinander transformieren und Trennzeichen durch einfache Parser übersetzen. Aus diesem Grund behandeln wir dieses Thema im Folgenden nicht weiter.

*Syntaktische Heterogenität ist nicht problematisch*

### 3.3.3 Heterogenität auf Datenmodellebene

Wie in Kapitel 2 erläutert, beschreiben strukturierte Informationssysteme die von ihnen verwalteten Daten durch Schemata in einem bestimmten Datenmodell. Oftmals ist das zur *Modellierung* verwendete Modell ein anderes als dasjenige zur *Datenverwaltung*, das wieder ein anderes ist als das zum *Datenaustausch* verwendete Modell. Beispielsweise wird bei der Entwicklung von Informationssystemen auf relationalen Datenbanken die Modellierung des Anwendungsbereichs oftmals zunächst im ER-Modell oder in UML vorgenommen. Diese Modelle werden später in einem Übersetzungsschritt in relationale Schemata überführt, auf deren Basis die Implementierung erfolgt. Zum Austausch von Informationen wird heute häufig XML verwendet.

*Verwendung unterschiedlicher Datenmodelle*

*Heterogenität im Datenmodell* liegt vor, wenn das Integrationssystem und eine Datenquelle Daten in unterschiedlichen Datenmodellen verwalten. Die Problematik ist unabhängig davon, ob sich die Daten in den verschiedenen Quellen semantisch überlappen, wird aber am deutlichsten, wenn verschiedene Datenquellen gleiche Daten in unterschiedlichen Modellen verwalten.

Als Beispiel sind in Abbildung 3.2 drei Schemata zu sehen, die in unterschiedlichen Datenmodellen vorliegen, aber ungefähr dieselben Informationen darstellen können. Das objektorientierte Modell verwendet eine Spezialisierungsbeziehung, um gemeinsame Attribute deutscher und internationaler Filme in einer Klasse zu vereinen. Das relationale Modell speichert alle Filme in einer Tabelle `film`, verwendet zur Speicherung des Herkunftslands und der Sprache eines Films aber eigene Tabellen, die über Fremdschlüsselbeziehungen mit der Tabelle `film` verbunden sind. Das XML-Modell schließlich verwaltet die Filme geschachtelt unter ihrem Herkunftsland und der Sprache des Films.

*Semantik von Modellelementen*

Heterogenität im Datenmodell bewirkt nahezu immer auch semantische Heterogenität, da Schemaelemente in unterschiedlichen Datenmodellen immer auch die spezielle, *durch das Modell festgelegte Semantik* besitzen. Beispielsweise unterscheidet sich eine Relation `film` von einer Klasse `film` schon alleine dadurch,

**Abbildung 3.2** *Drei nahezu äquivalente Schemata in unterschiedlichen Datenmodellen*

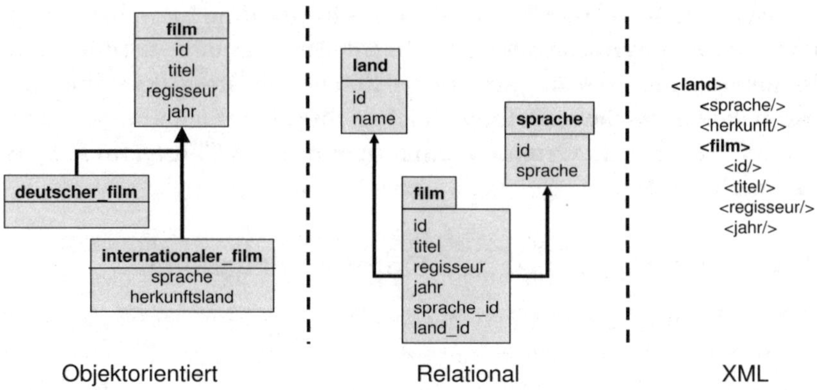


dass Klassen über Spezialisierungen bzw. Generalisierungen zueinander in Beziehung stehen – eine Möglichkeit, die im relationalen Modell nicht gegeben ist. Näher gehen wir auf solche Probleme in Abschnitt 3.3.6 ein.

*Metamodelle – Modelle von Datenmodellen*

Zur Überbrückung von Datenmodellheterogenität wurde eine Reihe von Techniken entwickelt, die auf *Metamodellen* basieren. Einen entsprechenden Ansatz stellen wir in Abschnitt 5.5 vor. Prinzipiell ist es wesentlich leichter, Schemata semantisch ärmerer Modelle in semantisch reicheren Datenmodelle auszudrücken. Ein relationales Schema kann beispielsweise einfach in ein objektorientiertes Schema übersetzt werden, indem Relationen zu Klassen überführt, Fremdschlüsselbeziehungen in Assoziationen umgewandelt werden und auf Spezialisierung verzichtet wird. Der umgekehrte Weg ist schwieriger, da die Abbildung von Spezialisierungen in ein relationales Schema nicht eindeutig ist (siehe auch Abbildung 3.3). Auch die Darstellung relationaler Daten in XML-Form ist einfach erreichbar, indem Relationen zu Elementen und deren Attribute zu geschachtelten Elementen übersetzt werden. Wiederum erfordert der umgekehrte Weg die nicht eindeutige Repräsentation hierarchischer Beziehungen durch geeignete Hilfsrelationen und Fremdschlüsselbeziehungen.

## 3.3.4 Strukturelle Heterogenität

*Unterschiedliche Darstellungsweisen*

Auch nach Festlegung eines bestimmten Datenmodells gibt es viele Möglichkeiten, ein bestimmtes Anwendungsgebiet durch ein Schema zu beschreiben. Die Wahl eines konkreten Schemas hängt von einer Vielzahl von Faktoren ab, wie der exakten Abgrenzung des Ausschnitts aus der realen Welt, dessen Modellierung für eine Anwendung notwendig ist, den Vorlieben der Entwickler und den technischen Möglichkeiten des gewählten DBMS.

*Strukturelle versus semantische Heterogenität*

Wir differenzieren Unterschiede in den Schemata von Datenquellen nach strukturellen und nach semantischen Aspekten:

**Strukturelle Heterogenität** liegt vor, wenn zwei Schemata unterschiedlich sind, obwohl sie den gleichen Ausschnitt aus der realen Welt erfassen.

**Semantische Heterogenität** liegt vor, wenn die Elemente verschiedener Schemata sich intensional überlappen (siehe nächsten Abschnitt).

Zum Vorhandensein struktureller Heterogenität gehört also die Tatsache, dass verschiedene Schemata potenziell gleiche Objekte beschreiben, sich also die Bedeutung oder *Intension der Schemaelemente* überlappt. Ob in einer konkreten Instanz tatsächlich gleiche Objekte vorliegen, ist für die Anfragebearbeitung unerheblich, denn das Integrationssystem kann dies vor Ausführen der Anfrage ja nicht wissen. Eine genauere Charakterisierung des Begriffs »Intension eines Schemaelements« geben wir im nächsten Abschnitt und setzen im Folgenden nur ein intuitives Verständnis voraus.

#### Ursachen struktureller Heterogenität

*Designautonomie*

Strukturelle Heterogenität kann viele Ursachen haben, wie unterschiedliche Vorlieben des Entwicklers, unterschiedliche Anforderungen, Verwendung unterschiedlicher Datenmodelle, technische Systembeschränkungen etc. Sie ergibt sich aus der Designautonomie von Datenquellen. Wir greifen im Folgenden einige besonders häufig anzutreffende Ursachen exemplarisch heraus.

*Konzeptionelles → logisches Modell*

Ein häufiger Grund für das Entstehen struktureller Heterogenität liegt in den Freiheitsgraden in der *Übersetzung von konzeptionellen in logische Modelle*. Beispielsweise kann eine *1:1*-Beziehung zwischen zwei Entitätstypen in einem ER-Modell entweder in eine oder in zwei Relationen übersetzt werden. Ebenfalls gibt es eine Reihe unterschiedlicher Möglichkeiten, die Spezialisierungssemantik von objektorientierten Modellen in relationalen Schemata zu repräsentieren. In Abbildung 3.3 sind zwei Möglichkeiten einer solchen objektrelationalen Abbildung (Mapping) dargestellt:

*Abbildung 3.3* Abbildungen von Spezialisierungsbeziehungen in relationalen Schemata

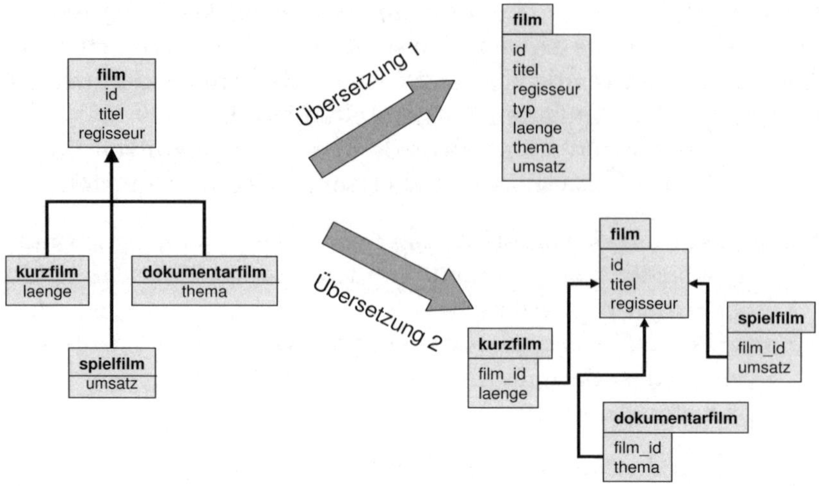


*Objektrelationales Mapping*

- Das Modell nach Übersetzung 1 speichert alle Typen von Filmen in einer Relation `film`. Der Typ wird durch ein spezielles Attribut `typ` kodiert. Um semantisch äquivalent zu dem objektorientierten Schema zu sein, müssen die Attribute `laenge`, `umsatz` und `thema` mit *Integritätsbedingungen* an das Attribut `typ` gebunden werden, d.h., die entsprechenden Attribute dürfen in einem konkreten Tupel nur dann mit Werten belegt werden, wenn das Attribut `typ` den entsprechenden Wert hat.
- Das relationale Modell nach Übersetzung 2 speichert jede Klasse des objektorientierten Modells in einer eigenen Relation. Die Spezialisierung wird durch Fremdschlüsselbeziehungen der Kindrelationen zur Vaterrelation `film` dargestellt. Ist die Spezialisierung *exklusiv*, d.h., ist es verboten, dass ein Film gleichzeitig zwei Kindklassen angehört (also zum Beispiel sowohl Kurzfilm als auch Dokumentarfilm ist), so müssen die verschiedenen Fremdschlüssel der Kindrelationen durch zusätzliche *Integritätsbedingungen* dahingehend gesichert werden, dass die Mengen der jeweiligen `film_id` verschiedener Kindrelationen disjunkt sind.

*Strukturen werden auf Anwendungen optimiert*

Eine weitere, häufig anzutreffende Ursache für strukturelle Heterogenität liegt darin, dass Schemata oftmals für bestimmte Anfragen optimiert werden müssen. So erfordern Anfragen an Schemata, die in der dritten Normalform vorliegen, in der Regel eine

Vielzahl von Joins, da zur Vermeidung von Redundanzen und Anomalien die Daten auf viele Relationen verteilt werden. Da Joins kostenträchtige Operationen sind, werden oftmals durch eine gezielte Denormalisierung bestimmte Anfragen beschleunigt – unter Inkaufnahme der damit verbundenen Konsistenzprobleme.

*Was sind »atomare« Informationseinheiten?*

Eine dritte Ursache liegt in der Freiheit des Modellierers, Attribute des Anwendungsbereichs zu untergliedern oder nicht. Beispielsweise ist es je nach Anwendung mehr oder weniger sinnvoll, das Attribut `adresse` als ein einzelnes Attribut zu speichern oder es in Felder wie `strasse`, `hausnummer`, `postleitzahl`, `ort` etc. zu untergliedern – im Grunde eine Normalisierung nach erster Normalform. An der Semantik der gespeicherten Daten ändert sich dadurch nichts.

#### Strukturelle und semantische Heterogenität

Es ist oftmals schwierig, strukturelle von semantischen Unterschieden zu trennen. Im Falle der in Abbildung 3.3 gezeigten Situation müssen zur Erkennung der semantischen Gleichwertigkeit der beiden relationalen Schemata nicht nur die Schemata selbst, sondern auch deren Integritätsbedingungen herangezogen werden. Fehlen zum Beispiel im oberen relationalen Schema die Integritätsbedingungen für die Attribute der Kindklassen, so ist die Speicherung eines Tupels wie `film( 1233, 'The Birds', 'Hitchcock', 'Spielfilm', 109, 'Mad birds attack people', '15.000.000')` möglich – ein Sachverhalt, der im unteren Schema nicht ausdrückbar ist. Damit liegen zusätzlich zu der strukturellen Heterogenität auch Unterschiede in der Semantik der einzelnen Konzepte vor.

*Kardinalitäten*

Noch deutlicher wird das enge Zusammenspiel von strukturellen und semantischen Problemen in Abbildung 3.4. Im linken Schema liegt eine *1:1*-Beziehung zwischen den Entitätstypen `film` und `sprache` vor, während im rechten Schema die Brückenrelation `film_sprache` eine *m:n*-Beziehung ausdrückt. Damit liegt neben dem schematischen Konflikt auch ein semantischer Konflikt vor, da das Verständnis des Konzepts »Film« in beiden Schemata unterschiedlich ist.

Die Behandlung struktureller und semantischer Konflikte ist deshalb nur schwer zu trennen. Trotzdem hat sich eine Trennung in der Literatur eingebürgert, der wir auch folgen. In den Kapiteln 5 und 6 behandeln wir vornehmlich Algorithmen zur Überbrückung struktureller Konflikte, während sich Kapitel 7 ganz auf semantische Probleme konzentriert.

**_Abbildung 3.4_**
*Unterschiedliche Kardinalitäten und semantische Heterogenität*

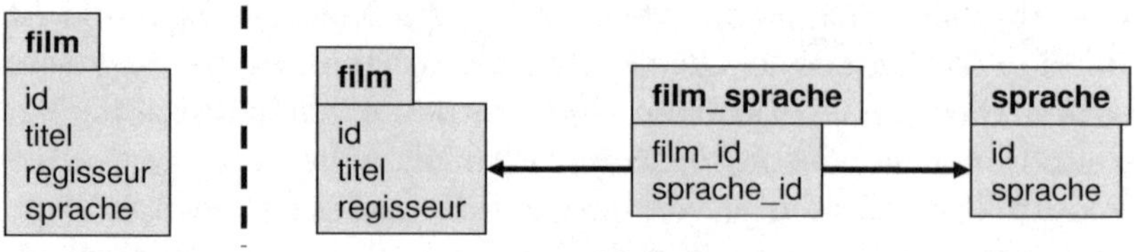


## 3.3.5 Schematische Heterogenität

*Verwendung unterschiedlicher Schemaelemente*

*Schematische Heterogenität* ist ein Spezialfall struktureller Heterogenität, den wir wegen der damit verbundenen spezifischen Schwierigkeiten gesondert behandeln. Schematische Heterogenität zwischen zwei Schemata liegt vor, wenn *unterschiedliche Elemente des Datenmodells* verwendet werden, um denselben Sachverhalt zu modellieren. So können im relationalen Modell Informationen als Relation, als Attribut oder als Wert modelliert werden. Die Wahl hat weitreichende Konsequenzen, da relationale Anfragesprachen die unterschiedlichen Datenmodellelemente ganz unterschiedlich behandeln.

*Elemente des relationalen Datenmodells*

Betrachten wir die relationalen Schemata in Abbildung 3.5. Im obersten Schema wird die Information, welchen Typ ein Film hat, als *Name der Relation* modelliert. Im zweiten Schema wird der Filmtyp durch die zwei Attribute modelliert, die den Typ `boolean` haben. Im untersten Schema wird der Filmtyp als Datenwert (`'spielfilm'` bzw. `'doku'`) des Attributs `typ` gespeichert.

**_Abbildung 3.5_**
*Unterschiedliche Modellierungsvarianten für Filmtypen*

Modellierung als Relationen

```
spielfilm     ( id, titel, laenge)
dokumentarfilm( id, titel, laenge)
```

Modellierung als Attribute

```
film( id, titel, laenge, spielfilm, doku)
```

Modellierung als Attributwerte

```
film( id, titel, laenge, typ)
```

Der Unterschied wird deutlich, wenn man überlegt, was bei einer Erweiterung des Anwendungsbereichs um den Filmtyp »Trickfilm« passieren muss:

*Relation, Attribut, Wert*

- Bei der Modellierung als Relation muss eine neue Relation erzeugt werden.

- Bei der Modellierung als Attribut muss die Relation `film` um ein Attribut erweitert werden sowie eventuell Integritätsbedingungen angepasst werden.
- Bei der Modellierung durch Werte muss am Schema nichts verändert, sondern lediglich der Wertebereich des Attributs `film.typ` angepasst werden.

### Schematische Heterogenität und Anfragen

*Schematische Konflikte sind meist durch Anfragen nicht überbrückbar*

Schematische Konflikte sind besonders schwierig, weil sie sich in der Regel nicht durch Mittel einer Anfragesprache überbrücken lassen. In relationalen Sprachen müssen Attribute und Relationen in einer Anfrage explizit benannt werden. Ändert sich etwas in diesen Elementen, so muss die Anfrage geändert werden.

Nehmen wir als Beispiel die Varianten aus Abbildung 3.5 an, jeweils ergänzt um ein Attribut `laenge`, das die Länge eines Films für alle Filmtypen speichert. In der dritten Variante berechnet dann die folgende Anfrage die durchschnittliche Länge aller Filme gruppiert nach ihrem Typ:

```
SELECT   typ, AVG(laenge)
FROM     film
GROUP BY typ;
```

Diese Anfrage funktioniert unabhängig davon, welche Filmtypen es gibt. Die gleiche Anfrage an ein Schema, in dem pro Filmtyp eine einzelne Relation existiert (das erste Schema in Abbildung 3.5), muss dagegen mit jedem neuen Filmtyp um eine weitere `UNION`-Operation erweitert werden:

```
SELECT 'dpielfilm', AVG(laenge)
FROM   spielfilm
UNION
SELECT 'doku', AVG(laenge)
FROM   dokumentarfilm
UNION
...
```

Dies trifft auch auf Anfragen gegen das zweite Schema zu:

```
SELECT 'dpielfilm', AVG(laenge)
FROM   film
WHERE  spielfilm = TRUE
UNION
```

```
SELECT 'doku', AVG(laenge)
FROM   film
WHERE  doku = TRUE
UNION ...
```

*Überbrückung durch Sichten*

Für ein Integrationssystem ergeben sich schwierige Probleme: Nehmen wir an, dass Filme aus zwei relationalen Datenquellen $q_1$ und $q_2$ integriert werden sollen, wobei $q_1$ das obere relationale und $q_2$ das untere relationale Schema aus Abbildung 3.3 besitzt. Um beide Datenquellen gleichzeitig nach Regisseuren durchsuchen zu können, wäre die Definition der folgenden Sichten hilfreich:

```
CREATE VIEW q1_q2
SELECT id, titel, regisseur
FROM   q1.film
UNION
SELECT id, titel, regisseur
FROM   q2.film;
```

Soll auch der Filmtyp in die Sicht aufgenommen werden, wird die Definition wesentlich komplizierter:

```
CREATE VIEW q1_q2
SELECT id, titel, regisseur, typ
FROM   q1.film
UNION
SELECT id, titel, regisseur, 'spielfilm' AS typ
FROM   q2.spielfilm
UNION
SELECT id, titel, regisseur, 'kurzfilm' AS typ
FROM   q2.kurzfilm
UNION
SELECT id, titel, regisseur, 'doku' AS typ
FROM   q2.dokumentarfilm;
```

Insbesondere muss diese Sicht bei jedem neuen Filmtyp in $q_2$ angepasst werden. Eine Formulierung, die unabhängig von den existierenden Filmtypen ist, ist in SQL schlicht nicht möglich.

Nehmen wir nun an, dass eine Quelle $q_3$ das zweite Schema in Abbildung 3.5 besitzt. Dann ist es nicht möglich, eine Sicht zu definieren, die nur Filme aus der Schnittmenge von $q_1$ und $q_3$ selektiert, also solche Filme, die mit gleichem Titel, Typ und Regisseur in $q_1$ und $q_3$ vorhanden sind, ohne in der Sichtdefinition alle im Augenblick definierten Filmtypen aufzuzählen. Abhilfe können hier *Multidatenbanksprachen* schaffen, die Erweiterungen für besseren Umgang mit schematischen Konflikten beinhalten (siehe Abschnitt 5.4).

*Spracherweiterungen*

#### Schematische Heterogenität in nicht relationalen Datenmodellen

Auch andere Datenmodelle beinhalten verschiedene Elemente, die zu schematischer Heterogenität führen können:

*Elemente anderer Datenmodelle*

- In objektorientierten Datenmodellen können Informationen als Klassen, Attribute oder Werte modelliert werden. Außerdem kodiert die Spezialisierungsbeziehung semantische Informationen, die auch mit anderen Modellelementen dargestellt werden können.
- In XML-Modellen können Informationen als Element, als Attribut oder als Wert modelliert werden. Darüber hinaus müssen die mit einer Schachtelung von Elementen verbundenen Beziehungen beachtet werden.

### 3.3.6 Semantische Heterogenität

Werte in einem Informationssystem haben keine inhärente »Bedeutung«. Taucht isoliert die Zahl »1979« auf, so kann dies das Jahr der Produktion eines Films sein, der Preis eines Films in Cent, die Anzahl von Schauspielern, die am Dreh beteiligt waren etc. Daten werden für einen menschlichen Benutzer erst durch *Interpretation* zu Information, und diese Interpretation erfordert sowohl Wissen über die konkrete Anwendung als auch *Weltwissen*. Zur Interpretation von Daten in einem Informationssystem werden deshalb weitere Informationen herangezogen:

*Semantik = Interpretation von Daten*

- Der Name des Schemaelements, das das Datum beinhaltet.
- Die Position des Schemaelements im gesamten Schema.
- Wissen über den Anwendungsbereich, für den dieses Schema entwickelt wurde.
- Andere Datenwerte, die in diesem Schemaelement gespeichert sind.

### Information im Kontext

*Kontext ist notwendig zur Interpretation*

Wir fassen diese Informationen unter dem Begriff *Kontext* zusammen. Daten erhalten ihre Bedeutung erst durch Berücksichtigung des Kontextes. Dabei ist zu beachten, dass manche Teile des Kontextes unmittelbar in computerlesbarer Form vorliegen, wie das Schema, während andere Teile nicht explizit modelliert wurden und für Programme nicht erreichbar sind, wie das externe Wissen über die Anwendung. Beispielsweise bezeichnet der Name »Film« in einer Anwendung über Spielfilme sicherlich auf Zelluloid aufgenommene Szenen, während derselbe Name in einem Informationssystem über chemischen Anlagenbau eher Oberflächen von Werkstoffen bezeichnen könnte (oder den Herstellungsprozess von zum Filmen geeignetem Material). Ob ein gegebenes Schema aber zur Verwaltung von Filmen oder von Chemikalien gedacht ist, kann man nur implizit schließen – in keinem Datenmodell ist die Angabe des Kontextes eines Schemas vorgesehen.

*Kontext bestimmt die Semantik*

Auch vollkommen identische Schemata können aufgrund eines unterschiedlichen Kontextes unterschiedliche Semantik haben. Stellen wir uns eine französische Videothek vor, die nur französische Filme führt, und eine deutsche Videothek, die nur deutsche Filme verleiht. Das System zur Verwaltung der jeweiligen Filme wurde von einem englischen Softwareanbieter gekauft. Damit verfügen beide Systeme über identische Schemata, aber die Mengen der jeweils zu verwaltenden Filme sind trotzdem disjunkt. Ein System, das beide Filmdatenbanken integrieren will, muss in der Regel diesen nur *implizit vorhandenen Kontext* explizieren, etwa durch ein neu zu schaffendes Attribut `sprache`.

*Kontext explizit machen*

### Semantische Konflikte

*Symbole, Konzepte und Namen*

Semantische Konflikte betreffen die Interpretation von *Namen bzw. Symbolen*. Wir erläutern die Problematik anhand von Schemaelementen; selbstverständlich muss man aber bei der Integration von Werten genauso mit semantischer Heterogenität kämpfen. Ein Beispiel dafür geben wir in Abschnitt 7.1.

Ein Schemaelement ist zunächst nichts weiter als eine Zeichenkette oder ein Name. Dieser Name bezeichnet zum einen ein Konzept unserer Vorstellungswelt und zum anderen eine Menge von realweltlichen Objekten, die durch dieses Konzept beschrieben werden (siehe Abbildung 3.6).

*Extension und Intension von Konzepten*

Das Konzept bezeichnen wir als die *Intension* des Namens und die Menge der realweltlichen Objekte als seine *Extension*. In Informationssystemen unterscheidet man zusätzlich noch die nur virtuell vorhandene Extension des Konzepts von der konkreten Extension des Schemaelements innerhalb des Systems. Beispielsweise ist die Intension des Relationennamens »Film« in unseren Beispielen das Konzept »auf Zelluloid aufgezeichnete Szenen«. Die Extension des Konzepts ist die Menge aller jemals gedrehten Filme. Die Extension der Relation `film` in einer konkreten Filmdatenbank sind dagegen alle zu einem bestimmten Zeitpunkt in dieser Relation enthaltenen Tupel. In der weiteren Betrachtung beziehen wir uns immer nur auf die Extension von Konzepten.

*Unterschied zur konkreten Extension einer Tabelle*

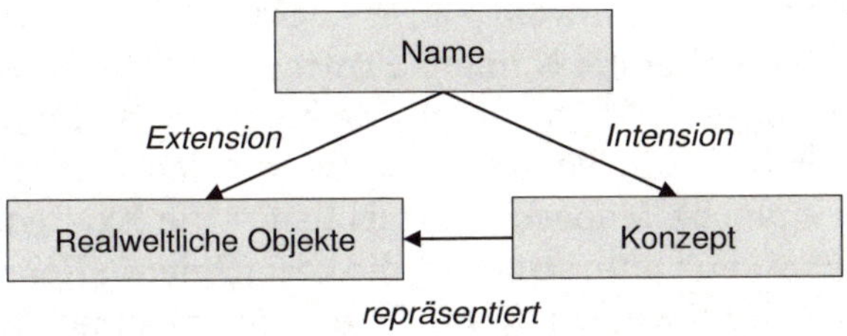


***Abbildung 3.6*** *Extension und Intension von Namen*

Semantische Konflikte treten auf, wenn das Zusammenspiel von Namen und Konzepten in unterschiedlichen Systemen verschieden ist. In dem oben genannten Beispiel mit deutschen und französischen Filmen besitzen zwei Tabellen denselben Namen, haben aber eine geringfügig andere Intension und damit – in diesem Fall – sogar eine disjunkte Extension. Die häufigsten semantischen Konflikte sind Synonyme und Homonyme:

*Synonyme und Homonyme*

- Zwei Namen sind *Synonyme*, wenn sie dieselbe Intension haben, aber unterschiedlich sind (Schauspieler und Darsteller; »movie« und Film).
- Zwei Namen sind *Homonyme*, wenn sie eine unterschiedliche Intension haben, aber identisch sind. Ein prominentes Homonym in der deutschen Sprache ist das Wort »Bank«, mit den Intensionen »Finanzinstitut« und »Sitzgelegenheit«.

*Weitere Konflikte*

Schwieriger zu behandeln (und leider auch häufiger) als Synonyme und Homonyme sind Namen, deren Intensionen weder identisch oder vollständig verschieden sind, sondern sich beinhalten oder überlappen. Ein Name ist ein *Hyperonym* eines anderen, wenn der erste Begriff ein Oberbegriff des zweiten ist, die Intension und Extension des einen also die des anderen implizieren bzw. enthalten. In den meisten Fällen sind Intensionen und Extensionen aber weder ineinander enthalten noch disjunkt. So bezeichnet das Konzept »Schauspieler« eine Menge von Realweltobjekten, die mit der Extension des Konzepts »Regisseur« zwar überlappt (Regisseure, die auch als Schauspieler auftreten), die Mengen sind aber nicht ineinander enthalten.

### Auffinden semantischer Konflikte

Ob zwei Namen Synonyme bzw. Homonyme sind, hängt vom Kontext und vom Betrachter ab, da die durch Namen bezeichneten Konzepte nur individuell verstanden werden können. So werden die Namen »England« und »Großbritannien« in vielen Kontexten synonym verwendet, obwohl sie es nicht sind. Für die meisten Menschen sind sicher die Namen »Prince« und »The artist formerly known as prince« Synonyme — beide bezeichnen einen bestimmten Künstler bzw. die Vorstellung, die wir von diesem Künstler haben. Für manche Menschen symbolisiert die Existenz der zwei Namen aber einen Unterschied — die bezeichneten Realweltobjekte sind zwar identisch, existieren in der Vorstellung aber in Form von zwei Konzepten, die durch ihre temporale Gültigkeit unterschieden sind. In diesem Sinne sind die beiden Namen keine Synonyme mehr.

*Konzepte können nur implizit erschlossen werden*

Prinzipiell ist es sehr schwierig, semantische Konflikte zu finden und eindeutig zu lösen. Dazu muss man sich klar machen, dass man für die Analyse von Schemata typischerweise nur die Schemata selber und vielleicht einige Beispieldaten zur Verfügung hat. Damit kennt man also nur Namen und einen Ausschnitt ihrer Extensionen und muss damit versuchen, *indirekt* auf die Intensionen der Namen (und damit auf ihre Semantik) zu schließen. Hilfreich dabei ist natürlich auch die *Dokumentation* der Datenquellen, Kenntnisse der Entwickler bzw. Benutzer und der Code von Anwendungen, aber diese liegen, gerade bei der Integration autonomer Quellen, oft nicht vor. Besonders schwierige Fälle ergeben sich überall dort, wo Konzepte nicht genau definiert sind oder bei unterschiedlichen Anwendern eine unterschiedliche Bedeutung haben.

*(Unvermeidbare) Restunschärfe*

Andererseits sind eine restlose Aufklärung und Behebung von semantischen Konflikten oftmals nicht möglich und auch nicht notwendig. So kann kein System sicherstellen, dass die in einer Tabelle gespeicherten Daten tatsächlich in der Extension des Tabellennamens liegen. Häufig finden sich Ausnahmen, die zwar semantisch falsch eingeordnet sind, für die sich aber die Erstellung eigener Strukturen und die damit notwendigen Änderungen in Anwendungen nicht lohnen. Allen Informationssystemen wohnt eine gewisse »Restunschärfe« inne, deren Behebung einen unverhältnismäßig hohen Aufwand bedeuten würde und für die konkrete Anwendung auch nicht notwendig ist.

*Lösung: Kontext explizieren*

Techniken zum Umgang mit semantischen Konflikten basieren oftmals darauf, Namen nicht isoliert zu betrachten, sondern in einen *Kontext einzubetten*. Statt die Identität von Konzepten (bzw. Namen) dann durch den bloßen Vergleich von Zeichenketten zu überprüfen, werden auch die Kontexte berücksichtigt. Wir behandeln entsprechende Techniken in Kapitel 7.

### Beispiele semantischer Heterogenität

Zum besseren Verständnis zählen wir eine Reihe von typischen und leicht erkennbaren semantischen Konflikten auf. Voraussetzung dieser ist immer, dass zwei Schemaelemente aus unterschiedlichen Quellen als sehr ähnlich erkannt wurden. Wir bezeichnen diese Fälle im Folgenden als *Quasi-Synonyme*: Die Konzepte sind zum einen so ähnlich, dass dies zum Erreichen einer homogenen Darstellung des integrierten Ergebnisses berücksichtigt werden muss. Zum anderen ist aber nicht klar, ob die Namen tatsächlich Synonyme sind, was die Integration natürlich stark vereinfachen würde. Das Erkennen von Quasi-Synonymen bei Schemaelementen ist schwierig; wir werden verschiedene Techniken dazu in Abschnitt 5.1 kennen lernen und benennen im Folgenden nur kurz einige Möglichkeiten.

*Quasi-Synonyme*

*Tabellenkonflikte*

Ein wichtiger Hinweis darauf, dass Tabellen eine ähnliche Intension haben, ist das Vorhandensein gleicher Objekte in ihren konkreten Extensionen. Haben Objekte quellübergreifende oder sogar weltweite Identifikatoren (wie die ISBN von Büchern oder URLs von Webseiten), lässt sich dies relativ leicht feststellen. Sonst muss man Techniken der Duplikaterkennung anwenden. Ebenso ist es nützlich, die Attribute der Tabellen zu betrachten.

Sind zwei Tabellennamen als semantisch sehr ähnlich identifiziert, so deuten die folgenden Situationen auf semantische Konflikte hin – die Namen sind eben nur Quasi-Synonyme:

- Unterschiede in den Integritätsbedingungen
- Fehlende bzw. zusätzliche Attribute
- Verknüpfungen zu unterschiedlichen Tabellen
- Unterschiedliche Kardinalitäten von Beziehungen

*Attribut- und Wertkonflikte*

Um Attribute mit sehr ähnlicher Intension zu finden, ist ebenfalls eine Analyse von konkreten Beispieldaten nützlich. Allerdings liefert dies nur schwache Hinweise, da die Identität der Wertemenge oder des Wertebereichs weder hinreichend für die gleiche Intension des Attributs ist (zwei Attribute mit Personennamen können auf Kunden, Angestellte, Schauspieler etc. hindeuten) noch disjunkte Mengen eine hinreichende Bedingung für ungleiche Intension darstellen (da beispielsweise gleiche Begriffe ungleich kodiert sein können, siehe unten). Bei quasi-synonymen Attributnamen sollte man auf die folgenden Probleme achten:

- Unterschiede in den Einheiten der Werte (`preis` in Euro oder DM; `laenge` in Zentimetern, Metern, Inch etc.), wenn diese nicht modelliert und daher nur implizit bekannt sind.
- Unterschiede in der Bedeutung von Nullwerten und damit auch `NOT NULL`-Bedingungen.
- Unterschiede in der Bedeutung von Werten, insbesondere die Benutzung inkompatibler Begriffssysteme (siehe auch Abschnitt 7.1.2). Beispielsweise kann eine Quelle das Geschlecht von Personen mit »M« und «W« kodieren, eine andere mit Codes »1« und »2«, eine dritte die Bezeichnungen ausschreiben.
- Unterschiede in der Bedeutung von Skalen. So umfasst die typische Notenskala in Schulen bis zur Oberstufe die Werte 1 bis 6, ab der Oberstufe aber die Werte 0 bis 15, und dies mit umgedrehter Ordnung.

## 3.4 Transparenz

Vollständige Transparenz, also das Erscheinen eines integrierten Informationssystems als ein lokales, homogenes und konsistentes Informationssystem, ist häufig das Hauptziel der Informationsintegration. Wir werden aber sehen, dass vollständige Transparenz nicht immer erstrebenswert ist, da diese auch einen Informationsverlust für den Benutzer bedeutet.

Man unterscheidet verschiedene Arten der Transparenz. Diese hängen voneinander ab, d.h., manche Arten von Transparenz bedingen andere (siehe Abbildung 3.7). Wir stellen sie im Folgenden in der Reihenfolge dieser Abhängigkeiten vor.

#### Ortstransparenz

Ortstransparenz verbirgt vor dem Nutzer oder der Anwendung den physischen Ort, an dem die angefragten Daten gespeichert

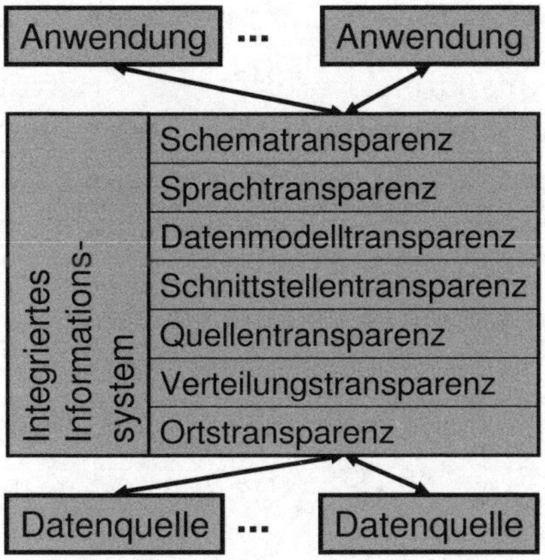


***Abbildung 3.7***
*Arten von Transparenz*

sind. Sie ist damit gegeben, wenn es so erscheint, als ob alle Daten lokal vorhanden sind. Ein Benutzer muss weder Quellenname noch IP-Adresse, Port etc. kennen.

### Verteilungstransparenz oder Quellentransparenz

In diesem Fall wird die Tatsache verborgen, dass die zugreifbaren Daten in verschiedenen Quellen gespeichert sind. Der Nutzer hat damit keine Kenntnis über die Schemata von Datenquellen oder die Herkunft von Ergebnissen. Falls Daten redundant gehalten werden, bleibt es für den Nutzer transparent, welche Kopie verwendet wird. Das integrierte System stellt sich wie eine homogene, zentrale Datenbank dar.

Verteilungstransparenz ist nicht immer erwünscht. Es kann für Benutzer sehr wichtig sein festzulegen, dass bestimmte Informationen nur aus bestimmten Quellen entnommen werden. Ein Grund kann sein, dass diese für den Benutzer vertrauenswürdiger sind oder er sie für aktueller hält. Ebenso ist es oftmals wichtig, bei Ergebnissen zu erfahren, aus welcher Quelle sie stammen.

### Schnittstellentransparenz

Schnittstellentransparenz verbirgt vor dem Nutzer die Tatsache, dass Datenquellen mit unterschiedlichen Methoden angesprochen werden müssen. Anfragen an das integrierte System, die in der globalen Anfragesprache gestellt werden, müssen dazu mit den jeweiligen Zugriffsmöglichkeiten der Quellen beantwortet werden.

**Schematransparenz**

Diese Art der Transparenz verbirgt die strukturelle Heterogenität zwischen den Datenquellen und einem globalen Schema[5]. Benutzer müssen und können die Schemata der Datenquellen nicht kennen, sondern benutzen einzig das globale Schema. Es ist Aufgabe des integrierten Systems, globale Anfragen entsprechend der Schemata der Datenquellen umzuschreiben.

***Infokasten 3.1***
*Transparenz und Informationsintegration*

Der Begriff *Transparenz* ist ein klassisches *Autoantonym*, also ein Wort, das zwei gegenteilige Bedeutungen hat. Ein integriertes Informationssystem ist transparent bezüglich einer bestimmten Art von Heterogenität, wenn ein Nutzer oder eine Anwendung diese nicht wahrnimmt – er blickt quasi durch das Problem hindurch. Eine Technik oder ein Verfahren im Alltag nennt man dagegen transparent, wenn ein Betroffener alle Details erkennen kann – er »blickt durch«, auch Details sind sichtbar.

## 3.5 Weiterführende Literatur

*Integration = Überbrückung von Heterogenität*

Mit dem Erkennen und Benennen von Heterogenitätskonflikten ist nur der erste Schritt zur ihrer Überwindung zur Informationsintegration getan. Daher werden wir auf viele Aspekte von Heterogenität in diesem Buch noch detaillierter eingehen. Verfahren zur Überbrückung technischer Heterogenität diskutieren wir vor allem in Kapitel 10. Kapitel 5 schildert Verfahren zum Umgang mit heterogenen Schemata und Datenmodellen. Der Überwindung struktureller und schematischer Heterogenität ist das Kapitel 6 gewidmet. Mit Techniken zum Umgang mit semantischer Heterogenität befasst sich Kapitel 7. Wir geben daher im Folgenden nur kurze Hinweise auf die jeweils wichtigsten Arbeiten.

*Verteilte Informationssysteme*

Techniken verteilter Informationssysteme werden detailliert in den Büchern von Öszu und Valduriez [220] und Dadam [61]. [1] bietet weiterführende Informationen zur technischen Integration auf Netzwerkebene. Die softwaretechnische Überbrückung technischer Heterogenität ist das Thema vielfältiger Systeme, Sprachen und Projekte im Bereich der *Middleware* (siehe Kapitel 10.2). Spezielle Middleware für relationale Datenbanken, die den SQL-Zugriff von einem System auf ein anderes erlaubt, bieten praktisch alle kommerziellen Datenbankhersteller (siehe Kapitel 10.1).

[5] Ohne globales Schema ist Schematransparenz sinnlos.

Technische Grundlagen der Einbindung von *Legacy-Systemen* werden in [35] besprochen.

*Klassifikationen von Konflikten*

Der Klassifikation von Heterogenitätskonflikten widmet sich eine ganze Reihe von Arbeiten. Beispiele findet man in [57, 268, 147]. Eine sehr ausführliche Darstellung bietet [97]. Unsere Einteilung ist eine Weiterentwicklung der Klassifikation in [41]. Die betrachteten Kernprobleme sind im Grunde in allen Arbeiten gleich und werden nur mit unterschiedlichen Namen versehen bzw. unterschiedlich zu Klassen von Heterogenitätsarten zusammengefasst.

*Datenmodellheterogenität*

Die Umwandlung zwischen verschiedenen Datenmodellen behandelt zum Beispiel [248] und, speziell unter dem Aspekt der Schemaintegration, die Dissertation von Schmitt [253]. Das Thema wurde, nach einer intensiven Erforschung Mitte der 90er Jahre und damit zu der Zeit, in der echte objektorientierte Datenbanken große Popularität hatten, viele Jahre nicht mehr betrachtet und erfährt erst in den letzten Jahren unter dem Namen »Modell-Management« wieder Aufmerksamkeit (siehe Abschnitt 5).

*Semantische Heterogenität*

Speziell mit semantischer Heterogenität in Informationssystemen beschäftigen sich [261, 141, 130] und viele Arbeiten im Umfeld des Semantic Web (siehe Abschnitt 7.2). Schematische Heterogenität wird sehr ausführlich in [201] und [156] dargestellt. Eine eher theoretische Untersuchung zur *Kapazität* von Schemata, also zur Menge der in einem bestimmten Schema darstellbaren Instanzen, findet man in [203]. Spezielle Heterogenitätsprobleme für bestimmte Anwendungsbereiche behandeln zum Beispiel [191] für die Lebenswissenschaften, [157] für die Geowissenschaften und [128] für die Automobilbranche.

*Schemaevolution*

Konzepte zum Umgang mit Schemaevolution in integrierten Systemen werden in der Dissertation von Kolmschlag behandelt [152]. Speziell bezogen auf mediatorbasierte Systeme wird dieses Thema in [171] erörtert. Grundlagen zum Aspekt der Autonomie von Komponenten finden sich in der Software-Engineering-Literatur, wie zum Beispiel in [94].

# 4 Architekturen

Integrierte Systeme sind immer komplexe Anwendungen, insbesondere dann, wenn sie viele und sehr heterogene Datenquellen integrieren. Um dieser Komplexität Herr zu werden, ist ein sorgfältiger Entwurf der Architektur eines Integrationssystems nötig.

Zum einfacheren Entwurf werden Softwaresysteme oftmals in verschiedenen *Schichten* modelliert. Jede Schicht abstrahiert Konzepte der darunter liegenden Schicht. Dieses Schichtenkonzept wird auch beim Entwurf von Datenbankanwendungen eingesetzt und kann auf Integrationssysteme übertragen werden. Der Sprung von monolithischen Datenbanken zu verteilten und dann zu integrierten Informationssystemen macht dabei diverse Erweiterungen der klassischen Datenbankarchitekturen nötig, die im Laufe der letzten ca. zwanzig Jahre vorgeschlagen und realisiert wurden. In diesem Kapitel besprechen wir in ungefährer historischer Folge:

*Schichten*

*Architekturen in ihrer historischen Folge*

- Klassische **monolithische Datenbanken**, die auf einem einzelnen Rechner laufen (als Grundlage und Startpunkt aller weiteren Architekturen).
- **Verteilte Datenbanken**, die auf mehreren Rechnern laufen, aber kaum Heterogenität aufweisen.
- **Multidatenbanken**, die mehrere heterogene Datenquellen auf der Anfrageebene integrieren.
- **Föderierte Datenbanken**, die mehrere heterogene Datenquellen auf Schemaebene integrieren.
- **Mediatorbasierte Systeme**, die eine Verallgemeinerung der anderen Ansätze darstellen.
- **Peer-Daten-Management-Systeme**, die die Unterscheidung zwischen Datenquellen und integriertem System auflösen.

### Weitere Architekturen

*Quellenkatalog*

Der einfachste Ansatz, verschiedene Datenbestände zu »integrieren«, ist der Aufbau eines *Quellenkatalogs*, d.h. einer Liste aller Quellen, geordnet nach bestimmten Kriterien, wie den enthaltenen Daten, den Zugriffsrechten, der verwendeten Technik etc. (siehe auch Abschnitt 7.1.2). Bei dieser Architektur, die manchmal auch als *metadatenbasierte Integration* bezeichnet wird [39], kann man aber kaum von »Informationsintegration« im Sinne dieses Buches sprechen, da dem Benutzer nur bei der Auswahl von Quellen geholfen wird, aber nicht beim Zugriff auf deren Daten oder bei der Verknüpfung von Daten aus mehreren Quellen. Quellenkataloge bieten damit keine der in Abschnitt 3.4 erläuterten Arten von Transparenz. Trotzdem wird dieses Verfahren häufig angewendet, gerade bei beschränkten Ressourcen und einer Vielzahl von Quellen. Auch das Sammeln von Links auf thematisch verwandte Webseiten in einer Bookmark-Liste bildet bereits einen Quellenkatalog.

*Hilfestellung bei der Suche nach Quellen*

*Data Warehouses*

Eine weitere und sehr weit verbreitete Architektur zur Informationsintegration ist die *Data-Warehouse-Architektur*, die mehrere heterogene Datenquellen durch Transformation und Materialisierung in einer zentralen Datenbank integriert. Da Data Warehouses viele eigene Techniken verwenden, die sich aus ihrem Verwendungszweck, nämlich der Unterstützung der strategischen Unternehmensplanung, ergeben, widmen wir ihnen das Kapitel 9.

### Architektur monolithischer Datenbanksysteme

*Drei-Schichten-Architektur*

Die Basisarchitektur praktisch aller zentralen Datenbanken ist die *Drei-Schichten-Architektur* [282], die in Abbildung 4.1 dargestellt wird. Jede Schicht bietet eine andere *Sicht* auf die Daten bzw. ein anderes *Schema*. Deshalb werden die Begriffe »Sicht« und »Schicht« in der Literatur oft synonym verwendet. Im Folgenden erläutern wir jede Schicht einzeln.

*Interne Sicht*

Die *interne Sicht* (auch »physische Sicht«) beschäftigt sich mit der Speicherung der Daten auf dem jeweiligen System. Im internen Schema wird festgelegt, welche Daten auf welchem Medium (Festplatte, Magnetband) und an welchem Speicherort (Zylinder, Block) gespeichert werden und welche Zugriffsstrukturen (Indizes) angelegt werden.

*Konzeptionelle Sicht*

Die *konzeptionelle Sicht* (auch »logische Sicht«) befasst sich mit der konzeptionellen Modellierung der zu speichernden Daten. Im *konzeptionellen Schema* wird festgelegt, welches Datenmodell ver-

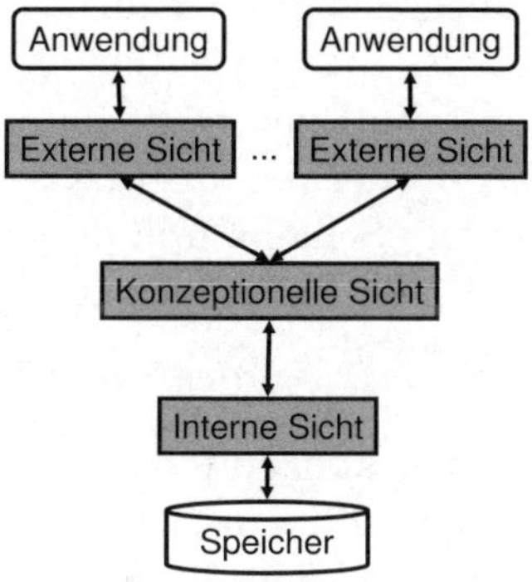


**Abbildung 4.1** *Drei-Schichten-Architektur monolithischer Datenbanken*

wendet wird, welche Daten im DBMS gespeichert werden und wie sie in Beziehung stehen. In relationalen Datenbanken geschieht dies durch das Schema mit seinen Relationen, Attributen, Typen und Integritätsbedingungen. Der Entwurf des konzeptionellen Schemas steht am Anfang jeder Datenbankentwicklung.

*Datenbankentwurf*

Die Trennung zwischen interner und konzeptioneller Sicht gewährleistet *physische Datenunabhängigkeit*. Technische Entscheidungen, wie das Anlegen von Indizes oder der Austausch einer Festplatte, sind unabhängig von der Struktur der Daten in den Schemata und können vom Administrator jederzeit geändert werden, ohne dass Anwendungen geändert werden müssten. Umgekehrt kann ein konzeptionelles Schema zunächst anwendungsgerecht entworfen werden, ohne dass bereits Details der Speicherung festgelegt werden müssen.

*Physische Datenunabhängigkeit*

Die *externe Sicht* (auch »Exportsicht«) beschäftigt sich ebenso wie die konzeptionelle Sicht mit der Modellierung von Daten. Es wird jedoch nicht die gesamte Anwendungsdomäne modelliert, sondern in jeder externen Sicht wird spezifiziert, welcher Teil des konzeptionellen Schemas der jeweiligen Anwendung zur Verfügung gestellt wird. Ein *Exportschema* ist zunächst eine Teilmenge des konzeptionellen Schemas, kann aber auch Transformationen und Aggregationen vornehmen. Zudem werden in der externen Sicht Zugriffsbeschränkungen festgelegt, die es z.B. einer Anwendung verbieten, Stammdaten zu löschen.

*Externe Sicht*

Die Trennung zwischen konzeptioneller und externer Sicht gewährleistet *logische Datenunabhängigkeit*. Änderungen im konzeptionellen Schema können prinzipiell unabhängig von den Exportschemata vorgenommen werden, und umgekehrt können die Exportschemata neuen Anforderungen der Anwendungen angepasst werden, ohne das darunter liegende konzeptionelle Sche-

*Logische Datenunabhängigkeit*

ma zu beeinflussen. Natürlich gibt es auch Änderungen, etwa das Entfernen eines Attributs im konzeptionellen Schema, die nicht ohne Auswirkungen auf die Exportschemata bleiben. Umgekehrt kann nicht jede neue Anforderung an ein Exportschema durch das bestehende konzeptionelle Schema und dessen Daten erfüllt werden. Der Schlüssel zu diesen Problemen liegt in *Abbildungen zwischen Schemata*. Diese Abbildungen sind eines der Kernthemen der Informationsintegration. Dabei geht es allerdings meist nicht um Abbildungen zwischen konzeptionellen und Exportschemata, sondern vielmehr um Abbildungen zwischen den Schemata autonomer Quellen einerseits und dem Schema des integrierten Informationssystems andererseits.

Zunächst wenden wir uns jedoch einzelnen Architekturen zur Informationsintegration zu. Es gibt eine Fülle von Literatur und Architekturvarianten. In den folgenden Abschnitten besprechen wir die wichtigsten und verweisen in Abschnitt 4.8 auf weiterführende Literatur. Einleitend diskutieren wir eine der wichtigsten Entwurfsentscheidungen: Sollen die Daten *virtuell oder materialisiert* integriert werden.

## 4.1 Materialisierte und virtuelle Integration

*Unterschied: Speicherort*

Man kann generell zwei Arten der Informationsintegration unterscheiden: die materialisierte Integration und die virtuelle Integration. Das Unterscheidungsmerkmal zwischen diesen beiden Varianten ist der Ort, an dem die zu integrierenden Daten gespeichert sind. Bei der *materialisierten Integration* werden die zu integrierenden Daten im integrierten System selbst, also an zentraler Stelle, materialisiert. Die Daten in den Datenquellen bleiben zwar erhalten, werden aber nicht zur Anfragebearbeitung herangezogen. Bei der *virtuellen Integration* werden die Daten nur in kleinen Ausschnitten während der Anfragebearbeitung von den Datenquellen zum Integrationssystem transportiert und nach der Berechnung der Antwort wieder verworfen. Der integrierte Datenbestand existiert damit nur virtuell: Aus Sicht des Nutzers gibt es zwar einen homogenen Bestand, aber tatsächlich findet Integration *bei jeder neuen Anfrage* statt.

*Schwerpunkt des Buches: Virtuelle Integration*

Die in den folgenden Abschnitten dargestellten Architekturen verwirklichen größtenteils virtuelle Integration (aber siehe dazu auch den Absatz am Ende dieses Abschnitts über hybride und gemischte Architekturen). Diese bildet auch den Schwerpunkt dieses

Buches. Eine prominente Architektur, die auf Materialisierung beruht, sind *Data Warehouses*, denen wir Kapitel 9 widmen.

Zunächst untersuchen wir die Unterschiede in Bezug auf den *Datenfluss* und die *Anfragebearbeitung* im System (siehe Abbildung 4.2). Danach diskutieren wir die jeweiligen Vor- und Nachteile.

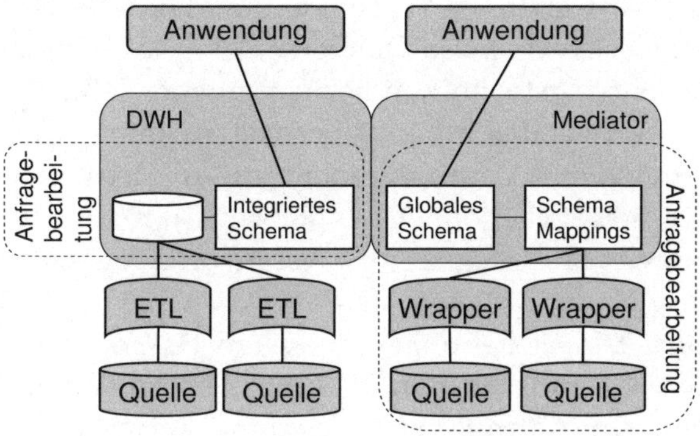


***Abbildung 4.2*** *Materialisierte Integration in einem Data Warehouse im Vergleich zur virtuellen Integration in einem mediatorbasierten Informationssystem*

## Datenfluss

*Fluss in materialisierten Systemen*

Zur Einrichtung eines materialisiert integrierten Systems werden die gesamten Daten der Datenquellen in die globale Komponente übertragen und dort persistent, in der Regel mittels eines DBMS, gespeichert. Aktualisierungen und Ergänzungen in den Quelldaten werden im globalen System durch *periodische Update-Operationen*, etwa täglich zu einer Zeit schwacher Systemlast, repliziert. In Bezug auf Anfragen an das System ist die Datenbereitstellung also *asynchron*. Sie erfolgt meistens im *Push-Modus*: Die Daten werden, initiiert durch die Datenquellen, ins Integrationssystem »geschoben«. Nach der Übertragung findet in der Regel ein Prozess zur *Datenreinigung* statt, der die Daten normalisiert, Fehler beseitigt und Duplikate eliminiert, bevor die zentrale Datenbank aktualisiert wird.

*Asynchrone Bereitstellung, Push-Modus*

*Fluss in virtuellen Systemen*

In virtuell integrierten Systemen hingegen werden keine Daten global gespeichert, sondern sie verbleiben bei den Datenquellen. Durch Caching können Daten zwar zeitweise auch in der Integrationsschicht eines integrierten Systems vorhanden sein. Caching dient aber vornehmlich der Beschleunigung von Anfragen und gehorcht daher anderen Gesetzmäßigkeiten, die wir hier nicht berücksichtigen. Erst aufgrund einer Anfrage werden Daten von den Datenquellen übertragen – die Bereitstellung der Daten ist daher *synchron*. Dies entspricht dem *Pull-Prinzip* eines *Anfrageplans*: Die Daten werden auf Initiative des Integrationssystems aus den Datenquellen »gezogen«. In der Regel bleibt hierbei keine Zeit für komplexe Datenbereinigungoperationen.

*Synchrone Bereitstellung, Pull-Modus*

### Anfragebearbeitung

*Materialisiert: Ausnutzung eines zentralen DBMS*

Da sämtliche relevanten Daten eines materialisiert integrierten Systems zentral in einem System vorliegen, verläuft die Anfragebearbeitung wie in einem herkömmlichen DBMS. Anfragen werden direkt gegen das globale Schema formuliert und auf herkömmliche Weise optimiert und ausgeführt – Datenquellen sind nicht beteiligt. Der Vorteil dieses Vorgehens sind hohe Geschwindigkeit, da kein Netzwerkverkehr zu Quellen erfolgt, und die Möglichkeit, Anfragebearbeitungstechniken herkömmlicher DBMS zu verwenden. Auch unterliegt das Integrationssystem keinen Beschränkungen in den möglichen Anfragen mehr, die in virtuellen Systemen durch beschränkte Quellen vorhanden sein können.

*Virtuell: Komplexe Anfrageplanung und -optimierung*

In einem virtuell integrierten System erfolgen Anfragen ebenfalls an ein globales Schema, dessen *Datenbestand aber nur virtuell* existiert. Die Beziehungen zwischen Datenquellen und dem globalen Schema müssen daher durch Korrespondenzen spezifiziert werden. Zur Anfragezeit ist es dann notwendig, die globale Anfrage in *Anfragepläne* zu zerlegen, die die benötigten Daten aus den verschiedenen Quellen holen, vereinen und transformieren. Dieser Vorgang ist komplex; wir widmen ihm das Kapitel 6. Bei der Ausführung der Pläne müssen zudem besondere Kostenfaktoren berücksichtigt werden, die durch die Notwendigkeit entstehen, sämtliche relevanten Daten von den Datenquellen über ein Netzwerk zu holen. Außerdem muss auf die Möglichkeit Rücksicht genommen werden, dass Quellen temporär nicht verfügbar sind. Bieten Quellen nur *eingeschränkte Schnittstellen*, sind oftmals auch manche Anfragen an das globale Schema überhaupt nicht beantwortbar.

### Vergleich

Wir vergleichen die beiden Varianten anhand mehrerer Kriterien. Tabelle 4.1 auf Seite 90 fasst die Unterschiede zusammen.

*Materialisierte Systeme neigen zu veralteten Daten*

- **Aktualität:** Bei der virtuellen Integration sind die Daten stets aktuell, da sie für jede Anfrage direkt von den Datenquellen übertragen werden. Bei der materialisierten Integration hängt die Aktualität der Daten von der Updatefrequenz des Systems ab.

*Virtuelle Systeme bieten tendenziell schlechtere Performanz*

- **Antwortzeit:** Bei der virtuellen Integration werden Daten erst zum Zeitpunkt der Anfrage von den Quellsystemen geholt. Dies bringt i.d.R. einen Geschwindigkeitsnachteil mit sich; das integrierte System kann niemals schneller sein als die langsamste Datenquelle, die an einer konkreten Anfrage beteiligt ist.

- **Komplexität:** Bei der virtuellen Integration verlangt das Aufteilen einer Anfrage an das globale Schema in eine Reihe von Anfragen an die Datenquellen sowie das später notwendige Zusammenführen der Ergebnisse *komplexe Anfrageplanungs- und Optimierungsalgorithmen*, die die Gesamtkomplexität und damit Fehleranfälligkeit des Systems erheblich steigern. Bei der materialisierten Integration ist die Anfragebearbeitung dagegen einfach (da kommerziell verfügbar), dafür sind die notwendigen Update- und Datenreinigungsprozesse oft komplex.
- **Autonomie:** In beiden Szenarien müssen Datenquellen einen Teil ihrer Autonomie aufgeben. In virtuell integrierten Systemen müssen sie sich für Anfragen aus der Integrationsschicht öffnen und Anfrageergebnisse zurückgeben. Wird dies z.B. temporär abgelehnt, können in dieser Zeit keine globalen Anfragen bearbeitet werden. Datenquellen in materialisierten Systemen müssen dagegen in periodischen Abständen ihren gesamten Datenbestand, z.B. als Load-Dateien von RDBMS, zur Verfügung stellen. Zur Bearbeitung von globalen Anfragen müssen sie nicht kooperieren.
- **Anfragemöglichkeiten:** Die Anfragemöglichkeiten eines materialisierten Systems sind nur durch das verwendete DBMS beschränkt. Die Anfragemächtigkeit virtuell integrierter Systeme hingegen ist durch die zur Verfügung stehenden *Schnittstellen* zu den Datenquellen beschränkt. Nur selten kann man von vollem SQL-Umfang ausgehen. Oft stehen beispielsweise nur HTML-Formulare zur Verfügung (siehe Abschnitt 6.6). Andererseits kann es vorkommen, dass Datenquellen spezialisierte Funktionen, wie die Suche in Bilddaten, zur Verfügung stellen, die global nur schwer nachzubilden sind.

*Materialisierte Systeme erlauben unbeschränkte Anfragen*

- **Read/Write:** Da bei der virtuellen Integration die Daten physisch nur in den Quellsystemen vorliegen, können i.d.R. keine Änderungen vorgenommen werden, die die Integration erleichtern könnten. Dazu würde zum Beispiel die Vereinheitlichung von Namen oder das Löschen oder Verbessern inkonsistenter Datenbestände gehören. Bei der materialisierten Integration können Änderungen an den Daten vorgenommen werden, ohne dass eine Quelle dies unterstützen muss. Dafür müssen Vorkehrungen getroffen werden, die verhindern, dass Änderungen im integrierten System bei Updates aus den Quellen einfach überschrieben werden.

- **Speicherbedarf:** Aufgrund der zentralen Speicherung sämtlicher Datenbestände ist der Speicherbedarf materialisiert integrierter Systeme groß. Bei der virtuellen Integration wird nur sehr wenig Speicher für die Metadaten und gegebenenfalls temporäre Anfrageergebnisse benötigt.
- **Belastung der Quellen:** Bei der materialisierten Integration entsteht durch die Bereitstellung von Updates regelmäßig eine *sehr hohe Last* auf den Quellen, die jedoch planbar ist. Bei der virtuellen Integration entsteht dagegen unregelmäßig eine eher geringere Last, die sich allerdings in Zeiten intensiver Nutzung – meistens praktisch unvorhersehbar – verstärken kann.

*Bei der virtuellen Integration können Daten kaum gereinigt werden*

- **Datenreinigung:** Daten aus autonomen Datenquellen sind oft nicht von der benötigten Qualität; sie enthalten Datenfehler und Duplikate (siehe Abschnitte 8.1 und 8.2). Die Verfahren zur Datenreinigung sind in der Regel so aufwändig, dass sie nicht im Zuge der Anfragebearbeitung, also innerhalb von Sekunden, durchgeführt werden können. Zudem ist in einigen Fällen der Eingriff durch Experten nötig. Somit kommt Datenreinigung nur für materialisiert integrierte Systeme in Frage.

| | **Materialisiert** | **Virtuell** |
|---|---|---|
| Aktualität | niedrig: Updatefrequenz | hoch: immer aktuell |
| Antwortzeit | niedrig: lokale Bearbeitung | hoch: Netzwerkverkehr |
| Komplexität | niedrig: wie DBMS | hoch: Anfrageplanung |
| Autonomie | Beantwortung von Anfragen | Bereitstellung von Load-Dateien |
| Anfragemöglichkeiten | unbeschränkt: volles SQL | beschränkt (bei beschränkten Quellen) |
| Read/Write | beides möglich | nur lesend |
| Speicherbedarf | hoch: gesamter Datenbestand | niedrig: nur Metadaten |
| Belastung der Quellen | hoch, aber planbar | eher niedrig, schlecht planbar |
| Datenreinigung | möglich | nicht möglich |

***Tabelle 4.1***
*Vor- und Nachteile materialisierter und virtueller Integration*

**Zwischenstufen**

Systeme müssen in der Praxis natürlich nicht rein virtuell oder rein materialisiert realisiert werden. *Hybride Architekturen* basieren darauf, dass Teile der Daten materialisiert werden und andere Teile nur virtuell vorliegen. Eine solche Kombination ist sinnvoll, wenn einige Datenquellen sehr oft benötigt werden und/oder komplett als Load-Datei verfügbar sind, während andere Quellen häufigen Datenänderungen unterliegen und/oder nur einen beschränkten Zugriff gestatten. Bei Datenquellen der ersten Art ist eine Materialisierung möglich und nützlich, für Datenquellen der zweiten Art ist die virtuelle Datenhaltung empfehlenswert bzw. eine Materialisierung unmöglich.

*Hybride Architekturen*

Es ist zu beachten, dass virtuelle Integration immer dann notwendig wird, wenn die Daten *logisch verteilt* bleiben. Die physische Verteilung ist davon unabhängig. So kann man auch Systeme bauen, die Datenquellen zentral replizieren, aber ihre Integration erst zum Anfragezeitpunkt durchführen. Diese Herangehensweise erleichtert das Update von Quellen sehr (da nur repliziert wird) und erlaubt trotzdem schnelle Antworten, da zur Anfragezeit kein Netzwerkverkehr notwendig ist. Auch kann man flexibel auf beschränkte Quellen reagieren. Ein entsprechendes System werden wir in Abschnitt 11.5 vorstellen.

*Virtuelle Integration mit materialisierten Daten*

## 4.2 Verteilte Datenbanksysteme

Der Schritt von monolithischen zu verteilten und föderierten Datenbanken gibt eine wichtige Grundannahme auf: Die Daten müssen nicht mehr in einem einzigen System vorliegen, sondern können *physisch und logisch auf mehrere Systeme verteilt* sein.

*Verteilte Datenbestände*

Unter dem Begriff »verteilte Datenbanken« fasst man Ansätze zusammen, bei denen die Verteilung einer strikten und zentralen Kontrolle unterliegt [220]. Die *Verteilung ist gewollt* und wird geplant. Die am Verbund beteiligten Datenbanken geben ihre *Autonomie vollständig auf*. Dies unterscheidet verteilte Datenbanken von allen im Folgenden vorgestellten Architekturen. Einige Gründe, aus denen man Daten verteilen möchte, haben wir in Abschnitt 3.1 genannt.

*Verteilung »by Design«*

Mit der Verteilung soll nicht die Fähigkeit verloren gehen, alle Daten gemeinsam anzufragen. Im Idealfall erzeugt eine verteilte Datenbank für Anwendungen und Nutzer den Eindruck, mit einer einzigen Datenbank zu arbeiten, also *Verteilungstransparenz* zu bieten. Echte Verteilungstransparenz wird in kommerziellen Sys-

*Ziel: Verteilungstransparenz*

temen aber oftmals nicht erreicht, immer aber Ortstransparenz (siehe Abschnitt 10.1).

*Vier-Schichten-Architektur*

Jeder Rechner im Verbund einer verteilten Datenbank besitzt ein lokales internes und ein lokales konzeptionelles Schema (siehe Abbildung 4.3). Das lokale konzeptionelle Schema spiegelt nur die Daten wider, die auf diesem Rechner verwaltet werden. Je nach *Verteilungsstrategie* kann dies ein Ausschnitt oder das gesamte globale konzeptionelle Schema sein. Zwei typische Strategien sind die vertikale und horizontale Partitionierung:

- Bei einer *horizontalen Partitionierung* werden die Daten großer Tabellen tupelweise auf verschiedenen Rechnern verteilt, beispielsweise nach Jahren oder Kunden getrennt. Eine Vereinigung fügt diese Teile wieder zusammen.
- Bei der *vertikalen Partitionierung* werden Daten großer Tabellen attributweise auf unterschiedlichen Rechnern gehalten. Ein gemeinsames Schlüsselattribut auf jeder Partition erlaubt das Zusammenfügen der Teile mittels eines Join.

Darüber hinaus können zur Beschleunigung von Anfragen manche Daten redundant auf verschiedenen Systemen im Verbund gehalten werden. In diesem Fall ist eine strenge Konsistenzkontrolle notwendig.

*Globales Schema*

Oberhalb der lokalen konzeptionellen Schemata gibt es bei verteilten Datenbanken ein *globales konzeptionelles Schema*. Dieses modelliert die gesamte Anwendungsdomäne und ist zentraler Bezugspunkt für die Definition externer Schemata, die die gleiche Rolle wie in der Drei-Schichten-Architektur spielen. Der Entwurf verteilter Datenbanken erfolgt in der Regel in zwei Schritten: Einem Entwurf des globalen Schemas folgt der Verteilungsentwurf, der festlegt, welche Daten wo gespeichert werden sollen.

**Abbildung 4.3** *Vier-Schichten-Architektur für verteilte Datenbanken*

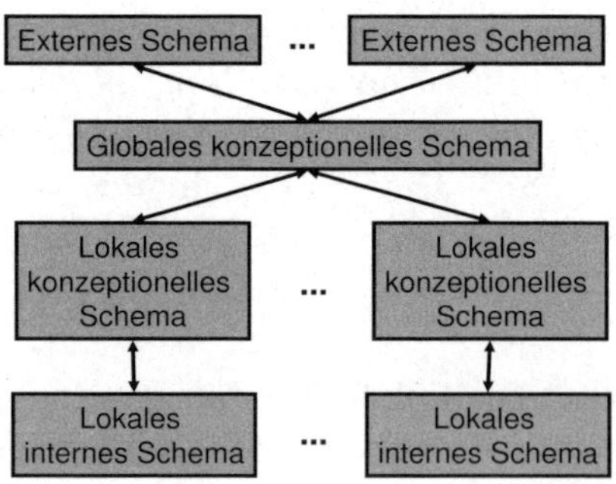

Verteilte Datenbanken realisieren eine *enge Kopplung* ihrer Systeme. Aufgrund der strengen Kontrolle bei Entwurf und Betrieb treten die wesentlichen Probleme, die in diesem Buch besprochen werden – etwa strukturelle und semantische Heterogenität – nicht auf. Gleichzeitig ist die Technik, auf deren Grundlage verteilte Datenbanken realisiert werden, unabhängig vom Entwurfsprozess einer Anwendung. Daher sind verteilte Datenbanksysteme sehr geeignete Plattformen für die Informationsintegration. Diesen Aspekt werden wir in Abschnitt 10.1 näher beleuchten.

*Enge Kopplung, keine Heterogenität*

## 4.3 Multidatenbanksysteme

Die Multidatenbankarchitektur wurde von Litwin et al. vorgestellt [186]. Eine weitere, ähnliche Variante ist die Import/Export-Architektur von Heimbigner und McLeod [118], die hier nicht näher betrachtet wird.

Multidatenbanksysteme (MDBMS) sind Sammlungen autonomer Datenbanken, die *lose miteinander gekoppelt* sind. Die einzelnen Datenbanken bieten externen Anwendungen die Möglichkeit an, auf die Daten zuzugreifen. Dieser Zugriff erfolgt über eine *Multidatenbanksprache*, mit der mehrere Datenbanken in einer Anfrage angesprochen werden können. Die beteiligten Datenbanken behalten ihre volle *Designautonomie*.

*Lose Kopplung*

Das wesentliche Merkmal von MDBMS ist das *Fehlen eines globalen konzeptionellen Schemas*[1] (siehe Abbildung 4.4). Stattdessen unterhält jede lokale Datenbank ein Exportschema, das wie in der Drei-Schichten-Architektur festlegt, welcher Teil des lokalen konzeptionellen Schemas externen Anwendungen zur Verfügung gestellt wird.

*Fehlendes globales Schema*

Es wird bei MDBMS davon ausgegangen, dass alle Datenquellen das gleiche Datenmodell verwenden, also keine Datenmodellheterogenität vorliegt. Ist dies nicht der Fall, muss entweder die lokale Datenquelle oder die Multidatenbanksprache eine Übersetzung in das globale Datenmodell anbieten.

Jede Anwendung kann sich nun ein eigenes externes Schema erzeugen, das die Exportschemata einer oder mehrerer Quellen integriert. Diese schwierige Integrationsaufgabe bleibt also jeder

*Integration durch Multidatenbanksprache*

[1]Diese Definition ist konform mit den meisten anderen Autoren [262, 220, 57], kann aber an anderen Stellen abweichen. Es werden beispielsweise Architekturen vorgeschlagen, die mehrere globale Schemata für einzelne Teilmengen der Datenquellen bilden.

*Abbildung 4.4*
*Die Multidatenbank-architektur*

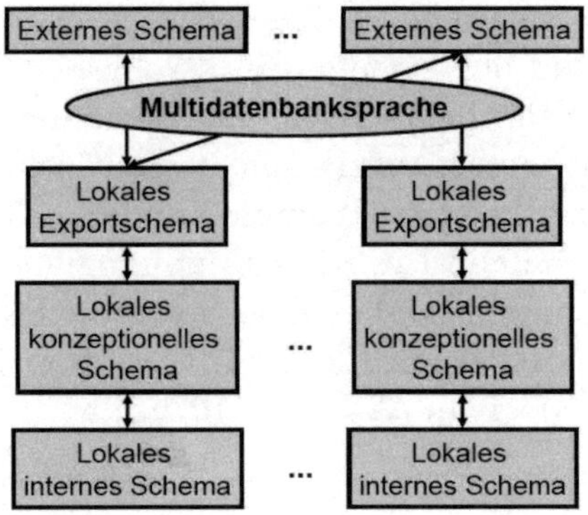


Anwendung selber überlassen[2]. Das MDBMS stellt lediglich eine Multidatenbanksprache zur Verfügung. Solche Sprachen sind in der Regel an SQL angelehnt und erlauben es, (1) innerhalb einer Anfrage auf mehrere Datenbanken zuzugreifen und (2) strukturelle und semantische Unterschiede in den Schemata zu überbrücken. Wir stellen eine dieser Anfragesprachen, SchemaSQL, in Abschnitt 5.4 vor.

## 4.4 Föderierte Datenbanksysteme

*Fünf-Schichten-Architektur*

*Ungewollte Verteilung und damit Heterogenität*

Im Gegensatz zu MDBMS besitzen föderierte Datenbanksysteme (FDBMS) ein globales konzeptionelles (»föderiertes«) Schema [262]. Dieses Schema ist zentraler und stabiler Bezugspunkt für alle externen Schemata und deren Anwendungen. Im Unterschied zu verteilten Datenbanken entsteht das globale Schema aber nach den lokalen Schemata mit dem Zweck, eine *integrierte Sicht auf existierende und heterogene Datenbestände* zu bieten. In föderierten Datenbanken ist Verteilung der Datenquellen also keinesfalls gewollt, sondern ein unausweichliches Übel. Datenquellen in FDBMS bewahren einen *hohen Grad an Autonomie.*

*Kanonisches Datenmodell*

Man nennt das im globalen Schema verwendete Datenmodell das *kanonische Datenmodell.* Sämtliche lokalen Exportschemata müssen auf dieses globale Schema abgebildet werden (siehe Abbildung 4.5). Das globale Schema kann auf zwei verschiedene Weisen entstehen: Entweder es wird aus den einzelnen Exportschemata zusammengeführt, oder es wird unabhängig von den lokalen Schemata entworfen. Die erste Variante, die so genannte Schemainte-

[2]Natürlich können entsprechende Anfragen in Sichten zusammengefasst und mehreren Anwendungen zur Verfügung gestellt werden.

gration, wird in Abschnitt 5.1 erläutert. Die zweite Variante, das Schema Mapping, ist Thema von Abschnitt 5.2 und von Kapitel 6.

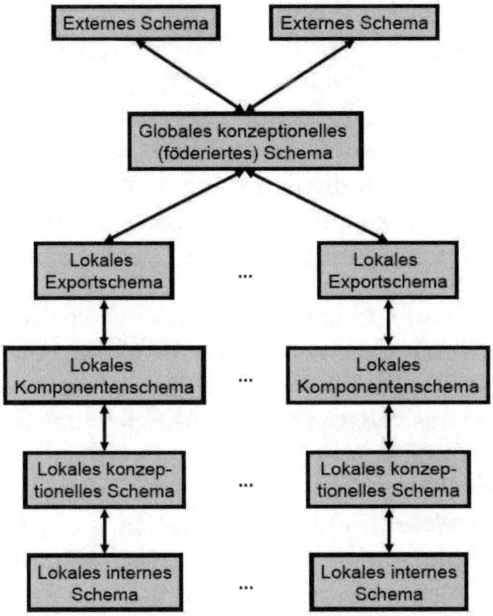


***Abbildung 4.5*** *Fünf-Schichten-Architektur föderierter Datenbanken (Quelle: [262])*

*Referenzarchitektur*

Da die Fünf-Schichten-Architektur die *Referenzarchitektur* für die meisten in diesem Buch besprochenen Techniken und Systeme ist, erläutern wir hier die Rollen der einzelnen Schichten und Schemata ausführlicher als bisher:

*Schichten in FDBMS*

- **Lokales konzeptionelles Schema:** Dieses Schema modelliert die Daten der jeweiligen Datenquelle und spielt die gleiche Rolle wie das konzeptionelle Schema der Drei-Schichten-Architektur. Aufgrund der Autonomie der Quellen kann in Bezug auf das globale Schema sowohl strukturelle Heterogenität als auch Datenmodellheterogenität herrschen.
- **Lokales Komponentenschema:** Diese Schemata modellieren, sofern möglich, die Inhalte des lokalen konzeptionellen Schemas in dem kanonischen Datenmodell, also dem Datenmodell des globalen Schemas. Komponentenschemata überwinden also Datenmodellheterogenität.
- **Lokales Exportschema:** Diese Schemata haben die gleiche Rolle wie in der Drei-Schichten-Architektur: Sie stellen die Teilmenge des Komponentenschemata dar, die nach außen sichtbar ist. Die zugreifende Anwendung ist dabei in erster Linie das FDBMS, obwohl natürlich Anwendungen auch direkt auf die Exportschemata der einzelnen Datenquellen zugreifen können.

- **Globales konzeptionelles Schema:** Dieses Schema hat in der Literatur viele Namen, u.a. globales Schema, föderiertes Schema, Importschema, *enterprise schema* oder integriertes Schema. Es bildet die integrierte Sicht auf alle Datenquellen und ist im kanonischen Datenmodell modelliert. Vorgehensweisen zur Erstellung des globalen Schemas werden in Abschnitt 4.7.1 besprochen.
- **Externes Schema:** Ebenso wie in der Drei-Schichten-Architektur haben die externen Schemata die Aufgabe, diejenigen Teilmengen des globalen Schemas auszuwählen, die für die jeweiligen Anwendungen sichtbar sein sollen.

Im weiteren Verlauf sprechen wir meist nur von lokalen und globalen Schemata. Wir gehen ohne Beschränkung der Allgemeinheit davon aus, dass (1) alle Schemata im gleichen Datenmodell vorliegen und (2) dass das vollständige lokale Schema für das integrierte System sichtbar und zugreifbar ist.

*Varianten*

In [262] erwähnen die Autoren diverse weitere Architekturvarianten, die im Wesentlichen Kombinationen der hier vorgestellten Varianten sind. Eine wichtige Überlegung in diesem Zusammenhang ist, welches System für welches der Schemata verantwortlich ist und insofern wie autonom die Datenquellen sind. In einer föderierten Datenbank geht man in der Regel davon aus, dass den Datenquellen bekannt ist, dass sie Teil einer Föderation sind und dass sie einen Teil ihrer Autonomie aufgeben. Beispielsweise obliegt es den einzelnen Quellen, ein Komponentenschema zu erstellen, das einzig zum Zweck der Föderation benötigt wird. Die Aufgabe der Erstellung der Exportschemata kann nicht eindeutig zugewiesen werden. Je nach Anwendungsszenario wird die Antwort unterschiedlich ausfallen. In einem rein lesenden Szenario muss die Datenquelle in vielen Fällen gar nicht wissen, dass sie Teil einer Föderation ist. In diesem Fall obliegt es dem integrierten System, das Exportschema zu erstellen. Das automatische Auslesen von Daten aus HTML-Seiten, wie es etwa Metasuchmaschinen betreiben, stellt einen solchen Fall dar. Werden innerhalb einer Organisation verschiedene Datenquellen föderiert, ist es aber eher üblich, dass die Verantwortlichen der Datenquellen selbst das Exportschema definieren. Auf diese Weise kann kontrolliert werden, welcher Teil der Daten global sichtbar wird.

## 4.5 Mediatorbasierte Informationssysteme

Die Mediator-Wrapper-Architektur wurde 1992 von Wiederhold vorgestellt [298] (siehe Abbildung 4.6). Sie stellt eine Verallgemeinerung der vorherigen Architekturen dar, indem sie nur zwei Rollen identifiziert: *Wrapper* sind zuständig für den Zugriff auf einzelne Datenquellen. Dabei überwinden sie Schnittstellen-, technische, Datenmodell- und schematische Heterogenität. *Mediatoren* greifen auf einen oder mehrere Wrapper zu und leisten einen *bestimmten Mehrwert*, in der Regel die strukturelle und semantische Integration von Daten.

*Wrapper von* wrapping – *einwickeln*

*Mediator von* mediate – *vermitteln*

Abbildung 4.6 zeigt ein einfaches Mediator-Wrapper-System. Sämtliche abgebildeten Schemata sind konzeptionell, wir verzichten also auf den Zusatz. Datenquellen ist es in dieser Architektur in der Regel nicht bewusst, Teil eines integrierten Systems zu sein. Ihre *Autonomie bleibt erhalten*; sie müssen lediglich ein Exportschema anbieten. Wrapper stellen Mediatoren ein Wrapperschema zur Verfügung, das zum einen bereits mittels des kanonischen Datenmodells modelliert ist und zum anderen oftmals erste Datentransformationen vorsieht, um die Integration im Mediator zu erleichtern. Der Mediator verwaltet das globale Mediatorschema und stellt Teile daraus Anwendungen zur Verfügung.

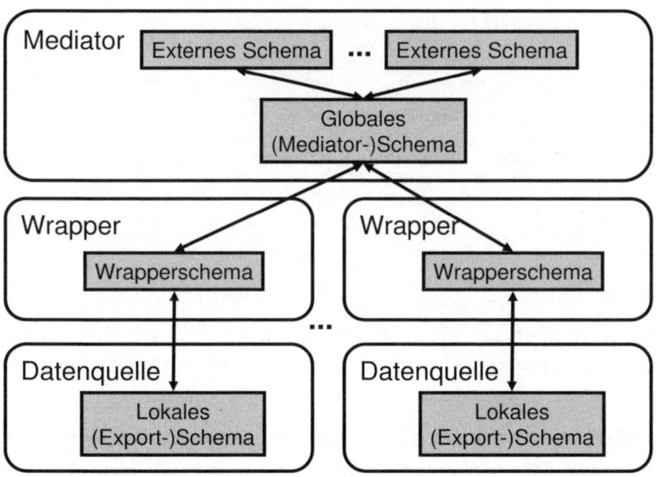


**Abbildung 4.6** *Mediator-Wrapper-Architektur*

*Erweiterung*

Die starre Architektur aus Abbildung 4.6 kann auf verschiedene Weisen erweitert werden. Abbildung 4.7 zeigt eine allgemeinere Variante. Man kann verschiedene Erweiterungen erkennen:

- **Schachtelung von Mediatoren:** Da Mediatoren ein Schema exportieren, können sie selbst wiederum anderen *Media-*

*toren als Datenquelle* dienen. So können Mediatoren in vielen Ebenen geschachtelt werden, wobei jeder Mediator die Daten weiter anreichert bzw. integriert. Wenn das Gesamtsystem von einer Seite her geplant wird, kann auf Wrapper zwischen Mediatoren verzichtet werden.

- **Wrapper für mehrere Quellen:** Falls mehrere Datenquellen vom gleichen Typ sind, genügt es oft, für diese einen einzigen Wrapper zu entwickeln. Sollen beispielsweise mehrere Oracle-Datenbanken als Datenquellen dienen, kann es genügen, einen einzigen Oracle-Wrapper zu implementieren, der gleichzeitig mehrere Datenquellen anbindet.
- **Zugriff von Anwendungen auf Wrapper:** Da Wrapper eine Schnittstelle zu Datenquellen bieten, die bereits im kanonischen Datenmodell sind, können Anwendungen auch direkt auf Wrapper zugreifen. Sie verzichten dabei jedoch auf den Mehrwert, den ein Mediator bietet, insbesondere auf die Benutzung eines integrierten Schemas.

***Abbildung 4.7***
*Erweiterte Mediator-Wrapper-Architektur*

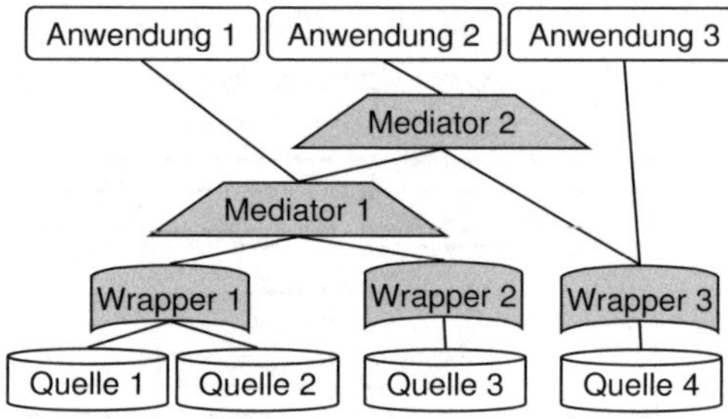


### Mediatoren

Wiederhold definiert einen Mediator wie folgt ([298], eigene Übersetzung):

> *Ein Mediator ist eine Softwarekomponente, die Wissen über bestimmte Daten benutzt, um Informationen für höherwertige Anwendungen zu erzeugen.*

Die Aufgabe von Mediatoren ist es also, Daten einen Mehrwert zu geben. Dies kann entweder mittels Daten anderer Quellen (also durch Informationsintegration) geschehen oder auch andere Formen annehmen, wie der folgende Auszug einer Liste in [299] zeigt:

*Aufgaben von Mediatoren*

- Suche und Auswahl relevanter Datenquellen
- Datentransformationen zur Konsistenzerhaltung
- Bereitstellung von Metadaten zur Weiterverarbeitung
- Integration von Daten mittels gemeinsamer Schlüssel
- Abstraktion bzw. Aggregation zum besseren Verständnis
- Ordnen von Ergebnissen in einem Ranking
- Filter zur Zugangskontrolle
- Semantisch sinnvolle Ausweitungen von Anfragen

*Mediatoren benötigen Expertenwissen*

Der Mehrwert wird in der Regel erreicht, indem *Domänenexperten* ihr Wissen in die Implementierung des Mediators einbringen. Bei einem integrierenden Mediator stellen das integrierte Schema und die Abbildung der Quellschemata auf das integrierte Schema dieses Wissen dar; bei der Erweiterung von Anfragen ist das Expertenwissen in dem Thesaurus oder der Ontologie abgelegt, die zur Bestimmung sinnvoller Erweiterungen verwendet wird.

*Schnittstellen*

Abbildung 4.8 zeigt die logische Trennung zwischen der Implementierung der Mediatoren und der Datenquellen. In Mediatoren modellieren Experten die Besonderheiten einer Anwendungsdomäne. Wrapper hingegen sind speziell auf einzelne Quellen zugeschnitten.

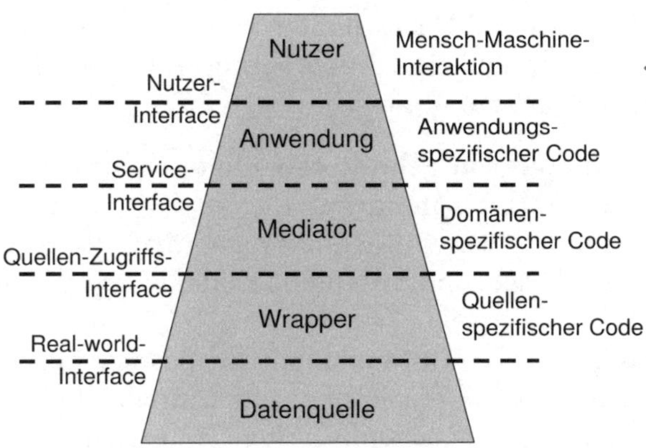


***Abbildung 4.8*** *Schnittstellen der Mediator-Wrapper-Architektur (nach [299])*

*Optimaler Funktionsumfang*

Es ist von der Architektur nicht vorgegeben, welchen Funktionsumfang ein Mediator haben muss, damit er diesen Namen auch verdient. Nach [298] sollten Mediatoren so klein und einfach sein, dass sie durch einen einzigen oder höchstens eine kleine Gruppe von Experten entwickelt und gewartet werden können. Das heißt, Mediatoren sollten ein einfaches föderiertes Schema besitzen, eine begrenzte Domäne umfassen und über einfache Schnittstellen verfügen. Wiederhold hat diese Ziele treffend mit »dicken«, »dünnen«,

»schmalen« und »breiten« Mediatoren umschrieben. Abbildung 4.9 verdeutlicht diese Metapher.

*Abbildung 4.9* Dicke und dünne Mediatoren (aus [299])

## Wrapper

Wrapper sind Softwarekomponenten, die die Kommunikation zwischen Mediatoren und Datenquellen realisieren. Wrapper sind jeweils spezialisiert auf eine Ausprägung autonomer, heterogener Quellen. Ihre Aufgaben umfassen:

*Aufgaben von Wrappern*

- Überwindung von Schnittstellenheterogenität, also z.B. von SQL zu HTML-Formularen.
- Überwindung von Sprachheterogenität, also z.B. den Umgang mit beschränkten Quellen oder verschiedenen Anfragesprachen.
- Herstellung von Datenmodelltransparenz durch Überführung der Daten in das kanonische Datenmodell.
- Überwindung der schematischen Heterogenität durch eine geeignete Abbildung zwischen Quellschema und globalem Schema.
- Unterstützung der globalen Anfrageoptimierung durch die Bereitstellung von Informationen über die Anfragefähigkeiten der Datenquelle (z.B. die Möglichkeit, Prädikate an die Quelle weiterzuleiten) und zu erwartende Kosten.

Ebenso wie Mediatoren sollten Wrapper einfach sein:

*Wünschenswerte Eigenschaften*

**Schnelle Implementierung:** Wrapper sollten schnell implementiert werden können. Roth und Schwarz nennen als Ziel die Implementierung eines einfachen Wrappers innerhalb weniger Stunden [246].

**Erweiterbarkeit:** Wrapper sollten aus zwei Gründen leicht erweiterbar sein [246]. Zum einen soll ein erster Wrapper schnell entwickelt werden, um die Machbarkeit zu zeigen. Weitere Fähigkeiten der Datenquelle müssen später hinzugefügt werden. Zum anderen können sich Datenquellen in ihren Schemata und in ihren Fähigkeiten mit der Zeit ändern. Der Wrapper muss mit diesen Änderungen leicht Schritt halten können.

**Wiederverwendbarkeit:** Wrapper sollten leicht wiederverwendbar sein, so dass im Laufe der Zeit Wrapperbibliotheken gebildet werden können. Ein Wrapper für den JDBC-Zugriff auf eine Oracle-Datenbank sollte sich nicht sehr von einem für den JDBC-Zugriff auf eine SQL-Server-Datenbank unterscheiden.

**Wartbarkeit:** Wrapper sollten lokal wartbar sein, so dass beispielsweise in föderierten Systemen die Datenquellen ihre eigenen Wrapper entwickeln und warten können.

## 4.6 Peer-Daten-Management-Systeme

*Peers sind gleichberechtigt*

Ein zentrales Paradigma der bisherigen Architekturen war die *Trennung zwischen Datenquellen und Integrationssystem*, wobei bei den mediatorbasierten Systemen bereits eine Aufweichung zu beobachten war. Diese Trennung lassen wir nun ganz fallen: Anfragen dürfen an jedes und von jedem an der Integration beteiligten System gestellt werden. Dieses wird dann versuchen, mittels der eigenen und anderer Daten Antworten zu berechnen. In Anlehnung an die Ideen von Peer-to-Peer-(P2P-) Systemen nennt man die resultierende Architektur *Peer-Daten-Management-Systeme* (PDMS, siehe Abbildung 4.10).

### Die Rollen der Peers

*Datenquelle und Mediator zugleich*

Ein Peer in einem PDMS erfüllt zugleich die Rolle einer Datenquelle und die Rolle eines Mediators. Peers stellen ein Schema zur Verfügung, speichern Daten gemäß diesem Schema, nehmen Anfragen entgegen und reichen Anfrageergebnisse zurück. In ihrer

*Rolle als Datenquelle* kommen die Antworten aus eigenen, lokalen Datenbeständen (Peer 1 in Abbildung 4.10). In ihrer *Rolle als Mediator* benutzen sie andere Peers, um Antworten zu finden. Nach außen, also für anderen Peers des PDMS, ist es kein Unterschied, wo die Daten nun tatsächlich herkommen.

*Verbindungen durch Mappings*

Als Mediator speichern Peers Korrespondenzen oder Schema Mappings zwischen dem eigenen Schema und den Schemata anderer Peers. Mappings beschreiben äquivalente Elemente zwischen zwei Schemata und spezifizieren, wie Daten transformiert werden müssen, wenn sie von einem Peer zum anderen übertragen werden. Sie übernehmen damit im Grunde die Rolle von Wrappern in mediatorbasierten Systemen. Betrachtet man Peers als Knoten und Mappings als Kanten, bilden die Peers eines PDMS ein *Netzwerk von Datenquellen* (siehe Abbildung 4.10). Anfragen an einen Peer werden sowohl mit eigenen Daten beantwortet (sofern vorhanden) als auch über die durch Korrespondenzen verbundenen Peers. Wir werden die entsprechenden Techniken in den Abschnitten 5.2 und 6.4.6 näher erläutern.

***Abbildung 4.10***
*Ein Peer-Daten-Management-System*

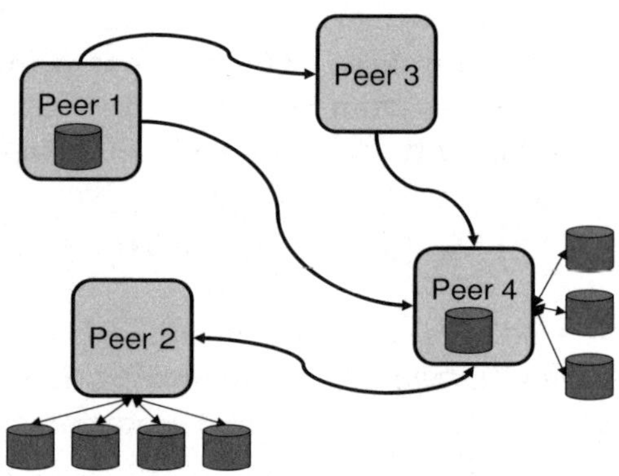


### Vor- und Nachteile der PDMS-Architektur

PDMS befinden sich zwischen zwei Extremen: *Föderierte DBMS* mit einer festen Menge an Datenquellen und festen Zuordnungen zwischen einem globalen und mehreren lokalen Schemata auf der einen Seite und den hochdynamischen *P2P-Systemen* mit ständig wechselnden Beteiligten auf der anderen Seite. In den folgenden Abschnitten vergleichen wir den PDMS-Ansatz mit beiden Extremen.

### Vergleich zu föderierten DBMS

*Vorteil: Höhere Flexibilität*

Die Vorteile von FDBMS, wie Ortstransparenz und Schematransparenz, gelten auch für PDMS. Der wesentliche Vorteil von PDMS gegenüber FDBMS ist deren Flexibilität. Um eine neue Datenquelle hinzuzufügen, reicht es in der Regel, ein einziges Schema Mapping zu definieren, um in das Netzwerk des PDMS aufgenommen zu werden. Da sämtliche Quellen über Mappings miteinander verbunden sind, kann das Mapping von der neuen Datenquelle zu der ähnlichsten bereits vorhandenen Datenquelle abbilden. Somit fällt die Definition vergleichsweise leicht. Zudem beeinträchtigt das Hinzufügen und Entfernen einzelner Datenquellen das Gesamtsystem nur wenig: Es gibt kein globales Schema, das zu ändern wäre. Lediglich Mappings müssen erzeugt bzw. entfernt werden.

*Nachteil: Sehr komplexe Anfragebearbeitung*

Ein wesentlicher Nachteil von PDMS ist die *komplexe Anfragebearbeitung über viele Peers* hinweg. Anfragen werden vielfach umformuliert, während sie von einem Peer zum nächsten gereicht werden. Dabei müssen Zyklen vermieden werden. Umgekehrt werden Daten auf dem Rückweg durch die Peers vielfach transformiert, was unter anderem einen schleichenden Verlust an Semantik und Qualität bedeuten kann.

*Unbekannte Datenquellen*

Während einem FDBMS alle Datenquellen bekannt sind, die Antworten zu einer Anfrage beisteuern, ist dies in einem PDMS nicht der Fall. Der Peer, an dem die Anfrage gestellt wird, kennt zwar seine direkten Nachbarn und leitet bei Eignung die Anfrage an diese weiter. Diese können jedoch wiederum weitere Peers im Netzwerk befragen, um schließlich eine gebündelte Antwort an den ursprünglichen Peer zurückzusenden. Ohne aufwändigen Austausch von Metadaten weiß dieser nicht, welche Peers am Ergebnis beteiligt waren. Selbst wenn diese oft komplexen Informationen zusammen mit den Antworten geliefert werden, ist es dem anfragenden Peer im Gegensatz zum FDBMS nicht schon zum Anfragezeitpunkt möglich festzulegen, welche Peers Antworten liefern dürfen bzw. sollen.

### Vergleich zu P2P-Systemen

PDMS sind als Erweiterung von FDBMS um P2P-Techniken entstanden. Es bestehen jedoch wesentliche Unterschiede zu einfachen P2P-Dateitauschsystemen, sowohl auf der logischen Ebene (Schemata, Anfragen, Anfragebearbeitung) als auch in ihrer physischen Ausprägung (Dynamik und Größe). Tabelle 4.2 fasst diese zusammen.

| | P2P | PDMS |
|---|---|---|
| Granularität | Vollständige Dateien | Objekte, Tupel, Attribute |
| Anfragen | Einfach: Suche nach Dateinamen oder Metadaten | Komplex: SQL, XQuery etc. |
| Wissen um andere Peers | Kein globales Wissen | Kenntnis von Nachbarn (Mappings) |
| Anfrage-bearbeitung | Fluten des Netzes, verteilte Hashtabellen etc. | Gezieltes Verfolgen geeigneter Mappings |
| Schema | Kein Schema (bzw. nur eine Relation) | Komplexes Schema |
| Anzahl Peers | Hunderttausende | Unter hundert |
| Dynamik | Hochdynamisch: Kurze Aufenthalte, spontanes Verlassen | Kontrolliert dynamisch: Lange Aufenthalte, An- und Abmeldung |

***Tabelle 4.2***
*Vergleich zwischen P2P-Dateitausch und PDMS*

## 4.7 Einordnung und Klassifikation

Nach der Vorstellung diverser Architekturen betrachten wir nun Kriterien, die bei der Wahl einer Architektur zur Erstellung eines integrierten Informationssystems eine Rolle spielen. Dabei lässt sich keine der Entwurfsentscheidungen eindeutig der einen oder anderen Architektur zuordnen. Das Datenmodell kann beispielsweise unabhängig von der Architektur gewählt werden. Dennoch gibt es oftmals klare Tendenzen, die wir dann jeweils erwähnen.

Anschließend betrachten wir noch einmal Abbildung 3.1 von Seite 50 und klassifizieren die vorgestellten Architekturen innerhalb des aufgespannten Raums.

### 4.7.1 Eigenschaften integrierter Informationssysteme

Integrierte Informationssysteme lassen sich – neben ihrer Architektur – nach vielerlei Eigenschaften unterscheiden [41], von denen wir im Folgenden eine Reihe kurz vorstellen. Diese Eigenschaften sind nicht unabhängig voneinander. Beispielsweise ist zum Erzielen von Schematransparenz ein integriertes Schema nötig, eine lose Kopplung wird stets im Top-down-Entwurf erreicht, usw.

#### Strukturierungsgrad

In Kapitel 2 haben wir ausführlich die drei Strukturierungsgrade von Daten besprochen: Daten können strukturiert, semistrukturiert oder unstrukturiert sein. Integrationssysteme unterscheiden sich darin, welche Art von Daten sie integrieren können und wie das System selber die integrierten Daten präsentiert. Typische Konstellationen sind Systeme mit einem globalen Schema, die nur strukturierte Quellen aufnehmen, oder Systeme, die auf globaler Ebene nur Suchanfragen gestatten und alle Quellen als unstrukturiert auffassen.

#### Datenmodell

Wie schon in Abschnitt 2.1 beschrieben, liegen Daten in verschiedensten Datenmodellen vor. Es ist die Aufgabe des integrierten Informationssystems, ein kanonisches Datenmodell vorzugeben und die Daten der Datenquellen entsprechend zu transformieren bzw. transformieren zu lassen. In Abschnitt 2.1.4 haben wir bereits auf die Schwierigkeiten solcher Transformationen hingewiesen. Problematisch ist vor allem die Integration semi- oder unstrukturierter Daten in ein strukturiertes globales Schema.

*Transformation von Datenmodellen*

#### Enge versus lose Kopplung

Eng gekoppelte integrierte Informationssysteme bieten Nutzern und Anwendungen ein integriertes Schema zur Anfrage an. Es ist dann die Aufgabe des integrierten Systems, vorhandene Heterogenität zu den Datenquellen zu überbrücken. Lose gekoppelte integrierte Informationssysteme hingegen stellen kein integriertes Schema zur Verfügung, sondern lediglich eine Multidatenbanksprache wie etwa SchemaSQL. Strukturelle Heterogenität muss vom Benutzer selbst überbrückt werden, entweder mittels Klauseln in der Anfrage selbst oder durch eine nachträgliche Bearbeitung der Daten.

*Enge Kopplung: globales Schema*

#### Bottom-up- oder Top-down-Entwurf

Man unterscheidet zwei grundlegende Strategien zum Entwurf integrierter Informationssysteme. Im Bottom-up-Entwurf steht die Notwendigkeit der vollständigen Integration einer *festen Menge bestehender und bekannter Datenquellen* im Vordergrund. Beim Top-down-Entwurf hingegen beginnt die Entwicklung mit einem spezifischen Informationsbedarf; relevante *Quellen werden dann nach Bedarf* ausgewählt und dem System hinzugefügt.

**Bottom-up-Entwurf.** Ein typisches Szenario für den Bottom-up-Entwurf ist der Wunsch eines Unternehmens, integrierten Zugriff

*Integration einer festen Menge von Quellen*

auf alle Unternehmensdaten zu erhalten. Dabei steht fest, welche Datenbanken zu integrieren sind (alle vorhandenen) und dass keine Teile dieser Datenbanken weggelassen werden sollen (vollständige Integration). Eine Änderung in Struktur und Menge der Datenquellen ist eher selten.

Der Bottom-up-Entwurf geht in der Regel einher mit einem strukturierten Schemaintegrationsprozess. Die Schemata der zu integrierenden Quellen werden sorgfältig analysiert und zu einem einheitlichen, integrierten Schema zusammengefasst, über das später auf alle Daten in den Quellen zugegriffen werden kann (siehe Abbildung 4.11).

*Integration einer oftmals wechselnden Menge von Quellen*

**Top-down-Entwurf.** Ein typische Szenario für den Top-down-Entwurf ist die Erstellung von Systemen, die eine wechselnde Menge von Webdatenquellen integrieren sollen. Es ist nicht im Vorhinein bekannt, welche Quellen wann zur Verfügung stehen und welches ihre Schemata sind; außerdem ändert sich die Menge geeigneter Quellen ständig. Die Integration vorhandener Schemata ist also unmöglich. Stattdessen wird zunächst ein globales Schema entworfen, das den Informationsbedarf potenzieller Nutzer und Anwendungen deckt. In einem zweiten Schritt werden relevante Quellen in das System eingebunden (siehe Abbildung 4.11). Die Dynamik eines solchen Systems mit oftmals *hinzukommenden und ausfallenden Datenquellen* erfordert spezielle Mechanismen, die wir in Abschnitt 6.4.1 erläutern werden.

***Abbildung 4.11*** *Bottom-up- vs. Top-down-Entwurf integrierter Informationssysteme*

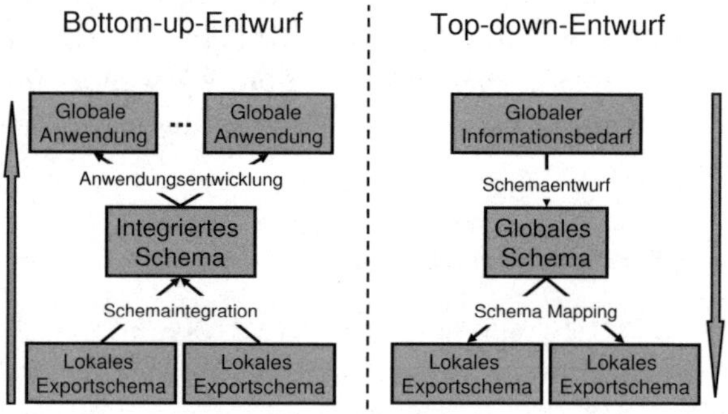


### Virtuell oder materialisiert

Den Unterschied zwischen virtueller Integration, die die Daten bei den Datenquellen belässt und nur bei Bedarf integriert, und materialisierter Integration, die sämtliche Daten repliziert und Anfragen dann auf einem zentralen Bestand bearbeitet, wurde bereits ausführlich in Abschnitt 4.1 diskutiert.

#### Transparenz

Vollständige Transparenz, also das Erscheinen eines integrierten Informationssystems als ein einzelnes, lokal vorhandenes, homogenes und konsistentes Informationssystem, ist das Hauptziel der Informationsintegration (siehe Abschnitt 3.4). Die verschiedenen Arten von Transparenz werden von Architekturen unterschiedlich gut erreicht:

**Ortstransparenz:** Alle besprochenen Architekturen bieten Ortstransparenz.

**Verteilungstransparenz:** Verteilungstransparenz bieten nur alle Systeme, die ein globales Schema zur Verfügung stellen. Auch PDMS bieten Verteilungstransparenz; nicht aber MDBMS.

**Schnittstellentransparenz:** Alle vorgestellten Architekturen bieten auch Schnittstellentransparenz, allerdings in unterschiedlichem Maße. Bei einer materialisierten Integration sind zur Anfragezeit Quellen überhaupt nicht mehr involviert, was eine vollständige Schnittstellentransparenz ermöglicht. Auch verteilte Datenbanken bieten diese trivialerweise, da in ihnen typischerweise keine Schnittstellenheterogenität geduldet wird. Integrieren MDBMS nur Datenbanken, wird ebenfalls Schnittstellentransparenz erreicht. Bei FDBMS, mediatorbasierten Systemen und PDBMS hängt es davon ab, welche Art Datenquellen integriert werden, da nicht alle Beschränkungen im Integrationssystem behoben werden können.

**Schematransparenz:** Ein Multidatenbanksystem zeichnet sich dadurch aus, dass kein integriertes Schema angeboten wird und somit keine Schematransparenz herrscht. Alle anderen Architekturen bieten Schematransparenz.

#### Anfrageparadigma

Integrierte Systeme unterscheiden sich in der Art, in der auf sie zugegriffen werden kann. Anfragemöglichkeiten reichen von SQL-Zugriff bis hin zu einfachen Suchanfragen mit Stichworten.

*Hohe Anforderungen an System und Quellen*

**Strukturierte Anfragen:** Zum Stellen strukturierter Anfragen muss der Nutzer das globale Schema kennen. Dann kann die Struktur in einer Anfrage verwendet werden, wie etwa in SQL oder XQuery. Strukturierte Anfragen sind sehr mächtig und erlauben sehr komplexe und aufwändige Berechnungen. Deshalb wird oft der für den Nutzer zugängliche Funktionsumfang der Anfragesprache beschränkt, indem etwa keine Sortierung erlaubt wird oder Joins auf höchstens drei Relationen beschränkt werden.

*Canned queries*

**Vorgegebene Anfragen:** Um den Funktionsumfang der Anfragen weiter zu beschränken und somit den Anfragebearbeitungsaufwand besser planen zu können, kann ein integriertes Informationssystem eine Menge von Anfragen vorgeben (engl. *canned queries*), die eventuell durch einzelne Parameter verändert werden können. Ein Beispiel ist ein System zur Abfrage von Personendaten, das Nutzern lediglich erlaubt, den Namen einer gesuchten Person anzugeben, nicht aber zu einer gegebenen Telefonnummer den Inhaber des Anschlusses anzufragen.

**Suchanfragen:** Wenn die Struktur eines Informationssystems nicht bekannt ist, sind Suchanfragen oft die einzige Möglichkeit. Nutzer geben einen Suchbegriff ein und erhalten als Ergebnis eine (geordnete) Liste von Dokumenten oder Datenbankeinträgen, die das Suchwort enthalten. Beispiele solcher Systeme sind WWW-Suchmaschinen.

*Navigierender Zugriff*

**Browsing:** Zugriff auf gespeicherte Informationen kann auch durch Browsen ermöglicht werden, also durch *Navigation* in einem Informationssystem. Ein typisches Beispiel sind Produktkataloge, die im WWW zugreifbar sind.

Die Unterscheidung nach dem Anfrageparadigma kann man auch für Datenquellen treffen. Deren Möglichkeiten gelten natürlich indirekt auch für das integrierte System. Strukturierte Anfragen können beispielsweise nicht ohne weiteres an Datenquellen weitergereicht werden, die lediglich Suchanfragen erlauben.

### Art der semantischen Integration

Semantische Integration vereint die Daten verschiedener Systeme zu einer integrierten Antwort. Der wichtigste Aspekt semantischer Integration ist die Erkennung verschiedener Repräsentationen gleicher Realweltobjekte (auch: Duplikate) und deren Integration zu einer einheitlichen, konsistenten Repräsentation. Man kann bei der Art, wie dies vorgenommen wird, verschiedene Abstufungen unterscheiden:

*Arten semantischer Integration*

**Vereinigung:** Die einfachste Methode ist die Vereinigung, bei der Daten unterschiedlicher Quellen lediglich aneinandergereiht werden. Eine semantische Integration der Daten im eigentlichen Sinne findet nicht statt.

**Anreicherung:** Auf der nächsten Stufe werden Daten nicht vollständig integriert, aber mit *Metadaten angereichert*. Damit kann man beispielsweise auf erkannte Widersprüche hinweisen und potenzielle Duplikate kennzeichnen. Die tatsächliche Integration bleibt aber dem Benutzer überlassen.

**Fusion:** Auf der höchsten Stufe erkennt und bereinigt die Datenfusion Repräsentationen semantisch gleicher Dinge automatisch. In Abschnitt 8.3 werden wir verschiedene Varianten genauer besprechen.

#### Read-only oder read-&-write

Man kann integrierte Informationssysteme darin unterscheiden, ob sie schreibenden Zugriff (Einfügen, Ändern und Löschen) auf die Datenquellen zulassen oder nicht. Die große Mehrheit integrierter Systeme erlaubt keinen schreibenden Zugriff:

*Schreibzugriff erfordert spezielle Techniken*

- Viele Schnittstellen, etwa HTML-Formulare, erlauben keinen schreibenden Zugriff.
- Das *Schreiben auf eine integrierte Sicht* birgt viele Probleme, insbesondere wenn die Sichten Joins oder Aggregationen enthalten [70].
- Das Schreiben auf ein integriertes Schema wirft die Frage auf, welche Datenquelle aktualisiert werden soll. Konzeptionell entspricht dies dem Schreiben auf eine Sicht, die eine Vereinigung (UNION) enthält.
- Die Unterstützung *systemübergreifender Transaktionen*, die für den schreibenden Zugriff notwendig sind, erfordert komplexe Protokolle und schränkt die Autonomie der Quellen ein [294].

Im weiteren Verlauf des Buches betrachten wir lediglich lesenden Zugriff auf Datenquellen.

### 4.7.2 Klassifikation integrierter Informationssysteme

In Abbildung 4.12 greifen wir die in Kapitel 3 genannten drei Dimensionen integrierter Informationssysteme auf. Diese sind *Verteilung*, *Autonomie* und *Heterogenität*. Außerdem sind in der Abbildung folgende bereits vorgestellten Architekturen eingeordnet:

*Einordnung aller Architekturen*

- Im Ursprungspunkt befinden sich klassische, **monolithische DBMS**. Alle weiteren Architekturen gehen mindestens von verteilten Datenquellen aus.
- Quellen in **verteilten Datenbanksystemen** sind natürlich verteilt, aber nicht autonom, und Heterogenität wird unterdrückt.
- Die Datenquellen von **Multidatenbanken** sind nicht nur verteilt, sondern auch hochgradig autonom. Gleichzeitig ist aber nur eine beschränkte Heterogenität möglich, da sie strukturierte Anfragen ausführen können müssen.
- **Föderierte Datenbanksysteme** gestatten hochgradige Heterogenität, geben dafür aber oft einen Teil ihrer Autonomie auf, um sich an der Föderation zu beteiligen.
- **Mediatorbasierte Informationssysteme** stellen den allgemeinsten Fall von Systemen dar, die noch zwischen Quellen und Integrationssystem unterscheiden.
- **Peer-Daten-Management-Systeme** schließlich machen ähnlich geringe Annahmen an ihre Komponenten wie FDBMS (wenngleich typische Instanzen von PDMS ein gemeinsames Datenmodell verwenden) und basieren darüber hinaus noch auf der größtmöglichen Verteilung der Daten auf Quellen.

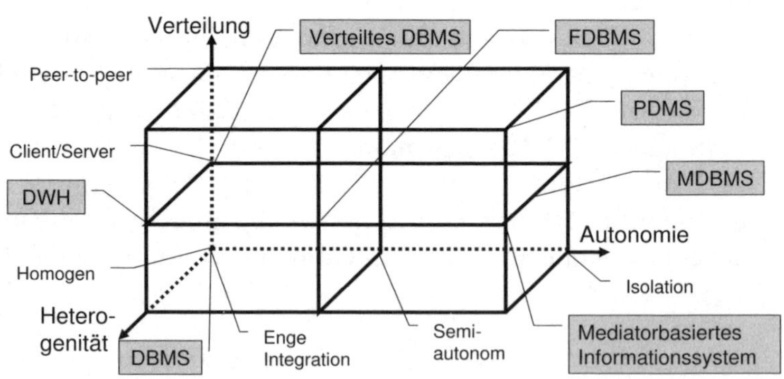


**Abbildung 4.12** *Klassifikation der Architekturen integrierter Informationssysteme nach [220]*

Es liegt die Frage nahe, ob nicht für jeden Datenpunkt in dem dreidimensionalen Raum eine Architektur denkbar wäre. Dies wurde von Özsu und Valduriez untersucht [220]. Sie folgern aber, dass nicht jede Variante einer sinnvollen Realisierung entspricht.

## 4.8 Weiterführende Literatur

Literatur für verteilte Datenbanken geben wir in den Abschnitten 6.7 (bzgl. der Anfrageoptimierung) und 10.5 (bzgl. kommerzieller Systeme). Referenzen für Multidatenbanksprachen finden Sie in Abschnitt 5.6.

### Föderierte Datenbanken

Für das tiefere Studium föderierter Datenbanken empfehlen wir drei Quellen: Sheth und Larson geben in einem vielzitierten Überblicksartikel eine Übersicht über das Gebiet [262]. Özsu und Valduriez behandeln auch einige neuere Themen, wie Peer-Daten-Management [220]. Auf Deutsch ist das Lehrbuch von Conrad verfügbar [57], das Architekturen vorstellt, den Entwurfsprozess integrierter Datenbanken erläutert und Transaktionen in integrierten Systemen untersucht.

### Mediatorbasierte Systeme

Neben den grundlegenden Artikeln von Wiederhold [298] bzw. Wiederhold und Genesereth [299] sind die Systeme TSIMMIS und Garlic die prominentesten Vertreter mediatorbasierter Systeme.

*TSIMMIS*

TSIMMIS ist ein mediatorbasiertes System für strukturierte und unstrukturierte Datenquellen [95]. Mit TSIMMIS wurden das XML-ähnliche Datenmodell Object Exchange Model (OEM) und die zugehörige Anfragesprache OEM-QL eingeführt. Weitere Eigenschaften von TSIMMIS sind die automatische Wrappergenerierung [222], Datenfusion [221] und die Einbindung beschränkter Quellen [181].

*Garlic*

Der Kernaspekt von Garlic ist die Anfrageoptimierung mit heterogenen Datenquellen [45]. Die Fähigkeiten der einzelnen Datenquellen werden bei der Generierung von Anfrageplänen mit einbezogen, so dass ganze Teilpläne an die Datenquellen zur Ausführung geleitet werden können [246, 110]. Garlic ist der Vorläufer zu dem IBM-Produkt DiscoveryLink [111] und dem DB2 Information Integrator [135].

### Peer-Daten-Management-Systeme

Peer-Daten-Management ist noch ein junges Forschungsthema, zu dem erst wenige Erfahrungen vorliegen. Kommerzielle PDMS gibt es noch nicht. Bereits 1994 wurde von Stonebraker et al. mit Mariposa ein verteiltes DBMS vorgestellt, in dem einzelne Komponenten autonom agieren und um die Speicherung von Daten und die Beantwortung von Anfragen konkurrieren [272, 273]. Mariposa geht von einem einheitlichen Datenmodell und Schema aus. Erste Arbeiten, die das hier vorgestellte PDMS-Konzept ansprechen, sind von Bernstein et al. [22] und Gribble et al. [105].

*Mariposa*

*Piazza*

Das prominenteste PDMS-Forschungssystem ist Piazza [117]. Für dieses System entwickelten die Autoren den in Abschnitt 6.4.6 vorgestellten Algorithmus. Piazza entspricht streng genommen nicht dem P2P-Prinzip, denn es nimmt an, dass Peers ein umfassendes globales Wissen haben: Jeder Peer kennt das gesamte PDMS und alle Mappings zwischen den Schemata. Dieses Wissen erleichtert die globale Optimierung [275].

Weitere PDMS-Prototypen sind Hyperion [243], PeerDB [216], Edutella [187] und System P [245].

# Teil II

# Techniken der Informationsintegration

Nachdem wir im ersten Teil des Buches die Grundlagen der Integration verteilter, autonomer und heterogener Quellen kennen gelernt haben, wenden wir uns nun in Teil II den Techniken zur Lösung der Probleme zu.

Die folgenden zwei Kapitel widmen sich vor allem der Überwindung von *struktureller Heterogenität*. Zunächst erläutern wir in Kapitel 5 Methoden, die Beziehungen zwischen heterogenen Schemata finden und nutzen – entweder zur Integration dieser Schemata in ein neues Schema oder zur Spezifikation von Transformationsanfragen, die Daten eines Schemas in ein anderes Schema überführen. Außerdem stellen wir einen Vertreter der im vorherigen Kapitel erwähnten Multidatenbanksprachen vor. Im darauf folgenden Kapitel 6 wenden wir uns Methoden zu, die die gewonnenen Transformationsanfragen nutzen, um Anfragen an ein globales Schema zu beantworten. Dabei geht es auch um einen adäquaten Umgang mit der Verteilung der Daten. Beide Kapitel behandeln auch semantische Konflikte, ohne aber ihren Fokus auf diese zu richten.

Kapitel 7 stellt einen Ansatz speziell zur Überwindung *semantischer Heterogenität* vor. Mit Hilfe von strukturiert gespeichertem Wissen in Form von Ontologien werden semantische Unterschiede in den Daten erkannt und überbrückt.

In Kapitel 8 schließlich geht es um die *Fusion der Daten* selbst. Im Zentrum stehen Algorithmen zum Erkennen von Duplikaten und zur Bereinigung von Widersprüchen.

# 5 Schema- und Metadatenmanagement

*Umgang mit heterogenen Schemata*

Techniken zur Erkennung und Überwindung struktureller (und teilweise semantischer) Heterogenität auf Schemaebene fasst man unter dem Begriff *Schemamanagement* zusammen. Das Ziel des Schemamanagements ist die Zusammenführung heterogener Daten zu einer einheitlichen Informationsmenge. Dabei steht die*Datentransformation* mittels Korrespondenzen zwischen Schemaelementen im Vordergrund. Im folgenden Kapitel 6 werden wir ähnliche Korrespondenzen einführen, benutzen sie dort aber zur*Anfrageplanung*. Obwohl das ähnlich klingen mag, gibt es zwischen beiden Ansätzen gravierende Unterschiede. Intuitiv versucht Schemamanagement, Korrespondenzen zu erzeugen, während die Anfrageplanung Korrespondenzen benutzt, um Anfragen an ein globales Schema in Anfragen an Datenquellen zu übersetzen.

*Zwei Verwendungen von Korrespondenzen*

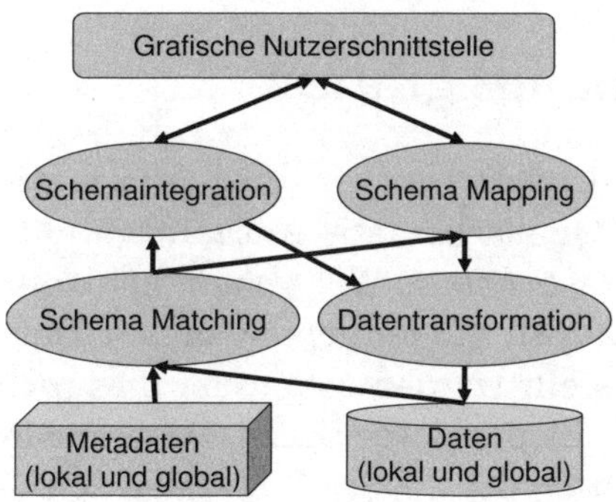


***Abbildung 5.1***
*Aufgaben des Schemamanagements*

Abbildung 5.1 zeigt einige der beim Schemamanagement verwendeten Techniken und ihre Zusammenhänge. Basis aller Techniken sind Metadaten, insbesondere die Schemata der Datenquellen bzw. des Integrationssystems.

Wie bereits angedeutet, ist ein wichtiges Konzept des Schemamanagements das der *Korrespondenz* bzw. des *Mappings*. Ein Mapping beschreibt einen semantischen Zusammenhang zwischen Elementen verschiedener Schemata. Mappings werden entweder per Hand erstellt oder mittels *Schema Matching* semiautomatisch ermittelt. Sie können auf zwei Arten genutzt werden:

*Verwendung von Mappings*

- Bei der *Schemaintegration* spezifizieren sie das Wissen darüber, welche Elemente der zu integrierenden (lokalen) Schemata zu einem gemeinsamen Element des integrierten (globalen) Schemas zusammengefasst werden können.
- Beim *Schema Mapping* werden sie als Spezifikationen zur Transformation der Daten von einem (lokalen) Schema zu einem anderen (globalen) Schema aufgefasst. Eines der Ziele des Schemamanagements ist es, einem Benutzer zu ermöglichen, nur einfache Attribut-Attribut-Mappings zu spezifizieren, die dann vom System zu komplexen Schematransformationen erweitert werden. Diesen Vorgang nennt man *Interpretation der Mappings*.

*Interpretation der Mappings*

In beiden Fällen ist die Ableitung von Regeln zur Datentransformation ein Teil der Aufgabe.

*Schemamanagement: halbautomatische Prozesse*

Da das Management von heterogenen Schemata sehr stark von der nur implizit vorhandenen Semantik der Schemata geprägt ist, kann man sich nicht auf automatisierte Techniken verlassen. Sämtliche im Folgenden beschriebenen Prozesse müssen daher von einem Domänenexperten, möglichst über eine grafische Nutzerschnittstelle, überwacht und gesteuert werden.

## 5.1 Schemaintegration

*Zusammenführung heterogener Schemata*

Beim Bottom-up-Entwurf integrierter Informationssysteme sind zwei oder mehr Quellschemata Ausgangspunkt für das *neu zu erstellende globale Schema*. Wir gehen im Weiteren davon aus, dass alle Schemata in einem gemeinsamen Datenmodell modelliert sind bzw. erstellt werden sollen. Ist dies nicht der Fall, müssen sie zunächst in das kanonische Datenmodell transformiert werden (siehe Abschnitt 3.3.3). Trotz gleichen Datenmodells ist davon auszugehen, dass zwischen den Quellschemata strukturelle und semantische Heterogenität herrscht, was die Schemaintegration zu einem schwierigen Unterfangen macht. Zum einen kann es Überlappungen der repräsentierten Objekte geben, zum anderen können die Repräsentationen anders strukturiert sein (siehe Abschnitt 3.3.4). Mehrfache Repräsentationen sollen im integrierten Schema nur einfach auftauchen und unterschiedliche Strukturen sollen ausgeglichen werden.

In den folgenden Abschnitten erläutern wir zunächst die Ziele und generellen Vorgehensweisen bei der Schemaintegration. Dann stellen wir zwei ausgewählte Ansätze der Schemaintegration vor. Diese werden wir anhand der Schemata in Abbildung 5.2 verdeutlichen.

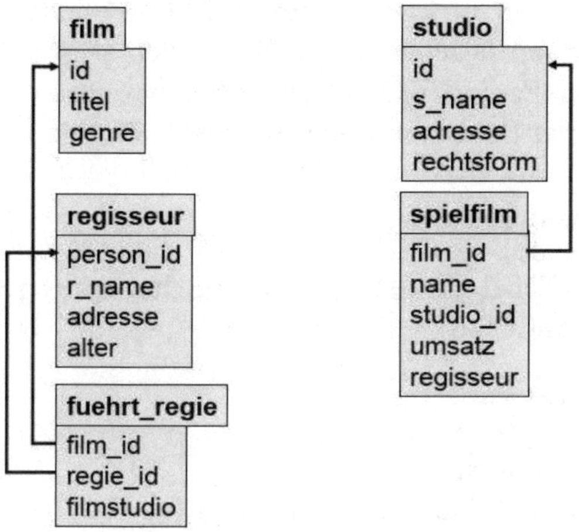


***Abbildung 5.2*** *Zwei heterogene Schemata als Input zur Schemaintegration*

### Ziele der Schemaintegration

Die Integration mehrerer heterogener Schemata hat mehrere Ziele (nach [16]):

- **Vollständigkeit:** Das globale integrierte Schema soll alle Konzepte der lokalen Schemata enthalten und somit die Vereinigung der Domänen der lokalen Schemata repräsentieren. Im integrierten Schema des Beispiels sollen also alle Informationen über Filme, Studios und Regisseure und deren Beziehungen untereinander vorhanden sein.
- **Minimalität:** Semantisch gleiche Konzepte sollen im integrierten Schema nur einmal dargestellt werden. Im Beispiel soll u.a. der Titel eines Films nur einmal im Schema vorkommen, obwohl er in den Quellen unter unterschiedlichen Bezeichnern und in unterschiedlichen Relationen gespeichert wird.
- **Korrektheit:** Jedes Konzept des integrierten Schemas muss mindestens zu einem Konzept in einem lokalen Schema bedeutungsgleich sein. Zudem dürfen Beziehungen zwischen Elementen im globalen Schema nicht im Widerspruch zu den lokalen Schemata stehen.

- **Verständlichkeit:** Das integrierte Schema muss für Nutzer und Entwickler verständlich sein. Beispielsweise sollten Namen von Relationen und Attributen soweit wie möglich erhalten bleiben.

*Schemaintegration kann (noch) nicht vollständig automatisiert werden*

Diese Ziele, insbesondere das letzte Ziel, machen deutlich, dass Schemaintegration nicht vollautomatisch erreicht werden kann. Die im Folgenden beschriebenen Verfahren sind daher als Hilfsmethoden und *Vorgehensbeschreibungen* zu verstehen, die einen Experten bei der Schemaintegration unterstützen sollen.

### 5.1.1 Vorgehensweise

Üblicherweise wird der Prozess der Schemaintegration in vier Schritte unterteilt [16]:

*Schritte des Schemaintegrations-prozesses*

1. Vorintegration
2. Schemavergleich
3. Schemaangleichung
4. Schemafusion und Umstrukturierung

Andere Ansätze fassen die ersten drei Schritte zu einem Schritt zusammen (Homogenisierungsschritt [304]) bzw. die ersten beiden und die letzten beiden (Investigationsschritt und Integrationsschritt [269]).

*Vorintegration*

Bei der *Vorintegration* werden die zu integrierenden Schemata oder Teilschemata ausgewählt, die Reihenfolge der Integration festgelegt und Zusatzinformationen (Dokumentation etc.) gesammelt. Es gibt mehrere Strategien zur Bestimmung der Reihenfolge, in der die Ausgangsschemata zu Teillösungen integriert werden. Man unterscheidet zwischen Vorgehen, die in jedem Schritt genau zwei Schemata integrieren (binäre Verfahren), und Vorgehen, die mehr als zwei Schemata zugleich integrieren (n-äre Verfahren). Im ersten Fall ist jeder einzelne Integrationsschritt vergleichsweise einfach, da jeweils nur ein neues Schema zu einem vorhandenen »hinzu integriert« werden muss. Im zweiten Fall werden dagegen mehrere Schemata auf einmal zu einem integrierten Schema zusammengefasst.

*Integrationsreihenfolge*

Nach [269] hat die erste Variante den Vorteil, dass Schemata, die früher integriert werden, weil sie wichtiger sind als andere, stärkeren Einfluss auf das Endergebnis haben können. Die Integration aller Schemata in einem Schritt hätte dagegen den Vorteil, dass keine lokalen Entscheidungen getroffen werden müssen, die vielleicht mit später hinzugenommenen Schemata inkompatibel sind. Dies würde im Ergebnis zu besseren Ergebnisschemata führen.

Schemavergleich

Beim *Schemavergleich* werden Korrespondenzen zwischen Schemata ermittelt, die semantisch gleiche oder ineinander enthaltene Elemente spezifizieren[1]. Des Weiteren werden Konflikte zwischen den Schemata aufgedeckt, etwa in der Benennung der Konzepte (Homonyme, Synonyme etc.) oder in deren Strukturierung (Schlüssel, Schachtelung, Normalisierung etc.). In Abschnitt 3.3 haben wir mögliche Konflikte ausführlich besprochen.

Schemaangleichung

Diese Konflikte werden bei der *Schemaangleichung* behoben, etwa durch Umbenennung einzelner Attribute oder durch Umstrukturierung (z.B. Normalisierung / Denormalisierung). Dabei wird pro Ausgangsschema ein transformiertes Zielschema erstellt. Nach dieser Phase werden gleiche Konzepte in verschiedenen transformierten Schemata auch gleich dargestellt.

Schemafusion

Bei der *Schemafusion* werden nun die angepassten Schemata zu einem einheitlichen Ergebnisschema fusioniert. Um die vorgenannten Ziele der Schemaintegration, insbesondere die Verständlichkeit, zu erreichen, können außerdem noch weitere *Umstrukturierungen* am integrierten Schema notwendig sein.

## 5.1.2 Schemaintegrationsverfahren

In diesem Abschnitt stellen wir zwei Schemaintegrationsverfahren vor. Beide Verfahren sind keineswegs Algorithmen im eigentlichen Sinne, sondern eher Vorschläge für strukturierte Verfahrensweisen. Schemaintegration ist ein hochkomplexer Prozess, der nur von einem Experten durchgeführt werden kann.

### Korrespondenzbasierte Schemaintegration

Correspondence assertions

Der Ansatz von Spaccapietra et al. nimmt an, dass die Schemata in einem einfachen objektorientierten Datenmodell ohne Vererbung vorliegen. Das Vorgehen basiert auf Korrespondenzen (engl. *Correspondence assertions*) zwischen den Elementen der zu integrierenden Schemata [269]. Diese Korrespondenzen setzen Attribute, Klassen oder Pfade zwischen Klassen verschiedener Schemata miteinander in Beziehung. Ein Pfad ist eine Kette von durch Beziehungen verbundenen Klassen, vergleichbar einer Reihe von durch Joins verbundenen Tabellen. Eine Korrespondenz gibt an,

[1]Diese informellen Erklärung des Korrespondenzbegriffs werden wir im Folgenden präzisieren.

ob die Konzepte, die die verbundenen Ausdrücke symbolisieren, semantisch bzw. *intensional* äquivalent (≡), ineinander enthalten (⊆, ⊇), überlappend (∩) oder disjunkt (≠) sind.

Im Beispiel der Abbildung 5.2 gibt es eine Korrespondenz zwischen Relationen mit zugehörigen Attributkorrespondenzen, zwei weitere Korrespondenzen zwischen Attributen sowie zwei Korrespondenzen zwischen Pfaden:

1. `film` ≡ `spielfilm` mit `id` ≡ `film_id` und `titel` ≡ `name` als korrespondierende Attribute
2. `r_name` ≡ `regisseur`
3. `filmstudio` ≡ `s_name`
4. `filmstudio` – `fuehrt_regie` – `film` ≡ `s_name` – `studio` – `spielfilm`
5. `r_name` – `regisseur` – `fuehrt_regie` – `film` ≡ `regisseur` – `spielfilm`

Hat ein Experte diese Korrespondenzen ermittelt, wird anhand von *fünf Integrationsregeln* ein integriertes Schema erstellt. Wir beschreiben hier nur deren Intuition, Details findet man in [269] bzw. in [57].

*Fünf Integrationsregeln*

1. Elemente ohne Entsprechung im jeweils anderen Schema werden in das integrierte Schema übernommen (die Relationen `studio`, `regisseur` und `fuehrt_regie`).
2. Äquivalente Elemente werden mit der Vereinigung der beiden Attributmengen in das integrierte Schema übernommen (`film`/`spielfilm`).
3. Gleiche (direkte) Beziehungen zwischen jeweils äquivalenten Elementen der beiden Schemata werden in das integrierte Schema übernommen.
4. Pfade zwischen äquivalenten Elementen werden in das integrierte Schema übernommen (im Beispiel sind die vierte und fünfte Korrespondenz solch ein Pfad, da die jeweiligen Endpunkte äquivalent sind).
5. Äquivalenzen zwischen Klassen und Attributen werden als Beziehungen übernommen.

Angewendet auf die Korrespondenzen im Beispiel ergibt sich das integrierte Schema in Abbildung 5.3. Es fällt zunächst auf, dass die Relationen `film` und `spielfilm` mit ihren Attributen zusammengefasst wurden. Die Namen der integrierten äquivalenten Relationen und Attribute wurden willkürlich gewählt. Nicht zusammengefasst wurden trotz ihrer Äquivalenz die beiden Attribute `filmstudio` und `s_name`. Dies liegt daran, dass sie in unterschiedlichen Beziehungen zu Filmen stehen: In der Relation `fuehrt_regie` wird gespeichert, wo ein Film gedreht wurde. Dieses Studio muss z.B. nicht mit dem Studio übereinstimmen, das die Rechte an einem Film besitzt (oder was auch immer das rechte zu integrierende Schema darstellte).

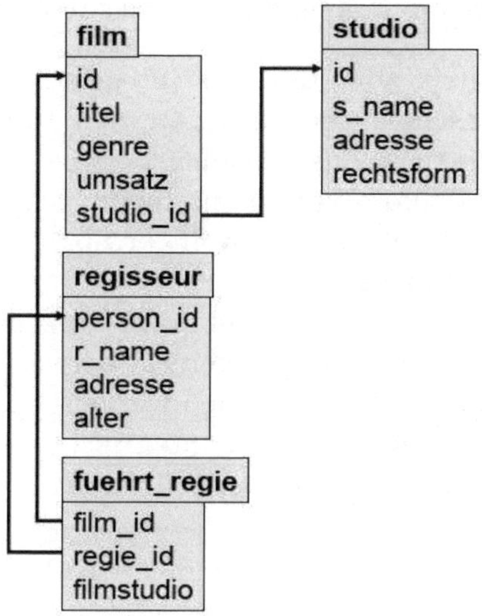


***Abbildung 5.3***
*Ein aus den Schemata der Abbildung 5.2 integriertes Schema*

### Generisches Integrationsmodell

*Fokus: Minimalität integrierter Schemata*

Viele Schemaintegrationsverfahren in der Literatur beziehen sich auf Schemata eines objektorientierten Datenmodells mit Klassenhierarchien zur Darstellung von Generalisierung und Spezialisierung. Dabei entsteht oft das Problem, dass für zwei Klassen, die nicht äquivalent, sondern lediglich überlappend sind, eine neue Klasse eingeführt wird, deren Intension *die Schnittmenge der beiden Ausgangsklassen* ist [255, 98, 239]. Dadurch entstehen große integrierte Schemata mit vielen unnötigen Klassen.

*GIM-Matrix*

Das »Generische Integrationsmodell« (GIM) nach Schmitt wirkt diesem Effekt entgegen [253, 254]. In einer *GIM-Matrix* werden Beziehungen von Objektmengen und Attributen dargestellt;

- Die Spalten entsprechen disjunkten Objektmengen, die durch eine Analyse beider Ausgangsschemata bestimmt werden. Dabei wird die *minimale Zerlegung* der Menge aller Objekte in disjunkte Klassen gesucht. Überlappen sich etwa zwei Klassen $K_1$ und $K_2$, entstehen drei Teilklassen $K_1 \setminus K_2$, $K_1 \cap K_2$ und $K_2 \setminus K_1$.

- Die Zeilen der GIM-Matrix entsprechen den Attributen der »homogenisierten« (normalisierten) Ausgangsschemata. Attribute, die in den gleichen Objektmengen auftreten, werden zu Attributgruppen (und später Klassen) zusammengefasst.
- Die Felder der Matrix enthalten Wahrheitswerte (0/1). Für jedes Attribut und jede Objektmenge geben diese an, ob die Objektmenge die Eigenschaft dieses Attributs hat.

*Schemaableitung*

Aus der GIM-Matrix wird nun das integrierte Schema abgeleitet. Stark vereinfacht ausgedrückt, werden zunächst die Zeilen und Spalten so sortiert, dass möglichst große (auch überlappende) Rechtecke an »wahr«-Werten entstehen. Breite Rechtecke bilden Oberklassen; Rechtecke, die weniger Spalten, aber mehr Zeilen enthalten, bilden Unterklassen.

Die GIM-Methode nimmt inhärent an, dass wesentliche Aspekte der strukturellen Heterogenität bereits bei der Homogenisierung der Schemata überwunden werden. GIM selbst hilft lediglich bei der Strukturierung des integrierten Schemas und löst daher das Integrationsproblem nur teilweise.

### 5.1.3 Diskussion

Beide dargestellten Verfahren sind semiautomatische Methoden, die einen Experten nur in seiner Arbeit unterstützen können. Dies trifft für alle bisher entwickelten Schemaintegrationsverfahren zu. Einige Verfahren sind für bestimmte Datenmodelle entwickelt, andere Verfahren nur für bestimmte Integrationsprobleme.

*Schemaintegration: Mehr Kunst als Ingenieurleistung*

Schemaintegration bleibt eines der schwierigsten Probleme der Informationsintegration. Trotz mindestens 30 Jahren Forschung gibt es bis heute keinen Vorschlag, der genügend Flexibilität und Ausdrucksstärke besitzt, um mit realen (d.h. großen, unübersichtlichen und auf allen Ebenen hochgradig heterogenen) Schemata zufriedenstellend umzugehen. Schemaintegration sollte daher eher als Kunst denn als systematische Tätigkeit begriffen werden.

*Verschiedene Korrespondenzbegriffe*

Beide vorgestellten Verfahren setzen das Erkennen *äquivalenter Elemente* in unterschiedlichen Schemata voraus. In der zuerst beschriebenen Methode werden diese durch Korrespondenzen formalisiert, GIM dagegen versteckt diese Annahme in der Forderung nach homogenisierten Ausgangsschemata. Wir haben dabei weder angegeben, wie diese Korrespondenzen gefunden werden können, noch wie man sie formal aufschreiben kann. Dies werden wir an verschiedenen Stellen in diesem Buch nachholen. Abschnitt 5.3 behandelt Verfahren, die äquivalente Attribute oder Teilschemata automatisch zu erkennen versuchen, also im Kern Korrespondenzen berechnen wollen. Die Transformation von einfachen Attributkorrespondenzen zu komplexen Schemakorrespondenzen stellen wir in Abschnitt 5.2.4 dar. Abschnitt 6.2 schließlich führt Anfragekorrespondenzen ein, die zur Anfrageplanung benutzt werden.

## 5.2 Schema Mapping

*Schema Mapping als Korrespondenzmenge*

Der Begriff Schema Mapping (oder Schema-Abbildung) bezeichnet im Grunde zwei Dinge: Zum einen ist ein Schema Mapping eine *Menge von Korrespondenzen* zwischen Attributen unterschiedlicher Schemata. Diese werden Wertkorrespondenzen genannt. Zum anderen bezeichnen wir mit Schema Mapping einen *komplexen Prozess*, der, ausgehend von Wertkorrespondenzen, komplexere Schemakorrespondenzen und schließlich Datentransformationsvorschriften ableitet. Welche der Bedeutungen wir im Folgenden meinen, wird jeweils aus dem Kontext hervorgehen.

*Schema Mapping als Prozess*

*Mögliche Vorstufe zur Schemaintegration*

Außerdem können (sowohl Wert- als auch Schema-)Korrespondenzen, wie wir im vorherigen Abschnitt gesehen haben, auch zur Schemaintegration verwendet werden. Dabei dienen sie der Erstellung eines neuen Schemas; im Unterschied dazu transformiert der Prozess des Schema Mapping Daten zwischen *existierenden Schemata*.

*Schematransformation ist ein häufiges Problem*

Die Transformation von Daten eines Schemas in ein anderes ist ein altes und immer wiederkehrendes Problem, mit dem man besonders bei der *Wartung und Migration* von Informationssystemen ständig konfrontiert wird. In der Regel setzt man dazu Experten ein, die manuell Anfragen oder Programme schreiben, mit denen die Daten der Quelle extrahiert, transformiert und in das Zielschema eingefügt werden.

Die dabei notwendigen Transformationen sind oftmals komplex, wie das folgende Beispiel zeigt. In Abbildung 5.4 sind zwei XML-Schemata zu sehen, die durch ein Mapping in Form von Pfeilen verbunden sind. Ein Pfeil zwischen zwei Attributen bedeutet, dass diese Attribute dieselbe Intension haben, also für die Speicherung derselben Daten vorgesehen sind. Das erste Schema speichert Paare aus Titeln und Regisseuren gruppiert nach Filmen. Das zweite Schema speichert Filme und deren Titel gruppiert nach

***Abbildung 5.4***
*Mapping zwischen zwei XML-Schemata und eine transformierende XQuery*

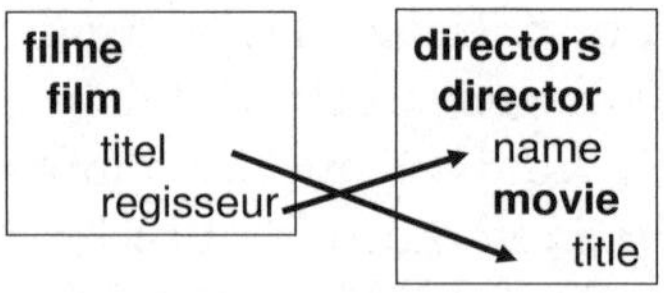


```
let $doc := fn:doc('filme.xml')
return
<directors> { distinct-values (
   for $x in $doc/filme/film  return
      <director>
         <name> { $x/regisseur/text() } </name>
         { distinct-values (
         for $y in $doc/filme/film
         where $x/regisseur/text() = $y/regisseur/text()
         return
            <movie>
               <title> { $y/titel/text() } </title>
            </movie> )}
      </director> ) }
</directors>
```

Regisseuren. Bei der Transformation der Daten vom ersten ins zweite Schema muss also gewährleistet werden, dass im Zielschema jeder Regisseur nur einmal vorkommt und seine Filme hierarchisch unter ihm geschachtelt aufgezählt werden[2].

Dies leistet die XQuery-Anfrage im unteren Teil der Abbildung, indem sie in zwei FOR-Schleifen durch ein XML-Dokument mit dem ersten Schema iteriert. In der ersten Schleife werden alle Regisseure erfasst, in der zweiten alle Filme. Die Zugehörigkeit von Filmen zu Regisseuren wird in der WHERE-Bedingung geprüft.

Dieses Beispiel zeigt, dass schon die Überführung zwischen zwei sehr einfachen Schemata, deren Zusammenhang man intuitiv mit wenigen Pfeilen darstellen kann, zu komplexen Transformationen führt. Schema Mapping unterstützt Experten bei der Formulierung dieser Transformationen erheblich.

### Überblick

In Abbildung 5.5 ist ein Überblick über Schema Mapping dargestellt. Eingabe des Verfahrens sind ein Quellschema und ein Zielschema. In der Regel ist das Quellschema das Schema einer Datenquelle und das Zielschema das globale Schema, und davon gehen wir im weiteren Verlauf des Abschnitts auch aus. In einer PDMS-Architektur können die beiden Schemata die zweier gleichberechtigter Peers sein.

[2]Wie wir später sehen werden, kann man die beiden Pfeile auch anders interpretieren.

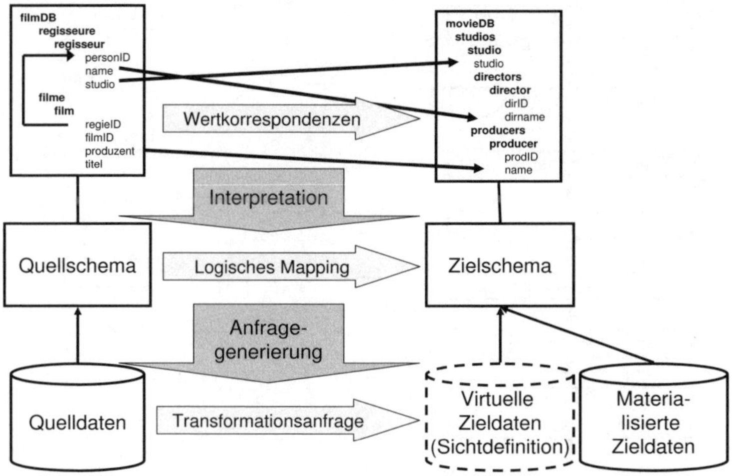


***Abbildung 5.5***
*Schema Mapping im Überblick*

Zu der Quelle gehört eine Instanz, also eine Datenmenge, die in das Zielschema transformiert werden soll. Ein Domänenexperte spezifiziert nun die Wertkorrespondenzen zwischen Schemaelementen, vorzugsweise in einer grafischen Darstellung der Schemata. In der Regel werden solche Korrespondenzen als *Pfeile zwischen Attributen* symbolisiert. Ein Programm interpretiert die Wertkorrespondenzen als ein logisches Mapping zwischen den Schemata. Aus diesem wird eine Transformationsanfrage (oder ein Transformationsprogramm) abgeleitet, die die Transformation der Quelldaten in das Zielschema implementiert.

Abbildung 5.6 zeigt Schema Mapping als Prozess. Anhand dieser Abbildung erläutern wir kurz die wesentlichen Bausteine des Schema Mapping.

*Mappings sind gerichtet*

Ausgangspunkt beim Schema Mapping sind immer zwei Schemata: das *Quellschema* und das *Zielschema*. Wir betrachten nur relationale Schemata und geschachtelte Schemata, wie etwa XML-Schemata (allerdings nicht in ihrer vollen Ausdrucksstärke). Der Vorgang des Schema Mapping ist immer gerichtet, da ja auch die resultierende Transformation gerichtet ist. Wird eine Transformation in die entgegengesetzte Richtung verlangt, muss in der Regel ein neues Mapping erstellt werden – Mappings lassen sich im Allgemeinen nicht einfach »umdrehen« bzw. invertieren.

*Wertkorrespondenzen*

Zwischen diesen Schemata müssen *Wertkorrespondenzen* erstellt werden. Eine Wertkorrespondenz schreibt vor, wie Werte eines oder mehrerer Zielattribute aus Werten eines oder mehrerer Quellattribute erzeugt werden. Wir werden im nächsten Abschnitt darauf noch genauer zu sprechen kommen. Ein *Mapping* ist eine

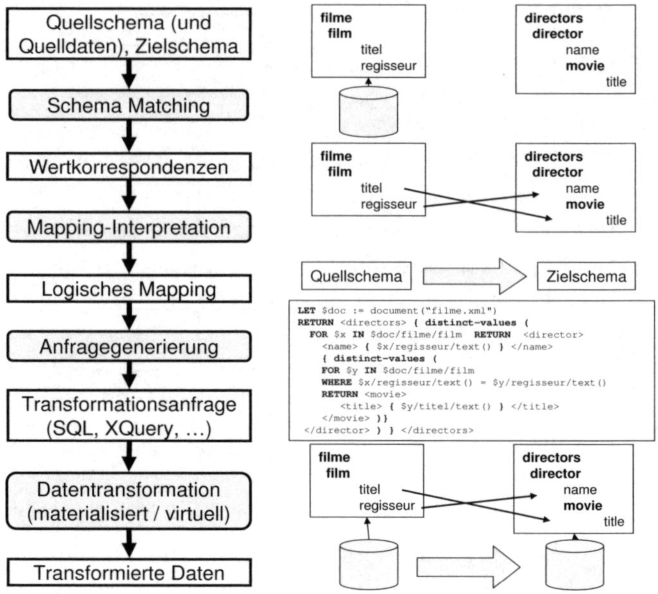


***Abbildung 5.6***
*Schema Mapping als Prozess*

Menge von Wertkorrespondenzen, die alle gemeinsamen Attribute des Quellschemas mit Attributen des Zielschemas verbindet.

*Transformationsvorschriften*

Der nächste Schritt im Schema-Mapping-Prozess ist die Übersetzung eines Mappings in eine *Transformationsvorschrift*, ausgedrückt durch eine Anfragesprache wie SQL oder XQuery. Wir nennen diese Anfragen auch Schemakorrespondenzen, da sie zwei Schemata mittels einer Anfrage verknüpfen. Bei der Übersetzung müssen Assoziationen zwischen Attributen in der Quelle, beispielsweise das Zusammengehören in einer Tabelle, nach Möglichkeit erhalten bleiben, und Schlüssel und Fremdschlüssel der beiden Schemata beachtet werden. Außerdem müssen alle Korrespondenzen berücksichtigt werden. Wir nennen im Weiteren diese Übersetzung die *Interpretation* eines Mappings.

*Interpretation*

*Datentransformation*

Zuletzt folgt der Schritt der eigentlichen *Datentransformation*. Sollen Daten im Zielschema materialisiert werden, so kann die erzeugte Transformationsvorschrift sofort ausgeführt werden. Soll das Zielschema nur im Rahmen einer virtuellen Integration benutzt werden, kann sie aber auch als Sichtdefinition verwendet werden, um zu einem späteren Zeitpunkt zur Beantwortung von Anfragen an das Zielschema zu dienen (siehe Abschnitt 6.4).

### 5.2.1 Wertkorrespondenzen

Das wesentliche Elemente des Schema Mapping ist die *Wertkorrespondenz* (engl. *value correspondence*). Wenn der Kontext offensichtlich ist, sprechen wir kurz von einer Korrespondenz. Wie bereits erwähnt, schreibt eine Wertkorrespondenz vor, wie Werte eines oder mehrerer Zielattribute aus Werten eines oder mehrerer Quellattribute erzeugt werden. Zumeist werden die Werte dabei direkt übertragen, eine Wertkorrespondenz kann aber auch mit einer *Transformationsfunktion* annotiert sein, z.B. zur Anpassung von Datumsformaten oder zur Umrechnung von Einheiten. Wertkorrespondenzen können entweder vollständig manuell oder unterstützt durch Methoden des Schema Matching (siehe Abschnitt 5.3) erstellt werden.

*Transformationsfunktion*

Im relationalen Modell verknüpft eine *einfache Wertkorrespondenz* ein Attribut des Quellschemas mit einem Attribut des Zielschemas. In XML-Schemata verknüpfen Wertkorrespondenzen Simple-Type-Elemente, also Elemente, die einen Basisdatentyp wie String oder Integer haben. Abbildung 5.4 enthält zwei solcher Wertkorrespondenzen. Man nennt einfache Korrespondenzen auch *1:1-Korrespondenzen*, da sie jeweils genau ein Element als Quelle und Ziel haben.

*Einfache Wertkorrespondenzen*

*Mehrwertige Korrespondenzen* verknüpfen mehrere Attribute eines Schemas miteinander:

*Mehrwertige Korrespondenzen*

- Eine *n:1-Wertkorrespondenz* verknüpft mehrere Quellattribute mit einem Zielattribut. Da im Ziel für eine Menge von Quellattributen nur ein Wert erzeugt werden soll, muss die Korrespondenz mit einer Funktion annotiert sein, die die Quellwerte auf einen Zielwert abbildet.
- Eine *1:n-Wertkorrespondenz* verknüpft ein einziges Attribut mit mehreren Zielattributen. Wiederum sind Funktionen nötig, die aus dem Quellwert mehrere Zielwerte erzeugen. Dieser Fall ist nicht zu verwechseln mit dem Fall mehrerer *1:1*-Korrespondenzen, die das gleiche Quellattribut mit mehreren Zielattributen verknüpfen. In diesem Fall wird der Quellwert mehrfach auf verschiedene Zielattribute verteilt, aber nicht aufgebrochen.
- Prinzipiell sind auch *m:n-Wertkorrespondenzen* denkbar, die Praxis zeigt aber, dass diese so gut wie nie vorkommen. Es fällt bereits schwer, überhaupt ein sinnvolles Beispiel zu überlegen.

Abbildung 5.7 zeigt Beispiele für die drei gängigen Arten von Wertkorrespondenzen, die wir auch im Folgenden verwenden werden.

***Abbildung 5.7***
*1:1-, n:1- und 1:n-Wertkorrespondenzen*

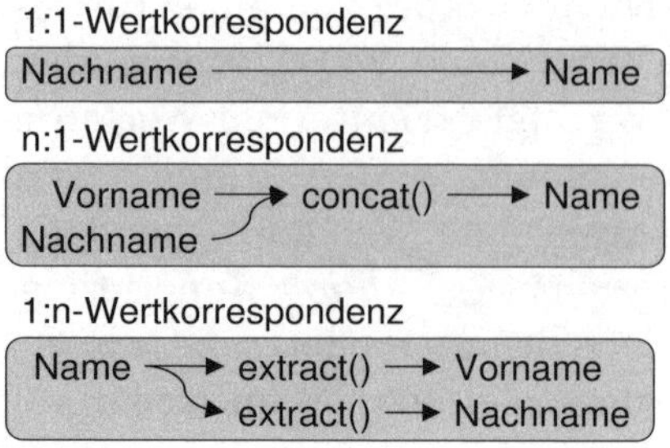


## Höherstufige Korrespondenzen

*Korrespondenzen scheitern an schematischer Heterogenität*

Durch Korrespondenzen nur zwischen Attributen oder Attributmengen lässt sich *keine schematische Heterogenität* überbrücken (siehe Abschnitt 3.3.5), sondern nur die Benennung und Strukturierung von Attributen. Abbildung 5.8 zeigt zwei Schemata, die schematisch heterogen sind. Das Geschlecht eines Schauspielers wird im Quellschema durch einen Relationennamen ausgedrückt, im Zielschema aber durch einen Attributwert. Die Abbildung enthält auch Korrespondenzen, die dieses Problem berücksichtigen. Diese verbinden eine Relation mit einem Attribut und geben außerdem einen konstanten Wert für dieses Attribut vor. Korrespondenzen, die unterschiedliche Datenmodellelemente miteinander verbinden, nennt man *höherstufige Wertkorrespondenzen* (engl. *higher-order correspondences*).

***Abbildung 5.8***
*Schema Mapping mit höherstufigen Korrespondenzen (gestrichelt)*

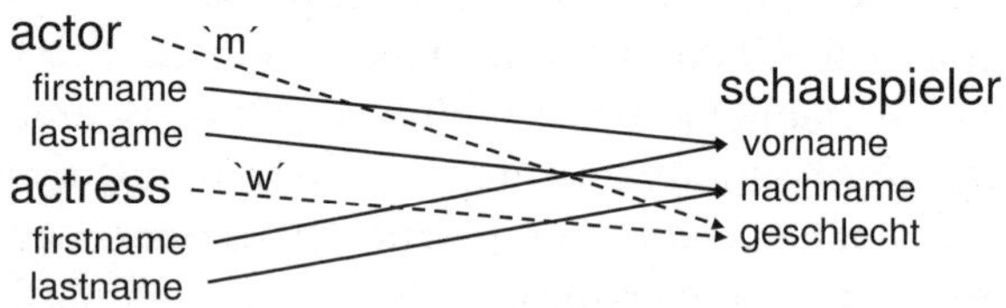


Die Bedeutung der höherstufigen Korrespondenzen in der Abbildung ist intuitiv klar: Wenn Daten aus der `actor`-Relation transformiert werden, wird die Konstante »m« als Attributwert für das Attribut `geschlecht` eingesetzt. Für Daten aus der `actress`-Relation hingegen wird die Konstante »w« verwendet. Beide Konstanten wurden durch den Experten bestimmt.

Abbildung 5.9 zeigt die umgekehrte Situation. Die höherstufigen Korrespondenzen sind mit den Vergleichsprädikaten »=m« bzw. »=w« annotiert. Diese Prädikate können zur jeweiligen Transformationsanfrage hinzugefügt werden und stellen sicher, dass nur männliche Schauspieler in die `actor`-Relation übertragen werden bzw. nur weibliche Schauspieler in die `actress`-Relation.

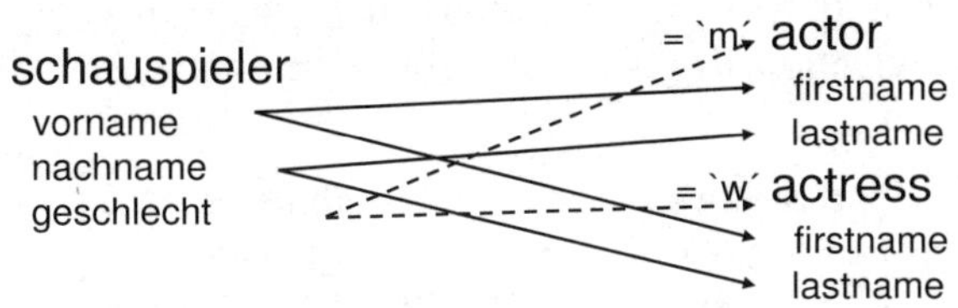


***Abbildung 5.9*** *Schema Mapping mit höherstufigen Korrespondenzen (gestrichelt)*

*Höherstufige Korrespondenzen sind Neuland*

Uns ist allerdings kein Ansatz bekannt, der höherstufige Korrespondenzen verarbeiten kann. Eine geeignete Sprache, um daraus abgeleitete Transformationen auszudrücken, könnte das in Abschnitt 5.4 vorgestellte SchemaSQL sein.

## 5.2.2 Schema Mapping am Beispiel

Die folgenden vier Konstellationen zeigen beispielhaft die Ausdrucksstärke von und den Umgang mit Mappings. Außerdem geben sie eine erste Idee davon, warum die Interpretation eines Mappings – also einer Menge von Wertkorrespondenzen zwischen Attributpaaren – oftmals nicht eindeutig ist.

*Attributkontext ist zur Interpretation wichtig*

Eines der Paradigmen des Schema Mapping ist es, dem Experten die Spezifikation von Korrespondenzen so einfach wie möglich zu machen. Er soll nur einzelne Attributpaare vergleichen und pro Paar entscheiden müssen, ob die zwei Intensionen übereinstimmen. Die Schwierigkeit bei der Ableitung einer Transformation aus einem Mapping liegt darin, dass Attribute, egal ob Quelle oder Ziel einer Korrespondenz, eben *nicht isoliert vorliegen*, sondern in beiden Schemata in eine Umgebung aus Relationen und Beziehungen eingebettet sind. Diese müssen daher bei der Interpretation von Mappings beachtet werden.

Wie bereits erläutert, können die aus einem Mapping abgeleiteten Transformationsanfragen sowohl für die tatsächliche, materialisierte Transformation von Daten als auch zur Definition transformierender Zugriffssichten verwendet werden. Wir werden in den folgenden Beispielen jeweils eine Sichtdefinition vornehmen.

### Normalisiert → Denormalisiert

Abbildung 5.10 zeigt ein Mapping von einem Quellschema mit zwei über eine Fremdschlüsselbeziehung zusammenhängenden Relationen zu einem Zielschema mit nur einer Relation. Attribute beider Quellrelationen korrespondieren mit jeweils einem Attribut der Zielrelation. Die beiden Schemata entsprechen einer normalisierten bzw. unnormalisierten Repräsentation einer *1:n*-Beziehung zwischen Regisseuren und Filmen.

***Abbildung 5.10***
*Mapping zwischen einem normalisierten und einem denormalisierten Schema*

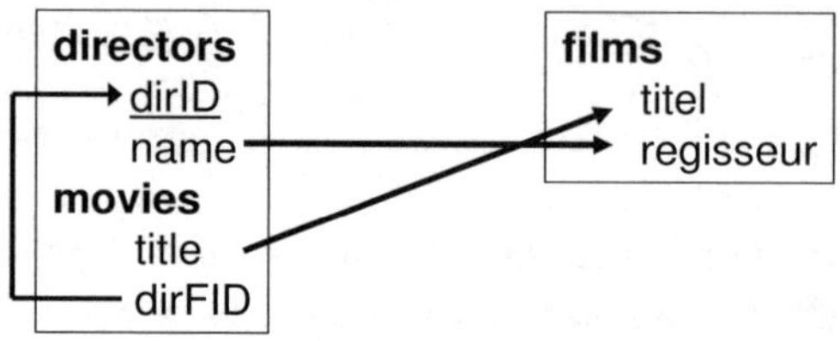


Eine naive Interpretation, die die Fremdschlüsselbeziehung in der Quelle ignoriert, leitet die folgenden zwei Anfragen zur Transformation ab:

```
CREATE VIEW films AS
SELECT NULLIF(1,1) AS titel, name AS regisseur
FROM   directors
UNION
SELECT title, NULLIF(1,1)
FROM   movies
```

*Beachtung der Assoziationen zwischen Attributen*

Damit erhält man im Ziel die `UNION` zweier als unzusammenhängend angenommener Relationen: eine Liste von Regisseuren und eine Liste von Filmtiteln. Im Ziel ist nicht mehr nachvollziehbar, welcher Regisseur welchen Film drehte. Trotzdem handelt es sich um eine sinnvolle Interpretation, die die Struktur beider Schemata beachtet, keine Integritätsbedingungen verletzt und alle Korrespondenzen berücksichtigt. Nur aufgrund zweier Pfeile kann man nicht entscheiden, ob diese Transformation vom Benutzer gemeint war; allerdings ist es wenig wahrscheinlich, dass dem so ist.

Eine intuitiv bessere Interpretation *berücksichtigt die Fremdschlüsselbeziehung* und verknüpft die beiden Relationen über einen Join:

```
CREATE VIEW films AS
SELECT title AS titel, name AS regisseur
FROM   directors d, movies m
WHERE  d.dirID = m.dirFID
```

Im Ziel bleiben nun Regisseur-Film-Paare erhalten. Diese Transformation hat jedoch einen anderen Nachteil: Regisseure, die mit keinem Film verbunden sind, werden nicht in das Zielschema überführt. Filme ohne einen Regisseur kann es dagegen aufgrund der Fremdschlüsselbeziehung nicht geben. Dieses Problem kann mit einer dritten Variante gelöst werden:

*Inner- versus Outer-Joins*

```
CREATE VIEW films as
SELECT name AS regisseur, title AS titel
FROM   directors d LEFT OUTER JOIN movies m
ON     d.dirID = m.dirFID
```

Die `LEFT OUTER JOIN`-Klausel überträgt auch solche Tupel aus den Quellrelationen, für die kein Join-Partner vorhanden ist. Fehlende Werte werden dabei im Ziel durch `NULL` repräsentiert.

*Intentionen des Nutzers*

Zusammenfassend konnten wir drei verschiedene Interpretationen aus dem einfachen Mapping mit nur zwei Wertkorrespondenzen ableiten. Alle drei Varianten sind denkbare*Intentionen des Nutzers*, wobei die erste Variante Assoziationen zwischen Regisseuren und Filmen verwirft und somit einem der Ziele des Schema Mapping widerspricht.

#### Denormalisiert → Normalisiert

Abbildung 5.11 zeigt ein Mapping-Beispiel, in dem die Quell- und Zielschemata des vorigen Beispiels vertauscht wurden. Ähnlich wie im vorigen Beispiel gilt es, die Assoziationen zwischen Regisseuren und Filmen zu erhalten. In der Quelle wird diese Assoziation durch die Zugehörigkeit zu einem Tupel hergestellt, im Ziel wird zu diesem Zweck eine Fremdschlüsselbeziehung verwendet.

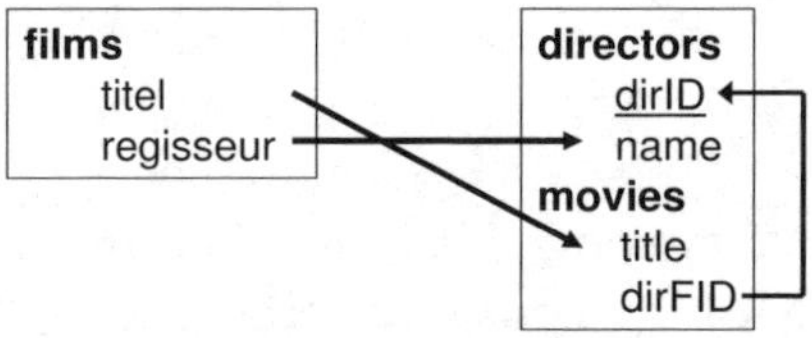


**Abbildung 5.11** *Mapping zwischen einem denormalisierten und einem normalisierten Schema*

Die Daten eines Tupels der Quellrelation müssen entsprechend auf die zwei Relationen des Zielschemas aufgeteilt werden. Eine erste Variante würde wieder den Zusammenhang der Quellattribute ignorieren. Eine Variante, die den Zusammenhang erhält, muss dazu Schlüssel für `dirID` bzw. `dirFID` erzeugen. Beide Werte müssen pro Regisseur identisch sein. Zu diesem Zweck verwendet man *Skolemfunktionen* (siehe Infokasten 5.1). Die Funktion

*Skolemfunktionen: Erzeugung von Schlüsseln*

`sk(regisseur)` nimmt den Namen eines Regisseurs als Parameter entgegen und erzeugt für jeden möglichen Namen einen *eineindeutigen Wert*. Jedem Regisseur wird dadurch ein eindeutiger Wert zugeordnet, der im Zielschema als Schlüssel bzw. Fremdschlüssel verwendet werden kann.

```
CREATE VIEW directors AS
SELECT DISTINCT sk(regisseur) AS dirID,
       regisseur AS name
FROM   films

CREATE VIEW movies AS
SELECT titel AS title, sk(regisseur) AS dirFID
FROM   films
```

Die erste Anfrage erzeugt Tupel für die `directors`-Relation, indem der `regisseur`-Wert der Quelle als `name`-Wert übernommen wird und für `dirID` ein Schlüssel »erfunden« wird. Durch die `DISTINCT`-Klausel wird verhindert, dass es bei zwei Filmen desselben Regisseurs zu einer Schlüsselverletzung beim Einfügen kommt. Die zweite Anfrage erzeugt Tupel für die `movies`-Relation, wobei für `dirFID` wieder die Funktion `sk(regisseur)` verwendet wird. Auf diese Weise erhält der Fremdschlüssel den gleichen Wert wie der entsprechende Schlüssel in `directors`, und die Assoziation zwischen Filmen und Regisseuren bleibt erhalten.

Skolemfunktionen können auch zur Erzeugung von Schlüsseln benutzt werden, wenn diese durch eine Integritätsbedingung in einer Zielrelation verlangt werden. Würde beispielsweise im Zielschema die `movies`-Relation fehlen, könnte man dennoch die gleiche Anfrage wie oben angegeben zur Erzeugung von `directors`-Tupel verwenden.

#### Geschachtelt → Flach

In Abbildung 5.12 ist eine Situation gezeigt, in der von einem geschachtelten (XML)-Schema auf eine flache Relation gemappt wird. Gemäß dem Quellschema taucht ein Regisseur nur einmal auf, darunter werden die entsprechenden Filme geschachtelt. Im Zielschema taucht der Name des Regisseurs so oft auf wie die Anzahl seiner Filme.

Die Transformationsanfrage muss also für jeden `director` und für jeden seiner `movies` ein neues Paar aus `titel` und `regisseur` erzeugen. Eben dies leistet die XQuery-Anfrage in der gleichen Abbildung. In der `FOR`-Klausel wird eine geschachtelte

*Infokasten 5.1*
*Skolemfunktionen für Schema Mapping*

*Skolemfunktionen* gehen auf den norwegischen Mathematiker Albert Thoralf Skolem zurück. Sie erlauben es, über Dinge (in diesem Fall Tupel) zu sprechen, die man nicht kennt. In den Anfragen des Beispiels wird mittels einer Skolemfunktion ein Schlüsselwert für Filmtupel erzeugt. Der dabei erzeugte Wert ist unerheblich und bleibt unbekannt – es muss nur sichergestellt sein, dass er eineindeutig ist.

Als Input von Skolemfunktionen benutzt man in der Regel alle Attribute einer Quellrelation, die eine Wertkorrespondenz zu Attributen einer Zielrelation haben. Prinzipiell könnte man auch sämtliche Attribute der Quellrelation wählen – dies könnte jedoch zu überraschenden Effekten führen. Würde man im Beispiel als Parameter der Skolemfunktion `regisseur` und `titel` wählen, würde ein `director` mehrfach mit gleichem Namen, aber unterschiedlichem Schlüsselwert in der Zielrelation auftauchen.

Schleife definiert, da die Variable `$x1` in Abhängigkeit von der Bindung der Variablen `$x0` gebunden wird.

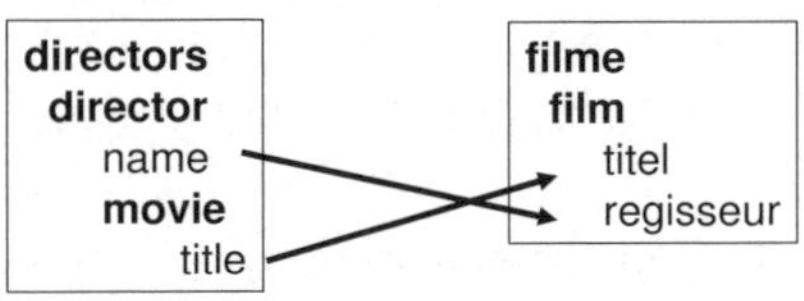


```
let $doc0 := fn:doc('directors.xml') return
<filme> { distinct-values (
   for $x0 in $doc0/directors/director, $x1 in $x0/movie
   return
      <film>
        <titel>     { $x1/title/text() }  </titel>
        <regisseur> { $x0/name/text()  }  </regisseur>
      </film> )
   } </filme>
```

*Abbildung 5.12*
*Mapping und Transformation zwischen einem geschachtelten und einem flachen Schema*

### Flach → Geschachtelt

Abbildung 5.13 wiederholt das eingangs des Abschnitts eingeführte Beispiel und kehrt somit die vorige Situation um: Eine flache Struktur soll in eine geschachtelte überführt werden. Dabei ist darauf zu achten, dass unter ein Element nur solche Elemente geschachtelt werden, die in der Quelle in einem gemeinsamen Tupel auftauchen, also assoziiert sind.

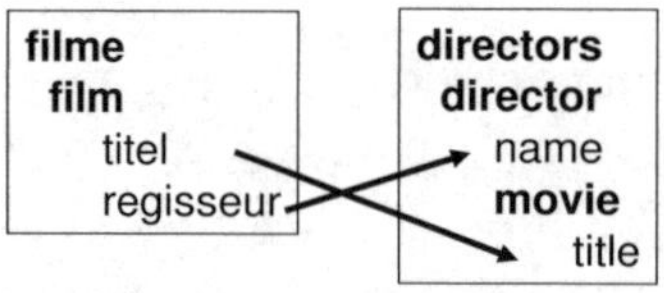


*Abbildung 5.13* Mapping und Transformation zwischen einem flachen und einem geschachtelten Schema

```
let $doc := fn:doc('filme.xml')
return
<directors> { distinct-values (
   for $x in $doc/filme/film  return
      <director>
         <name> { $x/regisseur/text() } </name>
         { distinct-values (
         for $y in $doc/filme/film
         where $x/regisseur/text() = $y/regisseur/text()
         return
            <movie>
               <title> { $y/titel/text() } </title>
            </movie> )}
      </director> ) }
</directors>
```

Die XQuery-Anfrage in der gleichen Abbildung leistet eine korrekte Schachtelung, indem in zwei geschachtelten Schleifen das Dokument traversiert wird. Die erste Schleife erzeugt `director`-Elemente mit dem `name` des Regisseurs. Da der Name eines Regisseurs in der Quelle öfter vorkommen kann, aber im Ziel nur einmal vorkommen soll, wird die Schleife mit der Funktion `distinct-values` umschlossen[3].

Innerhalb des `director`-Elements wird nicht nur der `name` des Regisseurs eingetragen, sondern gegebenenfalls auch mehrere `movie`-Elemente. Diese werden in der zweiten Schleife erzeugt, wobei die Bedingung in der `WHERE`-Klausel sicherstellt, dass nur solche Filme unter einem Regisseur geschachtelt werden, die auch in einem gemeinsamen `film`-Element in der Quelle gespeichert sind.

### 5.2.3 Mapping-Situationen

Bei der Interpretation von Mappings können vielfältige Situationen und Kombinationen von Situationen auftreten. In diesem Abschnitt betrachten wir eine systematische Klassifikation dieser Situationen nach Legler [165], die unter anderem die Komplexität der korrekten und sinnvollen Mapping-Interpretation zeigt. Ein

[3]Die XQuery-Anfrage wurde zur Lesbarkeit vereinfacht. Die Funktion `distinct-values` erwartet eigentlich atomare Elemente und nicht komplexe Elemente.

Schema Mapping Tool bzw. ein Algorithmus zur Interpretation von Mappings sollte sämtliche Situationen erkennen und syntaktisch korrekt und semantisch sinnvoll interpretieren können.

Abbildung 5.14 zeigt diese Klassifikation. Zunächst unterscheidet sie *drei Klassen* in Abhängigkeit zur Anzahl der involvierten Korrespondenzen. Dabei kann auch das Fehlen einer Korrespondenz die Mapping-Interpretation beeinflussen. Weitere Situationen ergeben sich aus der Betrachtung einzelner Korrespondenzen, und schließlich wird der Fall mehrerer Korrespondenzen betrachtet, die gemeinsam interpretiert werden müssen.

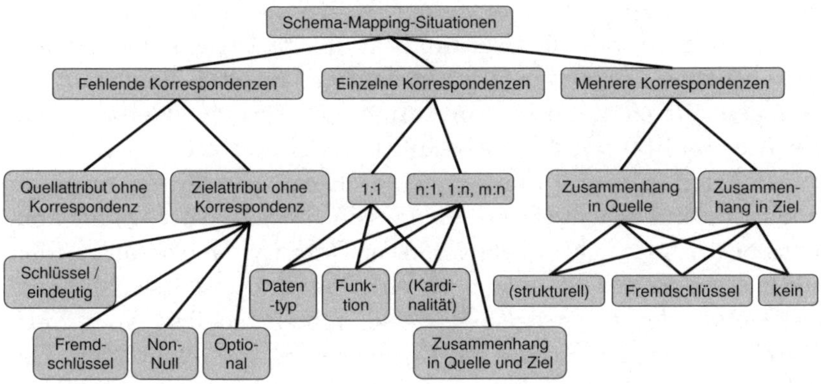


***Abbildung 5.14*** *Klassifikation von Mapping-Situationen nach [165]. Situationen, die nur geschachtelte Datenmodelle betreffen, stehen in Klammern.*

### Fehlende Korrespondenzen

Fehlende Korrespondenzen beeinflussen die Interpretation eines Mappings, insbesondere wenn Zielattribute keine eingehende Korrespondenz haben. Quellattribute ohne ausgehende Korrespondenz bleiben bei der Interpretation einfach unberücksichtigt. Entsprechende Daten gehen verloren. Ist das Quellattribut ein Attribut, das einen Zusammenhang zu anderen Elementen herstellt (Schlüssel oder Fremdschlüssel), geht möglicherweise auch dieser Zusammenhang verloren.

*Quellattribute ohne ausgehende Korrespondenz gehen verloren*

Zielattribute ohne eingehende Korrespondenz stellen ein Problem dar, wenn zusätzliche Nebenbedingungen für dieses Attribut definiert wurden. Dazu zählt die Spezifikation, dass es sich bei dem Attribut um einen Schlüssel oder einen Fremdschlüssel handelt. Viele Schemata erlauben auch die Spezifikation, dass ein Attributwert eindeutig (*unique*) sein muss. Zuletzt kann auch spezifiziert worden sein, dass das Attribut keine Nullwerte speichern darf. In all diesen Fällen führt das Fehlen einer eingehenden Korrespondenz zu einem *fehlerhaften Transformationsergebnis*, wenn

*Zielattribute ohne Korrespondenz*

nicht zusätzlich Maßnahmen getroffen werden. In der Regel werden diese Probleme gelöst, indem ein neuer Wert erschaffen wird. In manchen Fällen ist dieser Wert als Defaultwert vorgegeben, ansonsten behilft man sich mit Skolemfunktionen, die eindeutige Werte in Bezug auf einen Input erzeugen (siehe Infokasten 5.1 auf Seite 133). Einzig wenn ein Attribut optional ist, ist das Fehlen einer Korrespondenz unproblematisch – das Feld bleibt bei der Transformation leer (Nullwert).

*Skolemfunktionen*

### Einzelne Korrespondenzen

Bei der Interpretation einzelner Korrespondenzen unterscheidet man zunächst die Kardinalität der Korrespondenz. Unser wesentliches Augenmerk im gesamten Kapitel liegt auf *1:1*-Korrespondenzen; die Interpretation von Korrespondenzen anderer Kardinalität wurde in Abschnitt 5.2.1 erläutert.

*Kompatibilität von Datentypen*

Bei der Interpretation einzelner Korrespondenzen muss zunächst darauf geachtet werden, dass der *Datentyp* der Quelle kompatibel mit dem des Ziels ist. Der Datentyp muss nicht identisch sein, es genügt, wenn es eine Abbildungsvorschrift (engl. *cast*) gibt. So ist es beispielsweise immer möglich, vom XML-Datentyp `Boolean` zum XML-Datentyp `string` abzubilden. Umgekehrt ist dies nur dann möglich, wenn die Datenwerte des `string`-Attributs stets nur erlaubte Werte des `Boolean`-Attributs (0, 1, false, true) annehmen. Bestimmte Kombinationen sind immer inkompatibel, wie beispielsweise `Date` und `Boolean`.

Des Weiteren muss bei einzelnen Korrespondenzen auf möglicherweise dazugehörende *Transformationsfunktionen* geachtet werden. Neben der Typüberprüfung muss sichergestellt sein, dass die Transformationssprache die Ausführung der Funktion unterstützt. Ist z.B. SQL die Transformationssprache, so müssen entsprechende Funktionen vorhanden sein, etwa als *user-defined-function*.

*Kardinalität von XML-Elementen*

Zuletzt ist für XML-Schemata die *Kardinalität* des Quell- und des Zielelements wichtig. Beispielsweise kann für ein Element `Vorname` spezifiziert werden, dass es mindestens einmal, aber höchstens fünfmal vorkommen darf. Sowohl die Minimal- als auch die Maximalwerte müssen zwischen den beteiligten Elementen der Korrespondenz kompatibel sein: Der Minimalwert der Quelle muss größer oder gleich dem Minimalwert des Ziels sein (d.h., es sind genug Werte in der Datenquelle vorhanden) und der Maximalwert der Quelle muss kleiner oder gleich dem Maximalwert des Ziels sein (d.h., alle Datenwerte können im Ziel aufgenommen werden).

### Mehrere Korrespondenzen

*Zusammenhang durch Fremdschlüssel und Relationen*

Die letzte Klasse der Mapping-Situationen ergibt sich durch die Tatsache, dass meist mehrere Korrespondenzen von *zusammenhängenden Attributen* in der Quelle auf zusammenhängende Attribute im Ziel abbilden. Ein Zusammenhang, im weiteren *Assoziation* genannt, ergibt sich zum einen durch die Tatsache, dass Attribute zur gleichen Relation bzw. zum gleichen Element gehören. Zum anderen bestehen Assoziationen zwischen Attributen durch Fremdschlüsselbeziehungen bzw. Schachtelung.

*Zusammenhänge erhalten*

Die Schwierigkeit der Interpretation liegt darin, dass Datenwerte in assoziierten Attributen durch ein Mapping nicht auseinandergerissen werden sollten. Abbildung 5.4 (Seite 124) zeigt eine entsprechende Situation. Die zwei in dem Element `film` zusammenhängenden Attribute werden auf zwei verschiedene Elemente abgebildet, die aber durch Schachtelung zusammenhängen. Die Transformationsanfrage sollte also den Zusammenhang zwischen konkreten Filmtiteln und Regisseuren durch die entsprechende Schachtelung wahren. Die Anfrage aus Abbildung 5.4 leistet eben dies durch die `WHERE`-Klausel in der Mitte der Anfrage. Diese stellt sicher, dass nur solche `movies` unter einen `director` geschachtelt werden, die in einem gemeinsamen Tupel in der Datenquelle vorkamen.

## 5.2.4 Interpretation von Mappings

Wir stellen in diesem Abschnitt einen Algorithmus vor, der, ausgehend von einem Mapping zwischen relationalen oder geschachtelten Schemata, automatisch alle sinnvollen Interpretation erzeugt und diese anschließend in Transformationsanfragen übersetzt. Der Algorithmus folgt dem Ansatz des Clio-Projekts (siehe Abschnitt 5.6).

Wir erläutern den Algorithmus anhand eines etwas komplexeren Beispiels. Abbildung 5.15 zeigt ein Mapping zwischen einem flachen und einem geschachtelten Schema. Beide Schemata enthalten Fremdschlüsselbeziehungen. Das Mapping besitzt nur drei Korrespondenzen und somit nicht alle sinnvoll möglichen – dennoch werden wir sehen, dass diese Korrespondenzen ausreichen, um sinnvolle Transformationen abzuleiten.

### Schritt 1: Intra-Schema-Assoziationen

*Betrachtung isolierter Schemata*

Der erste Schritt zur Interpretation von Mappings betrachtet Quell- und Zielschema einzeln; das Mapping zwischen den Schemata spielt noch keine Rolle. In diesem Schritt werden *Intra-*

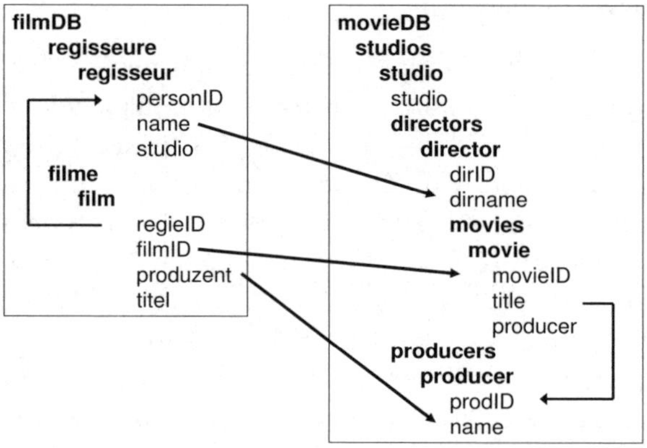


***Abbildung 5.15*** *Mapping zwischen einem flachen und einem geschachtelten Schema*

*Schema-Assoziationen* gesucht. Von diesen gibt es drei Arten: Attribute sind unter den folgenden Bedingungen assoziiert:

*Assoziationen von Attributen*

- Wenn sie in der gleichen Relation stehen oder wenn sie in geschachtelten Schemata das gleiche komplexe Element als direkten Vorfahren haben. Im Beispiel sind auf diese Weise etwa `name` und `studio` im Quellschema und `movieID` und `producer` im Zielschema assoziiert.
- Wenn sie in geschachtelten Schemata ein gemeinsames komplexes Element als Vorfahren haben. Beispielsweise sind `studio` und `dirname` im Zielschema auf diese Weise assoziiert.
- Wenn die Tabellen, in denen sie enthalten sind, durch Fremdschlüsselbeziehungen verbunden sind. So sind die Attribute des Elements `regisseur` mit denen des Elements `film` im Quellschema assoziiert.

*Erzeugung von Pfaden*

Zunächst werden nur die ersten beiden Assoziationsarten betrachtet und so genannte *Primärpfade* (engl. *primary paths*) konstruiert. Im Quellschema des Beispiels befinden sich also zwei Primärpfade, `P1:regisseure` und `P2:filme`. Für geschachtelte Schemata konstruieren wir uns einen Baum aus allen komplexen Elementen. Primärpfade sind dann alle Pfade von der Wurzel zu einem anderen Knoten in dem Baum. Im Zielschema befinden sich somit vier Primärpfade: `P3:studios`, `P4:studios→directors`, `P5:studios→directors→movies` und `P6:studios→producers`. Jeder der Primärpfade stellt eine »Kategorie« an Daten dar: Der erste Pfad repräsentiert Studios mit oder ohne Regisseure, der zweite Pfad repräsentiert Studios mit Regisseuren und mit oder ohne Filme, usw.

Nun werden die Fremdschlüsselbeziehungen hinzugenommen. Diese erweitern mehrere Primärpfade zu größeren Strukturen. Die Erweiterung der Pfade erfolgt in Richtung des Primärschlüssels. Im Quellschema wird also der Primärpfad `P2` erweitert zu `filme→regisseure`. Im Zielschema wird der Pfad `P5` erweitert zu `studios→directors→movies→producers`[4]. Die erweiterten Pfade nennen wir *logische Relationen*, `LR`. Abbildung 5.16 zeigt die Menge der gefundenen logischen Relationen in den Beispielschemata.

*Logische Relationen*

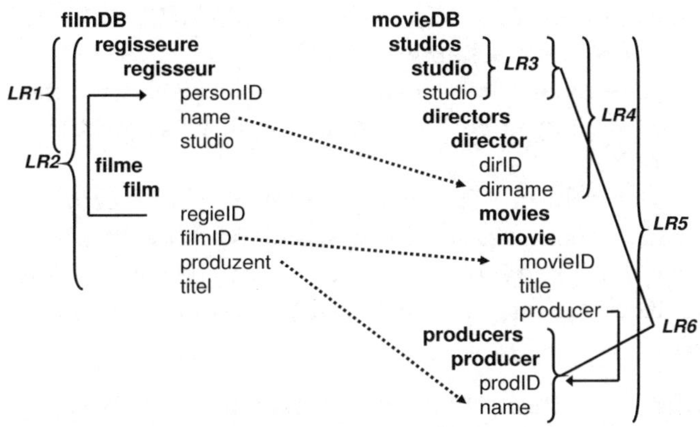


***Abbildung 5.16***
*Sechs logische Relationen*

### Schritt 2: Inter-Schema-Assoziationen

*Kombinationen logischer Pfade*

Der nächste Schritt verbindet die logischen Relationen der beiden Schemata. Korrespondenzen, die aus einer gemeinsamen logischen Relation stammen, sollten gemeinsam interpretiert werden. Ebenso sollten Korrespondenzen, die in eine gemeinsame logische Relation münden, gemeinsam interpretiert werden. Zum Finden der *Inter-Schema-Assoziationen* werden zunächst alle Kombinationen aus je einer logischen Relation in der Quelle und einer logischen Relation im Ziel gebildet. Im Beispiel aus Abbildung 5.16 sind dies die folgenden acht Kombinationen:

| | | | |
|---|---|---|---|
| LR1→LR3 | LR1→LR5 | LR2→LR3 | LR2→LR5 |
| LR1→LR4 | LR1→LR6 | LR2→LR4 | LR2→LR6 |

Nun werden sukzessive alle Kombinationen gestrichen, die in Bezug auf die beteiligten Korrespondenzen nach folgender Über-

[4]Das Verfahren ist eine Variante des *chase*-Algorithmus [190], erweitert auf geschachtelte Elemente.

prüfung ungeeignet sind (wir nehmen eine Kombination der Art $X \rightarrow Y$ an):

*Entfernen unplausibler Kombinationen*

- Für jede von $X$ *ausgehende Korrespondenz* wird geprüft, ob ihr Zielattribut in $Y$ liegt. Wenn nein, wird die Kombination gestrichen.

  Betrachten wir z.B. die Kombination *LR1*→*LR3*, so stellen wir fest, dass die einzige Korrespondenz aus *LR1* (`name`→`dirname`) ein Ziel hat, das nicht in *LR3* liegt. Diese Kombination ist also irrelevant. Aus gleichem Grund müssen die Kombinationen *LR1*→*LR6*, *LR2*→*LR3*, *LR2*→*LR4* und *LR2*→*LR6* gestrichen werden.
- Für jede nach $Y$ *eingehende Korrespondenz* wird geprüft, ob ihr Ursprung in $X$ liegt. Wenn nein, wird die Kombination gestrichen.

  Betrachten wir die Kombination *LR1*→*LR5*, so stellen wir fest, dass zwar die Korrespondenz mit dem Ziel `dirname` ihren Ursprung in *LR1* hat, nicht aber die beiden anderen Korrespondenzen. Diese Kombination wird ebenfalls entfernt.

Nach dieser Prüfung bleiben im Beispiel die Kombinationen *LR1*→*LR4* und *LR2*→*LR5* übrig. Beide entsprechen einer sinnvollen Interpretation. Die erste spezifiziert eine Transformation von Regisseuren mit oder ohne gespeicherte Filme in das Ziel; die andere spezifiziert eine Transformation von Regisseuren mit gespeicherten Filmen in die entsprechende Zielstruktur.

*Auswahl durch Experten oder Heuristiken*

In der Regel muss nun ein Experte entscheiden, welche der nach Schritt 2 verbliebenen Kombinationen die intendierte Interpretation des Mappings ist. Alternativ kann man eine Entscheidung durch *Heuristiken* treffen. Beispielsweise kann man die Kombinationen bevorzugen, die die größere Anzahl von Mappings zwischen ihren beiden logischen Relationen enthalten. Andere Heuristiken minimieren den Informationsverlust durch die Transformation, indem *Outer-Joins* vor *Inner-Joins* und *Outer-Union* vor *Union* bevorzugt werden [202]. In [84] wird das Konzept der *universal solution*, also der »Universallösung«, für Datentransformation eingeführt. Universal solutions sind alle Interpretationen, für die es einen Homomorphismus zu jeder anderen Interpretation gibt.

### Schritt 3: Anfragegenerierung

Aus den verbliebenen Kombinationen logischer Relationen werden nun Anfragen in einer konkreten Anfragesprache erzeugt. Je nach Datenmodell der Quelle und des Ziels muss eine Anfragesprache gewählt werden. Tabelle 5.1 zeigt eine Auswahl an Möglichkeiten.

***Tabelle 5.1***
*Auswahl einer geeigneten Anfragesprache*

| | Datenmodell des Ziels | |
|---|---|---|
| **Datenmodell der Quelle** | Relational | XML |
| Relational | SQL | SQL/XML |
| XML | XQuery, XSLT | XQuery, XSLT |

*Übersetzung in verschiedene Zielsprachen*

Die Anfragegenerierung ist abhängig von der internen Datenstruktur der Mapping-Interpretation. Wünschenswert ist eine so allgemeine Datenstruktur, dass sich Anfragen in *verschiedenen Sprachen* ableiten lassen. Im Clio-System wird eine Menge von XQuery-ähnlichen Regeln erzeugt, die sich wiederum in verschiedene Anfragesprachen übersetzen lassen [226]. Wir begnügen uns hier mit einem einfachen Beispiel. Abbildung 5.17 zeigt einen Ausschnitt des vorigen Beispiels, ein Mapping und eine entsprechend abgeleitete Regel.

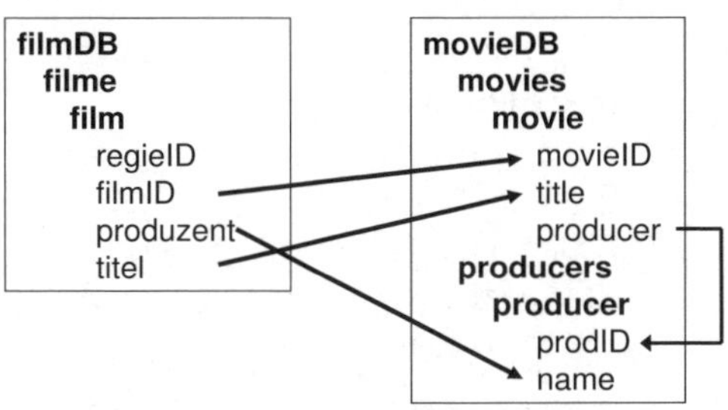


```
for    x in fn:doc(„filmDB.xml“)/filme
let    a = $x.film.filmID, b = x.film.titel, c = x.film.produzent
return <movie = <movieID = a, title = b, producer = Sk(a,b,c)>>
           in movies,
       <producer = <prodID = Sk(a,b,c), name = c>> in producers
```

***Abbildung 5.17***
*Generierung von Anfragen*

Aus dieser Regel lassen sich Anfragen verschiedener Anfragesprachen generieren. Zunächst betrachten wir die SQL-Übersetzung als Sichtdefinitionen für jede Relation. Diese Sichten definieren die Relationen des Zielschemas und können zur »Global-as-View«-Anfragebearbeitung verwendet werden (siehe Abschnitt 6.4.4). Die `for`-Klausel der Regel wird zur `FROM`-Klausel in SQL, und die `return`-Klausel wird in der `SELECT`-Klausel widergespiegelt:

```
CREATE VIEW movies AS
SELECT f.filmID AS movieID, f.titel AS title,
       Skolem(f.filmID, f.produzent, f.titel)
       AS producer
FROM   filme f

CREATE VIEW producers AS
SELECT Skolem(f.filmID, f.produzent, f.titel)
       AS prodID, f.produzent AS name
FROM   filme f
```

Wir betrachten nun die XQuery, die die abgebildeten Schemata als XML-Schemata auffasst und entsprechende Elemente konstruiert.

```
let $doc := fn:doc("filmDB.xml") return <movieDB>
{ distinct-values ( <movies>
for    $x IN $doc/filme/film
return <movie>
         <movieID>  { $x/filmID/text() } </movieID>
         <title>    { $x/titel/text() }  </title>
         <producer> { Skolem($x/filmID/text(),
                      $x/titel/text(),
                      $x/produzent/text())}
         </producer>
       </movie>
 </movies> )}
{ distinct-values ( <producers>
for    $x in $doc/filme/film
return <producer>
         <prodID> { Skolem($x/filmID/text(),
                    $x/titel/text(),
                    $x/produzent/text())}
         </prodID>
         <name>   { $x/produzent/text() }  </name>
       </producer>
</producers> )}
</movieDB>
```

*Interpretation in Produkten zum Schema Mapping*

Der hier vorgestellte Clio-Ansatz zur Interpretation von Korrespondenzen und Mappings ist nur einer unter mehreren möglichen. Er hat die Vorzüge, dass sowohl Nebenbedingungen in den Schemata berücksichtigt werden als auch Assoziationen zwischen Datenwerten so gut wie möglich erhalten bleiben. Dass diese Vorzüge nicht selbstverständlich sind, zeigt die Untersuchung von Legler [165], in der die Schema-Mapping-Werkzeuge

BizTalk Server (Microsoft), Clio (IBM Research), MapForce 2005 (Altova), Stylus Studio 6 (Progress Software), Warehouse Builder 10g (Oracle), WebSphere Studio Application Developer Integration Edition (IBM) und Rondo (Universität Leipzig/Stanford University) verglichen wurden. Jedes der Werkzeuge findet eigene Interpretationen zu vielen Situationen, die oft semantisch fraglich und teilweise auch offensichtlich falsch sind. Wir merken jedoch an, dass die Entwicklung und der Ausbau dieser Werkzeuge stetig voranschreiten, so dass man kein abschließendes Urteil über ihre Eignung fällen kann.

## 5.3 Schema Matching

Schemaintegration und Schema Mapping basieren auf einer vorgegebenen Menge von Korrespondenzen zwischen Schemata. Das manuelle Erstellen dieser Korrespondenzen ist eine komplexe Aufgabe, zu der sowohl detaillierte *Kenntnisse der Anwendungsdomäne* als auch beider Schemata notwendig sind. Aber auch unter diesen Voraussetzungen sieht man sich in der Regel einer Reihe von Schwierigkeiten gegenüber:

*Schwierigkeiten beim Finden von Korrespondenzen*

- **Große Schemata:** Schemata komplexer Anwendungen enthalten oft Hunderte von Relationen und Tausende von Attributen. Darüber hinaus haben Attribute oft *identische Namen*, wie die ubiquitären `name`, `id` oder `beschreibung`. In solchen Schemata, die aufgrund ihrer Größe auch nicht mehr sinnvoll grafisch dargestellt werden können, ist die Orientierung auch für einen Experten schwierig.
- **Unübersichtliche Schemata:** Nicht nur die Größe von Schemata erschwert ihr Verständnis, sondern insbesondere auch ihre Komplexität. Im relationalen Fall flechten die *Fremdschlüsselbeziehungen* zwischen Relationen einen komplizierten Graphen. Bei XML-Daten ist die hierarchische Struktur dagegen oftmals leichter verständlich. In jedem Fall müssen Beziehungen bei der Erstellung von Korrespondenzen beachtet werden.
- **Fremde Schemata:** In der Regel ist mindestens eines der beiden Schemata für die Person, die die Korrespondenzen spezifizieren soll, unbekannt (und unzureichend dokumentiert).
- **Heterogene Schemata:** Verschiedene Schemata für nicht triviale Anwendungen werden praktisch immer *hochgradig*

*heterogen* sein. Gründe dafür haben wir in Abschnitt 3.3.4 kennen gelernt. Offensichtliche Probleme sind Synonyme oder Homonyme von Elementnamen, wie die oben genannten »Standard«-Attributnamen.

- **Fremdsprachliche Schemata:** Sind Schemata (und Daten) in unterschiedlichen Sprachen verfasst, ist es oft sogar für Experten schwierig, korrekt Korrespondenzen zu spezifizieren.
- **Kryptische Elementbezeichner:** Oftmals führen Beschränkungen in der Länge von Attribut- und Relationennamen (typischerweise acht Zeichen) zu schwer lesbaren Schemata. Auch wenn Schemata nicht direkt erstellt, sondern aus anderen Datenmodellen übersetzt werden, kommen oft *generische Tabellennamen* (`tab12`, `rel_a_e`) zum Einsatz, die alleine und ohne Dokumentation unverständlich sind.

Die Folgen dieser Probleme sind falsche Korrespondenzen (engl. *false-positives*) und fehlende Korrespondenzen (engl. *false-negatives*).

*Schema Matching: Automatische Bestimmung von Korrespondenzen*

Mit *Schema Matching* werden Verfahren bezeichnet, die Korrespondenzen zwischen semantisch äquivalenten Elementen zweier Schemata *automatisch* zu erkennen versuchen. Ein *Matcher* analysiert dazu die Schemata, ihre Struktur und Integritätsbedingungen sowie eventuell Beispieldaten. Daraus generiert er Vorschläge für Korrespondenzen, die von einem Domänenexperten verifiziert und entweder angenommen oder abgelehnt werden müssen.

*Weitere Anwendungen*

Neben dem Vorschlagen von Korrespondenzen gibt es weitere Anwendungen für Schema Matching. Beispielsweise geben gefundene Korrespondenzen Hinweise auf nicht spezifizierte Fremdschlüsselbeziehungen [174]. Andere Einsatzbereiche sind die semiautomatische Wiederverwendung von Schemata [150] bzw. eine Schema-Autocomplete-Funktion [116]: Bei der Erstellung eines neuen Schemas werden automatisch Ähnlichkeiten zu anderen Schemata erkannt, die in einem Schemakorpus gespeichert sind. Typische und sinnvolle Ergänzungen der schon erstellten Schemateile können dann vorgeschlagen werden.

### 5.3.1 Klassifikation von Schema-Matching-Methoden

*Ziel: Attributkorrespondenzen*

Bei der Beschreibung der folgenden Methoden gehen wir stets von *einfachen Korrespondenzen* aus, also von Korrespondenzen zwischen genau einem Attribut des Quellschemas und einem Attribut des Zielschemas. In Abschnitt 5.3.5 besprechen wir Erweiterungen auf *1:n*- und *n:m*-Korrespondenzen.

*Ähnlichkeit zwischen Attributen*

Das grundlegende Verfahren zum Finden von *1:1*-Korrespondenzen ist einfach und bei allen Ansätzen dasselbe: Vergleiche jedes Attribut des Quellschemas mit jedem Attribut des Zielschemas mittels eines *Ähnlichkeitsmaßes*. Sind zwei Attribute hinreichend ähnlich (ähnlicher als ein gegebener Schwellwert), werden sie dem Experten als Korrespondenz vorgeschlagen. Daraus lassen sich zwei Teilprobleme ableiten: Die Definition eines geeigneten Ähnlichkeitsmaßes (engl. *similarity measure*) und die Definition des Schwellwerts (engl. *threshold*). Mit dem zweiten Problem befassen wir uns zum Ende des Kapitels. Zunächst klassifizieren wir mögliche Ähnlichkeitsmaße und beschreiben die einzelnen Klassen genauer.

*Klassifikation von Matchern*

Abbildung 5.18 zeigt eine Klassifikation nach Rahm und Bernstein [234]. Auf oberster Ebene werden individuelle und kombinierte Ansätze unterschieden. *Individuelle Ansätze* verwenden ein einziges Ähnlichkeitsmaß, während kombinierte Ansätze mehrere Kriterien zur Ähnlichkeit verwenden. *Kombinierte Ansätze* sind entweder *hybrid*, d.h., sie integrieren mehrere Ähnlichkeitsmaße in ein einziges Maß, oder sie sind *zusammengesetzt*, d.h., die Ergebnisse unabhängiger Match-Methoden werden erst abschließend verknüpft. Die Art der Kombination kann entweder manuell durch den Benutzer oder automatisch bestimmt werden.

*Individuelle Matcher*

Bei den individuellen Matching-Verfahren unterscheidet man *schemabasierte* und *instanzbasierte* Verfahren. Erstere betrachten nur die Schemata, also Schemaelemente und deren Eigenschaften, während letztere die gespeicherten Daten analysieren. Instanzbasierte Verfahren setzen natürlich voraus, dass tatsächlich Daten zu den Schemata verfügbar sind.

Schließlich kann man unterscheiden, welche Daten und Metadaten zum Matching hinzugezogen werden. *Linguistische* Matcher betrachten lediglich die Namen und eventuelle textuelle Beschreibungen von Schemaelementen (schemabasiert) bzw. Datenwerte von Attributen (instanzbasiert). *Constraintbasierte* Ansätze betrachten zusätzlich Metadaten wie Datentypen und Schlüsselbedingungen (schemabasiert) bzw. Datenmuster und Wertebereiche (instanzbasiert). In der Klasse der instanzbasierten Ansätze gibt es eine dritte Variante: Duplikatbasierte Matcher suchen nach mehrfachen Repräsentationen gleicher Objekte und schließen aufgrund von Wertähnlichkeiten auf Korrespondenzen. Sämtliche Klassen werden in den folgenden Abschnitten beschrieben.

***Abbildung 5.18*** *Klassifikation von Schema-Matching-Methoden nach [234]*

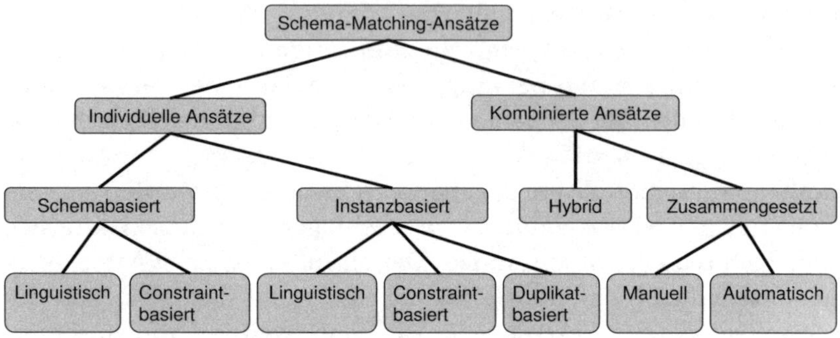


Matcher können prinzipiell *1:1-*, *1:n-*, *n:1-* oder *n:m*-Korrespondenzen erzeugen. In den letzten drei Fällen sind auch die Funktionen oder Algorithmen von Bedeutung, die mehrere Attributwerte kombinieren bzw. erzeugen (siehe Abschnitt 5.3.5). Matcher können auch bereits einen Teil der Interpretation des resultierenden Mappings übernehmen, etwa ob und wie zwei Relationen des Quellschemas miteinander über einen Join verknüpft werden können.

## 5.3.2 Schemabasiertes Schema Matching

*Analyse der Schemata*

Schemabasierte Matcher betrachten lediglich die Schemata der zu integrierenden Datenbanken und verwenden keine Instanzen. Zum Schema gehören dabei in der Regel die *Namen und Struktur der Schemaelemente* sowie zusätzliche Informationen wie Schlüsseleigenschaften und Datentypen.

Das Beispiel in Abbildung 5.19 zeigt zwei relationale Schemata. Stehen lediglich die Namen der Schemaelemente oder deren textuelle Beschreibungen zur Verfügung (linguistische Matcher), könnte ein Schema Matcher daraus schließen, dass einzig die Attributpaare `film.id`→`movie.id` und `film.titel`→`movie.title` korrespondieren.

Als Ähnlichkeitsmaß für die Namen der Schemaelemente wird üblicherweise die *Edit-Distanz* verwendet (siehe Infokasten 5.2).

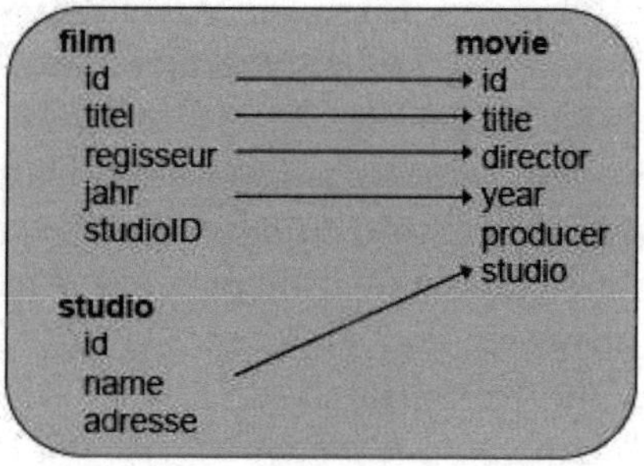


***Abbildung 5.19*** *Elementbasiertes Matching – das korrekte Mapping ist angegeben*

Es sind aber auch weitere Ähnlichkeitsmaße möglich, wie die folgende Aufstellung zeigt (nach [234]).

*Ähnlichkeitsmaße für Schemaelemente*

**Namensgleichheit:** Sind zwei Elementnamen identisch, wird auf eine Korrespondenz zwischen ihnen geschlossen. XML-Schemata können Elementnamen mit einem *namespace* (Namensraum) versehen, der (bei gleichem namespace) die Korrespondenz mit zusätzlichem Gewicht versieht.

Dies ist der Stand der Technik in kommerziellen Schema-Mapping-Produkten wie MapForce, BizTalk Mapper oder WebSphere Studio Application Developer.

**Gleichheit nach Normalisierung:** Normalisierung wandelt ein Wort in dessen Normalform (auch kanonische Form) um, indem zum Beispiel mittels *stemming* der Wortstamm ermittelt wird oder Abkürzungen aufgelöst werden. Normalisierung kann auch die Übersetzung in eine einheitliche Sprache, meist Englisch, bedeuten.

**Synonymie:** Steht ein Thesaurus (siehe Abschnitt 7.1.2) der Anwendungsdomäne zur Verfügung, können *Synonyme* unter den Elementnamen beachtet werden.

**Hyperonymie:** Ebenfalls in einem Thesaurus können Elementnamen nachgeschlagen werden, die in einer »is-a«-Beziehung stehen (Hyperonyme). *Hyperonyme* sind ein starkes Indiz für Korrespondenzen. Beispielsweise ist die Korrespondenz `schauspieler→mitwirkender` in vielen Fällen korrekt.

**Namensähnlichkeit:** Wie oben bereits erwähnt, ist die Edit-Distanz ein häufig verwendetes Ähnlichkeitsmaß für Zeichenketten. Ist die Distanz geringer als ein vorgegebener Schwellwert, wird auf eine Korrespondenz geschlossen.

*Verbesserungen*

Homonyme, also gleiche Wörter mit unterschiedlicher Bedeutung, können linguistische Matcher leicht zu falschen Korrespondenzen leiten. Hier hilft in der Regel das Hinzuziehen weiterer Informationen als nur des Namens. Für zwei Attribute mit dem Namen `name` kann es zum Beispiel aufschlussreich sein, einfach den Relationennamen mit zu betrachten (`buch.name` ≠ `verlag.name`). Matcher, die neben den Elementnamen auch Datentypen und Integritätsbedingungen beachten, finden oftmals mehr und bessere Korrespondenzen. Haben im Beispiel der Abbildung 5.19 die Attribute `jahr` und `year` den gleichen Datentyp, etwa `int[4]`, kann man eher auf die Korrespondenz `film.jahr`→`movie.year` schließen. Weitere Hinweise für constraintbasierte Matcher sind Eindeutigkeitsbedingungen, Schlüssel und Fremdschlüssel sowie Einschränkungen des Wertebereichs.

***Infokasten 5.2***
*Edit-Distanz*

Die *Edit-Distanz* (auch Levenshtein-Distanz) ist ein Maß für den Abstand zweier Zeichenketten [176]. Er ist definiert als die *minimale* Anzahl an Edit-Operationen, die notwendig sind, um den einen in den anderen String zu überführen. Edit-Operationen sind dabei »`insert` (i)« (einfügen), »`delete` (d)« (löschen), »`replace` (r)« (ersetzen) und »`match` (m)« (passend). Jeder Operation können individuelle Kosten zugewiesen werden, um zum Beispiel die Nähe zweier Buchstaben auf der Tastatur oder den Gleichklang zweier Buchstaben zu berücksichtigen. Im einfachsten Fall werden allen Operatoren mit Ausnahme des match-Operators Kosten von 1 zugewiesen.

Die Distanz der beiden Wörter »Espresso« und »Express« ist mit einfachem Kostenmodell 2. Die Folge der Operationen zur Umwandlung (das Transkript) lautet: *mrmmmmmd*. Die Edit-Distanz und das Transkript können effizient mit Hilfe der »Dynamischen Programmierung« berechnet werden, wie wir in Abschnitt 8.2 im Zusammenhang mit der Duplikaterkennung noch genauer erläutern werden. Neben der Edit-Distanz gibt es eine Vielzahl anderer String-Distanzmaße. In [215] werden sie eingehend beschrieben und in [56] im Kontext des Schema Matching verglichen.

Wir stellen in den folgenden Abschnitten kurz einige beispielhafte schemabasierte Matching-Ansätze vor.

*Kombination verschiedener Maße*

**Cupid – schemabasiertes Matching:** Cupid ist ein datenmodellunabhängiges Matching-System, das verschiedene Ähnlichkeitsmaße kombiniert [189]. Insofern ist Cupid ein kombinierter Schema Matcher (s.u.); wir stellen ihn dennoch hier vor, da er im Gegensatz zu den meisten anderen Matchern nicht instanzbasiert ist.

Cupid berechnet zwei Ähnlichkeitswerte. Zum einen wird nach einer Normalisierung der Attributnamen ein linguistisches Ähnlichkeitsmaß berechnet, das auch Synonymie und Hyperonymie berücksichtigt. Zum anderen wird die strukturelle Ähnlichkeit der Schemata beachtet. Dazu werden *Schemata in Bäume überführt* und die Intuition genutzt, dass zwei Blätter (also Attribute) im Baum ähnlich sind, wenn sie nach dem linguistischen Maß ähnlich sind und wenn ihre Nachbarn im Baum (also Geschwister: andere Attribute und Eltern: Relationen) ebenfalls ähnlich sind. Die zwei Maße werden über eine gewichtete Summe zu einem Maß kombiniert.

**Similarity Flooding – graphbasiertes Matching:** Eine ähnliche Intuition wie für das strukturelle Ähnlichkeitsmaß von Cupid leitet den Similarity-Flooding-Algorithmus [198]. Zunächst werden beide *Schemata in gerichtete Graphen* umgewandelt, die nicht nur Attributnamen, sondern auch Datentypen und andere Konstrukte des Datenmodells als Knoten enthalten. Das weitere Verfahren setzt gegebene initiale Ähnlichkeiten zwischen allen Paaren von Knoten aus je einem Graphen voraus, wie beispielsweise deren Edit-Distanz.

*Beachtung des Kontextes*

Nun wird der *Similarity-Flooding*-Algorithmus auf dem Graphen aller Paare angewendet. Sind zwei Knoten zueinander ähnlich, »färbt« diese Ähnlichkeit gleichsam auf deren Nachbarn ab. Diese Propagierung von Bewertungen wird so lange durchgeführt, bis ein *Fixpunkt* erreicht ist, sich also keine Werte mehr ändern. In einem letzten Schritt werden mittels eines Schwellwertes die besten Korrespondenzen bestimmt.

Die Besonderheit dieser Vorgehensweise ist die Tatsache, dass der Algorithmus nichts über die Semantik der Schemaelemente kennen muss. Einzig die initialen Ähnlichkeitswerte und die Graphstruktur gehen in das Gesamtergebnis ein. In einer Studie wurde der Algorithmus mit den Bewertungen von Experten verglichen und erzielte gute Ergebnisse.

## 5.3.3 Instanzbasiertes Schema Matching

*Analyse der Daten, nicht der Metadaten*

Instanzbasierte Matcher beachten nicht die Namen und Eigenschaften von Schemaelementen, sondern von den Daten selbst, also den Instanzen der Schemata. Dazu extrahieren sie *Eigenschaften von Attributwerten* oder Tupeln und vergleichen diese paarweise. Sind die Eigenschaften hinreichend ähnlich, kann auf eine Korrespondenz geschlossen werden.

*Vertikale und horizontale Matcher*

Man unterscheidet vertikale und horizontale Matcher. Beim *vertikalen Schema Matching* werden vorher definierte Eigenschaften aus den Attributwerten einzelner Attribute extrahiert und mittels einer der zuvor definierten Methode miteinander verglichen. *Horizontale Matcher* suchen Duplikate zwischen den beiden Relationen und schließen anhand übereinstimmender Attributwerte in den *Duplikaten* auf Korrespondenzen (siehe Abbildung 5.20). Beide Varianten werden unten anhand ausgewählter Systeme näher erläutert.

***Abbildung 5.20*** *Vertikales und horizontales instanzbasiertes Matching*

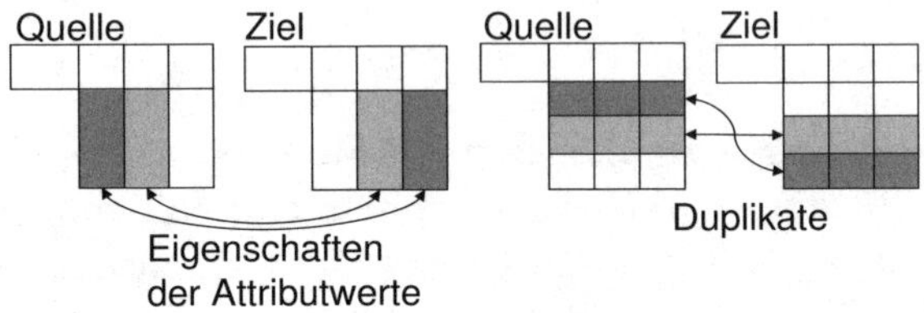


*Beispieldaten*

Eine wichtige Voraussetzung für instanzbasierter Matcher ist das Vorhandensein von Instanzen für beide Schemata. Darüber hinaus setzen horizontale Matcher die Existenz einiger Duplikate in den beiden Instanzen voraus. In manchen Fällen kann das Fehlen von Instanzen durch manuelle Eingabe einiger *Beispieldaten* ausgeglichen werden. Dabei müssen für vertikale Matcher typische Werte eines Attributs eingegeben werden und für horizontale Matcher verschiedene Repräsentation desselben Objekts angelegt werden. Sind diese Voraussetzungen gegeben, sind instanzbasierte Matcher den schemabasierten Verfahren überlegen.

*Matching als Klassifikation*

**SEMINT – vertikales Matching:** Der Semantic Integrator (SEMINT) findet Matchings zwischen Attributen, indem Eigenschaften der Attribute durch ein neuronales Netzwerk verglichen werden [182, 183]. Benutzt werden sowohl Eigenschaften der Schemata als auch der Instanzen[5], die in Tabelle 5.2 zusammengefasst sind. Weitere typische Eigenschaften wären Muster in den Daten, Zeichenverteilungen, das Vorhandensein von Sonderzeichen, durchschnittliche Länge von Werten oder die durchschnittliche Anzahl an Token.

Aus den Eigenschaften aller Attribute erstellt SEMINT so genannte *Attribut-Signaturen*, die jedem Attribut einen Vektor mit einem $[0,1]$-Wert für jede Eigenschaft zuweisen. Im nächs-

[5]SEMINT ist insofern kein rein instanzbasierter, sondern ein hybrider Matcher.

| | **Eigenschaft** | **Beschreibung** |
|---|---|---|
| Schema-basiert | Datenlänge | Länge des Datentyps |
| | String-Typ | CHAR, VARCHAR etc. |
| | Numerischer-Typ | INTEGER, DECIMAL etc. |
| | Datums-Typ | DATE, TIMESTAMP |
| | Row-ID-Typ | ROWID |
| | Rohdaten-Typ | BLOB, CLOB |
| | Check | Gibt es ein Check-Constraints? |
| | Primärschlüssel | ja/nein |
| | Eindeutigkeit | Müssen Attributwerte eindeutig sein? |
| | Fremdschlüssel | ja/nein |
| | Sicht-Check | Gibt es eine abgeleitete Sicht? |
| | Nullwert | Gibt es Nullwerte? |
| | Präzision | Ist die Menge der Dezimalstellen festgelegt? |
| | Wertebereich | Existiert eine Einschränkung des Wertebereichs? |
| | Defaultwert | Existiert ein Defaultwert? |
| Instanz-basiert | Minimum | Ermittelt auf der Instanz |
| | Maximum | Ermittelt auf der Instanz |
| | Durchschnitt | Ermittelt auf der Instanz |
| | Kovarianz-Koeffizient | Ermittelt auf der Instanz |
| | Standardabweichung | Ermittelt auf der Instanz |

***Tabelle 5.2***
*Input des SEMINT Schema Matchers*

ten Schritt wird das Schema-Matching-Problem als *Klassifikationsproblem* aufgefasst, bei dem die Attribute des einen Schemas die Klassen bilden und die Attribute des anderen Schemas nach diesen klassifiziert werden. Als Klassifikator wird ein neuronales Netzwerk verwendet, das mit den Signaturen des einen Schemas trainiert wird.

Üblicherweise werden die Eigenschaften von Attributen nur auf einem Sample der Daten berechnet. Während für SEMINT keine Samplingraten angegeben werden, berichtet [213] von guten Ergebnissen bei nur 250 zufällig gewählten Tupeln.

SEMINT extrahiert und vergleicht also Eigenschaften aus (vertikalen) Spalten. Ähnliche Eigenschaften der Attributwerte implizieren dabei gleiche Semantik der Attribute.

*Duplikatbasiertes Schema Matching*

**DUMAS – horizontales Matching:** DUMAS steht für »Duplicate-based Matching of Schemas« [27]. Der DUMAS Matcher findet Korrespondenzen zwischen zwei Relationen unter der Voraussetzung, dass zu beiden Relationen Instanzen vorliegen und dass außerdem einige der Tupel Duplikate sind. Zwei *Tupel sind Duplikate*, falls sie das gleiche Realweltobjekt repräsentieren; ihre Repräsentation kann sich durchaus unterscheiden, muss aber im Kern ähnlich sein. In Abschnitt 8.2 beschäftigen wir uns eingehender mit dem Auffinden und Entfernen von Duplikaten in Tabellen.

*Ähnlichkeit von Tupeln*

DUMAS geht in zwei Phasen vor: In der ersten Phase werden Duplikate in den beiden Relationen gesucht. Im Gegensatz zur herkömmlichen Duplikaterkennung müssen nicht alle Duplikate gefunden werden, sondern es genügen die $k$ besten, also ähnlichsten Duplikate. Da nicht bekannt ist, welche Attribute miteinander korrespondieren und ob überhaupt alle Attribute ein Gegenstück in der anderen Relation haben, werden sämtliche Attributwerte eines Tupels als eine ungeordnete Menge von *Tokens* betrachtet. Mittels eines Ähnlichkeitsmaßes für Tokenmengen werden dann die ähnlichsten Tupelpaare gefunden, ohne dass überhaupt Attribute zueinander zugeordnet werden.

Die zweite Phase von DUMAS erhält als Eingabe die $k$ ähnlichsten Duplikate und vergleicht deren Attributwerte. Sind die Werte zweier Attribute in einem Duplikatpaar gleich oder ähnlich, ist eine Korrespondenz wahrscheinlich. Gilt diese Ähnlichkeit für mehrere oder sogar alle Duplikate, gilt in DUMAS eine Korrespondenz zwischen den Attributen als sicher. Abbildung 5.21 zeigt zwei Duplikate in zwei Relationen. Gleiche oder ähnliche Attributwerte sind mit Pfeilen verbunden, die sich im resultierenden Mapping wiederfinden.

**Abbildung 5.21**
*Duplikate und deren Matching in DUMAS*

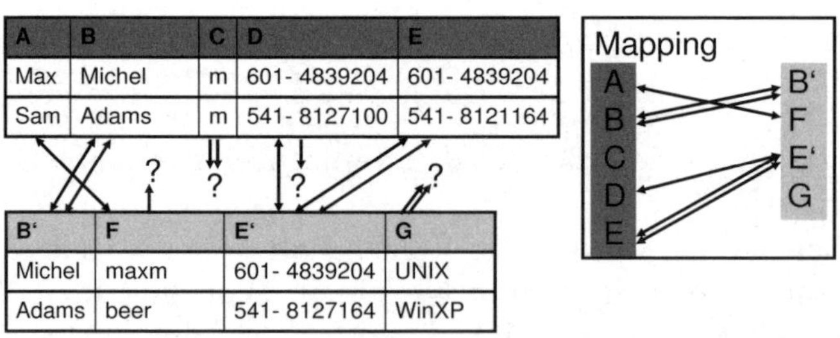


DUMAS vergleicht also Informationen aus (horizontalen) Tupeln (Duplikaten), um auf ein Matching zu schließen. Gleiche oder ähnliche Attributwerte in Duplikaten implizieren dabei gleiche Semantik der Attribute.

### 5.3.4 Kombiniertes Schema Matching

Kombinierte Matcher vereinen verschiedene der oben genannten Techniken. Dies bietet entscheidende Vorteile, da sich verschiedene Techniken als für verschiedene Situationen geeignet herausgestellt haben. Praktisch alle Forschungsprototypen von Schema Matcher sind kombinierte Matcher. Man unterscheidet hybride und zusammengesetzte Matcher

#### Hybrides Schema Matching

*Verschachtelung einzelner Matcher*

Hybride Matcher *verschachteln mehrere Matching-Techniken* miteinander, um zu einem Ergebnis zu kommen. Beispielsweise könnte ein instanzbasiertes Verfahren auf die Attributpaare beschränkt angewandt werden, deren Namen ähnlich oder synonym sind. Dadurch können oftmals falsch-positive Korrespondenzen, wie sie in denselben Situationen von individuellen Matchern berechnet worden wären, vermieden werden. Zudem sind hybride Verfahren effizienter, da einzelne Schritte nur noch eine Teilmenge der Daten analysieren müssen.

#### Zusammengesetztes Schema Matching

*Kombination unabhängiger Matcher*

Zusammengesetzte Matcher verwenden mehrere Matching-Techniken *unabhängig voneinander* und kombinieren nur deren Ergebnisse. Dieser Ansatz ist besonders flexibel, da je nach Situation bestimmte individuelle Matcher höher gewichtet werden können. Auch ist das Hinzufügen neuer Matcher sehr leicht möglich. Die Kombination der Ergebnisse erfolgt typischerweise durch eine gewichtete Summe oder einen gewichteten Durchschnitt der Einzelergebnisse.

Abbildung 5.22 zeigt eine generische Architektur eines zusammengesetzten Matchers. Die Ergebnisse der einzelnen Basis-Matcher werden bei der Match-Kombination verknüpft. Die Match-Auswahl sucht schließlich diejenigen Korrespondenzen aus, deren kombinierte Bewertung über einem gewissen Schwellwert liegt.

Für zusammengesetzte Matcher ist offensichtlich die Auswahl geeigneter Basis-Matcher und deren Gewichtung bei der Match-Kombination von großer Bedeutung. Diese Auswahl kann entweder manuell durch einen Experten oder automatisch geschehen. Im folgenden Abschnitt stellen wir für beide Alternativen ein implementierendes System vor.

Abbildung 5.22
Zusammengesetztes Schema Matching

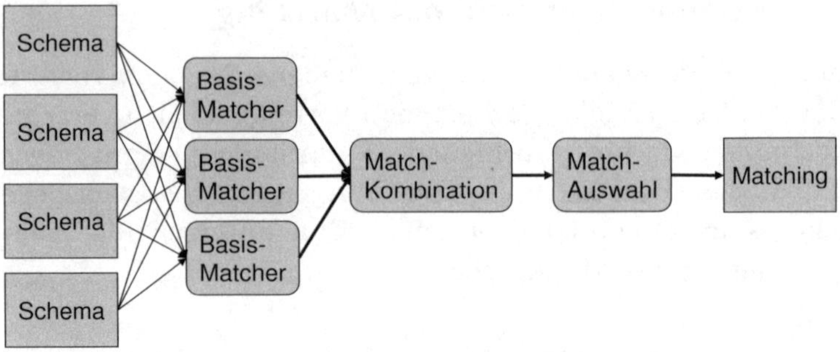


*Manuelle Kombination individueller Matcher*

**COMA:** COMA steht für *combining match algorithms* und wurde für den systematischen Vergleich individueller und kombinierter Matcher entwickelt. Es ist ein System zur flexiblen Kombination verschiedener einzelner Matcher und verschiedener Match-Kombinations-Techniken [74]. COMA enthält eine Matcher-Bibliothek mit mehreren schemabasierten Ähnlichkeitsmaßen wie Edit Distanz, Synonymie, Datentypkompatibilität und Pfadähnlichkeit (für XML-Schemata). Ein Experte wählt die für die Matching-Aufgabe geeigneten Matcher aus.

Die Ergebnisse der einzelnen Maße werden in einem *Ähnlichkeitswürfel* (engl. *similarity cube*) gespeichert. Zur Aggregation der einzelnen Werte für jedes Attributpaar stehen die vier Operationen Maximum, gewichtete Summe, Durchschnitt und Minimum zur Verfügung.

Eine Besonderheit von COMA ist die Möglichkeit, bereits durch den Experten bestätigte Korrespondenzen zu verwenden, um das Matching-Ergebnis zu verbessern. Sind bereits im Rahmen eines Schemamanagementsystems viele Schemata in einem Korpus gespeichert, und sind diese mit Korrespondenzen verbunden, die von einem Experten bestätigt wurden, ist dies eine wertvolle Hilfe: Wenn ein neues Schema oder Teile daraus einem schon gesehenen ähnlich sind, kann durch Transitivität auf neue Korrespondenzen geschlossen werden. Diese Technik wird auch von [188] aufgegriffen (engl. *corpus-based schema matching*).

*Automatische Kombination individueller Matcher*

**LSD:** LSD steht für *Learning Source Descriptions* und basiert auf der gleichen Grundarchitektur wie COMA [75]. Allerdings werden in LSD an zwei Stellen Techniken des *maschinellen Lernens* eingesetzt. LSD implementiert eine Reihe von schema- und instanzbasierten Matchern, die jeweils als Klassifikatoren implementiert sind. Diese werden auf einer Sammlung von manuell verbundenen Schemata trainiert.

Die Gewichtung der einzelnen Matcher nimmt ein *Meta-Lerner vor*, der die einzelnen Matcher beobachtet und lernt, welcher Matcher in welcher Situation besonders geeignet ist. Mittels dieser Technik werden die Ergebnisse der einzelnen Matcher nicht wie in COMA mit einer festen, von einem Experten vorgegebenen Funktion kombiniert, sondern entsprechend, wie es für die spezielle Domäne gelernt wurde, »intelligent« miteinander verbunden.

### 5.3.5 Erweiterungen

Das Problem des *1:1*-Schema-Matching kann in zwei Richtungen erweitert werden. Erstens kann ein Matcher versuchen, auch mehrwertige, insbesondere *n:1*- und *1:n*-Korrespondenzen zu finden. Zweitens reicht es in der Regel nicht aus, jede Korrespondenz einzeln zu betrachten. Vielmehr steht die Menge aller Korrespondenzen in einem globalen Zusammenhang, der es beispielsweise verbieten kann, ein Attribut an mehr als einer Korrespondenz zu beteiligen.

#### *n:1*- und *1:n*-Matching

*Mehrwertige Korrespondenzen*

Korrespondenzen, bei denen in einem Schema mehr als ein Element beteiligt ist, nennt man *mehrwertige Korrespondenzen*. Ein typisches Beispiel ist eine Korrespondenz zwischen `Straße` und `Hausnummer` auf der einen und `Adresse` auf der anderen Seite. Wie bereits in Abschnitt 5.2.1 erläutert, muss eine *n:1*-Korrespondenz mit einer Funktion verbunden sein, die den Zielwert aus den $n$ Ausgangswerten berechnet. Im Falle einer *1:n*-Korrespondenz muss eine Funktion vorhanden sein, die die verschiedenen Zielwerte aus dem einzelnen Ausgangswert extrahiert.

*Komplexe Matcher*

Matching-Verfahren, die solche Korrespondenzen erkennen, nennt man *komplexe Matcher*. Komplexe Matcher müssen Korrespondenzen in einem gegenüber einfachen Matchern stark erweiterten Suchraum finden: Zum einen gilt es nicht mehr, nur jedes Paar an Quell- und Zielattributen zu vergleichen, sondern jede Teilmenge an Attributen des Quellschemas mit jeder Teilmenge an Attributen des Zielschemas. Das ergibt theoretisch eine Zahl von $2^M \times 2^N$ statt $M \times N$ Vergleichen. Zum anderen kann es für jedes diese Teilmengenpaare eine Vielzahl an Funktionen geben, die die Attribute kombinieren bzw. Werte extrahieren.

Das »Erraten« dieser Funktionen ist das Hauptproblem beim komplexen Matching. Bisher gibt es nur wenige Arbeiten auf diesem Gebiet. Im iMAP-System [73] schlagen die Autoren vor, das Problem der vielen Paare als ein Suchproblem anzusehen. Sie verwenden die Heuristik *beam search*, die zunächst *1:1*-Korrespondenzen sucht und die beteiligten Attributmengen schrittweise erweitert. In jedem Schritt werden nur die besten $k$ Matches behalten, so dass der Suchraum gezielt durchschritten wird. Das Problem der vielfältigen Funktionen wird durch die Beschränkung auf bestimmte Funktionen für bestimmte Datentypen gelöst. Insbesondere werden numerische Attribute nur durch die vier Grundrechenarten ($+, -, \times, \div$) kombiniert.

### Globales Schema Matching

*Berechnung eines vollständigen Mappings*

Die bisher vorgestellten Methoden ermitteln die Ähnlichkeit jeweils einzelner Attributpaare. Diese könnte man, sortiert nach Güte, einem Experten als Vorschlag unterbreiten. Dabei wird aber ignoriert, dass im Grunde ein *komplettes Mapping* zwischen zwei Schemata gesucht wird. Aber nicht alle Kombinationen von Korrespondenzen ergeben ein valides Mapping, da bei der Suche nach *1:1*-Korrespondenzen jedes Quellattribut und jedes Zielattribut an höchstens einer Korrespondenz beteiligt sein darf. Aufgabe des globalen Matching ist es daher, die Menge von Korrespondenzen zu bestimmen, die keinen Verstoß gegen die *1:1*-Regel enthalten und von allen den *besten Gesamtwert* besitzen.

Abbildung 5.23 zeigt ein Beispiel mit zwei Attributen im Quellschema und zwei Attributen im Zielschema. Mögliche Korrespondenzen sind mit fiktiven Ähnlichkeiten markiert. Die besten zwei Korrespondenzen (also die mit den höchsten Ähnlichkeitswerten) sind `vorname` → `name` und `vorname` → `surname`. Diese Lösung verknüpft aber ein Quellattribut mit zwei Zielattributen und wird daher meist als ungültig betrachtet.

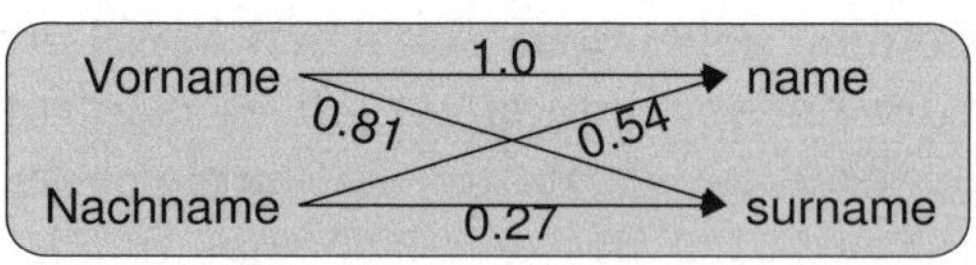


***Abbildung 5.23*** *Globales Schema Matching*

Es gibt zwei mögliche Lösungen, die den obigen Bedingungen entsprechen, nämlich die Lösung `Vorname` → `name` und `Nachname` → `surname` und die Lösung `Vorname` → `surname` und `Nachname` → `name`. Zum Finden einer Gesamtlösung kann man Algorithmen wie das *maximum weighted matching* und *stable marriage* verwenden (siehe Infokasten 5.3).

***Infokasten 5.3***
*Maximum weighted matching und stable marriage*

Das *maximum weighted matching* sucht die Lösung, deren Gesamtsumme maximal ist, ohne gegen die *1:1*-Bedingung zu verstoßen. Im Beispiel aus Abbildung 5.23 hat die erste Lösung die Gewichtssumme $1,0 + 0,27 = 1,27$, die zweite Lösung hat die Gewichtssumme $0,81 + 0,54 = 1,35$, wäre also der ersten vorzuziehen.

Ein *stable marriage* (»stabile Ehe«) ist eine Lösung, bei der es keine zwei Korrespondenzen (»Ehen«) `a` → `b` und `c` → `d` gibt, bei denen `a` ähnlicher zu `d` als zu `b` ist und `d` ähnlicher zu `a` als zu `c` ist. Eine solche Konstellation gälte als instabil: `a` ließe sich von `b` scheiden und würde zu `d` finden, welcher sowieso lieber mit `a` als mit `c` liiert wäre. Die Lösung mit der maximalen Gewichtssumme im Beispiel ist nicht stabil: `Vorname` ist ähnlicher zu `name` als zu `surname` und `name` ist ähnlicher zur `Vorname` als zu `Nachname`. Die erste Lösung hingegen ist eine Stable Marriage.

Welche der beiden Ansätze zum Finden eines globalen Matches die bessere ist, ist nicht klar. Melnik et al. beschreiben eine Variante der Stable Marriage namens *perfectionist egalitarian polygamy* und zeigen experimentell, dass diese die besten Resultate liefert [198].

## 5.4 Multidatenbanksprachen

*MDBMS: Kein globales Schema*

In den bisher vorgestellten Ansätzen zur Integration heterogener Datenbestände stand stets ein *globales Schema* im Mittelpunkt. In diesem Abschnitt wenden wir uns wieder den Multidatenbanksystemen (MDBMS) aus Abschnitt 4.3 zu. MDBMS setzen kein globales, integriertes Schema voraus, sondern stellen dem Benutzer eine spezielle Anfragesprache zur Überwindung von Heterogenität zur Verfügung – eine *Multidatenbanksprache*.

*Fähigkeiten von Multidatenbanksprachen*

Multidatenbanksprachen gehen über herkömmliche Anfragesprachen wie SQL hinaus:

- Sie müssen *Zugriff auf mehr als eine Datenbank* innerhalb einer Anfrage gestatten.

- Die Anfrageoptimierung muss die physische und *logische Verteilung* der Daten beachten.
- Zur Überwindung *schematischer Heterogenität* müssen sie Zugriff auf die verschiedenen Elemente der Datenbanken erlauben.

In den folgenden Abschnitten gehen wir beispielhaft auf die Multidatenbanksprache SchemaSQL und deren Implementierung ein. Weitere Multidatenbanksprachen werden in Abschnitt 5.6 angeführt.

*SchemaSQL*

SchemaSQL ist eine abwärtskompatible Erweiterung von SQL und somit für relationale Datenbanken geeignet, die sich zu einem Multidatenbanksystem zusammenschließen wollen [163]. Die wesentliche Neuerung von SchemaSQL ist die *Gleichbehandlung von Daten und Metadaten* (Schemainformation), also Datenbank-, Relationen- und Attributnamen. Dadurch ergeben sich vielfältige neue Möglichkeiten im Umgang mit heterogenen Datenbanken:

*Gleichbehandlung von Daten und Metadaten*

*Spezielle Fähigkeiten*

- Es werden Anfragen ermöglicht, die Daten umstrukturieren. Daten werden zu Metadaten und umgekehrt.
- Anfragen können nicht nur über einzelnen Spalten aggregieren, sondern auch über Zeilen.
- Es können Sichten definiert werden, deren Schema sich erst dynamisch, also zur Anfragezeit, durch die angefragte Instanz ergibt.

### 5.4.1 Sprachumfang

SQL erlaubt in der `FROM`-Klausel einer Anfrage nur die Deklaration von Variablen, deren Wertebereich eine Tupelmenge ist. In der folgenden SQL-Anfrage werden zwei Variablen deklariert. Die erste Variable hat den Namen `F` und als Wertebereich die Menge aller Tupel der Relation `Film`; die zweite heißt `S` und iteriert über die Tupel der Relation `Studio`.

```
SELECT F.titel, F.jahr, F.genre, S.adresse
FROM   film F, studio S
WHERE  F.studio = S.name
```

SchemaSQL fügt vier weitere *Typen von Wertebereichen* für Variablen hinzu. Insgesamt können Variablen damit auf fünf verschiedene Weisen gebunden werden:

**-> (Datenbanken)** bindet eine Variable an die *Menge aller Datenbanknamen* des MDBMS.

**db-> (Relationen)** bindet eine Variable an die *Menge aller Relationennamen* der Datenbank `db`.

**db::rel-> (Attribute)** bindet eine Variable an die *Menge aller Attributnamen* der Relation `rel` der Datenbank `db`.

**db::rel (Tupel)** bindet eine Variable an die *Menge aller Tupel* der Relation `rel` der Datenbank `db`. Diese Deklaration entspricht Standard-SQL.

**db::rel.attr (Attributwerte)** bindet eine Variable an die *Menge aller Attributwerte*, die in der Spalte `attr` der Relation `rel` der Datenbank `db` vorkommen.

*Fünf Wertebereiche für Variablen*

SchemaSQL erlaubt auch *geschachtelte Variablendeklarationen*. Beispielsweise können in einer `FROM`-Klausel zwei Variablen wie folgt deklariert werden: `filmDB-> R, filmDB::R T`. In diesem Fall wird `R` an die Menge aller Relationen von `filmDB` gebunden und `T` an die Menge aller Tupel aller Relationen von `filmDB`.

*Geschachtelte Variablendeklarationen*

## 5.4.2 Beispiele

Die folgenden Beispiele stammen aus [163] und wurden unserer Beispieldomäne der Filmdaten angepasst. Abbildung 5.24 zeigt die Instanzen von vier Unternehmen, die Filmrollen an Kinos verleihen. Es werden unterschiedliche Preise für Filme verschiedener Genres und verschiedener Filmformate angegeben. Jede der vier Datenquellen ist *schematisch unterschiedlich aufgebaut*, sie speichern jedoch alle Daten über die gleichen Dinge. So stammen die Datenwerte des `format`-Attributs in `Verleih-A` aus der gleichen Domäne wie die Attributnamen der `preise`-Relation in `Verleih-B` und wie die Relationennamen von `Verleih-C`. In den folgenden Absätzen werden wir Anfragen in SchemaSQL formulieren, die mit herkömmlichen SQL-Anfragen nicht oder nur umständlich zu beantworten wären.

Mit der ersten Anfrage wollen wir herausfinden, in welchen Filmformaten Dokumentarfilme bei `Verleih-A` teurer sind als bei `Verleih-B`. Die entsprechende SchemaSQL-Anfrage lautet:

*Überbrückung schematischer Heterogenität*

***Abbildung 5.24*** *Vier Beispieldatenbanken zur Demonstration von SchemaSQL-Anfragen*

**Verleih-A**

preise

| genre | format | preis |
|---|---|---|
| Action | 35mm | 40 |
| Drama | 35mm | 30 |
| Doku | 35mm | 20 |
| Action | 70mm | 80 |
| Drama | 70mm | 50 |
| Doku | 70mm | 25 |

**Verleih-B**

preise

| genre | 35mm | 70mm |
|---|---|---|
| Action | 35 | 85 |
| Drama | 25 | 55 |
| Doku | 20 | 30 |

**Verleih-C**

35mm

| genre | preis |
|---|---|
| Action | 45 |
| Drama | 35 |
| Doku | 30 |

70mm

| genre | preis |
|---|---|
| Action | 90 |
| Drama | 60 |
| Doku | 50 |

**Verleih-D**

preise

| format | action | drama | doku |
|---|---|---|---|
| 35mm | 40 | 40 | 30 |
| 70mm | 80 | 75 | 20 |

```
SELECT A.format
FROM   Verleih-A::preise A, Verleih-B::preise B,
       Verleih-B::preise-> AttB
WHERE  AttB <> 'Genre'
AND    A.format = AttB
AND    A.genre = 'Doku'
AND    B.genre = 'Doku'
AND    A.preis > B.AttB
```

Die `SELECT`-Klausel projiziert einzig das Filmformat und liefert also als Ausgabe wie gewünscht eine Liste mit Filmformaten. In der `FROM`-Klausel werden drei Variablen deklariert. Die ersten zwei iterieren über die Tupel der beiden genannten Relationen. Die letzte Variable (`AttB`) iteriert über die Attributnamen der Relation `preise` in `Verleih-B`. Sie nimmt also die Werte `genre`, `35mm` und `70mm` an.

Die `WHERE`-Klausel schränkt die Ergebnismenge ein. Die erste Bedingung schränkt die Werte, die die Variable `AttB` annehmen kann, ein auf die Werte `35mm` und `70mm`. Der Vorteil dieser Schreibweise ist, dass die Anfrage auch gültig und korrekt ist, wenn weitere Filmformate zur Relation hinzukommen. Die zweite Bedingung stellt sicher, dass nur Preise für gleiche Filmformate verglichen werden. Die Besonderheit an dieser Bedingung ist, dass sie Datenwerte des Attributs `A.format` mit Attributnamen der Relation `preise` der Datenbank `Verleih-B` vergleicht. Dies verdeutlicht die Gleichbehandlung von Daten und Metadaten in SchemaSQL. Die nächsten beiden Bedingungen schränken die Tupelmenge auf die Dokumentarfilme ein, und die letzte Bedingung selektiert nur diejenigen Tupel, in denen `Verleih-A` teurer ist als `Verleih-B`.

*Geschachtelte Deklarationen*

In der nächsten Beispielanfrage stellen wir die gleichen Anfrage wie zuvor, vergleichen aber `Verleih-C` mit `Verleih-D`. Das heißt, wir suchen alle Filmformate, in denen Dokumentarfilme bei `Verleih-C` teurer sind als bei `Verleih-D`.

```
SELECT RelC
FROM   Verleih-C-> RelC, Verleih-C::RelC C,
       Verleih-D::preise D
WHERE  RelC = D.format
AND    C.genre = 'Doku'
AND    C.preis > D.doku
```

Diese Anfrage verwendet eine *geschachtelte Deklaration*. `RelC` iteriert über die Namen der Relationen in `Verleih-C`. Diese Variable wird verwendet, um den Wertebereich von `C` zu definieren. `C` iteriert über alle Tupel aller Relationen in `Verleih-C`. Zugleich wird `RelC` in der `WHERE`-Klausel benutzt, in der der Name der Relation mit den Werten des Attributs `format` verglichen wird, weil Formate in `Verleih-C` als Relation, aber in `Verleih-D` als Attribut modelliert wurden. Zuletzt sei angemerkt, dass `RelC` in der `SELECT`-Klausel verwendet wird. Die Anfrage gibt also keine Datenwerte aus, sondern Relationennamen.

*Aggregation über mehrere Attribute*

Die folgende Anfrage demonstriert die Möglichkeit von SchemaSQL, auch über *mehrere Spalten zu aggregieren*. Wir suchen den durchschnittlichen Preis jedes Genres *über alle Formate* in `Verleih-B`. Es soll also für jedes Genre (jede Zeile) ein Aggregat über die Werte beider Spalten `35mm` und `70mm` gebildet werden.

```
SELECT   T.genre, AVG(T.D)
FROM     Verleih-B::preise -> D,
         Verleih-B::preise T
WHERE    D <> 'Genre'
GROUP BY T.genre
```

`D` iteriert über alle Attributnamen mit Ausnahme von `Genre`. `T` iteriert über alle Tupel der Relation. Jede Zeile bildet eine Gruppe, und die Attributwerte dieser Zeile gehen in die Aggregatfunktion `AVG` ein.

*Dynamische Sichten*

Das letzte Beispiel soll die Fähigkeit von SchemaSQL demonstrieren, *dynamische Sichten* zu definieren. Wir definieren eine Sicht auf `Verleih-A`, dessen Ausgabe dem Schema von `Verleih-B` entspricht. Die Aufgabe ist also ähnlich der des Schema Mapping, und in der Tat ist die folgende Sicht eine Transformationsanfrage im Sinne von Abschnitt 5.2.

```
CREATE VIEW AnachB::Preise(genre, D) AS
SELECT A.genre, A.preis
FROM   Verleih-A::preise A, A.format D
```

`D` iteriert über die verschiedenen Formate der Relation in `Verleih-A`. Diese Variable wird in der Definition des Schemas der Sicht verwendet, das damit je nach Extension von `A.format` unterschiedlich sein kann. Jedes neue Format würde ein neues Attribut in dem Ergebnis der Sicht erzeugen. Dies entspricht der Modellierung von `Verleih-B`.

### 5.4.3 Implementierung von SchemaSQL

*Grundarchitektur eines SchemaSQL-Systems*

In diesem Abschnitt betrachten wir kurz die Kernideen der Implementation eines Multidatenbanksystems, das SchemaSQL-Anfragen entgegennehmen und ausführen kann. Abbildung 5.25 zeigt die Grundarchitektur eines SchemaSQL-Systems, wie sie in [163] vorgeschlagen wird. Ein zentraler Server nimmt SchemaSQL-Anfragen entgegen, während die Datenquellen nur mit herkömmlichen SQL-Anfragen angesprochen werden können. Ein lokales DBMS unterstützt die Arbeit des Servers. In der lokalen Datenbank sind Metadaten gespeichert; außerdem wird sie als Zwischenspeicher bei der Anfragebearbeitung verwendet.

**Abbildung 5.25** *Grundarchitektur eines SchemaSQL-Systems nach [163]*

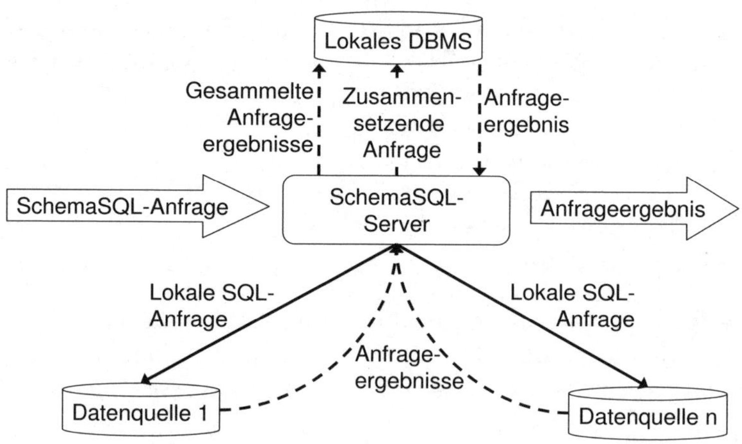

Der Vorteil dieses Ansatzes ist insbesondere die Verwendung eines herkömmlichen Datenbanksystems zur Ausführung der relationalen Operationen wie Join oder Selektion. Die SchemaSQL-Server-Komponente kann unabhängig von Datenquellen und lokalem DBMS entworfen werden und nimmt *keine Veränderungen der Datenquellen* oder der lokalen Datenbank an. *Vorteil*

Die Bearbeitung einer Anfrage erfolgt in den folgenden Schritten:

*Anfragebearbeitung*

1. Der Server nimmt eine SchemaSQL-Anfrage entgegen, prüft deren syntaktische und semantische Korrektheit und schreibt sie in eine Menge regulärer SQL-Anfragen um. Dieses Umschreiben wird im folgenden Absatz erläutert. Unter anderem werden Metadaten der Datenquellen verwendet, die im lokalen DBMS gespeichert werden.
2. Die umgeschriebenen SQL-Anfragen werden an die Datenquellen weitergeleitet.
3. Die Datenquellen führen die jeweilige Anfrage aus und senden das Anfrageergebnis zurück an den SchemaSQL-Server.
4. Diese Anfrageergebnisse werden im lokalen DBMS zwischengespeichert.
5. Zudem berechnet der Server eine spezielle SQL-Anfrage im lokalen DBMS.
6. Das Ergebnis dieser Anfrage bildet zugleich das Ergebnis der ursprünglichen SchemaSQL-Anfrage und wird an den Nutzer zurückgegeben.

*Anfrageumschreibung*

Die *Anfrageumschreibung* von SchemaSQL-Anfragen in SQL-Anfragen ist die wichtigste Aufgabe eines SchemaSQL-Servers. Zu diesem Zweck speichert das lokale DBMS Metadaten über die Datenquellen in einer speziellen Relation, der Föderationstabelle (`FT`) (engl. *federation system table*). Diese Relation hat das Schema `FT(datenquelle, relation, attribut)` und speichert somit den Namen jedes Attributs in jeder Relation in jeder Datenbank.

Die Anfrageumschreibung erfolgt nun in zwei Schritten. Im ersten Schritt werden die Variablen der `FROM`-Klausel der SchemaSQL-Anfrage mittels herkömmlicher SQL-Anfragen in separaten Relationen, den *Variableninstanztabellen* (VIT), instantiiert. Somit wird der Unterschied zwischen SchemaSQL und SQL überwunden, der ja gerade in den vielfältigen Freiheiten in der `FROM`-Klausel liegt. Diese Anfragen werden zum Teil an die Datenquellen gesendet, zum Teil aber auch mittels der `FT`-Relation direkt beantwortet. Im zweiten Schritt wird die SchemaSQL-

Anfrage zu einer herkömmlichen SQL-Anfrage umgeschrieben, die auf den VITs ausgeführt wird. Dieser Schritt erfolgt einzig auf dem lokalen DBMS.

Wir betrachten die Schritte anhand einer der vorigen SchemaSQL-Anfragen:

```
SELECT RelC
FROM   Verleih-C-> RelC, Verleih-C::RelC C,
       Verleih-D::preise D
WHERE  RelC = D.format
AND    C.genre = 'Doku'
AND    C.preis > D.doku
```

Die Wertebereiche der drei Variablen der `FROM`-Klausel werden mittels der folgenden SQL-Anfragen in drei Relationen im lokalen DBMS gespeichert. Zunächst werden alle Werte für `VIT_RelC` bestimmt:

```
INSERT INTO VIT_RelC
SELECT DISTINCT relname AS relname
FROM   FST
WHERE  dbname = 'Verleih-C'
```

Für die Bestimmung des Wertebereichs von `VIT_C` wird die folgende Anfrage erzeugt, wobei für die Variablen `$R1` ... `$Rn` die Werte von `VIT_RelC` eingesetzt werden:

```
INSERT INTO VIT_C
SELECT 'r1' AS RelC, Preis AS CPreis
FROM   $R1
WHERE  genre = 'Doku'
UNION
...
UNION
SELECT 'rn' AS RelC, Preis AS CPreis
FROM   $Rn
WHERE  genre = 'Doku'

INSERT INTO VIT_D
SELECT format AS DFormat, doku AS DDoku
FROM   salInfo
```

Die erste Anfrage kann bereits mittels der `FT`-Relation beantwortet werden. Die zweite Anfrage vereint mehrere Teilanfragen, eine an jede der Relationen in `Verleih-C`. Die Anfrage enthält nur herkömmliche SQL-Klauseln und kann direkt an `Verleih-C` geschickt werden. Die letzte Anfrage enthält ebenfalls nur herkömmliches SQL und kann direkt von `Verleih-D` beantwortet werden. Die Ergebnisse aller drei Anfragen werden im lokalen DBMS in einzelnen Tabellen gespeichert.

Nun kann im zweiten Schritt die ursprüngliche SchemaSQL-Anfrage so umformuliert werden, dass sie in der `FROM`-Klausel nur VITs verwendet und somit *vom lokalen DBMS beantwortet* werden kann. Das Ergebnis der folgenden Anfrage bildet zugleich das Ergebnis der SchemaSQL-Anfrage.

```
SELECT VIT_RelC.relname
FROM   VIT_RelC, VIT_C, VIT_D
WHERE  VIT_RelC.relname = VIT_D.DFormat
AND    VIT_C.preis > VIT_D.doku
AND    VIT_RelC.relname = VIT_C.RelC
```

## 5.5 Eine Algebra des Schemamanagements

*Modelle: Generalisierung von Schemata*

Eine sehr aktuelle Forschungsrichtung versucht, die zuvor genannten Techniken sowie weitere Operatoren (Vereinigung, Differenz, Projektion, ...) zu einer allgemeinen *Algebra für Modelle* zu vereinen [24, 196]. Im Fokus der Forschung stehen dabei zwar Schemata, adressiert werden ausdrücklich aber auch andere Anwendungsgebiete, die auf strukturierten Modellen basieren, wie zum Beispiel Webseiten, Ontologien, Softwarekonfigurationen oder Web-Service-Schnittstellen. Man spricht daher allgemein von *Modellmanagement*. In unserer Darstellung beschränken wir uns jedoch auf Schemata, wie sie bisher in diesem Buch benutzt wurden.

*Operationen auf Schemata*

Das Ziel einer Algebra für das Schemamanagement ist die Vereinfachung beim Umgang mit mehreren, heterogenen Schemata. Typische Beispiele für Operationen, die auf Schemata operieren, sind Schemaintegration, Schema Mapping und Schemaevolution. Mit einer Schemaalgebra, also einer in sich abgeschlossenen Sammlung von klar definierten Operationen auf Schemata, sollen diese Vorgänge formal beschreibbar werden und damit der rein manuellen Bearbeitung entwachsen. In Abschnitt 5.5.3 zeigen wir an einem Beispiel, wie man durch geschickten Einsatz der Algebra zwei durch ein Mapping verbundene Schemata bei Änderung des einen konsistent halten kann. Damit wird also ein Aspekt der *Schemaevolution* unterstützt.

Zunächst betrachten wir die grundlegenden Datenstrukturen, also das Datenmodell der Algebra. Dies umfasst Modelle bzw. Schemata und Mappings, also Beziehungen zwischen Schemaelementen. Danach stellen wir eine Auswahl der Operatoren einer Algebra für das Schemamanagement vor.

## 5.5.1 Modelle und Mappings

*Überführung von Schemata in Graphen*

Im Modellmanagement werden Modelle (bzw. Schemata) allgemein als *beschriftete Graphen* modelliert. Für ein relationales Schema bilden die Relationen und Attribute die Knoten des Graphen. Kanten bestimmen die Zugehörigkeit von Attributen zu Relationen und die Fremdschlüsselbeziehungen zwischen Attributen. Attribute haben außerdem weitere Eigenschaften, wie einen Datentyp oder auf ihnen definierte Integritätsbedingungen. Abbildung 5.26 zeigt einen Ausschnitt des relationalen Schemas aus Abbildung 5.15 (Seite 138) als einen solchen Graphen.

***Abbildung 5.26*** *Ein relationales Schema als Graph. Dieses Modell ist eine Instanz des Metamodells in Abbildung 5.27.*

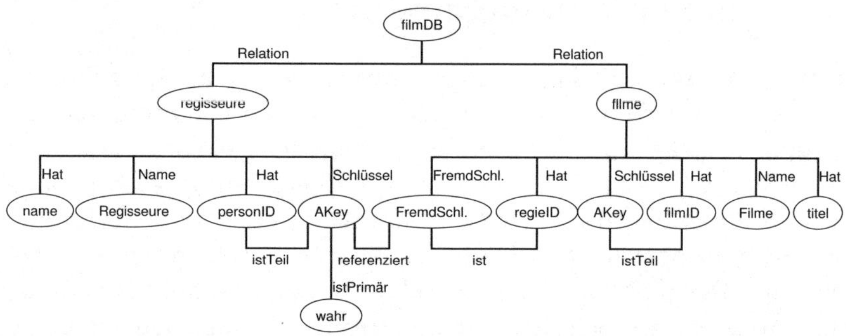


*Metamodelle*

Modelle sind Instanzen eines *Metamodells*; für Schemata ist das Metamodell die Schemadefinitionssprache; Metamodelle wiederum sind Instanzen eines Metametamodells, der Sprache, in der die Metamodelle ausgedrückt werden (als Graph bzw. als Objektmenge). Abbildung 5.27 zeigt ein Metamodell für relationale Schemata nach [24].

*Mappings verbinden Schemata*

Neben Modellen sind Mappings der zweite zentrale Baustein des Modellmanagements. Ein Mapping ist, wie in Kapitel 5.2 erläutert, eine Menge von meist binären Beziehungen zwischen Elementen zweier Schemata. Wie in den vorigen Abschnitten be-

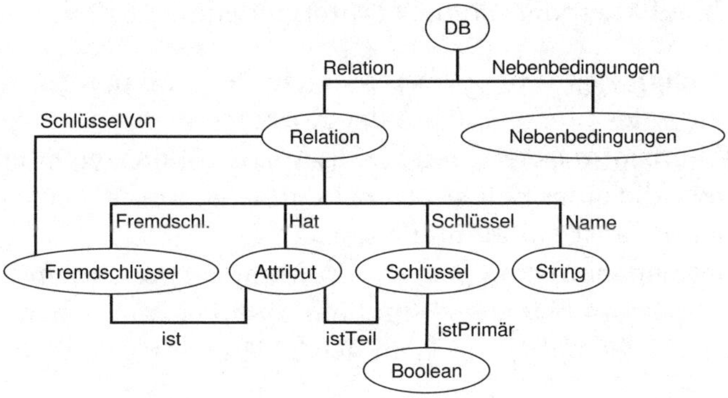


***Abbildung 5.27*** *Ein Metamodell für relationale Schemata nach [24]*

schrieben, wird je nach Metamodell die Interpretation eines Mappings in unterschiedlichen Sprachen ausgedrückt, wie SQL oder XQuery. In einer Schemaalgebra werden auch für Mappings Operatoren definiert, die beispielsweise Mappings erzeugen, kopieren, oder komponieren.

## 5.5.2 Operatoren

Im Folgenden nennen wir eine Auswahl der in [21] vorgeschlagenen Operatoren. Einfache Basisoperatoren wie Create, Delete, Copy oder ApplyFunction lassen wir dabei unberücksichtigt. Die Operatoren nehmen als Eingabe Modelle (mod), Mappings (map) und Selektionen (sel) entgegen.

*Operatoren für das Modellmanagement*

**Match(mod,mod)** erzeugt ein Mapping zwischen den beiden übergebenen Modellen. Der Match-Operator kann durch eine der Schema-Matching-Methoden aus Abschnitt 5.3 implementiert werden.

**Merge(mod,mod,map)** integriert die Elemente eines Schemas in ein anderes Schema entsprechend einem Mapping zwischen den beiden Schemata. Der Operator entspricht also der Schemaintegration (Abschnitt 5.1).

**Extract(mod,map)** extrahiert den Teil eines Schemas, der an dem gegebenen Mapping teilnimmt.

**Diff(mod,map)** extrahiert den Teil eines Schemas, der nicht an dem gegebenen Mapping teilnimmt.

Auch auf Mappings sind Operatoren definiert [199].

*Operatoren für Mappings*

**Domain(map)** ergibt den Wertebereich eines Mappings, also die Menge der Startelemente der Korrespondenzen.

**RestrictDomain(map,sel)** liefert alle Korrespondenzen eines Mappings, die einer Selektionsbedingung genügen.

**Invert(map)** kehrt ein Mapping um.

**Compose(map,map)** komponiert ein Mapping von einem Schema $S_1$ zu einem Schema $S_2$ und ein Mapping von Schema $S_2$ zu einem Schema $S_3$ zu einem neuen Mapping zwischen $S_1$ und $S_3$.

**Range(map)** = Domain(Invert(map)) liefert den Abbildungsbereich eines Mappings, also die Zielelemente der Korrespondenzen.

**Traverse(sel,map)** = Range(RestrictDomain(map, sel)) liefert den Abbildungsbereich eines mittels einer Selektion eingeschränkten Mappings.

*Skripte*

Operatoren können zu *Skripten* zusammengesetzt werden, um komplexere Operationen auf Schemata zu unterstützen. Der folgende Abschnitt zeigt dafür ein Beispiel.

### 5.5.3 Schemaevolution

Schemaevolution bezeichnet die allmähliche Veränderung von Schemata, mit denen auf neue oder sich verändernde Anforderungen reagiert wird. Da Schemata die Grundlage von Anwendungen und Anfragen bilden, ziehen Änderungen an ihnen oft schwierige und *weitreichende Anpassungsprozesse* nach sich. Das gilt insbesondere auch für Schemata, die als Standard verwendet werden.

*Konsistenzhaltung zweier verbundener Schemata*

Anhand eines aus [199] adaptierten Beispiels zeigen wir, wie durch eine geschickte Kombination der vorgestellten Operatoren auf Modellen und Mappings ein typisches Problem, das durch Schemaevolution entsteht, mit Ausdrücken der Algebra formuliert und somit durch Werkzeuge unterstützt werden kann. Im Beispiel bietet ein Filmverleihunternehmen eine Web-Service Schnittstelle für Bestellvorgänge an. Die Daten des Unternehmens werden in relationaler Form gespeichert. Es besteht ein Mapping zwischen dem relationalen Schema $s1$ und dem generischen Output-XML-Schema $t1$ des Web-Service (siehe Abbildung 5.28). Aufgrund von Veränderungen bei der Datenerfassung ergeben sich im relationalen Schema einige mit kursiver Schrift gekennzeichnete Änderungen: Die beiden Attribute `rabatt` und `produzent` werden entfernt. Hinzu kommt ein neues Attribut `fracht` in der Relation `bestellungen` (siehe Schema $s2$). Diese Änderungen sollen nun auch in einem neuen XML-Schema $t2$ nachgezogen werden, und das Mapping soll entsprechend angepasst werden.

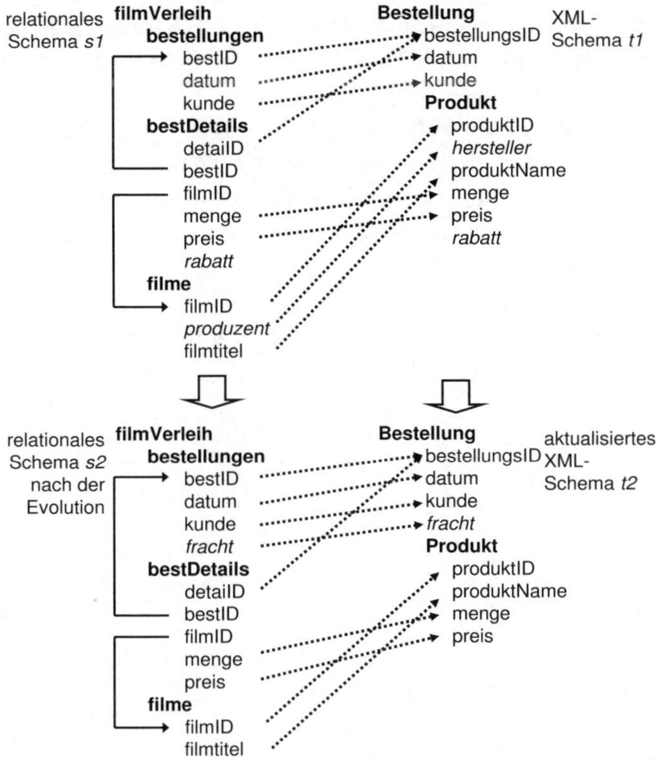


***Abbildung 5.28*** *Evolution eines relationalen Schemas mit einem Mapping zu einem XML-Schema; adaptiert aus [199]*

In [199] wird das folgende Vorgehen zur Unterstützung von Schemaevolution vorgeschlagen, das auch in Abbildung 5.29 gezeigt ist und weiter unten als konkretes Skript dargestellt wird. Wir gehen dabei nicht näher auf die Syntax des Skripts ein.

Zunächst werden die Unterschiede zwischen den beiden relationalen Schemata $s1$ und $s2$ erkannt: ein Match erzeugt ein Mapping zwischen den beiden (Schritt 1 im Skript). Aus dem Zielschema $t1$ werden nun solche Elemente gelöscht, für die es keine Korrespondenz zwischen den beiden relationalen Schemata gibt. Das Ergebnis ist das verkleinerte $t1'$ (Schritt 2). Nun müssen die in $s2$ neu hinzugekommenen Elemente in $t1'$ integriert werden. Zu diesem Zweck wird mittels einer metamodellspezifischen Funktion ein temporäres Schema $c1$ erzeugt, das eine XML-Version des relationalen Zielschemas ist (Schritt 3). Es wird nun ein verkleinertes Schema $c1'$ erzeugt, das nur die neu hinzugekommenen Elemente enthält (Schritt 4). Nun müssen die beiden Schemata $t1'$ und

$c1'$ integriert werden. Diese Integration wird durch ein Mapping zwischen den beiden Teilschemata gesteuert. Dieses Mapping verknüpft keine Attribute (die beiden Schemata haben keine gemeinsamen Attribute), sondern höhere Elemente, in diesem Fall die Relation `bestellungen` mit dem inneren Knoten `Bestellung`. Das Mapping wird durch Komposition bereits vorhandener Mappings oder invertierter Mappings erzeugt (Schritt 5). Der Compose-Operator wird hier mit $*$ abgekürzt. Die eigentliche Integration findet nun in Schritt 6 statt. Schritt 7 erzeugt nun noch das Mapping zwischen dem neuen relationalen und dem neuen XML-Schema – wiederum mittels Mapping-Komposition.

***Abbildung 5.29***
*Veranschaulichung der einzelnen Schritte zur Schemaevolution; adaptiert aus [199]*

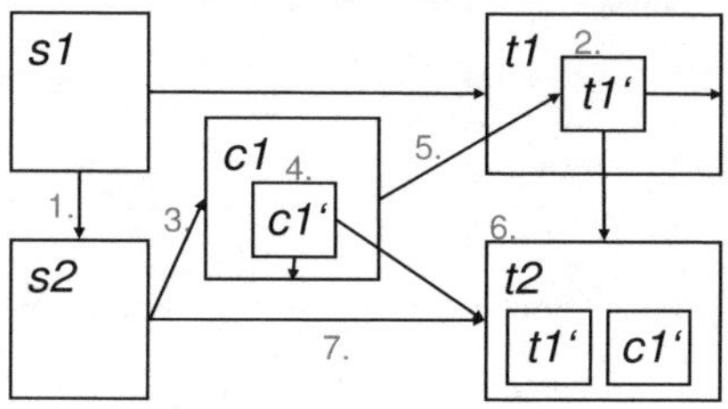


1. $s1 \rightarrow s2$ = Match($s1$, $s2$);
2. $\langle t1', t1' \rightarrow t1 \rangle$ =
   Delete($t1$, Traverse(All($s1$) – Domain($s1 \rightarrow s2$), $s1 \rightarrow t1$));
3. $\langle c1, c1 \rightarrow s2 \rightarrow c1 \rangle$ = SQL2XSD(s2);
4. $\langle c1', c1' \rightarrow c1 \rangle$ =
   Extract($c1$, Traverse(All($s2$) – Range($s1 \rightarrow s2$), $s2 \rightarrow c1$));
5. $c1' \rightarrow t1' = c1' \rightarrow c1 *$ Invert($s2 \rightarrow c1$) $*$ Invert($s1 \rightarrow s2$) $* \; s1 \rightarrow t1 \; *$ Invert($t1' \rightarrow t1$);
6. $\langle t2, c1' \rightarrow t2, t1' \rightarrow d2 \rangle$ = Merge($c1', t1', c1' \rightarrow t1'$);
7. $s2 \rightarrow t2 = s2 \rightarrow c1 \; *$ Invert($c1' \rightarrow c1$) $* \; c1' \rightarrow d2$ + Invert($s1 \rightarrow s2$) $* \; s1 \rightarrow t1 \; *$ Invert($t1' \rightarrow t1$) $* \; t1' \rightarrow t2$;
8. return $\langle t2, s2 \rightarrow t2 \rangle$;

Dieses Skript aus acht Schritten unterstützt auf *generische Art* und Weise Schemaevolution bei bestehenden Mappings zwischen zwei Schemata. Es ist also nicht nur für das angeführte Beispiel geeignet. Auf ähnliche Weise können Skripte für andere Situationen entwickelt werden, wie etwa die Wiederverwendung bekannter Mappings zur Definition neuer Mappings für ähnliche Quellen, das Zusammenführen unabhängig voneinander veränderter Schemata etc.

Natürlich ist es wünschenswert, dass ein solches Skript vollautomatisch ausgeführt werden kann. Tatsächlich ist das aber nicht möglich. Insbesondere die Schritte 1 und 6 mit dem Match- und dem Merge-Operator sind auf Interaktion mit einem Experten angewiesen.

*Semiautomatische Ausführung*

## 5.6 Weiterführende Literatur

Zu ausgewählten Themen der vorigen Abschnitte stellen wir hier wichtige Projekte und Arbeiten aus der Literatur vor. Zu Schema Matching und der Algebra zum Schemamanagement geben wir keine weitere Literatur an, da diese bereits in den jeweiligen Abschnitten ausführlich erläutert wurde.

### Schemaintegration

Für eine Diskussion verschiedener Vorschläge zur Schemaintegration verweisen wir auf [57], den englischsprachigen Überblicksartikel von Batini et al. [16] und den oft zitierten Artikel von Spaccapietra et al. [269]. Erwähnenswert auch für ihren Überblick über viele Methoden der Schemaintegration ist die Arbeit von Schmitt [253]. Formale Grundlagen werden in [162] behandelt. Speziell mit den Auswirkungen von Schemaevolution auf integrierte Schemata befasst sich [152].

### Schema Mapping

Schema Mapping ist in den letzten Jahren sehr aktiv untersucht worden, hat aber durchaus auch Vorläufer. Eine der ersten Arbeiten zur Definition von Korrespondenzen zwischen Schemata ist [46]. Speziell mit semantischen Aspekten beschäftigt sich [141]. Eine Sprache zur Transformation von Daten zwischen heterogenen Schemata wird in [68] vorgestellt.

*Clio*

Unsere Darstellung von Schema Mapping hält sich eng an die Ideen des Clio-Projekts von IBM [226]. Dieses Projekt zielte auf die Entwicklung eines Tools zur Erstellung von Schema Mappings mit einer grafischen Schnittstelle [120] und mehreren Schema-Matching-Algorithmen [213]. Der Algorithmus zur Interpretation von Mappings wurde in [202] beschrieben.

*Rondo*

Neben dem Clio-System beschäftigen sich weitere Projekte mit Schema Mapping. In [197] entwickeln Melnik et al. im Rahmen des Rondo-Projektes einen entsprechenden Algorithmus. Die Autoren gehen dabei von *ausführbaren Mappings* aus und beschreiben die Auswirkungen von Operationen des Modellmanagements auf ausführbare Mappings und die Zustände der beteiligten Datenbanken.

*Tupelo*

Das Tupelo-System wählt zur Generierung von Anfragen aus Mappings einen anderen Ansatz [87]. Ähnlich wie beim duplikatbasierten Schema Matching geht das System von nutzererzeugten Beispieldaten in beiden Schemata aus. Anschließend wird in einem Suchverfahren eine Transformation gesucht, die sowohl Strukturen als auch Werte umformt. Damit wird das Schema-Matching- und das Schema-Mapping-Problem zugleich gelöst. Auch in [302] wird die Idee aufgegriffen, Schema Mapping durch Beispiele zu verbessern.

### Multidatenbanksprachen

*MSQL*

Neben der ausführlich vorgestellten Multidatenbanksprache SchemaSQL ist MSQL eine weitere, oft zitierte Sprache [184]. Sie wurde im Rahmen des relationalen Multidatenbanksystems MRDSM entwickelt [185, 186]. MSQL ist wie SchemaSQL eine Erweiterung von SQL und zeichnet sich durch die Fähigkeit aus, nicht nur lesend, sondern auch schreibend auf die Datenquellen zuzugreifen. Den stark logikbasierten Ansatz der Sprache F-Logic beschreibt [145].

# 6 Anfragebearbeitung in föderierten Systemen

Im Kapitel 4 haben wir verschiedene Architekturen zur Konstruktion von Integrationssystemen vorgestellt. Ein wesentliches Unterscheidungsmerkmal war dabei der Zeitpunkt, an dem die *eigentliche Integrationsarbeit*, also die Restrukturierung und Datenintegration, erledigt wird:

*Integrationszeitpunkt*

- Bei *virtuell integrierten* Systemen erfolgt die Integration erst zum Zeitpunkt der Anfrage an das integrierte System. Ohne Anfragen passiert in diesen Systemen im Grunde nichts.
- Bei materialisierenden Systemen kann man zwei Möglichkeiten unterscheiden:
  - Bei *offline-materialisierenden* Systemen geschieht die Integration zu dem Zeitpunkt, an dem neue Daten bzw. neue Quellen zum Integrationssystem hinzugefügt werden. So erfolgt bei Data Warehouses (siehe Kapitel 9) die logische Integration auf Schemaebene zu dem Zeitpunkt, an dem über die Integration der neuen Quelle entschieden wird. Die Integration von neuen Daten einer bereits logisch integrierten Quelle wird zum Zeitpunkt des Datenimports durchgeführt. Beides geschieht aus Sicht globaler Anfragen offline – für die Anfragebearbeitung ist keine Integrationsarbeit mehr notwendig, sondern sie kann wie in monolithischen Datenbanken erfolgen.
  - Bei *online-materialisierenden* Systemen werden bei der Materialisierung von Quelldaten diese zunächst unverändert in das zentrale System kopiert. In RDBMS können beispielsweise verschiedene Datenquellen in jeweils unabhängig voneinander existierenden Schemata gehalten werden; ebenso können Flatfile-Datenbanken zunächst unverbunden auf einem System gespeichert werden. Die Materialisierung überwindet also nur die phy-

*Materialisierung ohne logische Integration*

sische, nicht aber die logische Verteilung der Daten. In diesem Fall sind für globale Anfragen im Grunde die gleichen Probleme zu lösen wie bei einer virtuellen Integration. Die Integration erfolgt damit online, und zwar sowohl auf Schema- als auch auf Datenebene.

*Im Zentrum: Anfragebearbeitung*

Damit ist bei virtuell und online-materialisierenden Systemen die Anfragebearbeitung das Kernstück des gesamten Integrationssystems. Diesem wenden wir uns im folgenden Kapitel zu.

## 6.1 Grundaufbau der Anfragebearbeitung

*Von globalen zu lokalen Anfragen*

Hauptaufgabe eines integrierten Informationssystems ist die Beantwortung von Anfragen durch Rückgriff auf Daten einer Reihe von Datenquellen. Wir bezeichnen die Anfragen an das Integrationssystem als *globale Anfragen* und Anfragen an Datenquellen als *lokale Anfragen*. Damit ist es Aufgabe der Integrationsschicht, globale Anfragen durch Ausführung lokaler Anfragen zu beantworten. Im Allgemeinen ist es sogar notwendig, globale Anfragen ausschließlich durch geeignet gewählte und verknüpfte lokale Anfragen zu beantworten, da auf zentraler Ebene keine Daten vorgehalten werden.

Diese Aufgabe unterteilt man konzeptionell in eine Reihe von Schritten, die in Abbildung 6.1 dargestellt sind:

*Zerlegung der globalen Anfrage*

**Anfrageplanung:** Eine globale Anfrage muss zunächst in eine oder mehrere lokale Anfragen *übersetzt* werden. Dazu müssen logische Untereinheiten der globalen Anfrage erkannt werden, die durch einzelne Datenquellen beantwortet werden können. Für diese Untereinheiten müssen entsprechende Datenquellen ausgewählt werden. Da es oftmals mehrere Möglichkeiten gibt, eine globale Anfrage zu zerlegen, und für jede Teilanfrage wiederum mehrere mögliche Datenquellen in Frage kommen, ergibt sich meistens eine Vielzahl von logisch äquivalenten, aber verschiedene Ergebnisse produzierenden *Anfrageplänen*. Jeder Plan besteht aus einer Menge von Teilanfragen, deren Ergebnisse zu einem Gesamtergebnis für die globale Anfrage zusammengeführt werden können.

*Übersetzung von Teilanfragen*

**Anfrageübersetzung:** Die im ersten Schritt gefundenen Teilanfragen der einzelnen Pläne müssen aus der globalen Anfragesprache in die den gewählten Datenquellen entsprechenden *lokalen Anfragesprachen* übersetzt werden. Das Ergebnis ist für jeden Plan eine Menge von tatsächlich ausführbaren, heterogenen Teilanfragen.

**Anfrageoptimierung:** In diesem Schritt muss für die ausführbaren Teilpläne der Anfragepläne entschieden werden, wie sie in *optimaler Weise ausgeführt werden* sollen. Dies betrifft insbesondere die Reihenfolge ihrer Ausführung und die Festlegung, welche Anfrageprädikate wo berechnet werden – beispielsweise muss für eine Selektion festgelegt werden, ob sie in einer Datenquelle ausgeführt werden soll (was nicht immer möglich ist) oder im Integrationssystem (was zunächst einen größeren Datentransport bedingt). Ergebnis dieses Schrittes ist ein Ausführungsplan.

*Reihenfolge ihrer Ausführung*

**Anfrageausführung:** Zur Umsetzung eines Ausführungsplans müssen die *übersetzten lokalen Anfragen* in der gewählten Reihenfolge an die Datenquellen gesandt und von diesen ausgeführt werden. Die Ausführung muss, insbesondere aufgrund der physischen Verteilung der Quellen, überwacht werden, um beispielsweise unterbrochene Verbindungen zu erkennen. Möglicherweise können Ausführungspläne durch *re-planning* auch noch dynamisch, nach Erhalt der ersten Teilergebnisse, geändert werden. Das Ergebnis der Ausführung eines Plans ist eine Teilantwort auf die Benutzeranfrage, die zwar korrekt, aber nicht vollständig ist, da andere Pläne andere Ergebnisse hervorbringen können.

*Teilantwort auf die Benutzeranfrage*

**Ergebnisintegration:** Die Teilantworten der verschiedenen Anfragepläne müssen im Integrationssystem zu einer *homogenen Antwort* auf die ursprüngliche globale Anfrage zusammengeführt werden.

*Homogene Antwort*

Im Folgenden stellen wir die einzelnen Schritte bis auf den letzten zunächst an einem Beispiel dar. Viele der einzelnen Schritte werden in späteren Abschnitten ausführlich beschrieben. Der Datenintegration widmen wir ein eigenes Kapitel (Kapitel 8).

#### Ein einfaches Beispiel

*Integration von Filmdaten*

Für die weitere Darstellung verwenden wir ein relationales globales Schema über Filme und Schauspieler mit drei Relationen (siehe Abbildung 6.2). Diese modellieren Filme und ihre Regisseure, Schauspieler mit ihrer Nationalität sowie das Auftreten von Schauspielern in Filmen.

**Abbildung 6.1**
*Schritte der Anfragebearbeitung*

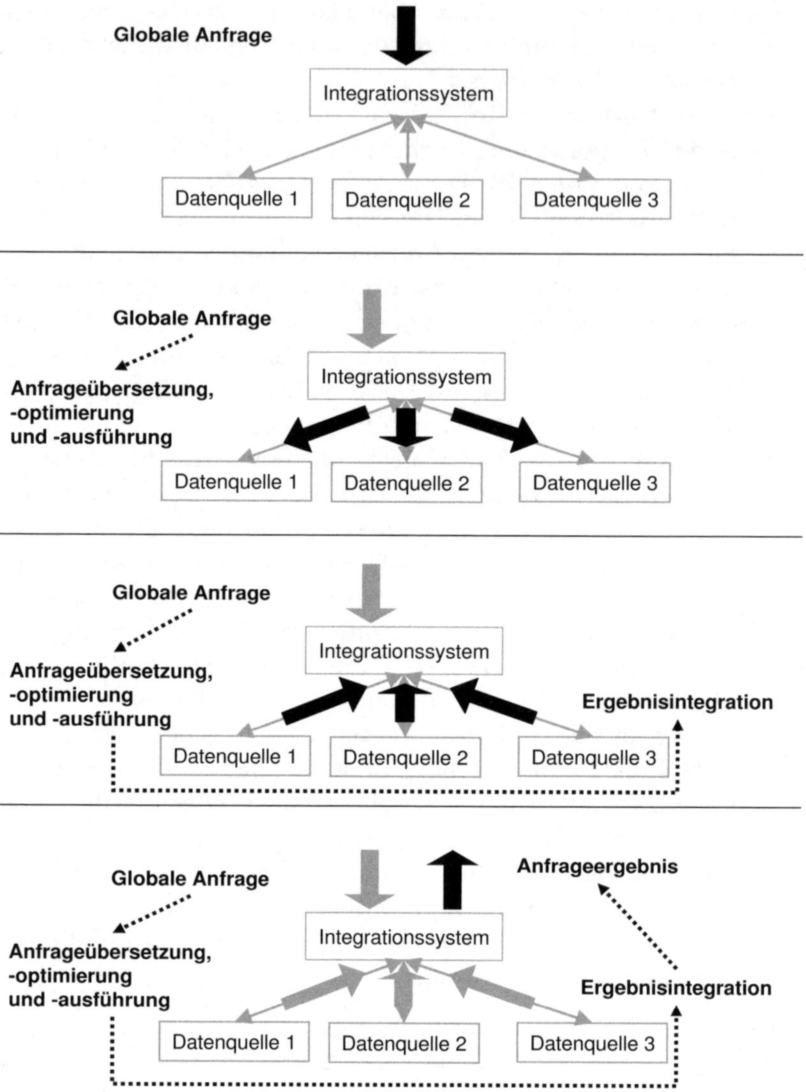


**Abbildung 6.2**
*Globales Schema für die folgenden Beispiele*

```
film( titel, regisseur)
schauspieler( schauspieler_name, nationalitaet)
spielt( titel, schauspieler_name, rolle)
```

Integriert werden sollen die in Tabelle 6.1 dargestellten Datenquellen. Jede Quelle exportiert ein Schema mit drei Relationen, die intensional exakt den drei Relationen des globalen Schemas entsprechen[1], wobei sich die Attributnamen unterscheiden können. Wir betrachten dabei im Folgenden, je nach Kontext, oftmals jede exportierte Relation als eine eigene Datenquelle.

| Datenquelle und exportierte Relation | Beschreibung | Globale Relation |
|---|---|---|
| `imdb.movie( title, director)` | Alle Filme der IMDB | `film` |
| `imdb.acts( title, actor_name, role)` | Zuordnung von Schauspielern zu Filmen der IMDB | `spielt` |
| `imdb.actor( actor_name, nationality)` | Alle Schauspieler der IMDB | `schauspieler` |
| `fd.film( titel, regisseur)` | Alle Filme des Filmdienstes | `film` |
| `fd.spielt( titel, schauspieler_name, rolle)` | Zuordnung von Schauspielern zu Filmen des Filmdienstes | `spielt` |
| `fd.schauspieler( schauspieler_name, nationalitaet)` | Alle Schauspieler des Filmdienstes | `schauspieler` |

***Tabelle 6.1***
*Zwei einfache Datenquellen für eine Filmdatenbank*

Das Integrationssystem soll nun eine Anfrage nach allen Filmen und deren Regisseure beantworten, in denen Hans Albers eine Hauptrolle gespielt hat:

```
SELECT titel, regisseur, rolle
FROM   film, spielt
WHERE  spielt.schauspieler_name = 'Hans Albers'
       AND spielt.rolle = 'Hauptrolle'
       AND spielt.titel = film.titel;
```

*Schritte am Beispiel*

Dazu müssen in den einzelnen Schritten die folgenden Aufgaben gelöst werden:

1. **Anfrageplanung:** Während der Anfrageplanung muss das System erkennen, dass für jede der zwei in der Anfrage vorkommenden globalen Relationen jeweils zwei mögliche Datenquellen zur Verfügung stehen. Es gibt also zwei beantwortbare Teilanfragen mit jeweils zwei möglichen »Datenlieferanten«. Da die Datenquellen über den Schauspielernamen

[1]Natürlich wird im Allgemeinen nicht jede globale Tabelle genau einer einzelnen Relation einer Datenquelle entsprechen.

kombiniert werden können, ergeben sich *vier unterschiedliche Anfragepläne*, die aufgrund der unterschiedlichen Daten in den (vollständig autonomen) Datenquellen jeweils unterschiedliche Antworten generieren[2]. Diese vier Pläne sind in Form von Anfragen in Tabelle 6.2 dargestellt.

*Auswahl der Anfragepläne*

Das System kann aus diesen vier Möglichkeiten einen Plan auswählen, zum Beispiel den (vermutlich) schnellsten oder den, der (vermutlich) am meisten Resultate erzeugt. Alternativ dazu kann das System auch entscheiden, alle Pläne weiterhin zu berücksichtigen, um eine möglichst vollständige Antwort zu berechnen.

*Die Schritte 2, 3 und 4 werden für jeden Plan ausgeführt*

*Für jeden Anfrageplan* müssen nun die folgenden Schritte durchgeführt werden.

2. **Anfrageübersetzung:** Zur Anfrageübersetzung muss das Integrationssystem alle Teilanfragen eines Plans in *von den Datenquellen beantwortbare Anfragen* übersetzen. Dazu kann es beispielsweise nötig sein, eine SQL-Anfrage in einen Web-Service-Aufruf oder einen XQuery-Ausdruck zu übersetzen. Ebenso müssen unter Umständen konstante Ausdrücke angepasst werden, wie die Übersetzung von »Hauptrolle« in »main actor«.
3. **Anfrageoptimierung:** Zur Anfrageoptimierung muss entschieden werden, in welcher Reihenfolge die Teilanfragen an die Datenquellen geschickt werden und wo die Anfrageprädikate ausgewertet werden. Letzteres ist besonders wichtig bei Prädikaten, die nicht nur eine Datenquelle betreffen, also *Joins zwischen verschiedenen Datenquellen*. Unterschiedliche Reihenfolgen führen oftmals zu erheblichen Unterschieden in der benötigten Gesamtzeit. Soll beispielsweise Plan $p_1$ ausgeführt werden, ist es sicher sinnvoll, zunächst die folgende Teilanfrage auszuführen:

```
SELECT title, role
FROM   imdb.acts
WHERE  imdb.acts.actor_name = 'Hans Albers'
       AND imdb.acts.role = 'main actor';
```

*Ausführungsort von Prädikaten*

Die `title`-Ergebnisse können dann als Selektionsprädikat für eine Anfrage an `imdb.movie` benutzt werden, falls die Quelle eine solche Selektion zulässt. Die Anfrageausführung erfolgt in diesem Fall *sequenziell*. Alternativ dazu kann die

[2]Betrachten wir auch den `UNION`-Operator als zugelassene Operation in einem Ausführungsplan, so können die vier Pläne zu einem einzigen Plan zusammengefasst werden.

**Tabelle 6.2** *Verschiedene Anfragepläne*

| Plan | Anfrage |
|---|---|
| $p_1$ | `SELECT title, director, role` `FROM imdb.movie, imdb.acts` `WHERE imdb.acts.actor_name = 'Hans Albers'` `AND imdb.acts.role = 'main actor'` `AND imdb.acts.title = imdb.movie.title;` |
| $p_2$ | `SELECT title, director, rolle` `FROM imdb.movie, fd.spielt` `WHERE fd.spielt.schauspieler_name = 'Hans Albers'` `AND fd.spielt.rolle = 'Hauptrolle'` `AND fd.spielt.titel = imdb.movie.title;` |
| $p_3$ | `SELECT titel, regisseur, role` `FROM fd.film, imdb.acts` `WHERE imdb.acts.actor_name = 'Hans Albers'` `AND imdb.acts.role = 'main actor'` `AND fd.film.titel = imdb.acts.title;` |
| $p_4$ | `SELECT titel, regisseur, rolle` `FROM fd.film, fd.spielt` `WHERE fd.spielt.schauspieler_name = 'Hans Albers'` `AND fd.spielt.rolle = 'Hauptrolle'` `AND fd.film.titel = fd.spielt.titel;` |

Integrationsschicht auch versuchen, beide Teilanfragen *parallel* beantworten zu lassen – was im Beispiel einen kompletten Download von `imdb.movie` bedeuten würde. Wenn Datenquellen »echte« Datenbanken und nicht nur Webformulare sind, ist es auch möglich und oftmals sinnvoll, mehrere Teilpläne, die dieselbe Datenquelle adressieren, zu einer einzigen Anfrage zusammenzufassen.

4. **Anfrageausführung:** Zur Anfrageausführung müssen die übersetzten Teilanfragen an die jeweiligen Datenquellen gesendet werden. Die Teilergebnisse werden gesammelt, und alle Anfrageprädikate, die nicht an Datenquellen geschickt

wurden, werden im Integrationssystem ausgewertet. Betrachten wir Plan $p_2$ und nehmen wir an, dass beide beteiligten Datenquellen keine Joins ausführen können, so müssen zunächst die beiden Teilanfragen verschickt und dann der Join über das Attribut `titel` bzw. `title` durchgeführt werden.

Nachdem alle Pläne übersetzt, optimiert und ausgeführt wurden, müssen die Ergebnisse noch integriert werden.

5. **Ergebnisintegration:** Zur Ergebnisintegration müssen die von den jeweiligen Plänen produzierten Ergebnisse zu einem Gesamtergebnis kombiniert werden. Dies entspricht einer reinen *Datenfusion*, da alle logischen und technischen Hindernisse durch den Planungsprozess bereits überwunden sind. Zur Erzielung eines homogenen und für einen Nutzer leicht verständlichen Gesamtergebnisses ist es notwendig, Filmduplikate zu erkennen und zu beseitigen, Namen und Schreibweisen anzugleichen und unterschiedliche Bezeichner für gleiche Rollen zu übersetzen.

*Viele Möglichkeiten schon in einfachsten Szenarien*

Bei genauerem Hinsehen fällt schon in diesem sehr einfachen Beispiel auf, dass die Integrationsschicht einige weitreichende Entscheidungen zu fällen hat. Dies kommt vor allem daher, dass für die globalen Relationen jeweils *mehrere mögliche Datenquellen* vorhanden sind. In diesen Fällen potenziert sich die Anzahl möglicher Pläne und damit auch möglicher Ausführungsreihenfolgen. Betrachten wir, wie oben angesprochen, der Einfachheit halber jede exportierte Relation als eine eigene Datenquelle, kann die Integrationsschicht zur Beantwortung[3] der Beispielanfrage zwischen zwei und acht lokale Anfragen ausführen:

- Die »kürzeste« Möglichkeit, eine Menge von Antworten auf die globale Anfrage zu erzeugen, wählt nur einen Plan zur Ausführung. Es sind nur zwei lokale Anfragen notwendig. Dies erzeugt ein unvollständiges, aber dafür schnell zur Verfügung stehendes Ergebnis.
- Das umfassendste Ergebnis erhält man, wenn man alle vier Pläne ausführt. Wird dabei nicht ausgenutzt, dass die Pläne

[3]Tatsächlich haben wir noch nicht festgelegt, wie eigentlich das Ergebnis einer globalen Anfrage definiert ist. Wir werden darauf in Abschnitt 6.3.1 näher eingehen.

zum Teil identische Teilanfragen enthalten, müssen insgesamt acht Anfragen an Datenquellen versandt werden.

- Das gleiche Ergebnis kann man berechnen, indem man zunächst zwei Teilanfragen an `imdb.actor` und `fd.schauspieler` schickt und mit den jeweiligen Ergebnissen dann die zwei anderen Datenquellen anfragt. Dies erzeugt insgesamt sechs Anfragen.
- Eine dritte Möglichkeit zur Berechnung des vollständigen Ergebnisses ist es, zunächst je eine Teilanfrage an `imdb.actor` und `fd.schauspieler` zu schicken, die Ergebnisse im Integrationssystem zu vereinen, und dann jeweils eine Anfrage an `imdb.movie` und `fd.film` zu schicken. Hierzu sind insgesamt vier Quellanfragen notwendig.

*Optimierungsziele*

Die Entscheidung über die optimale Möglichkeit, eine Menge von Plänen auszuführen, ist in der Regel sehr schwierig. Keinesfalls darf man sich verleiten lassen, sofort die Möglichkeit zu wählen, die am *wenigsten Anfragen an Datenquellen* schickt. Wie wir in Abschnitt 6.5 sehen werden, kann dies unnötig große Zwischenergebnisse mit sich bringen; andererseits ist dieses Modell dennoch zu wählen, wenn zum Beispiel einzelne Anfragen unabhängig von der übertragenden Datenmenge Geld kosten. Auch in Systemen mit sehr hoher Latenzzeit will man die Menge an Anfragen minimieren. Ist aber die Bandbreite der limitierende Faktor, so ist die *Menge an übertragenden Daten* ein weitaus besseres Optimierungsziel als die Anzahl der Anfragen. Gleichzeitig ist dieses Ziel schwieriger zu erreichen, da das Integrationssystem bestenfalls Schätzungen über die in den Datenquellen enthaltenen Daten zur Verfügung haben kann und damit auch die Größe von Zwischenergebnissen nur grob geschätzt werden kann. Ein weiteres mögliches Optimierungsziel wäre die *Minimierung der Zeit*, die bis zum Erhalt der ersten oder auch aller Ergebnisse notwendig ist.

*Planübergreifende Optimierung*

An dem Beispiel zeigt sich, dass es oftmals sinnvoll ist, die Schritte der Planung *verschränkt ablaufen* zu lassen. Die beiden oben letztgenannten Möglichkeiten nutzen beispielsweise aus, dass bestimmte Teilanfragen mehrmals in verschiedenen Plänen vorkommen, und verletzen damit die bisher angenommene Regel, Pläne isoliert zu übersetzen und auszuführen. Ebenso ist es im letzten Fall sicher sinnvoll, Duplikatelimination auf den Titeln bereits nach den ersten zwei Anfragen auszuführen und nicht erst dann, wenn alle Anfragen an Datenquellen beantwortet sind.

### Anfragebearbeitung und Anfragekorrespondenzen

*Anfrageplanung benötigt semantisches Wissen*

Während die Schritte Anfrageübersetzung, Anfrageoptimierung, Anfrageausführung und Ergebnisintegration vollkommen automatisiert werden können, beinhaltet der erste Schritt, die Anfrageplanung, eine Besonderheit. In diesem Schritt muss festgestellt werden, welche Teile einer globalen Anfrage durch welche Datenquellen beantwortet werden können. In unserem Beispiel muss das Integrationssystem also »wissen«, dass die Datenquellen `imdb.movie` bzw. `fd.film` dieselbe Intension wie die globale Relation `film` haben.

*Beziehungen zwischen Schemaelementen*

Dabei kann sich die Integrationsschicht nicht darauf verlassen, dass man solche *semantischen Äquivalenzen* dadurch erkennt, dass man Tabellen- bzw. Quellennamen miteinander vergleicht: Schon in unserem einfachen Beispiel würde das zu keinem Ergebnis führen, da die Namen `film` und `imdb.movie` unterschiedlich sind. Andererseits wäre die Tatsache, dass zwei Schemaelemente denselben Bezeichner haben, noch kein Beweis dafür, dass sie auch dieselbe Intension haben. Wie in Abschnitt 3.3.6 gezeigt, können auch zwischen Relationen gleichen Namens erhebliche semantische Unterschiede bestehen.

*Anfragekorrespondenzen*

Zur Lösung dieses Problems beschreiben wir in diesem Kapitel die Verwendung von *Anfragekorrespondenzen* (eine weitere Möglichkeit werden wir in Kapitel 7 vorstellen). Anfragekorrespondenzen spezifizieren semantische Beziehungen zwischen Elementen verschiedener Schemata. Als Elemente kommen einzelne Attribute, Relationen, Klassen oder Anfragen in Frage. Die Art der semantischen Beziehung ist typischerweise die extensionale Inklusion.

Abbildung 6.3 zeigt informell Korrespondenzen zwischen einem globalen Schema und zwei Quellschemata, bei denen jeweils eine Relation der globalen Ebene mit einer Anfrage an ein lokales Schema (symbolisiert durch Joins) in Beziehung gesetzt wird. Dies entspricht relationalen Sichten (*Views*), wobei der Name der Sicht im globalen Schema definiert wird, die Anfrage aber an Elemente einer Datenquelle gerichtet ist. In unserem Filmbeispiel wurden implizit die folgenden sechs Korrespondenzen benutzt:

- Relation `film` ist semantisch äquivalent zur Datenquelle `imdb.movie` und zur Datenquelle `fd.film`.
- Relation `schauspieler` ist semantisch äquivalent zur Datenquelle `imdb.actor` und zur Datenquelle `fd.schauspieler`.

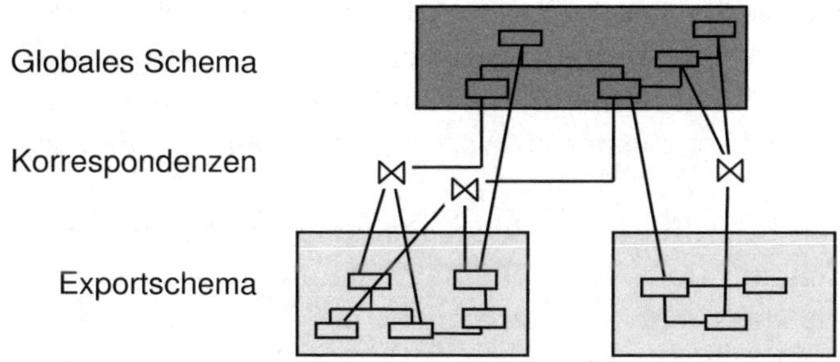


*Abbildung 6.3* Anfragekorrespondenzen verbinden Elemente unterschiedlicher Schemata

- Relation `spielt` ist semantisch äquivalent zur Datenquelle `imdb.acts` und zur Datenquelle `fd.spielt`.

Da man solche Korrespondenzen als Anfragen ausdrücken kann, nennt man sie Anfragekorrespondenzen. Sie werden bei der Anfrageplanung benutzt, um die *semantische Korrektheit* eines Planes bzgl. der von ihm beantworteten globalen Anfrage zu garantieren, denn mit ihrer Hilfe spezifiziert man die Beziehungen zwischen den exportierten Schemata von Datenquellen und dem globalen Schema. Gleichzeitig ist die konkrete Sprache zur Spezifikation von Anfragekorrespondenzen untrennbar mit den Algorithmen zur Anfrageplanung verbunden. Deshalb behandeln wir im folgenden beide Themen gemeinsam.

### Anfragekorrespondenzen und Schema Mapping

Wir haben Korrespondenzen bereits beim Schema Mapping in Abschnitt 5.2 vorgestellt. Der Zusammenhang zwischen den dort eingeführten *Wertkorrespondenzen* und den in diesem Kapitel benutzten *Anfragekorrespondenzen* ist der folgende:

Wertkorrespondenzen verbinden Attribute heterogener Quellschemata miteinander. Sie sind einfach zu erstellen und eignen sich sehr gut für grafische Schnittstellen. Sie können aber nicht unmittelbar zur Datentransformation benutzt werden, sondern müssen erst interpretiert werden. Durch diese Interpretation werden aus Wertkorrespondenzen Anfragekorrespondenzen gewonnen.

Im folgenden Kapitel gehen wir davon aus, dass Datentransformationsregeln direkt in Form von Anfragekorrespondenzen spezifiziert werden. Dies hat den Vorteil, dass man mit Korrespondenzen arbeiten kann, die wesentlich komplexere Beziehungen ausdrücken können, als dies durch die Interpretation von Wertkorrespondenzen möglich ist. Beispielsweise können so Quellen mit eingeschränkten Anfragemöglichkeiten eingebunden und Anfragen mit Aggregationen verarbeitet werden. Diese Anfragekorrespondenzen können aufgrund ihrer Komplexität kaum automatisch aus attributbasieren Wertkorrespondenzen abgeleitet werden.

Sollen allerdings Wertkorrespondenzen zwischen einem globalen Schema und Quellschemata gefunden werden, muss man beachten, dass man zunächst nicht auf instanzbasierte Schema-Matching-Verfahren zurückgreifen kann, da es zum globalen Schema per se keine Instanz gibt. Als Abhilfe können manuell erstellte Beispielinstanzen benutzt werden.

## 6.2 Anfragekorrespondenzen

*Definition semantischer Beziehungen*

Bevor wir uns der Anfragebearbeitung zuwenden, werden wir das Konzept der Anfragekorrespondenzen formal einführen. Anfragekorrespondenzen spezifizieren eine *semantische Beziehung* zwischen Elementen des globalen Schemas und Elementen der Exportschemata der Datenquellen. Eine Korrespondenz ist eine *deklarative Beschreibung*, die vom Integrationssystem benutzt wird, um die folgenden Schritte der Anfrageplanung und -ausführung automatisch ausführen zu können. Im Vergleich zu rein prozeduralen Lösungen, bei denen beispielsweise jede Relation des globalen Schemas direkt mit einer Anfrage in einer Multidatenbanksprache verbunden wird, helfen Anfragekorrespondenzen, Integrationssysteme schneller und mit weniger Programmieraufwand zu erstellen und zu warten. Sie werden vom Planungsalgorithmus als Regeln interpretiert, die eine Inferenz über semantische Zusammenhänge erlauben. Daher verwenden wir die Begriffe *Regel* und *Anfragekorrespondenz* oder einfach *Korrespondenz* synonym.

*Extension und Intension globaler Relationen*

Zum Verständnis von Anfragekorrespondenzen ist es notwendig, die Anwendung der Begriffe »Extension« und »Intension« auf Relationen des globalen Schemas näher zu betrachten. Wie in Abschnitt 3.3.6 dargelegt, bezeichnet die Intension des Namens einer Relation ein semantisches Konzept. Die Extension des Namens bezeichnet dagegen die Menge an realweltlichen Objekten, die durch dieses Konzept beschrieben werden. Die Extension einer konkreten Relation sind alle in ihr enthaltenen Objekte. Diese Definition hilft uns für die *Relationen des globalen Schemas* eines virtuellen Integrationssystems aber wenig, da diese per se keine Objekte enthalten – Objekte befinden sich ausschließlich in den Datenquellen. Mit dem Namen einer globalen Relation ist daher in gleicher Weise wie bei einer lokalen Relation eine Intension verbunden, die *Extension der globalen Relation* ergibt sich aber einzig aus den Extensionen lokaler Relationen. Wir verwenden Anfragekorrespondenzen, um die Extension globaler Relationen auf diese Weise zu definieren.

### Korrespondenztypen

*Vier Korrespondenztypen*

Vor diesem Hintergrund ergeben sich die folgenden Möglichkeiten für den *Typ einer Korrespondenz* zwischen Schemaelementen. Der Einfachheit halber erläutern wir die verschiedenen Typen nur für Korrespondenzen zwischen Relationen; das Prinzip ist aber unmittelbar auch auf Anfragen oder Attribute übertragbar. Sei $r$ eine Relation des globalen Schemas und $s$ eine Relation eines Exportschemas einer Datenquelle:

*Beziehungen zwischen Extensionen*

**Exklusion:** $r$ und $s$ stehen in *Exklusionsbeziehung*, geschrieben $r \cap s = \emptyset$, wenn die Schnittmenge der Extensionen beider Relationen leer ist, sich die jeweiligen Intensionen also ausschließen. Ein Beispiel wären zwei Relationen `film` und `schauspieler`.

**Inklusion:** $r$ und $s$ stehen in *Inklusionsbeziehung*, geschrieben $r \supseteq s$, wenn die Extension von $r$ die Extension von $s$ beinhaltet (bzw. umgekehrt). Das durch $r$ symbolisierte Konzept ist also genereller als das von $s$. Zum Beispiel ist die Intension einer Relation `film` genereller als die einer Relation `spielfilm`. Entsprechend sollte die Extension von `film` die von `spielfilm` enthalten.

**Überlappung:** $r$ und $s$ stehen in *Überlappungsbeziehung*, geschrieben $r \cap s \neq \emptyset \wedge r \not\subseteq s \wedge r \not\supseteq s$, wenn sich die Extensionen von $r$ und $s$ überlappen, aber in keiner Richtung enthalten. Ein Beispiel für diesen Fall sind zwei Relationen `spielfilm` und `dokumentarfilm`, da ein Dokumentarfilm ein Spielfilm sein kann, aber nicht muss; gleichzeitig ist nicht jeder Spielfilm ein Dokumentarfilm.

**Äquivalenz:** $r$ und $s$ sind *äquivalent*, geschrieben $r \equiv s$, wenn die Extension von $r$ identisch zur Extension von $s$ ist, die Intensionen beider Relationen also identisch sind. Ein Beispiel können zwei Relationen `film` und `movie` sein. Deren Intensionen sind identisch, werden aber durch unterschiedliche Namen bezeichnet.

Von diesen vier verschiedenen Beziehungstypen ist vor allem die *Inklusion* von Bedeutung. Die anderen Typen treten selten auf bzw. sind für die Anfrageplanung irrelevant:

- Die Exklusion von Relationen ist der Normalfall und wird nicht explizit spezifiziert, da eine globale Relation mit der Mehrzahl aller lokalen Relationen keine Schnittmenge hat.
- Korrespondenzen des Typs »Überlappung« können vom Integrationssystem nicht zur Planung benutzen werden. In solchen Fällen kann nicht sichergestellt werden, dass nur Tupel in das Gesamtergebnis geraten, die zur Extension von $r$ gehören. Ist es möglich, dies zum Beispiel durch geeignete Filterprädikate sicherzustellen, so wird dies besser direkt mit der Korrespondenz spezifiziert (siehe unten), wodurch sich ein anderer Typ ergibt.
- Äquivalenz ist ein Spezialfall von Inklusion, der für die Integration, bei der immer Daten aus Quellen in das globale Schema transferiert werden, keinen Nutzen gegenüber einer Inklusionsbeziehung bringt.

*Richtung einer Korrespondenz*

Als weitere Einschränkung wird Inklusion in der Regel nur in eine Richtung verwendet: Eine globale *Relation enthält eine Quellrelation*. Damit sind alle Tupel der Quellrelation auch Tupel der globalen Relation. Korrespondenzen in die Gegenrichtung können von einem Anfrageplaner aus dem gleichen Grund nicht verwendet werden wie Überlappungsbeziehungen.

### Korrespondenzarten

*Attribut, Relation, Anfrage*

Wir haben die verschiedenen Typen von Korrespondenzen zwischen Schemaelementen nur am Beispiel von Relationen erklärt. Prinzipiell können aber beliebige Elemente des globalen Schemas mit Elementen eines Datenquellenschemas in einer Beziehung stehen: also Relationen mit Relationen, Attribute mit Attributen, Relationen mit Attributen etc. Darüber hinaus ist es auch sinnvoll, nicht nur Korrespondenzen zwischen einzelnen Schemaelementen zu definieren, sondern auch Anfragen zuzulassen. Korrespondenzen können also auch Relationen oder Attribute mit Anfragen verbinden und umgekehrt. Beispielsweise verbindet eine relationale Sicht eine Relation (die Sicht) mit einer Anfrage.

*Korrespondenzarten*

Damit ergeben sich neun mögliche Kombinationen, die wir als *Korrespondenzarten* bezeichnen. Mit Korrespondenzarten eng verknüpft sind die notwendigen Planungsalgorithmen. Korrespondenzen sind in diesem Sinne nicht symmetrisch – Anfragekorrespondenzen der Art »Relation-Anfrage«, also eine Beziehung zwischen einer globalen Relation und einer Anfrage an ein Quellschema, erfordern vollkommen unterschiedliche Planungsalgorithmen als solche der Art »Anfrage-Relation«.

Nicht alle möglichen Korrespondenzarten finden auch Verwendung. Da das grundlegende Element relationaler Anfragen die Relation ist, sind insbesondere die Arten von Bedeutung, die *Aussagen über Relationen oder Kombinationen von Relationen (also Anfragen)* machen. Korrespondenzen zwischen Attributen (Wertkorrespondenzen) werden in der Anfrageplanung nicht verwendet, aber als Hilfsmittel zum Finden von Schemakorrespondenzen zwischen Relationen benutzt (siehe Abschnitt 5.2). Höherstufige Korrespondenzen zwischen einem Attribut und einer Relation oder einem Attribut und einer Anfrage bringen komplexe logische Probleme mit sich und sind bisher noch wenig untersucht worden (siehe dazu auch Abschnitt 5.2.1).

Die wichtigsten Korrespondenzarten sind damit Relation-Relation, Relation-Anfrage, Anfrage-Relation und Anfrage-Anfrage. Da Anfragen eine Verallgemeinerung des Schemaelements »Relation« darstellen, sind Verfahren, die mit Anfragen in Korrespondenzen umgehen können, immer ausdrucksmächtiger (und komplizierter) als solche, die auf Relationen beschränkt sind.

Die wichtigsten Verfahren sind die folgenden:

*Planungsansätze und Korrespondenzarten*

**»Global-as-View« (GaV)** bezeichnet Verfahren, die auf Korrespondenzen der Art Relation-Relation oder Relation-Anfrage beruhen. Diese beschreiben wir in Abschnitt 6.4.4. Konzeptionell sind sie mit *relationalen Sichten* vergleichbar.

**»Local-as-View« (LaV)** bezeichnet Verfahren, die auf Korrespondenzen der Art Anfrage-Relation beruhen. Wir gehen auf diese in Abschnitt 6.4.1 ein. LaV-Verfahren erfordern wesentlich komplexere Planungsalgorithmen als GaV.

**»Global-Local-as-View« (GLaV)** bezeichnet Verfahren für Korrespondenzen der Art Anfrage-Anfrage. Zur Anfrageplanung ist eine Kombination der GaV- und LaV-Algorithmen notwendig. Dies erläutern wir in Abschnitt 6.4.5.

*Planungskomplexität*

Die Anfrageplanung mit Anfragekorrespondenzen, insbesondere bei Verwendung von LaV oder GLaV, erfordert oftmals schwierige Algorithmen, deren Komplexität mit den in Anfragen erlaubten Prädikaten steigt. Wir beschränken uns auf *konjunktive Anfragen* wie in Abschnitt 2.2.3 definiert; auf Erweiterungen wie Disjunktion oder Negation verweisen wir in Abschnitt 6.7.

### 6.2.1 Syntaktischer Aufbau

Im allgemeinsten Fall setzt eine Korrespondenz zwei Anfragen in Beziehung. Wie oben dargestellt, sind vor allem Inklusionsbeziehungen sinnvoll. Eine Korrespondenz stellen wir wie folgt dar:

$$q_1 \supseteq q_2$$

*Grundsätzlicher Aufbau*

Dabei ist $q_1$ eine Anfrage an das globale Schema und $q_2$ eine Anfrage an das Exportschema einer Datenquelle. Semantisch definiert diese Regel das Folgende: Die Extension der Anfrage $q_2$ ist enthalten in der Extension von $q_1$. Damit sind alle Tupel, die durch $q_2$ berechnet werden, auch semantisch richtige Tupel für $q_1$. Wir bezeichnen $q_1$ als *globale Anfrage* der Regel und $q_2$ als ihre *lokale Anfrage*. Konkrete Beispiele für Korrespondenzen geben wir weiter unten.

Die Extension der globalen Anfrage wird durch eine Korrespondenz nicht vollständig spezifiziert, da es noch weitere Korrespondenzen für dieselbe globale Anfrage oder Teile von ihr geben kann. Mit einer Regel kann man aber immer ein Teilergebnis für ihre globale Anfrage berechnen. Schwieriger – und üblicher – sind die Fälle, bei denen eine vom Benutzer des Integrationssystems gestellte globale Anfrage nicht oder nur teilweise als globale Anfrage in einer der dem System bekannten Korrespondenzen enthalten ist. In diesen Fällen muss man Korrespondenzen kombinieren oder berechnete Ergebnisse filtern.

In unserem Filmbeispiel (siehe Seite 175 ff.) kann man eine ganze Reihe von Korrespondenzen finden. Die einfachsten setzen jeweils eine globale Relation mit einer lokalen Relation in Beziehung[4].

$$\begin{aligned}
\texttt{film} &\supseteq \texttt{imdb.movie}\\
\texttt{schauspieler} &\supseteq \texttt{imdb.actor}\\
\texttt{spielt} &\supseteq \texttt{imdb.acts}\\
\texttt{film} &\supseteq \texttt{fd.film}\\
\texttt{schauspieler} &\supseteq \texttt{fd.schauspieler}\\
\texttt{spielt} &\supseteq \texttt{fd.spielt}
\end{aligned}$$

Wir verwenden ab jetzt die in Abschnitt 2.2.3 eingeführte Datalog-Notation für Anfragen, wobei wir die Regelköpfe weglassen. Wir

[4]Wir benutzen hier die Relationennamen als Abkürzung und lassen die einzelnen Attribute weg. Dies ist hier möglich, da die globalen und lokalen Relationen jeweils dasselbe Relationenschema besitzen.

nehmen bis auf weiteres an, dass Anfragen einen beliebigen, aber eindeutigen Namen haben und alle in der Anfrage benutzten Variablen exportieren.

*Redundante Korrespondenzen*

Es können aber auch weitere Korrespondenzen gefunden werden. Durch die (künstlich einfache) Konstellation des Beispiels kann man beliebig viele Anfragen formulieren, die im globalen Schema die gleiche Intension wie im lokalen Schema haben. Beispiele hierfür sind:

```
 film(T,R),spielt(T,S,O)  ⊇  imdb.movie(T,R),imdb.acts(T,S,O)
film(T,R),spielt(R,S,O),
       schauspieler(S,N)  ⊇  fd.film(T,R),fd.spielt(T,S,O),
                             fd.schauspieler(S,N)
```

Diese Korrespondenzen sind aber überflüssig in dem Sinne, dass ein Integrationssystem mit ihnen nicht mehr Anfragen an das globale Schema beantworten oder auf Anfragen andere Ergebnisse berechnen kann als nur mit den sechs Korrespondenzen zwischen einzelnen Relationen – wir werden in Abschnitt 6.4 sehen, wie die Anfrageplanung bei einer globalen Anfrage mit mehreren Relationen vorhandene Korrespondenzen für die einzelnen Relationen kombiniert. Teilweise oder gänzlich *redundante Korrespondenzen* können aber durchaus Probleme bereiten (siehe Infokasten 6.1).

## 6.2.2 Komplexe Korrespondenzen

Im allgemeinen Fall verbindet eine Korrespondenz zwei Anfragen miteinander und nicht zwei strukturell identische Relationen. Dabei können Joins auf einer oder auf beiden Seiten notwendig sein, und die Attributmengen der beiden Anfragen werden sich unterscheiden. Um solche *komplexen Korrespondenzen* zu veranschaulichen, bereichern wir unser Filmbeispiel in Tabelle 6.3 um drei weitere Datenquellen.

Die Datenquelle `filmkritiken` ist eine einfache Tabelle. Diese enthält Informationen, die in unserem globalen Schema auf verschiedene Relationen verteilt sind. Eine nahe liegende Korrespondenz ist die folgende:

```
film(T,R), spielt(T,S,O) ⊇ filmkritiken(T,R,S,K)
```

***Infokasten 6.1***
*Mengen von Korrespondenzen*

Da Korrespondenzen, wie gezeigt, redundant sein können, stellen sich Fragen nach den Eigenschaften von *Mengen von Korrespondenzen*:

- Können sich Korrespondenzen, die gleiche Teile des globalen oder eines lokalen Schemas berühren, widersprechen – oder, anders ausgedrückt, kann eine Menge von Korrespondenzen *inkonsistent* sein? Wie kann man solche Inkonsistenzen finden oder vermeiden?
- Gibt es, für ein gegebenes globales und lokales Schema, eine *minimale Menge* von Korrespondenzen, mit der man die gleichen Anfragen an das globale Schema beantworten kann wie mit jeder größeren Menge?

Um die Schwierigkeiten dabei zu verstehen, kann man sich zwei Korrespondenzen vorstellen, die die gleiche lokale Relation `medien` einmal als Teilmenge der Extension einer globalen Relation `hoerspiel` und einmal als Teilmenge der Extension einer globalen Relation `dokumentarfilm` definieren. Da die Extensionen der Konzepte `hoerspiel` und `dokumentarfilm` keine Schnittmenge haben dürfen, muss die Extension der Relation `medien` leer sein – die beiden Korrespondenzen sind damit in gewissem Sinne inkonsistent.

Derartige Fragen sind bisher in der Forschung noch kaum untersucht worden. Wir nehmen im Folgenden einfach eine sinnvolle Menge von Korrespondenzen als gegeben an.

***Tabelle 6.3***
*Drei weitere Datenquellen für das integrierte Filminformationssystem*

| **Datenquelle** | **Beschreibung** |
|---|---|
| `filmkritiken( titel, regisseur, schauspieler, kritik)` | Detaillierte Kritiken zu Hauptdarstellern in konkreten Filmen; z.B eine Website |
| `movie.order( order_id, title)` | Bestellnummern von Filmen nach Titeln |
| `movie.info( order_id, actor, age, role)` | Enthält zu Bestellnummern von Filmen Informationen über die Schauspieler |

Die Korrespondenz ist eine LaV-Korrespondenz, da die lokale Relation filmkritiken als Sicht auf das globale Schema definiert wird, nämlich als Join der beiden Relationen film und spielt. Sie enthält Attribute, die nur in der globalen bzw. nur in der lokalen Anfrage vorkommen:

*Local-as-View-Korrespondenz*

- Die Variable O (die Rolle eines Schauspielers) kommt nur in der globalen Anfrage vor. Eine Benutzeranfrage nach den Rollen von Schauspielern kann also nicht beantwortet werden, sehr wohl aber eine Anfrage nach Filmen, Regisseuren oder Schauspielern.
- Die Variable K (die Kritik zu einem Schauspieler in einem Film) kommt nur in der lokalen Anfrage vor. Tatsächlich kommt ein derartiges Attribut in unserem globalen Schema überhaupt nicht vor und kann deshalb ignoriert werden.

Wenn wir Variablen nicht brauchen oder in einer Korrespondenz nicht mit Leben füllen können, verwenden wir für sie keine eigenen Symbole, sondern benutzen stattdessen das Symbol »_«. Damit ergibt sich die folgende Korrespondenz:

```
film(T,R), spielt(T,S,_) ⊇ filmkritiken(T,R,S,_)
```

*Selektionen*

Bisher haben wir den Aspekt, dass die Datenquelle filmkritiken nur Informationen über Hauptrollen liefert, noch nicht berücksichtigt. filmkritiken kann daher immer nur einen *Ausschnitt aus der Intension* der globalen Anfrage der Korrespondenz liefern. Diese Einschränkung kann man durch eine Selektion in der globalen Anfrage der Korrespondenz ausdrücken, wodurch das Attribut O wieder Bedeutung erlangt:

```
film(T,R), spielt(T,S,O),
           O='Hauptrolle'  ⊇  filmkritiken(T,R,S,_)
```

*Definition impliziten Wissens*

Mit dieser Einschränkung wird die Datenquelle filmkritiken *präziser* beschrieben. Es ist leicht einsichtig, dass man durch das Weglassen dieser Präzisierung zwar keine Fehler erzeugt – denn jeder in filmkritiken erwähnte Schauspieler ist ja ein Schauspieler im Sinne unseres globalen Schemas –, aber unter Umständen das Entdecken von korrekten Plänen verhindert. Nehmen wir an, eine Benutzeranfrage möchte explizit den oder die Hauptdarsteller eines bestimmten Films erfragen:

```
SELECT schauspieler_name
FROM   spielt
WHERE  titel = 'Delikatessen'
       AND rolle = 'Hauptrolle';
```

Ohne das Wissen, dass alle Darstellerbesetzungen in `filmkritiken` Hauptdarsteller sind, kann diese Datenquelle nicht zur Beantwortung der Frage benutzt werden, da die Selektion auf `Hauptrolle` nicht sichergestellt werden kann.

*Korrespondenzen mit Joins*

Die zwei exportierten Relationen der weiteren Datenquellen aus Tabelle 6.3, `movie.order` und `movie.info`, zeigen den Fall, in dem Informationen, die im globalen Schema in einer Relation zusammengefasst sind, in Datenquellen auf unterschiedliche Relationen verteilt sind. Wir benötigen daher eine Korrespondenz mit einem *Join in der lokalen Anfrage*:

$$\texttt{spielt(T,S,O)} \supseteq \texttt{movie.order(OI,T),}$$
$$\texttt{movie.info(OI,S,\_,O)}$$

*GaV*

Diese Korrespondenz ist eine GaV-Korrespondenz, da die globale Relation `spielt` als Sicht auf ein lokales Schema ausgedrückt ist, nämlich als Join der beiden Relationen `order` und `info`. Zu beachten ist die Verwendung der Variablen `OI`. Sie ist, obwohl sie keine Rolle im globalen Schema spielt, für die Formulierung einer korrekten Korrespondenz notwendig, da über diese Variable der Join zweier lokaler Relationen durchgeführt wird. Damit ist nicht festgelegt, ob die Integrationsschicht jemals Kenntnis über `OI`-Werte erhält. Ist die Datenquelle `movie` beispielsweise eine relationale Datenbank, kann man die lokale Anfrage als Ganzes wie folgt an die Quelle schicken:

```
SELECT o.title, i.actor, i.role
FROM   order o, info i
WHERE  o.order_id = i.order_id;
```

*Trade-off: Ausdrucksmächtigkeit versus Planungskomplexität*

Bei der Erstellung der Korrespondenzen muss man beachten, dass die *Komplexität der Anfrageplanung* unmittelbar von den in Korrespondenzen zugelassenen Prädikaten abhängt. Bei Verwendung von LaV- oder GLaV-Korrespondenzen bringt zum Beispiel die Zulassung von Disjunktionen sofort einen Sprung in der Komplexitätsklasse der Planungsalgorithmen mit sich. Damit ergibt sich ein *Trade-off zwischen der Komplexität der Planungsalgorithmen und der semantischen Ausdruckskraft von Korrespondenzen*. Systeme, die nur GaV-Korrespondenzen zulassen, sind in der Verwendung von Prädikaten nicht beschränkt – können dafür aber auch viele semantische Beziehungen zwischen Schemata nicht ausnutzen (Beispiele geben wir in Abschnitt 6.4.5). Auf GLaV basierende Integrationssysteme decken einen weiteren Bereich an Beziehungen ab, benötigen dafür aber komplexere Planungsalgorithmen. In der Praxis werden daher heutzutage meist nur GaV- Systeme eingesetzt. Darüber hinaus gibt es Forschungsprototypen, die auf LaV basieren, aber nur konjunktive Anfragen in den lokalen Anfragen zulassen.

### Werttransformationen

*Transformation von Werten*

Bisher sind wir in allen Fällen davon ausgegangen, dass sich die *Werte* von Attributen, die dieselbe Bedeutung haben, syntaktisch nicht unterscheiden. Dies ist im Allgemeinen natürlich nicht der Fall. Werte können auf sehr vielfältige Arten heterogen sein: Geldbeträge kommen in unterschiedlichen Währungen vor, Zeitangaben werden in unterschiedlichen Datumsformaten angegeben, räumliche Positionen werden in unterschiedlichen Koordinatensystemen beschrieben etc. In diesen Fällen ist eine *Transformation* notwendig, die Werte aus ihrer lokalen Repräsentation in eine für das globale Schema geeignete Form überführt. Auch Transformationen müssen durch Anfragekorrespondenzen ausgedrückt werden, um eine korrekte Anfragebearbeitung sicherzustellen. In Abschnitt 5.2.1 haben wir bereits Beispiele für *1:1-*, *n:1-* und *1:n*-Transformationen kennen gelernt. Transformationen können in Anfragekorrespondenzen durch Funktionen ausgedrückt werden. Um die Komplexität der Anfrageplanung dadurch nicht ansteigen zu lassen, ist es sinnvoll, *Transformationsfunktionen* nur in den lokalen Anfragen von Korrespondenzen zu verwenden – warum, werden wir in Abschnitt 6.4.1 sehen. Beispielsweise könnte eine Datenquelle `actordb(first_name, last_name, nationality)` durch folgende Korrespondenz in unsere globale Filmdatenbank integriert werden:

*Transformationsfunktionen*

```
schauspieler(S,N) ⊇ actordb(FN,LN,N), S=concat(FN, LN)
```

### 6.2.3 Korrespondenzen mit nicht relationalen Elementen

Anfragekorrespondenzen werden erst seit wenigen Jahren erforscht und beginnen erst seit kurzem, in kommerzielle Produkte Eingang zu finden. Viele Erweiterungen sind Gegenstand aktiver Forschung. Auf einige dieser Erweiterungen wollen wir hier kurz eingehen.

*Schematische Heterogenität*

Die bisher beschriebenen Korrespondenzen sind nicht in der Lage, *schematische Heterogenität* (siehe Abschnitt 3.3.5) zu überbrücken. Dazu wäre es notwendig, in Anfragen Variablen nicht nur für Attributwerte, sondern auch für Attributnamen und Tabellennamen zuzulassen. Dies ist bisher noch kaum untersucht worden; existierende Ansätze werden wir in Abschnitt 6.7 erwähnen. In der Regel ist bei schematischer Heterogenität die Benutzung von Programmiersprachen oder einer Multidatenbanksprache wie SchemaSQL notwendig.

***Infokasten 6.2*** *Anfragekorrespondenzen und schematische Heterogenität*

Eine Möglichkeit, den deklarativen Ansatz der Anfrageplanung mit *Anfragekorrespondenzen auch bei schematischer Heterogenität* beizubehalten, ist die Verwendung von *Stored Functions* in den Anfragen einer Korrespondenz. Eine Stored Function kann als Ergebnis eine Relation zurückgeben, deren Tupel erst beim (wiederholten) Aufruf der Funktion berechnet werden. Im Inneren der Funktion sind vollständige Programmiersprachen erlaubt, zum Beispiel PL/SQL oder Java in Oracle bzw. Java oder C in DB2, wodurch man rein prozedurale Elemente in eigentlich deklarativen Anfragen verstecken kann. Die Anfrageplanung ist aber nicht in der Lage, in diese Funktionen »hineinzusehen«, sondern wird sie wie normale Tabellen behandeln.

*XML-Korrespondenzen*

Anfragekorrespondenzen auf XML-Daten, etwa ausgedrückt durch *Korrespondenzen zwischen XQuery-Ausdrücken*, sind erst in den letzten zwei Jahren in den Fokus der Forschung geraten [226, 77]. Bisher werden Transformationen von XML-Daten in der Regel durch XSLT-Programme vorgenommen, was aber eine ganz andere Herangehensweise bedingt – während eine Korrespondenz eine semantische Beziehung zwischen Daten in verschiedenen existierenden Schemata beschreibt, sollen XSLT-Programme die Daten unmittelbar transformieren. Diese Transformation wird bei einer deklarativen Herangehensweise erst durch den kompletten Integrationsprozess *unter Zuhilfenahme* von Anfragekorrespondenzen ausgeführt. Damit muss der XSLT-Programmierer sowohl die Aufgabe der Anfrageplanung als auch der Ausführung und Ergebnisintegration in einem Programm implementieren.

*Korrespondenzen in objektorientierten Datenmodellen*

Eine einfache Möglichkeit, *Anfragekorrespondenzen in objektorientierten Datenmodellen* auszudrücken, besteht in der Verwendung der Spezialisierungsbeziehung. Eine Spezialisierung zwischen zwei Klassen in verschiedenen Schemata drückt im Grunde das Gleiche aus wie eine Inklusionskorrespondenz. Aus diesem Grunde können die entsprechenden Quellklassen als Spezialisierungen einer globalen Klasse aufgefasst werden; die Extension der globalen Klasse ergibt sich dann als Vereinigung der Extensionen aller spezielleren Klassen. Diese sehr elegante Modellierungsmöglichkeit kann, mit einiger Mühe, auch auf Korrespondenzen der Art Relation-Anfrage übertragen werden[5], ist aber innerhalb eines objektorientierten Datenmodells nicht ohne weiteres auf Anfrage-Anfrage-Korrespondenzen erweiterbar.

## 6.3 Schritte der Anfragebearbeitung

Wir werden nun die einzelnen, bereits in der Einführung des Kapitels genannten Teilschritte zur Anfragebearbeitung in integrierten Systemen genauer beleuchten und voneinander abgrenzen.

*Ausgangspunkt: globale Anfrage*

Ausgangspunkt ist immer eine Anfrage an das globale Schema, die mit Hilfe der Datenquellen beantwortet werden soll. Dazu stehen dem Integrationssystem Korrespondenzen zur Verfügung, die Elemente des globalen Schemas mit Elementen der Exportschemata der Datenquellen in eine definierte semantische Beziehung setzen.

Eine idealtypische Übersicht der Anfragebearbeitung findet man in Tabelle 6.4. Wie bereits erwähnt, kann die Reihenfolge der einzelnen Schritte nicht immer eingehalten werden. Im Folgenden erklären wir vor allem, *was* in den einzelnen Schritten zu leisten ist; auf das *Wie* gehen wir dann in späteren Abschnitten detailliert ein.

### 6.3.1 Anfrageplanung

*Logische Übersetzung*

Die Aufgabe der Anfrageplanung ist es, für eine gegebene Benutzeranfrage eine, mehrere oder alle Möglichkeiten zu finden, diese *mit Hilfe der vorhandenen Datenquellen* zu beantworten. Dabei

[5]Dies erfordert *berechnete Klassen*, also Klassen, die durch eine Anfrage definiert sind, vergleichbar den relationalen Sichten.

| Schritt | Aufgabe und Ergebnis |
|---|---|
| Anfrage-planung | **Eingabe**: Benutzeranfrage und Anfragekorrespondenzen<br>**Aufgabe**: Berechnet *Anfragepläne*. Ein Anfrageplan ist eine Menge von logischen Anfragen an Datenquellen, in der Regel verknüpft durch Join-Prädikate. Jeder Plan muss ausführbar sein und nur semantisch korrekte Ergebnisse berechnen. Sollten mehrere Anfragepläne existieren, ist es auch Aufgabe der Anfrageplanung zu entscheiden, welche davon ausgeführt werden sollen.<br>**Ergebnis**: Ein oder mehrere Anfragepläne |
| Anfrage-übersetzung | **Eingabe**: Ein Anfrageplan<br>**Aufgabe**: Ein Anfrageplan besteht aus Teilanfragen, die jeweils genau eine Datenquelle adressieren. Diese Teilanfragen sind syntaktisch auf die Integrationsschicht zugeschnitten. Die Anfrageübersetzung muss jede Teilanfrage in einen unmittelbar von der betreffenden Datenquelle ausführbaren Befehl übersetzen.<br>**Ergebnis**: Ein übersetzter Anfrageplan |
| Anfrage-optimierung | **Eingabe**: Ein übersetzter Anfrageplan<br>**Aufgabe**: Anfragepläne bestehen aus Teilanfragen, für die noch nicht feststeht, in welcher Reihenfolge sie berechnet und wo in ihnen enthaltene oder sie verbindende Anfrageprädikate ausgeführt werden. Die Festlegung dieser Punkte ist die Aufgabe der Anfrageoptimierung, deren Ergebnis ein *(physischer) Ausführungsplan* ist.<br>**Ergebnis**: Ein Ausführungsplan |
| Anfrage-ausführung | **Eingabe**: Ein Ausführungsplan<br>**Aufgabe**: Ein Ausführungsplan kann unmittelbar ausgeführt werden, muss aber in seiner Ausführung überwacht werden, da Netzwerkverbindungen oftmals unzuverlässig sind. Außerdem müssen Prädikate der Benutzeranfrage, deren Ausführung nicht an eine Datenquelle delegiert wurden, im Integrationssystem ausgeführt werden.<br>**Ergebnis**: Eine Menge von Ergebnistupeln |
| Ergebnis-integration | **Eingabe**: Pro Ausführungsplan eine Menge von Ergebnistupeln<br>**Aufgabe**: Die Ergebnisse der einzelnen Ausführungspläne sind oftmals redundant oder unheitlich. Während der Ergebnisintegration werden die einzelnen Ergebnisse zu einem Gesamtergebnis integriert, was insbesondere Duplikaterkennung und Auflösen von Widersprüchen in den Daten erfordert.<br>**Ergebnis**: Das Ergebnis der Benutzeranfrage |

***Tabelle 6.4***
*Einzelne Schritte der Anfragebearbeitung*

muss der Planer Anfragen aus dem Kontext des globalen Schemas in Anfragen im Kontext der jeweiligen Datenquellen übersetzen. Um die semantische Korrektheit der Übersetzung zu gewährleisten, verwendet der Planer Anfragekorrespondenzen. In der Regel ist es dabei notwendig, für eine globale Anfrage verschiedene Datenquellen zu benutzen – gerade deren Verknüpfung ist ja das Hauptziel der Integration.

Selbstverständlich reicht es in der Regel nicht, nach Korrespondenzen zu suchen, die »zufällig« genau die Benutzeranfrage mit Anfragen gegen Datenquellen in Beziehungen setzen:

*Gesucht: Kombinationen von Korrespondenzen*

- Auf diese Weise könnten keine Anfragen beantwortet werden, die mehr als eine Datenquelle erfordern, da die lokalen Anfragen von Korrespondenzen immer nur das Exportschema einer Datenquelle betreffen.
- Zum anderen wird man beim Systemdesign immer versuchen, möglichst wenig Anfragekorrespondenzen anzugeben, statt für alle Eventualitäten eigene Korrespondenzen zu definieren.

Stattdessen muss der Planer *Kombinationen der globalen Anfragen der Korrespondenzen* finden, die äquivalent zur Benutzeranfrage sind. Die Verfahren dazu besprechen wir in Abschnitt 6.4.

#### Ausführbarkeit von Plänen

Jeder Anfrageplan muss *ausführbar* sein. Für Datenquellen, die relationale Datenbanken sind, ist diese Forderung erfüllt, auch wenn durch beschränkte Zugriffsrechte Probleme entstehen können. Für Datenquellen, die zum Beispiel nur über HTML-Formulare zugreifbar sind, gilt das aber nicht. Beispielsweise kann man das Exportschema eines Filmhändlers im Internet durch eine Relation wie die folgende modellieren:

```
filmhaendler( titel, regisseur, preis);
```

Hat das globale Schema auch nur eine Relation `filmpreise` mit denselben Attributen, gibt es im System nur eine triviale Korrespondenz. Trotzdem kann man die folgende globale Anfrage in keinem uns bekannten Internetfilmhandel beantworten:

```
SELECT titel, regisseur, preis
FROM   film
WHERE  preis > 100;
```

Dies liegt daran, dass bei *Webdatenquellen* bei weitem nicht alle Anfragen durch HTML-Formulare implementiert sind: Die Datenquelle ist *beschränkt*. In Filmdatenbanken kann man typischerweise nach dem Titel, den Schauspielern, dem Regisseur etc. suchen, aber selten über den Preis. Den Umgang mit beschränkten

*Webformulare können nur manche Anfragen ausführen*

Quellen erläutern wir in Abschnitt 6.6; wir gehen zunächst von unbeschränkten Quellen aus, also solchen, die jede (konjunktive) Anfrage gegen ihr Exportschema ausführen können.

### Mehrere Anfragepläne

Sind Elemente einer Benutzeranfrage durch Korrespondenzen mit mehreren lokalen Anfragen verbunden, so existieren auch *mehrere korrekte Anfragepläne*. Im einleitenden Beispiel zu diesem Kapitel gab es für jede globale Relation zwei Relationen in unterschiedlichen Datenquellen; für eine globale Anfrage, die alle drei globale Relationen enthält, existieren damit acht verschiedene Anfragepläne.

*Unterschiedliche Ergebnisse*

Im Unterschied zu der Situation in herkömmlichen Datenbanken (siehe Infokasten 6.3) können verschiedene Anfragepläne bei der Informationsintegration durchaus unterschiedliche Ergebnisse erzeugen, da sie Daten aus unterschiedlichen Quellen miteinander verknüpfen. Wir gehen immer davon aus, dass keine dieser Quellen vollständig ist, also alle existierenden Objekte tatsächlich enthält. Ist dies der Fall (zum Beispiel kann eine Quelle eine Liste aller Oskarpreisträger bereitstellen), so muss der Planungsmechanismus angepasst werden, da für die betreffende Information keine weitere Quelle mehr benutzt werden muss.

Betrachten wir als Beispiel den Plan $p_2$ aus Tabelle 6.2, der Relationen unterschiedlicher Datenquellen verknüpft:

```
SELECT title, director, rolle
FROM   imdb.movie, fd.spielt
WHERE  fd.spielt.schauspieler_name='Hans Albers'
       AND fd.spielt.rolle = 'Hauptrolle'
       AND fd.spielt.titel = imdb.movie.title;
```

Man kann sich fragen, ob ein solcher Plan sinnvoll ist – schließlich stellt doch die Datenquelle `imdb` in ihrer Relation `acts` ebenfalls Daten über Schauspieler bereit, und zwar gerade für die Filme, die sie in ihrer Relation `movie` hat. Dennoch wird $p_2$ in vielen Situationen Tupel berechnen, die man mit nur einer der Quellen nicht findet:

- `imdb` und `fd` können unterschiedliche Daten über die Rollen von Schauspielern speichern – »Hans Albers« mag gemäß der einen Datenbank die Hauptrolle eines Films besetzt haben, in der anderen aber nicht.

- `imdb` könnte unvollständig sein und für manche Filme keine Informationen über die Besetzung der Hauptrolle speichern. Diese könnte aber in `fd` vorhanden sein.
- `imdb` und `fd` könnten sich in den Schreibweisen unterscheiden. Beispielsweise mag `imdb` den Schauspieler unter dem Namen »Albers, Hans« gespeichert haben.

*Verschiedene Tupel, verschiedene Werte*

Verschiedene Pläne berechnen also im Allgemeinen unterschiedliche Daten in zwei Hinsichten:

- Verschiedene Pläne berechnen eine unterschiedliche Menge von Objekten, da Quellen unterschiedliche Mengen von Objekten enthalten. Im Beispiel ist die Menge der Filme in `imdb.movie` und `fd.film` sicher weder disjunkt noch identisch.
- Verschiedene Pläne berechnen auch für gleiche Objekte unterschiedliche Werte, weil Quellen widersprüchliche Informationen speichern können.

Es ist oftmals sehr schwierig zu entscheiden, was »gleiche Antworten« sind – einfach ist es nur, wenn die Antwort Objekte mit global eindeutigen Schlüsseln berechnet, wie beispielsweise die ISBN bei Büchern. Auf diese Fragen gehen wir detailliert in Abschnitt 8.3 ein.

*Vollständigkeit von Ergebnissen*

Aus diesem Grund gibt es keinen per se »besten« Plan. Um ein möglichst vollständiges Gesamtergebnis zu erhalten, müssen in der Regel alle Pläne ausgeführt werden. Um Ressourcen zu sparen, kann es aber durchaus sinnvoll sein, nur bestimmte Pläne auszuwählen.

***Infokasten 6.3***
*Anfrageplanung in relationalen Datenbanken*

Auch in der relationalen Anfragebearbeitung erzeugt und bewertet ein Planer unterschiedliche *Ausführungspläne* für eine gegebene Anfrage. Diese unterscheiden sich zum Beispiel in der Wahl konkreter Join-Methoden, der Verwendung von Indizes oder der Reihenfolge der Auswertung von Joins. Im Unterschied zu unserem Szenario berechnen aber alle Ausführungspläne eines RDBMS dasselbe Ergebnis. Daher ist es sinnvoll, nur den schnellsten auszuwählen und auszuführen.

### Das Ergebnis einer Benutzeranfrage

*Vollständige Ergebnisse*

Wie haben bisher nicht definiert, was wir überhaupt als Ergebnis einer globalen Anfragen erwarten. Jeder Anfrageplan berechnet ein *Teilergebnis der globalen Antwort*. Das mit den gegebenen Datenquellen »vollständigste« Ergebnis erhält man also dadurch, dass man alle möglichen Anfragepläne tatsächlich ausführt. Da dies unter Umständen erheblich Zeit in Anspruch nimmt und vielleicht nur geringfügig andere Ergebnisse bringt als die Ausführung von einem einzigen oder wenigen geschickt gewählten Plänen, ist Vollständigkeit nicht das einzig mögliche Ziel der Antwortberechnung. Ebenso kann es sinnvoll sein, Pläne so auszuwählen, dass mit einem festen Zeitbudget möglichst viele oder möglichst verlässliche Antworten gefunden werden. Dazu muss man Anfragepläne nicht nur nach ihrer Performanz beurteilen, sondern auch Informationen über die erwartete Größe und Qualität des Planergebnisses berücksichtigen. Entsprechende Techniken werden wir in Kapitel 8 darstellen.

Für das weitere Kapitel gehen wir aber davon aus, dass die Antwort auf eine Benutzeranfrage die Vereinigung der Ergebnisse aller Anfragepläne ist.

## 6.3.2 Anfrageübersetzung

Zur Ausführung müssen die lokalen Elemente eines Anfrageplans, die in Korrespondenzen nur logisch, also als relationale Anfragen, beschrieben sind, in Befehle übersetzt werden, die von den Datenquellen tatsächlich ausgeführt werden können. Konzeptionell wird dazu jede lokale Anfrage einzeln betrachtet und übersetzt. Die Übersetzung von Teilanfragen kann sowohl in der Integrationsschicht als auch im quellenspezifischen Wrapper erfolgen.

*Übersetzung zwischen SQL-Dialekten*

Hat ein Integrationssystem nur relationale Datenbanken als Quellen, so ist der Schritt der Anfrageübersetzung meistens ein rein syntaktischer Vorgang. Übersetzt werden müssen beispielsweise die Schreibweise von Joins, insbesondere von Outer-Joins, die Darstellung von Zeit- und Datumsangaben und die Zeichen für Dezimalkommata. Weiterhin sind unter Umständen Umwandlungen zwischen Datentypen notwendig.

*Semantik verschiedener Anfragesprachen*

Schwieriger ist die Übersetzung von *Anfragen zwischen verschiedenen Anfragesprachen*. Da wir von relationalen Anfragen in den Korrespondenzen ausgehen, muss dazu unter Umständen eine relationale Anfrage an das Exportschema einer Datenquelle in eine äquivalente Anfrage einer anderen Anfragesprache, zum

Beispiel in einen XQuery-Ausdruck, übersetzt werden. Da per Definition die lokale Anfrage einer Korrespondenz ausführbar sein muss, muss zum Zeitpunkt der Definition der Korrespondenz klar sein, wie die semantisch äquivalente Anfrage in der datenquellenspezifischen Anfragesprache aussieht. Glücklicherweise muss nur für die in Korrespondenzen verwendeten lokalen Anfragen eine Übersetzung möglich sein, denn andere Anfragen kann der Planungsalgorithmus nicht erzeugen. Nach der Ausführung müssen wiederum die vorliegenden Ergebnisse in eine Tupelstruktur transformiert werden, zum Beispiel ein XML-Dokument in eine relationale Repräsentation.

*Funktionen als »Anfragesprache«*

Eine dritte Möglichkeit ist bei Datenquellen gegeben, die überhaupt keine Anfragesprache unterstützen, sondern zum Beispiel nur über *Web-Services* angesprochen werden. Auch hier gilt das im vorherigen Absatz gesagte – mit der Definition einer Anfragekorrespondenz muss bereits klar sein, durch welchen lokalen Befehl die lokale Anfrage ausgeführt werden kann.

## 6.3.3 Anfrageoptimierung

*Optimierungsziele*

Die Anfrageoptimierung hat die Aufgabe, für einen konkreten Anfrageplan, dessen Teilanfragen in übersetzter Form vorliegen, eine Möglichkeit zu finden, ihn zu möglichst geringen »Kosten« auszuführen. Kosten können dabei sowohl die Anzahl der abgesetzten Anfragen, die Menge der zu übertragenden Daten oder die zur Berechnung und Übertragung des Ergebnisses notwendige Zeit sein. Sind zum Beispiel Datenbanken involviert, deren Benutzung kostenpflichtig ist, kommt dem Begriff »Kosten« schnell seine wörtliche Bedeutung zu.

Bei einer Optimierung mit dem Ziel »minimale Ausführungszeit« sind Techniken zur Anfrageoptimierung in RDBMS verwendbar. Gleichzeitig ist die Anfrageoptimierung in integrierten Informationssystemen aber ein weitaus vielschichtigeres Problem als bei zentralen RDBMS:

*Besonderheiten der Optimierung*

- **Netzwerkverkehr durch physische Verteilung:** Diesem kommt in unserem Szenario eine ähnliche Rolle zu wie dem Zugriff auf Sekundärspeicher in zentralen Datenbanken – es gilt, den Zugriff über Netzwerke so weit wie möglich zu vermeiden, da er um Größenordnungen mehr Zeit benötigt als alle in einem System lokal ausgeführten Berechnungen.

- **Allgemein höhere Kosten:** Prinzipiell ist es in der Informationsintegration aufwändiger als in zentralen RDBMS, globale Anfragen zu beantworten, da oftmals durch eine globale Anfrage viele verteilt auszuführende und doch zusammenhängende Anfragen ausgelöst werden. Lange Antwortzeiten sind aber häufig nicht akzeptabel. Um Kosten zu vermeiden, kann man *Abstriche an der Vollständigkeit* oder Qualität eines Anfrageergebnisses in Kauf nehmen, was neue Optimierungsmethoden erfordert.
- **Einbindung technisch heterogener Systeme:** Diese unterscheiden sich in den verwendeten Anfragesprachen, den unterstützten Anfrageprädikaten, der Geschwindigkeit etc. Insbesondere müssen häufig Systeme eingebunden werden, die nur bestimmte Anfragen beantworten können, was den Optimierer in seinen Auswahlmöglichkeiten einschränkt.

Eine umfassende Darstellung der sich durch diese Faktoren ergebenden Probleme würde den Rahmen dieses Buches sprengen. Wir stellen in den folgenden Abschnitten deshalb nur ausgewählte Probleme vor; Lösungsansätze für manche dieser Probleme beschreiben wir in Abschnitt 6.7.

#### Ausführungsreihenfolge

*Informationsfluss zwischen verschiedenen Datenquellen*

Ein Anfrageplan besteht aus verschiedenen Teilplänen, die jeweils von einer Quelle ausgeführt werden können. Diese Teilpläne sind in der Regel durch Joins verbunden. Das bedeutet, dass es einen Informationsfluss zwischen verschiedenen Datenquellen gibt, der durch die Integrationsschicht geleitet und kontrolliert wird. Die Reihenfolge, in der Quellen angesprochen werden, steht damit aber noch nicht fest.

*Minimierung von Zwischenergebnissen*

Im einfachsten Fall versucht die Anfrageoptimierung, die Reihenfolge der Ausführung von Teilplänen zu finden, die die *Größen von Zwischenergebnissen* minimiert. Zwischenergebnisse müssen von Datenquellen an die Integrationsschicht und wieder zurückgeschickt werden, was, falls zwischen den verschiedenen Akteuren Weitverkehrsnetze wie das Internet liegen, den Hauptanteil der insgesamt zur Beantwortung der Anfrage notwendigen Zeit ausmachen wird. Daher approximiert man das Ziel der schnellsten Antwort typischerweise dadurch, dass man die Reihenfolge sucht, die die kleinstmöglichen Zwischenergebnisse hervorbringt, was eine Abschätzung der Größen von Relationen in Datenquellen und der Verteilung der Werte in diesen Relationen erfordert.

### Ausführungsort

Für jedes Prädikat in einem Ausführungsplan muss entschieden werden, wo dieses am besten ausgeführt wird. Dabei werden die verschiedenen Arten von Prädikaten unterschiedlich gehandhabt.

*Behandlung je nach Prädikat*

- *Projektionen und Selektionen* werden in der Regel so weit wie möglich zu den Datenquellen geschoben, da sich durch beide die Menge an zu übertragenden Daten in der Regel verringert. Ausnahmen ergeben sich immer dann, wenn Quellen nicht in der Lage sind, solche Operationen auszuführen oder wenn die Berechnung von speziellen Selektionsprädikaten zentral schneller erfolgen kann als in einer Datenquelle. Gerade bei der Einbindung von Webquellen müssen beide Operationen sehr oft in der Integrationsschicht vorgenommen werden.
- *Joins innerhalb einer Teilanfrage* werden wie Selektionen behandelt und ebenfalls so weit wie möglich in den Datenquellen ausgeführt.
- Für *Joins zwischen Teilanfragen*, und damit zwischen Datenquellen, muss entschieden werden, wo der Join ausgeführt wird. Je nach technischen Möglichkeiten kann ein Join im Integrationssystem oder in einer der beiden zu verbindenden Datenquellen ausgeführt werden. Eine dritte Möglichkeit ist die Verwendung eines *Semi-Join* (siehe Abschnitt 6.5.4).

*Joins zwischen Datenquellen*

Semi-Join

### Beschränkte Quellen

Eine besondere Schwierigkeit der Anfrageoptimierung in virtuell integrierten Informationssystemen ergibt sich durch Datenquellen, die nicht alle in Anfrageplänen vorhandenen Prädikate auch ausführen können. Dieses Problematik hat zwei Facetten.

*Ausführbarkeit von Plänen*

Zum einen können bestimmte *Pläne überhaupt nicht ausführbar* sein, da sie von einer Datenquelle etwas verlangen, was diese nicht leisten kann oder will. Ein Beispiel dafür ist eine Benutzeranfrage nach allen Filmen, die unter einem bestimmten Preis verkauft werden, sowie eine Webquelle, die die Suche nach Preisen nicht erlaubt. In diesem Fall kann das Filterprädikat nur in der Integrationsschicht ausgeführt werden, was aber ein Herunterladen der kompletten Filmliste erfordert. Ist dies auch nicht möglich, ist der Plan nicht ausführbar.

*Ausführbare Reihenfolgen*

Zum anderen gibt es Pläne, die zwar ausführbar sind, aber nur in einer *bestimmten Reihenfolge*. Dies sieht man am einfachsten, wenn man sich wiederum Webformulare als Schnittstellen vorstellt. Nehmen wir dazu eine Webseite $q_1$ an, mit der man Filmtitel zu Schauspielernamen findet, sowie eine Webseite $q_2$, die zu Filmtiteln deren Drehjahr liefert. Sucht man nun alle Filme, die ein bestimmter Schauspieler $S$ im Jahr 2000 gedreht hat, so hat man prinzipiell zwei Möglichkeiten:

- Man berechnet alle Filme von $S$, dann deren Drehjahr und selektiert auf das Jahr 2000. Dazu ruft man zunächst $q_1$ auf und dann $q_2$.
- Man berechnet zunächst alle Filme, die im Jahr 2000 gedreht wurden, und zu diesen dann alle beteiligten Schauspieler. Unter diesen selektiert man auf $S$. Dazu ruft man zunächst $q_2$ auf und dann $q_1$.

Der zweite Plan ist nicht ausführbar – weder gestattet $q_2$ eine Suche nach Drehjahr noch $q_1$ eine Suche mit Filmtiteln. Um $q_2$ zu benutzen, muss ein Filmtitel vorgegeben sein, d.h., die entsprechende Variable in der Anfrage muss *gebunden sein*. Um dies bei der Planung zu berücksichtigen, verwendet man *binding patterns*, die angeben, welche Variablen in einer Anfrage gebunden sein müssen.

### Globale Anfrageoptimierung

*Optimierung über Plangrenzen hinweg*

Unsere bisherige Betrachtung beschränkte sich auf die Optimierung einzelner Anfragepläne. Dies hat den Vorteil einer konzeptionell klaren Aufgabe. Unter der Annahme, dass als Antwort auf eine Benutzeranfrage alle möglichen Antworten berechnet und deshalb alle möglichen Anfragepläne ausgeführt werden sollen, wird dadurch aber Optimierungspotenzial verschenkt, da verschiedene Anfragepläne meist *gleiche Teilanfragen* enthalten, die bei isolierter Betrachtung mehrmals (für verschiedene Pläne) ausgeführt werden. Das Erkennen und Vermeiden solcher redundanten Anfragen ist Aufgabe der *globalen Optimierung*.

*Redundante Planteile*

Die Problematik haben wir bereits bei unserem ursprünglichen Beispiel kennen gelernt (siehe Seite 175 ff.). Für die dort genannte Benutzeranfrage gibt es vier Anfragepläne mit jeweils zwei Teilanfragen; insgesamt besitzen alle Anfragepläne zusammen aber nur vier verschiedene Teilanfragen. Aus globaler Perspektive kann es daher sinnvoll sein, diese auch nur einmal auszuführen. Dabei muss aber beachtet werden, dass diese Teilanfragen zunächst nur syntaktisch identisch sind, dass aber während der konkreten Ausführung einer Teilanfrage die in der Anfrage enthaltenen Variablen an unterschiedliche Wertmengen gebunden werden. Daher ist das Beseitigen solcher vermeintlich redundanter Teilanfragen als Teil der Optimierung vor der Ausführung nicht immer besser.

## 6.3.4 Anfrageausführung

Das Ergebnis der Anfrageoptimierung ist eine genaue Vorschrift zur Ausführung eines Anfrageplans. Diese Vorschrift muss nun ausgeführt werden. Diesen Punkt behandeln wir hier etwas ausführlicher, da wir später nicht mehr näher auf ihn eingehen werden. Die Ausführung beinhaltet vor allem folgende Teilaufgaben:

*Teilaufgaben*

- **Versenden der Teilanfragen** an die Datenquellen: Dazu müssen Verbindungen aufgebaut, überwacht und abgebaut sowie Zwischenergebnisse im Integrationssystem gespeichert werden.
- **Transformation der Teilergebnisse** gemäß den Konventionen des globalen Schemas: Das umfasst zum Beispiel die Konvertierung von Datentypen und die Benutzung von Übersetzungstabellen zur Rekodierung von Begriffen.
- **Verwaltung der Variablenbindungen**: Teilanfragen, die in Anfragekorrespondenzen ja nur logisch spezifiziert sind, müssen zur Laufzeit instantiiert werden, d.h., dass Variablen an Werte oder Wertemengen aus anderen Teilanfragen (oder an Konstante der Benutzeranfrage) gebunden werden. Diese Werte werden den Datenquellen als Parameter übergeben. Zum anderen erzeugen die Teilanfragen neue Bindungen für Variablen, die von der Anfrageausführung zur späteren Verwendung gespeichert werden müssen. Über diese Variablenbindung läuft die Kommunikation zwischen verschiedenen Datenquellen.
- **Überwachung der Ausführung**: Da in der Regel zwischen einer Datenquelle und dem Integrationssystem Netzwerkverbindungen notwendig sind, kann es zu abbrechenden Verbindungen kommen. Diese sollten über einen Time-out-Mechanismus erkannt und abgefangen werden, beispielsweise durch ein erneutes Absetzen der Anfrage.
- **Ausführung aller Operationen**, die nicht in einer der Datenquellen ausgeführt werden: Dies umfasst insbesondere die Ausführung von Joins zwischen Datenquellen oder die Filterung von Ergebnissen einer Teilanfrage, deren Datenquelle die entsprechenden Filterprädikate nicht unterstützt.

Betrachten wir als Beispiel Plan $p_3$ aus Tabelle 6.2 (Seite 179):

```
SELECT titel, regisseur, role
FROM   fd.film, imdb.acts
WHERE  imdb.acts.actor_name = 'Hans Albers'
       AND imdb.acts.role = 'main actor'
       AND fd.film.titel = imdb.acts.title;
```

Nehmen wir an, dass die Datenquelle `imdb.acts` eine Webseite ist, die nur eine Suche nach Schauspielernamen erlaubt. Damit kann diese Datenquelle weder das Selektionsprädikat nach der Rolle noch den Join ausführen. Andererseits erlaube die Datenquelle `fd.film` überhaupt keine Suche, sondern liefere schlicht eine Titelliste. Damit müssen sowohl der Join als auch die Selektion nach der Rolle im Integrationssystem durchgeführt werden. Das Ergebnis der Anfrageoptimierung könnte ein Plan wie der folgende sein[6]:

```
T := retrieve(fd.film);
S := retrieve(imdb.acts,'Hans Albers');
T' := join(T.titel,S.title);
T'' := filter(T',T'.role,translate('Hauptrolle'));
return T'';
```

*Zentrale Ausführung von Prädikaten*

Zur *zentralen Ausführung von Prädikaten* (d.h. im Integrationssystem) bietet es sich an, eine lokale relationale Datenbank zu benutzen. Die Ergebnisse der Teilanfragen (also die Mengen $T$, $S$ etc.) können dann einfach in temporäre Tabellen gespeichert und mit Standard-SQL-Befehlen verknüpft bzw. gefiltert werden.

*Mengen- versus Tupelsemantik*

Eine besondere Schwierigkeit ergibt sich bei der Integration von Webseiten, die keine Suchformulare besitzen, sondern ausschließlich durch das *Verfolgen von Hyperlinks* (»browsen«) durchsuchbar sind. In diesem Fall wird gegen das Grundparadigma aller Anfragesprachen, die Berechnung von Ergebnismengen aufgrund der Erfüllung oder Nicht-Erfüllung von Anfrageprädikaten, verstoßen. Dadurch kommen auf die Integrationsschicht weitere Aufgaben zu, da mengenwertige (SQL-artige) Anfragen in Navigationsmuster übersetzt werden müssen. Arbeiten auf diesem Gebiet werden wir in Abschnitt 6.7 kurz ansprechen.

*Dynamische Anpassung von Plänen*

Während der Ausführung eines Planes kann es sinnvoll sein, *dynamisch* auf eingehende (oder eben nicht eingehende) Teilergebnisse zu reagieren:

[6] Wir verwenden eine rein informelle Schreibweise, die intuitiv verständlich sein sollte.

- Eine *Reoptimierung* ist sinnvoll, wenn einzelne Datenquellen wesentlich langsamer sind oder unerwartet kleine oder große Zwischenergebnisse liefern und deshalb eine Umstellung der Ausführungsreihenfolge vernünftig erscheint.
- Eine *Replanung* ist notwendig, wenn eine Datenquelle nicht auf Anfragen reagiert, also temporär nicht verfügbar ist. In diesem Fall muss die Planung unter Nicht-Berücksichtigung der ausgefallenen Datenquelle wiederholt werden.

### 6.3.5 Ergebnisintegration / Datenfusion

Unter der Voraussetzung, dass alle Anfragekorrespondenzen korrekt spezifiziert wurden, erzeugt jeder Anfrageplan korrekte Ergebnisse für die Benutzeranfrage. Die Ergebnisse verschiedener Pläne stehen dabei in keinem vorherbestimmten Verhältnis zueinander. Im Allgemeinen sind sie *verschieden, ohne überlappungsfrei zu sein*. Jeder Plan kann Ergebnistupel erzeugen, die nur er berechnet, und andere Tupel, die schon von vorherigen Plänen berechnet wurden. Darüber hinaus können Repräsentationen von Realweltobjekten, die von verschiedenen Plänen geliefert werden, sich in einzelnen Werten unterscheiden, weil die zugrunde liegenden Datenquellen *widersprüchliche Informationen* enthalten.

*Gleiche Objekte, unterschiedliche Werte*

Ein Ziel der Informationsintegration ist aber die syntaktische und semantische Homogenisierung der gesammelten Daten. Die Situation ist damit grundlegend anders als bei der Anfrageauswertung in einem RDBMS. In RDBMS gibt es keine »Ergebnisintegration«, da jede Anfrage genau vorgeben muss, wie ihr Ergebnis zusammengesetzt werden soll. Den Unterschied erläutern wir an einem Beispiel.

*Ziel: Homogenisierung*

```
SELECT name, einkommen
FROM   mitarbeiter
UNION
SELECT name, einkommen
FROM   studenten;
```

Das Ergebnis dieser Anfrage ist eine Liste von Namen und Einkommen. Ein RDBMS wird keinerlei Versuch unternehmen festzustellen, ob es `studenten` gibt, die auch in der `mitarbeiter`-Tabelle enthalten sind; das RDBMS unternimmt also keine Duplikaterkennung. Nehmen wir weiter an, dass es $t_1 \in$ `mitarbeiter` und $t_2 \in$ `studenten` gibt, die denselben Namen, aber unterschiedliche Einkommen haben. Das RDBMS wird nicht versuchen, diese Tupel – die eine einzige physikalische Person mit einem einzigen Einkommen oder auch zwei Einkommen einer Person oder zwei Personen mit zufällig gleichem Namen repräsentieren können – in einer konfliktfreien Form darzustellen.

RDBMS reagieren mit einem Fehler, wenn sie nicht eindeutig entscheiden können, welche Daten im Ergebnis zurückgegeben werden sollen. Ein RDBMS kann für die folgende Anfrage nicht entscheiden, welches der beiden möglichen `einkommen`-Attribute zur Erstellung des Anfrageergebnisses verwendet werden soll:

```
SELECT name, einkommen
FROM   mitarbeiter,name = studenten.name;
```

Kapitel 8 widmet sich ausführlich den Problemen der Datenintegration.

## 6.4 Anfrageplanung im Detail

Der erste Schritt der Anfragebearbeitung ist die *Anfrageplanung*. Ausgehend von einer gegebenen Menge von Anfragekorrespondenzen und einer Anfrage an das globale Schema gilt es, eine oder mehrere Möglichkeiten (Anfragepläne) zu finden, die globale Anfrage durch die Verwendung und Verknüpfung von in Anfragekorrespondenzen definierten lokalen Anfragen zu beantworten.

*Planung und Ausdrucksmächtigkeit*

Die Komplexität der Anfrageplanung hängt von zwei Faktoren ab: den *erlaubten Prädikaten* in Benutzeranfragen, also der Ausdrucksmächtigkeit der globalen Anfragesprache, sowie den erlaubten *Korrespondenzarten und -typen* (siehe Abschnitt 6.2). Dabei unterscheidet man vor allem zwei Klassen:

**Local-as-View-(LaV-)Korrespondenzen** sind Regeln, deren rechte Seite, also die Anfrage an das Exportschema einer Datenquelle, nur aus einer einzelnen Relation bestehen. Dagegen kann die linke Seite, also die Anfrage an das globale Schema, beliebige (konjunktive) Anfragen enthalten. Eine LaV-Regel definiert also eine exportierte Relation einer Datenquelle als *Sicht auf das globale Schema*.

**Global-as-View-(GaV-)Korrespondenzen** sind Regeln, deren linke Seite, also die Anfrage an das globale Schema, nur aus einer einzelnen Relation besteht. Auf der rechten Seite, also in Anfragen an das Exportschema einer Datenquelle, sind hier beliebige Anfragen zugelassen. Eine GaV-Regel definiert also eine Relation des globalen Schemas als *Sicht auf das Exportschema* einer Datenquelle.

Obwohl wir uns in diesem Buch auf konjunktive Anfragen und Inklusionskorrespondenzen beschränken, besitzt die Anfrageplanung mit LaV-Regeln eine erstaunliche Komplexität. Wir gehen im Folgenden zunächst auf diesen schwierigeren Fall ein. In Abschnitt 6.4.4 widmen wir uns der Planung mit GaV-Regeln. Die Kombination beider Methoden in GLaV-Korrespondenzen, die die höchste Flexibilität in der Modellierung semantischer Zusammenhänge erlaubt, werden wir in Abschnitt 6.4.5 darstellen.

## 6.4.1 Prinzip der Local-as-View-Anfrageplanung

*Sichten auf das globale Schema*

Eine LaV-Regel definiert eine Relation aus dem Exportschema einer Datenquelle als Sicht auf das globale Schema. Dies ist auf den ersten Blick erstaunlich, kann aber wie folgt begründet werden. Die Intension von globalen Relationen ist immer ein Konzept der realen Welt. Die Extension einer globalen Relation enthält prinzipiell alle in der realen Welt mit diesem Konzept bezeichneten Objekte. Da Datenquellen für gewöhnlich niemals vollständig sind, enthält die Extension einer lokalen Relation mit gleicher Intension wie eine globale Relation nur eine *Teilmenge der Extension der globalen Relation*. Datenquellen können daher als Ausschnitte eines (nur virtuell existierenden) *allumfassenden Informationssystems*, das durch das globale Schema ausgedrückt wird, verstanden werden.

Da in der Regel die Intensionen von globalen und lokalen Relationen nicht identisch sind, benötigt man globale Anfragen, um den Ausschnitt des globalen Informationssystems genau zu definieren, der der Intension einer lokalen Relation entspricht. Folglich werden lokale Relationen als Sichten auf das globale Schema definiert (siehe Abbildung 6.4).

Die globalen Anfragen der Korrespondenzen müssen verwendet werden, um eine beliebige Benutzeranfrage zu beantworten. Dazu muss man diese Anfragen so »zusammenpuzzeln«, dass garantiert nur *semantisch korrekte Ergebnisse* berechnet werden.

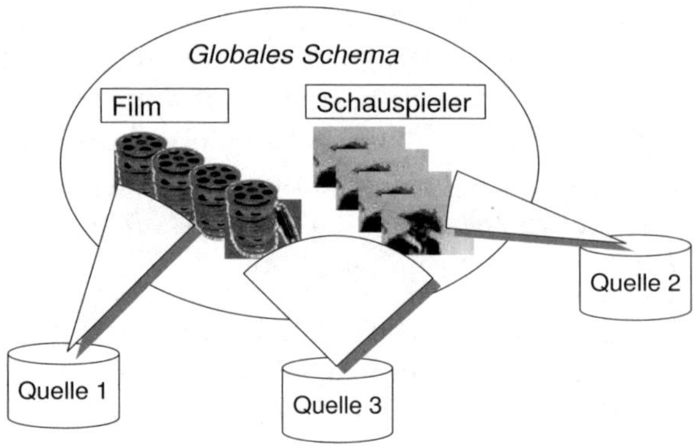


***Abbildung 6.4***
*Lokale Relationen als Sichten auf das globale Schema*

**Local-as-View am Beispiel**

Zur Erläuterung verändern wir unser globales Beispielschema aus Abbildung 6.2 geringfügig. Das neue Schema, das in Abbildung 6.5 zu sehen ist, fügt dem ursprünglichen Schema nur einige Attribute hinzu, wie die Länge und den Typ von Filmen sowie Kritiken. Filmtypen seien unter anderem «Spielfilm« und »Kurzfilm«. Die zur Verfügung stehenden Datenquellen werden in Tabelle 6.5 aufgeführt; der Einfachheit halber nehmen wir an, dass jede Datenquelle nur eine Relation exportiert.

***Abbildung 6.5***
*Globales Schema für LaV-Regeln*

```
film(titel,typ,regisseur,laenge);
schauspieler(schauspieler_name,nationalitaet);
spielt(titel,schauspieler_name,rolle,kritik);
```

Die LaV-Regeln, die jede der Datenquellen aus Tabelle 6.5 als Sicht auf das globale Schema beschreiben, sind in Tabelle 6.6 angegeben. Dabei fallen einige Besonderheiten auf:

*Besonderheiten von LaV*

- Viele der Datenquellen besitzen nur Informationen über bestimmte Filme bzw. bestimmte Rollen oder bestimmte Schauspieler. Damit ist die *Intension der lokalen Relationen* im Vergleich zu den entsprechenden globalen Relationen eingeschränkt. Die Unterschiede können durch Selektionen auf der globalen Relation innerhalb unseres Modells ausgedrückt werden. Das muss nicht immer so sein – stellen wir uns zum Beispiel eine Datenquelle vor, die nur Informationen über weibliche Darsteller besitzt. Diese Einschränkung könnten wir nicht repräsentieren, da das globale Schema keine Informationen über das Geschlecht von Darstellern ent-

| Datenquelle | Beschreibung |
|---|---|
| `spielfilme(titel, regisseur, laenge)` | Informationen über Spielfilme, die mindestens 80 Minuten Länge haben. |
| `kurzfilme(titel, regisseur)` | Informationen über Kurzfilme. Kurzfilme sind höchstens 10 Minuten lang. |
| `filmkritiken(titel, regisseur, schauspieler, kritik)` | Kritiken zu Hauptdarstellern von Filmen |
| `us_spielfilme(titel, laenge, schauspieler_name)` | Spielfilme mit US-amerikanischen Schauspielern |
| `spielfilm_kritiken(titel, rolle, kritik)` | Kritiken zu Rollen in Spielfilmen |
| `kurzfilm_rollen(titel, rolle, schauspieler_name, nationalitaet)` | Rollenbesetzungen in Kurzfilmen |

***Tabelle 6.5***
*Datenquellen für LaV-Regeln*

hält. Aufgrund der Inklusionsbeziehungen zwischen den Extensionen in unseren Korrespondenzen könnte eine solche Datenquelle aber immer noch gefahrlos integriert werden.

- In Bezug auf das globale Schema sind viele Datenquellen *denormalisiert*. Wie bereits erwähnt, trifft man diese Situation oft bei der Integration von Datenquellen an, die selber keine Datenbanken sind, sondern für die Präsentation von Informationen für menschliche Benutzer gemacht wurden (wie Webseiten oder automatisch erzeugte Berichte).
- Die Informationen einer Datenquelle können im globalen Schema durchaus *über mehrere Relationen verteilt* sein. In diesen Fällen enthält die globale Anfrage der Relation alle notwendigen globalen Relationen, verbunden durch Joins.

### LaV-Anfrageplanung

*Planung: Kombination von Korrespondenzen*

Aufgabe der Anfrageplanung ist es nun, für eine beliebige Anfrage an das globale Schema eine oder mehrere Kombinationen aus den globalen Anfragen der zur Verfügung stehenden Korrespondenzen zu finden, die die Anfrage beantworten. Dies erfordert Schlussfolgerungen der folgenden Art:

| | | |
|---|---|---|
| `film(T,Y,R,L),L>79,Y='Spielfilm'` | ⊇ | `spielfilme(T,R,L)` |
| `film(T,Y,R,L),L<11,Y='Kurzfilm'` | ⊇ | `kurzfilme(T,R)` |
| `film(T,_,R,_),spielt(T,S,O,K),O='Hauprolle'` | ⊇ | `filmkritiken(T,R,S,K)` |
| `film(T,Y,_,L),spielt(T,S,_,_), schauspieler(S,N), N='US',Y='Spielfilm'` | ⊇ | `us_spielfilm(T,L,S)` |
| `film(T,Y,_,_),spielt(T,_,O,K),Y='Spielfilm'` | ⊇ | `spielfilm_kritiken(T,O,K)` |
| `film(T,Y,_,_),spielt(T,S,O,_), schauspieler(S,N), Y='Kurzfilm'` | ⊇ | `kurzfilm_rollen(T,O,S,N)` |

***Tabelle 6.6***
*Korrespondenzen zu den Datenquellen aus Tabelle 6.5*

- Eine Suche nach Filmen, die kürzer als 100 Minuten sind, sollte die Quellen `spielfilme` und `kurzfilme` verwenden. Bei Filmen aus `kurzfilme` gilt die Bedingung immer, während sie bei Filmen aus `spielfilme` individuell überprüft werden muss und kann. Eine Suche nach Filmen über 60 Minuten Länge darf dagegen die Quelle `kurzfilme` nicht verwenden.
- Eine Suche nach Titeln von Spielfilmen kann die Datenquellen `spielfilme`, `us_spielfilme` und `spielfilm_kritiken` benutzen. Alle anderen Datenquellen liefern entweder keine Informationen über den Typ eines Filmes oder enthalten keine Informationen über Spielfilme.
- Eine Suche nach den Hauptrollen in Spielfilmen unter 100 Minuten Länge kann beispielsweise die Quellen `spielfilme` und `filmkritiken` kombinieren, denn obwohl keine der Quellen das Attribut `rolle` exportiert, ist durch die Tatsache, dass sich alle Kritiken in `filmkritiken` auf Hauptrollen beziehen, diese Bedingung gesichert. Ebenso kann man die Quellen `spielfilme` und `spielfilm_kritiken` kombinieren – wodurch man Kritiken zu Hauptrollen bekommt, ohne den Namen des Schauspielers zu erfahren. Eine Kombination von `spielfilme` mit `kurzfilm_rollen` ist dagegen sinnlos, da die Extensionen beider Quellen gemäß den definierten Korrespondenzen disjunkt sein müssen.

*Korrektheit von Plänen*

Das Beispiel zeigt, dass die Situation schon bei wenigen Quellen und kleinen Schemata eine hohe Komplexität erreicht. Um die informelle Argumentation in einen Algorithmus zu überführen, widmen wir uns zunächst der Frage, wann Antworten »semantisch korrekt« sind. Dies haben wir zwar schon mehrmals gefordert, bisher aber noch nicht klar definiert. Wir stellen dazu im folgenden Abschnitt zunächst das theoretische Rüstzeug bereit, um uns dann in Abschnitt 6.4.3 der automatischen Anfrageplanung mit LaV-Regeln zuzuwenden.

### 6.4.2 Query Containment

Eine relationale Anfrage hat ebenso eine Extension wie eine Relation in einem RDBMS. Die Extension einer relationalen Anfrage ist die Menge der von ihr berechneten Tupel; sie hängt also ab von der Extension der in der Anfrage benutzten Relationen und den Operatoren der Anfrage, wie Joins, Projektionen und Selektionen.

*Sichten in die »falsche Richtung«*

In unserem Szenario sind nur die Extensionen *bestimmter Anfragen* durch Korrespondenzen definiert. Um die Extension einer beliebigen Anfrage zu erhalten, muss der Planungsalgorithmus prüfen, ob man die berechenbaren Extensionen so verknüpfen kann, dass das gewünschte Ergebnis erzeugt wird. Einer vergleichbaren Situation steht man gegenüber, wenn man eine Anfrage *nur unter Verwendung einer Menge von materialisierten Sichten* zu beantworten versucht (siehe Infokasten 9.1 auf Seite 377). Beide Probleme sind lösbar, indem man die Definitionen der Sichten syntaktisch analysiert.

*Pläne aus einer Korrespondenz*

Wir werden zunächst das einfachere Probleme untersuchen, für eine gegebene Benutzeranfrage alle Pläne zu finden, die nur *eine einzige Korrespondenz* benutzen. Wir vergleichen also jeweils zwei Anfragen an das globale Schema miteinander und wollen feststellen, ob das Ergebnis der einen Anfrage auch ein Ergebnis der anderen Anfrage ist. Sei $q$ unsere Benutzeranfrage und $p$ die globale Anfrage einer Anfragekorrespondenz. Wenn das Ergebnis von $p$, das wir ja berechnen können, immer in dem Ergebnis von $q$ enthalten ist, dann liefert $p$ offensichtlich nur korrekte Ergebnisse für $q$. Wir müssen also feststellen, ob die Extension von $p$ immer in der Extension von $q$ enthalten ist – gleichgültig, welche Daten tatsächlich in einer Datenbank vorliegen. Diesen Sachverhalt bezeichnet man als *Query Containment*[7].

*Query Containment*

[7]»Containment« bzw. »to be contained« bedeutet auf Deutsch »enthalten sein«. »A query is contained in another« bedeutet also, dass eine Anfrage in einer anderen enthalten ist (die formale Definition finden Sie im Text). »Query Containment« als Substantiv bedeutet damit sperrig »Anfrage-enthalten-Sein«. Wir verwenden daher weiterhin den englischen Begriff.

*Definition 6.1*
*Äquivalente und ineinander enthaltene Anfragen*

**Definition 6.1**
Gegeben seien ein relationales Schema $S$ und zwei Anfragen $q$ und $p$ gegen $S$.

- ❑ $q$ ist äquivalent zu $p$, geschrieben als $q \equiv p$, genau dann, wenn die Extension von $q$ unabhängig von den in $S$ tatsächlich gespeicherten Daten gleich der Extension von $p$ ist.
- ❑ $p$ ist in $q$ enthalten, geschrieben als $p \subseteq q$, genau dann, wenn die Extension von $p$ unabhängig von den in $S$ tatsächlich gespeicherten Daten in der Extension von $q$ enthalten ist. ■

*Syntaktische Tests für semantische Fragen*

Zur Anfrageplanung wollen wir also nur auf Basis der *Syntax* zweier Anfragen entscheiden, ob ihre Extensionen ineinander enthalten sind und damit alle Ergebnisse der einen Anfrage semantisch korrekte Ergebnisse für die andere Anfrage sind. Gelingt uns dies, so können wir alle Korrespondenzen identifizieren, die korrekte Ergebnisse für eine Benutzeranfrage berechnen. Betrachten wir als Beispiel die folgende Anfrage:

```
SELECT titel, typ, rolle, kritik
FROM   film, spielt
WHERE  film.titel = spielt.titel;
```

Offensichtlich kommen nur solche Datenquellen in Frage, die auch Daten für alle in der Anfrage enthaltenen Relationen liefern können. Aber damit ist noch nicht gesagt, dass die Extensionen der Anfragen auch ineinander enthalten sind:

*Beschränkungen der Beispielquellen*

- ❑ Datenquelle `filmkritiken` liefert zwar Filmtitel und Kritiken, kann aber weder den Typ eines Films noch die Rolle eines Schauspielers angeben.
- ❑ Auch die Datenquellen `us_spielfilme` und `kurzfilm_rollen` können (unter anderem) keine Kritiken liefern.
- ❑ Datenquelle `spielfilm_kritiken` dagegen liefert alle gewünschten Informationen und erfüllt alle Bedingungen. Die Extension der Anfrage

  ```
  q(T,Y,O,K)  :-  film(T,Y,_,_),spielt(T,_,O,K),
                  Y='Spielfilm'
  ```

  ist auch stets in der Extension der Benutzeranfrage enthalten. Da beide Anfragen bis auf die Selektion nach dem

Filmtyp identisch sind, müssen wir nur diesen betrachten. Ein Tupel, das einem Spielfilm entspricht, ist in beiden Extensionen enthalten. Tupel, die einem anderen Filmtyp entsprechen, sind in der Extension der Benutzeranfrage enthalten, aber nicht in der Extension der Datenquelle. Solche Tupel werden wir zwar durch Benutzung von `spielfilm_kritiken` nicht finden, aber jedes Tupel, das die Datenquelle findet, ist korrekt für unsere Anfrage.

Für eine Anfrage, die nur die Titel von Filmen erfragt, liefert dagegen jede der in Tabelle 6.6 inhaltlich definierten Datenquellen semantisch korrekte Daten. Betrachten wir als weiteres Beispiel die Anfrage:

```
SELECT titel
FROM   film
WHERE  laenge<100;
```

Für diese Anfrage kommen die Datenquellen `spielfilme`, `kurzfilme` und `us_spielfilme` in Frage. Dabei kann man aufgrund der Anfrage bereits schließen, dass jeder Datensatz aus `kurzfilme` ein korrektes Ergebnis ist. Tupel aus den anderen beiden Quellen müssen dagegen noch dahingehend gefiltert werden, dass nur Filme mit einer Länge unter 100 Minuten zurückgegeben werden. Da beide Datenquellen Längeninformationen liefern, ist dies auch möglich.

### Containment-Mappings

*Test auf Query Containment*

Zur Beurteilung des Verhältnisses zweier Anfragen sind die in den Anfragen enthaltenen Relationen und Prädikate entscheidend. Unser Ziel ist es, für zwei gegebene Anfragen *automatisch* zu entscheiden, ob die eine in der anderen enthalten ist oder nicht. Da konkrete Datenbanken theoretisch unbegrenzt groß sind, ist es natürlich nicht möglich, alle denkbaren Instanzen eines Schemas aufzuzählen, in jeder Instanz beide Anfragen auszuführen und das Verhältnis der Extensionen zu testen.

*Abbildungen zwischen Anfragen*

Wir betrachten stattdessen bestimmte *Abbildungen* zwischen den Relationen, Variablen und Konstanten der beiden Anfragen. Diese Abbildungen heißen *Containment-Mappings*, und ihre genaue Definition erfordert einige Vorarbeiten. Erinnern wir uns der Definitionen aus Abschnitt 2.2.3. Darauf aufbauend führen wir nun zunächst Abbildungen zwischen Symbolmengen ein.

*Definition 6.2*
*Symbol-Mappings*

**Definition 6.2**
Ein *Symbol-Mapping* von einer Anfrage $p$ in eine Anfrage $q$ ist eine Funktion $s : sym(p) \mapsto sym(q)$. Für ein Symbol-Mapping $s$ und eine Anfrage $p$ ist $s(p)$ definiert als die Anfrage, die sich aus $p$ durch die Ersetzung aller Symbole $v \in sym(p)$ durch $s(v)$ ergibt. ■

Symbol-Mappings bilden Symbole einer Anfrage auf die Symbole einer anderen Anfrage ab. Wir benötigen sie nur als Zwischenschritt. Zu beachten ist, dass jedes Symbol-Mapping eine Funktion ist, d.h., jedes Symbol der abgebildeten Anfrage wird auf genau ein Symbol der anderen Anfrage abgebildet; die Umkehrung gilt nicht.

*Containment-Mappings* sind spezielle Symbol-Mappings. Wir werden später sehen, dass eine Anfrage immer dann in einer anderen Anfrage enthalten ist, wenn es ein Containment-Mapping von der einen Anfrage in die andere gibt.

*Definition 6.3*
*Containment-Mapping*

**Definition 6.3**
Gegeben seien zwei Anfragen $p$ und $q$. Ein *Containment-Mapping* $h$ von $p$ nach $q$ ist ein Symbol-Mapping von $p$ nach $q$, für das die folgenden Bedingungen gelten:

1. $\forall c \in const(p) : h(c) = c$
2. $\forall l \in p : h(l) \in q$
3. $\forall v \in exp(p) : h(v) \in exp(q)$
4. $cond(q) \rightarrow cond(h(p))$ ■

Ein Containment-Mapping $h$ muss also zunächst alle Konstanten auf sich selber abbilden (1). Daher muss jede Konstante aus $q$ auch in $p$ vorkommen. Das Bild jedes Literals aus $p$ muss in $q$ existieren (2). Dabei dürfen sehr wohl Variable durch Konstante ersetzt werden; auch darf $q$ weitere Literale, deren Urbild nicht in $p$ vorkommt, enthalten. Des Weiteren muss $h$ jede Variable aus dem Kopf von $p$ auf eine Variable aus dem Kopf von $q$ abbilden (3). Schließlich müssen die Bedingungen an die Variablen aus $q$ logisch die Formel implizieren, die sich aus dem Bild der Bedingungen in $p$ ergibt (4).

*Theorem 6.1*
*Containment-Mapping*

**Theorem 6.1**
Eine Anfrage $q$ ist in einer Anfrage $p$ genau dann enthalten, wenn es ein Containment-Mapping von $p$ nach $q$ gibt. ■

Theorem 6.1 ist ein klassisches Ergebnis der relationalen Datenbankforschung und wurde 1977 von Chandra und Merlin bewiesen [48]. Die ursprüngliche Motivation zur Untersuchung der extensionalen Beziehung unterschiedlicher Anfragen war das Bestreben, Anfragen – noch vor weiteren Optimierungsschritten zur Wahl von Zugriffspfaden, Reihenfolge von Joins etc. – *syntaktisch zu minimieren*, d.h., Prädikate zu entfernen, ohne das Ergebnis der Anfrage zu verändern – unabhängig von einer konkreten Datenbankinstanz. Dies ist genau dann der Fall, wenn die veränderte (kleinere) Anfrage äquivalent zur ursprünglichen Anfrage ist, und diese Äquivalenz kann man durch das Finden von wechselseitigen Containment-Mappings beweisen.

*Anfrageminimierung*

Zur Anwendung des Theorems auf die Anfrageplanung in Integrationssystemen müssen wir für Korrespondenzen zunächst exakt festlegen, welcher globalen Anfrage sie entsprechen.

**Definition 6.4**

***Definition 6.4*** *Korrespondenzen und induzierte Anfragen*

Gegeben sei eine LaV-Korrespondenz $k : q \supseteq r(v_1, v_2, \ldots, v_n)$, wobei $r$ eine exportierte Relation einer Datenquelle und $q$ eine Anfrage an das globale Schema ist. Wir nennen die normalisierte Anfrage

$$k(v_1, v_2, \ldots, v_n) :- q$$

*die von $k$ induzierte globale Anfrage.* ∎

Betrachten wir die folgende Korrespondenz $k$:

```
film(T,Y,_,L),spielt(T,S,_,_),
          schauspieler(S,N),
        N='US',Y='Spielfilm'  ⊇  us_spielfilme(T,L,S)
```

Die von $k$ induzierte Anfrage ist:

```
k(T,L,S)  :-  film(T,'Spielfilm',_,L),spielt(T,S,_,_),
              schauspieler(S,'US');
```

Für diese Anfrage gilt $exp(k) = var(k) = \{T, L, S\}$ und $const(k) = \{'US','SPIELFILM'\}$.

### Beispiele

Um ein tieferes Verständnis von Query Containment und Containment-Mappings zu erhalten, wollen wir einige Beispiele betrachten. Abbildung 6.6 zeigt ein Containment-Mapping $h$ zwischen einer globalen Anfrage $p$, die nach Filmtiteln, Schauspielern und Kritiken sucht, und der induzierten Anfrage $q$ der Datenquelle `filmkritiken`. Um zu zeigen, dass alle Tupel dieser Datenquelle korrekte Ergebnisse für $p$ sind, müssen wir beweisen, dass $q \supseteq p$. Dazu muss ein Containment-Mapping von $p$ nach $q$ gesucht werden.

**_Abbildung 6.6_** *Containment-Mapping zwischen zwei Anfragen*

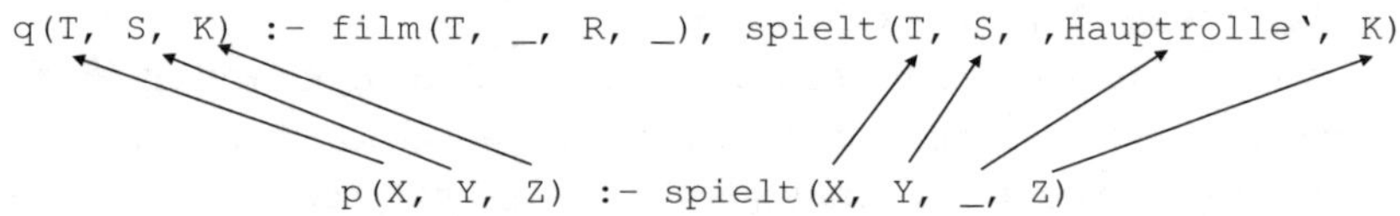


Stellen wir uns zuerst vor, dass $q$ und $p$ Anfragen an eine konkrete Datenbank sind. Wir wollen zeigen, dass alle Tupel, die $q$ berechnet, auch von $p$ berechnet werden. Im konkreten Fall gilt die Enthaltenseinbeziehung offensichtlich, da $q$ zwar – durch den zusätzlichen Join und die Einschränkung auf Hauptrollen – in vielen möglichen Datenbankinstanzen Tupel aus der Extension von `spielt` entfernt, aber keinesfalls neue hinzufügen könnte. Der zusätzliche Join wirkt hier nur als *Filter*, der alle Tupel aus `spielt` ohne Join-Partner in `film` entfernt. Dies ist ein Beispiel dafür, dass die enthaltene Anfrage Literale beinhalten darf, die in der enthaltenden Anfrage nicht vorhanden sind.

Das Containment-Mapping $h$ bildet alle Symbole aus $p$ auf Symbole aus $q$ ab; dabei muss man sich alle »_« in den Anfragen durch beliebige, aber unterschiedliche Variablen ersetzt denken. Offensichtlich genügt $h$ aus Abbildung 6.6 unseren Anforderungen an Containment-Mappings: Bedingung (1) ist trivialerweise erfüllt, da $p$ keine Konstanten enthält. Bedingung (2) ist erfüllt, da das eine Literal von $p$ durch $h$ auf das Literal `spielt` in $q$ abgebildet wird. Bedingung (3) an exportierte Variablen ist ebenfalls erfüllt. Schließlich ist auch Bedingung (4) erfüllt, da weder $q$ noch $p$ explizite Bedingungen enthalten.

*Vergleich von Anfragen*

Bei der Informationsintegration werden natürlich nicht beide Anfragen auf derselben Datenbank ausgeführt. Durch die Anfragekorrespondenz wurde aber festgelegt, dass man sie behandeln kann, als ob sie das täten. Damit kann man die von Korrespondenzen induzierten Anfragen mit Benutzeranfragen vergleichen, um deren semantische Korrektheit zu überprüfen.

*Ergebnistransformation*

Containment-Mappings beweisen (oder falsifizieren) nicht nur die Tatsache des Query Containment, sondern zeigen zugleich auch, wie man die *Ergebnisse der enthaltenden Anfrage* im Ergebnis der enthaltenen Anfrage findet. Dazu müssen die Abbildungen der einzelnen Symbole in umgekehrter Richtung gelesen, also die zu $h$ inverse Abbildung betrachtet werden. Enthält ein Mapping also die Abbildung $T \mapsto T'$ und $T$ ist eine in $p$ exportierte Variable, so bilden die Werte des Attributs $T'$, die ja durch die Datenquelle geliefert werden, genau die Werte des Attributs $T$ in $p$. Da alle in $p$ exportierten Variablen auch in $q$ exportiert sein müssen, kann man auf diese Weise immer die Ergebnistupel von $p$ aus den Ergebnissen von $q$ zusammensetzen.

*Mehrere Containment-Mappings*

Containment-Mappings sind nicht notwendigerweise eindeutig. Gibt es mehrere Abbildungen $h_1, h_2, \ldots h_n$ von einer Anfrage $p$ auf eine Anfrage $q$, so gibt es auch mehrere Möglichkeiten, Ergebnisse für $p$ aus den Ergebnissen von $q$ zu konstruieren. Alle diese sind semantisch korrekt und in der Regel unterschiedlich.

Betrachten wir als zweites Beispiel die schon weiter oben genannte Anfrage, jetzt in Datalog-Notation:

```
p(T,Y,O,K) :- film(T,Y,_,_),spielt(T,_,O,K);
```

Welche Datenquellen für $p$ in Frage kommen, haben wir bereits intuitiv begründet. Diese Argumentation können wir nun auf formalen Boden stellen, indem wir jeweils untersuchen, ob es ein Containment-Mapping gibt oder nicht. Dabei sei $q$ jeweils die von der Datenquelle induzierte Anfrage, deren Variablen wir mit einem »′« verändern, um sie von den Variablen in $p$ zu unterscheiden. Variablen der Art »_« ersetzen wir durch unterschiedlich nummerierte Variablen $X_1, X_2, \ldots$ bzw. $X'_1, X'_2, \ldots$

- Die Datenquellen `spielfilme` und `kurzfilme` können nicht in $p$ enthalten sein, da es kein mögliches Ziel für das Literal `spielt` gibt.
- Die Datenquelle `filmkritiken` ist aus den folgenden Gründen nicht in $p$ enthalten: Jedes Mapping, das $p.film(T, Y, X_1, X_2)$ auf ein Literal aus $q$ abbildet, muss die Abbildungen $\{T \mapsto T', Y \mapsto X'_1, X_1 \mapsto R, X_2 \mapsto X'_2\}$ enthalten. Damit wird aber die in $p$ exportierte Variable $Y$ nicht auf eine von $q$ exportierte Variable abgebildet. Damit kann $q$ für ein in $p$ verlangtes Attribut keine Werte liefern.

- Die Datenquellen `us_spielfilme` und `kurzfilm_rollen` sind aus ähnlichen Gründen nicht in $p$ enthalten. In beiden Fällen gibt es nur ein Mapping, das die Bedingungen bzgl. der Abbildung von Literalen erfüllt; dieses verletzt gleichzeitig aber die Bedingung bzgl. der exportierten Variablen $K$.
- Betrachten wir noch die induzierte Anfrage der Datenquelle `spielfilm_kritiken`:

  $$\texttt{q(T',O',K')} \;\; \texttt{:-} \;\; \texttt{film(T',spielfilm,}X_1',X_2'\texttt{),} \quad \texttt{spielt(T',}X_3'\texttt{,O',K');}$$

  Abbildung $h = \{T \mapsto T', Y \mapsto spielfilm, X_1 \mapsto X_1', X_2 \mapsto X_2', X_3 \mapsto X_3', O \mapsto O', K \mapsto K'\}$ genügt allen Anforderungen an ein Containment-Mapping von $p$ nach $q$ und zeigt damit das Gewünschte.

*Ein schwieriges Beispiel*

Durch Containment-Mappings kann man den Test auf Query Containment *algorithmisch lösen*. Man darf sich durch die im Text verwendeten Beispiele nicht zur Meinung verführen lassen, dass es immer so einfach ist, Containment-Mappings zu finden. Schwierigkeiten ergeben sich insbesondere dann, wenn Relationen in Anfragen mehrmals auftreten, da es dann viele potenzielle Möglichkeiten gibt, Literale aufeinander abzubilden. Betrachten wir dazu zwei Anfragen an eine Datenbank, die nur aus einer einzigen Relation, `edge(X,Y)`, besteht, in der die Kanten eines gerichteten Graphen repräsentiert werden. Weiter seien die beiden Anfragen $q$ und $p$ gegeben:

```
q(C,B)  :-  edge(A,B),edge(C,A),edge(B,C),edge(A,D)
p(X,Z)  :-  edge(X,Y),edge(Y,Z)
```

Um zu testen, ob $q \subseteq p$ gilt, müssen wir Containment-Mappings von $p$ nach $q$ suchen. Dabei gibt es für jede der zwei Literale aus $p$ vier mögliche Zielliterale in $q$, woraus sich acht mögliche Kombinationen ergeben, die alle getestet werden müssen. Tatsächlich gilt $q \subseteq p$, was man dadurch sieht, dass man mit dem Mapping $X \mapsto C, Y \mapsto A, Z \mapsto B$ das erste Literal aus $p$ auf das zweite Literal in $q$ und das zweite aus $p$ auf das erste aus $q$ abbilden kann. Nur diese Kombination erfüllt die Bedingungen an die exportierten Variablen. Die Situation ist in Abbildung 6.7 verdeutlicht, in der die Variablen als Knoten eines Graphen veranschaulicht sind. Die grau hinterlegten Knoten sind die in beiden Anfragen exportieren Variablen.

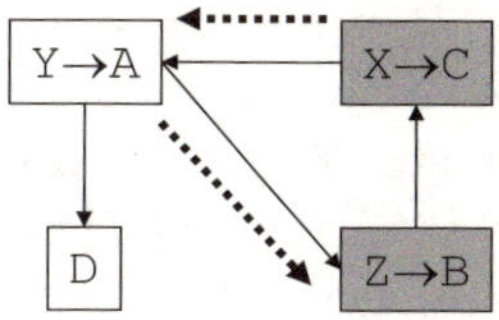


**Abbildung 6.7** *Query Containment in Graphanfragen*

### Algorithmen zum Query Containment

*Berechnung von Containment-Mappings*

Das eben genannte Beispiel gibt bereits einen Hinweis, wie man Containment-Mappings zwischen einer Anfrage $p$ und einer anderen Anfrage $q$ finden kann. Natürlich wäre es möglich, alle in Frage kommenden Symbol-Mappings aufzuzählen und für jedes die vier Bedingungen für Containment-Mappings zu testen. Der dabei *zu untersuchende Suchraum* wäre aber riesig: Nehmen wir an, dass $|var(p)| = n$ und $|sym(q)| = m$. Jede der $m$ Symbole aus $p$ kann dann auf eine der $m$ Symbole aus $q$ abgebildet werden, wodurch sich $m^n$ Möglichkeiten ergeben. Gleichzeitig werden die allermeisten Versuche aber scheitern. Bei näherer Betrachtung von Definition 6.3 wird klar, dass die Bedingungen im Grunde sehr restriktiv sind.

*Suchraum und Teilmappings*

Deshalb geht man wie folgt vor: Man zählt gezielt nur solche Symbol-Mappings auf, die die ersten beiden Bedingungen erfüllen. Dazu betrachtet man für jedes Literal aus $p$ alle Literale in $q$, die derselben Relation entsprechen. Jedes dieser *Teilmappings* auf Literalebene legt eine Abbildung für alle Symbole der beiden Literale fest. Ein Containment-Mapping für die gesamten Anfragen muss sich aus einer *Kombination dieser Teilmappings* zusammensetzen. Daher prüft man für Teilmappings, ob sie zueinander kompatibel sind. Hat man kompatible Teilmappings für alle Literale aus $p$ gefunden, so muss noch überprüft werden, ob Bedingung drei und vier aus Definition 6.3 zutreffen.

Der *Suchraum aller Kombinationen* aus Teilmappings ist in Abbildung 6.8 als Baum dargestellt. In jeder Ebene des Baumes sind die möglichen Zielliterale für ein Literal der (potenziell) enthaltenden Anfrage aufgeführt. In welcher Reihenfolge die Literale aufgezählt werden, ist konzeptionell egal. Jeder Pfad von der Wurzel zu einem Blatt stellt eine Kombination aus Teilmappings dar, die zusammen ein Query Containment bilden können – wenn sie kompatibel sind und außerdem zusammen die letzten zwei Bedingungen an Containment-Mappings erfüllen.

*Kompatibilität*

Bevor wir uns mit Strategien zur *Traversierung des Suchraums* beschäftigen, müssen wir den Begriff der Kompatibilität

**Abbildung 6.8** *Suchraum für Containment-Mappings*

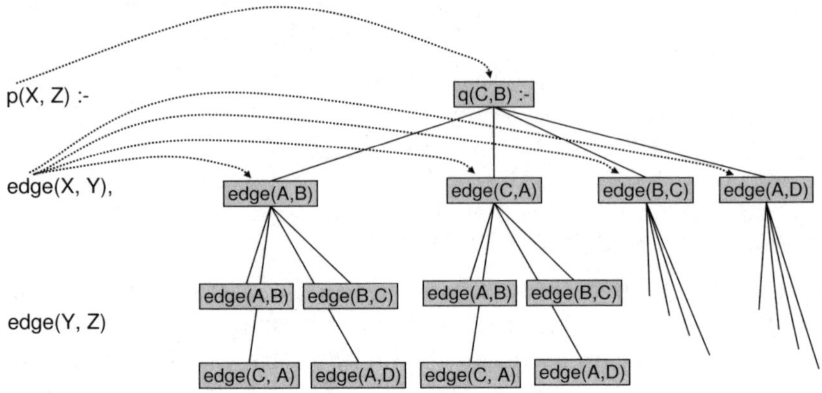


zweier Teilmappings definieren. Dabei bezeichnet $exp(l)$ für ein Literal $l \in p$ die Menge aller in $p$ exportierten Variablen, die in $l$ vorkommen.

*Definition 6.5 Partielle Containment-Mappings*

**Definition 6.5**
Gegeben seien zwei Anfragen $p$ und $q$ mit $l \in p$ und $k \in q$. Ein partielles Containment-Mapping (oder kurz Teilmapping) $h_{l,k}$ von $l$ nach $k$ ist ein Symbol-Mapping, für das die folgenden Bedingungen gelten:

- $\forall c \in const(l) : h_{l,k}(c) = c$
- $h_{l,k}(l) = k$
- $\forall v \in exp(l) : h_{l,k}(v) \in exp(k)$ ■

*Bedingungen in Anfragen*

Teilmappings sind also auf ein Literalpaar eingeschränkte Containment-Mappings, bei denen wir eventuell vorhandene *Bedingungen* in den Anfragen ignorieren[8]. Für ein gegebenes Paar von Literalen $l \in p$ und $k \in q$, die die gleiche Relation adressieren, findet man sehr leicht ein Teilmapping. Da die zweite Bedingung vorschreibt, dass $h_{l,k}(l) = k$, steht durch die Wahl der Literale für jedes Symbol in $l$ sofort das Abbildungsziel in $k$ fest. Man muss dann nur noch überprüfen, ob die erste und dritte Bedingung zutreffen und ob keine Variable aus $l$ auf zwei unterschiedliche Symbole in $k$ abgebildet wird.

[8]Es ist effizienter, analog zu partiellen Containment-Mappings auch partielle Bedingungen zu definieren und diese in Definition 6.5 mit aufzunehmen. Wir beschreiben hier nur die einfachere Variante.

Um komplette Containment-Mappings zu generieren, müssen wir Teilmappings sukzessive zu immer »größeren« Teilmappings kombinieren, also zu Teilmappings, die eine immer größere Menge von Symbolen bzw. Literalen aus $p$ abbilden. Bei der Kombination müssen wir beachten, dass keine der Bedingungen für Teilmappings verletzt werden. Dies kann dann eintreten, wenn unterschiedliche Teilmappings eine Variable aus $p$ auf unterschiedliche Symbole in $q$ abbildet.

*Kombination von Teilmappings*

**Definition 6.6**

*Definition 6.6 Kompatibilität partieller Containment-Mappings*

Gegeben seien zwei Anfragen $p$ und $q$ mit $l, i \in p$ und $j, k \in q$ und $l \neq i$ und $j \neq k$. Seien $h_{l,j}$ und $h_{i,k}$ zwei partielle Containment-Mappings. Man nennt $h_{l,j}$ und $h_{i,k}$ kompatibel, wenn $\nexists v : v \in h_{l,j} \wedge v \in h_{i,k} \wedge h_{l,j}(v) \neq h_{i,k}(v)$. ■

Kompatibilität von Teilmappings ist leicht zu testen, da man nur die in beiden Abbildungen definierten Variablen finden und überprüfen muss.

Sind zwei Teilmappings kompatibel, so kann man sie kombinieren.

**Definition 6.7**

*Definition 6.7 Vereinigung kompatibler Containment-Mappings*

Gegeben seien zwei kompatible Teilmappings $h_{l,j}$ und $h_{i,k}$. Das kombinierte Teilmapping $h = h_{l,j} \circ h_{i,k}$ ist definiert als:

- $\forall v \in sym(h_{l,j}) : h(v) := h_{l,j}(v)$
- $\forall v \in sym(h_{i,k}) \setminus sym(h_{l,j}) : h(v) := h_{i,k}(v)$ ■

Man sieht leicht ein, dass jedes Containment-Mapping von $p$ nach $q$ kompatible Teilmappings für alle Literale aus $p$ induziert. Ebenso kann man zeigen, dass man jedes Containment-Mapping von $p$ nach $q$ aus kompatiblen Teilmappings für alle Literale aus $p$ zusammenbauen kann. Damit kann man alle Containment-Mappings finden, indem man den Suchraum, wie in Abbildung 6.8 angedeutet, konstruiert und alle Kombinationen von Teilmappings überprüft.

*Traversierung des Suchraums*

Diesen Suchraum kann man nun entweder mit *Tiefensuche oder mit Breitensuche* durchlaufen. Mit jeder Ebene im Baum wird das korrespondierende Teilmapping größer, da sukzessive mehr Literale aus $p$ abgedeckt werden. Trifft man auf den Fall, dass ein Teilmapping beim Abstieg im Baum mit dem neuen Teilmapping nicht kompatibel ist, so kann man diesen Teil des Suchbaums abschneiden. Ist man bei einem Blatt angelangt, so hat man ein Containment-Mapping konstruiert, das ein Ziel für alle Literale aus $p$ gefunden hat. Erfüllt dieses Mapping noch die Bedingungen bezüglich der Bedingungen aus $p$ und $q$, so ist ein Containment-Mapping gefunden. Den kompletten Algorithmus findet man beispielsweise in [113].

#### Komplexität

*Finden von Containment-Mappings ist NP-vollständig*

Das Finden eines Containment-Mappings und damit der Beweis dafür, das eine gegebene Anfrage in einer anderen Anfrage enthalten ist, ist NP-vollständig in der Anzahl der Literale der beiden Anfragen. Den Beweis dafür findet man in [48] oder [3]. Eine intuitive Erklärung der Komplexität kann man dem Beispiel in Abbildung 6.8 entnehmen. Stellen wir uns zwei Anfragen $p$ und $q$ vor, die $m$ bzw. $n$ Literale enthalten, die alle dieselbe Relation adressieren. Dann müssen Teilmappings von jedem der $m$ Literale aus $p$ in jedes der $n$ Literale aus $q$ betrachtet und kombiniert werden. Im schlimmsten Fall ist es also erforderlich, $m^n$ Kombinationen aus Teilmappings zu betrachten. Da jede Kombination in polynomialer Zeit geprüft werden kann, liegt das Problem in NP.

### 6.4.3 »Answering queries using views«

*Benutzung mehrerer Korrespondenzen*

Im vorherigen Abschnitt 6.4.2 haben wir gezeigt, wie man mit Hilfe des Query Containment für eine Korrespondenz zeigen kann, ob und wie man sie zur Beantwortung einer gegebenen globalen Anfrage verwenden kann. Damit könnte man aber nur solche Benutzeranfragen beantworten, für die tatsächlich die Verwendung einer Korrespondenz ausreicht. »Echte« Informationsintegration erreicht man erst, wenn man *mehrere Korrespondenzen und damit mehrere Datenquellen* gemeinsam benutzt. Wir müssen daher noch einen Schritt weiter gehen und Kombinationen von Korrespondenzen – also Anfragepläne – betrachten.

*Verbindung von Korrespondenzen*

Glücklicherweise kann man Query Containment im Prinzip für einzelne Anfragen genauso anfragen wie für Anfragepläne. Das Verfahren wird nur dadurch komplizierter, dass man verschiedene Korrespondenzen (genauer gesagt: die von den Korrespondenzen induzierten globalen Anfragen) auf verschiedene Arten miteinander kombinieren kann. Grundsätzlich bedeutet für uns Kombination immer *Konjunktion*, also die Verknüpfung mit einem logischen $\wedge$. Damit ist aber nicht geklärt, welche Joins die beiden Anfragen miteinander verbinden müssen, um einen korrekten Plan zu bilden. Schließlich muss man noch aufpassen, ob notwendige Joins auch tatsächlich ausführbar sind, d.h., ob die Join-Variablen von ihren Datenquellen auch tatsächlich exportiert werden.

Betrachten wir als Beispiel die folgende globale Anfrage nach Kritiken zu Schauspielern und deren Nationalität:

```
q(S,K,N) :- spielt(_,S,_,K), schauspieler(S,N);
```

Keine der Datenquellen aus Tabelle 6.5 kann allein diese Anfrage beantworten. Die Datenquellen `kurzfilm_rollen` und `us_spielfilme` liefern keine Kritiken; die Datenquellen `filmkritiken` und `spielfilm_kritiken` liefern Kritiken, aber nicht die Nationalität von Schauspielern. Die Anfrage kann aber durch Kombination geeigneter Quellen beantwortet werden. Dazu müssen zwei Datenquellen durch einen Join über den Schauspielernamen verbunden werden, wozu es notwendig ist, dass jede der Datenquellen dieses Attribut ($S$) auch exportiert. Dies ist z.B. bei `spielfilm_kritiken` nicht der Fall. Ein Planungsalgorithmus muss solche Situationen erkennen.

### Der Bucket-Algorithmus zur LaV-Anfrageplanung

Ein einfacher Algorithmus zur Anfrageplanung mit LaV-Korrespondenzen ist der *Bucket-Algorithmus* [179]. Im Prinzip zählt dieser Algorithmus alle Kombinationen von Korrespondenzen auf und prüft für jede dieser Kombinationen, ob sie durch geeignete Joins in einen ausführbaren Anfrageplan verwandelt werden kann, dessen Ergebnisse in der Benutzeranfrage enthalten sind. Die Anzahl der Kombinationen wird durch geschickte Vorauswahl der Korrespondenzen beschränkt. Wir nehmen im Folgenden wieder an, dass $p$ die Benutzeranfrage ist, für die es Anfragepläne zu finden gilt. Die Anfrage $p$ habe $n$ Literale.

*Einordnung von Korrespondenzen*

Zunächst ordnet der Algorithmus alle Korrespondenzen in *Buckets* (»Eimer«) an. Initial gibt es für jedes Literal aus $p$ einen leeren Bucket. Zu dem Bucket für Literal $l \in p$ werden dann alle Korrespondenzen hinzugefügt, die ein Literal $k$ enthalten, für das ein Teilmapping $h_{l,k}$ existiert. Korrespondenzen können durchaus zu mehreren Buckets hinzugefügt werden.

*Verknüpfung der Buckets*

Im nächsten Schritt werden alle *Kombinationen von Korrespondenzen* so gebildet, dass für jedes Literal eine Korrespondenz aus dem Bucket des Literals gewählt wird. Jede Kombination besteht damit aus $n$ Korrespondenzen. Nun wird geprüft, ob die Teilmappings zu jeder Korrespondenz zueinander kompatibel sind. Im Unterschied zu Definition 6.6 ist es bei diesem Test aber erlaubt, dass eine Variable der globalen Anfrage in Teilmappings zu verschiedenen Korrespondenzen auf unterschiedliche Symbole abgebildet wird, solange diese in ihren Korrespondenzen exportiert wird. Ist dies der Fall, kann der *notwendige Join in der Integrationsschicht* ausgeführt werden; andernfalls muss der Plan verworfen werden[9]. Betrachten wir als Beispiel die folgende Anfrage:

p(K,N) :- spielt($X_1$,S,$X_2$,K), schauspieler(S,N);

Der Bucket-Algorithmus bildet zwei Buckets $B_1$ und $B_2$ für die beiden Literale `spielt` und `schauspieler`. In den Bucket $B_1$ für das erste Literal kommen die Korrespondenzen der Datenquellen `filmkritiken` und `spielfilm_kritiken`; die beiden anderen Datenquellen, die die Relation `spielt` enthalten, exportieren keine Kritiken. Die Tatsache, dass `spielfilm_kritiken` keine Schauspielernamen exportiert, stört zunächst nicht, da auch die Anfrage diese Variable nicht exportiert. In den Bucket $B_2$ für das zweite Literal kommen die Korrespondenzen der Datenquellen `us_spielfilme` und `kurzfilm_rollen`. Damit können insgesamt vier Kombinationen gebildet werden, die einzeln zu überprüfen sind. Die jeweiligen Teilmappings sind in Tabelle 6.7 angegeben. Dabei ist zu beachten, dass Variablen in unterschiedlichen Korrespondenzen grundsätzlich zunächst unterschiedlich sind. Variablen werden in den Teilmappings deshalb mit einer Nummer versehen, die sich aus der Position der Korrespondenz im Plan ergibt.

#### Erweiterungen und Variationen

Wir haben den Bucket-Algorithmus nur in einer vereinfachten Variante beschrieben. Wir weisen im Folgenden auf einige Punkte hin, die dabei nicht beachtet wurden.

*Planlängen stehen nicht fest*

**Länge von Plänen:** Der Bucket-Algorithmus erzeugt immer Pläne, die so viele Korrespondenzen enthalten wie die globale Anfrage Literale. Tatsächlich ist dieses Verfahren nicht vollständig, d.h., es

[9]Genau genommen muss die Möglichkeit, Variable, die in einem Containment-Mapping auf unterschiedliche Zielvariable abgebildet werden, durch einen Join in der Integrationsschicht zu erzwingen, auch bei einzelnen Anfragen oder Relationen beachtet werden, ist dort aber ein seltener Spezialfall.

| Datenquellen | Teilmappings | Kombination möglich? |
|---|---|---|
| filmkritiken, us_spielfilme | $\{X_1 \mapsto T_1, S \mapsto S_1, X_2 \mapsto Hauptrolle, K \mapsto K_1\}$, $\{S \mapsto S_2, N \mapsto N_2\}$ | Ja, mit Join $S_1 = S_2$ |
| filmkritiken, kurzfilm_rollen | $\{X_1 \mapsto T_1, S \mapsto S_1, X_2 \mapsto Hauptrolle, K \mapsto K_1\}$, $\{S \mapsto S_2, N \mapsto N_2\}$ | Ja, mit Join $S_1 = S_2$ |
| spielfilm_kritiken, us_spielfilme | $\{X_1 \mapsto T_1, S \mapsto X_1', X_2 \mapsto O_1, K \mapsto K_1\}$, $\{S \mapsto S_2, N \mapsto N_2\}$ | Nein, da Join $X_1' = S_2$ nicht ausführbar |
| spielfilm_kritiken, kurzfilm_rollen | $\{X_1 \mapsto T_1, S \mapsto X_1', X_2 \mapsto O_1, K \mapsto K_1\}$, $\{S \mapsto S_2, N \mapsto N_2\}$ | Nein, da Join $X_1' = S_2$ nicht ausführbar |

***Tabelle 6.7*** *Potenzielle Anfragepläne*

gibt Situationen, in denen man korrekte und ausführbare Pläne auf diese Weise nicht findet. Betrachten wir die folgende Benutzeranfrage, die nach Kritiken von Darstellern unter bestimmten Regisseuren sucht:

```
p(R,S,K) :- film(T,_,R,_), spielt(T,S,_,K);
```

Nehmen wir an, dass dem System nur eine einzige Datenquelle, noname, zur Verfügung steht, deren induzierte Anfrage $q$ die folgende ist:

```
q(R,S,K) :- film(T,_,R,_), spielt(T,S,_,K);
```

*Notwendigkeit kürzerer Pläne*

Tatsächlich sind $p$ und $q$ identisch; offensichtlich kann also noname zur Berechnung von Antworten für $p$ herangezogen werden. Der Bucket-Algorithmus in der vorgestellten Form findet diesen Plan aber nicht. Zunächst wird er zwei Buckets bilden und $q$, mit unterschiedlichen Variablennamen, in jeden Bucket legen. Bei der Kombination der beiden Korrespondenzen wird er feststellen, dass der notwendige Join $T_1 = T_2$ nicht ausgeführt werden kann, da $T$ in $q$ nicht exportiert wird. Daher kann man mit zwei Aufrufen von $q$, jeweils ein Aufruf für ein Literal von $p$, keine korrekten Antworten für $p$ berechnen, sehr wohl aber mit einem einzigen Aufruf. Eine vollständige Version des Bucket-Algorithmus muss daher auch solche Pläne aufzählen, die kürzer als $p$ sind.

*Obere Schranke*

Man muss sich natürlich fragen, ob man auch Pläne beachten muss, die aus mehr Korrespondenzen bestehen, als eine globale Anfrage Literale besitzt. Dies ist aber nicht der Fall: Levy et al. konnten zeigen, dass für eine globale Anfrage $p$ mit $|p| = n$ alle Pläne $q$ mit $|q| > n$ nur Tupel berechnen, die auch von einem $q'$ mit $|q'| \leq n$ berechnet werden [177]. Solche Pläne können daher ignoriert werden.

*Allgemeine Korrespondenzen und spezielle Anfragen*

**Einschränkungen von Korrespondenzen:** In der beschriebenen Form kann der Bucket-Algorithmus nicht mit Korrespondenzen umgehen, die *zu allgemein* sind – obwohl allgemein gehaltene Korrespondenzen eigentlich zu bevorzugen sind, da sie für mehr Anfragen verwendet werden können. Betrachten wir dazu die folgende Benutzeranfrage:

```
p(T) :- film(T,_,_,L), L>100;
```

Für $p$ kommen drei Datenquellen in Frage, von denen zwei auch tatsächlich gefunden werden sollten — beide wird der Algorithmus in seiner bisherigen Form aber übersehen:

- Die Datenquelle `spielfilme` sollte gefunden werden, da man alle Tupel, die sie berechnet, in einem zweiten Schritt bezüglich ihrer Länge filtern kann. Die von `spielfilme` induzierte Anfrage ist aber `q(T,R,L) :- film(T,'Spielfilm',R,L),L>79`. Diese Anfrage ist nicht in $p$ enthalten, da die Bedingung `L>79` aus $q$ nicht die Bedingung `L>100` aus $p$ impliziert. Denn wir erinnern uns: Damit $q$ in $p$ enthalten ist, müssen wir ein Containment-Mapping von $p$ nach $q$ suchen. Dieses verlangt, dass die (gemappten) Bedingungen aus $q$ die Bedingungen aus $p$ implizieren.
- Die Datenquelle `kurzfilme` soll nicht und wird auch nicht gefunden, da die Bedingung `L<11` aus $q$ der Bedingung `L>100` aus $p$ widerspricht.
- Die Datenquelle `us_spielfilme` sollte aus den gleichen Gründen wie `spielfilme` gefunden werden, wird aber, auch aus den gleichen Gründen, nicht gefunden.

Das Beispiel zeigt auch, dass einfaches Query Containment selbst für Pläne der Länge 1 kein vollständiges Verfahren zur LaV-Anfrageplanung ist. Natürlich sollte der Planungsalgorithmus aber in solchen Fällen erkennen, ob eine geeignete Einschränkung eines Planes zum einen ausführbar und zum anderen in der Benutzeranfrage enthalten ist.

*Korrespondenzen, Buckets und Pläne*

**Mehrere Anfragepläne:** Schließlich wollen wir noch das Verhältnis von Korrespondenzen, Buckets, Containment-Mappings und Plänen genauer beleuchten. Dies ist in Abbildung 6.9 dargestellt. Zur Planung werden zunächst so viele Buckets erstellt, wie die Benutzeranfrage Literale hat. Korrespondenzen werden zu den Buckets aufgrund der in ihnen enthaltenen Literale und deren Eignung für die Benutzeranfrage hinzugefügt; dabei wird eine einzelne Korrespondenz meistens in mehrere Buckets kommen. Pläne werden dann aus Korrespondenzen aufgrund ihrer Zugehörigkeit zu Buckets gebildet. Ein einzelner Plan ist immer verbunden mit einem Containment-Mapping, und dieses Mapping gibt vor, wie die Attribute bei der Ausführung des Plans arrangiert werden müssen, um das gewünschte Ergebnis zu bilden. Dabei kann es verschiedene Mappings zwischen einem Plan und der Benutzeranfrage geben.

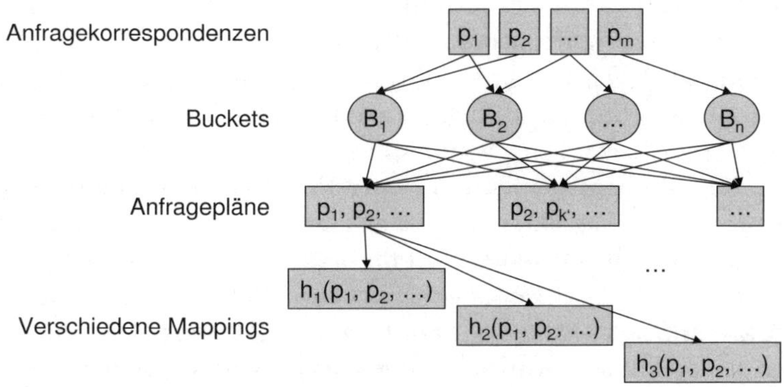


**Abbildung 6.9** *Korrespondenzen, Buckets, Containment-Mappings und Pläne*

Zur Berechnung eines möglichst *vollständigen Ergebnisses* müssen alle Pläne tatsächlich ausgeführt werden. Wie viele Anfragen dazu an Datenquellen gesendet werden müssen, hängt von der Anfrageoptimierung ab. Geht man davon aus, dass Operationen, die der Anfrageplaner zur Herstellung korrekter Pläne zu Kombinationen aus Korrespondenzen hinzufügen muss (also Joins und Bedingungen), immer im Integrationssystem ausgeführt werden, so muss ein Plan, auch wenn es mehrere Containment-Mappings zwischen der Benutzeranfrage und ihm gibt, nur einmal ausgeführt werden. Werden Joins dagegen an Datenquellen delegiert, müssen sie unter Umständen auch mehrmals, mit jeweils unterschiedlichen Variablenbindungen, ausgeführt werden.

### 6.4.4 Global-as-View

Die Anfrageplanung mit Local-as-View-Korrespondenzen basiert, wie wir im vorherigen Abschnitt gesehen haben, darauf, alle Kombinationen von Korrespondenzen zu analysieren, die die in der Benutzeranfrage enthaltenen Relationen beinhalten. Dieses komplexe Verfahren ist notwendig, da die globalen Anfragen von LaV-Korrespondenzen in der Regel »zu viel« enthalten, also Relationen und Prädikate, die von der Benutzeranfrage nicht verlangt werden. Daher ist die Kompatibilität einer Korrespondenz zur Benutzeranfrage oder verschiedener Korrespondenzen untereinander nicht von vornherein gegeben und muss in jedem Einzelfall geprüft werden.

*GaV – Anfrageexpansion mit Sichten*

Anfrageplanung mit GaV-Regeln ist wesentlich einfacher. Eine GaV-Regel definiert eine Teilextension einer Relation des globalen Schemas durch die Angabe einer ausführbaren Anfrage an eine Datenquelle. Wird diese Relation nun in einer Benutzeranfrage verwendet, ist die Situation dieselbe wie bei der *Verwendung von relationalen Sichten* in einer SQL-Anfrage: Man kann die Anfrage, die die Sicht definiert, einfach an Stelle der Sicht einsetzen und die derart *expandierte Anfrage* ausführen.

*Ersetzung globaler Relationen*

In einem ausschließlich auf GaV-Regeln basierenden Integrationssystem ist die Extension jeder globalen Relation die Vereinigung aller für diese Relation definierten GaV-Regeln. Jede Kombination aus Korrespondenzen, die eine Regel pro Literal einer Benutzeranfrage enthält, ist ein *korrekter Anfrageplan*. Die Komplexität der lokalen Anfrage einer GaV-Regel ist für die Planung unerheblich, da die globale Anfrage unabhängig – bis auf Variablenbindungen – von den lokalen Anfragen anderer in einem Plan kombinierter Regeln ausgeführt wird. Die übrigen Schritte der Anfragebearbeitung sind mit GaV-Regeln die gleichen wie mit LaV.

Wir verzichten auf die Angabe eines neuen Beispiels. Alle in Abschnitt 6.1 aufgeführten Regeln sind GaV-Regeln und alle dort aufgeführten Anfragepläne können als Beispiel benutzt werden.

#### Global-as-View mit kombinierten lokalen Anfragen

*Erweiterungen von GaV-Regeln*

Eine nahe liegende Erweiterung der bisher vorgestellten GaV-Regeln sind Korrespondenzen, bei denen die rechte Seite der Regel eine Verknüpfung von *Anfragen an mehrere Datenquellen* ist. Treibt man diese Idee weiter, können die rechten Seiten von Anfragekorrespondenzen auch durch Programme in einer höheren Programmiersprache ersetzt werden. Eine Regel wird damit zum Programm, das die Extension einer globalen Relation mit beliebigen Mitteln berechnet. Dadurch kann man beispielsweise für jede globale Relation »Integrationsprogramme« schreiben, die eine genau auf die Intension der Relation angepasste Duplikaterkennung und Auflösung von Widersprüchen vornehmen.

*Nachteile*

Ein derartiger Ansatz hat aber den gravierenden Nachteil, dass damit der *deklarative Charakter* der Anfrageplanung verloren geht. Dies hat verschiedene Konsequenzen. Zunächst geht die *klare Trennung der Aufgaben* zwischen der Integrationsschicht und den Datenquellen verloren. Beispielsweise muss der Entwickler für jedes Integrationsprogramm explizit dessen Ausführbarkeit sicherstellen, da in jedem Programm neue Kombinationen von lokalen Anfragen vorkommen können. Des Weiteren wird die Optimierung von Anfrageplänen erschwert, da nicht mehr klar ist, was die kleinsten ausführbaren Einheiten einer Regel sind, und damit Fragen der Redundanz von Anfragen neu beantwortet werden müssen. Die Wartbarkeit des Systems lässt nach, da eine Änderung im Exportschema einer Quelle plötzlich Konsequenzen auf viele Regeln haben kann. Schließlich kann eine relationenspezifische Datenintegration auch nach der Ausführung der eigentlichen Anfragebearbeitung im Integrationssystem vorgenommen werden, so wie wir es in unserer Grundarchitektur vorschlagen (siehe Abschnitt 6.3).

### 6.4.5 Vergleich und Kombination von LaV und GaV

*GaV und LaV sind komplementär*

Bisher haben wir die beiden wichtigsten Arten von Anfragekorrespondenzen – Local-as-View- und Global-as-View-Regeln – als weitgehend gleichwertig beschrieben und vor allem auf die Unterschiede in der Planung hingewiesen. Im Folgenden zeigen wir, dass sich beide Verfahren aber in der Art von Konflikten unterscheiden, die mit ihnen beschrieben werden können. Dies muss die Wahl, welches Verfahren man in einem konkreten Integrationsprojekt einsetzen soll, erheblich beeinflussen.

Um diese Unterschiede zu erkennen, versuchen wir zunächst, die LaV-Beispiele in Tabelle 6.5 durch GaV-Regeln zu beschreiben. Betrachten wir zum Beispiel die Datenquelle `kurzfilme`. Diese enthält nur Kurzfilme, die kürzer als 11 Minuten sind, exportiert selber aber weder den Typ noch die Länge eines Filmes. Ignorieren wir diese Information zunächst und stellen eine GaV-Regel wie folgt auf:

```
film(T,_,R,_) :- kurzfilme(T,R);
```

Mit dieser Regel kann `kurzfilme` für Benutzeranfragen nach Kurzfilmen nicht verwendet werden, da man Bedingungen auf den Filmtyp nicht auswerten kann. Wir verlieren durch diese GaV-Modellierung also korrekte Anfragepläne und damit Ergebnistupel. Dieses Problem kann man aber wie folgt umgehen:

```
film(T,Y,R,_) :- kurzfilme(T,R), Y='Kurzfilm';
```

Wir binden in der Regel das Attribut $Y$ an einen festen Wert, wodurch die Integrationsschicht Bedingungen an $Y$ auswerten kann. Der Trick lässt sich aber nicht auf das Problem mit der Filmlänge übertragen, da hier kein fester Wert eingesetzt werden kann. Wir wissen zwar etwas über alle Werte des Attributs, nämlich `laenge<11`, können aber keinen konkreten Wert einsetzen. Im Kern haben wir das Problem, dass das globale Schema genereller als das lokale Schema ist. Um vergleichbare Extensionen zu erzeugen, müssen Korrespondenzen daher die Extension der globalen Relation (bzw. Anfrage) durch geeignete Bedingungen einschränken, was aber in GaV-Regeln nicht möglich ist.

*Generische Quelle, spezielles globales Schema*

Dieses Problem tritt in umgekehrter Form bei LaV-Regeln auf, wenn eine Datenquelle *genereller als eine Relation* des globalen Schemas ist. Nehmen wir eine Datenquelle an, die Informationen über beliebige Medienobjekte, also auch Musikstücke oder Bücher, speichert und in einer Relation `medienobjekt(T,R,A)` exportiert, wobei $T$ immer der Titel, $R$ der Regisseur, Autor oder Komponist und $A$ die Art des Objektes ist, also »Film«, »Musik« oder »Buch«. Diese Datenquelle kann leicht mit einer GaV-Regel eingebunden werden:

```
film(T,_,R,_) :- medienobjekte(T,R,A), A='Film';
```

Eine Beschreibung der Quelle als LaV-Regel ist aber nicht möglich. Auf der linken Seite einer Anfragekorrespondenz steht notwendigerweise eine Anfrage an das globale Schema, und dieses enthält gar keine Informationen über die Art von Medienobjekten. Damit ist auf dieser Seite auch keine entsprechende Einschränkung formulierbar.

*Zusammenhang zu Designansätzen*

LaV-Regeln können also keine Situationen ausdrücken, in denen lokale Datenquellen allgemeiner als die entsprechenden globalen Relationen sind. Genauso können GaV-Regeln keine Situationen ausdrücken, in denen globale Relationen allgemeiner als lokale Datenquellen sind. Die Modellierung des globalen Schemas und die Verfahren zur Beschreibung der Korrespondenzen hängen also unmittelbar zusammen. Ebenso gibt es einen Zusammenhang zum Vorgehen bei der Erstellung des globalen Schemas. In Abschnitt 4.7.1 haben wir die beiden Designansätze *Top-down-Entwurf* und *Bottom-up-Entwurf* vorgestellt. Bei einem Top-down-Ansatz bietet sich die Verwendung von LaV-Regeln an, da man Quellen bei der Integration in Begriffen des zuerst entstandenen globalen Schemas ausdrücken muss und das globale Schema mit einiger Sicherheit genereller als die meisten Datenquellen sein wird. Wird ein Bottom-up-Ansatz verwendet, sind dagegen GaV-Regeln nahe liegender, da das globale Schema in diesem Fall aus der Zusammensetzung der lokalen Schemata gebildet wird.

GLaV: Global-Local-as-View

Glücklicherweise ist es möglich, LaV- und GaV-Regeln zu kombinieren und damit die Stärken beider Verfahren zu erhalten. Diesen Ansatz nennt man »Global-Local-as-View« oder kurz GLaV. Im Prinzip wird in einem GLaV-System eine Anfrageplanung wie bei LaV-Systemen und eine Anfrageausführung wie bei GaV durchgeführt. Weitere Informationen zu GLaV-Systemen finden Sie in Abschnitt 6.7.

### 6.4.6 Anfrageplanung in PDMS

PDMS: Mehrstufige Korrespondenzen

In Abschnitt 4.6 haben wir die Architektur der Peer-Daten-Management-Systeme (PDMS) kennen gelernt. Die Schemata der einzelnen Peers sind mit Korrespondenzen untereinander verbunden, die die LaV- oder GaV-Form haben können. Nutzeranfragen werden an einen einzelnen Peer gestellt. Dieser speichert gegebenenfalls selbst Daten zur Beantwortung der Anfrage, muss die Anfrage aber auch an *geeignete benachbarte Peers versenden*, also an Peers, die über eine Korrespondenz mit für die Anfrage relevanten Relationen verknüpft sind. Aufgrund der Heterogenität zwischen Peers kann die ursprüngliche Anfrage nicht direkt weitergeleitet werden, sondern muss zuvor gemäß den LaV- bzw. GaV-Regeln umgeschrieben werden.

Weiterleitung von Anfragen

Die benachbarten Peers können selbst Tupel zum Anfrageergebnis beisteuern, geben aber die Anfrage auch an ihre Nachbarn weiter. So entsteht ein Anfragebaum, der so genannte *rule-goal-tree* [117]. Zur Anfrageplanung werden die Blätter des Baumes immer weiter entfaltet, bis sie einzig aus lokalen Relationen bestehen. Der rule-goal-tree wird nun in einen ausführbaren Anfrageplan umgeschrieben, der weiter optimiert werden kann.

rule-goal-tree

Problem: Hohe Redundanz

Ein typisches Merkmal solcher Pläne ist deren *hohe Redundanz*: Eine Relation eines einzelnen Peers kann in einem Anfrageplan sehr oft in unterschiedlichen »Rollen« auftauchen. Dadurch werden gleiche Anfrageergebnisse mehrfach erzeugt und müssen im Endergebnis wieder entfernt werden. In [275] schlagen die Autoren eine Methode vor, Teilbäume zu entfernen, von denen sicher ist, dass die durch sie berechneten Ergebnisse bereits in einem anderen Teilbaum berechnet werden. In [244] wird zusätzlich beschrieben, wie man gezielt Teilbäume entfernen kann, die nur wenige Daten zum Endergebnis beisteuern.

## 6.5 Techniken der Anfrageoptimierung

Durch die Anfrageplanung wird eine Reihe von Anfrageplänen generiert, die aus datenquellenspezifischen Teilplänen bestehen. Bei der Ausführung eines Anfrageplans gibt es eine Reihe von *Freiheitsgraden*, wie die Reihenfolge der Ausführung von Teilplänen und den Ort der Ausführung von quellspezifischen und quellübergreifenden Anfrageprädikaten. Aufgabe der Anfrageoptimierung ist es, die »beste« Variante aus den verschiedenen Möglichkeiten zu finden. Die Qualität eines Ausführungsplans misst man in abstrakten *Kosten*; was Kosten tatsächlich sind, hängt vom Optimierungsziel ab.

### 6.5.1 Optimierungsziele

*Klassisches Optimierungsziel: Zeit*

Bei der Optimierung einer Anfrage in einem RDBMS ist das Ziel typischerweise die Berechnung des *vollständigen Ergebnisses in möglichst kurzer Zeit*. Dazu versucht man die Zeit zu minimieren, die zwischen dem Absenden der Anfrage und der Rückgabe des letzten Ergebnisses verstreicht. Moderne RDBMS bieten außerdem oft das alternative Optimierungziel »Erstes Ergebnis« an, was der Minimierung der Zeit entspricht, die zwischen dem Absenden der Anfrage und der Rückgabe des ersten Ergebnisses vergeht.

Bei der Informationsintegration ist das Optimierungsziel dagegen nicht von vornherein klar, da die Verteilung der Datenquellen berücksichtigt werden muss. Daraus ergeben sich unterschiedliche Definitionen von »Kosten«:

*Verschiedene Optimierungsziele*

**Minimale Zeit:** Der Optimierer soll den Ausführungsplan finden, der die *minimale Zeit* zwischen dem Beginn der Anfrageausführung und dem Erhalt des letzten Ergebnistupels benötigt. Das ist das klassische Ziel. Es wird vor allem dann benutzt, wenn Datenübertragung und Quellenbenutzung kostenfrei sind und die *Latenzzeit*[10] der Verbindungen gegenüber der Zeit zur Datenübertragung vernachlässigt werden kann. Datenübertragung ist beispielsweise im Internet nicht kostenlos. Das gilt auch für die Quellenbenutzung, wenn kommerziell betriebene Datenbanken eingebunden werden sollen.

**Minimale Zahl von Anfragen:** Der Optimierer soll den Ausführungsplan finden, der das vollständige Ergebnis mit der *minimalen Menge von Teilanfragen* berechnet. Dieses Ziel ist sinnvoll, wenn Datenquellen *pro Anfrage* Kosten in Rechnung stellen oder wenn die Latenzzeit der Verbindungen sehr hoch ist. Typischerweise nimmt man zur Erreichung des Ziels eine gewisse Überlappung in den übertragenden Daten in Kauf.

**Minimale zu übertragende Datenmenge:** Der Optimierer soll den Ausführungsplan finden, der das vollständige Ergebnis mit der *minimalen Menge an übertragenden Daten* berechnet. Dieses Ziel ist immer dann zu verfolgen, wenn die Netzwerkverbindungen Kosten nach den sie passierenden Datenmengen berechnen (Volumentarife).

Gerade bei der Einbeziehung von unzuverlässigen Quellen ist außerdem die Optimierung nach der zu erwartenden Qualität des Ergebnisses sinnvoll. Techniken dazu besprechen wir in Abschnitt 8.4.3.

*Kostenmodelle*

Das Optimierungsziel schlägt sich in dem der Optimierung zugrunde gelegten *Kostenmodell* nieder. Beispielsweise wird ein Kostenmodell zur Optimierung auf Zeit als Faktoren beinhalten: (1) die Zeit, die zum Auf- und Abbau von Verbindungen notwendig ist, (2) die Zeit zum Übertragen von Daten – meistens in Abhängigkeit von der zu übertragenden Datenmenge –, (3) die Zeit, die zur Berechnung der Ergebnisse der Teilanfragen in den Datenquellen benötigt wird, und schließlich (4) die Zeit, die zur Berechnung der übrigen Prädikate im Integrationssystem notwendig ist. Da sich diese Faktoren in der Regel um Größenordnungen unterscheiden, werden oft auch einfachere Kostenmodelle verwendet. Beispielsweise optimieren zentrale RDBMS vor allem die Zeit für die Übertragung von Daten von der Festplatte in den Hauptspeicher; in

[10]Latenzzeit ist die Zeit, die zum Aufbau einer Verbindung benötigt wird. Diese ist in vielen Architekturen nicht unerheblich, da oftmals Datenquellen erst gefunden werden müssen (z.B. Übersetzung von Domänennamen in IP-Adressen) und die Datenquellen erst die die Verbindung abhandelnden Prozesse starten müssen.

verteilten Szenarien vernachlässigt man in der Regel alle zur Berechnung von Anfragen nötigen Zeiten und betrachtet stattdessen einzig den *Netzwerkverkehr*.

*Aktuellste Entwicklungen beachten*

Diese Heuristiken müssen ständig im Lichte der aktuellen Technik hinterfragt werden. Beispielsweise spielt in zentralen RDBMS angesichts rasend wachsender Hauptspeichergrößen zunehmend die Zeit eine Rolle, die zur Übertragung von Daten aus dem Hauptspeicher zur CPU notwendig ist, da der I/O-Verkehr durch Caching eine immer geringere Rolle spielt. Ebenso werden Internetverbindungen schneller und schneller, wodurch der Anteil lokaler Berechnungen in Kostenmodellen wieder stärkere Berücksichtigung finden muss.

*Unvollständige Ergebnisse*

All diese Ziele gehen implizit davon aus, dass immer das *komplette Anfrageergebnis* verlangt wird. Diese Vorgabe ist aber bei Integrationssystemen, die eine große Zahl heterogener Quellen integrieren, unter Umständen nicht mehr zu halten. Beispielsweise könnte das System zwei Quellen integrieren, die nahezu den gleichen Inhalt haben, aber eine wesentlich unterschiedliche Zeit für die Berechnung von Ergebnissen benötigen. Dann kann es sinnvoll sein, nur eine der beiden Quellen zu benutzen, da die Verwendung beider Quellen *unverhältnismäßig mehr Zeit bei unwesentlich besserem Ergebnis* benötigt. Aus dieser Überlegung ergeben sich weitere Optimierungsziele, bei denen nicht mehr das Ergebnis, sondern die Kosten feststehen:

*Feste Kostengrenze*

*Optimierung mit Ressourcenbeschränkung*

- Möglichst vollständiges Ergebnis mit *gegebener maximaler Zeit*
- Möglichst vollständiges Ergebnis mit gegebener *maximaler Zahl von Anfragen*
- Möglichst vollständiges Ergebnis mit gegebener *maximaler Menge von zu übertragenden Daten*

Die im Folgenden dargestellten Techniken verfolgen größtenteils die Ziele »minimale Zeit für vollständiges Ergebnis« bzw. »minimale Datenmenge für vollständiges Ergebnis«. Konkretes Ziel ist die *Minimierung der zu übertragenden Datenmenge*. Da diese in vielen Systemen direkt mit der zur Übertragung notwendigen Zeit korreliert und der größte Zeitfaktor bei der Anfrageausführung ist, optimiert man indirekt auch auf minimale Zeit. In Modellen, die auch Latenz- und Berechnungszeiten berücksichtigen, gilt diese einfache Entsprechung aber nicht. Hinweise auf Techniken für andere Optimierungsziele geben wir in Abschnitt 6.7 und im Zusammenhang mit der Informationsqualität in Abschnitt 8.4.3.

**Unterschiede zwischen verteilten Datenbanken und der Informationsintegration**

Viele Techniken, die zur Anfrageoptimierung in integrierten Systemen verwendet werden, wurden ursprünglich für *verteilte Datenbanken* entwickelt (siehe Abschnitt 10.1). Integriert ein Integrationssystem nur Datenbanken, so können die Techniken auch unmittelbar übernommen werden. In vielen Fällen trifft dies aber nicht zu, da Datenquellen *autonom* sind und oft nur wenige Arten des Zugriffs gestatten, sowie technisch *heterogen* sind und unter Umständen über keine Anfragesprache verfügen.

*Autonomie der Datenquellen*

Techniken, die eine möglichst *optimale Verteilung der Daten* anstreben (Data-Placement-Algorithmen [306]), sind daher nicht anwendbar. Redundanz, die bei zentral verwalteten Systemen oft zur Beschleunigung von Anfragen eingesetzt wird, kann bei der Informationsintegration nicht in gleicher Weise benutzt werden, da sie nicht kontrolliert werden kann und daher Unterschiede in vermeintlich redundanten Daten an der Tagesordnung sind. Insgesamt muss das Integrationssystem selbst einen wesentlich höheren Anteil an der zur Berechnung von Anfragen notwendigen Arbeit übernehmen.

## 6.5.2 Ausführungsort von Anfrageprädikaten

*Grundlegende Heuristik*

Ein Anfrageplan enthält in der Regel verschiedene Prädikate. Aufgrund der Beschränkung auf konjunktive Anfragen betrachten wir nur *Selektionen, Joins* und *Projektionen*. Als grundlegende Heuristik wird die Ausführung von Selektionen, Projektionen und Joins innerhalb einer Datenquelle vom Integrationssystem *so weit wie möglich an die Datenquellen delegiert*, da damit für gewöhnlich eine Verringerung der zu übertragenden Datenmenge erzielt wird. Ausnahmen von dieser Regel sind:

*Ausnahmen*

- *Berechnete Attribute* im Ergebnis, die mehr Platz benötigen als die ursprünglichen Attribute.
- Joins, deren Ergebnis mehr Tupel enthält als die verbundenen Tabellen. Dies ist zum Beispiel der Fall, wenn Attribute mit *vielen Duplikaten* verbunden werden.
- Datenquellen, die nicht in der Lage sind, die entsprechenden Prädikate zu berechnen.

In diesen Fällen ist es besser bzw. notwendig, das Prädikat erst im Integrationssystem zu berechnen. Allerdings ist beispielsweise der zweite Fall nur dann vorhersehbar, wenn man *detaillierte*

*Kenntnisse über die Verteilung der Daten in den Datenquellen* besitzt – eine Problematik, der wir im Folgenden dauernd begegnen werden und die wir in Abschnitt 6.5.6 näher beleuchten.

*Joins zwischen Teilanfragen*

Der für die Optimierung interessanteste Fall sind *Joins zwischen Teilanfragen*. Betrachten wir dazu Plan $p_2$ aus Tabelle 6.2 (Seite 179:

```
q(T,R,O)  :-  imdb.movie(T,R), fd.spielt(T,S,O),
              O='Hauptrolle', S='Hans Albers';
```

Dieser Plan entspricht zwei Teilanfragen, eine an `imdb.movie` und eine an `fd.spielt`.

*Optimierung mit unbeschränktem Zugriff*

Nehmen wir zunächst an, dass die beiden Datenquellen jeweils RDBMS sind, die dem Integrationssystem *unbeschränkten Zugriff* gestatten. Dann existieren die folgenden Möglichkeiten für die Ausführung des Plans:

*Mögliche Ausführungsorte des Join*

1. Unabhängige (und eventuell parallele) Ausführung der beiden Teilanfragen und Berechnung des Join in der Integrationsschicht.
2. Ausführung des Teilplans für eine Datenquelle und (sequenzielle) Übertragung der sich daraus ergebenden Wertemenge für Filmtitel als Selektionsprädikat an die zweite Datenquelle.

*Übertragene Datenmenge*

Für die erste Möglichkeit ist es notwendig, Datenquelle `imdb.movie` komplett und `fd.spielt` nach den beiden Selektionen in die Integrationsschicht zu übertragen. Für die zweite Möglichkeit wird zunächst nur eine der beiden Teilanfragen ausgeführt, das Ergebnis auf Filmtitel projiziert, diese Menge an die zweite Datenquelle gesendet und von dort dann das (kleinere) Ergebnis zurückgeschickt. Außerdem muss dieses Ergebnis noch im Integrationssystem mit dem Ergebnis der ersten Anfrage per Join verknüpft werden, um die fehlenden Attribute zu ergänzen. Um zwischen diesen Möglichkeiten zu entscheiden, nehmen wir an, dass:

- Datenquelle `fd.spielt` insgesamt $m$ Rollenbesetzungen führt, von denen in $m'$ Hans Albers eine Hauptrolle spielte,
- Datenquelle `imdb.movie` insgesamt $n$ Filme enthält und
- jeder Film in `fd.spielt` genau einmal in `imdb.movie` enthalten ist.

Betrachten wir nun die zu *übertragenden Tupelmengen*[11] der drei möglichen Ausführungsreihenfolgen. Dabei sei `I` das Integrationssystem.

*Beispielrechnung*

**Berechnung des Join in `fd`:** Dies erfordert die Übertragung von $n$ Titeln von `imdb` zu `I`, $n$ Titeln von `I` zu `fd` und schließlich von $m'$ Titeln von `fd` zu `I`. Insgesamt werden also $2n+m'$ Tupel übertragen.

**Berechnung des Join in `imdb`:** Dies erfordert die Übertragung von $m'$ Titeln von `fd` zu `I`, $m'$ Titeln von `I` zu `imdb` und $m'$ Titeln von `imdb` zu `I`. Insgesamt werden also $3m'$ Tupel übertragen.

**Berechnung des Join in `I`:** Dies erfordert die Übertragung von $m'$ Titeln von `fd` zu `I` und $n$ Titeln von `imdb` zu `I`, insgesamt werden also $m' + n$ Tupel übertragen.

Welcher dieser Pläne am schnellsten ausgeführt werden kann, hängt nun von den tatsächlichen Werten der Parameter ab. In unserem Beispiel wird vermutlich sowohl $m' \ll m$ als auch $m' \ll n$ sein, weshalb der zweite Ausführungsplan mit hoher Wahrscheinlichkeit der schnellste sein wird.

*Abschätzung ist oft schwierig*

Betrachten wir nun die folgende Benutzeranfrage, die alle Filmtitel berechnet, bei denen ein Schauspieler aus den USA mitspielte:

```
SELECT T.titel,
FROM   spielt T, schauspieler S
WHERE  T.schauspieler_name=S.schauspieler_name
       AND S.nationalitaet='USA';
```

Ein möglicher Anfrageplan für diese Anfrage ist:

```
q(T) :- imdb.acts(T,S,O), fd.schauspieler(S,N), N='USA';
```

Sei $m$ die Anzahl Schauspieler in `fd.schauspieler` und $n$ die Anzahl Rollenbesetzungen in `imdb.acts`. Nehmen wir außerdem an, dass zu jedem Schauspieler in `imdb.acts` ein Tupel in `fd.schauspieler` vorhanden ist und dass einer aus $k$ Schauspielern aus den USA kommt. Nehmen wir außerdem an, dass Schauspieler aus den USA gleichverteilt über Rollen und Filme sind. Es ergeben sich wiederum drei Ausführungspläne:

[11] Diese müssen für realistische Schätzungen mit der Größe eines Tupels multipliziert werden. Wir unterlassen das hier der Einfachheit halber.

**Berechnung des Join in fd.schauspieler:** Dies erfordert die Übertragung von $2n + n/k$ Tupeln: $n$ Rollenbesetzungen werden von imdb.acts geliefert, die alle an fd.schauspieler geschickt werden. Dort werden die $n/k$ Rollen mit US-amerikanischen Schauspielern ermittelt und zurückgeliefert.

**Berechnung des Join in imdb.acts:** Dies erfordert die Übertragung von $2m/k + n/k$ Tupeln: $m/k$ US-amerikanische Schauspieler werden von fd.schauspieler an das Integrationssystem geliefert und dann an imdb.acts weitergeleitet. Pro Schauspieler werden dort $n/m$ Rollen ermittelt und zurückgeliefert.

**Berechnung des Join in I:** Dies erfordert die Übertragung von $n + m$ Tupeln.

*Detaillierte Kenntnisse der Quellen notwendig*

In diesem Fall ist es nicht klar, welcher Plan der beste ist. Die zu übertragenden Tupelmengen hängen von den Verhältnissen der Extensionen der Ursprungsrelationen und der Verteilung von Schauspieler auf Rollen ab. Ist beispielsweise die Hälfte aller Schauspieler aus den USA und hat ein Film im Schnitt 3 Rollen (also gilt $n = 3m$), so ergeben sich Kosten von $7,5m$ bzw. $2,5m$ bzw. $4m$, und der zweite Plan ist optimal. Hat ein Film dagegen im Schnitt 20 Rollen und alle Schauspieler sind aus den USA, so ergeben sich Kosten von $60m$ bzw. $22m$ bzw. $21m$, und der letzte Plan ist optimal. Eine gute Entscheidung kann nur getroffen werden, wenn detaillierte Statistiken über die Daten in den zu integrierenden Datenbanken vorhanden sind.

*Optimierung bei eingeschränktem Zugriff*

Die Menge an möglichen Ausführungsorten für Joins reduziert sich erheblich, wenn *Datenquellen nur eingeschränkten Zugriff* gestatten. Für die Ausführung von Joins in einer Datenquelle in der Art wie oben beschrieben muss es gestatten sein, eine (große) Menge von Werten als Selektionsbedingung zu übertragen. Ist dies nicht der Fall, fällt die Quelle als möglicher Join-Ausführungsort aus.

Zum Finden der besten Möglichkeit können Algorithmen, basierend auf dynamischer Programmierung, verwendet werden, die wir im nächsten Abschnitt beschreiben. Dazu müssen die verschiedenen Ausführungsorte für Joins als *eigenständige Join-Methoden* betrachtet und während der dynamischen Programmierung alternativ berücksichtigt werden.

*Datentransformationen*

Bei der Wahl des Ausführungsorts von Joins zwischen Datenquellen muss noch berücksichtigt werden, dass es bei einer Berechnung innerhalb des Integrationssystems viel leichter ist, *not-*

*wendige Datentransformationen* vor einem Join durchzuführen. In unserem Beispiel wird es sicherlich notwendig sein, die Filmtitel zu übersetzen, da eine Quelle Deutsch und eine Englisch ist. Zur Übersetzung sind komplexe Programme oder Tabellen notwendig. Solche Berechnungen in eine Datenquelle zu schieben, ist nur sehr selten möglich.

### 6.5.3 Optimale Ausführungsreihenfolge

*Joins zwischen Datenquellen*

Wenn Anfragepläne aus mehreren Teilanfragen bestehen, hat das Integrationssystem die Wahl, in welcher *Reihenfolge* diese ausgeführt werden sollen. Für unverbundene Teilanfragen ist diese Wahl unerheblich; insbesondere können auch alle Teilanfragen parallel ausgeführt werden. Dies ist aber nicht der Normalfall. In der Informationsintegration steht ja gerade die *Verknüpfung verschiedener Datenquellen* im Fokus der Bemühungen. Daher enthalten Anfragepläne praktisch immer Joins zwischen Datenquellen. Je nach Reihenfolge der Ausführung der Joins ergeben sich als *Zwischenergebnisse* sehr unterschiedliche zu übertragende Datenmengen. Ziel der Optimierung ist es im Folgenden, die Reihenfolge zu finden, die die kleinstmögliche Datenübertragungsmenge erfordert.

*Abschätzung von Zwischenergebnissen*

Um eine Entscheidung über optimale Reihenfolgen zu treffen, muss die Anfrageoptimierung die Größen möglicher Zwischenergebnisse schätzen und dann die Reihenfolge auswählen, die die kleinste *Gesamtmenge von Zwischenergebnissen* produziert. Dazu muss zunächst geschätzt werden, wie groß die Extensionen der Teilanfragen sind; im Beispiel also, wie viele Tupel die Relationen `imdb.movie` und `fd.spielt` beinhalten. Zum Zweiten muss abgeschätzt werden, welche Selektivität die in den Teilplänen vorhandenen Prädikate haben. Im letzten Beispiel muss man also schätzen, wie viele Schauspieler in `fd.schauspieler` aus den USA kommen.

*Dynamische Programmierung*

Das Problem der optimalen Ausführungsreihenfolge verschiedener Teilpläne ist unmittelbar verwandt zum Finden der optimalen Join-Reihenfolge in relationalen Datenbanken und dort bereits sehr intensiv untersucht worden. Kernidee ist die Verwendung der *dynamischen Programmierung* zur sukzessiven Berechnung von immer längeren Teilplänen:

Teilschritte

- Man berechnet zunächst die Kosten für alle Joins aus *zwei Teilanfragen*. Dabei spielt auch die Reihenfolge des Zugriffs auf Datenquellen und damit der Ausführungsort des Join eine Rolle.
- Aus allen optimalen Joins zwischen zwei Teilplänen werden *optimale Dreierkombinationen* berechnet, indem jeweils eine Zweierkombination um einen weiteren Join erweitert wird.
- Dieses Verfahren wendet man so lange an, bis eine *optimale Reihenfolge für den kompletten Anfrageplan* gefunden ist.

Join-Ketten

Wir wollen das Prinzip der dynamischen Programmierung anhand des sehr häufig anzutreffenden Spezialfalls so genannter *Join-Ketten* erläutern. Eine Join-Kette liegt vor, wenn ein Anfrageplan aus $n$ Teilanfragen besteht und jeweils die $i$-te Teilanfrage nur mit der $i+1$-ten Teilanfrage durch einen Join verbunden ist (für $0 < i < n$). Ein Plan der Länge 10 könnte also wie folgt aussehen:

$$q(\ldots) :- q_1(\ldots, X_1), q_2(\ldots, X_1, X_2), \ldots, q_9(\ldots, X_8, X_9), q_{10}(\ldots, X_9);$$

Mögliche Reihenfolgen

Das Integrationssystem muss nun bestimmen, in welcher Reihenfolge die Joins ausgeführt werden. Auch für Join-Ketten gilt, dass die Anzahl möglicher Join-Reihenfolgen proportional zu $n!$ ist. Beispielsweise könnte zunächst $q_2 \bowtie q_3$ ausgeführt werden, dann $q_4 \bowtie q_5$, dann deren Ergebnisse miteinander gejoint werden etc. Eine komplette Reihenfolge könnte die folgende sein (wir lassen zur Übersicht die Attribute der Teilanfragen weg). Sie entspricht einer Anordnung wie in Abbildung 6.10 dargestellt.

$$q :- (q_1 \bowtie ((q_2 \bowtie q_3) \bowtie (q_4 \bowtie q_5))) \bowtie ((q_6 \bowtie q_7) \bowtie (q_8 \bowtie (q_9 \bowtie q_{10})));$$

**Abbildung 6.10**
*Join-Reihenfolge*

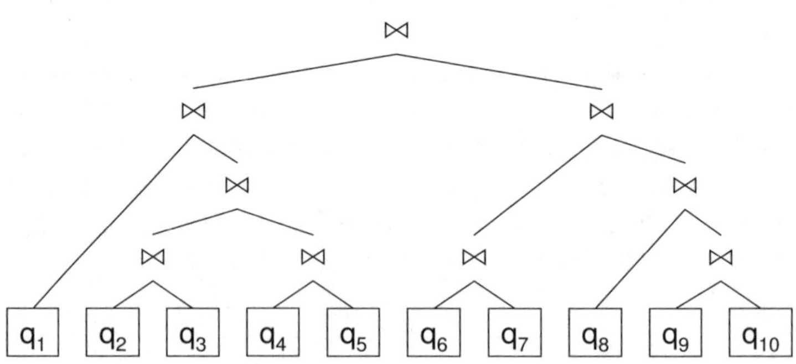

Um die beste aller möglichen Reihenfolgen zu finden, berechnet man zunächst die Größe der Zwischenergebnisse aller Joins zwischen zwei Teilanfragen, also die Größe von $q_1 \bowtie q_2$, $q_2 \bowtie q_3$ etc. Aus diesen berechnet man die optimale Reihenfolgen der Berechnung für alle zusammenhängenden Triplets. Das Triplet $q_1 \bowtie q_2 \bowtie q_3$ kann man zum Beispiel durch $(q_1 \bowtie q_2) \bowtie q_3$ oder durch $q_1 \bowtie (q_2 \bowtie q_3)$ berechnen. Die Größe des Ergebnisses ist gleich, aber nicht die Größe der Zwischenergebnisse. Dies setzt man fort für Quadrupel, Quintupel etc. Die sich ergebende Reihenfolge der Berechnung wird in Abbildung 6.11 verdeutlicht.

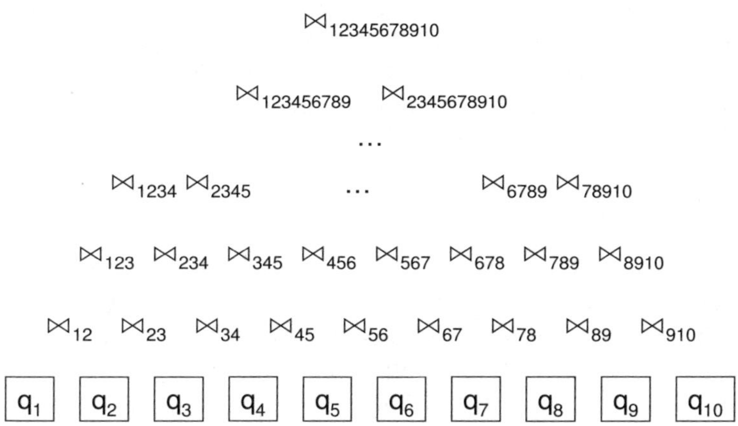


***Abbildung 6.11*** *Ermittlung der Join-Reihenfolge durch dynamische Programmierung*

Da Anfrageoptimierung mittels dynamischer Programmierung ein Standardverfahren der Datenbankforschung ist, gehen wir hier nicht auf Details ein; der Algorithmus wird beispielsweise in [153] ausführlich beschrieben.

*Kommunikation zwischen Datenquellen*

Eine Besonderheit tritt auf, wenn Datenquellen auch untereinander kommunizieren können. In diesem Fall muss nicht nach jedem Join das Teilergebnis zum Integrationssystem zurückgesandt werden, sondern kann direkt zu der Datenquelle geschickt werden, die den nächsten Join ausführt. Dies muss bei der Kostenberechnung berücksichtigt werden. Zu jeder optimalen Teilreihenfolge muss man sich außerdem noch merken, in welcher Datenquelle das Zwischenergebnis bis dahin vorliegt, da dies Auswirkungen auf weitere Joins hat. Allerdings liefert dynamische Programmierung in einem solchen Szenario nicht mehr garantiert die optimale Lösung [306].

### 6.5.4 Semi-Join

*Berücksichtigung der Tupelgrößen*

In der bisherigen Betrachtung haben wir immer die *Größe von Tupeln* bei der Datenübertragung ignoriert und nur versucht, ihre Anzahl zu minimieren. Verfolgt man aber die Minimierung der *Gesamtdatenmenge* als Optimierungsziel, so muss die Tupelgröße berücksichtigt werden.

*Semi-Joins*

Als erste Möglichkeit zur Verkleinerung der zu übertragenden Tupel haben wir bereits das Verschieben von Projektionen in die Datenquellen kennen gelernt. Eine zweite Möglichkeit ergibt sich bei der Berechnung von Joins zwischen Datenquellen. Hier kann durch eine spezielle Join-Methode, den *Semi-Join*, eine erhebliche Ersparnis erreicht werden [23]. Betrachten wir dazu den folgenden Ausführungsplan, der Informationen über Filmtitel, Regisseure, Schauspieler und deren Rollen aus zwei Datenquellen kombiniert:

```
q(T,R,S,O) :- fd.film(T,R), imdb.acts(T,S,O);
```

Nehmen wir an, dass beide Datenquellen relationale Datenbanken sind und dem Integrationssystem unbeschränkten Zugriff gestatten. Wie wir in Abschnitt 6.5.2 gesehen haben, kann dann der Join in einer der beiden Datenquellen ausgeführt werden – nehmen wir an, dass `fd.film` ausgewählt wurde. Dann wird zunächst der Teilplan `imdb.acts(T,S,O)` ausgeführt, die Titelmenge an das Integrationssystem und von dort an `fd.film` gesandt, dort der Join berechnet und schließlich das Ergebnis an die Integrationsschicht zurückgeschickt.

*Einbau zusätzlicher Projektionen*

Eine unter Umständen bessere Möglichkeit ist es aber, zunächst nur alle Titel (ohne Schauspielernamen und Rollen) von `imdb.acts` zu erlangen, dann den Join in `fd.film` zu berechnen und anschließend, in einem weiteren Schritt, für die resultierende Titelmenge eine erneute Anfrage an `imdb.acts` zu senden, um nur für die im Join enthaltenen Tupel die zwei noch fehlenden Attributwerte zu erhalten. Dies entspricht der folgenden Anfrage in relationaler Algebra:

$$\texttt{imdb.acts} \bowtie_T (\pi_T(\texttt{imdb.acts}) \bowtie_T \texttt{fd.film})$$

*Filterwirkung von Joins*

Obwohl dieser Ausführungsplan einen *Roundtrip* mehr benötigt, kann er eine erhebliche Reduktion der Datenmengen mit sich bringen, nämlich dann, wenn der Join nur wenige Tupel enthält, die beiden Datenquellen also nur wenige Filme gemeinsam haben. Nehmen wir an, `imdb.acts` enthält $i$ Tupel und alle Attribute sind $b$ Byte lang. Außerdem seien nur $s$ Filme in beiden Datenquellen gleichzeitig vorhanden und pro Film im Schnitt $k$ Rollen besetzt. Dann ergeben sich die folgenden Datenmengen für die Berechnung des Join in `fd.film`:

- Ohne Semi-Join: $3ib + ib + 2sk = 4ib + 2sk$
- Mit Semi-Join: $ib + ib + 2sk + s + 3s = 2ib + 2sk + 4s$

Damit ist der Semi-Join dann vorteilhaft, wenn $ib > 2s$ ist. Tatsächlich haben Relationen für gewöhnlich wesentlich mehr Attribute, wodurch Semi-Joins weitere Vorteile erhalten.

*Full reducer*

Der Semi-Join spart dadurch, dass für weniger Tupel alle Attribute übertragen werden. Die logische Weiterentwicklung dieses Prinzips auf Anfragen mit mehreren Joins führt zum Prinzip der *Reduzierung von Relationen* (engl. *reducer*). Die Idee ist es, zunächst alle Joins in Form von Semi-Joins auszuführen und dadurch virtuell jede Relation auf die Tupel zu reduzieren, die im Endergebnis noch vorhanden sind. Nur für diese werden dann die Nicht-Join-Attribute noch angefordert. Man kann aber zeigen, dass nicht alle Anfragen vollständig reduzierbar sind [306].

### 6.5.5 Globale Anfrageoptimierung

*Gemeinsame Optimierung aller Anfragepläne*

Globale Anfrageoptimierung optimiert den *gesamten Prozess* der Berechnung des Anfrageergebnisses und nicht nur einzelne Anfragepläne. Konzeptionell wird damit der Plan $p$ optimiert, der der Vereinigung aller einzelnen Anfragepläne entspricht, also $p = p_1 \cup p_2 \cup \ldots p_n$. Optimierungspotenzial ergibt sich daraus, dass Teilanfragen oftmals in mehreren Anfrageplänen vorkommen. Diese *Redundanzen* gilt es zu erkennen und eine mehrmalige Ausführung gleicher Anfragen zu verhindern.

*Gemeinsame Teilanfragen*

Betrachten wir als Beispiel die Pläne $p_1$ und $p_2$ aus Tabelle 6.2 auf Seite 179. Diese haben die Teilanfrage an `imdb.movie` gemeinsam, die aber in den zwei Plänen mit einer jeweils anderen Datenquelle mittels Join verknüpft wird. Es gibt verschiedene Möglichkeiten, dies auszunutzen:

*Mögliche Berechnungsabfolgen*

- Man kann zunächst die Menge $F$ aller Filmtitel der Quelle `imdb.movie` berechnen und diese dann entweder an die beiden weiteren Datenquellen schicken oder die Joins zentral ausführen. Im Vergleich zu einer sequenziellen Ausführung beider Pläne wird eine zweimalige Übertragung von $F$ gespart.

- Man kann auch zunächst aus den Datenquellen `imdb.acts` und `fd.spielt` alle Filmtitel erfragen, in denen Hans Albers eine Hauptrolle gespielt hat, deren Vereinigung berechnen und diese dann zur Berechnung des Join an `imdb.movie` senden. Bei dieser Ausführungsreihenfolge spart man gegenüber einer sequenziellen Abarbeitung dann etwas, wenn Filmtitel sowohl in `fd.spielt` und `imbd.acts` vorkommen, da diese Duplikate bei der Vereinigung in der Integrationsschicht wegfallen können. Zusätzlich spart man die Latenzzeit einer Anfrageausführung in `imdb.movie`.

Auch bei der globalen Optimierung muss daher genau geprüft werden, welche Möglichkeit die voraussichtlich beste ist, wozu wiederum genaue Statistiken über die Daten in den Quellen vorliegen müssen. Man muss auch beachten, dass man in beiden Varianten die Möglichkeit verliert, in $p_1$ die zwei Anfragen an die Datenquelle `imdb` zu einer zusammenzufassen und damit einen Plan gänzlich ohne Zwischenergebnisse zu berechnen.

*Erkennen redundanter Teilpläne*

Neben diesen Schwierigkeiten ist es auch nicht trivial, *redundante Teilpläne* als solche zu erkennen. Insbesondere wenn sich die lokalen Anfragen in verschiedenen Korrespondenzen syntaktisch überlappen und damit manche dieser Anfragen in anderen enthalten sind, wird die Situation schnell unübersichtlich. Zur Lösung dieser Probleme ist es notwendig, die *Containment-Beziehung zwischen Teilplänen* zu berechnen, wozu man Algorithmen des Query Containment benutzen kann (siehe Abschnitt 6.4.1). Konkrete Verfahren dazu werden in [172] beschrieben.

*Multiple Query Optimization*

Aufgrund dieser vielfältigen Schwierigkeiten wird globale Anfrageoptimierung wie hier beschrieben noch kaum betrachtet. Sie zeigt deutliche Parallelen zur *Multiple Query Optimization* in zentralen Datenbanken [258]. Dieser Begriff bezeichnet Techniken, mit denen eine Datenbank eine Optimierung über mehrere einzelne SQL-Anfragen hinweg vornehmen kann, zum Beispiel durch das Erkennen und nur einmalige Ausführen gemeinsamer Teilanfragen. Trotz des theoretisch hohen Potenzials verwendet bis heute keine nennenswerte kommerzielle Datenbank Multiple Query Optimization. Indirekt wird eine Optimierung über mehrere Anfragen aber in jedem System durch (semantisches) Caching vorgenommen (s.u.).

### 6.5.6 Weitere Techniken

#### Parallele Ausführung von Teilplänen

*Parallelisierung von Anfragen eines Plans*

Da Teilanfragen vom Integrationssystem an verschiedene Datenquellen geschickt werden, die in der Regel auf unabhängigen Systemen laufen, ist die *Parallelisierung von Anfragen* eine nahe liegende Methode zur Erreichung einer besseren Performanz. Ziel dabei ist es, Teile eines Planes, die verschiedene Datenquellen betreffen, gleichzeitig zu berechnen und dadurch die Gesamtantwortzeit auf die Zeit des langsamsten der Teilpläne zu drücken (und nicht deren Summe).

*Unverbundene Teilpläne*

Ob Anfragen parallel ausgeführt werden können, hängt davon ab, ob sie *miteinander verbunden* sind, und wenn ja, an welchem Ort der verbindende Join ausgeführt werden soll. Bei unverbundenen Teilanfragen ist immer eine parallele Ausführung möglich. Beispielsweise könnte das Integrationssystem bei dem Beispiel aus Abbildung 6.10 entscheiden, zunächst die Teilpläne für die Anfragen $q_1$ bis $q_5$ und $q_6$ bis $q_{10}$ parallel auszuführen und erst im letzten Schritt zu verbinden. Gerade bei Join-Ketten kann man an mehreren Positionen der Kette gleichzeitig mit dem Ausrechnen von Zwischenergebnissen beginnen.

*Joins im Integrationssystem*

Sind Teilanfragen durch einen Join verbunden, der im Integrationssystem ausgeführt werden soll, können sie ebenfalls parallelisiert werden. Soll der Join aber in einer der beiden Datenquellen berechnet werden, ist keine vollständige Parallelisierung mehr möglich. In diesen Fällen kann eine *überlappende Ausführung*[12] sinnvoll sein. Dazu wird zunächst eine Anfrage an eine Datenquelle geschickt und dann mit den ersten Ergebnissen, also bevor die Anfrage komplett beantwortet ist, sofort die zu joinende Datenquellen angesprochen.

*Datenquellen ohne mengenwertige Schnittstelle*

Gerade für Datenquellen, die keine Schnittstellen für *mengenwertige Anfragen* besitzen, ist die überlappende Ausführung eine sinnvolle Strategie. Betrachten wir dazu wiederum Plan $p_2$ aus Tabelle 6.2 und nehmen an, dass Datenquelle `imdb.movie` nur eine Webschnittstelle für die Suche nach einzelnen Filmtiteln bietet, während `fd.spielt` SQL-Anfragen gestattet. In diesem Fall kann man zunächst die Teilanfrage an `fd.spielt` absenden und, sobald die ersten Ergebnisse zurückkommen, für jedes Ergebnis eine Anfrage an `imdb.movie` schicken. Gestattet `imdb.movie` hingegen die gleichzeitige Suche nach mehreren

[12] Eine überlappende Ausführung entspricht dem *Pipelining* von Anfragen in RDBMS.

Filmtiteln, kann es sinnvoll sein, zunächst das vollständige Ergebnis von `fd.spielt` abzuwarten, da dadurch die Zahl zu versendender Anfragen und damit die in die Gesamtzeit eingehenden Latenzzeiten geringer sind.

### Caching

*Vorhalten von Ergebnissen für spätere Anfragen*

Eine weitere wichtige Technik zur Reduzierung von Kosten bei der Anfragebearbeitung ist *Caching*. Beim Caching werden Ergebnisse von Anfragen an Datenquellen im Integrationssystem in einem speziellen Speicherbereich, dem Cache, zwischengespeichert. Bei nachfolgenden Anfragen wird zunächst überprüft, ob diese ganz oder teilweise mit im Cache verfügbaren Daten beantwortbar sind. Im Idealfall ist für eine neue globale Anfrage, deren Teilanfragen sämtlich schon im Cache beantwortet liegen, keine erneute Kommunikation mit der Datenquelle notwendig.

*Nutzen schon für eine Anfrage*

Caching kann auch schon bei der Ausführung einer *einzigen globalen Anfrage* nützlich sein. Wie wir in Abschnitt 6.5.5 gesehen haben, enthalten Anfragepläne oft identische Teilanfragen. Eine Alternative zur Entfernung redundanter Anfragen durch globale Optimierung (siehe Abschnitt 6.5.5) ist das Cachen von Ergebnissen.

*Caching und Variablenbindungen*

Dabei muss beachtet werden, welche Anfragen zur Laufzeit tatsächlich ausgeführt werden. Kommen *Variablenbindungen* ins Spiel, bringt Caching unter Umständen keinen Gewinn mehr. Zum Beispiel enthalten die Pläne $p_1$ und $p_2$ in Tabelle 6.2 (Seite 179) jeweils die identische Teilanfrage `imdb.movie(T,R)`. Werden bei der Ausführung aber zunächst die jeweils anderen Datenquellen der Pläne, also `imdb.acts` bzw. `fd.spielt`, angesprochen und der Join jeweils in der Datenquelle `imdb.movie` berechnet, so liegen zur Ausführungszeit keine redundanten Anfragen vor – in den zwei Plänen wird die Variable $T$ an jeweils unterschiedliche Wertemengen gebunden.

*Semantisches Caching*

Beim Caching müssen daher die *ausgeführten Anfragen* zusammen mit ihren Ergebnissen gespeichert werden. Im Unterschied zum Caching in zentralen Datenbanken, bei dem Blöcke einer Relation gecacht werden, deren Struktur unabhängig von der aktuellen Anfrage ist, liegen hier Ergebnisse von Anfragen mit Selektionen, Joins und Projektionen, und damit *Datenausschnitte* ganz unterschiedlicher Relationen, zusammen im Cache. Dieses Verfahren wird auch *semantisches Caching* genannt, da zur Entscheidung, ob Daten im Cache genutzt werden können, eine inhaltliche Analyse der neuen Anfrage und der gecachten Anfrage notwendig ist. Auch diese Analyse kann, wie die Suche nach redundanten Teilplänen bei der globalen Anfrageoptimierung, auf Query Containment zurückgeführt werden (siehe Abschnitt 6.4.2).

*Cache-Invalidierung*

Ein spezielles Problem beim Caching in der Informationsintegration ist die Frage, wann die Daten im Cache *invalidiert* werden sollen. Bei hoher Quellautonomie werden Datenquellen das Integrationssystem nicht über Änderungen an ihren Daten informieren. Daher läuft man mit Caching immer Gefahr, *veraltete Daten* zu benutzen. Dieser Gefahr kann man durch Cache-Invalidierung in kurzen Zeitabständen oder durch periodische Testanfragen an Datenquellen für ausgewählte Datensätze begegnen. Diese Schwierigkeit muss auch bei der Wahl einer geeigneten Cache-Verdrängungsstrategie berücksichtigt werden.

#### Kostenschätzung

*Optimierung braucht Kenntnisse über die Daten*

An vielen Stellen dieses Abschnitts sind wir auf das Problem gestoßen, dass zur Anfrageoptimierung *Kenntnisse über die Daten* in den Datenquellen notwendig sind, wie die Größe von exportierten Relationen, die Werteverteilungen von Attributen, die durchschnittlichen Tupelgrößen, die Latenzzeiten von Verbindungen, die Kosten für Prädikatausführungen in den Datenquellen, die Datenübertragungsraten etc. Aus diesen Informationen können Schätzungen über die Selektivität von Selektionen und Joins abgeleitet werden. Allgemein gilt: Je genauer die Statistiken sind, desto genauer werden auch die resultierenden Schätzungen sein.

*Erhebung von Statistiken*

Diese Kenntnisse muss sich das Integrationssystem bei autonomen Quellen selbst erwerben. Dies kann entweder dadurch geschehen, dass *im laufenden Betrieb* Statistiken aus den Ergebnissen und Zwischenergebnissen von Anfragen abgeleitet werden, oder durch gezieltes *Sampling / Probing*, also durch die Erzeugung gezielter Testanfragen, die nur zur Messung von Statistiken dienen. Die erste Strategie hat den Nachteil, dass für »neue« Anfragen keine Statistiken vorliegen, dafür aber den Vorteil, dass keine zusätzliche Last erzeugt wird. Die zweite Strategie erzeugt zusätzliche Last, hat dafür aber bei allen Anfragen eine – mehr oder weniger genaue – Statistik parat. Die Güte dieser Statistik hängt davon ab, wie gut das Sampling die *in Zukunft tatsächlich gestellten Anfragen* approximiert.

*Sampling von Werteverteilungen*

Durch Sampling kann man einerseits versuchen, die *Verteilung von Werten* in den Extensionen der Datenquellen zu schätzen. Dazu kann man beispielsweise Bereichsanfragen mit sehr kleinen Intervallen in verschiedenen Bereichen des Wertebereichs eines

Attributs ausführen und aus diesen die Werteverteilung schätzen. Dadurch erhält man Schätzungen über zu erwartende Datenmengen.

*Sampling zur Zeitabschätzung*

Alternativ kann man durch Sampling auch direkt den *Zeitbedarf* für den Zugriff auf eine oder mehrere Relationen durch eine Funktion approximieren. Die Parameter der Funktion versucht man durch gezielte Anfragen zu schätzen. Der Vorteil dieser Methode ist, dass man automatisch *quellenspezifische Eigenheiten*, wie Geschwindigkeit des Servers und Güte der Datenleitung, mit in der Schätzung berücksichtigen kann.

Beispielsweise kann eine Funktion für eine Selektion mit Selektivität $s$ an eine exportierte Relation mit $N$ Tupeln wie folgt aussehen:

*Kostenberechnung*

$$c(s) = c_0 + c_1 \cdot s \cdot N + c_2 \cdot N;$$

*Parameterschätzung*

In der Formel steht der Parameter $c_0$ für einmalige Startkosten (Verbindungsaufbau, Initialisierung der Datenquelle etc.), $c_1$ für die Kosten zum Verarbeiten und Übertragen des Ergebnisses und $c_2$ für die Kosten zum Berechnen des Ergebnisses in der Datenquelle. Diese drei Parameter müssen nun durch gezielte Anfragen geschätzt werden. Dazu formuliert man Anfragen unterschiedlicher Selektivität und berechnet dann durch *Regression* (in dem Fall durch eine lineare Regressionsanalyse) die Parameterwerte, die den *Schätzfehler*, also die Differenz zwischen den geschätzten und den gemessenen Kosten, minimieren. Für eine neue Anfrage berechnet man die Kosten dann durch Einsetzen der Selektivität.

## 6.6 Integration beschränkter Quellen

Bei der Integration heterogener Quellen hat man häufig mit dem Problem zu kämpfen, dass man Datenquellen einbinden muss, die nur über sehr *eingeschränkte Zugriffsmechanismen* verfügen. Typische Vertreter solcher Quellen sind:

*Quellen mit beschränktem Zugriff*

**Webdatenquellen:** Damit bezeichnen wir Quellen, die nur über ein *Webinterface* angesprochen werden können. Dieses Interface besteht aus einer Reihe von HTML-Formularen, mit denen man Anfragen formulieren kann, und Ergebnissen in Form von HTML-Seiten, aus denen man die relevanten Informationen extrahieren muss.

**Legacy-Systeme:** Unter diesem Begriff fasst man IT-Anwendungen zusammen, deren Technologie nicht mehr aktuellen Standards entspricht. Beispiele sind vor Jahrzehnten in COBOL oder PL/1 entwickelte Datenverarbeitungsprogramme, die keine Anfragesprache unterstützen und nur *feste Reports* erzeugen können. Gerade im industriellen Umfeld ist die Zahl solcher Anwendungen überraschend hoch, da ihre Ablösung sehr teuer ist. Zur Integration können einzig die relevanten Reports ausgewählt, gestartet und das gewünschte Ergebnis aus dem Report geparst werden.

**Web-Services:** Auch moderne Anwendungen bieten oftmals keinen Zugriff über Anfragesprachen, sondern kapseln *ausgewählte Funktionen* in Web-Services (siehe auch Abschnitt 10.4). Bei ihrer Integration kann man nur einen festen Satz Anfragen benutzen, und die gewünschten Daten müssen aus dem von den Web-Services nach einem festen Format generierten XML-Dokumenten extrahiert werden.

*Materialisierung kann helfen*

Auf die dadurch entstehenden Einschränkungen im Integrationssystem kann man unterschiedlich reagieren. Beispielsweise verwenden die in Abschnitt 6.2 definierten Anfragekorrespondenzen nur einen festen Satz von Anfragen, wodurch auch Web-Services oder Webdatenquellen sehr gut eingebunden werden können. Stehen Legacy-Anwendungen im Vordergrund, ist die Materialisierung der Quellen, zum Beispiel in einer Data-Warehouse-Architektur (siehe Kapitel 9), eine Lösungsmöglichkeit. Dazu werden alle relevanten Reports periodisch generiert, die Daten geparst und in eine zentrale Datenbank übernommen, die dann keinen Anfragebeschränkungen mehr unterliegt. Materialisierung ist aber bei Webdatenquellen oder nur über Web-Services zugänglichen Datenquellen für gewöhnlich keine Option, da der Zugriff auf den kompletten Datenbestand in der Regel nicht möglich ist.

In der Anfrageplanung erzeugen Beschränkungen in den Datenquellen zwei Arten von Problemen:

*Pläne sind nicht ausführbar*

- Bestimmte Pläne können überhaupt *nicht ausführbar* sein, da sie von einer Datenquelle Unmögliches verlangen. Ein Beispiel dafür wäre eine Benutzeranfrage nach allen Filmen, die unter einem bestimmten Preis verkauft werden, sowie als Datenquelle eine Internetdatenbank, die weder die Suche nach Preisen noch das Herunterladen der kompletten Filmliste erlaubt. In diesem Fall kann das Filterprädikat über den Preis weder in der Datenquelle noch in der Integrationsschicht ausgeführt werden.

*Pläne sind nur in einer bestimmten Reihenfolge ausführbar*

- Bestimmte Pläne können zwar ausführbar sein, aber nicht in jeder *beliebigen Reihenfolge*. Betrachten wir dazu die Datenquelle `movie` aus Tabelle 6.3 (Seite 190). Diese exportiert zwei Relationen, `order` und `info`, die über das Attribut `order_id` verbunden sind. Nehmen wir an, der Anfrageplan einer Benutzeranfrage sähe wie folgt aus:

```
q(T,N) :- movie.order(OI,T),movie.info(OI,S,G,_),G>80;
```

  Nehmen wir an, beide Datenquellen sind nur im Web zugreifbar. `movie.order` ist eine Liste von Filmtiteln mit ihrer jeweiligen `OI`, während `movie.info` ein HTML-Formular ist, mit dem man Filme nach Schauspielername oder `OI` durchsuchen kann. Der »bessere« Plan würde wegen der größeren Selektivität zuerst auf `movie.info` zugreifen und alle Schauspieler ermitteln, die zum Zeitpunkt einer Rollenbesetzung über 80 Jahre alt waren; in einem zweiten Schritt würden dann die Filmtitel ermittelt werden. Dieser Plan ist aber nicht ausführbar, da das Selektionsprädikat auf das Alter eines Schauspielers von der Quelle nicht unterstützt wird. Die einzige Möglichkeit zur Ausführung des Plans ist es daher, zunächst alle ID-Titel-Paare über `movie.order` zu erhalten, für jede ID alle Rollenbesetzungen über die zweite Quelle zu ermitteln und das Selektionsprädikat in der Integrationsschicht auszuführen.

Beide Beispiele zeigen die weitreichenden Konsequenzen beschränkter Anfragemöglichkeiten. Im ersten Fall sind bestimmte Anfragen gar nicht beantwortbar, im zweiten Fall nur zu wesentlich größeren Kosten, als es ohne die Beschränkungen möglich wäre. Im folgenden Abschnitt gehen wir zunächst allgemein auf Techniken zur Einbindung beschränkter Quellen über Wrapper ein (siehe auch Abschnitt 4.5). In Abschnitt 6.6.2 erläutern wir dann spezielle Techniken zur Beachtung von Anfragebeschränkungen bei der Anfrageplanung.

### 6.6.1 Wrapper

*Konvertierung von Anfragen und Daten*

Unter einem *Wrapper* versteht man ein Programm, das der *Umwandlung von Daten und Anfragen* zwischen verschiedenen Datenmodellen dient. In der Informationsintegration werden Wrapper typischerweise zwischen der eigentlichen Integrationskomponente und den Datenquellen eingesetzt, um technische, Anfrage- und Datenmodellheterogenität zu überwinden. Nach »oben«, also zum Mediator, bietet der Wrapper eine Schnittstelle, über die der Mediator Anfragen in seiner Sprache absetzen und Ergebnisse in seinem Datenmodell empfangen kann. Anfragen werden in Aufrufe an die Datenquelle übersetzt, ebenso wie die Ergebnisse der Quelle in das Datenmodell des Mediators konvertiert werden (siehe Abschnitt 4.5).

*Leicht- und schwergewichtige Wrapper*

Typische leichtgewichtige (engl. *light-weight*) Wrapper leisten tatsächlich nicht mehr als reine Übersetzung. Schwergewichtige (engl. *heavy-weight*) Wrapper dagegen implementieren zusätzliche Funktionen, was bis zur Emulation einer einfachen Anfragesprache auf einer eigentlich reportorientierten Datenquelle gehen kann. Leichtgewichtige Wrapper sind schnell zu implementieren, bürden der Integrationsschicht aber deutlich mehr Arbeit auf und führen zu ineffizienteren Plänen, weil beispielsweise Selektionen oder Projektionen nicht zu der Datenquelle gepusht werden können.

*Generisch oder anwendungsspezifisch*

Wrapper können generisch oder anwendungsspezifisch sein. *Generische Wrapper* übersetzen beispielsweise zwischen verschiedenen SQL-Dialekten, um den Zugriff auf eine Oracle-Datenbank von einem DB2-System aus zu gestatten. Sie können ohne Änderung für jede Anwendung eingesetzt werden, die diese Art Übersetzung benötigt, und haben keine Kenntnis von dem Schema der Daten. *Anwendungsspezifische Wrapper* dagegen implementieren anwendungsspezifische Zugangsfunktionen und sind oft unmittelbar auf die konkrete Anwendung, für die sie benötigt werden, zugeschnitten.

Wrapper für Standarddatenquellen sind kommerziell verfügbar. Wir werden entsprechende Produkte in Abschnitt 10.1 kurz vorstellen. Schwieriger ist die Einbindung von Webdatenquellen, der wir uns im Folgenden widmen.

### Einbindung von Webquellen

*Webdatenquellen haben zunehmende Bedeutung*

Die *Einbindung von Webdatenquellen* in integrierte Informationssysteme ist für viele Anwendungen notwendig, da schlicht immer mehr Informationen über das Web zugänglich sind. Beispielsweise kann eine regelmäßige Analyse der Webseiten von Konkurrenten (neue Stellenangebote, Pressemitteilungen, Pflichtmitteilungen etc.) für die Marktbeobachtung benutzt werden. Viele Webseiten zur Reiseplanung greifen auf eine Vielzahl von Webseiten von Fluglinien, Hotelketten oder Autovermietungen zu. Weitere Beispiele sind Produktvergleichswebseiten, Einkaufsberater und Eventkalender.

Wrapper zur Einbindung von Webdatenquellen müssen drei Aufgaben leisten (siehe Abbildung 6.12). Zum einen müssen Anfragen aus der Mediatorschicht auf HTML-Formulare abgebildet werden. Dazu implementiert der Wrapper eine *Integrationsschnittstelle* für den Mediator, die häufig aus einer Funktion pro Webformular besteht. Mit dieser Funktion muss auch angegeben werden, welche Kombinationen von Parametern erlaubt sind (siehe den folgenden Abschnitt 6.6.2). Es ist dann Aufgabe der Integrationsschicht, nur valide Anfragen zu erzeugen. Zum anderen müssen die gewünschten Informationen aus der resultierenden HTML-Darstellung *extrahiert* werden. Dazu müssen Programme entwickelt werden, die den HTML-Code parsen und strukturierte Ausgaben erzeugen. Die dritte Aufgabe ist die *Kommunikation* mit der tatsächlichen Webdatenquelle über HTTP-Kommandos.

***Abbildung 6.12*** *Aufbau eines Web-Wrappers nach [125]*

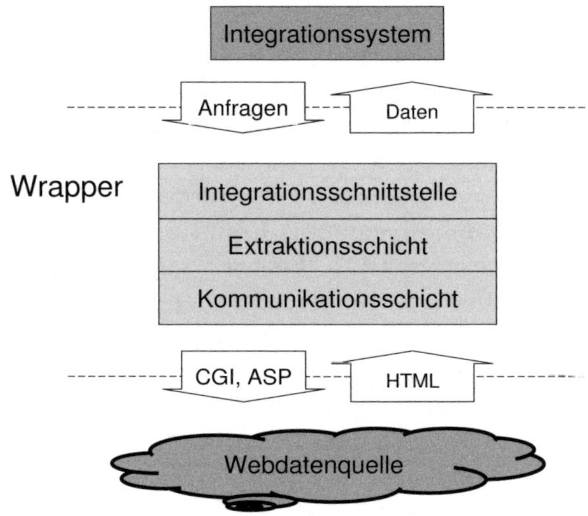


*Informationsextraktion aus HTML-Seiten*

Die zweite Aufgabe ist die schwierigste, da dazu HTML-Text in eine Sammlung von strukturierten Objekten umgewandelt werden muss. Dies ist äußerst schwierig, wenn die Informationen vor allem in Fließtext (Geschäftsberichte, textuelle Hotelbeschreibungen etc.) vorhanden sind. Dazu werden Techniken der *Informationsextraktion* bzw. des Text Mining eingesetzt (siehe Infokasten 2.2 auf Seite 30). Viele Webseiten werden aber aus Datenbanken generiert und besitzen daher eine Struktur, die allerdings in der Regel durch HTML-Gestaltungselemente (Tabellen, Paragraphen, Fontangaben etc.) verschleiert wird. Da dadurch die Erstellung von Parsern sehr mühsam wird, gibt es eine Reihe von speziellen Werkzeugen zur Generierung oder Programmierung von Wrappern (siehe nächster Abschnitt).

Die geschilderte Situation ist zurzeit im Umbruch begriffen. Dazu tragen vor allem zwei Entwicklungen bei:

*Entwicklungen weg von HTML*

- Moderne Webanwendungen generieren oftmals keinen HTML-Code mehr im Server, sondern senden stattdessen die zu präsentierenden Daten als *XML-Dateien* an den Browser, zusammen mit einer Vorschrift zur Erzeugung von HTML aus XML[13]. Programme können die XML-Dateien direkt verwenden, was die Informationsextraktion wesentlich vereinfacht.
- Ebenso bieten Webanwendungen häufig spezielle Schnittstellen (*Web-Services*) für den Zugriff auf ihre Daten über das Web an. Diese können von Anwendungen ähnlich wie entfernte Funktionen aufgerufen werden, wodurch die Notwendigkeit zur Verwendung von HTML-Formularen und zum Parsen von HTML entfällt.

Auf der anderen Seite versuchen viele Webanwendungen aber auch, die Benutzung ihrer Daten durch Dritte zu verhindern. Dies kann beispielsweise durch den vermehrten Einsatz von eingebetteten Programmen in Sprachen wie JavaScript erfolgen, die die Webseite erst im Browser berechnen, oder durch ständige kleine Veränderungen im generierten HTML-Code, die auf die Darstellung keinen Einfluss haben. In beiden Fällen wird die Entwicklung von Wrappern erheblich erschwert.

### Erstellung von HTML-Wrappern

Die Informationsextraktionskomponente eines Web-Wrappers hat die Aufgabe, HTML-Seiten zu parsen und die relevanten Informationen zu finden und zu extrahieren. Die entsprechenden Programme können entweder selbst erstellt werden, oder man kann sich *Wrappergeneratoren* bedienen. Diese bieten spezielle Befehle für den Umgang mit HTML an und stellen oftmals eine visuelle Umgebung zur Verfügung, die die Erstellung von Wrappern über »Highlighting« der relevanten Daten in den Originalwebseiten ermöglicht (siehe Abschnitt 6.7).

Wrappergeneratoren basieren auf einem der zwei folgenden Ansätze:

*Umgang mit HTML-Seiten*

**Ausnutzung der HTML-Struktur:** Dazu wird eine HTML-Seite zunächst in einem so genannten *DOM-Baum* geparst. Das »Document Object Model« (DOM) ist ein Standard

[13] »Cascading Style Sheets«, siehe `www.w3.org/Style/CSS`.

zur hierarchischen Strukturierung von HTML-Dokumenten. Durch Navigation im Baum kann man dann beispielsweise schnell auf alle Zeilen der zweiten Tabelle des Dokuments zugreifen und in diesen auf die jeweils gewünschten Zellen.

**Verwendung von Mustern:** Bei diesem Vorgehen werden Muster, meist in Form von *regulären Ausdrücken*, definiert und auf den HTML-Text angewandt. Beispielsweise kann man zunächst den HTML-Block suchen, der dem Muster `<table>(.*)</table>` entspricht und den Text zwischen den `<table>`-Tags dann durch andere Muster weiterverarbeiten.

*Vor- und Nachteile der Ansätze*

Beide Methoden haben Vor- und Nachteile. Mustererkennung benötigt zunächst keinen DOM-Baum, dessen Erstellung bei großen Dokumenten einige Zeit und sehr viel Speicher benötigen kann. Beim Einsatz von effizienten Algorithmen sind mustererkennungsbasierte Wrapper oftmals wesentlich schneller. Ebenso sind sie schneller zu erstellen, wenn nur relativ wenige Informationen aus großen Webseiten extrahiert werden sollen, haben aber häufig Probleme mit geschachtelten Objekten, da die korrekte Zuordnung der Start- und Endtags über reguläre Ausdrücke einiger Sorgfalt bedarf. DOM-basierte Wrapper eignen sich gut zur Extraktion großer Datenmengen aus strukturierten Webseiten, da man dann viele gleichartige Elemente mit wenigen Befehlen erfassen kann. Sie müssen aber auch auf Mustererkennung zurückgreifen, wenn in Webseiten Informationen nicht durch HTML-Tags getrennt sind. Ebenso geraten sie leicht durcheinander, wenn HTML-Dokumente irregulär sind, also z.B. Endtags fehlen oder proprietäre, browserspezifische HTML-Erweiterungen verwendet werden. Ihr Einsatz ist daher nur zu empfehlen, wenn man hochgradig fehlertolerante DOM-Parser verwendet.

*Robustheit*

Welche der beiden Methoden *robuster* ist, ist dagegen schwer zu sagen. DOM-basierte Ansätze, die z.B. Tabellen über ihre Ordnung in der HTML-Seite adressieren, sind anfällig auf Einschübe neuer Tabellen, also Änderungen in der Struktur; musterbasierte Ansätze sind weniger sensitiv auf Struktur- oder Reihenfolgeänderungen, benötigen dafür aber feste Texte zur korrekten Identifikation von Textstellen.

*Restrukturierung der Daten*

Sind die gewünschten Objekte erst mal im HTML-Text erkannt, müssen sie noch in eine für die Integrationsschicht geeignete Struktur gebracht werden. Das Wissen darüber, wie dies zu geschehen hat, kann man in Wrappergeneratoren in Regeln angeben, die Ausgabetupel aus den extrahierten Daten zusammenstellen. Oftmals kommen dabei als Zwischenschicht spezielle Datenmodelle zum Einsatz, die von der HTML-Repräsentation der Daten abstrahieren, aber auch noch nicht dem Zielmodell entsprechen.

### 6.6.2 Planung mit Anfragebeschränkungen

Wrapper bieten der Integrationsschicht meist nur eine bestimmte Menge von Funktionen. Im Unterschied zu einer Anfragesprache können damit nur bestimmte Arten von Anfragen ausgeführt werden:

*Beschränkungen bei Anfragen*

- Die Menge an *möglichen Bedingungen* ist eingeschränkt. So bieten HTML-Formulare oftmals nur Gleichheitsprädikate (der Art `WHERE title='X'`) oder feste Bereiche an, wie bei Büchern in Preiskategorien. Wrapper für Legacy-Datenbanken implementieren oftmals keinerlei Auswahlprädikate, sondern Tabellen können nur komplett gelesen werden.
- Es ist nicht möglich, *Bedingungen an alle Attribute* zu stellen. Beispielsweise kann man bei typischen Filmdatenbanken im Web nur nach Filmetiteln und Schauspielern suchen, aber nicht nach Drehjahr oder Filmlänge. Andererseits muss man bei diesen Suchen Bedingungen angeben, d.h., die Suchfelder dürfen nicht leer bleiben.

Die Beschränkungen von Datenquellen kann das Integrationssystem auf zwei Arten beachten. Entweder hat es volle Kenntnis über die Anfragemöglichkeiten jeder integrierten Quelle, oder es kann die Entscheidung, welcher Teil einer komplexeren Anfrage von einer Datenquelle ausgeführt werden kann, der Datenquelle selber überlassen. Die erste Möglichkeit hat den Nachteil, dass die Autonomie der Datenquellen verletzt wird, da sie detaillierte Informationen über mögliche Anfragen bekannt machen müssen (und nicht nur eine feste Menge ausführbarer Anfragen, die dann in Korrespondenzen verwendet werden). Ihr Vorteil liegt darin, dass das Integrationssystem schnell und ohne Netzwerkverkehr den optimalen Plan berechnen kann. Der Nachteil der zweiten Möglichkeit ist der, dass, da die Entscheidung der Datenquelle nicht vorab bekannt ist, das Integrationssystem unter Umständen eine Vielzahl von Anfragen erstellen und über das Netz an die Datenquelle schicken muss. Der Vorteil der Methode liegt in der Wahrung des *Black-Box-Prinzips*.

### Einschränkungen in den Suchprädikaten

*Capability records*

Kann eine Datenquelle nur bestimmte Anfrageprädikate ausführen, so kann sie dies dem Integrationssystem über formale *Beschreibungen der zugelassenen Anfragen* (engl. *capability records*) mitteilen. Da diese Situation vor allem bei Webdatenquellen vorkommt, beschränken wir uns im Folgenden ganz auf Anfragen an eine einzelne Tabelle, lassen die Möglichkeit von Tabellenverknüpfungen mit Joins oder Vereinigungen also außer Acht. Die vom Wrapper zu spezifizierenden Informationen umfassen zum Beispiel folgende Punkte:

*Typische Einschränkungen*

- Für welche Attribute dürfen welche Bedingungen (Prädikate) formuliert werden?
- Können Bedingungen kombiniert werden, also zum Beispiel eine Suche nach einem Filmtitel mit einer Suche nach einem Schauspieler?
- Müssen an bestimmte Attribute Bedingungen formuliert werden, um »leere« Webformulare, die eine Fehlermeldung der Datenquelle verursachen würden, zu verhindern?
- Gibt es eine Beschränkung in der Zahl möglicher Bedingungen, wenn etwa ein Suchformular nur eine feste Menge an Eingaben gestattet?
- Können Attribute projiziert werden, um Netzwerkverkehr zu sparen?

*Berücksichtigung bei der Planung*

Bei der Anfrageplanung muss die Integrationsschicht aufgrund dieser Informationen entscheiden, welche Teile einer Anfrage an eine Datenquelle gesandt werden können bzw. ob ein gegebener Plan überhaupt ausführbar ist. Prinzipiell können Suchprädikate, die eine Quelle nicht unterstützt, in der Integrationsschicht ausgeführt werden. Dazu ist es aber notwendig, dass die Quelle wenigstens den Zugriff auf die ungefilterte Tabelle, also das Herunterladen aller Objekte, erlaubt. Dies ist aber oftmals entweder gar nicht möglich (kein uns bekannter Internet-Buchhändler bietet eine Liste aller geführten Titel zum Download) oder so teuer, dass man es als Möglichkeit nicht in Betracht ziehen kann[14]. In diesen Fällen ist ein Plan nicht ausführbar.

*Bereichseinschränkungen*

Ein häufig auftretender Fall sind Datenquellen, die bei einer gegebenen globalen Anfrage mit einer Bedingung nur allgemeinere oder nur speziellere Bedingungen unterstützen. Dies tritt be-

[14] Die IMDB enthält im Juni 2006 ca. 750.000 Filme und über 2 Millionen Schauspieler.

sonders auf, wenn nur *Bereichssuchen mit festen Grenzen* erlaubt sind. Betrachten wir als Beispiel den folgenden Plan, der Namen und Rollen von Rollenbesetzungen mit Schauspielern über 80 Jahren findet:

```
q(S,O) :- movie.info(_,S,G,O), G>80;
```

Nun können folgende Fälle auftreten:

- Die Datenquelle erlaubt beliebige Selektionen auf das Alter. Der Plan kann ausgeführt und die Selektion zur Datenquelle delegiert werden.
- Die Datenquelle erlaubt keine Selektionen auf dem Alter. In diesem Fall muss der Plan dahingehend geändert werden, dass nicht nur Name und Rolle von Schauspielern exportiert werden, sondern auch deren Alter. Die Integrationsschicht muss also eine Abfolge von Befehlen wie folgt ausführen, wobei die letzten beiden Schritte im Integrationssystem berechnet werden:
  ```
  q'(S,G,O) :- movie.info(_,S,G,O);
  q"(S,G,O) :- q'(S,G,O), G>80;
  q(S,O) :- q"(S,G,O);
  ```
- Die Datenquelle erlaubt nur die Suche nach bestimmten Altersgruppen, z.B. nach besonders jungen (Alter kleiner als 10) oder besonders alten (Alter größer als 70) Rollenbesetzungen. Obwohl die Bedingung der Anfrage damit nicht direkt an die Quelle delegiert werden kann, sollten die angebotenen Suchmöglichkeiten benutzt werden, da damit der Netzwerkverkehr erheblich reduziert werden kann. Es sollte daher die folgende Befehlsabfolge erzeugt und ausgeführt werden:
  ```
  q'(S,G,O) :- movie.info(_,S,G,O), G>70;
  q"(S,G,O) :- q'(S,G,O), G>80;
  q(S,O) :- q"(S,G,O);
  ```
  Ist zum Beispiel nur die Suche nach Rollenbesetzungen mit Schauspielern über 90 möglich, so kann diese Anfrage direkt ausgeführt werden. Damit gehen zwar Ergebnisse verloren, aber es werden keine falschen Ergebnisse erzeugt.

Wir hatten den vorletzten Fall bereits in Abschnitt 6.4.3 erwähnt, da er bei der einfachen Variante der Anfrageplanung, die wir in Abschnitt 6.4.3 vorgestellt hatten, nicht gefunden wird.

### »Binding Patterns«

*Attribute, die gebunden werden müssen*

Spezielle Probleme machen Datenquellen, für deren Benutzung bestimmte *Bedingungen spezifiziert werden müssen*. Dies ist bei den meisten im Web zu findenden Quellen der Fall, da das Leerlassen eines Suchformulars – das man ja als eine Anfrage der Art »`SELECT * FROM datenquelle`« interpretieren könnte – für gewöhnlich mit einer Fehlermeldung quittiert wird, da die zutreffende Ergebnismenge zu groß wäre. Bestimmte Attribute müssen in einer Anfrage also gebunden sein.

*Binding Pattern*

Um diese Informationen auszudrücken, gibt man gemeinsam mit einer Anfrage ihr *Binding Pattern* (BP) an. Ein BP gibt für alle Attribute der Anfrage einzeln an, ob

- ❏ dieses Attribut in einer Anfrage *gebunden sein muss* oder
- ❏ dieses Attribut in einer Anfrage *nicht gebunden werden darf* oder
- ❏ es entweder gebunden werden kann oder nicht.

*Annotation von Attributen*

Man drückt BP durch spezielle Annotationen in Anfragekorrespondenzen aus. Dabei verwendet man ein $b$ für Attribute, die gebunden sein müssen, ein $n$ für solche, die nicht gebunden werden dürfen, und ein $f$ für Attribute, bei denen die Bindung egal ist.

Angewandt auf das Beispiel aus der Einleitung dieses Abschnitts könnte man die Datenquellen wie folgt beschreiben:

$$\texttt{movie.order(OI}^n\texttt{, T}^b\texttt{);}$$
$$\texttt{movie.info(OI}^f\texttt{, S}^f\texttt{, G}^n\texttt{, O}^n\texttt{);}$$

Damit drückt man aus, dass beim Zugriff auf `movie.order` das Attribut `OI` nicht gebunden sein darf, das Attribut `T` aber gebunden sein muss. Man kann also nur nach einem frei zu wählenden Titel suchen. Beim Zugriff auf `movie.info` kann man dagegen eine `OI` oder einen Schauspielernamen angeben, aber weder nach Alter noch nach Rolle suchen. Nicht ausgedrückt ist damit aber die Tatsache, dass man entweder eine `OI` oder einen Namen angeben muss. Weder ist es gestattet, beide leer zu lassen, noch beide gleichzeitig anzugeben. Daher modelliert man diese Quelle besser mit zwei Anfragen, die in zwei unterschiedlichen Anfragekorrespondenzen verwendet werden:

$$\texttt{movie.info1(OI}^n\texttt{, S}^b\texttt{, G}^n\texttt{, O}^n\texttt{);}$$
$$\texttt{movie.info2(OI}^b\texttt{, S}^n\texttt{, G}^n\texttt{, O}^n\texttt{);}$$

*BP bestimmen die Reihenfolge der Anfrageausführung*

Die BP müssen bei der Anfrageplanung zunächst nicht beachtet werden (siehe dazu aber Abschnitt 6.7). Sie bestimmen aber, ob und in welcher Reihenfolge ein Plan ausführbar ist. Dazu überwacht man die Bindungen jedes Attributs über den gesamten Plan hinweg. Man erstellt einen Vektor mit so vielen Elementen, wie es Attribute im Plan gibt. Jedes Element wird mit $f$ initialisiert. Da jede aus der globalen Anfrage übernommene Bedingung an ein Attribut $A$ dieses in einem Plan bindet, wird die $A$ entsprechende Stelle mit $b$ initialisiert. Jede Anfrage erzeugt nun bei ihrer Ausführung Bindungen und überführt damit den Vektor in einen anderen Vektor. Ausgehend vom initialen Vektor ermittelt man folgendermaßen eine *Reihenfolge der Anfrage*:

- Damit eine Anfrage an ihrer Position ausführbar ist, darf beim Vergleich des aktuellen Vektors mit dem Vektor der Anfrage in keinem Attribut die Kombinationen $b - n$ oder $f - b$ auftreten.
- Jede Anfrage bindet alle ihre Attribute.

Betrachten wir dazu den folgenden Plan:

```
q(T,S)  :-  movie.order(OI,T),movie.info(OI,S,G,_),
            T='Marnie';
```

sowie die oben aufgeführten Korrespondenzen. Da wir `movie.info` durch zwei Korrespondenzen ersetzt haben, ergeben sich die folgenden Pläne:

$$\texttt{movie.order(OI}^n\texttt{, T}^b\texttt{), movie.info1(OI}^n\texttt{, S}^b\texttt{, G}^n\texttt{, O}^n\texttt{);}$$
$$\texttt{movie.order(OI}^n\texttt{, T}^b\texttt{), movie.info2(OI}^b\texttt{, S}^n\texttt{, G}^n\texttt{, O}^n\texttt{);}$$

Da in der globalen Anfrage nur das Attribut `T` gebunden wird, erhalten wir den initialen Vektor $f, b, f, f, f$ für die Attribute `ID,T,S,G,O`. Betrachten wir nun die jeweils zwei möglichen Reihenfolgen der beiden Pläne, so ergeben sich folgende Vektorsequenzen (wir benutzen ein _ für Attribute, die durch eine Anfrage nicht berührt sind, und ein $\diamond$ für die Verknüpfung zweier Vektoren):

- Der erste Plan in der angegebenen Reihenfolge: $f, b, f, f, f \diamond n, b, \_, \_, \_ \rightarrow b, b, \_, \_, \_$ und $b, b, \_, \_, \_ \diamond n, \_, b, n, n$, was die Kombination $b, n$ enthält und damit nicht ausführbar ist.

- Der erste Plan in umgedrehter Reihenfolge: $f, b, f, f, f \diamond n, \_, b, f, f$, was die Kombination $f, b$ enthält und damit nicht ausführbar ist.
- Der zweite Plan in der angegebenen Reihenfolge: $f, b, f, f, f \diamond n, b, \_, \_, \_ \rightarrow b, b, \_, \_, \_$ und $b, b, \_, \_, \_ \diamond b, \_, n, n, n \rightarrow b, b, b, b, b$. Dieser Plan ist ausführbar.
- Der zweite Plan in umgedrehter Reihenfolge: $f, b, f, f, f \diamond b, \_, n, \_, \_$, was die Kombination $f, b$ enthält und damit nicht ausführbar ist.

Damit wird korrekt ermittelt, dass es nur eine Möglichkeit gibt, das gewünschte Ergebnis zu berechnen: Man sucht zuerst mit der ersten Quelle nach der `OI` für den Film »Marnie« und sucht mit dieser `OI` dann in der zweiten Quelle nach den weiteren Informationen.

## 6.7 Weiterführende Literatur

### Anfragekorrespondenzen

*Reine Beschreibung von Beziehungen*

Die Bedeutung von Anfragekorrespondenzen für die Informationsintegration ist erst in den letzten Jahren in den Vordergrund getreten. Frühe Arbeiten dazu beschränkten sich meist auf eine rein deskriptive Verwendung von Beziehungen, benutzten sie also eher zur Verdeutlichung von Zusammenhängen zwischen verschiedenen Schemata als zur Beantwortung konkreter Anfragen. Beispiele dafür findet man bei Spaccapietra et al. [269] und Catarci und Lenzerini [46].

*Korrespondenzen zur Anfrageplanung*

Die explizite Verwendung von Korrespondenzen zur Anfrageplanung findet man erstmalig unter dem Namen *source descriptions* in [179]. Die Begriffe »Local-as-View« und »Global-as-View« etablierten sich erst Ende der 90er Jahre [130, 169][15]. GLaV-Regeln wurden erstmals unter dem Namen *query correspondence assertions* in [170] vorgestellt, aber auch schon in [231] angedacht. Als weiterer Name für GLaV-Regeln wird auch *both-as-view* verwendet [194]. Eine Erweiterung von Anfragekorrespondenzen auf Korrespondenzen zwischen Teilschemata wird in [40] ausgeführt.

Korrespondenzen wurden auch für objektorientierte oder semistrukturierte Daten untersucht. Im Forschungsprojekt Pegasus beispielsweise werden Korrespondenzen implizit über Sichten in

[15] Ullman verwendet diese Begriffe in einem Übersichtsartikel, der 1997 erschien, noch nicht [285].

einem objektorientierten Datenmodell spezifiziert [259]. Im Projekt TSIMMIS [223] ist eine Korrespondenz dagegen eine ausführbare Regel, die immer spezifisch für genau eine globale Relation ist.

### Anfrageplanung

*GaV-Planung*

Zur Anfrageplanung in der Informationsintegration ist in den letzten Jahren eine Vielzahl an Arbeiten entstanden. Systeme, die auf GaV-Regeln basieren, können als natürliche Erweiterungen des Sicht-Mechanismus aus RDBMS betrachtet werden. Erste Prototypen beschränken dabei GaV-Korrespondenzen zusätzlich auf eine einzelne Relation in der lokalen Anfrage [200]. Eine Korrespondenz ist damit eine Beziehung zwischen einer globalen und einer lokalen Relation. Komplexere GaV-Regeln, teilweise angereichert mit Elementen aus semistrukturierten Anfragesprachen, werden zum Beispiel in *TSIMMIS* [50] oder *DISCO* [277] verwendet. Cali et al. zeigen in [43], dass die Anfrageplanung mit GaV-Regeln und Integritätsbedingungen auf dem globalen Schema dieselbe Komplexität wie die Anfrageplanung mit LaV-Regeln hat.

*View unfolding und query folding*

GaV-basierte Anfrageplanung wird auch als Sichtentfaltung (*view unfolding*) bezeichnet, also als das »Auseinanderfalten« von Sichten in Anfragen. Anfrageplanung mit LaV-Regeln bezeichnet man entsprechend als »query folding«, da hier komplexe Teilanfragen im Grunde zu einer einzigen Quellanfrage (mit komplexer Definition) »zusammengefaltet« werden [231]. Die klassischen Arbeiten zum darauf aufbauenden *Answering queries using views* sind im *Information-Manifold*-Projekt von Halevy et al. entstanden [177, 179, 178]. In diesen Arbeiten wird auch der Bucket-Algorithmus erstmals vorgestellt. Eine sehr gute Übersicht über dieses Gebiet findet man in [113].

*Weiterer Planungsalgorithmen*

Verbesserte LaV-Planungsverfahren sind beispielsweise der *Improved Bucket Algorithm* [172] oder der Minicon-Algorithmus [227]. Ein gänzlich anderer Ansatz zur Lösung des Problems ist der *Frozen-Facts-Algorithmus* [238, 284]. In [100] wird der darauf aufbauende *Inverse Rules Algorithm* entwickelt, der auch rekursive Anfragepläne erstellen, aber nicht mit Selektionen ohne Gleichheitszeichen umgehen kann.

*Komplexität*

Es gibt viele Arbeiten, die die Komplexität der LaV-Anfrageplanung für Anfragen mit komplexeren Prädikaten als Equi-Joins und einfachen Selektionen aufzeigen. In [78] werden rekursive Anfragen untersucht, in [180] Negation, in [55] Aggregationen und in [2] Vereinigung und Disjunktion. Ein negatives Resultat ist die Tatsache, dass es unentscheidbar ist, ob eine rekursive Anfrage in einer anderen rekursiven Anfrage enthalten ist [263]. Eine Übersicht über die verschiedenen Ergebnisse findet man zum Beispiel in [285]. Miller et al. erweitern die Containment-basierte Anfrageplanung auf Anfragen mit Schemavariablen zur Überbrückung schematischer Heterogenität [201].

#### Anfrageoptimierung

Die Anfrageoptimierung mit heterogenen, verteilten und autonomen Quellen basiert in großen Teilen auf Ergebnissen der Forschung an verteilten Datenbanken. Eine Übersicht dazu bieten [220] oder [153]. Algorithmen zur Bestimmung der optimalen Join-Reihenfolge und zur Berechnung von full reducern beim Semi-Join werden in [306] besprochen.

Eine Methode, bei der Optimierung flexibler die Möglichkeiten von Datenquellen auszunutzen, wurde im Garlic-Projekt entwickelt [110]. Globale Anfrageoptimierung wird zum Beispiel in [172] behandelt. Verschiedene Strategien zum Umgang mit überlappenden Teilplänen werden auch in [89] diskutiert. Dem Problem, dass Datenquellen unter Umständen nur Tupel für Tupel angesprochen werden können, widmet sich [88]. Die Ableitung von Kostenmodellen wird in [246] diskutiert. Algorithmen zum semantischen Caching kann man in [62] finden. Ein Verfahren, bei dem die Planausführung mit der Anfrageoptimierung verschränkt wird, ist in [132] beschrieben.

*Navigierende Pläne*

#### Beschränkte Quellen

*Einbindung von Legacy Systemen*

Eine gute Übersicht zur Einbindung von *Legacy-Anwendungen* bietet das Buch von Brodie und Stonebraker [35]. Wrapper für kommerziell bedeutsame Systeme besprechen wir in Abschnitt 10.

*Wrappergeneratoren*

Wrappergeneratoren für Webdatenquellen sind beispielsweise das W4F-System [247], das auf DOM-Bäumen basiert, oder Jedi [129], das reguläre Ausdrücke verwendet. Araneus benutzt eine spezielle »Copy & Paste«-Sprache [10]. Eine Übersicht findet man in [161]. Kommerzielle Systeme bieten beispielsweise die Firmen Lixto, Altercerpt oder Crystal. Eine interessante Entwicklung sind Systeme, die versuchen, Wrapper aufgrund von Beispielen automatisch zu lernen. Diese Technik bezeichnet man als *Wrapper Induction* [158].

Zur Anfrageplanung mit eingeschränkten Quellen sind eine Vielzahl von Arbeiten erschienen. Das bereits erwähnte System Garlic übergibt jeder Quelle alle sie betreffenden Prädikate und lässt die Quelle dann selber entscheiden, welche sie davon ausführen kann und welche in der Integrationsschicht ausgeführt werden müssen [246]. Dies führt zu sehr effizienten Plänen, lässt aber Binding Pattern außer Acht. Im DISCO-System werden die Fähigkeiten einer Quelle durch eine *Grammatik* angegeben [276]. Für einen Teilplan muss dann bestimmt werden, ob er ein Wort der durch die Grammatik beschriebenen Sprache ist; wenn nicht, ist die Anfrage nicht ausführbar. Die Kombination von Anfragebeschränkungen mit Anfragekorrespondenzen wird zum Beispiel in [96, 138] beschrieben.

*Grammatiken zur Beschreibung der Funktionalität*

Die Nützlichkeit von Binding Patterns ist schon länger bekannt [283]; ihre Verwendung zur Anfrageplanung wird erstmals in [237] beschrieben. [305] erweitert die von uns verwendeten Annotationen um Attribute, die nur an bestimmte Werte gebunden werden dürfen, und studiert außerdem die Frage, wie die Fähigkeiten eines Mediators aus den Fähigkeiten seiner (beschränkten) Quellen berechnet werden können. Kwok und Weld zeigen schließlich in [159], dass bei der Anfrageplanung mit Binding Patterns die *Längenbeschränkung für Pläne* nicht mehr gilt und es damit unendlich viele enthaltene Pläne geben kann, die auch alle ein unterschiedliches Ergebnis berechnen. Die Berechnung einer vollständigen Antwort ist also nicht mehr möglich.

# 7 Semantische Integration

Bisher: Wissen steckt in den Korrespondenzen

In den vorherigen zwei Kapiteln haben wir Methoden vorgestellt, mit denen man unter Verwendung von Korrespondenzen zwischen Schemaelementen Anfragen an ein integriertes Schema in Pläne aus Anfragen an Datenquellen übersetzen kann. Durch Korrespondenzen wird semantische Heterogenität zwischen Schemata überwunden, denn eine Korrespondenz gibt an, welche Elemente in verschiedenen Schemata zueinander semantisch äquivalent sind. Der Planungsalgorithmus arbeitet im Grunde gänzlich ohne Wissen über die *Bedeutung der Relationen und Attribute*, auf denen er operiert. Der große Vorteil dieses Ansatzes liegt darin, dass man auf das gut verstandene und etablierte Repertoire relationaler Datenbanktechniken und -systeme zurückgreifen kann – man arbeitet mit relationalen Anfragen, verknüpft sie mit relationalen Joins und kann die entstandenen Pläne mit bekannten Verfahren optimieren und ausführen.

Ontologiebasierte Integration

In diesem Kapitel stellen wir einen anderen, *ontologiebasierten Ansatz* zur semantischen Integration vor. Dieser Ansatz basiert auf der Annahme, dass man einen Diskursbereich so genau spezifizieren kann, dass semantische Heterogenität durch logische Inferenz in einem formalen Modell überwunden werden kann. Das dazu notwendige formale Modell eines Anwendungsbereichs nennt man *Ontologie*. Ontologien definieren das Vokabular, mit dem alle Konzepte der Anwendung beschrieben werden, und die Beziehungen zwischen diesen Konzepten. Gleichzeitig fungiert eine Ontologie oftmals als globales Schema der Integrationsschicht. Zur Spezifikation von Ontologien verwendet man eine speziellen Klasse von Logiken, die so genannten *Beschreibungslogiken* oder *Wissensrepräsentationssprachen* (engl. *description logics*). Mit Hilfe von Beschreibungslogiken kann man die Klassen einer Domäne und deren Beziehungen untereinander weitaus genauer spezifizieren, als das mit dem relationalen Datenmodell möglich ist; wie das genau funktioniert, werden wir in Abschnitt 7.1.3 sehen.

Ontologien basieren auf Beschreibungslogiken

*Anfragen als Klassen*

Ist eine ausreichend detaillierte Ontologie erstellt, können die Elemente der Exportschemata der beteiligten Datenquellen durch *logische Formeln* über der Ontologie semantisch exakt beschrieben werden. Eine globale Anfrage, die ja im Grunde einen Ausschnitt aus den Objekten einer Domäne charakterisieren soll, wird ebenfalls als eine Formel über den in der Ontologie definierten Begriffen repräsentiert. Die für die Beantwortung relevanten Datenquellen können dann durch *automatische Inferenz* ermittelt werden. Die dazu notwendigen Verfahren beschreiben wir in Abschnitt 7.1.4.

*Ontologien versus Korrespondenzen*

Wenn wir dieses Verfahren mit den in Abschnitt 6.2 eingeführten Begriffen beschreiben wollen, so wird klar, dass ontologiebasierte Ansätze zur Informationsintegration im Kern auf Local-as-View-Inklusionsbeziehungen beruhen, denn Konzepte der Datenquellen werden in den Worten der globalen Ontologie beschrieben. Die Art dieser Beschreibung (logische Formeln versus Korrespondenzen) und die Algorithmen zur Beantwortung von Anfragen unter Verwendung dieser Beschreibungen (Anfrageplanung versus Inferenz) sind aber grundverschieden.

*Semantic Web*

Ontologien sind auch einer der wesentlichen Bausteine des *Semantic Web*, dem wir uns in Abschnitt 7.2 zuwenden. Ziel des Semantic Web ist es, den Grad der automatischen Verarbeitung von Daten im Web zu erhöhen. Dazu wurde mit RDF und RDFS ein graphbasiertes Datenmodell entwickelt, das als Grundlage für den Austausch von selbstbeschreibenden Daten dienen soll. Die Semantik der ausgetauschten Datenelemente muss dabei durch Ontologien definiert werden.

*Ausdrucksstärke und Komplexität*

Eine wichtige Frage in Zusammenhang mit der ontologiebasierten Integration von Datenquellen ist die nach der *Ausdrucksstärke von Beschreibungslogiken*. Hier befindet sich der Entwickler in einem Dilemma: Um genaue und detaillierte Ontologien erstellen zu können, möchte man möglichst ausdrucksmächtige Sprachen zur Verfügung haben. Die für die Anfragebearbeitung notwendige Inferenz erreicht für solchen Sprachen aber schnell hohe Komplexität; für sehr ausdrucksstarke Sprachen sind die *auftretenden Entscheidungsprobleme* unentscheidbar. Im Rahmen des Semantic Web behilft man sich in diesem Dilemma mit der Definition einer Kaskade aufeinander aufbauender Sprachen, die wir in Abschnitt 7.2.3 erläutern werden.

## 7.1 Ontologien

*Ontologie ist ursprünglich ein philosophischer Begriff*

»Ontologie« ist ursprünglich ein *philosophischer Begriff*. Abgeleitet aus den griechischen Wörtern »onta«, das Seiende, und »logos«, die Lehre, bezeichnet Ontologie seit dem siebzehnten Jahrhundert die Lehre vom Sein und den Bedingungen des menschlichen Seins [195]. In der Informatik wird der Begriff seit circa 15 Jahren verwendet und bezeichnet dort intuitiv ein *Modell eines Anwendungsbereichs*, das zur *Kommunikation* zwischen verschiedenen Benutzern erstellt und genutzt wird und das zwei Bedingungen erfüllt. Zum einen ist es so *formal und genau*, dass es zur Inferenz, also zur automatischen Ableitung neuen Wissens durch logisches Folgern, benutzt werden kann. Zum anderen sind die im Modell erfassten Begriffe *innerhalb der Benutzergruppe eindeutig* und unumstritten definiert.

#### Die Gene Ontology als Beispiel

*Beschreibung der Funktion von Genen und Proteinen*

Bevor wir Ontologien genauer betrachten, wollen wir ihre Bedeutung an einem Beispiel verdeutlichen. Die moderne molekularbiologische Forschung arbeitet seit vielen Jahren daran, die Funktion jedes einzelnen der ca. 20.000 Gene des Menschen[1] zu entschlüsseln. Die Funktion eines Gens wird dabei im Wesentlichen von der Funktion des vom Gen kodierten Proteins bestimmt.

Die Menge von möglichen Proteinfunktionen ist unübersehbar, da Proteine an praktisch allen zum Leben notwendigen Prozessen beteiligt sind, wie der Verdauung von Nahrung, Atmung, Wachstum und Reparatur, Immunreaktionen, neuronale Prozesse etc. Prinzipiell unterscheidet man bei der Charakterisierung von Funktionen eines Gens bzw. eines Proteins zwischen der »Funktion im Kleinen«, also den chemischen Reaktionen, an denen ein Protein unmittelbaren beteiligt ist, und der »Funktion im Großen«, also den biologischen Prozessen, an denen ein Protein als Baustein mitwirkt. Beispiel für eine molekulare Funktion ist die Katalyse der Umwandlung von Traubenzucker in Kohlendioxid und Wasser (zur Energiegewinnung); Beispiel für einen biologischen Prozess ist die Produktion der Aminosäuren (aus denen wiederum Proteine gebildet werden). Ein biologischer Prozess ist ein komplexes Reaktionsnetzwerk mit mehreren Dutzend beteiligten Proteinen.

[1]Die genaue Zahl Gene des Menschen ist noch unbekannt. Dies hängt unter anderem damit zusammen, dass die genaue Definition des Begriffs »Gen« auch unter Biologen umstritten ist.

*Konsistenz in der Funktionsbeschreibung*

Weltweit arbeiten viele tausend Forschergruppen an der Aufklärung der Funktion von Genen bzw. Proteinen. Die Erkenntnisse der Forschung werden zum einen in Publikationen veröffentlicht, zum anderen in Datenbanken bereitgestellt. Diese Datenbanken, wie zum Beispiel Genbank[2] oder Ensembl[3], integrieren die Ergebnisse der vielen verschiedenen Gruppen. Um eine komfortable Suche zu ermöglichen, ist es für diese Datenbanken essenziell, dass gleiche Funktionen oder gleiche biologische Prozesse, die von verschiedenen Forschern ermitteln wurden, im integrierten Datenbestand auch gleich benannt werden. Dies ist angesichts der Vielzahl von möglichen Funktionen und der Heterogenität der Arbeitsgruppen (international verteilt, biologisch, medizinisch oder pharmakologisch orientiert, Ausrichtung auf qualitativ hochwertige oder quantitativ umfassende Daten etc.) eine sehr schwierige Aufgabe.

Lange Zeit war es daher extrem aufwändig, zum Beispiel alle mit der Apoptose von Zellen[4] in Zusammenhang stehenden Proteine zu finden, da die Vorgänge, die unter diesem Begriff zusammengefasst sind, zum einen aus einer Vielzahl verschiedener Proteine, Reaktionen und Teilprozesse bestehen, und zum anderen all diese Komponenten unter einer Vielzahl von Synonymen bekannt sind.

**Abbildung 7.1** *Kleiner Ausschnitt aus der Gene Ontology*

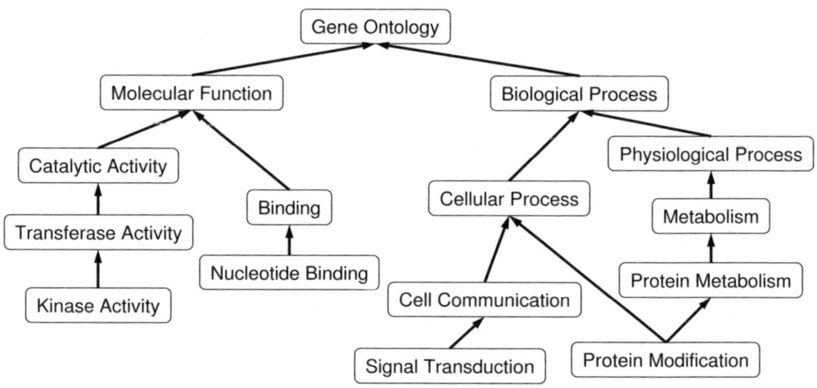


*Strukturiertes, standardisiertes Vokabular*

Diese Situation hat sich seit 2001 durch den Erfolg der *Gene Ontology* wesentlich verbessert[5]. Die Gene Ontology ist ein zurzeit ca. 17.000 Begriffe umfassendes Lexikon von Bezeichnungen und Beschreibungen molekularer Funktionen, biologischer Prozesse und zellulärer Lokalisationen. Die verschiedenen Begriffe sind in einer

[2] Siehe `www.ncbi.nlm.nih.gov/Genbank/`.
[3] Siehe `www.ensembl.org`.
[4] Apoptose bezeichnet den Prozess des programmierten Zelltods.
[5] Siehe `www.geneontology.org`.

Thesaurusstruktur angeordnet, für die zwei Arten von Beziehungen verwendet werden: Begriffe können zueinander in *Ober- bzw. Unterbegriffsbeziehung* stehen, und Begriffe können *Teil* anderer Begriffe sein (so wie ein Zellkern Teil einer Zelle ist). Die Ontologie wird von einem internationalen Konsortium erstellt und ständig erweitert, das die Zuarbeit interessierter Forscher ausdrücklich unterstützt. Dadurch ist sie zu einem *inoffiziellen Standard* in der internationalen Gemeinschaft molekularbiologischer Forscher geworden und wird heute von einer Vielzahl von Gruppen zur Beschreibung ihrer Forschungsergebnisse verwendet.

*Ober- und Unterbegriffe*

Abbildung 7.1 zeigt einen kleinen Ausschnitt aus der Gene Ontology. Pfeile symbolisieren Unterbegriffsbeziehungen. Der Begriff »protein modification« bezeichnet demnach einen Prozess, der eine spezielle Form eines »cellular processes« sowie einer »protein metabolism« ist – der Begriff hat also zwei Oberbegriffe.

*Mehrere Oberbegriffe sind möglich*

Abbildung 7.2 zeigt einen größeren Ausschnitt und verdeutlicht, dass man zum Management jeder nicht trivialen Ontologie ausgefeilte Visualisierungs- und Suchwerkzeuge benötigt[6].

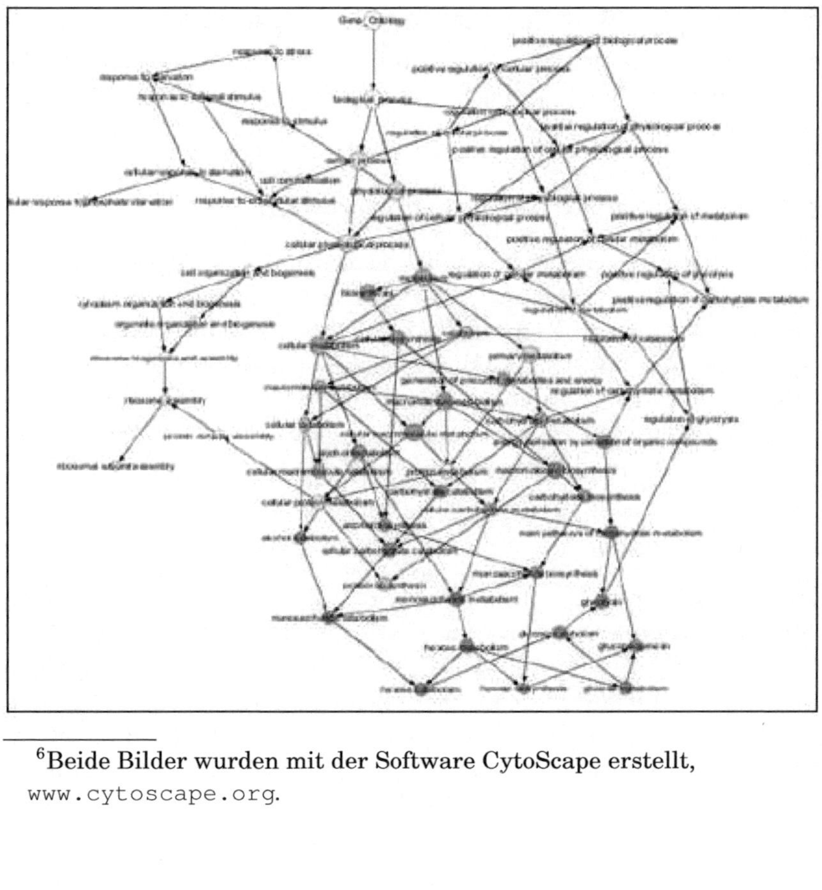

***Abbildung 7.2*** *Größerer Ausschnitt aus der Gene Ontology*

[6]Beide Bilder wurden mit der Software CytoScape erstellt, `www.cytoscape.org`.

Anhand der Gene Ontology lässt sich eine Reihe wichtiger Eigenschaften von Ontologien aufzeigen:

*Ontologie-eigenschaften*

- Die Ontologie definiert ein *Vokabular für eine bestimmte Domäne*.
- Dieses Vokabular ist strukturiert, d.h., es ist nicht nur eine Liste von Begriffen, sondern enthält auch *Beziehungen zwischen Begriffen*.
- Die Ontologie dient zur *Verständigung* innerhalb einer größeren Menge von Personen.

*Ausdrucksstärke versus Einfachheit*

In einem Punkt ist die Gene Ontology aber Ontologie-untypisch: Das zugrunde liegende *Ontologiemodell* ist sehr einfach. Elemente des Modells sind nur Begriffe und zwei Typen von Beziehungen. Es gibt weder Attribute noch Integritätsbedingungen. So kann man nicht ausdrücken, dass jedem Protein, das (direkt oder indirekt) die Funktion »Kinase« hat, ein anderes Protein zugeordnet sein muss, das durch die Kinase phosphoryliert wird. Durch die Beschränkung auf ein extrem einfaches Modell ist die Erstellung und Verwaltung einer Ontologie zwar stark vereinfacht, andererseits büßt man aber auch erheblich an Ausdrucksstärke ein. Wo die richtige Balance zwischen Einfachheit und Ausdrucksstärke eines Ontologiemodells liegt, ist Gegenstand vielfältiger Diskussionen [267].

## 7.1.1 Eigenschaften von Ontologien

*Was ist eine Ontologie?*

Eine weltweit akzeptierte exakte Definition des Begriffs Ontologie gibt es bis heute nicht. Die bekannteste Definition ist von Tom Gruber, nach der eine Ontologie *»an explicit specification of a conceptualization«* [106] ist. In dieser Definition stecken zwei wesentliche Aspekte von Ontologien. Zum einen setzen Ontologien eine *Konzeptualisierung des Anwendungsbereichs* voraus. Zum anderen müssen diese Konzepte genau und *explizit spezifiziert* werden.

### Konzeptualisierung

*Festlegung von Konzepten*

Das Zusammenspiel von Konzepten unserer Vorstellung, Dingen der physischen Welt und Symbolen, mit denen wir in der Kommunikation untereinander Dinge bezeichnen, haben wir bereits in Abschnitt 3.3.6 unter dem Aspekt der Extension und Intension von Schemaelementen angesprochen. In Abbildung 7.3 ist es erneut dargestellt, um den Begriff des Konzepts im Zusammenhang mit Ontologien zu erläutern. Ein Konzept steht für ein bestimmtes Ding oder eine Klasse von Dingen. Konzepte sind aber individuell und existieren nur in unseren Köpfen; um sie zu kommunizieren, bedienen wir uns gewisser Symbole, wie zum Beispiel Bilder, Wörter, oder Zeichenfolgen.

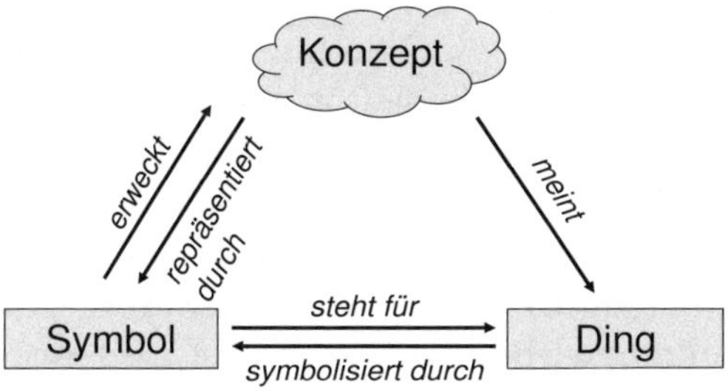


***Abbildung 7.3***
*Zusammenspiel von Dingen, Konzepten und Symbolen*

*Individuelle Vorstellungen*

Konzepte sind in der Regel individuell eindeutig, aber nicht auf einfache Weise eindeutig zu kommunizieren. So weckt das Symbol »Jaguar« in unserer Vorstellung sowohl das Konzept eines bestimmten Raubtiers als auch das einer bestimmten Automarke und kann entsprechend sehr unterschiedliche Klassen von Dingen bezeichnen; andererseits repräsentieren die Symbole »Haus« und »house« dasselbe Konzept in verschiedenen Sprachen; und schließlich wird das Symbol »gefährlicher Hund« zwar bei vielen Menschen ein ähnliches Konzept bezeichnen, aber zu sehr unterschiedlichen Mengen von Dingen (d.h. Hunden) führen. Noch schwieriger wird es bei Konzepten, denen keine physischen Dinge entsprechen, wie »Glaube« oder »Reichtum«.

*Konzepte versus Symbole*

Eine *Konzeptualisierung* eines Anwendungsbereichs ist eine Aufstellung aller relevanten Konzepte der Domäne. Hier ergibt sich ein philosophisches Problem, da Konzepte im eigentlichen Sinne nur in individuellen Vorstellungen existieren und damit nicht (und schon gar nicht computerlesbar) aufgelistet werden können – auflisten kann man nur Symbole. Konzepte bezeichnen daher ab jetzt Symbole, über deren Interpretation sich alle Beteiligten einer Anwendung einig geworden sind – was eine der Hauptschwierigkeiten des ontologiebasierten Integrationsansatzes darstellt. Ist dieses Problem gelöst, sind Symbole und Konzepte synonyme Begriffe.

Durch die Konzeptualisierung wird das *Vokabular* festgelegt, das man im Rahmen einer Anwendung verwendet. Die Konzepte müssen für die Anwendung eindeutig sein, *Synonyme und Homonyme* müssen also vermieden werden.

## Spezifikation

*Formalisierung der Definitionen*

Eine Konzeptualisierung in Form einer einfache Wortliste ist für viele Anwendungen nicht ausreichend. Vielmehr benötigt man ein detailliertes Modell der Eigenschaften dieser Konzepte, wie Attribute und Integritätsbedingungen, und der Beziehungen zwischen den Konzepten. Hilfreich sind auch Regeln darüber, wie Eigenschaften von Objekten, die nicht explizit angegeben sind, aus vorhandenen Informationen abgeleitet werden können. Diese Informationen werden durch eine Spezifikation definiert.

*Formale und informelle Ontologien*

In der Literatur wird zwischen *informellen und formalen Ontologien* unterschieden. Die Bandbreite von Mechanismen, beginnend von unstrukturierten Termlisten[7] über Thesauri zu Beschreibungslogiken, wird in Abbildung 7.4 verdeutlicht. Die vertikale Linie markiert darin den Übergang von informellen, primär auf die Benutzung durch Menschen ausgerichteten Ontologien zu *formalen Ontologien*, mit denen eine automatische Ableitung von Wissen möglich ist.

**Abbildung 7.4** *Von informellen zu formalen Ontologien (nach Robert Stevens, University of Manchester)*

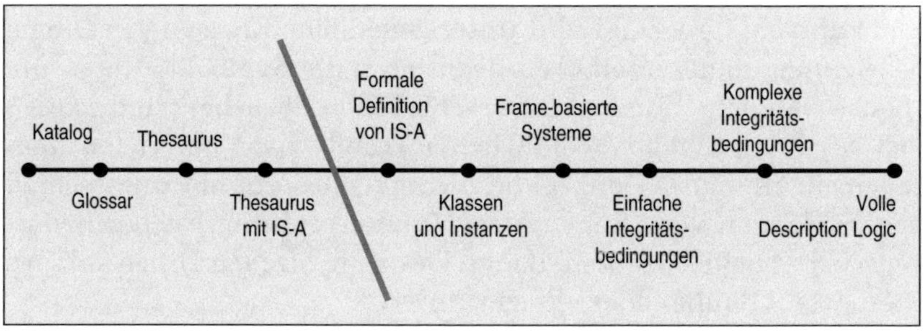


Wenn eine Ontologie von einem Computerprogramm verwendet werden soll, muss das Modell formal und computerlesbar sein. Die in diesem Buch betrachteten Ontologien sind daher immer*formale Spezifikationen.* Dies unterscheidet sie zum Beispiel von einem Buch, das einen Anwendungsbereich zwar auch beschreibt, dafür aber natürliche Sprache verwendet und damit für eine automatische Analyse praktisch unzugänglich ist.

*Ontologie versus Datenmodell*

Ein wichtiger Unterschied zwischen Ontologien und Datenmodellen, wie wir sie in Abschnitt 2.1 kennen gelernt haben, ist der, dass Ontologien die Trennung zwischen Schema und Daten häufig verwischen. Die Verwischung liegt im Kern daran, dass man mit Ontologien ein Wissensgebiet beschreibt, also Konzepte de-

[7] Termlisten werden in der Datenbankwelt kontrollierte Vokabulare genannt.

finiert. Diese können zwar zu Klassen zusammengefasst werden (und nichts anderes symbolisiert die transitive Oberbegriffsbeziehung), aber dieses Verhältnis ist anders als bei einem relationalen Schema, in dem es nur wenige Relationen, aber sehr viele Instanzen, also Tupel, gibt, die jeweils nur eine sehr schwach ausgeprägte Identität, wie zum Beispiel eine Transaktionsnummer, besitzen.

*Ontologiesprache*

Zur Erstellung einer Ontologie benötigt man also eine *formale Ontologiesprache*. Je nach beabsichtigter Verwendung kommen dabei einfache »Sprachen«, wie Thesauri oder Taxonomien, oder komplexe logische Wissensrepräsentationssprachen zum Einsatz. Auf diese werden wir in Abschnitt 7.1.3 genauer eingehen.

### Kommunikation

*Wissen teilen*

Eine weitere, in der Definition von Gruber nicht explizit angesprochene Eigenschaft von Ontologien ist deren Verwendung zum *Austausch von Daten*. Ontologien sind per se zur *Unterstützung von Kommunikationsprozessen* gedacht und finden daher vor allem dort Verwendung, wo verschiedene Gruppen an der Entwicklung oder dem Betrieb einer Anwendung beteiligt sind. Dies ist in allen von uns betrachteten Integrationsszenarien der Fall.

Für Anwendungen, die nur von einer einzelnen Gruppe verwendet werden, lohnt sich meist der Aufwand zur Erstellung eines detaillierten formalen Modells nicht. Sind aber viele Partner beteiligt, wird durch eine Ontologie die Bedeutung der verwendeten Konzepte so genau definiert, dass alle beteiligten Parteien ein eindeutiges und gemeinsames Verständnis der ausgetauschten Informationen haben.

*Verwendung von Ontologien*

- Ontologien kann man beispielsweise innerhalb eines Unternehmens entwickeln, um die für den Unternehmenszweck wichtigen Begriffe zu erfassen und unternehmensweit eindeutig zu definieren. Für ein großes Unternehmen mit Tausenden von Angestellten und Hunderten von parallel betriebenen Anwendungen ist das Erstellen einer solchen Ontologie eine große Herausforderung.

*Standards*

- Standards zum Austausch von Daten, wie sie häufig innerhalb von Branchen verabredet werden, sind in unserem Sinne Ontologien, da die Bedeutung der im Standard verwendeten Begriffe so genau beschrieben werden muss, dass alle potenziellen Benutzer sie einheitlich verstehen. Beispiele solcher domänenspezifischer Standards sind die oben erwähnte Gene Ontology [99], EBXML oder RosettaNet für den

E-Commerce [71] oder DublinCore für den Austausch von bibliografischen Daten [293].
- Oftmals werden Ontologien auch von kleineren Gruppen definiert, die zum Beispiel für die gemeinsame Pflege einer Anwendung verantwortlich sind. Ein Beispiel dafür wär die Ontologie zur Beschreibung molekularer Funktionen, die von den Herstellern einer Reihe biologischer Datenbanken, wie BioCyc und MetaCyc, verwendet wird [139].

*Ontologien sind Referenzmodelle*

Übertragen auf die Informationsintegration bedeutet dies, dass die Ontologie alle in Datenquellen verwendeten Symbole eindeutig auf formal definierte Konzepte abbilden können muss. Ontologien können daher auch als *Referenzmodelle* verstanden werden.

### Arten von Ontologien

In der Literatur werden meist zwei verschiedene *Arten von Ontologien* unterschieden: Top-Level- und domänenspezifische Ontologien.

*Top-level-Ontologien*

*Top-level-Ontologien* sind Ontologien, die fundamentale Begriffe (Was ist ein »Ding«? Was ist eine »Klasse«? etc.) definieren und zueinander in Beziehung setzen. Ihr Ziel ist es, ein eindeutiges und etabliertes Fundament für speziellere Ontologien zu schaffen und damit zu verhindern, dass generelle Konzepte immer und immer wieder aufs Neue definiert werden müssen. Beispiele dafür sind SUMO, die *Suggested Upper Merged Ontology* der amerikanischen Organisation IEEE[8], oder die in Abbildung 7.5 gezeigte Top-level-Ontologie von CYC[9].

*Domänenspezifische Ontologien*

Die zweite Klasse von Ontologien sind *domänenspezifische Ontologien*, mit denen wir uns in diesem Buch ausschließlich beschäftigen. Dies sind, ganz im Sinne unserer bisherigen Darstellung, formale Konzeptualisierungen eines begrenzten Anwendungsbereichs. Die Konzepte einer domänenspezifischen Ontologie sind damit nur im Rahmen der intendierten Anwendung eindeutig und gültig und können weitere Bedeutungen in anderen Gebieten haben.

*Klarer Zweck, fest umrissenes Gebiet*

Der Vorteil domänenspezifischer Ontologien liegt in ihrem *eingeschränkten Verwendungszweck*, wodurch es eher möglich ist, von allen betroffenen Parteien anerkannte Definitionen zu erreichen. Gleichzeitig ist erst durch die Beschränkung auf einen Anwendungskontext eine Grenze für die notwendige Genauigkeit einer Ontologie definierbar. Konzepte müssen eben nur so genau de-

[8]Siehe www.ontologyportal.org.

[9]Siehe www.cyc.com.

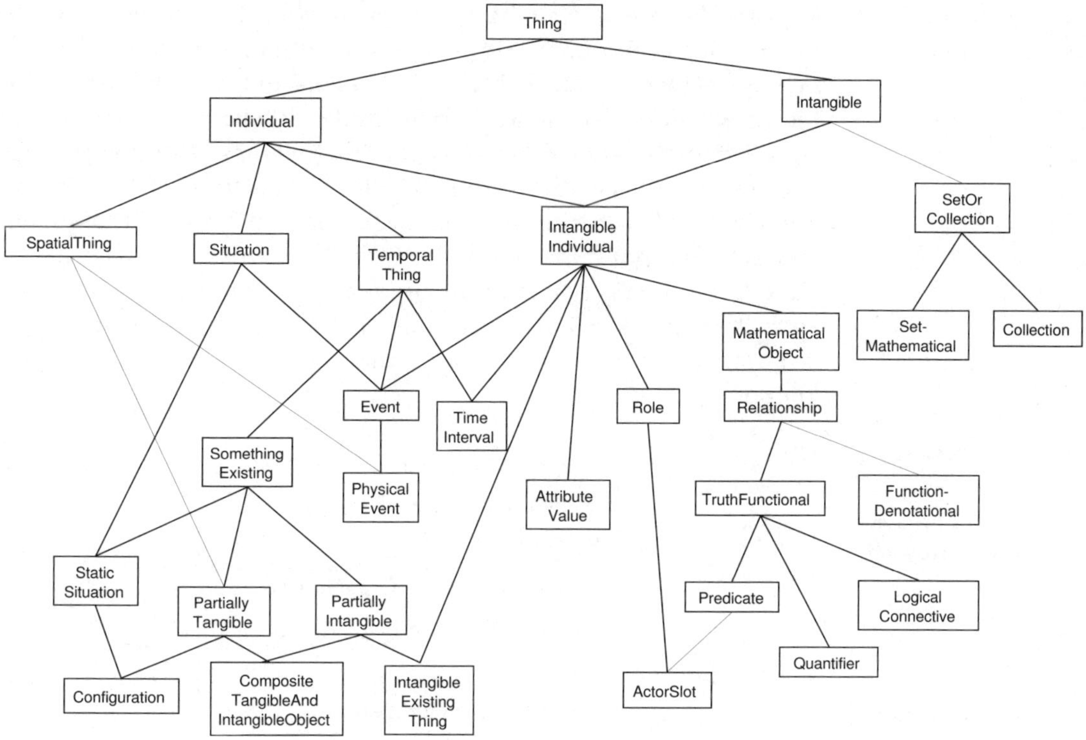


***Abbildung 7.5***
*Top-level-Ontologie von CYC*

finiert werden, dass alle für die Anwendung notwendigen Eigenschaften und Beziehungen explizit und formal vorhanden sind – und nicht genauer. Das Wissen darüber, welche Domäne eine Ontologie beschreibt, ist dagegen in der Regel nur implizit oder in Form von (nicht computerlesbarer) Dokumentation vorhanden.

## 7.1.2 Semantische Netze und Thesauri

*Konzeptlisten*

Das Modell, das einer Ontologie zugrunde liegt, kann unterschiedliche Komplexität besitzen. Der einfachste Fall ist eine *Liste von Konzepten* ohne weitere Struktur. In diesem Sinne wäre jedes kontrollierte Vokabular, das zur Konsistenzsicherung in einer Datenbank definiert und zum Beispiel in einer Drop-down-Box einer Benutzerschnittstelle verwendet wird, eine Ontologie. Werden zusätzlich Beziehungen zwischen Konzepten zugelassen, so erhält man *semantische Netze* oder *Thesauri*.

*Thesauri und Taxonomien*

Ein *Thesaurus* ist eine Liste von Konzepten und ihrer Beziehungen untereinander. Sie werden vor allem zur Definition von Schlagwörtern in den Bibliothekswissenschaften verwendet, unterstützen dort also die Recherche, indem Büchern eindeutige und zusammenhängende Begriffe zugeordnet werden. Ein Beispiel aus der Informatik ist die Taxonomie der Association of Computing Machinery (ACM) zur Verschlagwortung von Veröffentlichungen aus den Computerwissenschaften, deren Top-level-Kategorien in Tabelle 7.1 angegeben sind. In einigen Systemen ist außerdem die Definition von Attributen von Konzepten möglich, in denen Eigenschaften von Konzepten in strukturierter Weise abgelegt werden können.

***Tabelle 7.1*** *Schlagwörter auf der höchsten Ebene der ACM-Taxonomie*

| |
|---|
| General Literature |
| Hardware |
| Computer Systems Organization |
| Software/Software Engineering |
| Data |
| Theory of Computation |
| Mathematics of Computing |
| Information Technology and Systems |
| Computing Methodologies |
| Computer Applications |
| Computing Milieux |

*Beziehungstypen in Thesauri*

In einem Thesaurus sind bestimmte *Typen von Beziehungen* zwischen Begriffen zugelassen. Die wichtigsten davon sind die Unter- bzw. Oberbegriffsbeziehungen, die vergleichbar mit Sub- bzw. Superklassenbeziehungen in objektorientierten Datenmodellen sind. Weitere Beziehungstypen sind partonomische Beziehungen (Teil-von), Synonym- und Homonymbeziehungen und weniger genau charakterisierende Beziehungen wie »ist verwandt mit« oder »wird verwendet für«. Für die Definition und die Repräsentation von Theauri gibt es nationale (DIN 1463-1) und internationale (ISO 2788) Normen.

*IS-A und PART-OF*

Die verschiedenen Beziehungstypen haben inhärente Eigenschaften, die man zur Inferenz benutzen kann. Beispielsweise ist die Oberbegriffsbeziehung IS-A *transitiv*: Wenn »Film« ein Oberbegriff von »Spielfilm« und dieser wiederum ein Oberbegriff von »Komödie« ist, so ist »Film« auch ein (indirekter) Oberbegriff von »Komödie«. Die Beziehung Synonym-von ist *symmetrisch*, die Beziehung Oberbegriff dagegen ist *antisymmetrisch*, denn wenn ein Konzept $A$ Oberbegriff eines Konzepts $B$ ist, so kann nicht gleichzeitig $B$ Oberbegriff von $A$ sein. Schwieriger zu definieren sind die Eigenschaften der Teil-von-Beziehungen (PART-OF): So ist ein Embryo vor der Geburt im physikalischen Sinne Teil einer Gebärmutter, die wiederum im physiologischen Sinne Teil des Körpers der Mutter ist. Daraus kann man aber nicht einfach die Aussage ableiten, dass ein Embryo Teil des Körpers der Mutter ist, da er zum einen einen eigenen Blutkreislauf, eigene Organe etc. besitzt und sich zum anderen nur temporär innerhalb des Körpers der Mutter befindet.

*Polyhierarchien und Bäume*

Die Struktur der Konzepte bezüglich ihrer Oberbegriffsbeziehungen bildet typischerweise eine *Polyhierarchie*, da Konzepte mehrere Oberbegriffe haben können. Interpretiert man die Konzepte als Knoten und die Oberbegriffsbeziehung als gerichtete Kanten, so muss der dadurch geformte Graph zyklenfrei sein und einen ausgezeichneten Wurzelknoten besitzen, der für den abstraktesten Begriff im Thesaurus steht. Die Struktur bezüglich der Teil-von-Beziehung ist dagegen oftmals baumförmig, da man bei einer physikalischen Interpretation dieser Beziehung von einer sukzessiven Zerlegung eines Objekts in seine Teilobjekte ausgeht.

*Semantische Netze*

Eine Verallgemeinerung von Thesauri sind *semantische Netze*. In einem semantischen Netz sind Begriffe und deren Beziehungen zueinander in einem Graphen angeordnet, wobei die Begriffe die Knoten und die Beziehungen die Kanten bilden. Kanten sind mit der Art der Beziehung beschriftet, wobei im Allgemeinen keine Einschränkungen für die Beziehungsarten existieren. Dadurch kann man zum Beispiel Sätze der natürlichen Sprache in eine grafische Form abbilden, in der Subjekte und Objekte die Knoten sind und Prädikate zu Kantenbeschriftungen werden. Im Unterschied zu den im Kern hierarchischen Strukturen von Thesauri sind semantische Netze eher assoziativ, was von vielen Forschern als den menschlichen Verarbeitungsprozessen näher stehend betrachtet wird. Ein Nachteil semantischer Netze ist, dass Inferenz kaum noch möglich ist, da man über die Vielzahl der im Netz auftretenden Beziehungen keine Aussagen mehr treffen kann.

*Wordnet und UMLS als semantische Netze*

Ein wichtiger Vertreter semantischer Netze ist das aus der linguistischen Forschung hervorgegangene *Wordnet*[10], das zurzeit ca. 150.000 englische Begriffe (sowohl Knoten als auch Kantenbeschriftungen) umfasst. Ein sehr umfassendes, aber auch hochgradig inkohärentes semantisches Netz im Bereich der Medizin und Biologie ist das »Unified Medical Language System« (UMLS[11]), das über eine Million biomedizinischer Begriffe aus über hundert verschiedenen Begriffssystemen zusammenfasst. Im Umfeld des WWW wird eine Weiterentwicklung der semantischen Netze unter dem Begriff *Topic Maps* zur Suche und Navigation verwendet.

#### Verwendung in der Informationsintegration

In der Informationsintegration werden Thesauri vor allem auf zwei Ebenen eingesetzt: als Quellenkatalog und als kontrolliertes Vokabular auf Datenebene.

*Thesauri unterstützen Quellenkataloge*

**Quellenkatalog:** Wenn man eine sehr große Zahl von Quellen (mehrere hundert) zentral integrieren möchte, ist eine Integration auf Schemaebene oftmals zu aufwändig. In diesem Fall kann man sich auf die Erstellung eines *strukturierten Katalogs aller Quellen* beschränken. Der Inhalt von Quellen wird dazu mit Schlagwörtern beschrieben, die in einer Thesaurusstruktur verknüpft sind. Der Thesaurus kann zur schnellen Suche nach und zur einfachen Navigation in den Quellen verwendet werden; eine gemeinsame Suchschnittstelle existiert nicht. Dieser Ansatz ist beispielsweise im Bereich der Umweltinformation sehr verbreitet [39, 101] und wird auch für Webverzeichnisse verwendet. Beispiele dafür sind das Open Directory Archive[12] und die Kataloge von Suchmaschinen wie Yahoo![13] oder Google[14].

*Kontrollierte, strukturierte Vokabulare*

**Kontrolliertes Vokabular auf Datenebene:** Bei der Integration von Daten mit komplexen Beschreibungen ist das Erreichen von Einheitlichkeit bei der Objektbeschreibung oftmals ein großes Problem. Komplexe Beschreibungen liegen oft als Texte vor, beispielsweise in String-Attributen mit Namen wie »Beschreibung« oder »Anmerkungen«, da sich aufgrund der großen Bandbreite an möglichen Ausprägungen eine Modellierung durch eigene Attribute

[10]Siehe `wordnet.princeton.edu`.

[11]Siehe `www.nlm.nih.gov/research/umls/`.

[12]Siehe `www.dmoz.org`.

[13]Siehe `www.yahoo.com`.

[14]Siehe `catalogs.google.com`.

nicht lohnt. Um beispielsweise alle an der Herstellung eines Films beteiligten Personen in einer Datenbank abzulegen, wird eher eine Tabelle der Art `person(Name,Aufgabe)` angelegt als eine eigene Tabelle für jede mögliche Aufgabe (Regie, Schauspieler, Kamera, Beleuchtung etc.). Bei der Integration verschiedener derartiger Filmdatenbanken können Thesauri zur Einordnung der aus unterschiedlichen Quellen stammenden Werte in eine semantisch einheitliche Struktur verwendet werden. Dazu gibt es zwei unterschiedliche Vorgehensweisen:

- **Vokabular als Standard:** Die Quellen übernehmen den Thesaurus als *Standard*. Dies ist der eleganteste Weg, da die Integrationsschicht keine Datentransformation mehr vornehmen muss. Standardisierung ist bei hoher Autonomie der Quellen ein schwieriges und langwieriges Unterfangen; innerhalb von Unternehmen ist dieses Vorgehen aber absolut üblich. Außerdem ist zu beachten, dass, wenn eine Quelle vor dem Thesaurus entstanden ist, die Umkodierung aller Werte einen erheblichen Arbeitsaufwand bedeuten kann. *Standard*
- **Vokabularmappings:** Die quellspezifischen Begriffe werden in der Integrationsschicht auf Begriffe des *zentralen Thesaurus abgebildet*. Zur Erstellung der Abbildungen können Synonymlisten und Übersetzungstabellen herangezogen werden. Dieses Vorgehen ist ohne die Beteiligung der Quellen umsetzbar, aber oftmals wegen schwer zu identifizierender feiner Unterschiede in der Semantik von Begriffen problematisch. Oft müsste man auf komplexere Mechanismen zurückgreifen, als sie Thesauri bieten. *Mapping*

Die Gene Ontology (siehe Seite 269) ist ein Beispiel für einen Thesaurus, der als kontrolliertes Vokabular auf Datenebene verwendet wird. Die Quellen, die Gene Ontology verwenden, gehen dabei unterschiedliche Wege – zum Teil wurde das gesamte eigene Vokabular umgestellt, zum Teil wurden aber auch die eigenen Begriffe beibehalten und Abbildungstabellen definiert.

*Keine Verwendung für Schema*

Thesauri werden kaum auf Schemaebene, also beispielsweise zur Einordnung der Relationen oder Klassen verschiedener Quellen in einem integrierten Verzeichnis, benutzt. Der Grund liegt darin, dass man, wenn man auf der Detailstufe der Schemaelemente integrieren will, besser auf Ansätze mit zentralen Schemata und strukturierten Anfragen zurückgreift. Allerdings können Thesauri durchaus hilfreich beim Schema Matching sein, also bei der automatischen Erkennung semantisch gleicher Schemaelemente.

Semantische Netze und insbesondere solche, die beliebige Beziehungen zulassen, werden ebenfalls kaum zur Informationsintegration eingesetzt. Den Grund haben wir oben schon angesprochen: Durch die sehr große Flexibilität in der Modellierung ist eine automatische Analyse der Daten kaum noch möglich. Semantische Netze sind aber wichtig beim Umgang mit unstrukturierten Daten (Texten), wie zum Beispiel beim Text Mining (siehe Infokasten 2.2 auf Seite 30).

### 7.1.3 Wissensrepräsentationssprachen

*Thesauri haben unzureichende Ausdrucksstärke*

Aufgrund ihrer einfachen Struktur sind Thesauri (und auch semantische Netze) zur Darstellung komplexer Sachverhalte nicht ausreichend. Begriffe stehen untereinander nur in einfachen Beziehungen und werden nur durch ihre Namen charakterisiert. Nicht möglich ist beispielsweise die Angabe von Integritätsbedingungen auf Attributen (»Die Länge eines Films muss eine positive Zahl sein«), Kardinalitäten und Typen von Beziehungen (»Die Beziehung `fuehrt_regie_in` ist nur zwischen Objekten der Klassen `regisseur` und `film` möglich und hat die Kardinalität $1 : n$«) oder Aussagen über Klassen im Allgemeinen (»Jeder Film mit einer Länge unter 30 Minuten ist ein Kurzfilm«).

*Erweiterungen von semantischen Netzen*

Ausgehend von formalen Modellen semantischer Netze wurden daher in den letzten 20 Jahren ausdrucksstärkere Sprachen zur *Repräsentation von Wissen* entwickelt. Diese Sprachen werden heute häufig zur Definition von Ontologien verwendet und bilden auch eine wichtige Grundlage für das Semantic Web. Wir geben im Folgenden einen kurzen Überblick über *Wissensrepräsentationssprachen* (mit DL für »description logic« abgekürzt) bzw. Beschreibungslogiken und erläutern ihre Anwendung zur Informationsintegration. Der Überblick ist informell gehalten und vermeidet bewusst die erhebliche Komplexität, die zum Beispiel eine genaue Darstellung der Ausdrucksstärke oder der Inferenzverfahren von DL erfordern würde. Tatsächlich ist Wissensrepräsentation ein großer, meistens im Bereich der künstlichen Intelligenz angesiedelter Forschungszweig. Hinweise auf vertiefende Literatur geben wir in Abschnitt 7.3.

*Description Logics (DL) = Beschreibungslogiken*

*Atomare Konzepte und Rollen*

Grundbestandteile von DL sind *atomare Konzepte* und *atomare Rollen*. Dies sind, so wie Prädikatnamen in der Prädikatenlogik oder Relationennamen im relationalen Modell, eindeutige Namen, die nicht weiter interpretiert werden. In DL haben Konzepte keine expliziten Attribute, sondern diese werden als eigene Konzepte mit Beziehung zum Ursprungskonzept modelliert. Beziehungen

*Individuen und Instanzen*

werden *Rollen* genannt und sind inhärent mehrwertig. Steht ein Objekt $x$ in einer Beziehung $r$ zu einem Objekt $y$, so sagt man, dass $y$ die Rolle $r$ von $x$ *füllt*. Neben den Konzepten gibt es in den meisten DL auch Individuen bzw. Objekte. Diese haben einen fest definierten Satz von Eigenschaften. Implizieren die Eigenschaften eines Objektes $x$ die Eigenschaften eines Konzepts $C$, so ist $x$ eine *Instanz* von $C$, geschrieben $x \in C$. In diesem Sinne kann man Konzepte als Objektklassen begreifen.

*Subsumption*

Die wichtigste Art der Ableitung in DL ist die *Subsumption*. Ein Konzept $C$ subsumiert ein Konzept $D$, geschrieben als $C \sqsubseteq D$, wenn alle denkbaren Objekte, die aufgrund ihrer Eigenschaften Instanzen von $D$ sind, automatisch auch Instanzen von $C$ sind. Das subsumierte Konzept ist also spezieller als das subsumierende. Die für den Subsumptionstest benötigten Algorithmen hängen von der Ausdrucksstärke der DL und damit von den in ihr definierbaren Eigenschaften von Konzepten und Rollen ab. Bei sehr ausdrucksstarken Sprachen ist Subsumption unentscheidbar. Auf diese eher theoretischen Fragestellungen können wir hier aber nicht weiter eingehen und verweisen auf die in Abschnitt 7.3 genannte Literatur.

### Formale Wissensrepräsentation

*Eine grundlegende DL*

Eine einfache DL ist die Sprache $AL$[15].

**Definition 7.1**

***Definition 7.1*** *Die Sprache AL*

Sei $A$ ein atomares Konzept und $R$ eine atomare Rolle. Dann bilden die folgenden Formeln Konzeptbeschreibungen in $AL$:

$$
\begin{aligned}
C, D \quad \rightarrow \quad & A \mid \\
& \top \mid \\
& \neg A \mid \\
& C \sqcap D \mid \\
& \forall R.C \mid \\
& \exists R.\top
\end{aligned}
$$

Dabei bezeichnet $\top$ das allgemeinste (leere) Konzept, $C \sqcap D$ die Schnittmenge der Konzepte $C$ und $D$, $\exists R.\top$ fordert die Existenz

[15] Namen von Beschreibungslogiken schreibt man traditionell in Schreibschrift, also als $\mathscr{AL}$. Wir verzichten darauf aus Gründen der Übersichtlichkeit.

wenigstens eines Füllers der Rolle $R$, und $\forall R.C$ bezeichnet die Einschränkung der erlaubten Füller von $R$ auf Instanzen des Konzepts $C$. ■

Im Grunde bezeichnet *AL* eher eine Sprachfamilie als eine Sprache. Aufbauend auf der in Definition 7.1 festgelegten Syntax wird *AL* um verschiedene Konstrukte erweitert, wodurch jeweils eigene Sprachen entstehen [11]:

*Erweiterungen von AL*

- *ALU* beinhaltet zusätzlich die *Vereinigung* von Konzepten $C \sqcup D$,
- *ALE* enthält zusätzlich die beliebige *existenzielle Qualifikation*: $\exists R.C$,
- *ALC* umfasst zusätzlich die *Negation* (oder das Komplement) beliebiger Konzepte: $\neg C$ und
- *ALN* beinhaltet zusätzlich Kardinalitätseinschränkungen auf Rollen: $\geq nR$ bzw. $\leq nR$, wobei $n$ eine natürliche Zahl ist.

Zusätzliche Erweiterungen ergeben sich, wenn mit der Sprache auch die *Eigenschaften von Rollen*, wie Symmetrie, Reflexivität oder Transitivität, definiert werden können. So könnte zum Beispiel die Rolle `teil_von` als transitiv definiert werden, was die Übertragung von Ableitungen entlang Partonomien gestattet.

Die Komplexität des Subsumptionstests bzw. seine Entscheidbarkeit in einer konkreten DL hängt unmittelbar mit der Menge und Art der Konstrukte zusammen, mit denen ihr Konzept definiert werden kann. So ist die Sprache *ALC* die kleinste Sprache, die propositional abgeschlossen ist. Wir werden uns im Folgenden aber relativ frei aus der Menge der oben genannten Konstrukte bedienen, ohne auf die Auswirkungen auf die Komplexität der Berechnungen einzugehen.

Mit den Regeln zur Beschreibung von Konzepten können in DL terminologische Axiome definiert werden, die das Verhältnis von Konzepten untereinander festlegen – und damit eine Terminologie definieren. Im einfachsten Fall sind nur zwei Typen von Axiomen erlaubt.

***Definition 7.2*** *Axiome zur Terminologiebildung*

**Definition 7.2**
Seien $C$ und $D$ zwei Konzepte. Dann können Axiome die folgenden Formen haben:

$$C \equiv D \qquad\qquad C \sqsubseteq D$$

■

Eine Menge von Konzepten zusammen mit einer Menge von Axiomen bilden eine *formale Ontologie*. Als Beispiel für eine einfache Ontologie definieren wir Begriffe aus dem Umfeld Familie. Dazu benötigen wir die atomaren Konzepte `person` und `weiblich` sowie die atomare Rolle `hat_kind`. Aufbauend auf diesen Begriffen können wir die Konzepte für `mutter`, `vater`, `frau`, `mann`, `elternteil` und `grossmutter` bilden und über Axiome mit einem Namen versehen:

*Ontologie = Konzeptdefinitionen + Axiome*

$$\begin{aligned} frau &\equiv person \sqcap weiblich \\ mann &\equiv person \sqcap \neg weiblich \\ mutter &\equiv frau \sqcap \exists hat\_kind.person \\ vater &\equiv mann \sqcap \exists hat\_kind.person \\ elternteil &\equiv vater \sqcup mutter \\ grossmutter &\equiv frau \sqcap \exists hat\_kind.elternteil \end{aligned}$$

Nach dieser Definition sind Männer nicht-weibliche Personen, Mütter sind Frauen mit mindestens einem Kind, das selbst eine Person ist, und Großmütter sind Frauen mit mindestens einem Kind, das selber ein Elternteil ist.

*Ableitung der Subsumptionsbeziehungen*

In dieser Terminologie können automatisch *Subsumptionsbeziehungen* abgeleitet werden. So subsumiert `person` das Konzept `frau`, d.h. $\texttt{frau} \sqsubseteq \texttt{person}$, da jedes Objekt, das die Bedingungen des Konzepts `frau` erfüllt, auch die Bedingungen des Konzepts `person` erfüllen muss. Ebenso subsumiert `elternteil` das Konzept `grossmutter`, da für ein Objekt $o$, das die Bedingungen von `grossmutter` erfüllt, wie folgt geschlossen werden kann:

- $o$ ist eine `frau`, d.h., $o \in \texttt{frau}$.
- $o$ hat ein Kind, das `elternteil` ist.
- Ein `elternteil` ist entweder ein `vater` oder eine `mutter`.
- Also hat $o$ als Kind einen `vater` oder eine `mutter`.
- Da sowohl `vater` als auch `mutter` eine `person` sind, hat $o$ als Kind mindestens eine `person`.
- Also gilt $o \in \texttt{frau} \sqcap \exists\texttt{hat\_kind.person} \equiv \texttt{mutter}$.
- Damit gilt auch $o \in \texttt{elternteil}$.

*Berechnung der Konzepthierarchie*

Auf diese Weise können die Beziehungen aller Konzepte zueinander berechnet und diese in einer Polyhierarchie, der *Konzepthierarchie*, angeordnet werden. Die Hierarchie, die sich aus der oben erstellten Personenontologie ergibt, ist in Abbildung 7.6 dargestellt. Durchgezogene Kanten symbolisieren Subsumption (bzw. Spezialisierung in der Sprache objektorientierter Modelle), atomare Konzepte sind heller unterlegt.

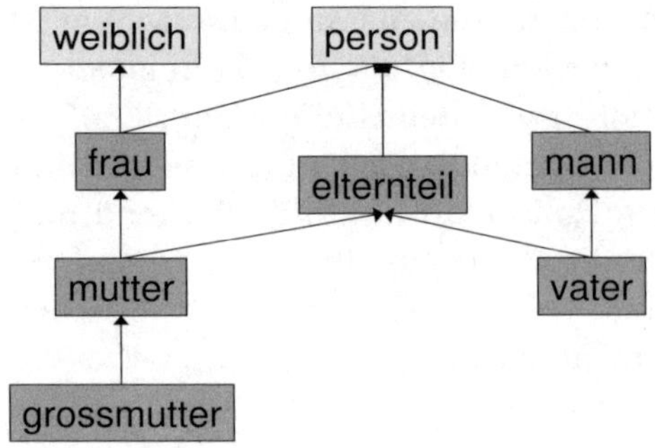


***Abbildung 7.6***
*Hierarchie von Personen*

*Erfüllbarkeit*

Eine andere wichtige Art von Schlussfolgerungen, die man für Ontologien in DL ziehen kann, ist der Test auf *Erfüllbarkeit* ihrer Konzepte. Ein Konzept $C$ heißt erfüllbar, wenn es überhaupt Instanzen von $C$ geben kann. Beispielsweise könnte man die obige Ontologie um das Konzept `keine_grossmutter` erweitern:

$$keine\_grossmutter \equiv frau \sqcap \nexists hat\_kind.person$$

Fügt man der Ontologie zusätzlich das Axiom `keine_grossmutter` $\sqsubseteq$ `grossmutter` hinzu, so erkennt man, dass es keine mögliche Instanz von `keine_grossmutter` geben kann: Gäbe es ein solches Objekt $o \in$ `keine_grossmutter`, so müsste $o$ aufgrund des Subsumptionsaxioms mindestens ein Kind haben, das ein Elternteil ist; gleichzeitig darf $o$ aber aufgrund der Zugehörigkeit zu `keine_grossmutter` kein Kind haben, das eine Person ist, und ist damit auch kein Elternteil.

### Eine Filmontologie

Bevor wir uns der Anwendung von Ontologien in der Informationsintegration zuwenden, modellieren wir zunächst das in Abbildung 6.5 (Seite 210) dargestellte relationale Schema als Ontologie. Dazu identifizieren wir zunächst die grundlegenden Konzepte unserer Anwendung, also `film`, `regisseur`, `schauspieler` und `rolle`. Filme haben als Rolle (bzw. Attribute) einen `titel` und eine `laenge`; den Filmtyp werden wir später, in anderer Weise als im relationalen Modell, durch Spezialisierungen von `film` repräsentieren. Da sowohl Regisseure als auch Schauspieler Personen sind, liegt es nahe, ein Konzept `person` als Oberbegriff von `regisseur` und `schauspieler` zu definieren, das die Rolle `name` besitzt. Das Konzept `regisseur` benötigt die Rolle `fuehrt_regie_in`, deren Füller Instanzen von `film` sein müssen. Es fehlt nun noch das Konzept `rolle`. Eine `rolle` ist eine Beziehung zwischen einem Film und einem Schauspieler; darüber hinaus besitzt jede `rolle` die Rolle `kritik` und jeder `schauspieler` die Rolle `nationalitaet`. Die damit entstandene Ontologie ist in Abbildung 7.7 zu sehen. Konzepte, die sich aus Attributen ergeben, sind dunkler unterlegt.

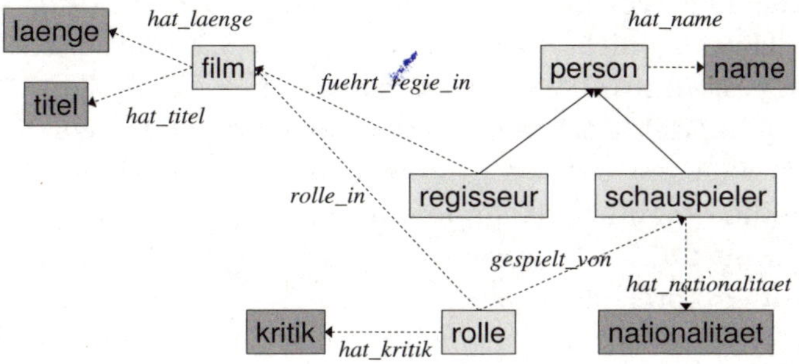


***Abbildung 7.7***
*Eine Filmontologie*

### Ontologien und objektorientierte Modelle

*UML: Keine Axiome*

Die Nähe zwischen unserer Ontologie und einem objektorientierten Datenmodell ist augenfällig. Tatsächlich ist eine Ontologie, wenn man sie nur als Modell eines Anwendungsgebiets begreift, durchaus mit einem objektorientierten Datenmodell, wie es zum Beispiel den Klassendiagrammen von UML[16] zugrunde liegt, vergleichbar: Man identifiziert Konzepte (in UML: Klassen) und definiert die Rollen und damit Beziehungen zwischen ihnen (in UML: Assoziationen). Es gibt aber auch wesentliche Unterschiede. Zum einen ist UML weniger ausdrucksstark, da es weder Axiome kennt noch existenzielle Bedingungen an Assoziationen.

*Spezialisierung: berechnet (DL) oder spezifiziert (UML)*

Der Hauptunterschied liegt aber in der *Bedeutung von Subsumption bzw. Spezialisierung*. Während bei der objektorientierten Modellierung die Spezialisierungsbeziehungen zwischen Klassen explizit definiert werden, werden die Subsumptionsbeziehungen zwischen Konzepten aus deren Definitionen abgeleitet. Eigenschaften von Konzepten werden in der Wissensrepräsentation als »definierend« begriffen – ein Film, der eine Länge von 100 Minuten hat, ist per Definition ein Spielfilm. Objekte werden nicht vom Entwickler bestimmten Klassen zugeordnet, sondern gemäß ihren Eigenschaften einer oder mehreren Klassen zugeordnet.

[16]UML, die »Unified Modeling Language«, ist ein Industriestandard für die Modellierung von Software [219].

### 7.1.4 Ontologiebasierte Informationsintegration

*Anfragebearbeitung in Ontologien = Subsumption*

Ontologien können in der Informationsintegration dieselben Rollen übernehmen wie Thesauri (siehe Seite 280). Darüber hinaus können sie aber, aufgrund der Möglichkeit zur logischen Inferenz, auch zur Beantwortung von Anfragen eingesetzt werden.

*Die Stärke von Ontologien sind semantische Unterschiede*

Ontologien werden vornehmlich zur Überbrückung semantischer Heterogenität verwendet. Ihre Verwendung zur Überbrückung struktureller und schematischer Heterogenität oder zum Umgang mit beschränkten und unvollständigen Quellen wird erst seit wenigen Jahren erforscht; die entwickelten Methoden weisen eine erhebliche Komplexität auf, da sie Verfahren der Datenbankwelt mit Verfahren aus der Ontologiewelt vereinen. Hinweise auf entsprechende Literatur geben wir in Abschnitt 7.3.

*SIMS: Searching in Multiple Sources*

Wir beschreiben im Folgenden einen Ansatz zur ontologiebasierten Integration, der sich eng an das SIMS-Projekt anlehnt [7, 8] und sich auf semantische Aspekte der Integration konzentriert. Wir erläutern das Vorgehen vornehmlich anhand eines Beispiels, basierend auf der Filmontologie aus Abbildung 7.7 sowie den Datenquellen aus Tabelle 6.5 und deren Beschreibung durch Korrespondenzen in Tabelle 6.6 (Seite 212). Die Vokabulare der Quellen bzw. des globalen Schemas sind unterschiedlich – während man auf globaler Ebene nur von Filmen und Schauspielern spricht, kennen die Datenquellen Konzepte wie Spielfilme, Kurzfilme und Rollen. Den Zusammenhang haben wir bisher durch die Angabe semantisch äquivalenter Anfragen definiert. Damit werden die Zusammenhänge der Begriffe aber nur indirekt hergestellt; mittels Ontologien werden sie dagegen *explizit modelliert*.

#### Überblick

Die ontologiebasierte Informationsintegration verfährt in drei Schritten, von denen die letzten beiden auf den folgenden Seiten näher erläutert werden:

*Schritte der ontologiebasierten Integration*

1. **Erstellung der globalen Ontologie:** Im ersten Schritt eines ontologiebasierten Integrationsprojekts muss eine *globale Ontologie* der wesentlichen Konzepte des Anwendungsbereichs erstellt werden. Diese Ontologie übernimmt auch die Rolle eines globalen Schemas.
2. **Einordnung der Datenquellen:** Im zweiten Schritt werden die Relationen der Datenquellen als *abgeleitete Konzepte* der globalen Ontologie beschrieben. Sie werden durch Subsumption automatisch klassifiziert und damit ihre Bezie-

hung zu den ursprünglichen globalen Konzepten berechnet. Die Konzeptbeschreibungen leisten damit das Gleiche wie die in Abschnitt 6.4 erläuterten Korrespondenzen – sie spezifizieren semantische Zusammenhänge zwischen den Elementen heterogener Modelle.

3. **Subsumption zur Anfragebearbeitung:** Anstelle einer Anfrageplanung, wie wir sie in Abschnitt 6.4 beschrieben haben, tritt dann erneut ein Test auf Subsumption. *Anfragen werden dazu ebenfalls als Konzepte* formuliert, die in der Ontologie klassifiziert werden können. Alle Konzepte, die spezieller als das »Anfragekonzept« sind und einer Datenquelle entsprechen, enthalten dann nur semantisch korrekte Objekte bzw. Tupel.

Die Tatsache, dass zur Klassifizierung von Datenquellen und zur Beantwortung von Anfragen derselbe Mechanismus verwendet werden kann, ist eine interessante Eigenschaft der ontologiebasierten Integration und leitet sich im Kern daraus ab, dass in beiden Fällen intensionale Betrachtungen getroffen werden. In Datenbanken werden dagegen Anfragen in der Regel nicht intensional analysiert, sondern einfach ausgeführt (siehe Infokasten 7.1).

Das Verhältnis der Anfragebearbeitung in föderierten, relationalen Integrationssystemen zu den entsprechenden Schritten in der ontologiebasierten Integration wird in Tabelle 7.2 verdeutlicht.

*Tabelle 7.2* *Föderierte versus ontologiebasierte Integration*

| Föderiertes System | Ontologiebasierte Integration |
|---|---|
| **Globales Schema**<br>Relationen und Attribute | **Globale Ontologie**<br>Klassen und Rollen, Axiome |
| **Korrespondenzen**<br>Explizite Spezifikation der Beziehungen | **Quellen als Konzepte**<br>Definition mit gemeinsamem Vokabular und automatische Ableitung der Beziehungen |
| **Anfrageplanung**<br>Global-as-View, Local-as-View, Query Containment | **Subsumption**<br>Anfrage als Konzepte, Subsumption |

*Infokasten 7.1*
*Intensionale Anfragebearbeitung*

Bei der *intensionalen Anfragebearbeitung* wird zunächst die Anfrage selber zusammen mit dem Schema und seinen Integritätsbedingungen untersucht, bevor Zugriff auf Daten genommen wird. Stellen wir uns eine Tabelle `film` mit einem Attribut `laenge` vor, auf dem die Integritätsbedingung `laenge<11` definiert ist, sowie die folgende SQL-Anfrage:

```
SELECT title
FROM   film
WHERE  laenge > 80;
```

Für diese Anfrage könnte das Datenbankmanagementsystem ohne Zugriff auf die Extension von `film` folgern, dass ihr Ergebnis leer ist. Außerdem könnte das System eine Begründung zurückgegeben, warum das Ergebnis leer ist – dies liegt ja nicht daran, dass zufällig keine entsprechenden Tupel vorhanden sind, sondern dass entsprechende Tupel semantisch verboten wurden.

Derartige Betrachtungen werden unter dem Begriff »intensional query answering« vor allem zur Anfrageoptimierung und zum *semantischen Caching* erforscht. Bisher haben sie aber nur in einem Bereich Zugang zu kommerziellen Datenbanken gefunden: der Anfrageoptimierung mit materialisierten Sichten (siehe Infokasten 9.1 auf Seite 377).

#### Modellierung von Datenquellen

*Einordnung exportierter Relationen*

Datenquellen werden in der ontologiebasierten Integration als Konzepte der globalen Ontologie modelliert. Dazu werden die Relationen ihrer Exportschemata durch die Begriffe dieser Ontologie beschrieben und anschließend automatisch klassifiziert. Dabei kann es durchaus notwendig sein, die globale Ontologie zu erweitern bzw. zu verfeinern.

Dies wird deutlicher, wenn wir die Datenquellen aus Tabelle 6.5 mit den Konzepten der in Abbildung 7.7 dargestellte Ontologie beschreiben. Die Quelle `spielfilme` kann semantisch als eine Klasse von Filmen definiert werden, die eine Länge von über 79 Minuten haben. Wir definieren deshalb das Konzept `spielfilm` wie folgt:

$$spielfilm \equiv film \sqcap \forall laenge > 79;$$

Dem aufmerksamen Leser wird auffallen, dass diese Formel in Bezug auf die in Abschnitt 7.1.3 erläuterte DL syntaktisch inkorrekt ist, da sie eine extensionale Wertebeschränkung (»Die Füller der Rolle `laenge` müssen Werte größer als 79 sein«) benutzt, wir aber nur intensionale Beschränkungen eingeführt haben (etwa »Die Füller der Rolle `laenge` müssen Instanzen eines Konzepts $C$ sein«). Eine Erweiterung von DL um derartige Bedingungen ist leicht möglich und ist in vielen Sprachen vorhanden.

*Definition neuer Konzepte*

Zusätzlich könnten wir als weitere Bedingung angeben, dass es nur einen Wert für `laenge` geben darf, verzichten darauf aber zur Vereinfachung. In ähnlicher Weise kann man die Datenquelle `kurzfilme` mit dem folgenden Konzept beschreiben:

$$kurzfilm \equiv film \sqcap \forall laenge < 11;$$

Stellen wir uns noch eine weitere Datenquelle vor, die »Blockbuster«, also besonders erfolgreiche Filme, speichert. Ein Blockbuster hat eine Länge über 90 Minuten und muss darüber hinaus mindestens 10 Millionen Euro eingespielt haben:

$$blockbuster \equiv film \sqcap \forall laenge > 90 \sqcap \forall umsatzmillionen \geq 10;$$

*Einordnung der Quellkonzepte*

Damit haben wir jetzt drei Datenquellen ein Konzept zugeordnet und deren Verhältnisse zu den Konzepten der Filmontologie beschrieben. Aufbauend auf den Konzeptdefinitionen kann die Konzepthierarchie automatisch berechnet werden. Da jeder Film, der länger als 79 Minuten ist, in jedem Fall ein Film ist, ist das Konzept `spielfilm` ein Unterbegriff des Konzepts `film`, und da ein Film von mehr als 90 Minuten Länge in jedem Fall auch länger als 79 Minuten ist – unabhängig davon, welchen Umsatz er erzielt hat –, ist das Konzept `blockbuster` ein Unterbegriff von `spielfilm` und damit auch von `film`. Es ergibt sich die in Abbildung 7.8 dargestellte Hierarchie. Zur Erhöhung der Übersicht sind Attribute und Wertebedingungen zusammen mit den wesentlichen Konzepten angezeigt.

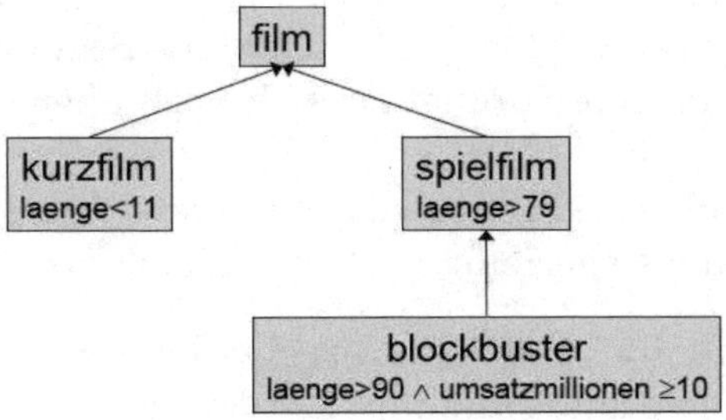


**Abbildung 7.8** *Hierarchie verschiedener Filmtypen*

Dieses Modell ist erfüllbar, da ohne weiteres eine Welt vorstellbar ist, in der jedem Konzept eine nicht leere Menge von Instanzen zugeordnet wird. Würde man aber beispielsweise eine weitere Datenquelle `kurzer_blockbuster` als (a) Blockbuster und (b) mit einer Länge von unter 60 Minuten definieren, so kann abgeleitet werden, dass dieses Konzept in keiner Welt instantiiert werden kann, da eine Instanz zum einen eine Länge von unter 60 Minuten und zum anderen von über 79 Minuten haben müsste. Derartige *logische Inkonsistenzen* können schon während der Modellierung erkannt und beseitigt werden.

*Weitere Datenquellen*

Die Datenquelle `us_spielfilme` speichert Informationen über US-amerikanische Schauspieler, die eine Rolle in einem Spielfilm gespielt haben. Dazu führen wir zunächst die Konzepte `us_schauspieler` und `us_rolle` ein. Außerdem benötigen wir eine neue Rolle, `hat_rolle`, die als inverse Rolle zu `rolle_in` definiert wird. Damit können wir das Konzept `us_spielfilm` ableiten:

$$\begin{aligned} us\_schauspieler &\equiv schauspieler \sqcap \forall nationalitaet = 'US'; \\ us\_rolle &\equiv rolle \sqcap \forall gespielt\_von.us\_schauspieler; \\ us\_spielfilm &\equiv spielfilm \sqcap \forall hat\_rolle.us\_rolle; \end{aligned}$$

In ähnlicher Weise definiert man die restlichen Datenquellen, woraus sich die in Abbildung 7.9 dargestellte vollständige Ontologie unseres Beispiels ergibt (schattierte Konzepte repräsentieren Datenquellen):

- Datenquelle `filmkritiken`: Sinnvollerweise definiert man zunächst ein Konzept `hauptrolle` als Unterbegriff zu `rolle`. Dann definiert man das Konzept `filmkritiken` als eine spezielle `hauptrolle`, die Beziehungen zu `film` und zu `schauspieler` besitzt.
- Datenquelle `spielfilm_kritiken`: Diese Datenquelle wird ebenfalls als spezielle `rolle` definiert. Bezüglich der Hierarchie der Konzepte ordnet sie sich noch über `us_spielfilm` ein.
- Datenquelle `kurzfilm_rollen`: Diese Quelle ist ebenfalls am besten als spezielle `rolle` zu modellieren.

Damit liegt nun eine Ontologie vor, die die *Semantik der Inhalte der Datenquellen* erfasst und ihre Beziehungen zu den Konzepten der globalen Ontologie explizit darstellt.

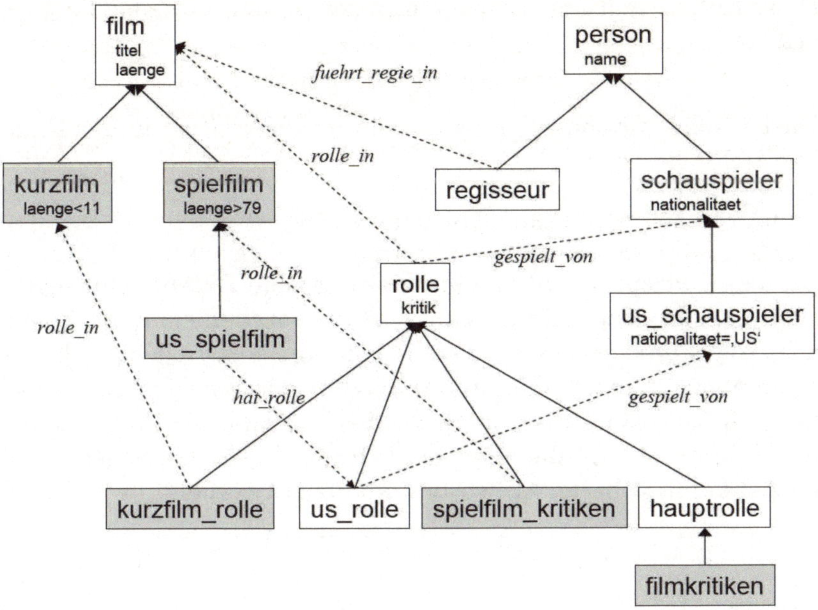


***Abbildung 7.9*** *Vollständige Filmontologie*

## Anfragebearbeitung

*Eine globale Anfrage ist ein Konzept*

Anfragen werden in der ontologiebasierten Integration als Konzepte definiert. Diese können durch Subsumptionstests in Bezug zu den »normalen« Konzepten der Ontologie gesetzt werden, und damit insbesondere auch zu den Konzepten, die Datenquellen repräsentieren. Die berechneten Beziehungen sind Spezialisierungen. Ist das eine Datenquelle repräsentierende Konzept $D$ spezieller als das eine Anfrage $Q$ repräsentierende Konzept, so sind alle Instanzen von $D$ auch Instanzen von $Q$ und damit korrekte Ergebnisse für die Anfrage. Ist dagegen ein Konzept $D$ allgemeiner als $Q$, so kann $D$ Instanzen für $Q$ enthalten, muss aber nicht. $D$ ist damit für die Beantwortung von $Q$ nicht ohne weiteres verwendbar. Man kann aber Techniken aus Abschnitt 6.4.3 benutzen, um Ergebnisse, die intensional zu allgemein sind, auf extensionaler Ebene zu filtern.

Stellen wir uns als Beispiel die folgende SQL-Anfrage vor:

```
SELECT title
FROM   film
WHERE  laenge < 20;
```

Diese Anfrage wird als Konzept unserer Ontologie wie folgt ausgedrückt:

$$Q_1 \equiv film \sqcap \forall laenge < 20;$$

*Automatische Einordnung der globalen Anfrage*

Durch Subsumptionstests kann man deren Position in der Filmhierarchie berechnen:

$$kurzfilm \sqsubseteq Q_1 \sqsubseteq film;$$

*Berechnung relevanter Quellkonzepte*

Da das Konzept `kurzfilm` die gleichnamige Datenquelle repräsentiert, kann der Anfragebeantwortungsmechanismus schließen, dass alle Filme aus dieser Quelle Antworten auf $Q_1$ sind. Ebenso kann er schließen, dass alle Daten aus der Quelle `spielfilme` keine Antworten auf $Q_1$ sind, da das Konzept $Q_1 \sqcap$ `spielfilm` unerfüllbar ist. Auf die folgende Anfrage $Q_2$ können dagegen zunächst keine sicheren Antworten produziert werden:

$$Q_2 \equiv film \sqcap \forall laenge < 5;$$

Der Grund dafür ist, dass $Q_2$ spezieller als `kurzfilm` ist und damit keine speziellere Datenquelle mehr existiert. Man könnte aber, wie oben angesprochen, die Datenquelle `kurzfilme` trotzdem anfragen und alle Filme, die zu lang sind, aus dem Ergebnis filtern – vorausgesetzt, dass das Attribut `laenge` von der Datenquelle exportiert wird und damit im Integrationssystem zur Verfügung steht.

### Diskussion

*Ontologien: Hype oder Wunderwaffe?*

Ontologien wurden und werden von vielen Autoren als eine Art Wundermittel oder *»silver bullet«* zur Informationsintegration dargestellt [86]. Diese Ansicht ist umstritten, was wir an zwei Projekten aus der Molekularbiologie darstellen wollen.

*Wichtig ist die Verständigung auf eine Ontologie*

- Die in Abschnitt 7.1 dargestellte Gene Ontology ist eine weltweit sehr erfolgreiche Ontologie. Ihr Beitrag zur Informationsintegration beruht aber nicht auf Technik, sondern auf ihrer *Akzeptanz als Standardvokabular* in ihrem Bereich. Die Gene Ontology ist sehr einfach strukturiert und benutzt keine der logischen Mechanismen von Ontologiesprachen. Die damit einhergehenden Mängel in der semantischen Genauigkeit sind zwar kritisiert worden [267], haben aber auf die weltweite Verwendung der Ontologie keinen erkennbaren Einfluss.

- Das TAMBIS-Projekt war das größte uns bekannte Integrationsprojekt (siehe Fallstudie in Abschnitt 11.4 und [102]), das auf einer formalen Ontologie basierte. Die TAMBIS-Ontologie (TAO) besteht aus über 1.800 Konzepten und deckt den Inhalt von ungefähr fünf biologischen Datenbanken ab. Trotz des immensen Aufwands, der zur Erstellung dieser Ontologie notwendig war, ist TAMBIS nicht über eine prototypische Realisierung hinausgekommen, und TOA konnte sich nicht als Standard durchsetzen. Für Anwender (also Biologen) ist die Benutzung der Ontologie als globales Schema sehr schwierig, da die ihnen vertrauten Konzepte aus den *Originaldatenbanken* nicht mehr ohne weiteres gefunden werden können, da sie in TOA zur exakten Charakterisierung gegenüber Konzepten der anderen Datenquellen in eine Vielzahl von feingranularen Konzepten zerlegt wurden. Auch wenn die Originalkonzepte nicht immer semantisch klar definiert sind, so haben sich Anwender trotzdem an ihre implizite Bedeutung gewöhnt und wissen daher genau, wie sie eine Anfrage zu stellen und das Ergebnis zu interpretieren haben. Dieses Wissen wird wertlos, wenn ein anderes Schema zur Formulierung von Anfragen benutzt werden muss.

*Globale Ontologien sind schwer zu verstehen*

Man muss sich daher fragen, ob für die Überwindung semantischer Probleme formale Wissensrepräsentationssprachen immer einen Gewinn darstellen. Die genannten Argumente treffen auf alle Integrationsprojekte mit einem globalen Schema zu, aber umso mehr, je detaillierter dieses ist. Der Vorteil formaler Ontologien liegt aber gerade darin, ein Anwendungsgebiet sehr genau beschreiben zu können.

## 7.2 Das Semantic Web

*Ziel: Ein maschinenlesbares Web*

Die Grundidee des »Semantic Web« ist die Evolution des Web hin zu einem Informationssystem, in dem verfügbare Informationen wesentlich besser als heutzutage *durch Programme benutzt* werden können. Diese Evolution soll auf einer Reihe von Veränderungen basieren, beginnend von einem Wechsel des Austauschformats über Vereinbarungen von domänenspezifischen Ontologien bis hin zu Mechanismen zur Sicherstellung der Vertrauenswürdigkeit von Webseiten. Die Idee wurde von Berners-Lee, der auch als Erfinder des World Web Web gilt, sowie Hendler und Lassila wie folgt formuliert ([20], eigene Übersetzung):

> *»Das Semantic Web ist eine Erweiterung des gegenwärtigen Web, in der Informationen eine wohldefinierte Bedeutung erhalten, so dass Computer und Menschen besser zusammenarbeiten können.«*

*Semantic Web ist eine Vision*

Das Semantic Web ist daher eher eine *Vision* als eine Technik. Viele Bausteine, die bei der Realisierung dieser Vision helfen sollen, wurden in den letzten Jahren durch das W3C[17] standardisiert. Beispiele dafür sind »Resource Description Framework« (RDF) als Datenmodell zum Austausch von Informationen oder die »Ontology Web Language« (OWL) als Wissensrepräsentationssprache.

*Auszeichnung = Tagging = Markup*

Eine der tragenden Ideen des Semantic Web ist das *semantische Auszeichnen* (engl. *taggen* oder *markup*) von Informationen. Im heutigen Web ist HTML, die »Hypertext Markup Language«, das vorherrschende Austauschformat. HTML wurde aber vor allem zur *Darstellung* von Inhalten entworfen. Die HTML-Tags bestimmen nur das Layout von Daten, sagen aber nichts über deren Bedeutung. Eine Liste von Filmen könnte in HTML beispielsweise wie folgt dargestellt werden:

```
<h2>Psycho</h2>
<b>Regisseur:</b> Alfred Hitchcock
<b>Filmjahr:</b> 1959
<b>Genre:</b> Psycho-Thriller, sw
<p>
```

*HTML: Syntaktische Auszeichnung*

Als Mensch kann man die daraus in einem Browser abgeleitete Darstellung sehr schnell verstehen; für einen Computer bleibt sie vollkommen unverständlich. Insbesondere kann kein Programm automatisch erschließen, was in diesem HTML-Fragment Bezeichnung und was Wert ist. Zusammengesetzte Werte, wie das Genre im Beispiel, können ebenfalls kaum automatisch geparst und damit in ihre Einzelteile zerlegt werden.

Eine für die automatische Verarbeitung bessere Darstellung ist die folgende Kodierung derselben Informationen in XML:

[17] Das W3C ist ein Standardisierungsgremium für Techniken im Umfeld des World Wide Web. Siehe `www.w3.org`.

```
<film>
    <titel>Psycho</titel>
    <regisseur>Alfred Hitchcock</regisseur>
    <filmjahr>1959</filmjahr>
    <genre>Psycho-Thriller</genre>
    <farbe>sw</farbe>
</film>
```

*XML: Trennung von Daten/Darstellung und Daten/Metadaten*

In XML sind *Metadaten und Daten klar getrennt*; ebenso gibt es eine klare Trennung von Daten und deren Darstellung, womit einem der Grundparadigmen des Software Engineering Genüge getan ist. Durch geeignete XSLT-Skripte kann daraus eine für Menschen gut lesbare Darstellung erzeugt werden; Programme dagegen werden die XML-Darstellung direkt verarbeiten. Aber eine (sehr aufwändige) Übersetzung von HTML-Seiten nach XML schafft noch kein semantisches Web – sonst wäre jede auf XML basierende Anwendung eine Semantic-Web-Anwendung. Die XML-Tags, also `titel`, `filmjahr` etc., sind für ein Computerprogramm ohne weitere Vorkehrungen genauso unverständlich wie in einer HTML-Repräsentation.

*Semantik von Tags*

Es sind also weitere Techniken notwendig, wie zum Beispiel die Einführung standardisierter Ontologien zur Definition der *Bedeutung von Metadaten*. In einer solchen Ontologie könnten die als Tags verwendeten Begriffe in Beziehung zueinander gesetzt und semantisch definiert werden. Eine entsprechend detaillierte Ontologie vorausgesetzt, könnten dann auch Schlussfolgerungen automatisch gezogen werden – beispielsweise könnte ein Programm »ähnliche« Filme vorschlagen, basierend auf Informationen über Genre, Schauspieler, Regisseur, Kritiken etc. Außerdem könnten über die Ontologie verwandte Webseiten gefunden werden, wie zum Beispiel Kinoprogramme oder Kataloge von Videoverleihern.

*Vertrauen in Daten*

Damit wäre ein Programm schon in der Lage, selbstständig, nur mit im Web verfügbaren Informationen, einen Kinoabend für seinen Besitzer zu planen, vorausgesetzt, dass alle verfügbaren Informationen auch *tatsächlich wahr* sind. Das Programm sollte daher in der Lage sein, die Vertrauenswürdigkeit einer Webseite zu überprüfen. Das mag für einen Kinoabend, bei dem schlimmstenfalls das Programm veraltet war, nicht relevant erscheinen. Denkt man aber an Programme, die selbstständig Geldanlagen vorschlagen, wird die Bedeutung dieses Punktes schnell klar.

Damit haben wir an diesem einfachen Beispiel schon die verschiedenen Ebenen des Semantic Web kennen gelernt. Im folgenden Kapitel geben wir eine Übersicht über seine Grundlagen. Wir konzentrieren uns dabei auf die für die Informationsintegration wichtigen Aspekte. Die Darstellung ist relativ kurz, da viele der Ideen des Semantic Web schon vor der Prägung dieses Begriffs existierten und auch schon an anderer Stelle im Buch vorgestellt wurden.

### 7.2.1 Komponenten des Semantic Web

*Techniken im Semantic Web*

Das Semantic Web ist kein System, sondern eine Reihe von Techniken, die zur Erreichung einer Vision, nämlich der Verwandlung von Webseiten in computerlesbare Ressourcen, hilfreich sein sollen. Die *verschiedenen Ebenen oder Schichten*, auf denen diese Techniken angesiedelt sind, werden in Abbildung 7.10 verdeutlicht[18]. Wir werden die Schichten im Folgenden einzeln besprechen. Dabei verzichten wir auf die Angabe von URLs zu den vielfältigen W3C-Standards, da die entsprechenden Dokumente sehr leicht über die W3C-Webseite gefunden werden können.

*www.w3.org*

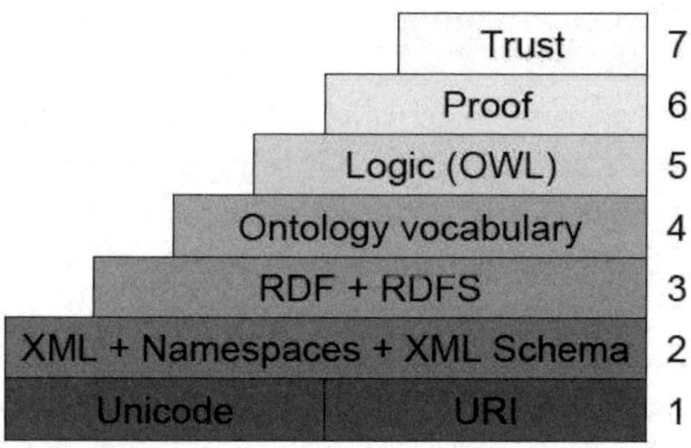


***Abbildung 7.10*** *Das Semantic Web in Schichten (nach Tim Berners-Lee)*

**Ebene 1 – Zeichensatz und Referenzen:** Auf der untersten Ebene benötigt man als Grundvoraussetzung für den Austausch von Information zunächst einen *Standard zur Kodierung von Zeichen* (Unicode). Außerdem ist eine Konvention notwendig, mit der man *Ressourcen*, also Webseiten, Verzeichnisse auf FTP-Servern, einzelne Abschnitte von HTML-Seiten, Bilder etc., bezeichnen kann. Dazu dient der URI-Standard. Eine URI ist eine *Adresse einer Ressource*, wie beispielsweise eine URL; aber auch ein einfacher String kann als URI fungieren. Der Standard schreibt weder die Eindeutigkeit einer URI vor noch deren Erreichbarkeit (im Falle einer URL). Wir wollen uns hier mit dem erstaunlich komplizierten Thema der Identifikation von Daten oder Diensten nicht näher

*URI: Uniform Resource Identifier*

[18]Siehe auch `www.w3.org/2000/Talks/1206-xml2k-tbl`.

auseinander setzen und verwenden als URIs im Folgenden nur einfache Strings oder URLs. Namen dienen uns zur Identifikation lokaler Objekte, und über URLs können Webseiten, Web-Services oder einzelne Fragmente von HTML-Seiten referenziert werden.

*XML zur Strukturierung*

**Ebene 2 – Austausch strukturierter Daten:** Auf der zweiten Ebene befinden sich mit XML, Namespaces und XML-Schema notwendige Standards zum *Austausch strukturierter Informationen*. Auf diese sind wir in Abschnitt 2.1.2 bereits näher eingegangen. Insbesondere dient XML auch als Austauschformat für RDF und in OWL formulierte Ontologien. Web-Services verwenden ebenfalls XML als Austauschformat.

*RDF-Tripel: Ressource – Eigenschaft – Wert*

**Ebene 3 – Datenmodell:** Auf der dritten Ebene wird das Datenmodell RDF (»Resource Description Framework«) eingeführt. Im Unterschied zum hierarchischen, semistrukturierten XML ist RDF ein *graphbasiertes Datenmodell*. Zentrale Elemente von RDF sind *Aussagen*, mit denen die *Werte* von *Eigenschaften* von *Ressourcen* festgelegt werden. Eine Ressource kann dabei, einfach gesprochen, so ziemlich alles sein, also zum Beispiel eine Person, ein Buch oder eine Webseite; sie muss nur über eine URI adressierbar sein. Eine Menge von RDF-Aussagen, also ein *RDF-Dokument*, bildet eine Datenbasis. RDF-Dokumente sind, genauso wie XML-Dokumente, zunächst unbeschränkt in den verwendbaren Ressourcentypen und Eigenschaften. Mit RDFS (»Resource Description Framework Schema Specification«) können aber die in einem RDF-Dokument erlaubten Bezeichnungen sowie deren innere Struktur festgelegt werden. Auf RDF und RDFS werden wir in Abschnitt 7.2.2 näher eingehen.

*RDFS: Schema für RDF*

*Festlegung des Vokabulars*

**Ebene 4 – Semantik von Tags:** Auf der nächsten Ebene werden Ontologien eingeführt, um die *Interoperabilität verschiedener RDF-Dokumente* bzw. RDFS-Schemata zu gewährleisten. Ganz im Sinne von Abschnitt 7.1.1 liegt das Hauptaugenmerk von Ontologien auf dem innerhalb einer Gruppe von Benutzern gemeinsamen Verständnis einer strukturierten Begriffsmenge, um sicherzustellen, dass gleiche Bezeichner in unterschiedlichen RDF-Dokumenten bzw. RDFS-Modellen auch das Gleiche bedeuten.

*Ontologien*

**Ebene 5+6 – Inferenz und Ableitung:** Auf der fünften und sechsten Ebene wird der *Inferenzcharakter* von Wissensrepräsentationssprachen eingeführt. Für das Semantic Web wurde eine spezielle Sprache definiert, die »Ontology Web Language« OWL. In Abschnitt 7.2.3 werden wir deren Fähigkeiten im Vergleich zu den in Abschnitt 7.1.3 bereits erläuterten Grundlagen von DL näher beschreiben. Einen speziellen Unterschied zwischen den Begriffen »Logic« und »Proof« scheint es im Semantic Web nicht zu geben (vergleiche zum Beispiel [6] und [224]); wir werden diese zwei Schichten daher im Weiteren nicht trennen.

*Soziale Phänomene*

**Ebene 7 – Vertrauen:** Mit der siebten und letzten Ebene wird auf die Notwendigkeit hingewiesen, dass in einem offenen Web auch technische Vorkehrungen zum Schaffen von Vertrauen notwendig sind. Beispiele für derartige Techniken sind digitale Unterschriften und asymmetrische Schlüssel bzw. die dazu notwendigen Infrastrukturen (PKI, »Public Key Infrastructure«). Auf diese Schicht werden wir im Rahmen dieses Buches nicht näher eingehen.

## 7.2.2 RDF und RDFS

*RDF: Resource Description Framework*

RDF, das »Resource Description Framework«, ist ein Datenmodell zur Beschreibung von Objekten, die in RDF *Ressourcen* genannt werden, und deren *Eigenschaften*. Entsprechend sind die grundlegenden Elemente von RDF die folgenden:

*Grundelemente von RDF*

- **Ressourcen** sind alle Dinge, über die man in RDF sprechen will. Beispiele sind Webseiten, Bilder, Personen, Bücher, Telefonnummern, Web-Services etc. Eine Ressource wird über eine URI adressiert.
- **Eigenschaften** beschreiben mögliche Eigenschaften von Ressourcen und sind selber ebenfalls Ressourcen. In RDF gibt es im Grunde keine Trennung zwischen Eigenschaften und Ressourcen außer in ihrer Verwendung.
- **Aussagen** beschreiben Eigenschaften von Ressourcen. Eine Aussage besteht immer aus einem Tripel: einer Ressource, einer Eigenschaft und einem Wert. Ein Tripel $(R, A, V)$ gibt an, dass die Eigenschaft $A$ der Ressource $R$ den Wert $V$ hat. Werte können Ressourcen oder Literale, also uninterpretierte Zeichenketten, sein.

*Subjekt, Prädikat, Objekt*

Ressource, Eigenschaft und Wert einer Aussage werden auch als *Subjekt*, *Prädikat* und *Objekt* der Aussage bezeichnet. Beispielsweise gibt die folgende RDF-Aussage an, dass Alfred Hitchcock Regisseur des Filmes »Marnie« ist:

```
(Alfred_Hitchcock, ist_regisseur_von, 'Marnie');
```

*RDF: Nicht auf Webanwendungen beschränkt*

Dieses Tripel mag auf den ersten Blick ungewöhnlich erscheinen, da es keinerlei Bezug zum Web nimmt, obwohl wir damit Daten im Semantic Web beschreiben. Tatsächlich ist RDF zunächst ein vom Web unabhängiges Datenmodell, das aber vor allem zur Beschreibung von im Web erreichbaren Ressourcen verwendet wird. Man kann sich also vorstellen, dass es eine Webseite mit der Biographie von »Alfred Hitchcock«, eine Webseite für den Film »Marnie« und eine weitere Webseite mit Erläuterungen zum Begriff »Regisseur« gibt. Damit kann man eine Aussage mittels Referenzen auf diese fiktiven Webseiten formulieren: Sowohl Subjekt, Prädikat und Objekt der Aussage werden nun von durch URLs identifizierte Ressourcen gebildet:

```
( http://www.regisseure.de/AlfredHitchcock,
  http://www.meinduden.de/regisseur,
  http://www.einverleih.de/filme#Marnie
);
```

Durch die Verwendung von URIs ist es möglich, einem Programm Hinweise für die Interpretation der in einem Tripel verwendeten Bezeichner zu geben. Die URI `http://www.meinduden.de/regisseur` kann beispielsweise auf eine RDF-Datenbasis verweisen, in der der Begriff »Regisseur« in einen semantischen Kontext eingebettet wird. Ein Programm kann diese Informationen benutzen oder auch ignorieren und die URIs einfach als Namen verwenden, so wie der Name einer relationalen Tabelle nur ein Name ist und in RDBMS nicht weiter interpretiert wird.

*RDF: Verschiedene Schreibweisen*

Wir haben bisher nur eine informelle Syntax für RDF-Aussagen benutzt. Das werden wir auch im weiteren Verlauf des Kapitels tun, da diese Schreibweise sehr kompakt ist. Tatsächlich gibt es verschiedene Arten, RDF-Aussagen zu notieren. Dazu gehört eine Reihe von mehr oder weniger ausführlichen Schemata, um RDF in XML zu kodieren[19]. Beispielsweise kann die obige Aussage in XML wie folgt kodiert werden:

```
<?xml version="1.0">
<rdf:RDF xmlns:rdf="http://www.w3.org/1999/02/22-rdf-syntax-ns#">
   <rdf:Description rdf:about="Alfred Hitchcock">
       <ist_regisseur_von> Marnie </ist_regisseur_von>
   </rdf:Description>
</rdf:RDF>
```

[19]Die genauen Spezifikationen kann man leicht in den W3C-Dokumenten nachlesen. Siehe auch Abschnitt 7.3.

*RDF-Dokument = Wissensbasis*

Ein XML-Dokument kann viele RDF-Aussagen enthalten. Wir bezeichnen eine Menge von RDF-Aussagen in einer Datei als *RDF-Dokument*. Eine andere Schreibweise, die sich an der Syntax formaler Logik orientiert, notiert Aussagen als binäres Prädikat:

```
ist_regisseur(alfred_hitchcock,marnie);
```

*RDF-Tripel in Prädikatenlogik*

Diese Formel postuliert, dass diese Aussage, bestehend aus einem Prädikat und zwei Konstanten, wahr ist. RDF-Tripel können immer als binäre Prädikate interpretiert werden – andererseits ist es nicht direkt möglich, Prädikate höherer Arität in RDF auszudrücken. Die Aussage »Alfred Hitchcock hat im Jahr 1964 den Filme Marnie gedreht« muss daher in mehrere Tripel zerbrochen werden:

```
(X, gedreht_von, 'Alfred Hitchcock');
(X, hat_titel, 'Marnie');
(X, gedreht_in, '1964');
```

*Einschränkung: Nur binäre Prädikate*

Die Beschränkung auf Tripel, und damit binäre Prädikate, wird oft kritisiert, da sie die Modellierung vieler Sachverhalte durch die Notwendigkeit von künstlichen «Zwischenobjekten« erschwert. So musste im Beispiel die Ressource $X$ eingeführt werden. Dabei steht $X$ abstrakt für den Film, über den gesprochen wird, obwohl wir mit unserer ursprünglichen Aussage keine eigene Identität mit diesem Objekt verbunden haben. $X$ wird nur aus technischer Notwendigkeit eingeführt.

Diese Beschränkung ermöglicht aber eine intuitive Darstellung von RDF-Aussagen als Graph, in dem Ressourcen als Knoten und Eigenschaften als beschriftete Kanten dargestellt werden. Einer Aussage sind entsprechend zwei Knoten mit einer sie verbindenden Kante zugeordnet. Abbildung 7.11 zeigt die oben angeführten drei Aussagen als Graph.

**Abbildung 7.11** *RDF-Aussagen als Graph*

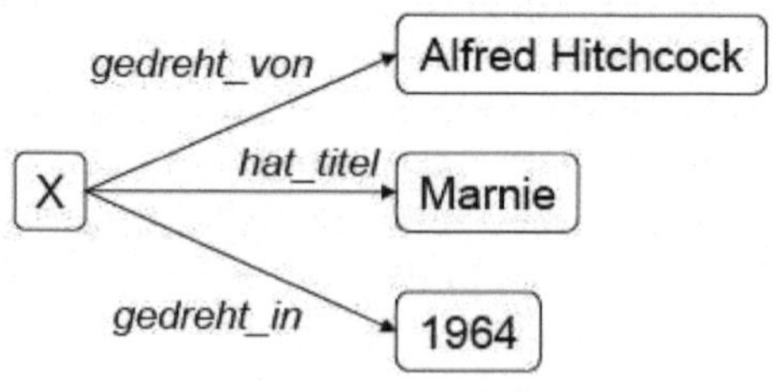

RDF kennt, neben den genannten Aussagen, Ressourcen und Eigenschaften, noch eine Reihe weiterer Elemente:

Weitere Elemente von RDF

- Werte können primitive Datentypen besitzen, wie *integer* oder *string*.
- Ressourcen können einem *Typ* zugewiesen werden. Ein Typ ist eine uninterpretierte Zeichenkette, vergleichbar einem Klassenbezeichner. Über ihren Typ werden Ressourcen also Klassen zugeordnet. Die Beziehungen zwischen Klassen, insbesondere Klassenhierarchien, können in RDF nicht ausgedrückt werden, aber in dem im nächsten Abschnitt erläuterten RDFS.
- In RDF können auch *Aussagen über Aussagen* getroffen werden. Dazu wird einer Aussage ein Bezeichner zugeordnet, der dann als Ressource in anderen Aussagen verwendet werden kann. Dies bezeichnet man als *Reifikation* (»Vergegenständlichung«). Damit kann man beispielsweise ausdrücken, dass man bestimmten Aussagen nicht traut oder sie für falsch hält – womit man allerdings die Ausdrucksfähigkeit der Prädikatenlogik erster Stufe hinter sich lässt.
- In RDF können auch *Aussagen über Mengen von Ressourcen* gemacht werden. Dazu gibt es die speziellen RDF-Elemente *Bag* (ungeordnete Multimengen) und *Sequence* (geordnete Multimengen). Damit kann man ausdrücken, dass Alfred Hitchcock Regisseur der Filme »Marnie«, »Psycho«, »Vertigo« etc. ist. Ebenso sind Alternativen in Aussagen möglich.

### Einordnung und Diskussion von RDF

RDF: Selberklärend, schemalos, platzraubend

Ein RDF-Dokument kann für sich als eigene Datenbasis oder Datenbank verstanden werden. Diese Datenbank ist *schemalos*, da mit RDF nur Werte, aber keine Strukturen beschrieben werden können. Als Datenmodell ist RDF sehr flexibel, da es die Semistrukturiertheit von XML ohne dessen inhärent hierarchischen Aufbau besitzt. Diese Flexibilität hat aber ihren Preis. So wird eine RDF-Datenbasis mit Regisseuren und Titeln von 100.000 Filmen zunächst um ein Vielfaches größer sein als eine textuelle Repräsentation einer relationalen Tabelle, da die Metadaten, also beispielsweise die Namen von Eigenschaften, in jeder einzelnen Aussage enthalten sein müssen. Man kann den Platzbedarf durch Kompression verringern, was aber die Verarbeitung wesentlich komplizierter macht.

*Aussagen über Aussagen*

Auch wird RDF oftmals als *zu flexibel* kritisiert. So ist die Möglichkeit, Aussagen über Aussagen zu formulieren, ein Konstrukt von unklarem praktischem Wert, das aber die Konstruktion von auf RDF basierenden Wissensrepräsentationssprachen praktisch unmöglich macht. Aus diesem Grund basieren auch die Ontologiesprachen im Semantic Web (siehe Abschnitt 7.2.3) nicht auf RDF, was einen *Bruch des Schichtenaufbaus* (siehe Abbildung 7.10) bedeutet.

*Unklare Modellierung*

Aus einer Modellierungsperspektive ist die fehlende Trennung zwischen Ressourcen und Eigenschaften fragwürdig. So sind die folgenden beiden Tripel, mit denen eine Eigenschaft einer Eigenschaft definiert und damit eine Eigenschaft als Ressource verwendet wird, eine valide RDF-Datenbasis:

```
(Anthony_Perkins, hauptdarsteller, 'Psycho');
(hauptdarsteller, verdienen, '1 Million Euro');
```

*Trennung von Entitäten und Beziehungen*

Die klare Trennung von Objekten und ihren Beziehungen gilt aber als eine der wesentlichen Stärken von Modellierungssprachen wie ER oder UML. In der realen Welt ist diese Trennung zwar nicht immer vorhanden, aber sie erhöht die Verständlichkeit eines Modells. Andererseits ist die Beschränkung auf binäre Relationen eine starke Einschränkung des Modells, die die Darstellung vieler Sachverhalte, etwa im Vergleich zu ER-Modellen mit mehrwertigen Relationships, sehr erschwert.

*Das Semantic Web: eine extrem verteilte RDF-Datenbank?*

Ein weiterer Kritikpunkt an RDF ist die inhärente Isolierung von RDF-Datenbasen im Web. In der Vision des Semantic Web werden Webseiten zunehmend durch RDF-Dokumente ersetzt, was, zusammen mit den höheren Schichten des Schichtenmodells, ihre Integration und automatische Analyse erleichtern soll. Tatsächlich gibt es aber in RDF keinerlei spezielle Vorkehrungen, um mit den in Abschnitt 3.3 besprochenen Arten von Heterogenität umzugehen. Es gibt keine Mechanismen, um sicherzustellen, dass gleiche Bezeichner gleiche Bedeutung haben (zum Beispiel bei Eigenschaften), dass gleiche URIs in verschiedenen RDF-Dokumenten gleiche Ressourcen bezeichnen, dass Werte in gleicher Einheit und Notation geschrieben werden etc. Vielmehr wird auf Absprachen und Standards vertraut. Diese Probleme werden durch die hohe Flexibilität in der Modellierung eher noch schwieriger zu lösen sein als beispielsweise mit rein relationalen Daten.

Diese Kritik zeigt, dass RDF nicht als universell geeignetes Datenmodell betrachtet werden sollte, sondern seine Stärken vor allem in komplexen Szenarios mit nur schwach strukturierten Daten ausspielen kann.

### RDFS – das Vokabular einer RDF-Datenbasis

*RDFS: Schemata für RDF*

Mit RDF werden Daten auf der Instanzebene beschrieben. Die dabei verwendeten Bezeichner sind nicht vorgegeben; ebenso unterliegen die verwendeten Typbezeichner keiner Einschränkung. Damit sind RDF-Daten schemalos. Dies ist ein großes Hindernis für die Integration von Datenbeständen, da man die Semantik einer potenziell unbeschränkten Menge von Bezeichnern nicht analysieren kann. Die Verfahren, die wir kennen gelernt haben, basieren alle auf der Beschreibung einer begrenzten Menge von Elementen, seien es Schemaelemente wie bei Korrespondenzen oder Konzepte wie bei ontologiebasierten Ansätzen.

*Schema oder Vokabular?*

Ebenso wie es für XML mit XML-Schema eine Möglichkeit gibt, die Struktur und verwendeten Elemente von XML-Dokumenten zu beschränken, existiert mit RDFS eine Möglichkeit, die Struktur und erlaubten Bezeichner von RDF-Dokumenten einzugrenzen. RDFS stand ursprünglich für »Resource Description Framework Schema Specification«, wird heute aber mit »RDF Vocabulary Description Language« übersetzt (unter Beibehaltung der Abkürzung RDFS). Mit einem RDFS-Dokument werden für RDF-Dokumente die folgenden Dinge festgelegt:

*RDFS-Elemente*

- Die erlaubten *Typbezeichner*, d.h. die erlaubten Klassen von Ressourcen, mit dem Element `rdfs:Class`.
- Die *Beziehungen zwischen Klassen*, d.h. die Klassenhierarchie, mit dem Element `rdfs:subClassOf`.
- Die erlaubten *Eigenschaftenbezeichner*, d.h. die erlaubten Prädikate, mit dem Element `rdf:Property`.
- Die *Beziehungen der Eigenschaften* untereinander mit dem Element `rdfs:subPropertyOf`.
- Die *erlaubten Klassen* für Subjekt und Objekt in Aussagen, abhängig vom Prädikat. Dazu dienen die Elemente `rdfs:domain` für das Subjekt und `rdfs:range` für das Objekt.
- Bestimmte weitere Informationen zu Klassen und Eigenschaften, wie Kommentare oder Verweise auf Beschreibungen.

*RDFS in RDF*

Ein RDFS-Modell wird selber in RDF notiert. Damit kann zum Beispiel die Filmontologie aus Abbildung 7.7 (Seite 287) in RDFS wie in Abbildung 7.12 gezeigt ausgedrückt werden (zur Verkürzung wurden viele Attribute ausgelassen). Ebenso ist dadurch eine grafische Notation vorgegeben. In Abbildung 7.13 ist ein Beispiel mit drei Klassen und einer Reihe von Instanzen zu sehen.

***Abbildung 7.12***
*RDFS-Beispiel*

```
<rdf:RDF
  xmlns:rdf=".../22-rdf-syntax-ns#"
  xmlns:rdfs=".../2000/01/rdf-schema#">

    <rdfs:Class rdf:ID="film">
        <rdfs:Comment>
            Klasse aller Filme
        </rdfs:Comment>
    </rdfs:Class>
    <rdfs:Class rdf:ID="person">
    </rdfs:Class>
    <rdfs:Class rdf:ID="regisseur">
        <rdfs:subClassOf rdf:resource="#person"/>
    </rdfs:Class>
    <rdfs:Class rdf:ID="schauspieler">
        <rdfs:subClassOf rdf:resource="#person"/>
    </rdfs:Class>
    <rdfs:Class rdf:ID="rolle">
    </rdfs:Class>

    <rdfs:Property rdf:ID="fuehrtRegieIn">
        <rdfs:domain rdf:resource="#regisseru"/>
        <rdfs:range rdf:resource="#film"/>
    </rdfs:Property>
    <rdfs:Property rdf:ID="rolleIn">
        <rdfs:domain rdf:resource="#rolle"/>
        <rdfs:range rdf:resource="#film"/>
    </rdfs:Property>
    <rdfs:Property rdf:ID="hatName">
        <rdfs:domain rdf:resource="#person"/>
        <rdfs:range rdf:resource="&rdf;Literal"/>
    </rdfs:Property>
</rdf:RDF>
```

*Starke Rolle von Eigenschaften*

Ein wesentlicher Unterschied zwischen RDFS und beispielsweise den Klassendiagrammen von UML ist das *Eigenleben von Eigenschaften*. Das Gegenstück zu Eigenschaften in RDFS ist die Assoziation in UML. Eine Assoziation in UML ist eine Beziehung zwischen zwei Klassen mit einem Namen; ohne Probleme kann derselbe Name auch an anderer Stelle im Modell für zwei vollkommen unterschiedliche Klassen und mit vollkommen unterschiedlicher Bedeutung verwendet werden. Im Unterschied dazu werden

Eigenschaften in RDFS eigenständig modelliert, d.h., dass die Definition einer Eigenschaft losgelöst ist von der Definition von Klassen. Eine wichtige Konsequenz daraus ist, dass Eigenschaften problemlos zu einem bestehenden RDFS-Modell hinzugefügt werden können, wodurch implizit die durch die Eigenschaft verbundenen Klassen nachträglich geändert werden. Dies erleichtert die Integration verschiedener RDFS-Modelle, da eine integrierte Klasse inkrementell, durch sukzessives Hinzufügen immer weiterer Eigenschaften, entstehen kann. Nicht gelöst ist dadurch die Frage, wie zwei Klassen aus zwei RDFS-Schemata semantisch zueinander in Beziehung stehen.

*Klassen in RDFS*

Klassen sind in RDFS, wie auch in UML, nicht näher beschrieben. Man kann nicht angeben, was den Unterschied zweier Klassen ausmacht, wie wir das mit Wissensrepräsentationssprachen tun konnten. Auch kann man Klassen nicht als Kombinationen anderer Klassen definieren, so wie wir in Abschnitt 7.1.3 eine `frau` als Schnittmenge der Klassen `person` und `weiblich` definiert hatten. Ebenso kann man keine Kardinalitätseinschränkungen für Eigenschaften ausdrücken oder die Transitivität einer Eigenschaft postulieren. Um diese Ausdrucksstärke zu erreichen, sind im Schichtenmodell des Semantic Web Ontologien, und speziell die Ontologiesprache OWL, vorgesehen. Diese stellen wir in Abschnitt 7.2.3 näher vor.

### Anfragesprachen für RDF

*Kommender Standard: SparQL*

Für RDF sind in den letzten Jahren auch *spezielle Anfragesprachen* entwickelt worden. In jüngster Zeit wurde die Sprache SparQL (gesprochen: »sparkel«) vorgeschlagen, deren Spezifikation im April 2006 den Status einer »Candidate recommendation« erreicht hat. Daher wird SparQL in Zukunft voraussichtlich eine größere Rolle als andere RDF-Anfragesprachen spielen. Wir stellen daher im Folgenden die Grundzüge von SparQL kurz vor.

*Anfragetripel matchen Datentripel*

Eine SparQL-Anfrage wird auf einem RDF-Graphen ausgeführt, der wiederum aus RDF-Tripeln, den *Datentripeln*, besteht. Der Kern eine SparQL-Anfrage sind *Anfragetripel*. Die Subjekte, Prädikate und Objekte dieser Tripel sind entweder Konstante oder Variable. Ein *Anfragetripel matcht ein Datentripel*, wenn seine konstanten Teile mit den entsprechenden Werten des Datentripels übereinstimmen. Durch einen Match werden die Variablen des Anfragetripels an die entsprechenden Werte des Datentripels gebunden.

*Grundlagen von SparQL*

Eine SparQL-Anfrage wird ausgeführt, indem für jedes Anfragetripel zunächst alle matchenden Datentripel bestimmt werden (wenn ein Anfragetripel Variablen enthält, matchen in der Regel mehrere Datentripel). Für jede Kombination aus Matches für jedes Anfragetripel wird im zweiten Schritt überprüft, ob die Variablenbindungen kompatibel sind, d.h., ob eine Variable, die in verschiedenen Anfragetripeln vorkommt, in jedem Match an denselben Wert gebunden wird. Kombinationen von Matches, für die das zutrifft, bilden das initiale Ergebnis der Anfrage[20]. Über spezielle Klauseln ist es dann möglich, nur bestimmte Variablenbindungen als tatsächliches Ergebnis der Anfrage auszugeben.

**Abbildung 7.13** *RDFS-Filmmodell (oben) mit RDF-Instanzen (unten)*

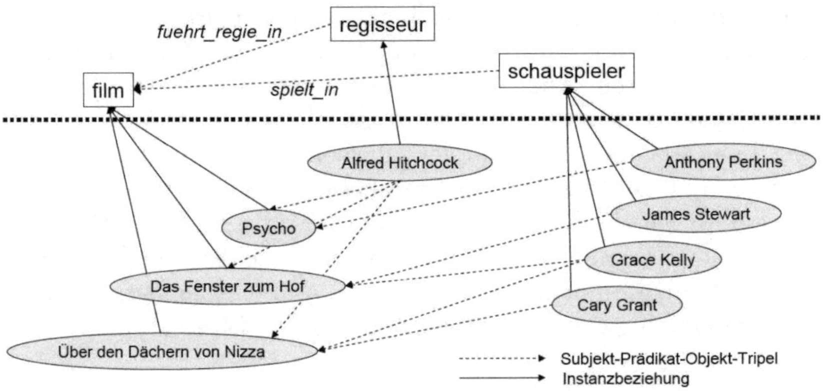


*Syntax von SparQL*

Syntaktisch erinnert eine SparQL-Anfrage stark an SQL. Eine Anfrage hat eine `select`-Klausel, mit der die Variablenbindungen, die als Ergebnis der Anfrage geliefert werden sollen, bestimmt werden, und eine `where`-Klausel, mit der diese Bindungen über Anfragetripel hergestellt werden. Eine `from`-Klausel, mit der die zu analysierende RDF-Datenbasis angegeben wird, ist optional. Eventuell vorhandene Schemainformation, also ein RDFS-Modell, ist für die Semantik einer Anfrage unerheblich, könnte aber zur Optimierung von SparQL-Anfragen eingesetzt werden.

[20]Dieser Vorgang der Auswertung ist unmittelbar vergleichbar mit der Definition eines Joins als Filter auf dem kartesischen Produkt zweier Tabellen. Variablen einer SQL-Anfrage werden an alle Tupel einer Tabelle gebunden und die Kombinationen aus Bindungen, die die Join-Bedingung erfüllen, bilden das Ergebnis des Join. Selbstverständlich steht es jeder Implementierung frei, das definierte Ergebnis auch auf andere, schnellere Weise zu berechnen.

Als Beispiel ermittelt die folgende Anfrage die Titel aller Filme, in denen Alfred Hitchcock Regie geführt hat:

```
SELECT ?x
WHERE  {
          'Alfred Hitchcock' 'fuehrt_regie_in' ?x
       }
```

*Anfrageauswertung*

Eine Auswertung dieser Anfrage auf dem RDF-Graphen in Abbildung 7.13 ergibt als Ergebnis die drei Filmtitel, da das (eine) Anfragetripel mit den drei Datentripeln matcht, in denen »Alfred Hitchcock« das Subjekt und »fuehrt_regie_in« das Prädikat ist.

Die folgende Anfrage berechnet dagegen alle Schauspieler, die sowohl in »Das Fenster zum Hof« als auch in «Über den Dächern von Nizza« mitgespielt haben (»Grace Kelly«):

```
SELECT ?x
WHERE  {
          ?x 'spielt_in' 'Über den Dächern von Nizza'
          ?x 'spielt_in' 'Das Fenster zum Hof'
       }
```

*Graphmuster*

Da Variablen unterschiedliche Tripel und damit unterschiedliche Kanten und Knoten im RDF-Graphen verbinden, nennt man die Menge von Anfragetripeln einer SparQL-Anfrage auch*Graphmuster*. Abbildung 7.14 zeigt das Graphmuster, das der eben genannten Anfrage entspricht. Das Ergebnis einer Anfrage sind demnach alle Vorkommen des Graphmusters in der RDF-Datenbasis.

**Abbildung 7.14**
SparQL-Graphmuster

Aufbauend auf diesem zentralen Mechanismus besitzt SparQL eine Reihe weiterer Elemente, wie man sie von anderen Anfragesprachen kennt:

*Weitere SparQL-Elemente*

- *Filter*, um nur solche Bindungen zurückzugeben, die bestimmte Bedingungen erfüllen.
- *Optionale Anfragetripel*, deren Variable nur dann gebunden werden, wenn die Datenbasis entsprechende Datentripel enthält. Existieren solche Tripel nicht, werden die Variablen

an *null* gebunden; das Anfragetripel gilt aber trotzdem als gematcht.

- Die Möglichkeit eines logischen *oder* durch die Verwendung von `UNION` von Anfragetripeln.
- Befehle, um die Ergebnisse zu sortieren, von Duplikaten zu bereinigen oder in Form von RDF-Tripeln statt einzelnen Werten zurückzugeben.

*Komplexe Beispielanfrage*

Beispielsweise berechnet die folgende Anfrage alle Filme, in denen »Grace Kelly« oder »Anthony Perkins« gespielt hat, und liefert von diesen nur solche, deren Titel das Teilwort »Hof« enthält:

```
SELECT ?x
WHERE  {
          {
            { 'Grace Kelly' 'spielt_in' ?x }
            UNION
            { 'Anthony Perkins' 'spielt_in' ?x }
          }
          FILTER( REGEX(?x, '.*Hof.*))
       }
```

*SparQL als Graphanfragesprache*

SparQL ist im Kern eine eher einfach gehaltene *Graphanfragesprache*. Sprachelemente, die die Berechnung von Pfaden verlangen (wie zum Beispiel der // Operator in XPath), wurden aufgrund der damit verbundenen erhöhten Komplexität in der Anfragebearbeitung nicht mit in die Sprache aufgenommen.

Für die Informationsintegration sind insbesondere *optionale Anfragetripel* wichtig, da dadurch der Umgang mit heterogenen Schemata erheblich erleichtert wird. Auch ist die Möglichkeit, mit einer `from`-Klausel verschiedene RDF-Datenbasen in einer Anfrage anzusprechen und zu integrieren, eine für Integrationsaufgaben wichtige Eigenschaft, die SparQL zu einer Multidatenbanksprache macht (siehe Abschnitt 5.4).

*Skalierbarkeit*

Andererseits ist SparQL eine noch sehr junge Sprache. Bisher existieren nur prototypische Implementationen mit *unzureichender Skalierbarkeit*. Wichtige Mechanismen, wie Sichten oder die Möglichkeit, Schemainformation in einer Anfrage explizit zu adressieren, sind nicht vorhanden. Ebenso sind noch keine Arbeiten zur Definition von SparQL-Korrespondenzen erschienen, mit denen man semantisch heterogene RDF-Datenbasen wechselseitig beschreiben könnte.

SparQL ist im Zusammenspiel mit dem graphbasierten Datenmodell von RDF sicherlich eine interessante Technologie, deren weitere Erforschung vielversprechend ist. Für den praktischen Einsatz spielt sie noch keine Rolle.

### 7.2.3 OWL – Ontology Web Language

*Ontologien im Semantic Web*

Wie wir im vorherigen Abschnitt gesehen haben, kann man mit RDFS das Vokabular für RDF-Datenbasen sowie deren Struktur festlegen. Dabei ist aber zu beachten, dass jedes RDFS zunächst nur lokal für eine RDF-Datenbasis gültig ist. Das Semantic Web zielt aber auf die *Interoperabilität einer Vielzahl von Webanwendungen*, die alle über eigene RDF-Datenbasen verfügen. Durch die Einführung von RDFS ist noch in keiner Weise sichergestellt, dass gleiche Begriffe in unterschiedlichen RDFS-Modellen auch gleiche Bedeutung haben. Ebenso ist nicht gesichert, dass beispielsweise alle Filmhändler im Web nun ihre Daten nach demselben RDFS-Modell strukturieren würden.

Zur Abhilfe dienen im Semantic Web Ontologien. Ganz im Sinne der in Abschnitt 7.1 aufgeführten Definition werden über Ontologien die Begriffe und Strukturen explizit spezifiziert, die von einer Gruppe von Anwendungen geteilt werden. Es existieren aber keine Mechanismen, um beispielsweise die Verwendung einer einmal abgesprochenen Ontologie auch zu erzwingen; sie bilden also nur lose Verabredungen.

*Ontology Web Language(s)*

Für die Definition von formalen Ontologien hat das W3C die *Wissensrepräsentationssprache OWL* definiert. OWL basiert auf klassischen Beschreibungslogiken, wie wir sie in Abschnitt 7.1.3 kennen gelernt haben. Basis ist die Sprache *SHIQ*, die einer Erweiterung von *ALC* um transitive und inverse Rollen, Subsumption auf Rollen und konzeptspezifische Kardinalitätsbeschränkungen von Rollen entspricht. Für eine genaue Darstellung der Ausdrucksmächtigkeit von OWL verweisen wir auf die in Abschnitt 7.3 angegebene Literatur.

Um mit dem Problem der hohen Komplexität oder sogar Unentscheidbarkeit ausdrucksstarker Beschreibungslogiken umzugehen, wurden *drei OWL-Stufen* definiert:

*OWL-Varianten*

- *OWL Full* ist die ausdrucksstärkste Variante. OWL Full verfügt über alle oben genannten Konstrukte. Des Weiteren können die Schlüsselwörter der Sprache selber neu definiert werden. Ressourcen können gleichzeitig Klassen und Rollen sein, und Klassen können Instanzen (nicht etwa nur Spezialisierungen) anderer Klassen sein. OWL Full ist unentscheidbar, da man Paradoxien der Art von Russells Antinomie formulieren kann[21].

- *OWL DL* ist eine Einschränkung von OWL Full, die zu einer entscheidbaren Sprache führt. In OWL DL ist es beispielsweise verboten, dass eine Ressource mehr als einem der grundlegenden OWL-Typen angehört. Eine Ressource kann damit nur noch entweder Klasse oder Instanz sein, wodurch eine Klasse nicht mehr Instanz einer anderen Klasse sein kann.
- *OWL Lite* schränkt die erlaubten Sprachelemente weiter ein, um effizientere Inferenzalgorithmen zu ermöglichen. So ist es nicht mehr erlaubt, Klassen als Komplemente anderer Klassen zu definieren oder zu postulieren, dass es zu zwei Klassen keine Ressource geben darf, die Instanz beider Klassen ist.

*Bruch der Schichtenarchitektur*

Der große Nachteil von OWL DL (und auch OWL Lite) ist, dass man zulässige RDF-Dokumente formulieren kann, die keine zulässigen OWL-DL- (bzw. OWL-Lite-)Dokumente mehr sind. OWL DL und OWL Lite sind damit nicht zu RDF abwärtskompatibel. Für alle OWL-Statements ist eine RDF-basierte Syntax definiert.

### 7.2.4 Informationsintegration im Semantic Web

Die vorherigen Abschnitte sollten verdeutlicht haben, dass aus einer technischen Perspektive das Semantic Web wenig Neues zur Lösung von Integrationsproblemen beiträgt. In erster Linie besteht das Semantic Web heute aus XML als einheitliches Austauschformat, RDF als ausdrucksstarkes Datenmodell und OWL als Sprache zur Modellierung von Standards für Anwendungen.

*OWL als Sprache globaler Ontologien*

OWL bietet, wie viele DL, einige Elemente, die zur Verknüpfung verschiedener Ontologien hilfreich sind. So können über das Schlüsselwort `equivalentClass` zwei Klassen, die unterschiedliche Namen haben (vielleicht weil sie in unterschiedlichen Ontologien definiert wurden), als semantisch äquivalent definiert und damit Synonymprobleme umschrieben werden (dies entspricht Axiomen der Art $\equiv$). Auch die Elemente `unionOf` (zur Definition von Klassen als Vereinigung anderer Klassen, $\sqcup$) oder `disjointWith` (zur Sicherstellung, dass zwei Klassen eine leere

[21] Das Paradoxon postuliert die Menge $M$ aller Mengen, die sich nicht selbst enthalten. Die Frage, ob $M$ sich selber enthält, ist dann unentscheidbar. Tatsächlich ist diese Paradoxie nicht in OWL Full ausdrückbar, aber vergleichbare Formeln. Ein Beispiel findet man in [127].

Instanzschnittmenge haben) sind zur Integration nützlich, aber erst in OWL DL enthalten. Die Möglichkeiten zur Überbrückung schematischer und struktureller Heterogenität sind dagegen nur schwach ausgeprägt.

*Popularität des Semantic Web*

Die große Stärke des Semantic Web liegt in seiner *wachsenden Popularität*. Sollten sich die Semantic-Web-Standards durchsetzen, so werden viele syntaktische Integrationsprobleme wesentlich vereinfacht. Alleine die Benutzung von XML erleichtert durch seine klare Struktur und das Markup mit (hoffentlich sprechender) Schemainformation das Parsen von Daten erheblich, wenn man sich als Vergleich undokumentierte Binärformate oder unzureichend und fehlerhaft strukturierte Dateien, wie man sie beispielsweise in den Naturwissenschaften sehr häufig antrifft, vorstellt. Semantische Probleme werden aber allein durch die Benutzung einer einheitlichen Sprache zur Definition von Modellen noch in keiner Weise gelöst. Daher sind im Semantic Web ebenfalls Abbildungstechniken (siehe Kapitel 5 und 6) oder die Festlegung auf Standards (siehe Abschnitt 7.1) notwendig.

Trotz wachsender Popularität gibt es zurzeit noch wenig ernsthafte Anwendungen, die auf Techniken wie RDF und OWL basieren. Auch ist noch unklar, ob die Flexibilität von RDF und Anfragesprachen wie SparQL nicht mit einem bei großen Datenmengen inakzeptablen Performanzverlust, verglichen zu etablierten Datenbanksystemen, bestraft wird. Noch sehr wenig Beachtung hat auch das Problem der Verteilung von RDF-Datenbanken im Web gefunden. Sollte die Vision des Semantic Web zunehmend Anhänger finden, so müssen künftige Systeme nicht mehr Dutzende von Datenbanken integrieren, sondern Tausende.

## 7.3 Weiterführende Literatur

### Ontologien allgemein

*Grundlagen*

Eine Übersicht über Grundlagen und Verwendung von Ontologien bietet das Buch von Fensel [86]. Verschiedene Bedeutungen dieses doch recht schillernden Begriffs werden von Guarino und Giaretta in [107] diskutiert. Eine genauere Analyse des zugrunde liegenden semantischen Dreiecks Konzept – Symbol – Ding kann man in [289] nachlesen.

*Ontologiemanagement*

Ontologien sind komplexe Gebilde, deren Erstellung, Verwaltung und Benutzung durch Werkzeuge unterstützt werden muss. [278] und [63] behandeln Methoden zur Verwaltung von großen Ontologien in relationalen Datenbanken. Das bekannteste Tool zur Erstellung von Ontologien ist vermutlich das an der Stanford Universität entwickelte Protégé[22]. Aktuelle Inferenzmaschinen sind zum Beispiel FACT [126] und RACER [109]. Vorgehensmodelle für die Erstellung von Ontologien in großen Projekten diskutiert zum Beispiel Uschold [286].

*Unterstützung bei der Ontologieerstellung*

Ein wichtiges weiteres Thema ist die automatische oder semiautomatische Erstellung von Ontologien. Ein Weg dazu ist die statistische Analyse von existierenden Dokumenten eines Anwendungsgebiets, wie zum Beispiel Handbücher, Dokumentationen oder Lehrbücher. Dadurch kann man die wichtigsten Begriffe und deren informelle Beziehungen identifizieren und schnell eine erste Version eines semantischen Netzes automatisch erstellen. Diese muss selbstverständlich noch durch Menschen verbessert und formalisiert werden.

### Beschreibungslogiken

*Grundlagen der DL*

Grundlagen von Wissensrepräsentationssprachen und semantischen Netzen werden in vielen Lehrbüchern zur künstlichen Intelligenz vermittelt [217]. Der historisch erste Vorschlag für eine Wissensrepräsentationssprache, von der sich in gewisser Weise alle heutigen DL ableiten, war das von Brachman und Schmolze entwickelte KL-ONE [33]. Bis heute werden Beschreibungslogiken deshalb manchmal noch als «KL-ONE-artige Sprachen« bezeichnet. Eine sehr gute Übersicht über die Entwicklung und den derzeitigen Stand der Forschung geben Baader und Koautoren in [11]. Einen weiter gefassten Blick auf Wissensrepräsentation kann man in [32] bekommen. Das Verhältnis von Beschreibungslogiken zur Prädikatenlogik erster Stufe diskutieren [31] und [42]. Die Verwendbarkeit solcher Logiken zur Datenmodellierung wird in [30] behandelt.

### Ontologiebasierte Integration

*Knowledge Sharing*

Eine Übersicht zum Thema »Ontologiebasierter Informationsaustausch«, speziell im Kontext des Semantic Web, bietet [274]. Dort findet man auch Hinweise auf weitere ontologiebasierte Integrationsansätze, wie Observer [200] oder CARNOT [266]. Diese Projekte verzichten zum Teil auf eine einheitliche globale Ontologie und benutzen stattdessen *Ontologiemappings*, also Korrespondenzen zwischen Konzepten und Rollen unterschiedlicher Ontologien. Die Anfragebearbeitung wird dadurch erheblich erschwert.

[22] Siehe `protege.stanford.edu`.

*Ontologien und strukturelle Heterogenität*

In unserer Darstellung haben wir uns ganz auf semantische Probleme konzentriert und die bei der Integration natürlich ebenfalls sehr wichtigen Probleme der strukturellen oder schematischen Heterogenität ignoriert. Ansätze, die die semantische Ausdrucksstärke der ontologiebasierten Informationsintegration mit Methoden zur Überbrückung struktureller Heterogenität verbinden, sind zum Beispiel »Information Manifold« [179] oder das in [44] beschriebene Framework.

#### Semantic Web

*Grundlagen*

Berners-Lee, Hendler und Lassila schrieben den grundlegenden Artikel zum Semantic Web [20]. Einen schnellen und sehr informell gehaltenen Überblick über die verschiedenen Techniken des Schichtenmodells bietet zum Beispiel [224]. Technisch fundierter ist die Darstellung in [274]. Eine Reihe von Arbeiten zur Anwendung von Semantic-Web-Techniken in Peer-to-Peer-Systemen wurde in [270] zusammengestellt. Die technischen Spezifikationen aller existierenden oder entstehenden Standards kann man am einfachsten auf der Webseite des W3C finden.

*Management von RDF-Daten*

Die am meisten benutzte Implementierung von RDF ist das Jena Framework [193][23]. Triplets können in Jena in einem RDBMS gespeichert und mit SparQL angefragt werden. Einen validierenden Parser für RDF bietet zum Beispiel die W3C-Webseite an. Bekannte Editoren für RDF-Dokumente sind RDFe oder IsaViz.

*Anfragesprachen für RDF*

Eine der ersten Anfragesprachen für RDF war RQL [140]. Die Möglichkeiten von RQL gehen über die von SparQL hinaus und beinhalten zum Beispiel Befehle zur Abfrage von Schemainformation oder erweiterte Fähigkeiten zur Konstruktion von strukturierten Ergebnissen. Ein weiterer Vorschlag, der als ein Vorläufer von SparQL gelten kann, war RDQL[24]. Eine ausführliche Übersicht über die verschiedenen Sprachen bietet [112]. Zu SparQL gibt es noch kaum Literatur; empfohlen werden kann das Tutorial unter `www.w3.org/2004/Talks/17Dec-sparql/`.

*OWL*

Zu OWL gibt es eine ganze Reihe von Arbeiten. Wir verweisen hier auf den Übersichtsartikel von Horrocks, Patel-Schneider und van Harmelen [127], der insbesondere die Entstehungsgeschichte von OWL aus seinen Vorläufern sehr anschaulich beschreibt, und das sehr gute Tutorial von Bechhofer, Horrocks und Patel-Schneider unter `www.cs.man.ac.uk/~horrocks/ISWC2003/Tutorial`.

[23] Siehe auch `jena.sourceforge.net`.

[24] Siehe `www.w3.org/Submission/RDQL/`.

# 8 Datenintegration

Nachdem in den vorigen Kapiteln das Hauptaugenmerk auf der Überwindung von Heterogenität zwischen Schemata lag, wenden wir uns in diesem Kapitel den eigentlichen Daten zu. Diese Reihenfolge entspricht auch dem Vorgehen bei der Realisierung eines integrierten Informationssystems: Zunächst überwindet man die technische Heterogenität, um überhaupt Zugang zu den gewünschten Datenquellen zu erlangen. Im zweiten Schritt betrachtet man typischerweise vorhandene strukturelle und semantische Heterogenität. Hier kommen Techniken wie Schema Mapping und Matching, Multidatenbanksprachen oder Schemaintegration zum Einsatz. Im Ergebnis erlangt man Zugriff auf die Daten der Quellen über ein gemeinsames Schema oder eine gemeinsame Sprache. Erst jetzt kann man die Daten im globalen Zusammenhang betrachten und stellt häufig fest, dass dort weitere Probleme vorhanden sind:

*Vorgehen in Projekten*

*Probleme mit Daten*

- **Datenfehler:** Die Daten können fehler- und konfliktbehaftet sein. Dieser Umstand kann an Formatunterschieden liegen (`TT/MM/YYYY` vs. `MM/TT/YYYY`), die Daten können aber auch konkrete Fehler enthalten (falsche Schreibweise) oder zueinander inkonsistent sein (`PLZ` und `Ortsname` stimmen nicht überein). Fehler und Inkonsistenzen sollten bei der Integration behoben werden.
- **Duplikate:** Man findet mehrere Repräsentationen des gleichen Realweltobjekts (gleiche Produkte/Kunden sind in mehreren Quellen vorhanden). Duplikate sollten im Sinne einer homogenen Repräsentation der integrierten Daten erkannt und beseitigt werden.
- **Qualität:** Die Daten können sich in weiteren Dimensionen, wie Glaubwürdigkeit oder Relevanz, unterscheiden. Auch solche »weiche« Kriterien müssen bei der Integration berücksichtigt werden.
- **Vollständigkeit:** Ein besonders wichtiges Kriterium ist die Frage nach der Vollständigkeit der Datenquellen und des in-

tegrierten Ergebnisses. Sind alle relevanten Realweltobjekte repräsentiert? Sind für alle Attribute konkrete Werte vorhanden?

In diesem Kapitel beschreiben wir Techniken, diese und weitere Probleme zu erkennen, zu quantifizieren und zu beheben. Zunächst klassifizieren wir *mögliche Datenfehler* und betrachten gesondert die effiziente Erkennung von Duplikaten. Werden Duplikate festgestellt, sollten diese zu einem einzigen Datensatz fusioniert werden. In den Abschnitten 8.2 und 8.3 stellen wir Techniken vor, die eben dies leisten. In Abschnitt 8.4 nehmen wir eine abstraktere Sichtweise auf das Problem fehlerhafter Daten ein und definieren Informationsqualität als eine Menge von Qualitätskriterien und zeigen, wie man dies bei der virtuellen Integration zur Anfrageplanung nutzen kann. Besondere Beachtung widmen wir dabei dem Kriterium Vollständigkeit.

## 8.1 Datenreinigung

Fehler in Daten sind omnipräsent. In diesem Abschnitt benennen wir verschiedene *Arten von Datenfehlern*, besprechen ihre Ursachen und lernen verschiedene Methoden kennen, einfache Datenfehler zu erkennen, zu beseitigen oder zu vermeiden. Wir bezeichnen einen Datenfehler als »einfach«, wenn er durch Betrachtung eines einzelnen Tupels erkannt und behoben werden kann. Schwierige Fehler sind dagegen solche, die erst durch Analyse *mehrerer Tupel* erkennbar sind. Insbesondere sind dies Duplikate mit inkonsistenten Werten, deren Entdeckung wir in Abschnitt 8.2 besprechen.

*Einfache und schwierige Fehler*

### 8.1.1 Klassifikation von Datenfehlern

In [235] klassifizieren Rahm und Do mögliche Datenfehler danach, in welcher Situation sie entstehen können (siehe Abbildung 8.1). Eine große Menge an Datenfehlern kann bereits in *einzelnen Datenquellen* bestehen. Ihre Untersuchung lohnt sich auch bei der Informationsintegration, da sie oftmals erst im größeren Kontext integrierter Daten erkannt werden können und behoben werden müssen. Die zweite Klasse von Fehlern offenbart sich erst bei der *Integration mehrerer Datenbestände*. Beide Klassen lassen sich jeweils weiter unterteilen: Daten können entweder in Bezug auf das Schema, unter dem sie gespeichert sind, oder »in sich« fehlerhaft sein.

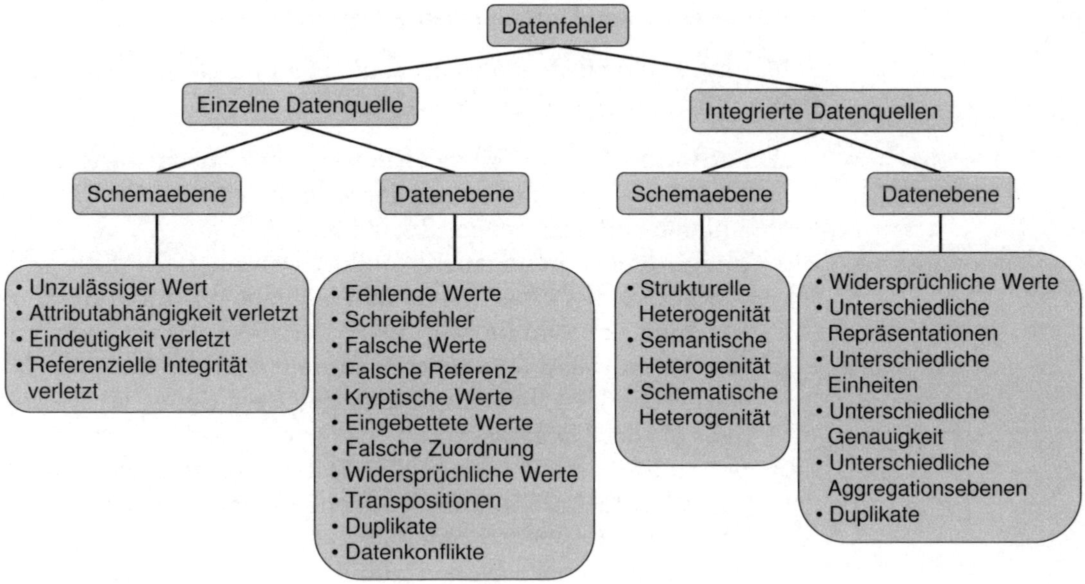


***Abbildung 8.1*** *Klassifikation von Datenfehlern (adaptiert von [235])*

#### Fehler in einzelnen Datenquellen – Schemaebene

Schemata mit Integritätsbedingungen sind ein wichtiges Mittel, um Datenfehler zu vermeiden, da ein DBMS nur Datenwerte zulässt, die den Integritätsbedingungen entsprechen.

*Verletzung von Integritätsbedingungen*

- **Unzulässiger Wert:** Ein unzulässiger Datenwert liegt außerhalb der für das Attribut angegebenen Domäne (`Geburtstag = 32.1.1997`).
- **Attributabhängigkeit verletzt:** Eine vorgegebene Abhängigkeit zwischen Attributwerten (`Alter = heute - Geburtstag`) wird nicht eingehalten (`Alter = 17` und `Geburtstag = 2.1.1970`).
- **Eindeutigkeit verletzt:** In einem als eindeutig (`unique`) gekennzeichneten Attribut kommen Werte mehr als einmal vor.
- **Referenzielle Integrität verletzt:** Ein Datenwert in einem als Fremdschlüssel gekennzeichneten Attribut ist im referenzierten Attribut nicht vorhanden.

#### Fehler in einzelnen Datenquellen – Datenebene

Fehler auf Datenebene sind solche, die nicht durch eine Spezifikation auf Schemaebene verhindert werden.

*Fehler auf Datenebene*

- **Fehlende Werte:** Werte fehlen, wenn Attributwerte `null` sind. Ein typischer Grund sind zum Zeitpunkt der Eingabe fehlende Informationen. Zwar kann dies durch `not null`-Integritätsbedingungen verhindert werden, doch diese werden gerade bei einer manuellen Eingabe oft durch die Verwendung von Dummywerten (`Vorname = 'AAA'`) umgangen. Da die dabei verwendeten Dummywerte meist nicht einheitlich sind, ist ihre Auffindung und Beseitigung oft schwieriger als der Umgang mit `null`-Werten.
- **Schreibfehler:** Bei manueller Dateneingabe oder automatischer Schrifterkennung entstehen Schreibfehler (`Ort = 'Babbelsberg'`). Schreibfehler können in der Regel durch einen Domänenexperten erkannt und behoben werden.
- **Falsche Werte:** Ein Wert entspricht nicht den tatsächlichen Gegebenheiten der realen Welt (`Titel = 'Ben Hur', Produktionsjahr = 1931`). Falsche Werte können in der Regel nicht erkannt und behoben werden, ohne den Wert durch Beobachtung der realen Welt zu überprüfen (Ben Hur wurde 1959 produziert). Falsche Werte können auch veraltete Werte sein.
- **Falsche Referenz:** Der Wert eines Fremdschlüsselattributs verweist auf einen vorhandenen, aber falschen Schlüssel.
- **Kryptische Werte:** Attributwerte können bei der Dateneingabe abgekürzt oder kodiert werden. Der wahre Wert ist nicht mehr nachvollziehbar (`Studio = 'WB3'`).
- **Eingebettete Werte:** Fehlen Attribute in einem Schema, so kann man sich durch Eingabe der Werte in ein anderes Feld behelfen (`Titel = 'Ben Hur 1959 MGM'`). Dies nennt man auch Microsyntax.
- **Falsche Zuordnung:** Ein in sich korrekter Datenwert wird in einem falschen Feld eingetragen (`Titel = 'Meryl Streep'`).
- **Widersprüchliche Werte:** Ähnlich wie im Falle der verletzten Attributabhängigkeit widersprechen sich zwei Werte in einem Tupel (`PLZ = 12345, Ort = 'Babelsberg'`). Die Abhängigkeit lässt sich jedoch nicht direkt im Schema spezifizieren.

- **Transpositionen:** Innerhalb eines Attributs werden verschiedene Reihenfolgen der Angaben gewählt (`Schauspieler = 'Meryl Streep'` und `Schauspieler = 'Redford, Robert'`).
- **Duplikate:** Zwei Datensätze repräsentieren das gleiche Objekt der realen Welt. Die Entstehung und das Auffinden von Duplikaten werden gesondert in Abschnitt 8.2 betrachtet.
- **Datenkonflikte:** Zwischen Duplikaten herrschen widersprüchliche Angaben (`Titel = 'Ben Hur', Produktionsjahr = 1931` und `Titel = 'Ben Hur', Produktionsjahr = 1959`). Die Auflösung solcher Konflikte, die erst nach der Duplikaterkennung sichtbar sind, betrachten wir in Abschnitt 8.3.

### Fehler in integrierten Datenquellen – Schemaebene

Diese Fehlerart wurde bereits in den Abschnitten 3.3.4 – 3.3.6 (Seite 66 ff.) detailliert dargestellt.

### Fehler in integrierten Datenquellen – Datenebene

Prinzipiell treten bei integrierten Datenquellen die gleichen Datenfehler auf wie bei einzelnen Datenquellen. Manche Fehlerarten tauchen erst bei der Integration auf:

*Fehler treten erst bei Integration auf*

- **Widersprüchliche Werte:** Wenn Daten zum gleichen Realweltobjekt aus mehreren Datenquellen zusammengetragen werden, können Widersprüche entstehen (Quelle 1: `Alter = 17` und Quelle 2: `Geburtstag = 2.1.1970`).
- **Unterschiedliche Repräsentationen:** Gleiche Sachverhalte werden in unterschiedlichen Quellen unterschiedlich dargestellt (Quelle 1: `Genre = 'Horror'` und Quelle 2: `Genre = 17`).
- **Unterschiedliche Einheiten:** Unterschiedliche Quellen können unterschiedliche Einheiten verwenden (Quelle 1: `Länge = 2h15min` und Quelle 2: `Länge = 135min`). Ein prominentes Beispiel für die möglichen Konsequenzen eines solchen Fehlers ist der Verlust des Mars Climate Orbiter beim Eintritt in die Marsumlaufbahn aufgrund der Verwendung unterschiedlicher Einheiten (*pound force* vs. *Newton*) für das gleiche Datenfeld.

- **Unterschiedliche Genauigkeit:** Unterschiedliche Quellen können gleiche Sachverhalte mit unterschiedlicher Präzision ausdrücken (Quelle 1: `Länge = 2h15min` und Quelle 2: `Länge = 2h15min13sec`).
- **Unterschiedliche Aggregationsebenen:** Datenquellen können unterschiedliche Aggregationsebenen für die Repräsentation von Objekten wählen (Quelle 1: »Darsteller umfassen nur Hauptdarsteller« und Quelle 2: »Darsteller umfassen Haupt- und Nebendarsteller«).

## 8.1.2 Entstehung von Datenfehlern

Datenfehler haben vornehmlich eine von vier Ursachen: Fehlerhafte Dateneingabe oder Erfassung, Veralterung, fehlerhafte Transformation oder Aggregation und Integration.

### Dateneingabe und Erfassung

*Dummywerte zur Umgehung von* `not null`*-Integritätsbedingungen*

Bei der manuellen Dateneingabe geschehen Tippfehler. Es werden Wörter nicht richtig gelesen oder verstanden und somit falsch eingegeben. Um Restriktionen des Dateneingabeformulars zu umgehen, werden *Dummywerte* eingesetzt. Ein oft angeführtes Beispiel ist die manuelle Eingabe von Kundendaten, die per Telefon vom Kunden diktiert werden. Ein Tippfehler oder ein falsch geschriebener Name kann leicht zu einem Duplikat führen, da das System nicht erkennt, dass derselbe Kunde bereits im Datenbestand geführt wird. Dies geschieht besonders häufig, wenn auf verschiedene Wege mit dem Kunden kommuniziert wird (»multimodal«), etwa per Webschnittstelle, E-Mail, Telefon und Post. Es ist auch nicht ungewöhnlich, dass ein Kunde bewusst Falschangaben macht, um genau dieses Wiedererkennen zu verhindern.

*Messfehler*

Auch bei der automatischen Erfassung von Daten etwa durch Barcodescanner, Messinstrumente, Schrifterkennungsalgorithmen etc. können Fehler entstehen. Bei vielen Messungen werden Datenfehler zur Kostenersparnis bewusst in Kauf genommen bzw. können aufgrund *technischer Grenzen* nicht verhindert werden. In solchen Fällen ist zumindest die Fehlerrate bekannt und kann bei der Auswertung und Verarbeitung der Daten berücksichtigt werden.

### Alterung

Auch Daten, die bei der Eingabe korrekt waren, können im Laufe der Zeit *veralten und inkorrekt werden*. Beim Umzug einer Person sind deren Adressdaten veraltet. Aktienkurse sind ein Beispiel für Daten, die besonders schnell veralten.

*Daten sind inhärent zeitbehaftet*

### Transformation

Zur Auswertung werden Daten oft transformiert. Transformationen geschehen auf Schemaebene (wie in Kapitel 5 beschrieben) und auf Datenebene, um Fehler wie verschiedene Einheiten oder Transpositionen zu beheben. Bei der Spezifikation und bei der Durchführung der Transformationen können natürlich auch Fehler entstehen. Ein Beispiel ist die Verwendung eines falschen Wechselkurses bei der Umrechnung zwischen verschiedenen Währungen. Auf Schemaebene kann beispielsweise eine Wertkorrespondenz falsch angelegt sein oder ein Schema Mapping nicht im Sinne der Anwendung interpretiert werden.

### Integration

Bei der Integration entstehen oftmals neue Datenfehler, insbesondere *Duplikate* und *Konflikte in den Duplikaten*. Während in einzelnen Datenbeständen die Entstehung von Duplikaten schon bei der Dateneingabe vermieden werden sollte, ist dies bei der Integration aufgrund der Autonomie der Quellen nicht möglich. Haben die integrierenden Datenbestände eine ähnliche Semantik, d.h., repräsentieren sie also gleiche Objekte der realen Welt, so sind Duplikate sehr wahrscheinlich.

*Inkonsistente Duplikate*

## 8.1.3 Auswirkungen von Datenfehlern

Fehler in Datenbeständen haben oft negative Auswirkungen auf Anwendungen und Unternehmen. Diese Auswirkungen müssen nicht unmittelbar wirtschaftlicher Natur sein, sondern können auch die *Wahrnehmung einer Organisation* durch Kunden und die Öffentlichkeit schädigen, wie die folgenden Anekdoten zeigen:

- Falsche Preisangaben in Warenwirtschaftssystemen des Einzelhandels kosten Konsumenten in den USA jährlich 2,5 Milliarden Dollar. Dabei sind 80% der Barcode-Scan-Fehler zulasten der Konsumenten.

*Folgen von Datenfehlern*

- Das Finanzamt der USA konnte 1992 100.000 Barschecks mit Steuerrückerstattungen aufgrund fehlerhafter Adressangaben nicht zustellen.
- Zwischen 50% und 80% aller digitalen Vorstrafenregister der USA sind fehlerhaft, unvollständig oder mehrdeutig.
- In 2004 wurde ermittelt, dass in den USA von 100.000 Massensendungen durchschnittlich 7.000 aufgrund von Fehlern in den Adressen unzustellbar sind.
- In 2003 entdeckte der Reifenhersteller Goodyear einen Fehler im Abrechnungssystem, durch den fehlerhafte Rechnungen erstellt wurden. Das Unternehmen musste daraufhin die ausgewiesenen Betriebsergebnisse der vergangenen fünf Jahre um 100 Millionen Dollar senken. Nach der Ankündigung sank der Aktienkurs um über 25%.

*Garbage-in-garbage-out*

Untersuchungen ergeben regelmäßig, dass die Häufigkeit von Datenfehlern bzw. allgemein die *Qualität der Daten* eines Unternehmens einer der wichtigsten wirtschaftlichen Erfolgsfaktoren ist. Informationsqualität[1] ist entscheidend für den Erfolg bei der Einführung eines Data Warehouse oder eines Kundenmanagementsystems. Zugleich geben Unternehmen mehr für die Behebung von Datenfehlern aus als für die Wartung der Systeme selbst. Nur qualitativ hochwertige, korrekte Daten sind eine solide Basis für *strategische Entscheidungen*. Man spricht auch vom *garbage-in-garbage-out*-Prinzip (Abfall-rein-Abfall-raus).

*Fehler in Kundendaten*

Ein Anwendungsbereich verdient besondere Aufmerksamkeit bei der Datenbereinigung: das Kundenmanagement (engl. *customer relationship management*, *CRM*). Dieser Bereich ist besonders fehleranfällig, da Kundendaten in der Regel manuell eingegeben werden. Zugleich ist er besonders fehlersensitiv, da sich Fehler direkt auf den Umgang mit Kunden auswirken. Ein Unternehmen, das einem Kunden aufgrund unerkannter Dubletten in seiner Kundenliste dreimal zeitgleich den gleichen Brief mit einem Angebot schickt, gibt zum einen unnötig Geld aus und muss sich zum anderen Zweifel an der Qualität des Angebots gefallen lassen. Entsprechend haben sich diverse Anbieter wie Fuzzy, Trillium, FirstLogic oder ETI auf die Datenreinigung von Kundendaten spezialisiert [15].

*Fehler beim Data Mining*

Ein weiterer Bereich, der besonders unter Datenfehlern leidet, ist das *Data Mining* [64, 230]. Auch hier gilt das *garbage-in-garbage-out*-Prinzip. Aus fehlerbehafteten Daten werden feh-

[1]Wir sehen die Begriffe Datenqualität und Informationsqualität als synonym an und verwenden nur den letzteren.

lerhafte Regeln und Muster abgeleitet. Dasu und Johnson berichten in [64] beispielsweise, dass Datenfehler oft als »interessante Muster« entdeckt werden, sich jedoch bei genauerer Betrachtung als Artefakte herausstellen.

*Datenfehler sind unvermeidlich*

Datenfehler sind praktisch unvermeidlich. Die Menge an Fehlern korreliert mit dem Aufwand, der zu ihrer Vermeidung oder Behebung betrieben wird. Dieser wiederum muss sich am *Wert der Daten* bzw. den *Folgekosten von Fehlern* orientieren. Wichtig ist vor allem zu erkennen, dass Datenfehler ein reales Problem vieler Anwendungen sind.

### 8.1.4 Umgang mit Fehlern

*Drei Aufgaben*

Das Erkennen und Managen von Fehlern wird in drei Teilprozesse unterteilt: Profiling, Assessment und Monitoring. Alle drei Aufgaben verlangen detailliertes Anwendungs- bzw. Domänenwissen.

*Profiling*

Beim *Profiling* versucht ein Domänenexperte, in der Regel unterstützt durch Werkzeuge, den zu untersuchenden Datenbestand zu erkunden. Wichtige Hilfsmittel sind, neben der direkten Anzeige der Daten, Statistiken wie zum Beispiel die Minima und Maxima von numerischen Attributen und Datumsangaben, Häufigkeitsverteilungen von Attribut- und Nullwerten und die Anzahl unterschiedlicher Werte (*unique values*). Darüber hinaus gehört zum Profiling die *Musteranalyse*, also das automatische Erkennen typischer Muster und ihrer Häufigkeit. Diese Muster sind insbesondere hilfreich für das folgende Assessment.

Für Telefonnummern ergeben sich beispielsweise typische syntaktische Muster wie (`+ZZ/ZZZ/ZZZZZZZ`, `+ZZZ-ZZZZZZZ` usw.). Kodiert man diese Muster in eine Regelmenge, lassen sich Fehler, also Telefonnummern, die keinem der Muster entsprechen, leicht erkennen.

*Assessment*

Zum *Assessment* von Datenfehlern wird zunächst eine Menge von Bedingungen vorgegeben, die die Daten erfüllen sollen. Im zweiten Schritt wird gemessen, ob und wie gut diese Bedingungen erfüllt sind. Die Bedingungen können direkt von Experten vorgegeben sein (`Alter < 150`) oder sie können aus dem Profiling abgeleitet werden. Das Ergebnis des Assessments ist ein Bericht über die Anzahl und Verteilung von Fehlern im Datenbestand.

*Monitoring*

Aufgrund der Ergebnisse des Assessments können Maßnahmen eingeleitet werden, um gezielt Probleme in den Daten zu behandeln. Dies kann in Form von Fehlerbehebung oder durch Beseitigung von Fehlerquellen erfolgen. Der Erfolg solcher Maßnahmen wird durch das *Monitoring* erfasst und kontrolliert. In regelmäßigen Abständen oder gezielt nach Verbesserungsmaßnahmen wird ein Assessment der Datenfehler durchgeführt und mit den vorigen Fehlerquoten verglichen.

### 8.1.5 Data Scrubbing

*Data cleansing, data cleaning, data scrubbing*

Die Reinigung von fehlerbehafteten, »verschmutzten« Daten (engl. *data cleansing* oder *data cleaning*) kann man in zwei Phasen fassen. In der ersten Phase werden einfache Fehler beseitigt, also Fehler, die nur einzelne Datensätzen betreffen. Diesen Vorgang nennt man auch *data scrubbing*. In der zweiten Phase, der wir uns in Abschnitt 8.2 widmen, werden tupelübergreifende Fehler behandelt.

Aufgrund der starken Anwendungsabhängigkeit gibt es keine allgemein gültige Vorgehensweise beim data scrubbing. Wir beschreiben im Folgenden einige typische Techniken, die auch in kommerziellen Werkzeugen zur Datenreinigung angewandt werden.

#### Normalisierung

*Überführung in Standardformate*

Die Normalisierung überführt Datenwerte in ein standardisiertes Format. Das Format kann sich durchaus über mehrere Attribute erstrecken. Für jedes Attribut wird ein solches Format festgelegt. Hinzu kommen Regeln, die Datenwerte automatisch in das betreffende Format transformieren. Die folgenden Beispiele können kombiniert auf Datenwerte angewandt werden. Viele der *Normalisierungsregeln* korrigieren zwar keine Fehler, vereinfachen aber die weitere Bearbeitung der Daten und erleichtern die Duplikaterkennung.

*Normalisierungsregeln*

- **Groß-/Kleinschreibung:** Zur besseren Vergleichbarkeit werden oft sämtliche Buchstaben zu Großbuchstaben umgewandelt.
- **Schreibweise:** Durch automatische Rechtschreibprüfungen können Datenfehler behoben werden. Darüber hinaus können für textuelle Daten so genannte Stopp-Wörter entfernt (`'der'`, `'es'`, `'und'` usw.) und Wörter durch *stemming* auf ihre Grundform reduziert werden (`'Filiale'` und `'Filialen'` werden beide zu `'Filial'`).
- **Abkürzungen:** Gängige Abkürzungen können durch ihre volle Schreibweise ersetzt werden (`'MGM'` wird zu `'Metro-Goldwyn-Mayer'`).

- **Namen:** Personennamen bestehen aus mehreren Bestandteilen. Spezielle Regeln zerlegen Namen in die Bestandteile `Anrede`, `Titel`, `Vorname(n)`, `Nachname`. Diese Regeln sind domänen- und sprachspezifisch und können auch mit verschiedenen Reihenfolgen der Bestandteile umgehen.
- **Adressen:** Ebenso wie Namen bestehen Adressen aus mehreren Bestandteilen (`Strasse`, `Hausnummer`, `Postfach`, `Ort`, `PLZ`, `Land`), in die sie bei der Normalisierung zerlegt werden sollten. Die einzelnen Bestandteile müssen auch selbst normalisiert werden, indem beispielsweise `'Straße'` immer mir `'STR.'` abgekürzt wird.
- **Formate:** Für Telefonnummern, Datumsangaben, Geldbeträge oder Ähnliches können Standardformate, -einheiten, -währungen etc. angegeben werden. Spezielle Regeln wandeln alle vorkommenden Formate in dieses Standardformat um. So wird z.B. aus der Telefonnummer `'030/2093-3905'` der Eintrag `'+493020933905'`, aus dem Datum `'7/21/05'` wird `'21.07.2005'`, usw.

Kommerzielle Produkte verfügen oft über Tausende solcher Regeln. Durch Transformationen können aber auch neue Fehler in den Datenbestand eingebracht werden: Sogar wenn ein menschlicher Betrachter die Bedeutung des alten Wertes noch erkennt, kann dieser durch eine Regel falsch interpretiert und so normalisiert werden, dass der ursprüngliche Wert nicht mehr rekonstruierbar ist.

#### Konvertierung

Mittels vorgegebener Konvertierungsfunktionen können numerische Datenwerte von einer Einheit in eine andere umgerechnet werden. Bei standardisierten Einheiten wie z.B. Längenangaben oder Temperaturen eignen sich feste Funktionen, während für finanzielle Daten der jeweils aktuelle Wechselkurs zugrunde gelegt werden sollte. Darüber hinaus ist es in solchen Fällen oft nötig, den ursprünglichen Wert mit seiner Währung zu erhalten.

#### Fehlende Werte und Ausreißer

Daten können auf mehreren Ebenen fehlen. Es können einzelne Werte eines Tupels fehlen (Nullwerte), es können ganze Tupel in der Relation fehlen, oder es können Teilrelationen fehlen. Fehlende Werte sind zum einen schädlich, wenn diese speziellen Informationen benötigt werden, etwa wenn bei der Versendung von Katalogen der Straßenname fehlt. Zum anderen verfälschen sie Aggregationsanfragen, etwa wenn für einige Produkte die Preisangabe fehlt und der durchschnittliche Preis aller Produkte berechnet werden soll. Fehlende Daten erkennt man durch die manuelle oder automatische Analyse der Datenmenge. Zum Beispiel können Nullwerte gesucht werden, oder aber ein Profiling-Werkzeug erkennt lückenhafte Datenwertverteilungen (keine Kunden in Köln, kein Verkauf im Dezember, nur Preise unter 100 Euro, ...), die auf fehlende Teilrelationen schließen lassen. Auch Erfahrungswerte bezüglich der Datenmenge sind eine wertvolle Hilfe: Sinkt die Anzahl der Neukunden eines Monats stark, könnte dies auf eine fehlerhafte Datenerfassung und somit auf fehlende Daten hinweisen.

Eine gängige Technik zur Behebung von fehlenden numerischen Werten ist die Imputation solcher Werte. Mittels der Imputation können zwar keine tatsächlich gültigen Werte erzeugt werden, jedoch erlauben sie es, statistische Analysen über alle Datensätze zu berechnen. Ein einfaches Beispiel ist die Ersetzung von fehlenden numerischen Werten mit dem Durchschnittswert aller vorhandenen Werte. Komplexere Techniken, die z.B. Beziehungen zwischen den Attributen ausnutzen, werden z.B. in [64] beschrieben.

*Ausreißer* sind (meist numerische) Datenwerte, die verdächtig sind und nicht der Erwartung entsprechen. Die »Erwartung« kann auf vielfältige Weise ausgedrückt werden. Ein Beispiel sind Regelkarten (engl. *control charts*), die grafisch den Erwartungswert und die Fehlertoleranz einer Messgröße darstellen. Eine andere Möglichkeit ist die modellbasierte Ausreißererkennung. Aus den vorhandenen Daten werden z.B. mittels linearer Regression Beziehungen zwischen Attributen ermittelt (`Alter` $< 16 \Rightarrow$ `Führerschein` $= 0$). Werte, die diesen Regeln nicht entsprechen, gelten als Ausreißer. Auch hier bietet [64] eine gute Einführung.

### Referenztabellen

Die Verwendung von Referenztabellen dient der einheitlichen Schreibweise von Datenwerten und der *Prüfung auf Konsistenz* mehrerer Werte eines Datensatzes. Referenztabellen werden von Dienstleistern wie der Post, der Bundesbank oder Telekommunikationsunternehmen (meist kostenpflichtig) zur Verfügung gestellt.

*Überprüfung anhand von Referenzwerten*

Referenzdaten für Adressdaten enthalten z.B. Listen aller Ortsnamen. Ist eine Ortsangabe nicht in der Referenztabelle vorhanden, ist dies ein Datenfehler. Der Ortsname könnte durch einen Tippfehler verfälscht worden sein und deshalb durch den syntaktisch ähnlichsten Ortsnamen ersetzt werden. Mit Hilfe von Postleitzahlentabellen kann die Konsistenz zwischen Ortsname, Straße und Hausnummer mit der angegebenen Postleitzahl geprüft werden. Auch hier kann die Referenztabelle geeignete Ersatzwerte anbieten. Um veraltete Adressdaten zu aktualisieren, kann in der Referenz der Nachsendeanträge nachgeschlagen werden.

Angaben über Bankverbindungen können mittels Referenzen der Bundesbank standardisiert und korrigiert werden. So wird auch die Konsistenz zwischen Kontoinhaber und Konto und zwischen Bankleitzahl und Bankname geprüft.

Das Handelsregister dient als Referenz für Unternehmensnamen. Unterschiedliche Schreibweisen eines Unternehmens (`BMW`, `BaMoWe`, `Bayerische Motorenwerke`) können so vereinheitlicht werden, was nicht zuletzt für die Duplikaterkennung wichtig ist.

## 8.2 Duplikaterkennung

*Duplikate: Ein Objekt, verschiedene Tupel*

Als Duplikate bezeichnen wir verschiedene Tupel in einer Relation, die *dasselbe Realweltobjekt* repräsentieren. Typische Beispiele sind mehrfach geführte Kunden in einem Kundenmanagementsystem, verschiedene Repräsentationen eines Produkts oder doppelt gebuchte Bestellungen. Duplikate treten in der Informationsintegration häufig auf, da Objekte oftmals in unterschiedlichen Systemen mehrfach geführt werden, die erst bei der Integration plötzlich zusammenkommen. So ist ein Produkt in der Software der Produktionsplanung, der Lagerhaltung, dem Verkauf, im Marketing etc. vertreten. Werden diese Systeme, zum Beispiel im Rahmen eines Data-Warehouse-Projekts, zusammengeführt, müssen die verschiedenen Repräsentationen erkannt und zu einer homogenen Darstellung vereinigt werden.

Neben dem vergleichsweise geringen Mehraufwand zur Speicherung der Duplikate sind die wirtschaftlichen Schäden durch das Nichterkennen der Duplikate groß:

*Folgen von Duplikaten*

- Kunden werden bei Marketingaktionen mehrfach angeschrieben. Neben dem Mehraufwand an Porto und Material entsteht ein Imageschaden.
- Duplikate verfälschen Statistiken über Kundenzahlen, Lagerbestände etc.

- Der Gesamtumsatz eines Kunden wird nicht erkannt. Hat ein Zulieferer Umsätze mit den Unternehmen `Daimler`, `Daimler-Chrysler`, `Mercedes` und `Merzedes`, wird nicht erkannt, dass dies ein besonders wichtiger Kunde ist.
- Umgekehrt wird eine potenziell starke Verhandlungsposition nicht erkannt, wenn ein Unternehmen aufgrund doppelter Aufführung im Lagersystem bei einem Zulieferer mehrfach Produkte bestellt, ohne dies zu bemerken.

*Synonyme für Duplikaterkennung Dublettenerkennung*

Ironischerweise ist die Duplikaterkennung selbst unter einer Vielzahl von Namen bekannt. Im Deutschen spricht man auch von Dublettenerkennung, im Englischen auch von *record linkage*, *object identification*, *entity resolution*, *reference reconciliation*, *householding* für den Spezialfall der Kundendatenbanken oder auch *merge / purge* in Referenz zu einem der wichtigsten Methoden des Gebietes [122].

*Erkennen und Beheben*

Bei der Duplikaterkennung müssen zwei Aufgaben gelöst werden. Zunächst gilt es, Duplikate als solche zu erkennen. Für die Präsentation müssen in einem zweiten Schritt *Inkonsistenzen in den Duplikaten* erkannt und behoben werden (»Fusion«). Wir konzentrieren uns im folgenden Abschnitt ganz auf das Problem der Erkennung von Duplikaten. Der Datenfusion widmen wir uns dann in Abschnitt 8.3.

### 8.2.1 Ziele der Duplikaterkennung

*Paarweise vergleichen und bewerten*

Das Grundprinzip der Duplikaterkennung ist der *paarweise Vergleich* aller Tupel. Aus dem Vergleich wird eine Maßzahl für die *Ähnlichkeit* der Tupel abgeleitet. Ist diese Zahl größer als ein *Schwellwert*, so gelten die beiden Tupel als Duplikate. Man kann diese Aufgabe für eine Relation $R$ anschaulich als SQL-Anfrage darstellen:

```
SELECT C1.* ,C2.*
FROM   R AS C1, R AS C2
WHERE  sim(C1,C2)=> θ
```

Mit der `FROM`-Klausel werden alle Paare an Tupeln der Relation gebildet. Die `WHERE`-Klausel berechnet die Ähnlichkeit des Paares mittels einer Ähnlichkeitsfunktion $sim$. Falls die Ähnlichkeit größer als der Schwellwert $\theta$ ist, werden beide Tupel als Duplikat ausgegeben. An dieser Stelle muss später die Datenfusion ansetzen.

Das einfachste Ähnlichkeitsmaß für zwei Tupel ist deren *Identität*. Dazu vergleicht die Funktion *sim* alle Attributwerte der beiden Tupel und gibt 1 zurück, wenn alle Werte übereinstimmen, und 0 sonst. Setzt man $\theta = 1$, so werden damit alle Tupel als Duplikate erkannt, die vollkommen identisch sind. Diese Definition ist in der Datenbankforschung wichtig, da Relationen dort in der Regel als *Mengen* (und nicht als Multimengen) betrachtet werden, also als in diesem Sinne duplikatfreie Relationen. Für die meisten Anwendungen ist Identität aber kein geeignetes Maß, da zu viele Duplikate übersehen werden. Stattdessen verwendet man *anwendungsabhängige Ähnlichkeitsmaße*.

*Set-Semantik von Relationen*

Methoden zur Duplikaterkennung müssen zwei Ziele in Einklang bringen:

- Die Methode soll *effektiv* sein, d.h., dass das Ergebnis, also die Menge der erkannten Duplikate, von hoher Qualität sein soll. Die Effektivität hängt von dem gewählten Ähnlichkeitsmaß `sim` und Schwellwert $\theta$ ab.

*Ziel: Alle Duplikate finden*

- Die Methode soll *effizient* sein, d.h., ihre Laufzeit soll mit der Menge an Tupeln skalieren. Duplikaterkennung auf großen Datenmengen mit Hunderttausenden oder Millionen Datensätzen sollte im Laufe eines Tages, allenfalls innerhalb weniger Tage abgeschlossen sein. Effizienz gewinnt man durch geschicktes Auswählen der tatsächlich zu vergleichenden Tupelpaare.

*Ziel: Duplikate schnell finden*

Beide Ziele stehen, wie wir im Folgenden zeigen, in Konflikt miteinander. Die später vorgestellten Methoden betonen entsprechend entweder das eine oder das andere Ziel.

#### Effektivität

Duplikaterkennungsmethoden vergleichen Paare von Datensätzen und erklären sie entweder zu Duplikaten oder zu Nicht-Duplikaten. Dabei passieren *Fehler*, d.h., dass Duplikate nicht als solche erkannt oder Nicht-Duplikate fälschlicherweise als Duplikate identifiziert werden. Im Ergebnis einer Methode sind damit vier *Arten von Paaren* enthalten (siehe Abbildung 8.2):

*Fehler sind unvermeidbar*

1. Paare, die korrekt als Duplikate erkannt wurden, also wahrpositive Paare (*true-positive*).
2. Paare, die fälschlicherweise als Duplikate ausgewiesen wurden, also falsch-positive Paare (*false-positive*).

*Klassen von Paaren*

3. Paare, die korrekt als Nicht-Duplikate erkannt wurden, also wahr-negative Paare (*true-negative*).
4. Paare, die fälschlicherweise als Nicht-Duplikate ausgewiesen wurden, also falsch-negative Paare (*false-negative*).

***Abbildung 8.2*** *Ergebnisse der Duplikaterkennung*

Realität

| Methode | Duplikat | Kein Duplikat |
|---|---|---|
| Duplikat | true-positive | false-positive |
| Kein Duplikat | false-negative | true-negative |

*Bewertung der Effektivität*

Um die Effektivität von Duplikaterkennungsmethoden zu bewerten, verwendet man zwei Maße: *Precision* und *Recall*. Die Maße stammen aus dem Bereich des *Information Retrieval* und werden dort u.a. verwendet, um Ergebnisse auf Suchanfragen zu bewerten [12]. Precision misst den Anteil der *true-positives* an allen von der Methode als Duplikate bezeichneten Paaren:

$$\text{precision} = \frac{|\text{true-positives}|}{|\text{true-positives}| + |\text{false-positives}|}$$

*Precision*

Eine hohe Precision besagt also, dass erkannte Duplikate getrost als solche angenommen und damit sofort der Datenfusion zugeleitet werden können. Eine manuelle Überprüfung der Ergebnisse ist unnötig. Hohe Precision wird durch ein besonders gutes und insbesondere »strenges« Ähnlichkeitsmaß oder einen höheren Schwellwert erreicht, das nur bei sehr hoher Ähnlichkeit zweier Datensätze diese als Duplikate ausweist. Dadurch werden aber tatsächliche Duplikate nicht als solche erkannt, wenn sie nur eine geringere Ähnlichkeit zueinander haben.

*Recall*

Recall misst den Anteil der *true-positives* an allen tatsächlichen Duplikaten:

$$\text{recall} = \frac{|\text{true-positives}|}{|\text{true-positives}| + |\text{false-negatives}|}$$

Ein hoher Recall bezeugt also, dass viele der tatsächlichen Duplikate gefunden wurden, allerdings möglicherweise auch viele Nicht-Duplikate als Duplikate ausgewiesen werden. Hoher Recall wird durch ein tolerantes Ähnlichkeitsmaß erreicht. Vor der Weiterverarbeitung ist eine manuelle Prüfung der Ergebnisse nötig; dafür werden aber wenig Duplikate übersehen.

*Gegenläufige Ziele*

Ähnlichkeitsmaß und Schwellwert sind also Parameter, die sich direkt auf Precision und Recall und damit auf die *Güte der*

*Duplikaterkennung* auswirken. Tolerante Methoden führen zu hohem Recall, aber niedriger Precision; strenge Methoden führen zu niedrigem Recall, aber hoher Precision. Sowohl sehr hohe Precision als auch sehr hoher Recall lassen sich leicht erhalten, aber immer auf Kosten des jeweils anderen Maßes:

- Ein Verfahren, das alle Paare als Duplikate ausgibt, erreicht den maximalen Recall von 1 – bei allerdings schlechter Precision.
- Ein Verfahren, das nur identische Tupel als Duplikate ausgibt, wird eine sehr hohe Precision erreichen – bei allerdings schlechtem Recall.

Welche der beiden (konfliktierenden) Aspekte das Hauptziel einer Methode zur Duplikaterkennung sein soll, ist eine anwendungsabhängige Entscheidung.

*Kombination im f-measure*

In der Regel wird für eine zusammenfassende Bewertung der Güte von Duplikaterkennungsverfahren eine *Kombination beider Maße* benutzt, der so genannte *f-measure*. Der f-measure ist das harmonische Mittel aus Precision und Recall:

$$\text{f-measure} = \frac{2 \times \text{recall} \times \text{precision}}{\text{recall} + \text{precision}}$$

In Abschnitt 8.2.2 betrachten wir verschiedene Methoden, um die Ähnlichkeit von zwei Tupeln zu bestimmen.

### Effizienz

*Quadratisch viele Tupelpaare*

Um bei gegebenem Ähnlichkeitsmaß und Schwellwert *alle Duplikate* innerhalb einer Relation der Kardinalität $n$ zu finden, müssen theoretisch $n^2/2 - n$ Vergleiche durchgeführt werden, da jeder Datensatz mit jedem anderen Datensatz verglichen werden muss. Für eine Relation mit 10.000 Tupeln sind also 50 Millionen Tupelvergleiche notwendig. Auch wenn die Ähnlichkeitsmaße, wie wir im folgenden Abschnitt sehen werden, nur relativ einfache Berechnungen umfassen, ist der Gesamtaufwand für die meisten Anwendungen zu hoch.

*Vermeidung von Vergleichen*

Die wichtigste Optimierung in Duplikaterkennungsmethoden ist deshalb die *Vermeidung von Tupelvergleichen*. Statt alle Paare zu betrachten, wird die Relation in (eventuell überlappende) *Partitionen* unterteilt und Paare nur innerhalb ihrer Partition verglichen. Diese Strategie verschlechtert tendenziell den Recall, da Duplikate möglicherweise außerhalb der eigenen Partition liegen und damit nicht mehr gefunden werden. Die Wahl der richtigen Partitionierung ist deshalb von entscheidender Bedeutung. Verschiedene Verfahren hierfür werden wir in Abschnitt 8.2.3 vorstellen.

*Zielkonflikt*

Abbildung 8.3 veranschaulicht den *Zielkonflikt* zwischen Precision, Recall und Effizienz. Precision und Recall werden gegenläufig mittels des Schwellwertes für das Ähnlichkeitsmaß beeinflusst. Ein hoher Schwellwert steigert die Precision und senkt den Recall. Recall und Effizienz werden durch die Wahl der Partitionen beeinflusst. Große Partitionen steigern den Recall, bewirken aber auch viele Vergleiche und deshalb geringe Effizienz. Precision und Effizienz werden wiederum durch die Wahl des Ähnlichkeitsmaßes beeinflusst. Ein komplexes Ähnlichkeitsmaß steigert die Precision, dessen aufwändige Berechnung senkt allerdings die Effizienz.

**Abbildung 8.3**
*Zielkonflikte bei der Duplikaterkennung*

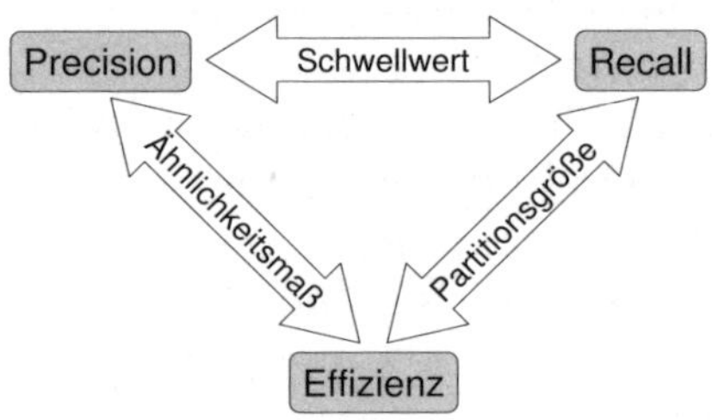


## 8.2.2 Ähnlichkeitsmaße

Mit einem Ähnlichkeitsmaß vergleicht man zwei Tupel. In der Regel setzt man ein Maß für Tupel aus Maßen für die einzelnen Attributwerte zusammen – man benötigt also Ähnlichkeitsmaße für Attributwerte und eine Funktion, die diese zu einer Ähnlichkeit für Tupel zusammensetzt. Diese Funktion sollte eine hohe Zahl zurückgeben, wenn die beiden Tupel *wahrscheinlich* Duplikate sind. Wie man diese Wahrscheinlichkeit algorithmisch fassen kann, hängt von vielen Faktoren ab, wie zum Beispiel:

*Attributspezifische Ähnlichkeit*

- Dem Datentyp der Attribute: Ähnlichkeitsmaße für Strings, Zahlen, Datumsangaben etc. müssen sich unterscheiden.
- Der Bedeutung eines Attributs: Man benötigt eigene Maße für die Ähnlichkeit von Straßennamen (viele Abkürzungen), von Personennamen (Reihenfolge unklar, Titel usw.), von Firmennamen (feste Kürzel wie »GmbH« oder »AG«), von Geldbeträgen (Dezimal- bzw. Tausenderpunkt) etc.
- Der Sprache, in der die Werte angegeben sind: Ähnlichkeiten müssen länderspezifische Eigenheiten (z.B. bei Datumsanga-

ben) und sprachspezifische Besonderheiten (z.B. französische Apostrophe) berücksichtigen.

- Der Entstehungsgeschichte der Werte: Werden beispielsweise Zeichenketten über eine Tastatur eingegeben, sind Tippfehler eine mögliche Ursache für das Entstehen von Duplikaten. Ein Ähnlichkeitsmaß sollte dann die Nähe von Buchstaben auf einer Tastatur berücksichtigen. Werden Daten von Menschen erst über Telefon übermittelt, spielt die phonetische Ähnlichkeit eine größere Rolle.

*Ähnlichkeit ist anwendungsabhängig*

Ähnlichkeitsmaße sind daher in höchstem Maße anwendungsabhängig. Gerade für numerische Werte ist es extrem schwierig, allgemein gültige Regeln anzugeben – Unterschiede in Altersangaben, Lagerbeständen, Geldbeträgen etc. benötigen alle eigene Maße. Wir besprechen im Folgenden daher vor allem die algorithmischen Grundlagen der Ähnlichkeitsmaße für Zeichenketten.

### Edit-basierte Ähnlichkeitsmaße

Edit-basierte Ähnlichkeitsmaße sind Maße, die zwei Strings buchstabenweise vergleichen. Je ähnlicher die Buchstabenmenge und ihre Anordnung in den Strings sind, desto höher ist die Gesamtähnlichkeit.

*Edit-Distanz*

Das verbreitetste edit-basierte Ähnlichkeitsmaß ist die *Edit-Distanz* oder *Levenshtein-Distanz* [176]. Die Edit-Distanz wurde bereits kurz in Infokasten 5.2 auf Seite 148 eingeführt. Sie ist definiert als die *minimale* Anzahl an Edit-Operationen (»insert (i)«, »delete (d)«, »replace (r)«), um den einen in den anderen String zu überführen. Wir beschreiben hier eine effiziente Methode zu deren Berechnung, die auf dem Prinzip der dynamischen Programmierung basiert.

Seien $S_1$ und $S_2$ die zu vergleichenden Strings. Wir definieren $D(i,j)$ als die Edit-Distanz des Präfixes der Länge $i$ von $S_1$ mit dem Präfix der Länge $j$ von $S_2$. Für $|S_1| = n$ und $|S_2| = m$ ist damit $D(m,n)$ die gesuchte Edit-Distanz $ed(S_1, S_2)$. Eine einfache Überlegung zeigt, dass man den Wert $d(i,j)$ aus vorhandenen Werten $d(i-1,j)$, $d(i,j-1)$ und $d(i-1,j-1)$ ableiten kann. Wir stellen uns dafür die Operation vor, die im optimalen Skript das $i$-te Zeichen von $S_1$ mit dem $j$-ten Zeichen von $S_2$ verbindet. Nennen wir diese Position $k$. Die Operation an der Position $k$ kann sein:

*Rückführung auf bekannte Abstände*

- Eine Einfügung, deren Kosten 1 sind. Damit stehen sich vor $k$ das Präfix der Länge $i-1$ von $S_1$ dem Präfix der Länge $j$ von $S_2$ gegenüber. Die Edit-Distanz zwischen den beiden

Präfixen ist $D(i-1, j)$. Damit ergeben sich zusammen Kosten von $D(i-1, j)+1$.

- Eine Löschung, deren Kosten 1 sind. Damit stehen sich vor $k$ das Präfix der Länge $i$ von $S_1$ dem Präfix der Länge $j-1$ von $S_2$ gegenüber. Die Edit-Distanz zwischen den beiden Präfixen ist $D(i, j-1)$. Damit ergeben sich zusammen Kosten von $D(i, j-1)+1$.
- Ein Match oder ein Replace, deren Kosten 0 bzw. 1 sind. Vor $k$ stehen sich das Präfix der Länge $i-1$ von $S_1$ dem Präfix der Länge $j-1$ von $S_2$ gegenüber. Die Edit-Distanz zwischen den beiden Präfixen ist $D(i-1, j-1)$. Damit ergeben sich zusammen Kosten von $D(i-1, j-1)+t(i, j)$, wobei $t(i, j)=0$, wenn das Zeichen an der Position $i$ in $S_1$ gleich dem Zeichen an der Position $j$ in $S_2$ ist. Sonst gilt $t(i, j)=1$.

*Rekursive Berechnung*

Die optimale Lösung ist nun die Möglichkeit, die die kleinsten Gesamtkosten hat. Dies kann als Rekursionsgleichung formuliert werden:

$$\begin{aligned}
D(i, 0) &= i \\
D(0, j) &= j \\
D(i, j) &= \min\{D(i-1, j)+1, \\
&\qquad D(i, j-1)+1, \\
&\qquad D(i-1, j-1)+t(i, j)\}
\end{aligned} \tag{8.1}$$

*Randbedingung*

Dabei gilt als Randbedingung, dass $D(i, 0)=i$ (die Überführung des leeren Strings in einen String der Länge $i$ kostet $i$ Einfügungen) und $D(0, j)=j$ (die Überführung des eines Strings der Länge $j$ in den leeren String kostet $j$ Löschoperationen).

*Tabellarische Berechnung*

Die Berechnung des Wertes $D(n, m)$ mit Hilfe der Rekursionsgleichung verursacht aber unnötig viele Aufrufe. Geschickter ist es, die Werte *bottom-up*, beginnend von den Randbedingungen, zu berechnen. Wir konstruieren dafür eine Matrix mit $n+1$ Spalten und $m+1$ Zeilen, die den Werten $D(i, j)$ für $0 \leq i \leq n$ und $0 \leq j \leq m$ entsprechen, und initialisieren die erste Zeile und Spalte mit den Randbedingungen. Ab dann kann sukzessive jeder Wert berechnet werden, dessen linker, oberer und links-oberer Zellennachbar bereits berechnet wurde. Dies kann beispielsweise zeilen- oder spaltenweise erfolgen.

Abbildung 8.4 zeigt für die beiden Strings »HASE« und »RASEN« links die Matrix nach der Initialisierung. Die mittlere Matrix zeigt einen Zwischenstand, bei dem gerade berechnet wird, welchen Wert $D(2, 3)$ annimmt. Der Wert wird ermittelt als das

Minimum von 3+1, 2+1 und 1+1. Der letzte Term ergibt sich aus der Tatsache, dass die Buchstaben A und S nicht übereinstimmen, also $t(2,3) = 1$. Die Matrix rechts zeigt das Endergebnis der Berechnung. Im Feld $D(5,4)$ steht die Edit-Distanz der beiden Wörter: $ed$(RASEN, HASE) = 2. »RASEN« kann in »HASE« überführt werden, indem man das führende »R« mit einem »H« ersetzt und das schließende »N« löscht.

*Bestimmung des Transkripts*

Anhand der Matrix kann auch das so genannte *Transkript* abgelesen werden, also die Abfolge der nötigen Änderungsoperationen. Beginnend in der Zelle ganz rechts unten springt man immer zu einer Zelle darüber, links oder links-darüber, deren Inhalt plus die notwendigen Schrittkosten den Wert der aktuellen Zelle ergeben. Gibt es mehrere solche Zellen, ist jeder Sprung valide – es gibt dann mehrere Transkripte, die alle derselben Edit-Distanz entsprechen. Ein Sprung nach oben entspricht einem Einfügen, ein Sprung nach links einem Löschen und ein diagonaler Sprung einem Match oder Replace. Die Abfolge für das Beispiel ist in der Abbildung durch fette Zahlen in der rechten Matrix angezeigt. Für die Duplikaterkennung ist das Transkript allerdings unerheblich, einzig die Edit-Distanz wird benötigt.

| | | H | A | S | E |
|---|---|---|---|---|---|
| | 0 | 1 | 2 | 3 | 4 |
| R | 1 | | | | |
| A | 2 | | | | |
| S | 3 | | | | |
| E | 4 | | | | |
| N | 5 | | | | |

⇒

| | | H | A | S | E |
|---|---|---|---|---|---|
| | 0 | 1 | 2 | 3 | 4 |
| R | 1 | 1 | 2 | 3 | 4 |
| A | 2 | 2 | 1 | | |
| S | 3 | 3 | | | |
| E | 4 | 4 | | | |
| N | 5 | 5 | | | |

⇒

| | | H | A | S | E |
|---|---|---|---|---|---|
| | **0** | 1 | 2 | 3 | 4 |
| R | 1 | **1** | 2 | 3 | 4 |
| A | 2 | 2 | **1** | 2 | 3 |
| S | 3 | 3 | 2 | **1** | 2 |
| E | 4 | 4 | 3 | 2 | **1** |
| N | 5 | 5 | 4 | 3 | **2** |

***Abbildung 8.4*** *Tabellarische Berechnung der Edit-Distanz*

*Ableitung einer Ähnlichkeit*

Um die Edit-Distanz in ein *Ähnlichkeitsmaß* umzuwandeln, wird sie zunächst auf die Länge des längeren der beiden Strings normalisiert und anschließend von 1 abgezogen:

$$sim_{ed}(S_1, S_2) := 1 - \frac{ed(S_1, S_2)}{\max\{|S_1|, |S_2|\}} \quad (8.2)$$

Damit entspricht ein Wert von $sim(S_1, S_2) = 1$ zwei identischen Strings und ein Wert von $sim(S_1, S_2) = 0$ zum Beispiel zwei komplett unterschiedlichen Strings.

*Verbesserungen*

Das einfache Modell des Einfügen-Löschen-Replace kann weiter verfeinert werden. Beispielsweise kann man individuelle Kosten für Replace benutzen, die vom konkreten Buchstabenpaar abhängen. Werden die ursprünglichen Daten manuell eingetippt, so kann man als Abstand zweier Buchstaben die *Wahrscheinlichkeit eines Vertippens* benutzen, die vom Abstand der Buchstabentasten auf einer Tastatur abhängt. Eine Vertauschung von »w« und »q« wird dann weniger hoch bewertet als von »i« und »e« – letztere klingen zwar ähnlicher, liegen aber auf einer Tastatur viel weiter voneinander entfernt.

*Weitere edit-basierte Ähnlichkeitsmaße*

Weitere edit-basierte Ähnlichkeitsmaße sind das *SOUNDEX*-Maß, das die Aussprache von Wörtern bei der Ähnlichkeitsbewertung einbezieht [225], und die *Jaro-Winkler-Ähnlichkeit*, die Transpositionen einzelner Buchstaben speziell berücksichtigt und vor allem für kurze Wörter geeignet ist [301].

### Edit-Distanz für Tupel

Die Edit-Distanz allein ist als Ähnlichkeitsmaß für zwei Tupel ungeeignet. Allenfalls könnte man alle Attributwerte zu einem langen String zusammenfassen und deren Distanz berechnen. Diese Methode unterscheidet aber nicht zwischen wichtigen und unwichtigen Attributen und bestraft fehlende Attributwerte übermäßig hoch. Auch ignoriert sie die *Attributtypen* und behandelt alle Attribute als Strings, was zu konterintuitiven Ergebnissen führt. Betrachten wir das folgende Beispiel:

| | | | | |
|---|---|---|---|---|
| Max | Müller | Hofstr. 17 | ⊥ | 29 |
| Max | Müller | Hofstr. 17 | Malermeister | 30 |

Die Tupel sind offensichtlich sehr ähnlich. Die Edit-Distanz der konkatenierten Werte ist aber 14, was einer Ähnlichkeit von $1 - 14/33 \sim 0.57$ entspricht. Der fehlender Wert im ersten Tupel beeinflusst die Distanz unverhältnismäßig stark, und die Nähe der beiden Zahlen 29 und 30 wird nicht adäquat berechnet.

*Einbettung in domänenspezifische Regeln*

Deshalb werden edit-basierte Maße üblicherweise in eine Regelmenge eingebettet, die domänen- und attributabhängig ist [122, 164]. Ein Beispiel einer solchen Regel lautet:

```
IF     t1.Nachname = t2.Nachname
AND    sim(t1.Vorname,t2.Vorname) > 0.5
AND    t1.Adresse = t2.Adresse
THEN   t1 ist Duplikat zu t2
```

Dabei wählt man für die Funktion *sim* wiederum ein domänen- und typspezifisches Abstandsmaß, von dem wir im Folgenden weitere kennen lernen werden.

### Tokenbasierte Ähnlickeitsmaße

Die Edit-Distanz ist ungeeignet für Zeichenketten, die aus mehreren Wörtern bestehen, da sie extrem sensibel auf *Reihenfolgevertauschungen* reagiert. Wörter können aber in vielen Reihenfolgen stehen und trotzdem eine sehr ähnliche Bedeutung haben. Beispielsweise haben »Peter Müller« und »Müller, Peter« eine Edit-Distanz von 13, obwohl sie intuitiv sehr ähnlich sind.

*Edit-Distanz ist reihenfolgeabhängig*

Um dies zu berücksichtigen, zerlegt man die Strings erst in Wörter bzw. *Token*. Dann prüft man, welche und wie viele Token die beiden zu vergleichenden Strings gemeinsam haben. *Tokenbasierte Ähnlichkeitsmaße* sind geeignet für textuelle Daten, z.B. Beschreibungen oder Zusammenfassungen, und für Fälle, in denen man die Struktur der Datensätze nicht kennt [27].

*Maße für Texte*

Zur Aufteilung eines Strings in Token gibt es mehrere Möglichkeiten. Ein Möglichkeit ist es, den Text an vorgegebenen *Trennzeichen* aufzuteilen. Typische Trennzeichen sind Leerzeichen, Satzzeichen, Bindestriche oder allgemein Sonderzeichen. Dies ist allerdings fehleranfällig, da diese Zeichen auch häufiger in Eigennamen vorkommen, als man vielleicht vermutet (»Yahoo!«, ».NET«, »C#«, ...). Eine andere Variante ist die Bildung von n-Grammen, also die Bildung aller Teilstrings der Länge $n$. Die 3-Gramme des Wortes `Rasen` wären `{Ras, ase, sen}`. Um Buchstaben am Anfang und Ende eines Textes ein gleiches Gewicht wie den anderen Buchstaben zu geben, kann man noch die mit Leerzeichen gefüllten Rand-3-Gramme hinzufügen, also `{__R, _Ra, en_, n__}`.

*Tokenisierung*

Ein viel verwendetes tokenbasiertes Ähnlichkeitsmaß ist die *Jaccard-Ähnlichkeit*. Sie vergleicht die Anzahl der gemeinsamen Token beider Strings mit der Anzahl aller Token der beiden Strings. Seien $T_1$ und $T_2$ die Tokenmengen der beiden Strings $S_1$ und $S_2$. Dann gilt:

*Jaccard-Ähnlichkeit*

$$sim_{Jaccard}(S_1, S_2) := \frac{|T_1 \cap T_2|}{|T_1 \cup T_2|}$$

Ein weiteres tokenbasiertes Ähnlichkeitsmaß beruht auf der *term-frequency/inverse-document-frequency* (tfidf) [12]. Sie gibt jedem Token $t$ in einem String $S$ ein Gewicht $w_S(t)$, das von seiner Häufigkeit in $S$ (term-frequency, $tf_S(t)$) und seiner Häufigkeit in allen betrachteten Strings (document-frequency, $df(T)$) abhängt. Intuitiv erhalten Token, die oft im fraglichen String vorkommen, damit ein hohes Gewicht, und Token, die in fast jedem String vorkommen, ein geringes Gewicht:

*TFIDF*

$$w_S(t) := \log(tf_S(t) + 1) \times \log(\frac{N}{df(t)} + 1)$$

Texte als Tokenvektoren

Darauf aufbauend kann man einen String als *Vektor der Gewichte aller Token* darstellen. Die Ähnlichkeit zweier Strings wird nun als der Kosinus der beiden Gewichtsvektoren berechnet:

$$sim_{tfidf}(S_1, S_2) := 1 - \sum_{t \in T_1 \cap T_2} w_{S_1}(t) \times w_{S_2}(t)$$

Das Maß $sim_{tfidf}$ berücksichtigt nur Token, die in beiden Strings vorkommen, da für alle anderen mindestens einer der Faktoren 0 ist.

### 8.2.3 Partitionierungsstrategien

Algorithmen zur Duplikaterkennung haben prinzipiell die Aufgabe, ein vorgegebenes Ähnlichkeitsmaß auf Paare von Datensätzen anzuwenden und gemäß dem vorgegebenen Schwellwert zu entscheiden, ob es sich um ein Duplikat handelt. Um den Aufwand für die potenziell quadratische Zahl von Tupelpaaren zu vermeiden, werden nicht alle Paare miteinander verglichen. Stattdessen werden die Tupel zunächst in Partitionen zerlegt und dann nur innerhalb einer Partition alle Paare verglichen.

Eine einfache Methode dazu ist die Partitionierung nach einzelnen Attributen oder Attributteilen. Damit werden allerdings nicht alle Duplikate gefunden: Werden beispielsweise Kundendaten nach dem Wohnort oder dem ersten Buchstaben des Nachnamens partitioniert, werden Duplikate von Kunden, die den Wohnort gewechselt haben oder deren Nachname bereits im ersten Buchstaben einen Tippfehler enthält, nicht gefunden.

Wir stellen in den folgenden Abschnitten die Sorted-Neighborhood-Methode und einige ihrer Erweiterungen vor, die dieses Problem zumindest teilweise vermeiden und dennoch nur eine kurze Laufzeit haben.

#### Die Sorted-Neighborhood-Methode

Partitionierung nach Sortierreihenfolge

Hernandez und Stolfo stellen in [121, 122] die *Sorted-Neighborhood-Methode* (SNM) vor. Der Name »Sorted Neighborhood« bedeutet übersetzt »sortierte Nachbarschaft« und beschreibt das Vorgehen: Die Datensätze werden zunächst nach einem bestimmten Schlüssel sortiert. Dann werden Datensätze nur noch mit Tupeln in ihrer »Nachbarschaft« verglichen. Das Vorgehen ist in drei Phasen unterteilt:

Phasen der SNM

1. **Schlüsselbildung:** In dieser Phase wird von einem Domänenexperten ein Schlüssel als *Sequenz der relevanten Attribute* definiert. Ein Schlüssel auf Kundendaten könnte sich

z.B. aus den ersten drei Buchstaben des Nachnamens, den ersten zwei Konsonanten des Nachnamens und dem Geburtsjahr zusammensetzen. Für jeden Datensatz wird der Schlüssel berechnet und mit einem Verweis auf den ursprünglichen Datensatz gespeichert.

2. **Sortierung:** In dieser Phase werden alle Schlüssel alphabetisch sortiert. Durch eine geeignete Schlüsselwahl wird erreicht, dass nach der Sortierung *ähnliche Datensätze nahe beieinander* liegen.
3. **Vergleiche:** In der letzten Phase wird ein »Fenster« mit einer festen Größe $w$ ($2 \leq w \leq n$) über die $n$ Datensätze geschoben. Dieses Fenster definiert die Nachbarschaft bzw. Partition. Innerhalb dieser Partition werden alle Tupel paarweise miteinander verglichen und gegebenenfalls als Duplikate gekennzeichnet. Anschließend wird das Fenster um einen Datensatz nach unten verschoben, und wieder werden alle Vergleiche durchgeführt. Da sich die Partitionen damit sehr stark überlagern, muss man für jede Verschiebung nur $w$ neue Vergleiche durchführen. Der Algorithmus endet, wenn die obere Grenze des Fensters am letzten Datensatz angekommen ist.

*Bildung der transitiven Hülle*

Oft bildet man anschließend die *transitive Hülle* der Duplikate: Wenn Datensätze A und B sowie B und C als Duplikate erkannt wurden, so bilden A, B und C eine Duplikatgruppe: Sie sind drei Repräsentationen des gleichen Realweltobjekts. So können auch Datensätze als Duplikate erkannt werden, die nie gemeinsam innerhalb eines Fensters auftauchen. Allerdings ist die Verwendung der transitiven Hülle nicht unproblematisch, wie wir in Infokasten 8.1 erläutern.

*Geringer Aufwand*

Der Aufwand des Algorithmus ist vergleichsweise gering. Bei $n$ Datensätzen ist der Aufwand für die Schlüsselbildung $O(n)^2$, für die Sortierphase $O(n \log n)$ und für die Vergleichsphase $O(w \cdot n)$, insgesamt also $O(w\, n \log n)$. Eine für die Performanz sehr wichtige Eigenschaft des SNM-Algorithmus ist außerdem, dass die erste und dritte Phase nur einen (sehr effizient ausführbaren) linearen Scan der Relation erfordern, während die zweite Phase sich auf schnelle Sortierverfahren stützen kann, die in jedem kommerziellen DBMS zur Verfügung stehen.

*Erfolgsfaktoren*

Die Güte der Duplikaterkennung mit der SNM-Methode hängt – neben der Wahl des Ähnlichkeitsmaßes – von zwei Dingen ab: der Wahl des Sortierschlüssels und der Fenstergröße. Es stellt sich

[2] Wir vernachlässigen die Kosten für die Berechnung des Schlüssels.

*Infokasten 8.1*
*Transitivität von Duplikaten*

Mittels *transitiver Beziehungen* auf die Duplizität zweier Datensätze zu schließen, ist problematisch. Intuitiv »entfernt« man sich mit jedem Schritt vom ursprünglichen Datensatz: FATHER ≈ FOTHER ≈ MOTHER ≈ ... Dennoch ist die Beziehung »ist-Duplikat-von« inhärent transitiv, denn Duplikate repräsentieren das gleiche Realweltobjekt.

Sind die beiden Enden einer transitiven Kette in der Tat keine Duplikate, so hat das Ähnlichkeitsmaß an einer Stelle der Kette versagt. In [76] wird vorgeschlagen, eben diese Stelle zu finden (die beiden Datensätze mit der geringsten Ähnlichkeit) und explizit die beiden beteiligten Datensätze als Nicht-Duplikate auszuweisen.

heraus, dass Letztere unproblematisch ist: Experimente haben gezeigt, dass typische Fenstergrößen von 20 in vielen Fällen ausreichend sind (bei geeigneter Sortierung). Der Algorithmus ist aber sehr sensitiv in Bezug auf die *Wahl des Schlüssels*. Insbesondere das Attribut, dessen Werte die ersten Zeichen des Schlüssels bilden, ist entscheidend für die Sortierreihenfolge und somit auch für die Nachbarschaft eines Datensatzes. Wir zeigen im Folgenden Verfahren, die diesen Nachteil abmildern.

### Erweiterungen der SNM

*Multipass SNM*

Die *Multipass* genannte Erweiterung der SNM bildet für jeden Datensatz mehrere Schlüssel nach unterschiedlichen Mustern und führt die SNM für jeden Schlüssel einmal aus [122].

Diese Erweiterung hat zwei Vorteile: Der erste ist die größere Unabhängigkeit von der Wahl des Schlüssels und somit auch von der Fehlerverteilung innerhalb der Daten. Zweitens wurde experimentell gezeigt, dass gute Ergebnisse bereits mit wesentlich kleineren Fenstern erzielt werden. Intuitiv haben Duplikate, die sich in einem Durchlauf nicht innerhalb eines Fensters befinden, eine gute Chance, in einem der anderen Durchläufe nahe zueinander sortiert zu werden. Entsprechend ist die Bildung der transitiven Hülle bei dieser Erweiterung essenziell.

*Union/Find-Methode*

Eine andere Verbesserung, die die Anzahl der Vergleiche weiter reduzieren kann, wurde von Monge und Elkan vorgestellt [207]. In dieser *union / find* genannten Variante wird für jede Duplikatgruppe eine Tupelmenge angelegt. Aus jeder Menge wird ein *Repräsentant* (*prime representative*) gewählt [122]. Vergleiche mit Datensätzen, die neu in den Fokus des Fensters geraten, ge-

*Repräsentanten von Duplikatgruppen*

schehen zunächst nur mit den Repräsentanten. Sind diese bereits hinreichend unähnlich, kann man auf Vergleiche mit den anderen Duplikaten der Menge verzichten. Das gilt auch, wenn sich bereits eine hinreichende Ähnlichkeit mit dem Repräsentanten zeigt. Nur in den unsicheren Fällen dazwischen muss ein neues Tupel mit weiteren Datensätzen der Menge verglichen werden. Zur Wahl des Repräsentanten werden mehrere mögliche Strategien vorgeschlagen, etwa eine zufällige Auswahl, den zuletzt eingefügten Datensatz, das »vollste« Tupel mit den wenigsten Nullwerten usw.

#### Inkrementelle Duplikaterkennung

Die bisher vorgeschlagenen Methoden gingen von einer großen Datenmenge aus, in der sämtliche Duplikate gefunden werden sollen. Es gibt jedoch Situationen, in denen man von einem bereinigten Datenbestand ausgeht und nur noch neu hinzukommende Datensätze auf Duplizität prüfen möchte, die Duplikaterkennung also inkrementell durchführen kann. Dies ist der Fall, wenn neue Daten in das System eingepflegt werden sollen, beispielsweise bei einem Update des Produktkatalogs oder bei der Integration von Kundendaten aus aufgekauften Unternehmen. Der Fall tritt auch ein, wenn ein Kunde telefonisch seine Personenangaben nennt. Noch während der Eingabe sollte geprüft werden, ob dieser Kunde bereits im System vorhanden ist. In solchen Fällen sind andere Techniken als die bisher vorgestellten sinnvoll, da es nicht notwendig ist, immer wieder den gesamten Datenbestand zu überprüfen.

Die *union / find*-Methode kann auch zur *inkrementellen Duplikaterkennung* verwendet werden. Neue Datensätze werden nur noch mit jedem Repräsentanten verglichen. Anschließend muss wieder die transitive Hülle gebildet werden, denn ein neuer Datensatz kann bewirken, dass zwei Duplikatgruppen zusammenfallen. Bei der Onlineprüfung von neu eingegebenen Kundendaten sind auch Techniken der Volltextsuche sinnvoll.

## 8.3 Datenfusion

*Zusammenführen von Tupeln*

Nach der Duplikaterkennung ist der nächste Schritt der Informationsintegration die *Datenfusion* (auch Ergebnisintegration, Datenintegration oder *record merging*). Das Ziel der Datenfusion ist die Kombination von Duplikaten, so dass im Ergebnis kein Objekt der Realwelt mehr als einmal repräsentiert wird. Dadurch eliminieren wir nicht nur Duplikate, sondern reichern Datensätze gegebenenfalls auch an: Daten über ein Objekt, die von der einen Datenquelle nicht geliefert werden, können durch Datenfusion oftmals aus einem Duplikat aus einer anderen Datenquelle ergänzt werden.

*Ergänzung und Widersprüche*

Die Datenfusion ist problematisch, weil sich Datenquellen nicht nur ergänzen, sondern auch widersprechen können, wenn etwa zu einem Film in zwei Quellen unterschiedliche Regisseure angegeben werden. Solche *Datenkonflikte* müssen zur Erreichung eines konsistenten und konfliktfreien Ergebnisses gelöst werden.

In den folgenden Abschnitten stellen wir vier Arten von Datenkonflikten vor. Anschließend diskutieren wir die Fähigkeit verschiedener relationaler Operatoren, Konflikte innerhalb einer Anfrage zu lösen. Dies gelingt nicht immer; in diesen Fällen müssen eigene Programme erstellt werden.

## 8.3.1 Konflikte und Konfliktlösung

Datenfusion ist dann notwendig, wenn verschiedene Tupel das gleiche Realweltobjekt repräsentieren. Bis auf weiteres gehen wir dabei von nur zwei Tupeln aus. In der Tabelle in Abbildung 8.5 sind verschiedene Situationen verdeutlicht, die zwei Duplikate zueinander in Bezug auf Datenkonflikte haben können. Das ID-Attribut der Tabelle ist das Ergebnis der Duplikaterkennung und besagt in diesem Fall, dass alle Tupel der Tabelle Duplikate sind.

Insgesamt können zwei Duplikattupel in vier verschiedenen Verhältnissen zueinander stehen:

*Konfliktsituationen*

1. **Gleichheit:** Die Tupel sind in allen Attributwerten gleich. Tupel 1 und 2 in Abbildung 8.5 sind gleich.
2. **Subsumption:** Ein Tupel *subsumiert* ein anderes, wenn es weniger Nullwerte hat und in jedem Attribut mit einem Nicht-Nullwert den gleichen Wert wie das andere Tupel besitzt. Es enthält also »mehr« Information. Tupel 1 und 2 subsumieren jeweils sowohl Tupel 3 als auch Tupel 4[3].
3. **Komplementierung:** Ein Tupel *komplementiert* ein anderes, wenn keines der beiden das andere subsumiert und wenn es für jedes Attribut mit einem Nicht-Nullwert entweder den gleichen Wert wie das andere Tupel hat oder das andere Tupel an dieser Stelle einen Nullwert besitzt. Die beiden Tupel ergänzen sich. In Abbildung 8.5 komplementieren sich Tupel 3 und 4.

[3] Diese Subsumption auf Datenebene entspricht nicht der im vorigen Kapitel kennen gelernten Subsumption von Konzepten in Beschreibungslogiken.

**4. Konflikt:** In allen anderen Situationen stehen zwei Tupel in *Konflikt*. Bei Konflikten gibt es mindestens ein Attribut, in dem beide Tupel unterschiedliche Werte haben, die nicht null sind. Tupel 5 ist in Konflikt mit jedem anderen Tupel der Tabelle.

| film | ID | titel | regisseur | jahr | studio |
|---|---|---|---|---|---|
| *Tupel 1:* | 1 | Alien | Scott | 1980 | Fox |
| *Tupel 2:* | 1 | Alien | Scott | 1980 | Fox |
| *Tupel 3:* | 1 | Alien | Scott | 1980 | ⊥ |
| *Tupel 4:* | 1 | Alien | ⊥ | 1980 | Fox |
| *Tupel 5:* | 1 | Alien | Scott | 1982 | MGM |

***Abbildung 8.5***
*Konflikte*

*Semantik von* null

In unserer Darstellung gehen wir immer von einer bestimmten *Bedeutung von Nullwerten* aus, nämlich dass eine null bedeutet, dass der betreffende Wert unbekannt ist. Daher ist es wünschenswert, die null nach Möglichkeit durch Integration anderer Quellen zu beheben. Andere Bedeutungen für Nullwerte werden im Infokasten 8.2 genannt.

## 8.3.2 Entstehung von Datenkonflikten

Datenkonflikte entstehen, genau wie Datenfehler, sowohl innerhalb einer Datenbank als auch bei der Integration mehrerer Datenquellen. Eine Grundbedingung für die Existenz von Datenkonflikten ist das Vorhandensein von Duplikaten. Die Gründe für die Entstehung von Duplikaten sind also eng verwoben mit denen für die Entstehung von Datenkonflikten.

*Konflikte innerhalb einer Relation*

Konflikte entstehen innerhalb einer Datenbank, wenn bei der Dateneingabe oder Datenerfassung nicht oder nur unzureichend geprüft wird, ob das erfasste Realweltobjekt bereits im Datenbestand vorhanden ist.

*Konflikte bei der Integration*

Bei der Datenintegration entstehen Duplikate und damit potenzielle Konflikte dadurch, dass ein Realweltobjekt in verschiedenen Datenquellen vorhanden ist und nach der strukturellen Integration damit in *mehreren Repräsentationen* im integrierten System vorliegt. Konflikte können dabei aus mehreren Gründen bestehen:

*Ursachen für Konflikte*

- Datenquellen können unterschiedliche Schemata haben und somit *unterschiedliche Attribute* zu einem Objekt speichern.

*Infokasten 8.2*
*Nullwerte (⊥)*

In SQL können *Nullwerte* mit der Funktion `NULLIF(1,1)` erzeugt werden. Üblicherweise werden drei Bedeutungen von Nullwerten genannt: (1) Wert unbekannt (*unknown*). Es gibt einen Wert, er ist aber nicht bekannt. (2) Wert nicht zulässig (*inapplicable*). Es gibt keinen Wert, der hier Sinn machte. (3) Wert zurückbehalten (*withheld*). Der Wert ist bekannt, wird aber aus Sicherheitsgründen nicht übermittelt. Hinzukommen viele weitere mögliche Bedeutungen wie »unsicher«, »unendlich« oder »fehlerhaft«.

Chris Date hat sich in vielen Werken (u.a. »Into the Unknown«, »Much Ado About Nothing«, »NOT Is Not Not!« und »Oh No Not Nulls Again«) mit dem Nullwert im relationalen Modell auseinander gesetzt und eine große Anzahl verschiedener Bedeutungen festgestellt [65].

In kommerziellen Systemen werden Nullwerte unterschiedlich behandelt. Generell gilt jedoch, dass Tupel mit Nullwerten beim Join und bei Gruppierung ignoriert werden und ein Vergleich mit `null` immer `false` ergibt. Dies bedeutet auch, dass `null` ≠ `null`. In SQL kann man mit dem Prädikat `is null` prüfen, ob ein Nullwert vorliegt.

Bei der Integration werden die jeweils fehlenden Werte mit Nullwerten ergänzt (*padding*), und es entstehen subsumierte und komplementierende Datensätze.

- Bei Werten von gemeinsamen Attributen können Konflikte durch unterschiedliche Aktualität der Daten entstehen, durch Fehleingaben, unterschiedliche Währungen oder unterschiedliche Genauigkeiten.
- Schließlich können Attribute auch nur *vermeintlich identische Semantik* haben. Beispielsweise kann ein Attribut `adresse` in unterschiedlichen Quellen die Privatanschrift, Lieferadresse, Firmenanschrift, Zweitwohnsitz etc. einer Person bedeuten. Bei identischen Namen werden Attribute beim Schema Matching aber leicht – und fälschlicherweise – als semantisch gleich eingestuft.

Im Weiteren betrachten wir sowohl die Fusion zweier Relationen, die Duplikate enthalten, als auch die Datenfusion auf einer Relation, in der Duplikate enthalten sind. Wir nehmen an, dass der Duplikaterkennungsschritt ein Attribut `ID` pro Duplikatgruppe hinterlassen hat, anhand dessen man erkennen kann, welche Tupel fusioniert werden sollen.

### 8.3.3 Datenfusion mit Vereinigungsoperatoren

*Fusion mit Anfragen*

Die relationale Algebra sieht zwei Grundoperatoren (mit verschiedenen Varianten) vor, um zwei Relationen zu einer zu kombinieren: den Join und die Vereinigung. In diesem Abschnitt betrachten wir die Vereinigung (`Union`) und ihre Varianten `Outer-Union` und `Minimum Union`. Zunächst folgt deren Kurzbeschreibung, anschließend erläutern wir anhand von Beispielen die Verwendung der Operatoren zur Fusion.

*Varianten des `Union`-Operators*

**`Union`:** Der Vereinigungsoperator setzt voraus, dass die Schemata beider Ausgangsrelationen gleich sind. Ist das der Fall, so ist das Ergebnis die Menge aller Tupel, die in mindestens einer der beiden Ausgangsrelationen enthalten sind. Identische Tupel werden entfernt.

**`Outer-Union`:** Der `Outer-Union`-Operator relaxiert die Bedingung, dass die Schemata der Ausgangsrelationen gleich sein müssen. Das Ergebnisschema der `Outer-Union` ist stattdessen die Vereinigung der Attributmengen der Ausgangsrelationen. Fehlende Attributwerte werden durch `null` ersetzt.

**`Minimum Union`:** Der `Minimum Union`-Operator führt auf den beiden Ausgangsrelationen zunächst eine `Outer-Union` durch und entfernt anschließend alle subsumierten Tupel [93]. Es werden also gleiche Tupel und subsumierte Tupel entfernt.

Abbildung 8.6 zeigt zwei Beispielrelationen aus unterschiedlichen Datenquellen. Die Schemata beider Relationen unterscheiden sich, so dass der reine `Union`-Operator nicht anwendbar ist. Zur Vereinfachung nehmen wir an, dass Attribute mit gleichem Namen auch die gleiche Semantik haben und als ein einziges Attribut im Ergebnis erscheinen sollten. Man kann also die Relationen der Abbildung als das Ergebnis der Methoden der vorigen Kapitel ansehen, also etwa als ein Ergebnis einer SchemaSQL-Anfrage oder als die Extension von Sichten auf die Datenquellen.

`Outer-Union`

Abbildung 8.7 zeigt das Ergebnis der `Outer-Union` der beiden Relationen. Das Schema des Ergebnisses enthält sämtliche Attribute. Zur Übersicht besitzt die Relation ein zusätzliches Attribut `Q`, das die Quelle des Tupels anzeigt. Man erkennt die aufgefüllten Nullwerte in den Attributen `genre` bzw. `studio`. Eines der beiden Duplikate für den Film `Alien` wurde im Ergebnis gestrichen. Es ist klar erkennbar, dass das Ergebnis der `Outer-Union` zwar eine einheitliche Darstellung der Daten zweier Datenquellen er-

*Abbildung 8.6* Mittels `Union` zu integrierende Relationen

Datenquelle 1: **film**

| ID | titel | regisseur | jahr | genre |
|---|---|---|---|---|
| 1 | Fargo | Coen | 1997 | Drama |
| 2 | Ben Hur | Wyler | 1926 | Historie |
| 2 | Ben Hur | ⊥ | 1959 | Historie |
| 3 | Alien | Scott | 1995 | SciFi |
| 3 | Alien | Scott | 1995 | ⊥ |
| 4 | Shining | Kubrick | 1976 | Horror |

Datenquelle 2: **movie**

| ID | titel | regisseur | jahr | studio |
|---|---|---|---|---|
| 2 | Ben Hur | Wyler | 1926 | MGM |
| 2 | Ben Hur | ⊥ | 1959 | MGM |
| 3 | Alien | Scott | 1995 | ⊥ |
| 4 | Shining | Kubrick | 1976 | MGM |

möglicht, dass aber eine wirkliche Datenfusion noch nicht erreicht wird; Realweltobjekte sind nach wie vor durch mehrere Tupel repräsentiert, die zudem in Konflikt stehen.

*Abbildung 8.7* Ergebnis der `Outer-Union-`*Operation*

| Q | ID | titel | regisseur | jahr | genre | studio |
|---|---|---|---|---|---|---|
| 1 | 1 | Fargo | Coen | 1997 | Drama | ⊥ |
| 1 | 2 | Ben Hur | Wyler | 1926 | Historie | ⊥ |
| 1 | 2 | Ben Hur | ⊥ | 1957 | Historie | ⊥ |
| 2 | 2 | Ben Hur | Wyler | 1926 | ⊥ | MGM |
| 2 | 2 | Ben Hur | ⊥ | 1957 | ⊥ | MGM |
| 1 | 3 | Alien | Scott | 1995 | SciFi | ⊥ |
| 1 | 3 | Alien | Scott | 1995 | ⊥ | ⊥ |
| 1 | 4 | Shining | Kubrick | 1976 | Horror | ⊥ |
| 2 | 4 | Shining | Kubrick | 1976 | ⊥ | MGM |

`Minimum Union`

Wendet man den `Minimum Union`-Operator auf die beiden ursprünglichen Relationen an, so ist die Relation in Abbildung 8.7 nur ein Zwischenergebnis. Aus dieser Relation werden noch subsumierte Tupel entfernt. Dies ist einzig das zweite Tupel des Films `Alien`. Andere Tupel komplementieren sich entweder (`Alien` und `Shining`), oder sie stehen miteinander in Konflikt (Ben Hur). Beide Konfliktarten können nicht durch die genannten Vereinigungsvarianten gelöst werden.

Verfügbarkeit der Operatoren

Gängige kommerzielle DBMS implementieren weder den `Outer-Union`- noch den `Minimum Union`-Operator. Während ein `Outer-Union`-Operator relativ leicht durch geeignete SQL-Anfragen simuliert werden kann (sofern beide Schemata bekannt sind), ist eine Umsetzung des zweiten Operators nicht trivial. Insbesondere die Entfernung subsumierter Tupel kann nicht mit einfachen SQL-Anfragen erreicht werden.

### 8.3.4 Join-Operatoren zur Datenfusion

Voraussetzung: Keine Duplikate innerhalb der Relationen

Die andere Operation, die zwei Relationen zu einer kombiniert, ist der Join. Wird als Join-Attribut die von der Duplikaterkennung generierte ID verwendet und gibt es *keine Duplikate innerhalb der Ausgangsrelationen*, so ist im Ergebnis jedes Realweltobjekt durch höchstens ein Tupel repräsentiert. Enthalten die Ausgangsrelationen allerdings Duplikate, so werden diese durch den Join sogar vervielfacht.

Wir betrachten als Beispiel die Relationen in Abbildung 8.8.

Datenquelle 1: **film**

| **ID** | **titel** | **jahr** | **genre** |
|---|---|---|---|
| 1 | Fargo | 1997 | Drama |
| 2 | Ben Hur | 1959 | Historie |
| 3 | Alien | 1995 | SciFi |
| 4 | Shine | 1976 | Horror |

Datenquelle 2: **movie**

| **ID** | **titel** | **jahr** | **studio** |
|---|---|---|---|
| 2 | Ben Hur | 1959 | MGM |
| 3 | Alien | 1996 | ⊥ |
| 4 | Shining | ⊥ | MGM |

***Abbildung 8.8*** *Mittels `Join` zu integrierende Relationen zweier Datenquellen*

Die folgende SQL-Anfrage kombiniert die beiden Relationen mit einem Join:

```
SELECT *
FROM   film F, movie M
WHERE  F.ID = M.ID
```

Das Anfrageergebnis ist in Abbildung 8.9 zu sehen. Im Ergebnis sind zwar keine Duplikate vorhanden, aber auch nicht alle Tupel der Datenquellen. Es fehlt der Film `Fargo`, da er die Join-

Bedingung F.ID = M.ID nicht erfüllt. Dieses Problem wird durch die Verwendung eines Full-Outer-Join behoben, wie wir weiter unten sehen werden. Eine weitere Beobachtung ist, dass Attribute im Ergebnis mehrfach auftreten. Anstatt Konflikte im titel, jahr usw. zu beheben, werden beim Join widersprüchliche – oder auch gleiche – Werte in *separate Spalten* gesetzt.

| **F.ID** | **M.ID** | **F.titel** | **M.titel** | **F.jahr** | **M.jahr** | **F.genre** | **M.studio** |
|---|---|---|---|---|---|---|---|
| 2 | 2 | Ben Hur | Ben Hur | 1959 | 1959 | Historie | MGM |
| 3 | 3 | Alien | Alien | 1995 | 1996 | SciFi | ⊥ |
| 4 | 4 | Shine | Shining | 1976 | ⊥ | Horror | MGM |

***Abbildung 8.9***
*Mittels* Join *integriertes Ergebnis*

Full-Outer-Join

Ein besseres Ergebnis kann durch einen Full-Outer-Join mit gezielter Auswahl der Ergebnisspalten erreicht werden. Der Full-Outer-Join bewirkt, dass alle Tupel aus beiden Ausgangsrelationen ins Ergebnis eingehen, unabhängig davon, ob sie einen Join-Partner haben (siehe Abbildung 8.10). Wie bei der Outer-Union werden fehlende Attributwerte mit Nullwerten aufgefüllt.

```
SELECT F.ID, F.titel, M.jahr, F.genre, M.studio
FROM   film F FULL OUTER JOIN movie M
ON     F.ID = M.ID
```

***Abbildung 8.10***
*Ergebnis eines* Full-Outer-Join

| **F.ID** | **F.titel** | **M.jahr** | **F.genre** | **M.studio** |
|---|---|---|---|---|
| 1 | Fargo | ⊥ | Drama | ⊥ |
| 2 | Ben Hur | 1959 | Historie | MGM |
| 3 | Alien | 1996 | SciFi | ⊥ |
| 4 | Shine | ⊥ | Horror | MGM |

Durch die gezielte Auswahl der Attribute in der SELECT-Klausel erscheint jedes Attribut nur einmal im Ergebnis. Konflikte zwischen den Datenwerten werden damit nicht »gelöst«, sondern es wird einmalig *gewählt*, welche Datenquelle den Wert im Ergebnis liefern soll. Im Beispiel führt das dazu, dass das jahr für die Filme Fargo und Shining null bleibt, obwohl in der Quelle, deren Attribut nicht projiziert wird, ein konkreter Wert vorhanden ist.

Dieses Problem kann mittels der SQL-Funktion COALESCE gelöst werden. Sie wählt aus den Eingabewerten den ersten Nicht-

Nullwert aus. Neben COALESCE sind weitere Funktionen notwendig, um Konflikte zu lösen. Der Ansatz, Konflikte mittels Funktionen zu lösen, ist jedoch nur schwer für mehr als zwei Ausgangsrelationen verallgemeinerbar [212].

```
SELECT F.ID, COALESCE(F.titel, M.titel),
       COALESCE(F.jahr, M.jahr), F.genre, M.studio
FROM   film F FULL OUTER JOIN movie M
ON     F.ID = M.ID
```

*MERGE-Operator*

Als weitere Möglichkeit zum Umgang mit Nullwerten schlagen Greco et al. den Operator MERGE vor [104]. MERGE kombiniert einen Outer-Join mit einer Union und lässt sich mittels einer herkömmlichen SQL-Anfrage ausdrücken:

```
SELECT F.ID, COALESCE(F.titel, M.titel),
       COALESCE(F.jahr, M.jahr), F.genre, M.studio
FROM   film F LEFT OUTER JOIN movie M
ON     F.ID = M.ID
  UNION
SELECT M.ID, COALESCE(M.titel, F.titel),
       COALESCE(M.jahr, F.jahr), F.genre, M.studio
FROM   film F RIGHT OUTER JOIN movie M
ON     F.ID = M.ID
```

Das Anfrageergebnis ist in Abbildung 8.11 dargestellt. Der MERGE-Operator ersetzt, wo immer möglich, die Nullwerte durch entsprechende Werte und kann so sich komplementierende Tupel ergänzen und, falls sie keine weiteren Konflikte haben, mittels Union zu einem Tupel »verschmelzen«. Dies ist im Beispiel bei dem Film Ben Hur der Fall. Duplikate mit Konflikten bleiben jedoch erhalten, wie beispielsweise der Film Shining.

| ID | titel | jahr | genre | studio |
|---|---|---|---|---|
| 1 | Fargo | 1997 | Drama | ⊥ |
| 2 | Ben Hur | 1959 | Historie | MGM |
| 3 | Alien | 1995 | SciFi | ⊥ |
| 3 | Alien | 1996 | SciFi | ⊥ |
| 4 | Shine | 1976 | Horror | MGM |
| 4 | Shining | 1976 | Horror | MGM |

***Abbildung 8.11***
*Mittels MERGE integriertes Ergebnis*

## 8.3.5 Gruppierung und Aggregation zur Datenfusion

*Aggregation innerhalb von Duplikatgruppen*

Eine weitere Variante der Datenfusion mit relationalen Operatoren *gruppiert die Tupel* einer Relation nach ihrer ID und führt für jedes Attribut eine spezifische *Aggregatfunktion* aus. Um mehr als eine Relation einzubeziehen, müssen sie zuvor mit einer `Union` bzw. `Outer-Union` vereint werden. Eine entsprechende SQL-Anfrage für die Relationen des Beispiels könnte lauten:

```
SELECT   ID, MAX(titel), MIN(jahr), MAX(genre),
         MAX(studio)
FROM     (
          SELECT ID, MAX, jahr, genre,
                 NULLIF(1,1) AS studio
          FROM film
            UNION
          SELECT ID, MAX, jahr,
                 NULLIF(1,1) AS genre, studio
          FROM movie
         )
GROUP BY ID
```

Das Ergebnis diese Anfrage ist in Abbildung 8.12 gezeigt. Alle Duplikate sind entfernt, und aufgrund der Wahl der Aggregatfunktionen wurden Nullwerte soweit wie möglich vermieden.

***Abbildung 8.12*** *Mittels Gruppierung und Aggregation integriertes Ergebnis*

| ID | titel | jahr | genre | studio |
|---|---|---|---|---|
| 1 | Fargo | 1997 | Drama | ⊥ |
| 2 | Ben Hur | 1959 | Historie | MGM |
| 3 | Alien | 1995 | SciFi | ⊥ |
| 4 | Shining | 1976 | Horror | MGM |

*Aggregatfunktionen können in RDBMS nicht selber implementiert werden*

Ein Vorteil dieser Variante ist es, im Vergleich zu den Join-Varianten, dass auch Duplikate innerhalb einer Relation erfasst und fusioniert werden. Ein Nachteil ist, dass man auf die sehr kleine Menge an Aggregatfunktionen beschränkt ist, die RDBMS *standardmäßig* zur Verfügung stellen. Diese sind `MIN`, `MAX`, `SUM`, `COUNT`, `AVG`, `VAR` und `STDDEV`. Für nicht numerische Attribute wählen `MIN` und `MAX` den lexikografische kleinsten bzw. größten Attributwert. Schon die Fähigkeit, Nullwerte zu vermeiden, wie dies `COALESCE` tut, fehlt. Gleichzeitig bietet keine der uns bekannten kommerziellen DBMS die Möglichkeit, eigene Aggregatfunktionen zu implementieren und in einer SQL-Anfrage zu verwenden. Wünschenswert wären Aggregatfunktionen wie `MAXLENGTH` bzw. `MINLENGTH`, `VOTE` als Mehrheitsentscheid, `MOSTRECENT` für den jüngsten Wert usw. [250, 28].

## 8.4 Informationsqualität

*Qualität = Eignung für einen Zweck*

Informationsqualität (auch Datenqualität) beschreibt allgemein die *Eignung von Daten* für ihren vorgesehenen Zweck. Diese Eignung muss für jede Anwendung neu bestimmt werden. So sind Fehler in Adressdaten bei Massen-E-Mails vollkommen unkritisch, da das Versenden keine Kosten verursacht und der durch doppelte Mails hervorgerufene Schaden im Ansehen des Absenders nicht relevant ist. Bei Postwurfsendungen ist dies schon kritischer, und bei persönlichen Anschreiben an besonders gute Kunden sind höchste Sorgfalt und beste Datenqualität geboten.

*Qualitätskriterien*

Zur Messung von Qualität werden meist eine Menge relevanter *Qualitätskriterien* festgelegt, wie z.B. Relevanz, Vollständigkeit, Aktualität oder Glaubwürdigkeit. In Abschnitt 8.4.1 werden wir eine Reihe solcher Kriterien vorstellen. In Abschnitt 8.4.2 besprechen wir, wie konkrete Werte für diese Kriterien ermittelt und verwaltet werden können.

*Datenreinigung verbessert manche Qualitätsaspekte*

Ist die Qualität nicht zufriedenstellend, müssen Daten gereinigt und verbessert werden. In den drei vorigen Abschnitten dieses Kapitels haben wir Methoden vorgestellt, die Datensätze bereinigen und Duplikate erkennen und fusionieren. Aber nicht alle Aspekte von Qualität können durch diese Verfahren verbessert werden – Gegenbeispiele sind die Reputation einer Datenquelle (die nur sehr schwer zu ändern ist) oder die Verfügbarkeit einer Verbindung (deren Erhöhung anderer, technischer Maßnahmen bedarf).

*Autonomie und Datenreinigung*

Niedrige Informationsqualität bereitet bereits in zentralen Datenbanken Probleme. In diesem Fall hat aber eine Organisation die Kontrolle über die Daten und kann Maßnahmen zur Verbesserung der Qualität einleiten. Werden Daten aber aus verschiedenen *autonomen Quellen* integriert, so ist diese Möglichkeit nicht gegeben. Daher skizzieren wir in Abschnitt 8.4.3 Verfahren, die Qualität von Quellen zu bewerten und diese Bewertungen zur *qualitätsbasierten Anfrageplanung* zu verwenden.

Ein besonders wichtiges Qualitätskriterium ist die *Vollständigkeit* der Informationen. Wir stellen es daher in Abschnitt 8.4.4 gesondert vor.

*Infokasten 8.3*
*Informationsqualität in den Wirtschaftswissenschaften*

Die Definition und Verbesserung der *Informationsqualität* spielt in vielen Disziplinen eine große Rolle. In Anlehnung an »Total quality management« in den Wirtschaftswissenschaften hat sich »Total data quality management« als Schlagwort zur Erkennung und Lösung von Problemen der Informationsqualität in Unternehmen etabliert. Hinter dem Begriff verbergen sich weniger konkrete Algorithmen als Maßnahmen zur Schärfung des Qualitätsbewusstseins im Management und bei dem Mitarbeitern. Dies wird etwa manifestiert durch die Einrichtung eines CQO, also eines »Chief quality officer«, der für die Datenqualität im Unternehmen verantwortlich ist.

Eine andere Stoßrichtung liegt in der Erstellung so genannter Information Product-Maps (IP-Maps), die den Fluss von Informationen durch eine Organisation darstellen und punktuell Qualitätskontrollen etablieren [260].

### 8.4.1 Qualitätskriterien

Qualität ist ein sehr schwierig zu definierender Begriff. Meistens wird Informationsqualität als *»fitness for use«* umschrieben, also die Eignung von Informationen für ihren Verwendungszweck. Um diese Beschreibung zu operationalisieren, definiert man Informationsqualität als eine Menge von Qualitätskriterien (auch *Qualitätsdimensionen* oder -merkmale). In einer viel zitierten Untersuchung befragten Wang und Strong Manager, welche Qualitätskriterien für sie relevant seien [291]. Es wurden 179 Kriterien genannt, die von den Autoren zu 15 Kriterien in vier Klassen zusammengefasst wurden. In Tabellen 8.1 und 8.2 listen wir diese Kriterien in einer leicht veränderten Klassifikation nach [209] auf.

*179 Qualitätskriterien*

*Definitionen fehlen*

Wir beschreiben die einzelnen Kriterien im Folgenden nur knapp. Für die meisten hat sich noch keine generelle Definition durchgesetzt, und viele der Kriterien sind so subjektiv, dass eine feste Definition auch nicht sinnvoll erscheint. Eine solche Liste ist aber nützlich, um für eine bestimmte Anwendung die relevante Teilmenge auswählen und geeignet festlegen zu können. Wir vermeiden außerdem eine Angabe der Granularität der einzelnen Kriterien. Sie können für ganze Datenquellen, aber auch für einzelne Relationen, Datensätze/Tupel oder einzelne Datenwerte relevant sein.

Ein Szenario, das die Wichtigkeit der Informationsqualität und ihrer Dimensionen vor Augen führt, ist die Erstellung von Berichten und Kennzahlen auf Basis der Daten eines *Data Warehou-*

| Klasse | Kriterium | Beschreibung (teils nach [291]) |
|---|---|---|
| Inhalts-bezogene Kriterien | Interpretierbarkeit (*interpretability*) | Grad, zu dem Daten angemessene Sprache, Symbole und Einheiten verwenden und zu dem die Definitionen deutlich sind |
| | Genauigkeit (*accuracy*) | Grad, zu dem Daten fehlerfrei sind |
| | Vollständigkeit (*completeness*) | Grad, zu dem Daten hinreichende Tiefe und Breite haben |
| | Unterstützung (*customer support*) | Umfang und Nutzen der Hilfe durch Experten |
| | Dokumentation (*documentation*) | Umfang und Nutzen der Dokumentation der Daten |
| | Relevanz (*relevancy*) | Grad, zu dem Daten hinreichend anwendbar und hilfreich sind |
| | Mehrwert (*value-added*) | Grad, zu dem Daten nützlich sind und ihre Verwendung vorteilhaft ist |
| Technische Kriterien | Verfügbarkeit (*availability*) | Grad, zu dem Daten verfügbar oder leicht erhältlich sind |
| | Latenz (*latency*) | Dauer zwischen Stellen einer Anfrage und Erhalt der ersten Antwort |
| | Antwortzeit (*response time*) | Dauer zwischen Stellen einer Anfrage und Erhalt der gesamten Antwort |
| | Preis (*price*) | Geldbetrag, der für eine Anfrage bezahlt werden muss |
| | Sicherheit (*security*) | Grad, zu dem der Zugang zu den Daten geschützt ist |
| | Zeitnähe (*timeliness*) | Grad, zu dem das Alter von Daten hinreichend jung ist |

***Tabelle 8.1***
*Kriterien der Informationsqualität, Teil 1*

*se*. Eine Unternehmensführung erhält solche Berichte regelmäßig und ist auf ihre Qualität als Grundlage für *strategische Entscheidungen* angewiesen. Fast alle der genannten Kriterien lassen sich direkt auf dieses Szenario anwenden, wie wir anhand eines Beispiels aus jeder der vier Klassen zeigen.

*Qualität beeinflusst Entscheidungen*

*Fehlentscheidungen aufgrund mangelnder Qualität*

- Sind nicht alle Filialen *vollständig* erfasst, sind die Verkaufszahlen ungenau.
- Werden Berichte nicht *zeitnah* verfügbar, kann nicht schnell genug auf aktuelle Marktsituationen reagiert werden.
- Sind die Kennzahlen *unglaubwürdig*, etwa weil sie öfter manuell verbessert werden, wird ihnen ein Manager wenig Ver-

| Klasse | Kriterium | Beschreibung (teils nach [291]) |
|---|---|---|
| Intellektuelle Kriterien | Glaubwürdigkeit (*believability*) | Grad, zu dem Daten als wahr, echt und glaubhaft angesehen werden |
| | Objektivität (*objectivity*) | Grad, zu dem eine Datenquelle unbefangen, vorurteilslos und unabhängig ist |
| | Reputation (*reputation*) | Grad, zu dem einer Datenquelle vertraut wird |
| Instanz-bezogene Kriterien | Knappheit der Darstellung (*repr. conciseness*) | Grad, zu dem Daten hinreichend kompakt dargestellt werden und nicht überwältigen |
| | Datenmenge (*amount*) | Grad, zu dem die Datenmenge hinreichend ist |
| | Konsistenz der Darstellung (*repr. consistency*) | Grad, zu dem Daten immer im gleichen Format und Schema dargestellt werden |
| | Verständlichkeit (*understandability*) | Grad, zu dem Daten klar und unmissverständlich sind |
| | Verifizierbarkeit (*verifiability*) | Grad, zu dem Daten dokumentiert, nachprüfbar und einer Quelle zugeordnet sind |

***Tabelle 8.2*** *Kriterien der Informationsqualität, Teil 2*

trauen schenken, sie ignorieren und damit Entscheidungen unter mangelndem Wissen treffen.

- Sind die Daten nicht hinreichend aggregiert und somit knapp dargestellt, ist die Gesamtsituation nicht erkennbar. Entscheider verlieren sich in Details, ohne eine strategische Linie verfolgen zu können.

### 8.4.2 Qualitätsbewertung und Qualitätsmodelle

*Erhebung konkreter Bewertungen*

Viele der genannten Kriterien entziehen sich einer konkreten Messung, wie beispielsweise die Glaubwürdigkeit einer Quelle oder die ausreichende (wofür?) Kompaktheit einer Darstellung. Die Kriterien lassen sich jedoch in drei Klassen einteilen, die sich darin unterscheiden, wo bzw. wer eine Quantifizierung vorzunehmen hat. Wir betrachten dafür den Prozess der Anfragebearbeitung als Zusammenspiel dreier *Akteure*: (1) der Benutzer oder die Anwendung, die eine Anfrage erzeugt, (2) die Anfragebearbeitung selber und (3) die Datenquelle bzw. Datenbank. Diese drei Rollen bezeichnet man in diesem Zusammenhang als Subjekt, Prädikat und Objekt. Abbildung 8.13 zeigt die drei Klassen und die zugehörigen Qualitätskriterien.

*Wer bewertet Kriterien?*

- **Bewertung durch Nutzer (Subjekt):** Kriterien dieser Klassen werden durch den Nutzer selbst bewertet. Methoden zur Bewertung sind Fragebögen oder eine Festlegung durch Experten.

- **Bewertung durch Anfragebearbeitung (Prädikat):** Kriterien dieser Klasse werden während der Anfragebearbeitung bewertet. Nach einer Initialisierung durch Testanfragen können die Werte laufend mit jeder Anfrage aktualisiert werden. Methoden sind Zeitmessungen, Sampling und die Analyse der Anfrageergebnisse.
- **Bewertung durch Datenquelle (Objekt):** Bewertungen für Kriterien dieser Klassen werden direkt durch die Datenquelle bzw. durch einen Experten, der die Datenquelle begutachtet, angegeben.

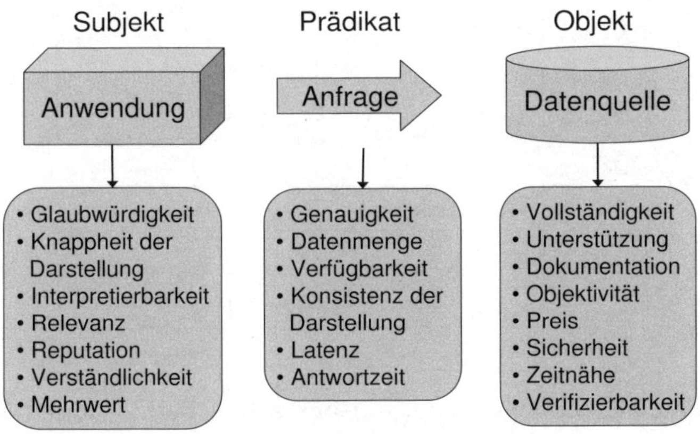


***Abbildung 8.13*** *Klassifikation von Qualitätskriterien*

*Bewertungen müssen verwaltet und benutzt werden*

Zur Speicherung der Bewertungen wurden verschiedene Vorschläge gemacht, die alle auf einer Erweiterung des Datenmodells und der Anfragebearbeitung basieren. Wir stellen hier beispielhaft das »attributbasierte Modell« von Wang et al. für relationale Daten [290] und das D²Q-Modell von Scannapieco et al. für XML-Daten [252] vor.

**Attributbasiertes Modell:** In diesem Modell werden alle Attributwerte zu Paaren erweitert. Der erste Wert ist der Attributwert selbst. Der zweite Wert ist, gleichsam als Fremdschlüssel, ein »Qualitätsschlüsselwert«, der auf den Schlüssel einer speziellen Relation verweist. In dieser Relation werden die Bewertungen des Attributwertes in verschiedenen Dimensionen gespeichert. Abbildung 8.14 veranschaulicht die Erweiterungen. Jedes Attribut wird um einen Qualitätsschlüssel `QS` erweitert, dessen Werte Fremdschlüssel auf Relationen sind, die die Qualitätswerte für mehrere Kriterien speichern.

*Erweiterung der Anfragesprache*

Das Modell sieht außerdem eine Erweiterung der Anfragesprache vor. Erstens sollen bei Anfragen auch die Qualitätsbewer-

**Abbildung 8.14** *Attributbasiertes Modell nach [290]*

Datenquelle 1: **Film**

| **<titel,QS1>** | **<jahr,QS2>** | **<genre,QS3>** |
|---|---|---|
| <Fargo,qw11> | <1996,qw21> | <Drama,qw31> |
| <Ben Hur,qw12> | <1959,qw22> | <Historie,qw32> |
| <Alien,qw13> | <1979,qw23> | <SciFi,qw33> |
| <Shining,qw14> | <1980,qw24> | <Horror,qw34> |

**QS1**

| **QW** | **Genauigkeit** | ... | **Mehrwert** |
|---|---|---|---|
| qw11 | 0.9 | ... | 13 |
| qw12 | 0.9 | ... | 11 |
| qw13 | 1 | ... | 1 |
| qw14 | 0.2 | ... | 0 |

**QS2**

| **QW** | **Genauigkeit** | ... | **Relevanz** |
|---|---|---|---|
| qw21 | 1 | ... | 7 |
| ... | ... | ... | ... |

tungen ausgegeben werden, zweitens sollen Bedingungen auf den Qualitätswerten formuliert werden können, und drittens müssen bei Einfüge- und Änderungsoperationen die Qualitätswerte angepasst werden.

**D²Q Modell:** Dies ist ein graphbasiertes Datenmodell, das XML um Qualitätsdimensionen erweitert. Jedes Element eines gegebenen XML-Schemas wird mittels einer Funktion von einem `Quality`-Element gespiegelt. Dieses Quality-Element hat als Kindelemente Knoten, die die jeweils modellierten Dimensionen darstellen. Abbildung 8.15 zeigt als Beispiel das entsprechend erweiterte Modell eines XML-Schemas.

Auch das D²Q-Modell sieht eine Erweiterung der Anfragefähigkeiten vor. Zu diesem Zweck wird vom Benutzer eine Funktion für jedes Qualitätskriterium definiert. Mittels dieser Funktion kann für jedes Datenelement dessen Qualitätswert in der jeweiligen Dimension abgefragt werden.

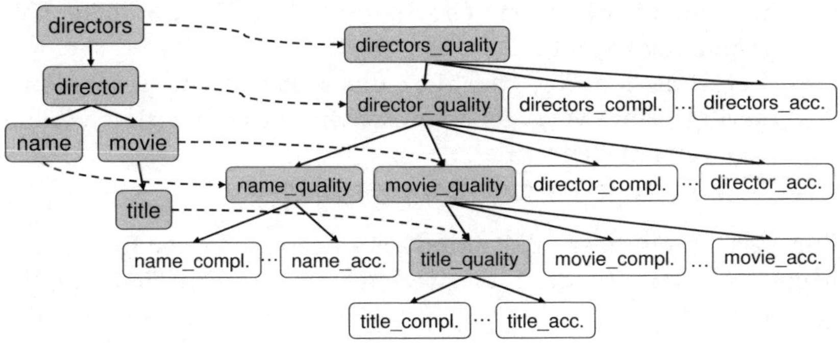


***Abbildung 8.15***
*Das $D^2Q$-Modell zur Speicherung von XML-Qualitätsbewertungen nach [252]*

## 8.4.3 Qualitätsbasierte Anfrageplanung

Anfrageplanung in integrierten Informationssystemen hat in der Regel das Ziel, *alle korrekten Antworten* auf eine Anfrage in möglichst kurzer Zeit zu ermitteln (siehe auch Abschnitt 6.5). Dieses Ziel ist bei Anwendungen, in denen Dutzende oder Hunderte autonomer Quellen integriert werden – also Webanwendungen wie Produktsuchmaschinen, Schnäppchenjäger, Metasuchmaschinen, Hotel- und Reiseinformationssyssteme etc. – nicht realistisch:

*Optimierung mit vielen qualitativ unterschiedlichen Quellen*

- Bei sehr vielen Quellen ist die Wahrscheinlichkeit, dass einzelne Quellen ausgefallen sind, sehr groß.
- Vollständigkeit ist ohnehin nicht erreichbar, da man zum Beispiel nicht alle Anbieter für ein bestimmtes Produkt kennt und einbinden kann – man trifft immer eine Auswahl.
- Ein vollständiges Ergebnis (in Hinblick auf die integrierten Quellen) benötigt oft unverhältnismäßig lange Zeit. Die Antwortzeit wird von den (wenigen) Quellen dominiert, die schlecht erreichbar sind. Ein Verzicht auf diese Quellen ermöglicht wesentlich schnellere Antworten bei möglicherweise nur geringfügig schlechterem Ergebnis.

Gleichzeitig ist aber die *Qualität der Informationen* in den verschiedenen Quellen sehr unterschiedlich. In solchen Szenarien ist es sinnvoll, gänzlich andere Optimierungsziele für eine Anfrage $q$ zu formulieren:

*Qualitätsbasierte Optimierungsziele*

- Beantworte $q$ nur mit den Quellen, deren Qualitätseinschätzung über einer vorgegebenen Grenze liegt (z.B. minimale Verlässlichkeit der Informationen).
- Berechne den Plan bzw. die Pläne, die schnellstmöglich eine solche Antwort für $q$ ergeben, deren Gesamtqualität mindes-

tens eine vorgegebene Grenze erreicht (z.B. minimaler Vollständigkeitsgrad).

- Berechne den Plan, der für $q$ das bestmögliche Ergebnis innerhalb einer vorgegebenen Kostenschranke (z.B. maximale Antwortzeit) berechnet.
- Berechne nur den qualitativ besten Plan.

*Kriterien und Einschätzungen notwendig*

Zur Verfolgung dieser Ziele sind eine Festlegung der für die Anfragen relevanten Qualitätskriterien und eine Einschätzung der Quellen bzgl. dieser Kriterien notwendig. Außerdem benötigt man, in Analogie zu Kostenmodellen in herkömmlichen Datenbanksystemen, ein *Qualitätsmodell*, mit dem die Qualität von Ergebnissen und Zwischenergebnissen aus der Qualität von Datenquellen geschätzt werden kann.

*Qualitätsbasierte Anfrageplanung*

*Bewertung von Plänen*

Im Folgenden skizzieren wir eine Methode zur *qualitätsbasierten Anfrageplanung* nach [214]. Die Methode findet den qualitativ besten Plan aus allen möglichen Plänen. Wir stellen hier nur das Verfahren zur *Bewertung eines Plans* vor. Zur Anfrageplanung kann ein beliebiges der in Kapitel 6 vorgestellten Verfahren benutzt werden. Für jeden Plan wird dann die erwartete Qualität seines Ergebnisses aus den Qualitätseinstufungen der Quellen geschätzt und anschließend nur der beste Plan ausgeführt.

**Abbildung 8.16**
*Anfrageplanung mit Qualitätsbewertungen*

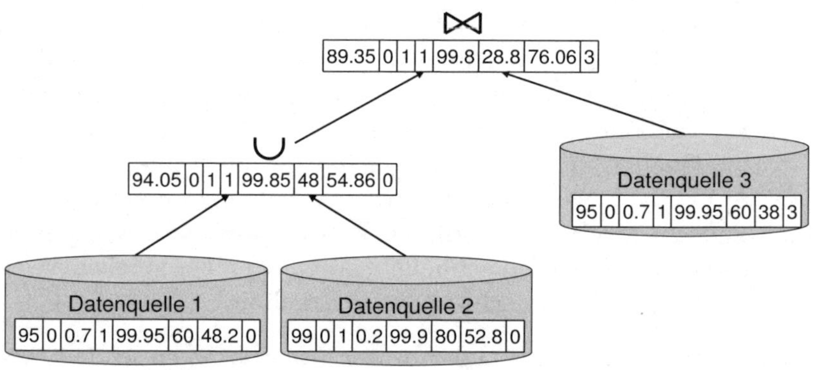


Abbildung 8.16 zeigt einen Anfrageplan, der drei Datenquellen mittels relationaler Operatoren integriert. Die Datenquellen sind mit Einschätzungen in acht Qualitätsdimensionen bewertet. Für unsere Darstellung ist es unwichtig, was die Anfrage genau ist und um welche $n$ Dimensionen es sich handelt. Um die Qualität des Ergebnisses des Plans zu schätzen, sind zwei Arten von Berechnungen notwendig:

- Für jeden inneren Knoten des Plans müssen Qualitätswerte für die $n$ Dimensionen aus den Einstufungen seiner Kinder abgeleitet werden.
- Um den besten Plan auswählen zu können, müssen Pläne anhand ihrer berechneten Einschätzungen in den $n$ Qualitätswerten in eine Rangfolge gebracht werden.

*Ableitung von Einschätzungen*

Um die Qualitätswerte der inneren Konten des Plans zu berechnen, werden die Qualitätswerte in jeder Dimension einzeln mittels *dimensionsspezifischer Funktionen* kombiniert. Diese können zum Beispiel sein:

*Dimensionsspezifische Verknüpfung*

- Für die Dimension »Verfügbarkeit« werden die beiden Kindwerte bei Unabhängigkeit der Quellen multipliziert, da für die Ausführung des Plans beide Kinder verfügbar sein müssen. Nehmen wir an, dass im Beispiel die erste Dimension Verfügbarkeit ist. Datenquelle 1 hat also eine Verfügbarkeit von 95% und Datenquelle 2 eine von 99%. Der innere Knoten erhält einen Verfügbarkeitswert von $95\% \cdot 99\% = 94{,}05\%$.
- Für die Dimension »Preis« werden die beiden Werte addiert.
- Für die Dimension »Antwortzeit« wird das Maximum der beiden Werte benutzt, wenn die Quellen parallel angefragt werden können; ist eine sequenzielle Anfrage vorgesehen, muss die Summe gebildet werden.
- Für die Dimension »Reputation« wird man in der Regel den kleineren der beiden Werte nehmen, da die weniger glaubwürdige Information die Glaubwürdigkeit des Gesamtergebnisses bestimmt.
- Etc.

Während manche Werte unabhängig von dem eigentlichen Operator im Knoten ermittelt werden können, sind andere davon abhängig. Ein Beispiel für Letzteres ist das Kriterium »Vollständigkeit«, das wir in Abschnitt 8.4.4 näher diskutieren werden.

*Vergleich von Qualitätsvektoren*

Die ermittelten Werte für den Wurzelknoten des Plans sind die Qualitätswerte des erwarteten Ergebnisses. Dieser Vektor muss mit den Vektoren anderer Pläne, die andere Datenquellen und andere Operationen zur Verknüpfung verwenden, verglichen werden.

*Normierung und Gewichtung*

Problematisch ist dabei, dass die Qualitätswerte in *unterschiedlichen Einheiten* (Prozent, Sekunden, Noten usw.) und *unterschiedlichen Wertebereichen* vorliegen. Daher müssen sie zunächst auf einen Wertebereich zwischen 0 und 1 normiert werden, z.B.

durch Division durch den maximalen im Plan erreichten Wert. Zudem könnten Nutzer eine *Gewichtung* wünschen, die einigen der Kriterien – je nach Anwendung oder Anfrage – mehr Gewicht gibt als anderen. Dazu werden dimensionsspezifische Gewichtsfaktoren $w_i, 0 < i \leq n$ angegeben, mit der Nebenbedingung $\sum_{i=1}^{n} w_i = 1$.

*Simple Additive Weighting*

Nachdem alle Dimensionen des Vektors auf die Zahlen $q_1, \ldots, q_n$ normiert und gewichtet wurden, können verschiedene Methoden verwendet werden, um eine Rangfolge zu erstellen. Die einfachste ist das *Simple Additive Weighting*, mit dem sich die Qualität $Q(p)$ eines Plans $p$ wie folgt berechnet:

$$Q(p) = \sum_{i=1}^{n} q_i \cdot w_i$$

Nach der Bewertung jedes korrekten Plans können diese nach ihrer Qualitätseinschätzung sortiert werden. Der Optimierer kann dann z.B. den besten oder die $k$ besten Pläne zur Ausführung auswählen, um mit möglichst wenig externen Anfragen ein möglichst gutes Ergebnis zu erreichen.

Bei der beschriebenen Methode geht das Verhältnis der Pläne untereinander nicht mit in die Sortierung ein. Beispielsweise tritt es häufig auf, dass sich die besten $k$ Pläne nur in einer Quelle unterscheiden, weil die hohe Qualität der anderen am Plan beteiligten Quellen die Gesamtbewertung dominiert. In solchen Fällen wäre es für die Qualität des Gesamtergebnisses (also der Vereinigung aller Ergebnisse der einzelnen Pläne) besser, beispielsweise nur den besten und den $k+1$-besten Plan auszuführen. Außerdem ist es vorteilhaft, die Bewertung von Teilplänen und den Planungsalgorithmus selber gleichzeitig durchzuführen, damit erkennbar schlechte Pläne erst gar nicht berechnet werden. Hinweise auf Literatur mit derartigen Verbesserungen geben wir in Abschnitt 8.5.

### 8.4.4 Vollständigkeit

Die Vollständigkeit des Ergebnisses ist eines der wichtigsten Ziele der Informationsintegration. Daten werden vorrangig integriert, um eine vollständigere Repräsentation des Diskursbereichs zu erlangen. Vollständigkeit bezieht sich dabei sowohl auf die *Zahl der repräsentierten Objekte* (viele Tupel) als auch auf die *Menge der repräsentierten Eigenschaften* der Objekte (viele Attribute bzw. Werte). Entsprechend kann man Vollständigkeit in zwei Dimensionen betrachten, der *Deckung* (coverage) und der *Dichte* (density) [211]:

*Aspekte von Vollständigkeit*

- Deckung misst die *Vollständigkeit der Extension*, also den Anteil der Realweltobjekte, die im Ergebnis enthalten sind.
- Dichte misst die *Vollständigkeit der Intension*, also die Dichte tatsächlicher Werte in den Realweltobjekten.

Abbildung 8.17 veranschaulicht diese beiden Dimensionen und zeigt zugleich, welche Faktoren bei der Informationsintegration die Vollständigkeit beeinflussen. Unabhängig von der Integrationsmethode können die Datenquellen durch gemeinsam repräsentierte Attribute und gemeinsam repräsentierte Objekte (Duplikate) geprägt sein. Beides muss bei der Berechnung der Vollständigkeit von Anfrageergebnissen berücksichtigt werden.

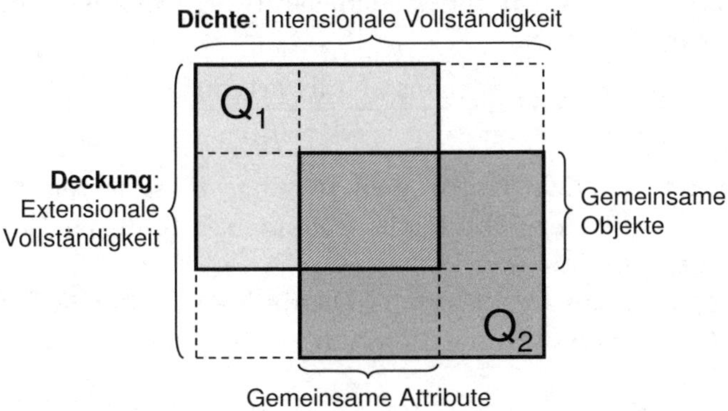


***Abbildung 8.17*** *Deckung und Dichte bei der Integration zweier Quellen*

**Definition 8.1**

***Definition 8.1*** *Deckung einer Relation*

Die *Deckung* einer Relation $R$, $c(R)$, ist definiert als der Anteil der in $R$ enthaltenen Realweltobjekte an der Menge $W_R$ aller mit dieser Relation intendierten Realweltobjekte:

$$c(R) := \frac{|R|}{|W_R|}$$ ■

*Schätzung der »Weltgröße« $|W|$*

Die Kardinalität von Relationen in Datenquellen muss zur Einstufung ihrer Vollständigkeit geschätzt werden, wozu Methoden der Kostenschätzungen in verteilten Datenbanken verwendet werden können (siehe Abschnitt 6.5). Schwieriger wäre es dagegen meistens, die Kardinalität der »Welt« $W_R$ zu bestimmen – dazu wäre es beispielsweise notwendig zu wissen, wie viele Filme jemals gedreht wurden oder wie viele Schauspieler es insgesamt auf der Welt gibt bzw. gab. Da wir aber die Deckung nur zum Vergleich von Datenquellen bzw. Relationen benötigen, ist ein genauer Wert auch nicht notwendig. $|W_R|$ fungiert als Normierungsfaktor, der beliebig, aber konsistent zwischen verschiedenen Relationen gewählt werden kann.

Die *Dichte einer Relation* wird durch die Anzahl ihrer Attribute und durch die Menge der Nicht-Nullwerte in der Relation bestimmt. Bei der Integration vieler semantisch gleicher Relationen kommt es häufig vor, dass einzelne Relationen Attribute besitzen, die andere nicht speichern. Wird die Vereinigung der Attribute als Schema der integrierten Relation verwendet, sind in dieser viele Nullwerte enthalten.

*Definition 8.2*
*Dichte einer Relation*

**Definition 8.2**
Sei $A$ die Attributmenge einer Relation $R$. Die *Dichte* von $R$, $d(R)$, ist definiert als der Anteil der Nicht-Nullwerte an allen möglichen Werten von $R$.

$$d(R) := \frac{|\text{Nicht-Nullwerte in } R|}{|A| \cdot |R|}$$ ■

Den Anteil an Nicht-Nullwerten in einer integrierten Relation kann man entweder zählen oder schätzen, z.B. durch Hochrechnung auf einem Sample.

Aufbauend auf Deckung und Dichte können wir die Vollständigkeit (*completeness*) einer Relation wie folgt definieren:

*Definition 8.3*
*Vollständigkeit einer Relation*

**Definition 8.3**
Die Vollständigkeit einer Relation $R$, $comp(R)$, ist das Produkt aus Deckung und Dichte von $R$:

$$comp(R) = c(R) \cdot d(R)$$ ■

Anschaulich gesprochen ist die Vollständigkeit einer integrierten Relation also der Anteil ihrer Nicht-Nullwerte an allen möglichen Werten der Extension der Relation.

### Vollständigkeit eines Anfrageplans

*Kombination von Vollständigkeitseinschätzungen*

In Abschnitt 8.4.3 haben wir die Möglichkeit erläutert, Qualitätswerte für Datenquellen zur Anfrageoptimierung zu verwenden. Dabei müssen in inneren Knoten eines Plans Qualitätseinschätzungen pro Dimension aus den Einschätzungen der Kinder des Knotens berechnet werden. Während dies für Kriterien wie Verfügbarkeit oder Preis relativ einfach ist, ist die Vollständigkeit eines integrierten Ergebnisses abhängig von den *tatsächlichen Instanzen* der Datenquelle und dem Anteil an Duplikaten. Diese Informationen sind schwierig zu schätzen.

Je nach integrierendem Operator werden Deckung und Dichte unterschiedlich berechnet. Wir zeigen hier beispielhaft die Berechnung der Deckung für die in Abschnitt 8.3.5 geschilderte Operation, also die Kombination von Relationen mittels `Outer-Union` und der anschließenden Eliminierung von Duplikaten mittels Gruppierung und Aggregation. Wir nennen diese Operation hier verkürzend `FUSE`.

*Beispiel Deckung*

Zur Deckung müssen wir die Menge an Objekten im integrierten Ergebnis $|R \texttt{ FUSE } S|$ schätzen. Unter der Annahme, dass die Menge der in $R$ repräsentierten Objekte unabhängig von der Menge der in $S$ repräsentierten Objekte ist, gilt:

$$|R \texttt{ FUSE } S| = |R| + |S| - \frac{|R|}{|W|} \cdot \frac{|S|}{|W|} \cdot |W|$$

Teilen wir diese Gleichung durch $W$, ergibt sich

$$\frac{|R \texttt{ FUSE } S|}{|W|} = \frac{|R|}{|W|} + \frac{|S|}{|W|} - \frac{|R|}{|W|} \cdot \frac{|S|}{|W|}$$

und damit

$$c(R \texttt{ FUSE } S) = c(R) + c(S) - c(R) \cdot c(S)$$

Sind nähere Informationen über die Überlappung zwischen $R$ und $S$ bekannt, so muss die Formel entsprechend angepasst werden. Sind die Relationen beispielsweise disjunkt, so gilt:

$$c(R \texttt{ FUSE } S) = c(R) + c(S)$$

## 8.5 Weiterführende Literatur

### Datenreinigung

*Spezielle Domänen*

Eine gute Übersicht über das Gebiet bietet der bereits erwähnte Artikel von Rahm und Do [235]. Etwas aktueller ist [205]. In Bezug auf Datenfehler gibt es weitere Klassifikationen, wie zum Beispiel die von Kim und Seo [146] oder Kim et al. [148]. Einen deklarativen Ansatz zur Datenreinigung, basierend auf speziellen Spracherweiterungen, beschreibt [92]. Eine Übersicht über Fehler und ihre Behandlung in speziellen Anwendungsgebieten geben zum Beispiel [206] für Genomdaten oder [14] für Kundendaten in Data Warehouses. Im Zusammenhang mit Data Mining ist die Datenreinigung von besonderem Interesse. Die bereits genannten Bücher von Pyle [230] und Dasu und Johnson [64] betrachten diesen Aspekt.

### Duplikaterkennung

*Ähnlichkeitsmaße*

Das Gebiet der Duplikaterkennung als Forschungsaufgabe geht auf Fellegi und Sunter zurück [85]. Das Tutorial von Koudas und Srivastava bietet einen weiteren guten Überblick über diverse Ähnlichkeitsmaße und Algorithmen, um sie anzuwenden [155]. Der heute prominenteste Ansatz ist die bereits vorgestellte Sorted-Neighborhood-Methode [122]. Ein anderes Verfahren, das auf domänenspezifischen Regeln zur Duplikaterkennung und zur Datenfusion beruht, ist das IntelliClean-System [164].

*Duplikaterkennung in DWH*

Ananthakrishna et al. beschreiben ein speziell für die hierarchische Struktur von Data Warehouses geeignetes Duplikaterkennungsverfahren [5]. Die Struktur von Daten wird auch bei der Duplikaterkennung in XML-Daten ausgenutzt. Eine direkte Erweiterung der Sorted-Neighborhood-Methode auf XML-Daten stellen Puhlmann et al. vor [229]. Das Verfahren geht bottom-up, von den Blättern der XML-Dokumente beginnend, vor. Die Systeme SEMEX [76] und DogmatiX [295] legen dagegen die Traversierungsrichtung nicht fest, sondern beginnen die Duplikaterkennung dort im XML-Baum, wo sich die ähnlichsten Elemente befinden.

### Datenfusion

*Match Join*

Der in [303] definierte *Match Join*-Operator führt einen `Full-Outer-Join` über alle Kombinationen von Attributwerten aus. Zur Fusion in daraus abgeleiteten Duplikatgruppen stehen verschiedene Strategien zur Verfügung. Im ConQuer-Projekt [90] werden Schlüsselbedingungen nicht nur für Relationen, sondern auch für Anfrageergebnisse definiert. So kann für Duplikatgruppen spezifiziert werden, dass nur ein Repräsentant ins Anfrageergebnis gelangt.

*Datenfusion durch benutzerdefinierte Gruppierung*

In [250] wird die FraQL-Sprache vorgestellt, die Datenfusion über Gruppierung und benutzerdefinierte Aggregation implementiert. Ähnlich wie die Multidatenbanksprache SchemaSQL erlaubt FraQL Anfragen über mehrere heterogene Datenquellen im Global-as-View-Stil. Damit ermöglicht die Sprache die Lösung schematischer Konflikte und Datenkonflikte. Ein offenes Problem ist die Fusion von XML-Daten.

*Interaktive Datenfusion*

In letzter Zeit sind auch einige interaktive Systeme zur Datenfusion vorgestellt worden, wie iFuice [236], Fusionplex [208] oder HumMer [26]. Verwandt zur Datenfusion sind außerdem probabilistische Datenbanken, die pro Tupel/Attributkombination widersprüchliche Werte, behaftet mit einer Wahrscheinlichkeit ihres Zutreffens, speichern und diese Wahrscheinlichkeiten über Anfrageoperatoren propagieren [297]. Ein gänzlich offenes Problem ist die ungleich schwierigere Fusion von XML-Daten.

#### Informationsqualität

Informationsqualität ist vor allem in den Wirtschaftswissenschaften ein wichtiges Thema. Die Bücher von Redman gelten als Referenzwerke für Datenqualitätsbetrachtungen für Unternehmen [240, 241]. Das Buch von English stellt eine ausführliche Vorgehensweise zur Integration von Datenqualität in die Datenproduktions- und Datenverarbeitungsprozesse vor [82].

Die Aspekte der Informatik, die auch in diesem Buch betont wurden, werden ausführlich in dem Buch von Scannapieco und Batini besprochen [17]. In dem Buch von Wang et al. werden diverse Arbeiten zur Modellierung von Informationsqualität zusammengefasst und unter einer gemeinsamen Terminologie erläutert [292].

# Teil III

# Systeme

Im dritten Teil des Buches nehmen wir eine mehr systemorientierte Sicht auf das Thema Informationsintegration ein. Wir wollen damit zeigen, auf welche existierenden Produkte und Infrastrukturen ein Entwickler aufsetzen kann, um die im zweiten Teil besprochenen Lösungsansätze zu implementieren. Außerdem zeigen wir anhand einer Reihe von Fallbeispielen, wie die besprochenen Architekturen und Ansätze in konkreten Projekten umgesetzt wurden bzw. werden können.

Im folgenden Kapitel stellen wir Data Warehouses (DWH) als wichtige Umsetzung materialisierter Integration vor. Aufgrund der hohen kommerziellen Bedeutung von DWH holen wir dazu etwas weiter aus und gehen auch auf die dort angewandte spezielle Modellierungsmethode ein. In Kapitel 10 besprechen wir kommerziell verfügbare Systeme, die einem Entwickler von Integrationslösungen viel Arbeit abnehmen können, wie zum Beispiel verteilte Datenbanken, Middleware und Produkte aus dem Umfeld der »Enterprise Application Integration«. Dabei ordnen wir auch Web-Services und die aktuell in aller Munde geführte »Service-Oriented Architecture« (SOA) in den Kontext dieses Buches ein.

In Kapitel 11 stellen wir eine Reihe von Projekten, Systemen und Produkten vor, die in den letzten Jahren zur Unterstützung molekularbiologischer Forschung mit dem Ziel der Informationsintegration entwickelt wurden. Dieses Anwendungsgebiet eignet sich besonders für eine vergleichende Darstellung, da dort alle in diesem Buch erwähnten Probleme geradezu exemplarisch auftreten und einer Lösung bedürfen – entsprechend findet man bei den dargestellten Systemen Vertreter nahezu jeder Architektur, von föderierten Datenbanken über Multidatenbanksprachen und Ontologien bis zu Data Warehouses.

Wir schließen das Buch in Kapitel 12 mit der Darstellung eines Praktikums, wie wir es zur Begleitung einer Vorlesung zur Informationsintegration bereits mehrfach und erfolgreich mit Studenten durchgeführt haben.

# 9 Data Warehouses

Die bisher vorgestellten Methoden zur Informationsintegration legen ihren Schwerpunkt auf die Probleme, die sich durch eine logische Verteilung von Datenbeständen ergeben – entweder aufgrund einer bewussten Designentscheidung, wie bei verteilten Datenbanken, oder aufgrund unabänderlicher Gegebenheiten, wie bei föderierten Datenbanken. Systeme, die auf einer solchen *virtuellen Integration* basieren, leiden unter einer Reihe von Nachteilen, wie bereits in Abschnitt 4.1 besprochen. Dies sind insbesondere die mangelnde *Geschwindigkeit der Anfragebearbeitung*, die fehlende Möglichkeit, auch schreibend auf die Daten zuzugreifen, die Probleme mit der Verfügbarkeit von Datenquellen und die schiere Komplexität der Anfragebearbeitung.

*Nachteile virtueller Integration*

Diesen Problemen kann man durch *physische Materialisierung* von Daten an einer zentralen Stelle begegnen. Derartige Ansätze fasst man allgemein unter dem Begriff *Data Warehouse* zusammen. Das Grundprinzip eines DWH ist die (synchrone oder asynchrone) *Replikation von Daten* aus heterogenen Quellsystemen in einer zentralen Datenbank. Anfragen werden direkt auf dieser Datenbank bearbeitet; Quellsysteme sind zur Anfragezeit nicht mehr involviert. Dies bringt einen erheblichen Geschwindigkeitsvorteil gegenüber der virtuellen Integration, ermöglicht die Manipulation von Daten im Data Warehouse getrennt von den Quellsystemen und gestattet es, die herkömmlichen Anfragebearbeitungsmechanismen des dem DWH zugrunde liegenden DBMS zu verwenden, anstatt neue Verfahren entwickeln zu müssen.

*Data Warehouse: Materialisierung in zentraler Datenbank*

Damit ist nicht gesagt, dass eine materialisierte Integration immer einer virtuellen vorzuziehen ist. Oftmals besteht keine *Wahl zwischen den beiden Varianten*. Beispielsweise kann der integrierte Datenbestand einfach zu groß werden. Gerade wenn man fremde Quellen im Internet integrieren möchte, hat man oft das Problem, dass diese einen Zugriff nur für Anfragen gestatten und das Kopieren des gesamten Datenbestands nicht erlauben. Bei der Konstruktion einer Metasuchmaschine im Internet ist beispielsweise eine Materialisierung der Datenbestände der zu inte-

*Materialisierung ist nicht immer möglich*

grierenden Suchmaschinen keine mögliche Alternative; genauso wenig kann man eine Metasuchmaschine über verschiedene Filmhändler im Web basierend auf Materialisierung aufbauen, da dazu vollständige Preis- und Bestandslisten aller zu integrierenden Filmhändler notwendig wären, die aber nicht zur Verfügung gestellt werden.

*Mangelnde Aktualität*

Des Weiteren leiden materialisierende Integrationsansätze an dem Problem, nicht immer die *aktuellsten Daten* zur Verfügung zu haben, da das Kopieren der Datenbestände nur in festen Intervallen erfolgt. Dies ist beispielsweise bei der Integration von Börsenkursen ein entscheidender Nachteil. Schließlich kann die Möglichkeit, Daten im Data Warehouse zu ändern, schnell zu *Konsistenzproblemen* führen. Ändert man beispielsweise die Schreibweise einer Kundenadresse im DWH, um dort Einheitlichkeit zwischen Kundenlisten verschiedener Außendienstmitarbeiter herzustellen, so kann der Bezug zur Originaladresse bei späteren Änderungen unter Umständen verloren gehen – was schnell zu unerkannten Duplikaten führt.

*Konsistenz sicherstellen*

*Große kommerzielle Bedeutung*

Data Warehouses sind seit den 90er Jahren kommerziell von hoher Bedeutung. Viele Unternehmen haben DWH eingeführt, um eine Analyse über ihren gesamten Datenbestand zu ermöglichen, ohne die Autonomie ihrer historisch gewachsenen Quellsysteme aufgeben zu müssen. Damit sind DWH heute die wichtigsten auf Informationsintegration basierenden Systeme in Unternehmen. Während der Erstellung und der Aktualisierung eines DWH müssen alle Probleme gelöst werden, die wir in Kapitel 3 dargestellt haben. Entsprechend gibt es eine ganze Reihe von kommerziellen Anbietern, die Werkzeuge für diese Aufgaben im DWH-Umfeld anbieten (wie z.B. Informatica, Ascential (heute IBM) und Oracle mit dem Oracle Warehouse Builder).

Im kommerziellen Umfeld stehen neben den Integrationsaspekten vor allem die *Datenanalysemöglichkeiten* und die Sicherstellung ausreichender Performanz auf Datenbeständen im Terabyte-Bereich im Zentrum der DWH-Entwicklung. Den ersten Aspekt werden wir im Folgenden kurz betrachten; für den zweiten verweisen wir auf die Literaturangaben in Abschnitt 9.4.

Wir erläutern die wichtigsten Begriffe aus dem Umfeld der Data Warehouses am Beispiel eines fiktiven Konzerns, der Supermärkte betreibt. Die einzelnen Märkte verwenden eigene Datenbanken zur Abwicklung des täglichen Verkaufs und der Warendisposition. Gleichzeitig werden diese Daten im konzernweiten DWH zentral zusammengefasst, um beispielsweise

*Anwendungen von Data Warehouses*

- Statistiken über gut und weniger gut gehende Waren erstellen zu können, die die Gesamtbeschaffung des Unternehmens beeinflussen,

- das regionale Verkaufsverhalten bei der Logistik der Warenverteilung berücksichtigen zu können,
- Korrelationen zwischen verkauften Waren oder zwischen Waren und ihrem Standort im Markt berechnen zu können sowie
- gut oder weniger gut gehende Märkte im Vergleich zu anderen Märkten identifizieren zu können.

*Integration vieler Quellen notwendig*

Neben den Verkaufsdaten müssen dazu in das DWH Informationen über Lieferanten, Märkte, Waren und eventuell auch Kunden integriert werden – man denke nur an die populären Kundenrabattkarten, die eine Identifikation von Kunden über verschiedene Märkte und verschiedene Vertriebsformen (Supermarkt, Internet, Katalogbestellung) ermöglichen. Die Komplexität des dadurch entstehenden Modells und die Vielzahl unterschiedlicher Benutzer (Einkauf, Vertrieb, Unternehmensleitung, regionale Leiter etc.) machen es wiederum oftmals notwendig, verschiedene *Sichten auf das DWH* zu definieren, die unter Umständen selber wieder materialisiert werden.

### Charakteristika von Data Warehouses

*OLAP versus OLTP*

Data Warehouses werden als OLAP-Systeme bezeichnet, im Unterschied zu den klassischen OLTP-Datenbankanwendungen. OLAP steht für *Online Analytical Processing* und OLTP für *Online Transaction Processing*. Damit ist der größte Unterschied zwischen beiden Arten von Anwendungen bereits genannt: Während OLAP-Anwendungen vor allem der Analyse von Daten dienen, sind OLTP-Anwendungen mit der schnellen und sicheren Durchführung der Geschäftsprozesse beschäftigt. OLTP ist also für das Tagesgeschäft eines Unternehmens existenziell, während OLAP eher strategische Bedeutung hat.

*Unterscheidungsmerkmale*

Neben und teilweise auch aufgrund dieses fundamentalen Unterschieds gibt es eine Reihe weiterer Unterscheidungsmerkmale zwischen OLAP und OLTP, die in Tabelle 9.1 aufgeführt sind.

*Unterschiede verschwinden*

Durch die Entwicklung immer schnellerer Rechner einerseits und immer höherer Anforderungen andererseits verschwinden allerdings manche der Unterschiede zunehmend. So werden in den letzten Jahren im Zuge des *Real-Time Data Warehousing* auch an DWH Anforderungen wie Ausfallsicherheit, Antworten in Sekundenschnelle und ständige Aktualität gestellt, die man früher nur an OLTP-Anwendungen stellte.

| Eigenschaft | OLTP | OLAP |
|---|---|---|
| Datenherkunft | Werden im System erzeugt | Integriert aus mehreren Quellen |
| Typische Operationen | Insert, Update, Delete, Select | Select, Bulk-Inserts |
| Typische Transaktionen | Viele und kurz, lesend und schreibend | Wenige, aber langdauernd, vor allem lesend |
| Typische Anfragen | Einfache Anfragen, Primärschlüsselzugriff | Komplexe Anfragen, Aggregate, Bereichsanfragen |
| Daten pro Transaktion | Wenige Tupel | Mega- bzw. Gigabyte |
| Größe der Datenbank | Gigabyte | Terabyte |
| Art der Daten | Aktuelle Rohdaten | Abgeleitete und historische Daten |
| Änderungsfrequenz | Dauernde Änderungen | Keine Änderungen, periodische Bulk-Inserts |
| Modellierungsmethode | Anwendungsorientiert, normalisierter ER-Entwurf | Themenorientiert, multidimensional |
| Typische Benutzer | Sachbearbeiter | Management |

***Tabelle 9.1***
*OLAP versus OLTP*

## 9.1 Komponenten eines Data Warehouse

*Aufbau eines DWH*

Architektonisch besteht ein DWH aus einer Reihe von Komponenten, die sich aus der Art der Aktualisierung des DWH, seiner Überwachung und seiner Benutzung ergeben. Die einfachste Architektur für DWH ist die *Hubs-and-Spokes*-Architektur, die das DWH als zentrale Datenbank ins Zentrum einer Reihe von Datenlieferanten, den Quellsystemen, und einer Reihe von Sichten auf das DWH, den *Data Marts*[1], stellt (siehe Abbildung 9.1).

[1]Der Begriff des »Data Mart« wird in der Literatur sehr vielfältig verwendet. Wir bezeichnen damit ganz generell Datenbestände, die aus dem DWH abgeleitet werden.

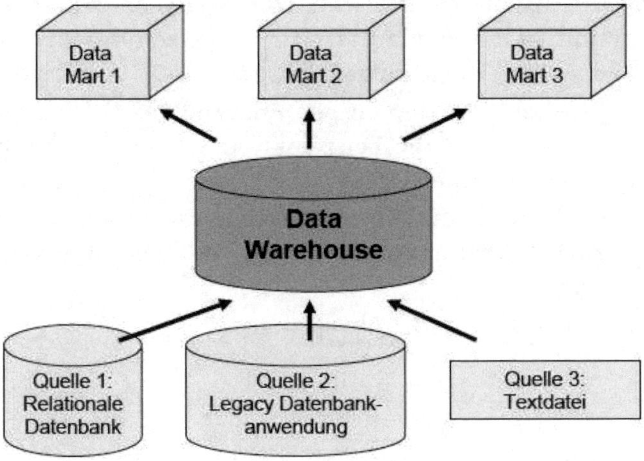


***Abbildung 9.1***
*Hubs-and-Spokes-Architektur*

Eine detailliertere Architektur ist in Abbildung 9.2 dargestellt. Die Unterschiede zur Hubs-and-Spokes-Architektur sind die folgenden:

*Unterschiede zu Hubs and Spokes*

- In der Datenversorgung ist mit dem *Arbeitsbereich* (engl. *staging area*) eine Zwischenstufe zwischen die Quellsysteme und die Basisdatenbank gekommen. Der Prozess der Datenversorgung wird in Abschnitt 9.3 genauer besprochen.
- Die *Basisdatenbank* enthält alle Daten in höchster Genauigkeit, im Falle unseres Supermarktbeispiels also Verkäufe bis auf einzelne Produkte eines Einkaufs hinunter. Die Basisdatenbank ist als Würfel dargestellt, was die zu ihrer Modellierung verwendete spezielle Technik andeutet (siehe Abschnitt 9.2).
- Aus der Basisdatenbank werden unterschiedliche *Data Marts* abgeleitet und in eigenen Schemata gespeichert, auf denen dann die Datenanalyseprozesse und OLAP-Werkzeuge aufsetzen. Dies dient der Datenreduktion und der Präaggregation von Daten (siehe auch Infokasten 9.1).
- Das *Metadaten-Repository* enthält Informationen über sämtliche Prozesse im DWH. Diese werden vom *Data Warehouse Manager* zur Steuerung und Überwachung benutzt. Der DWH-Manager ist insbesondere dafür verantwortlich,
    - Ladeprozesse anzustoßen und bei Problemen erneut zu starten oder einen Administrator zu benachrichtigen,

- die Ausführungszeiten von Analysen zu überwachen und bei ungeplanten Performanzeinbrüchen entsprechende Alarme zu generieren,
- jederzeit den derzeitigen Zustand des DWH zu kennen, insbesondere die Zeitpunkte der letzten Aktualisierungen sämtlicher Daten,
- die einzelnen Transformationsregeln eines Prozesses zum Extrahieren und Laden der Daten zu verwalten und
- Zugriffsrechte zu überprüfen.

***Abbildung 9.2*** *Detaillierte Architektur für Data Warehouses*

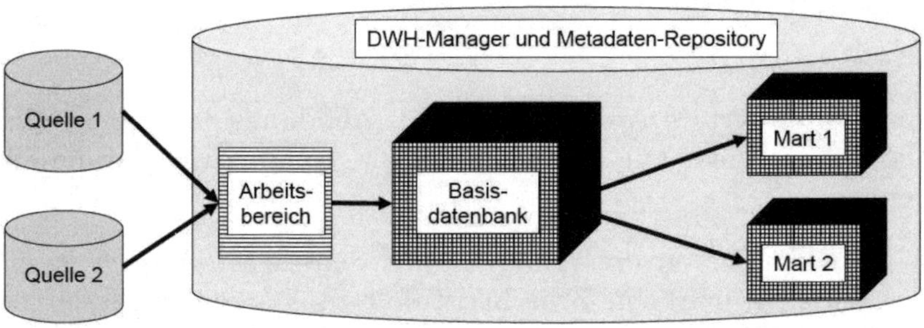


## 9.2 Multidimensionale Datenmodellierung

*Schema der Basisdatenbank*

Von zentraler Bedeutung im DWH ist die Basisdatenbank. Da sie sämtliche Daten in *höchster Auflösung* speichert, umfasst ihr Schema alle im DWH zu integrierenden Daten — was nicht notwendigerweise alle Daten aller Quellsysteme bedeutet, da während der Integration sehr wohl Daten weggelassen werden können.

*Ausrichtung auf Analyse*

Data Warehouses sind auf die *Analyse der Datenbestände* ausgerichtet, nicht auf die Überwachung von Geschäftsprozessen. Details, die in einer Niederlassung für die Abwicklung des Tagesgeschäft unerlässlich sind, wie Kassennummer, Verkäufer, Art der Bezahlung, Verschlüsselungsdaten des EC-Lesegerätes, Warenbestand, Autorisierungsinformationen für Reklamationen etc., sind für eine übergreifende Analyse des Kaufverhaltens der Kunden unerheblich. Andererseits sind aber, je nach Art der durchzuführenden Analyse, zusätzliche Daten notwendig, die für das Tagesgeschäft eines Supermarkts nicht relevant sind, wie Lieferanten

***Infokasten 9.1***
*Data Marts und materialisierte Sichten*

*Data Marts* sind Ausschnitte aus der Basisdatenbank für einen bestimmten Zweck. Beispielsweise wird ein Regionalleiter eines Konzerns nur an Verkaufsdaten aus seiner Region interessiert sein. Ein Einkäufer im Konzern wiederum wird nur Informationen über die Produktgruppen benötigen, für die er zuständig ist. Er benötigt auch keine Daten über einzelne Verkäufe, sondern zur Disposition sind Tagesverkäufe pro Filiale ausreichend. Deshalb könnte ein Data Mart für den Einkauf Einzelverkäufe bereits präaggregieren und bei der Aktualisierung des Marts die entsprechenden Summen berechnen. Dadurch werden spätere Anfragen schneller.

Data Marts werden oft als *materialisierte Sichten* implementiert. Materialisierte Sichten sind Sichten einer relationalen Datenbank, deren Ergebnisse in einer Tabelle gespeichert werden. Anfragen, die die Sicht definierende Anfrage – deren Ergebnis ja schon vorliegt – beinhalten oder entsprechend umgeschrieben werden können, lassen sich oftmals wesentlich schneller ausführen als ohne die materialisierte Sicht. Beim Einsatz von materialisierten Sichten muss der Trade-off zwischen Performanzgewinn zur Anfragezeit und Verwaltungsaufwand im laufenden Betrieb beachtet werden – materialisierte Sichten benötigen Platz und müssen vom DBMS aktuell gehalten werden.

der einzelnen Produkte, Gesamtumsätze eines Kunden oder regionale Informationen. Im Zentrum derartiger Analysen stehen Geschäftsvorfälle, die bestimmte Eigenschaften gemeinsam haben:

*Fakten und Dimensionen*

- Die Geschäftsvorfälle werden *Fakten* (engl. *Facts* oder *Measures*) genannt. Geschäftsvorfälle eines Handelsunternehmens sind einzelne Verkäufe, für ein Telekommunikationsunternehmen sind es Telefonate, und für ein Verkehrsstrafregister wären es Vergehen.
- Die Eigenschaften der Geschäftsvorfälle nennt man *Dimensionen*. Dimensionen von Verkäufen können Zeitpunkt, verkauftes Produkt, Lieferant und Verkaufsort sein, für ein Telefonat sind es Netzbetreiber, Tarif und Anrufer, für ein Vergehen sind es Ort und die zuständige Dienststelle.

*Strukturierte Dimensionen*

Dimensionen unterliegen typischerweise einer *hierarchischen Gliederung*. So gliedert man Zeitpunkte z.B. in Tage, Monate und Jahre oder Ortsangaben in Regionen, Bundesländer und Nationen. Oftmals ergeben sich die Ordnungsprinzipien aus Struktu-

**Abbildung 9.3** *Klassifikationshierarchie der Dimension Zeit mit Klassifikationsstufen (links) und Klassifikationsknoten (rechts)*

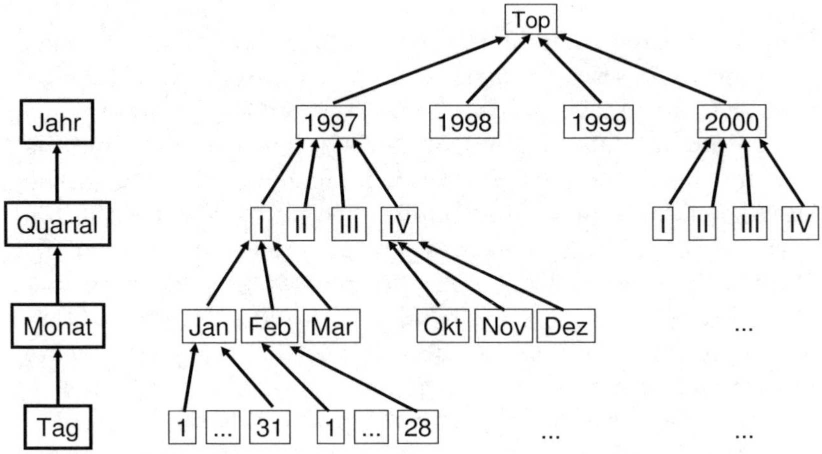


ren eines Unternehmens: Beispielsweise werden Kunden nach den zuständigen Vertriebsmitarbeitern oder Vertriebsregionen klassifiziert oder Lieferanten nach den zuständigen Einkaufsabteilungen. In Abbildung 9.3 ist exemplarisch die hierarchische Struktur der Dimension Zeit abgebildet. Die verschiedenen Level der Hierarchie sind die *Klassifikationsstufen* Jahr, Quartal, Monat und Tag. Ausprägungen der Klassifikationsstufen heißen *Klassifikationsknoten*; dies sind zum Beispiel konkrete Jahre oder Quartale. Klassifikationsknoten verhalten sich zu Klassifikationsstufen wie Daten zu Relationen in einem relationalen Modell; modelliert werden nur die Klassifikationsstufen.

*Unterstützung strategischer Planung*

Diese Art der Modellierung orientiert sich an den Analysebedürfnissen der *strategischen Planung* und gestattet die effiziente Vorberechnung bestimmter Aggregatfunktionen. Beispielsweise kann der Gesamtumsatz eines Quartals aus den Umsätzen der einzelnen Monate berechnet werden. Es ist aber Vorsicht geboten, da diese Art der hierarchischen Zusammenfassung für viele Aggregatfunktionen, wie zum Beispiel den Durchschnitt oder den Median einer Gruppe, nicht ohne weiteres möglich ist (siehe Infokasten 9.2).

*Multidimensionales Datenmodell*

Die Unterteilung von Geschäftsvorfällen und ihren Eigenschaften wird in DWH durch ein *multidimensionales Datenmodell* abgebildet. Dieses setzt die Fakten, die beschreibenden Dimensionen und deren Struktur zueinander in Beziehung. Zur Modellierung können grafische Sprachen wie zum Beispiel M/ER, eine Erweiterung des Entity-Relationship-Modells um multidimensionale Konzepte, benutzt werden. In Abbildung 9.4 ist ein Modell für ein DWH eines Großhändlers angegeben, in dem die einzelnen

**Infokasten 9.2**
*Klassen von Aggregatfunktionen*

Eine *Aggregatfunktion* bildet eine Menge von Elementen auf einen einzelnen Wert ab. Beispielsweise berechnet die Funktion $sum$ die Summe einer Menge von Zahlen und die Funktion $max$ das Maximum einer Menge von Elementen. In RDBMS werden Aggregatfunktionen vor allem im Zusammenhang mit Gruppierungen eingesetzt und berechnen dann für jede Gruppe ein Element im Ausgabestrom der Anfrage.

In DWH erfolgen Aggregationen über mehrere Ebenen hierarchischer Dimensionen. Beispielsweise ist es für Berichte oftmals notwendig, Umsätze nach Tagen, Monaten und Jahren und nach Produkttypen, Produktgruppen und Bereichen zu summieren und für jede Ebene der Hierarchie Zwischensummen auszugeben. Um eine effiziente Verarbeitung sicherzustellen, werden dazu zunächst Aggregate auf der untersten Ebene berechnet und diese sukzessive zu Aggregaten höherer Ebenen zusammengefasst. Dieses Vorgehen ist aber nur bei bestimmten Funktionen möglich. Beispielsweise kann man den Durchschnittsumsatz eines Monats nicht aus den täglichen Durchschnittsumsätzen berechnen.

Für eine Partitionierung $X_1, X_2, \ldots, X_n$ einer Gesamtheit $X$ ($X = X_1 \cup X_2 \cup \ldots \cup X_n$ und die verschiedenen $X_i$ sind überlappungsfrei) unterscheidet man drei Klassen von Aggregatfunktionen $f$:

- $f$ ist *distributiv*, wenn es für $f$ eine Aggregatfunktion $g$ gibt, so dass $f(X) = f(g(X_1), g(X_2), \ldots, g(X_n)$. Beispiele sind $sum$, $max$ oder $count$.
- $f$ ist *algebraisch*, wenn es für $f$ eine feste Zahl von Aggregatfunktionen $g_1, g_2, \ldots, g_m$ gibt, so dass $f$ aus den Werten $g_1(X_1), g_2(X_2), \ldots, g_m(X_1), g_1(X_2), \ldots, g_m(X_n)$ berechnet werden kann. Ein Beispiel ist die Funktion $average$ mit den Hilfsfunktionen $sum$ und $count$.
- $f$ ist *holistisch*, wenn sie nur aus der Grundgesamtheit aller Einzelwerte berechnet werden kann. Zusammenfassungen für die Partitionen sind also nutzlos. Beispiele dafür sind die Funktionen $median$ oder $rank$.

Verkäufe beschrieben werden. Fakten sind in Form eines dreidimensionalen Quaders repräsentiert, Klassifikationsstufen durch Rechtecke, ihre Attribute durch Ovale und die hierarchischen Beziehungen zwischen Klassifikationsstufen durch pfeilartige Verbindungen.

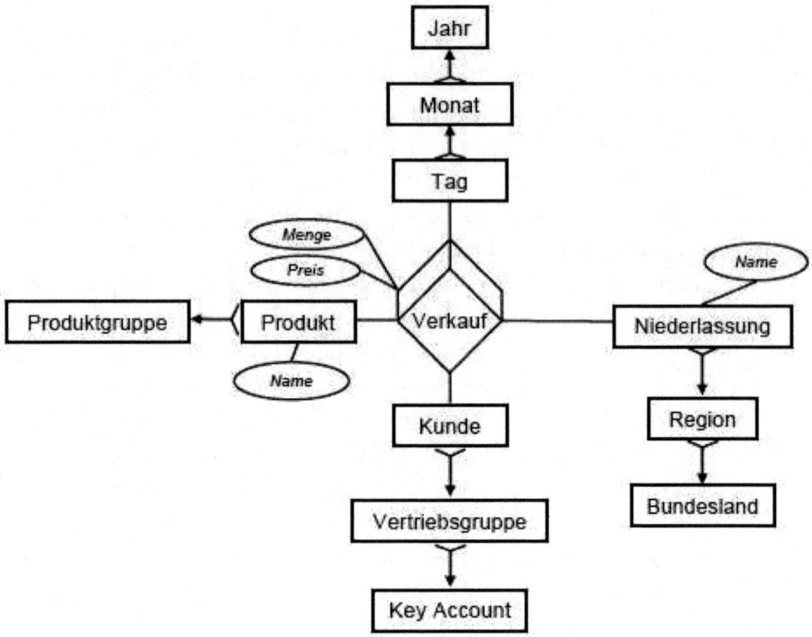


*Abbildung 9.4* Multidimensionales Datenmodell in der Modellierungssprache M/ER (nach [249])

## Speicherung multidimensionaler Daten

Multidimensional modellierte Daten können auf unterschiedliche Arten gespeichert werden. Bei einer Abbildung in relationale Datenbanken verwendet man in der Regel entweder Star- oder Snowflakeschemata:

*Multidimensionale Modelle in relationalen Systemen*

- In einem *Starschema* werden Fakten in einer eigenen Faktentabelle und jede Dimension in einer eigenen Dimensionstabelle angelegt, die mit der Faktentabelle durch Fremdschlüsselbeziehungen verbunden ist (siehe Abbildung 9.5). Dieses Schema entspricht nicht den herkömmlichen Normalisierungsregeln des relationalen Entwurfs, da in den Dimensionstabellen die Daten aller Klassifikationsknoten, die nicht der höchsten Auflösung ihrer Klassifikationshierarchie entsprechen, redundant gespeichert sind. Dies fällt aber nicht weiter ins Gewicht, da Dimensionen zum einen als statisch betrachtet werden und zum anderen vom Datenvolumen her im Vergleich zur Faktentabelle verschwindend klein sind. Der Vorteil ist, dass insgesamt weniger Tabellen benötigt werden und dadurch Anfragen mit weniger Joins auskommen.

- In einem *Snowflakeschema* werden Fakten ebenfalls in einer Faktentabelle abgelegt. Jede Klassifikationsstufe enthält aber, im Unterschied zum Starschema, eine eigene Tabelle. Damit wird Redundanz vermieden, aber zusätzliche Joins bei Anfragen verursacht.

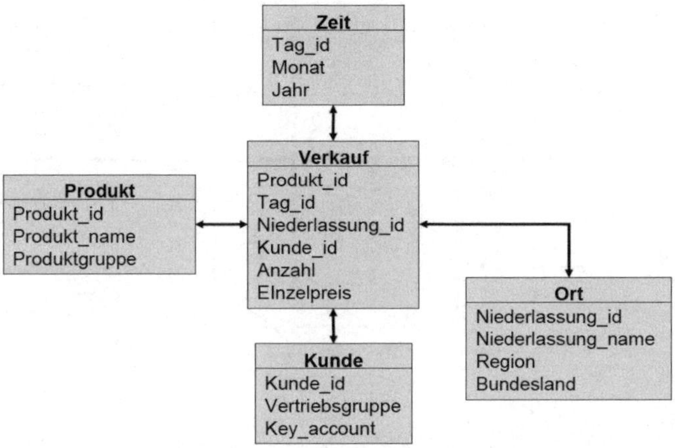


***Abbildung 9.5*** *Starschema zum M/ER-Modell aus Abbildung 9.4*

### Würfelsicht auf multidimensionale Daten

*Data cubes*

Eine intuitive Darstellung der Daten eines multidimensionalen Schemas ist ein Würfel (engl. *cube*) bzw. bei mehr als drei Dimensionen ein *Hyperwürfel*. Die Achsen des Würfels bilden die hierarchisch untergliederten Dimensionen. In den Zellen des Würfels werden die Aggregate aller Geschäftsvorfälle, die die den Koordinaten entsprechenden Eigenschaften haben, repräsentiert. In Abbildung 9.6 ist ein solcher Würfel für die Dimensionen Zeit, Ort und Produkt dargestellt. Wird als Aggregatfunktion *sum* gewählt, so repräsentiert die horizontal schraffierte Fläche die Gesamtverkäufe an Schokolade im dritten Quartal des Jahrs 2000 in Niedersachsen und die vertikal schraffierte Fläche die Gesamtverkäufe an Pralinen im zweiten Quartal 2000 in Berlin.

Auf einem Würfel sind im multidimensionalen Modell spezielle *OLAP-Operationen* definiert. Eine Übersicht geben wir in Infokasten 9.3.

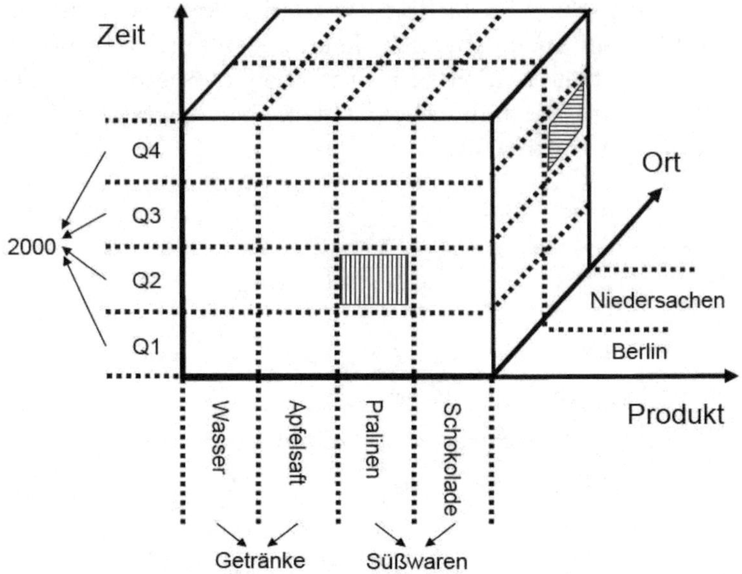


***Abbildung 9.6*** *Würfeldarstellung multidimensionaler Daten*

***Infokasten 9.3*** *OLAP-Operationen*

*OLAP-Operationen* navigieren im Würfel bzw. transformieren Würfel zwischen unterschiedlichen Granularitätsstufen. So reduziert die *slice*-Operation einen Würfel um eine Dimension, indem für diese Dimension ein Wert festgehalten wird. Im Würfel entspricht das der Auswahl einer Ebene. Bei der *roll-up*-Operation wird eine Dimension gewählt und der Würfel auf die nächsthöhere Aggregationsstufe gehoben. In Abbildung 9.6 könnte man zum Beispiel einen *roll-up* von Produkten zur Produktgruppen durchführen. Die *drill-down*-Operation ist die zu *roll-up* inverse Operation. Typische weitere OLAP-Funktionen sind Berechnungen mit gleitenden Fenstern (zum Beispiel Anteil der Verkäufe eines Monats in einem Dreimonatsfenster), Sortierungen nach beliebigen Rängen («Zeige zu jedem Produkt und Monat die Verkaufssumme im Verhältnis zu den besten drei Produkten des Monat«) oder Zeitreihenanalysen.

## 9.3 Extraktion – Transformation – Laden (ETL)

*Integrationsprozess*

Ein DWH speichert Daten, die aus verschiedenen Quellsystemen stammen. Diese Daten müssen so umgewandelt werden, dass eine Anfrage des DWH über das Basisschema möglich ist und die erwünschten Resultate bringt. Ein Data Warehouse verlangt daher die Lösung des Integrationsproblems zur *Datenversorgung*. Dazu werden beim Aufbau des DWH Integrationsregeln erstellt und im DWH-Repository hinterlegt. Im laufenden Betrieb, der die gewünschte Aktualität der Daten im DWH gewährleisten muss, werden diese Regeln dann zur Integration der neu angefallenen Quelldaten angewandt. Der Entwickler der Regeln wird dabei potenziell mit all den Problemen konfrontiert, die in Abschnitt 3.3 angesprochen wurden.

Der Vorgang der Datenintegration wird in der DWH-Welt als *ETL-Prozess* bezeichnet:

*Teilschritte des ETL-Prozesses*

**Extraktion:** Umfasst alle Vorgänge, die notwendig sind, um die in den Quellsystemen gehaltenen Daten zu extrahieren. Bei typischen Altanwendungen ist dazu das Ausführen von Export- oder Reportingwerkzeugen notwendig; ist eine Datenquelle eine relationale Datenbank, müssen entsprechende SQL-Skripte gestartet werden.

**Transformation:** Bezeichnet die Schritte zur Transformation der extrahierten Daten in das Format und die Struktur des DWH. Dies beinhaltet zum Beispiel die Umformung von Datumsangaben oder das Normieren von Adresschreibweisen. Transformationen können sowohl innerhalb als auch außerhalb des DWH erfolgen.

**Laden (*Load*):** Bezeichnet das tatsächliche Laden der Daten in das DWH. Auch dies erfolgt typischerweise in zwei Schritten: Zunächst werden Rohdaten in den Arbeitsbereich geladen, und von diesem – nach weiteren Verarbeitungsschritten – in das eigentliche Basisschema des DWH.

Auf die Datenextraktion gehen wir nicht näher ein, da dieser Schritt in höchstem Maße abhängig von den konkreten Applikationen ist. Die Arbeitsschritte Transformation und Laden hängen eng zusammen. Für gewöhnlich wird jeweils eine Kombination aus Transformation und Laden (1) zum Laden der Daten aus den Quellsystemen in den Arbeitsbereich und (2) zum Verschieben der Daten vom Arbeitsbereich in die Basisdatenbank ausgeführt (siehe Abbildung 9.2).

### Transformation und Laden in den Arbeitsbereich

*Bulk-Load*

Um eine effiziente Befüllung des DWH zu gewährleisten, müssen spezielle *Bulk-Load*-Verfahren angewandt werden, die sich von DWH-Hersteller zu DWH-Hersteller stark unterscheiden können.

Diese erwarten in der Regel pro zu befüllender Tabelle eine speziell formatierte Textdatei, in der jedes Tupel in einer Zeile steht und die verschiedenen Attributwerte durch Trennzeichen getrennt sind oder eine feste Breite haben. Datentypen, verwendete Trennzeichen, Behandlung von Sonderzeichen etc. können über Parameterdateien gesteuert werden. Ein spezielles Ladeprogramm liest diese Datei und fügt die Daten unmittelbar in die Dateirepräsentation der Tabelle ein. Dabei werden meistens Integritätsbedingungen und eventuell vorhandene Trigger ignoriert. Das Laden kann nicht zurückgesetzt werden (kein transaktionaler Schutz), und Indexstrukturen auf der Tabelle werden erst nach Beendigung des Lesevorgangs aktualisiert. Auf der Tabelle liegt während des Ladens außerdem eine Schreib- und Lesesperre. Durch diese Einschränkungen ist ein Bulk-Load um ein Vielfaches schneller als ein tupelweises Einfügen durch SQL-Programme.

Nach der Extraktion der Daten aus den Quellsystemen liegen diese häufig in Form von strukturierten Exportdateien vor. Aufgabe der Transformation vor diesem Ladeschritt ist das Bereitstellen der korrekt formatierten Ladedatei. Diese wird meist tupelweise durch Parsen der Exportdateien erstellt. Bei diesem Schritt werden nur tupellokale Transformationen vorgenommen, die effizient beim Parsen erledigt werden können, wie beispielsweise das Ändern von Zahlendarstellungen, Währungsumrechnungen oder einheitliche Repräsentation von Nullwerten. Oftmals ist das Aufteilen von Exportdateien in mehrere Ladedateien notwendig, da diese immer tabellenspezifisch sind.

### Transformation und Laden in die Basisdatenbank

*Transformation von Daten: Wann?*

Im Arbeitsbereich müssen die Daten für die Übernahme in die Basisdatenbank vorbereitet und schließlich in diese kopiert werden. Im Unterschied zum vorherigen Transformations- und Ladeschritt ist nun Folgendes möglich:

*Möglichkeiten innerhalb der Staging Area*

- Transformationen können mit *Hilfe von SQL* vorgenommen werden. Damit werden durch einen Befehl alle Tupel einer Tabelle verändert. Dies ist oftmals effizienter als die tupelweise Veränderung beim Parsen außerhalb der Datenbank.
- Transformationen können auf *weitere Informationen innerhalb des DWH* zugreifen. Damit können beispielsweise fehlende Werte (Namen zu Kundennummern, Artikelbezeichnungen zu Artikelnummern, Währungseinheiten zu Geldbeträgen etc.) in den zu importierenden Daten ergänzt wer-

den, Plausibilitätskontrollen durchgeführt (Überprüfung von Unter- und Obergrenzen in den verkauften Mengen) und Daten abgeglichen werden (Abgleich der vorrätigen und der verkauften Artikel und Artikelmengen; Abbildung unterschiedlicher Kennzeichensysteme).

*Hohe Informationsqualität muss sichergestellt werden*

Das Hauptaufgabenmerk des ETL-Prozesses liegt auf der Sicherstellung der *Qualität der Daten* in der Basisdatenbank (siehe auch Abschnitt 8.4). Plausibilitätsprüfungen können genutzt werden, um offensichtlich falsche Werte als solche zu kennzeichnen. Diese können entweder einem Operator zur Kontrolle vorgelegt oder gegebenenfalls auch einfach aus dem DWH gelöscht werden. Mit statistischen Verfahren können Ausreißer ermittelt und kontrolliert werden. Häufig gibt es auch Probleme mit unterschiedlichen Bedeutungen fehlender Werte (siehe auch Abschnitt 8.1) – hier muss eine einheitliche Semantik geschaffen werden.

*ETL ist performanzkritisch*

Eine genaue Zuordnung von Transformationsaufgaben zu dem Zeitpunkt ihrer Ausführung (vor oder im Arbeitsbereich) gibt es, wie die Beispiele zeigen, nicht. Oberstes Gebot beim ETL ist *hohe Performanz*, da ETL-Arbeitsschritte das DWH oftmals sperren (wie die Tabellensperren beim Bulk-Load) oder zumindest durch das Bewegen großer Datenmengen mit den dabei notwendigen Indexaktualisierungen stark belasten. Daher muss im Einzelfall geprüft werden, ob beispielsweise das Umrechnen einer Währung schneller beim Erstellen der Ladedateien oder erst im DWH mit Hilfe von SQL vorgenommen werden kann.

### Datenherkunft

*Herkunft von Daten in Anfrageergebnissen*

Ergebnis der Integration ist eine homogene Darstellung der Daten aus unterschiedlichsten Quellen. Dennoch kann es manchmal nötig sein, zu einem Tupel im Data Warehouse dessen Herkunft in den Datenquellen herauszufinden. Allgemein ist die Herkunft eines Outputtupels einer Transformation oder einer Folge von Transformationen die Menge der Inputtupel, die zur Erzeugung des Outputtupels beigetragen haben. Die Datenherkunft (*data lineage* [60] bzw. *data provenance* [38]) eines Tupels im DWH kann ein einzelnes, aber auch mehrere Tupeln aus verschiedenen Datenquellen umfassen. Letzteres ist beispielsweise dann der Fall, wenn der ETL-Prozess Daten mehrerer Quellen aggregiert.

In [60] werden drei Arten von Transformationsschritten und ihre Auswirkungen auf die Berechenbarkeit der Datenherkunft von Tupeln unterschieden. Zu jedem Schritt wird eine Zurückführungsprozedur (engl. *tracing procedure*) angegeben, die die Datenherkunft für ein oder mehrere DWH-Tupel (im Folgenden Outputtupel genannt) ermittelt:

*Drei Möglichkeiten*

**Dispatcher** generieren aus einem Inputtupel unabhängig null oder mehr Outputtupel. Ein Filter ist ein einfaches Beispiel eines Dispatchers. Die Herkunft eines durch einen Dispatcher erzeugten Outputtupels sind diejenigen Inputtupel, deren durch jeweils einzelne Transformationen erzeugte Outputmenge das Outputtupel enthalten.

Entsprechend kann man ein gegebenes Outputtupel zurückverfolgen, indem man die Transformation einzeln auf jedes Inputtupel anwendet und prüft, ob das Outputtupel in der Ergebnismenge enthalten ist.

**Aggregatoren** partitionieren die Inputmenge und generieren für jede Partition genau ein Outputtupel. Die Herkunft eines Outputtupels ist die Menge der Inputtupel, die in der entsprechenden Partition enthalten sind.

Diese Zurückführungsprozedur ist aufwändig: Sie transformiert jede Teilmenge der Inputmenge und prüft, ob das gesuchte Outputtupel erzeugt wird. Wird eine entsprechende Teilmenge gefunden, muss zudem geprüft werden, ob dies die maximale Teilmenge ist; beispielsweise trägt ein Tupel mit der Ziffer 0 nicht zu einer Summe bei, kann aber dennoch zur gesuchten Partition gehören.

In [60] werden Spezialfälle von Aggregatoren genannt (kontextfreie und schlüsselerhaltende Aggregatoren), deren Zurückführungsprozeduren weniger komplex sind.

**Black Boxes** sind alle Transformationen, die nicht Dispatcher oder Aggregatoren sind. Die Herkunft eines Outputtupels einer Black Box ist stets die gesamte Inputmenge. Es kann nicht genauer ermittelt werden, welche Teilmenge des Inputs zum gesuchten Outputtupel beigetragen hat. Ein Beispiel wären Tupel, die durch ein zufälliges Sampling ermittelt wurden.

*Mehrstufiges ETL*

In der Regel umfassen ETL-Prozesse eine ganze Kette an Transformationen. Um nicht zur Berechnung der Herkunft eines Tupels jedes Mal jeden Transformationsschritt aufwändig zurückverfolgen zu müssen, können die Transformationsschritte geeignet zusammengefasst werden und mit nur einer Zurückführungsprozedur versehen werden. Kombinationsmöglichkeiten werden in [60] angegeben.

## 9.4 Weiterführende Literatur

Über Data Warehouses gibt es eine ganze Reihe guter Lehrbücher. Eine gute Übersicht bieten Bauer und Günzel [18]. Technische Aspekte der Behandlung sehr großer Datenmengen in relationalen DWH werden sehr schön im Buch von Lehner [166] behandelt. Oehler beschreibt eine betriebswirtschaftliche Perspektive auf OLAP und Data Warehouses [218]. Der Prozess zur Erstellung und Wartung eines DWH wird zum Beispiel in [149] ausführlich beschrieben. Viele theoretische Aspekte von DWHs, wie Fragen der Modellierung, der logischen Restrukturierung und der Metadatenverwaltung, werden zum Beispiel in [133] behandelt. Eine Übersicht über aktuelle Forschungsfragen bietet [49].

*Relationale DWH*

Eine grundlegende Arbeit zur Implementierung von OLAP-Operationen in SQL ist [103]. Fragen der Verträglichkeit von hierarchischen Strukturen mit Aggregatfunktionen widmet sich [168]. Zur multidimensionalen Modellierung ist [287] ein guter Einstieg. [288] vergleicht existierende Metadatenstandards für Data Warehouses, speziell das Common Warehouse Model und das Open Information Model. Eine Vielzahl von speziell für Data Warehouses entwickelten Indexstrukturen werden in [136] vorgestellt und bewertet. Mit der Auswahl optimaler materialisierter Sichten für eine gegebene Workload beschäftigt sich [264], und [108] mit ihrer Aktualisierung.

*Implementierung von OLAP*

*Metadatenstandards*

# 10 Infrastrukturen für die Informationsintegration

*Überwindung technischer Heterogenität*

Die bisherigen Kapitel widmeten sich den logischen und semantischen Problemen der Informationsintegration. Dabei haben wir von einer möglichen technischen Realisierung nahezu vollkommen abstrahiert und Probleme der *technischen Heterogenität* (siehe Abschnitt 3.3.1) nur am Rande gestreift. Tatsächlich muss aber eine Anfrage an eine Quelle diese auch erreichen, und die Quelle muss auf eine Art antworten, die das Integrationssystem versteht.

*Protokolle regeln die Kommunikation*

Unabhängig von den tatsächlich übertragenden Daten müssen dazu *einheitliche Protokolle* verwendet werden. Das einfachste derartige Protokoll ist das HTTP-Protokoll (»Hypertext Transfer Protocol«) des Web, mit dem Clients über *GET*- und *POST*-Befehle Webseiten anfordern und Webserver mit entsprechenden Antworten reagieren[1]. Webserver liefern daher eine einfache *Infrastruktur zur Informationsintegration*, da sie den Abruf physikalisch entfernter Informationen gestatten. Selbstverständlich gibt es noch eine Reihe weiterer Ansätze, denen dieses Kapitel gewidmet ist.

Die Aufgaben einer solchen Infrastruktur sind aus Sicht der Integrationsschicht die folgenden:

*Aufgaben einer Integrationsinfrastruktur*

- Quellen müssen *gefunden* werden, entweder über einen eindeutigen Bezeichner (wie eine IP-Nummer bzw. eine URL) oder über eine Suche in Verzeichnissen.
- Die Integrationsschicht muss *Anfragen an die Quellen senden* können. Dies können (parametrisierte) Funktionsaufrufe oder auch tatsächliche Anfragen einer Anfragesprache sein.
- Quellen müssen die Anfragen empfangen, *Antworten generieren* und zurückschicken können.

[1]Das HTTP-Protokoll werden wir in diesem Buch nicht weiter erläutern.

*Infrastruktur ist anwendungsunabhängig*

Da für die Realisierung dieser Dienste kein Bezug zu den dabei versandten Daten notwendig ist, können entsprechende Produkte *anwendungsunabhängig* gestaltet werden. Aus diesem Grunde kann man Software, die eine Infrastruktur für die Informationsintegration bilden kann, kaufen – zum Beispiel wird der Markt für Produkte im Bereich der »Enterprise Application Integration« (EAI) (siehe Abschnitt 10.3) von über 100 Anbietern besetzt und auf einen weltweiten jährlichen Umsatz von zweistelligen Milliardenbeträgen geschätzt[2]. Für Integrationsprojekte ist aber zu beachten, dass mit der technischen Basis nur ein Teil der auftretenden Probleme gelöst ist.

*Infrastruktur ist nur ein Teil des Problems*

In diesem Kapitel stellen wir die wichtigsten Arten von Infrastrukturen vor, die zur Informationsintegration eingesetzt werden. Als Erstes besprechen wir *verteilte Datenbanken* und Gateways als grundlegende Infrastruktur zur Verteilung von Anfragen. Dann beschreiben wir verschiedene Varianten von *objektorientierter Middleware*, die man als Vorläufer heutiger *Applikationsserver* ansehen kann. Danach erläutern wir einen *nachrichtenbasierten Ansatz*, der allgemein unter dem Namen Enterprise Application Integration vermarktet wird. Anschließend stellen wir die Grundlagen von *Web-Services*, als Weiterentwicklung des einfachen HTTP-Protokolls im Kontext der Informationsintegration, dar. Wie immer schließt das Kapitel mit Hinweisen auf weiterführende Literatur.

Wie in diesem Buch üblich gehen wir dabei von rein lesenden Operationen aus. Daher finden Transaktionsmonitore und Probleme der Konsistenzsicherung in verteilten Datenbeständen keine Beachtung; wir verweisen auf die entsprechende Literatur, wie zum Beispiel [25].

## 10.1 Verteilte Datenbanken, Datenbank-Gateways und SQL/MED

Eine wichtige und nahe liegende Infrastruktur zur Integration von Daten sind *verteilte Datenbanken* (VDB) – zumindest dann, wenn alle zu integrierenden Quellen selber (relationale) Datenbanken sind. Die mit VDB verbundene Integrationsarchitektur haben wir bereits in Abschnitt 4.2 beschrieben. Auch die in Abschnitt 5.4

[2]Entsprechende Zahlen werden regelmäßig von Unternehmen wie der Gardner Group oder Ovum veröffentlicht. Natürlich sind sie mit äußerster Vorsicht zu bewerten, zeigen aber einen Trend.

behandelten Multidatenbanksprachen basieren auf verteilten Datenbanken. Hier betrachten wir nun die zur Realisierung von Integrationslösungen verfügbaren Möglichkeiten.

Die meisten Datenbankhersteller bieten Systeme zur Realisierung verteilter Datenbankanwendungen als Erweiterungen ihrer zentralen Datenbankserver an. Man kann dabei vier verschiedene Ausprägungen unterscheiden, deren Grundaufgabe immer der *Zugriff auf externe Daten* aus einer Datenbank heraus ist:

*Verteilte Datenbanken mit heterogenen Komponenten*

**Homogen:** Homogene VDB basieren auf dem RDBMS eines einzigen Herstellers. Verschiedene Instanzen sind physisch verteilt und kommunizieren untereinander über oftmals proprietäre Protokolle.

**Heterogen:** VDB dieses Typs bestehen aus einem RDBMS, das über produktspezifische *Gateways* auf Datenbanken anderer Hersteller zugreifen kann.

**Heterogen/generisch:** VDB dieses Typs bestehen ebenfalls aus einem RDBMS, das aber über generische Schnittstellen auf andere Datenbanken zugreift.

**Nicht relational:** Hiermit bezeichnen wir Systeme, in denen ein RDBMS über *Wrapper* auf Daten in nicht relationalen Datenbanken zugreift.

### Homogene verteilte Datenbanken

*Ausfallsicherheit und erhöhte Performanz*

Homogene verteilte Datenbanken sind die »klassischen« verteilten Datenbanken. Anschaffung und Entwicklung erfolgen wie bei einer zentralen Datenbanklösung, nur dass die Daten physikalisch verteilt werden. Die Verteilung hat den Vorteil der *erhöhten Ausfallsicherheit* durch Replikation sowie unter Umständen der *höheren Performanz* durch Parallelisierung – wobei letzter Punkt heute nicht mehr so sehr ins Gewicht fällt, da dazu meist enger gekoppelte Architekturen (Cluster und parallele Datenbanken) verwendet werden.

*Zugriff auf verteilte Datenbankinstanzen*

Existieren verschiedene verteilte Instanzen, die alle auf demselben RDBMS basieren und die integriert werden sollen, können diese über entsprechende Befehle aus den jeweils anderen Instanzen in Anfragen direkt angesprochen werden. Dies erfolgt in der Regel dadurch, dass man spezielle *externe Sichten* (oder »Database Links«) definiert. Diese bestehen aus einem Sichtnamen, der lokal wie eine Tabelle benutzt werden kann, und einer Tabelle des entfernten Datenbanksystems. Alternativ dazu können, je nach

*Database Links*

System, auch Tabellennamen in Anfragen einfach mit einem zusätzlichen Präfix versehen werden, der den Server identifiziert. Beispielsweise definiert der folgende Befehl in Oracle einen Datenbanklink auf ein Schema auf dem Server `server1`:

```
CREATE DATABASE LINK server1
       CONNECT TO my_account
       IDENTIFIED BY my_pw USING 'server1';
```

Einmal definiert, kann man diesen Link in Anfragen verwenden:

```
SELECT some_attribute
FROM   my_table@server1;
```

*Orts-, aber keine Verteilungstransparenz*

Eine homogene verteilte Datenbank ist eine ideale Basis für die Informationsintegration. Durch Datenbanklinks bietet sie zum einen *Ortstransparenz*, zum anderen werden Anfragen nicht nur automatisch verteilt, sondern diese Ausführung wird auch optimiert. Darüber hinaus können Methoden der automatischen Replikation genutzt werden, um weitere Performanzgewinne zu erzielen. Syntaktische und technische Heterogenität existiert nicht.

Diese Situation ist aber eher ein Ausnahmefall – nur sehr selten werden alle zu integrierenden Quellen die gleiche technische Basis verwenden. Außerdem bieten verteilte Datenbanken keine unmittelbare Unterstützung zur Überbrückung semantischer, struktureller oder schematischer Heterogenität. Ebenso muss beachtet werden, dass eine verteilte Datenbank zunächst *keine Verteilungstransparenz* herstellt – eine Anfrage muss die individuellen Relationen der verschiedenen Quellen genau benennen, auch wenn sie nicht mehr wissen muss, wo diese liegen.

### Heterogene verteilte Datenbanken

*Gateways: Zugriff auf Datenbanken anderer Hersteller*

Wesentlich häufiger als die homogenen verteilten Datenbanken sind bei der Informationsintegration Situationen anzutreffen, in denen zwar alle Quellen RDBMS sind, diese aber von *unterschiedlichen Herstellern* stammen. Handelt es sich bei den Herstellern um solche, die eine ausreichende Verbreitung haben, kann man in der Regel auf produktspezifische *Datenbank-Gateways* zurückgreifen. Ein Datenbank-Gateway ist eine spezielle Schnittstelle zwischen einem integrierten System $A$ und einem zu integrierenden System $B$ eines anderen Herstellers. Das Gateway wird vom Server $A$ verwendet, um auf die Daten in $B$ zuzugreifen. Beispiele für solche Gateways sind die Oracle Transparent Gateways[3] und der IBM DataJoiner[4]

Mit der Nutzung eines Gateway erhält man die meisten Eigenschaften, die man in einem homogenen System erwarten würde, wie die Optimierung verteilter Anfragen, Ortstransparenz und verteilte Transaktionen. Dazu muss ein Gateway verschiedene Übersetzungen leisten:

*Aufgaben eines Gateway*

- Syntaktische Übersetzung von Anfrage(teilen) zwischen verschiedenen SQL-Dialekten
- Übersetzung von Datentypen
- Übersetzung von Zugriffen auf Kataloginformationen

Prinzipiell sollten die ersten beiden Punkte aufgrund der Standardisierung von SQL nicht ins Gewicht fallen; in der Praxis sind sie aber beide sehr wichtig, da viele spezielle Funktionen nicht standardisiert wurden bzw. sich die Hersteller nicht immer an den Standard halten. Der Zugriff auf Kataloginformationen wie z.B. die Größe einer Relation ermöglicht die Optimierung von Anfragen über mehrere Systeme hinweg.

### Generischer Zugriff auf verteilte Datenbanken

*Generische Schnittstellen*

Sind manche der zu integrierenden Datenquellen RDBMS, für die es kein Gateway gibt, so kann man auf diese aus vielen RDBMS heraus über *generische Schnittstellen* wie ODBC (»Open Database Connectivity«), JDBC (»Java Database Connectivity«) oder OLE-DB (»Object Linking and Embedding«) zugreifen. Beispielsweise kann man in einem Oracle-Datenbankserver eine Stored Procedure in Java schreiben, die bei Aufruf über eine JDBC-Verbindung auf eine entfernte MySQL-Datenbank zugreift. Diese Möglichkeit bietet sich auch an, wenn man die speziellen Gateways nicht lizenzieren kann oder möchte.

*Keine systemübergreifenden Anfragen*

Die Verwendung generischer Schnittstellen besitzt aber eine Reihe von Nachteilen. Anfragen können *nicht gleichzeitig lokale und entfernte Tabellen ansprechen*, da auf SQL-Ebene die entfernte Datenbank gar nicht bekannt ist. Damit ist Ortstransparenz nur noch schwer herstellbar. Verteilte Anfragen können auch nicht mehr optimiert werden. Die *Syntax jeder Anfrage* muss manuell auf das Zielsystem angepasst werden, und die Ergebnisse

[3] Siehe `www.oracle.com/technology/products/gateways`.

[4] Jetzt Teil des WebSphere Information Integrator, siehe `www.ibm.com/software/data/integration/`.

müssen eventuell Datentypkonvertierungen unterworfen werden. Aufgrund dieser Nachteile ist der Aufwand zur Erstellung von Integrationslösungen über generische Schnittstellen weitaus höher als über Gateways oder innerhalb einer homogenen verteilten Datenbank.

### Zugriff auf nicht relationale Quellen: SQL/MED

*SQL-Standard für Wrapper-Schnittstellen*

Mit SQL 2003 wurde eine für die Informationsintegration wichtige Erweiterung des SQL-Standards vorgenommen, die Definition von *SQL/MED – Management of External Data* (Abschnitt 9 in [131]). SQL/MED beschreibt sowohl den Zugriff auf externe, möglicherweise nicht relationale Daten als auch die Verwaltung der externen Daten und ihrer Metadaten. Zu diesem Zweck definiert SQL/MED eine Reihe von Konzepten, die jeweils mit einem »`CREATE...`«-Ausdruck erzeugt werden können:

*Konzepte von SQL/MED*

- Der `FOREIGN DATA WRAPPER` beschreibt den Zugriff auf *Datenquellen mit einem gemeinsamen Interface*. So kann man beispielsweise einen `FOREIGN DATA WRAPPER` für Oracle-Datenbanken, für Microsoft Excel-Dateien, für Web-Services und für XML-Dateien benutzen. Ein Wrapper implementiert die notwendige Funktionalität, um mit dem jeweiligen Typ an Quelle umzugehen. Das SQL-Kommando registriert einen Wrapper nur in der Datenbank; dabei muss seine Implementierung gebunden werden.
- Der `FOREIGN SERVER` gehört logisch zu einem `FOREIGN DATA WRAPPER` und beschreibt den Zugriff auf eine *bestimmte Datenquelle* des zugehörigen Typs. Man kann beispielsweise einen `FOREIGN SERVER` für eine bestimmte DB2-Datenbank definieren, der ihre Netzwerkadresse sowie Nutzername und Passwort spezifiziert.
- Die `FOREIGN TABLE` beschreibt die Daten einer *Datenquelle in relationaler Form*. Um beispielsweise eine XML-Datei einzubinden, würde mittels der `FOREIGN TABLE` spezifiziert werden, welche Teile des XML-Dokuments welchen Attributwerten einer Tabellensicht entsprechen. Verschiedene `FOREIGN TABLES` können über ein `FOREIGN SCHEMA` zusammengefasst werden.

*Anfragebearbeitung mit SQL/MED*

Sind die notwendigen Wrapper, Server und externen Tabellen registriert, können die registrierten Datenquellen in SQL-Befehlen wie lokale Tabellen verwendet werden. Anfragen werden vom DBMS zerlegt und einzelne Anfrageteile an die jeweilige Datenquelle gesandt, die Ergebnisse werden zusammengesetzt und schließlich zurückgegeben. Die `FOREIGN SERVER` können bei der Anfrageplanung helfen, indem sie die geschätzten Kosten ihres Teilplans dem DBMS mitteilen. Jedes dieser `FOREIGN...`-Konzepte kann außerdem mit Optionen, bestehend aus Attribut/Wert-Paaren, konfiguriert werden, die die Anfragen an die Datenquelle beeinflussen. Für eine Textdatei kann so beispielsweise der Dateiname und das darin verwendete Trennzeichen angegeben werden.

*Datalinks*

Eine zweite Erweiterung in SQL/MED ist der Datentyp `DATALINK`, durch den eine explizite Verknüpfung zu einer Datei in einem DBMS-externen Dateisystem definiert wird. Mittels diverser Optionen kann spezifiziert werden, wie strikt die Kontrolle über die Datei ausgeübt wird. So kann bestimmt werden, wer die Datei lesen und verändern darf, ob die Datei beim Löschen des letzten Tupels ebenfalls gelöscht werden soll usw.

## 10.2 Objektorientierte Middleware

*Kapselung der physischen Verteilung*

Die Grundidee der objektorientierten Middleware ist die möglichst *vollständige Kapselung des physikalischen Ortes* eines Objekts. Im Idealfall soll ein Entwickler überhaupt keine Kenntnis mehr darüber haben müssen, wo die Objekte und Methodenaufrufe, mit denen er programmiert, zur Laufzeit ausgeführt werden. Schwierigkeiten, die sich aus der Verteilung ergeben, wie die Lokalisation von Objekten und komplexere Transaktionsprotokolle, sollen transparent durch spezielle Dienste der Middleware behandelt werden; ebenso soll die Middleware in der Lage sein, die Möglichkeiten einer verteilten Ausführung – also insbesondere Kompensation von ausfallenden Servern und erhöhte Ausführungsgeschwindigkeit durch Parallelisierung von Prozessen – automatisch zum Besten der aktuellen Anwendung einzusetzen. Die Middleware selber ist *anwendungsunabhängig gestaltet* und schaltet sich in sämtliche Aufrufe der Anwendung ein, um gegebenenfalls Aufrufe auf entfernte Server zu lenken, Datenreplikation vorzunehmen oder Objekte zwischen verschiedenen Servern hin und her zu bewegen. Im Idealfall ist die Middleware auch betriebssystem- und sprachunabhängig, d.h., die verteilten Objekte können in *beliebigen Programmiersprachen* implementiert sein und auf beliebigen Betriebssystemen laufen.

*Anwendungsunabhängigkeit*

## CORBA

*Plattformunabhängige Verknüpfung*

*www.omg.org*

Der bekannteste Vertreter objektorientierter Middleware ist CORBA, die »Common Object Request Broker Architecture«. CORBA und alle Technologien in ihrem Umfeld wird von der »Object Management Group« (OMG), einem Zusammenschluss mehrerer hundert Softwarehersteller, standardisiert. Der Grundaufbau von CORBA ist in Abbildung 10.1 zu sehen. Zentrales Element ist der *Objekt Request Broker* (ORB). Ein ORB ist ein Programm, das auf allen an der verteilten Anwendung beteiligten Servern laufen muss. Alle Aufrufe, die entfernte Objekte betreffen, müssen von der Anwendung über den ORB geleitet werden, der ihre Lokalisation, das Übertragen des Aufrufs und das Rückübertragen des Ergebnisses übernimmt. Da das Protokoll, mit dem ORBs entfernte Objekte suchen und aufrufen, im Prinzip standardisiert ist, können auch ORBs verschiedener Hersteller in einer Anwendung verwendet werden – was sich in der Praxis aufgrund vielfältiger proprietärer Erweiterungen der verschiedenen ORB-Implementierungen aber oftmals als problematisch erwiesen hat.

**Abbildung 10.1** *Der CORBA-Integrationsbus*

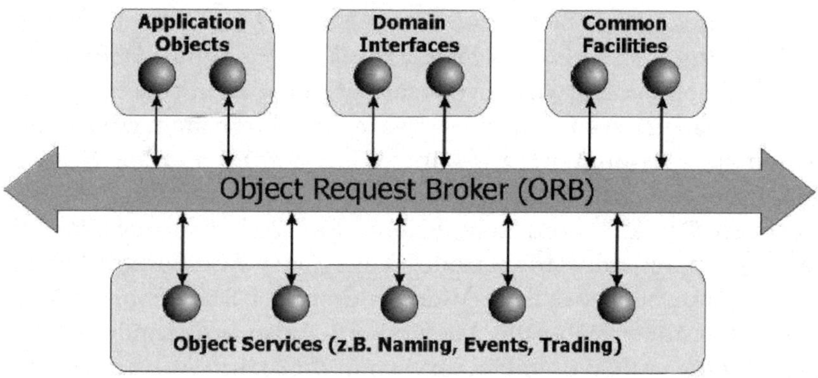


*Interface Definition Language*

Für eine Anwendung ist die Benutzung eines ORB nicht trivial. Objekte, die über ORBs angesprochen werden sollen, müssen ihr Interface dem ORB bekannt machen. Dazu wurde eine eigene Sprache definiert, die *Interface Definition Language* (IDL), sowie Übersetzungsroutinen für eine Vielzahl bekannter Programmiersprachen (so genannte »Language Bindings«). Ebenso muss das aufrufende Objekt Kenntnis vom Interface der zu benutzenden entfernten Objekte haben, da die Typkonformität der Aufrufe in der Regel bereits zur Compile-Zeit geprüft werden[5]. Nach der Ein-

[5] CORBA definiert auch ein »Dynamic Innvocation Interface«, bei dem die Interfaces nicht zur Compile-Zeit bekannt sein müssen. Dieses hat

bindung einer ORB-abhängigen Bibliothek und der Verwendung einer entsprechenden Aufrufsyntax ist es dann für aufrufende und aufgerufene Anwendungen unerheblich, wo sich das rufende bzw. das gerufene Objekt befindet – alle Aspekte der Verteilung werden vom ORB gekapselt. Damit ist die Verteilung nicht vollkommen transparent, da eine Anwendung sehr wohl spezielle Konstrukte zum Aufruf entfernter Objekte benutzen muss. Nur deren physikalischer Ort und ihre Implementierung bleiben transparent.

*CORBA Services*

Zusätzlich zu dieser Basisfunktionalität sind mit CORBA eine *Reihe von Services* definiert, die von den ORB-Herstellern implementiert und den Anwendungen zur Verfügung gestellt werden sollen. Insgesamt wurden nahezu 20 Services definiert, wie zum Beispiel:

- *Transaction Service* zur Unterstützung verteilter Transaktionen
- *Naming Service* zum Finden entfernter Objekte über Namen
- *Trading Service* zum Finden entfernter Objekte über bestimmte Eigenschaften
- *Event Service* zur asynchronen Kommunikation zwischen Objekten

Nur wenige Services haben tatsächlich Bedeutung erlangt und wurden auch kommerziell implementiert. Der Grund liegt vermutlich darin, dass viele Service-Spezifikationen zu allgemein geblieben sind, um von konkretem Nutzen sein zu können. Beispiele für Services, die nicht über die Spezifikation hinausgekommen sind, sind der *Life Cycle Service* (zur Unterstützung des Lebenszyklus von Objekten) oder der *Relationship Service* (zur Verwaltung von Beziehungen zwischen Objekten). Große Bedeutung innerhalb von CORBA und der OMG haben außerdem die *Domain Interfaces*, mit denen einzelne Branchen Standards definieren können, die zum Beispiel ein Referenzmodell, spezielle Services und spezifische Vokabulare beinhalten können.

*Hohe Komplexität*

In den letzten Jahren hat CORBA an Bedeutung verloren. Die Ursachen dafür liegen vermutlich vor allem in der *Komplexität der Erstellung* von CORBA-basierten Anwendungen. Die eigentlich lobenswerte Plattformunabhängigkeit von CORBA bedingt, dass beispielsweise ein Java-Programmierer zur Erstellung einer CORBA-Anwendung viele Konzepte kennen und beherrschen

aber aufgrund der hohen Komplexität der entstehenden Anwendungen eher wenig Verbreitung gefunden.

muss, die außerhalb der Java-Welt liegen, wie eine eigene Interfacebeschreibungssprache und spezielle Datentypen, die gegenüber einer reinen Java-Implementierung Einschränkungen mit sich bringen. Auch hat sich die enge Kopplung von Objekten über *statische Interfaces als Hindernis* erwiesen, die die unabhängige Entwicklung erheblich erschwert. Die in CORBA meist verwendete *Synchronizität von Aufrufen* führt in entfernten Anwendungen zu großen Zeitverlusten und damit zu schlechter Performanz von Anwendungen. Darüber hinaus hat sich gerade bei früheren CORBA-Spezifikationen erwiesen, dass viele Aspekte nicht genau genug standardisiert wurden, was zu ORB-Varianten und damit zu einem Verlust der Portabilität von Anwendungen führte. Darunter sind auch so grundlegende Aspekte wie das Instantiieren und Zerstören von Objekten. Es muss aber angemerkt werden, dass viele dieser Schwierigkeiten in den aktuellen Spezifikationen nicht mehr vorhanden sind bzw. Wege existieren, sie zu überwinden.

### J2EE und .NET

*Sprachspezifische Middleware*

Für einige moderne Programmiersprachen wurden *sprachspezifische Ansätze* zur Erreichung der mit einer objektorientierten Middleware verbundenen Ziele entwickelt. Die zwei wichtigsten Vertreter dafür sind die »Java 2 Enterprise Edition« (J2EE) für die Programmiersprache Java und die .NET-Architektur der Sprache C#. Wir stellen im Folgenden nur J2EE näher dar; .NET ist zum einen auf der Detailstufe, die wir in diesem Buch darstellen, sehr ähnlich zu J2EE und zum anderen eine proprietäre Technologie[6].

*J2EE-Komponentenmodell*

J2EE ist ein *Komponentenmodell* für die Entwicklung unternehmenskritischer Anwendungen. Es basiert auf der klassischen *Drei-Schichten-Architektur* für komplexe Anwendungen, wie sie auch in Abbildung 10.2 dargestellt ist[7]:

*Drei-Schichten-Architektur*

- Auf der untersten Schicht (in der Abbildung ganz rechts), die »EIS Tier« (für »Enterprise Information System«), befinden sich Datenbanken und unternehmensweite Anwendungen, wie zum Beispiel Systeme zum »Enterprise Resource Planning« (ERP). Diese fungieren als *persistenter Informationsspeicher*.

[6] Siehe `www.microsoft.com/net/`.

[7] Dies ist eine andere Architektur als die Drei-Schichten-Architektur für Datenbanksysteme, siehe Kapitel 4.

- Auf der mittleren Schicht wird die eigentliche *Logik der Anwendung*, die Geschäftslogik bzw. die »Business Processes«, implementiert. Dazu gehört ein Datenmodell, das alle für das Unternehmen relevanten Objekte (»Business Objects«) modelliert, sowie Funktionen zur Umsetzung typischer Geschäftsvorfälle, wie zum Beispiel das Anlegen eines Kunden, der Versand einer Rechnung oder das Prüfen eines Lagerbestands. Zur Datenspeicherung greift die Geschäftslogik auf die unterste Schicht zu.
- Auf der obersten Schicht (in der Abbildung ganz links, die »Client Tier«) erfolgen die *Präsentation von Daten* und die Interaktion mit dem Benutzer. In dieser Schicht werden nur einfache Berechnungen durchgeführt; die meisten Aktionen führen zu Aufrufen von Funktionen der mittleren Schicht.

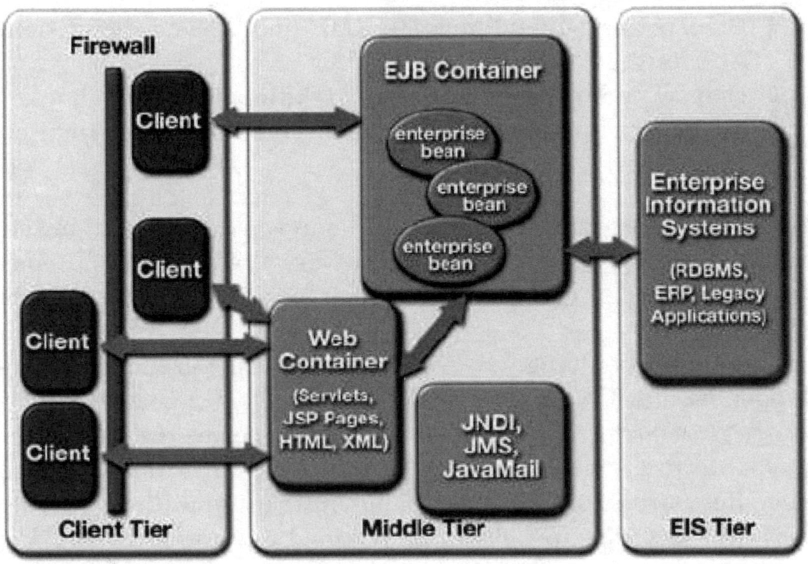


***Abbildung 10.2*** *Architektur einer J2EE-Anwendung, siehe* `java.sun.com/j2ee`

Die J2EE-Spezifikation verfeinert den einfachen Drei-Schichten-Aufbau in vielerlei Hinsicht. Auf der Clientseite werden typischerweise Webbrowser benutzt, die zur Datendarstellung und Interaktion HTML bzw. HTTP verwenden. Die Programmierung erfolgt mit *Java Server Pages* (JSP), einer Mischung aus HTML und Java, und die Kommunikation mit der mittleren Schicht erfolgt über HTTP und XML. Alternativ können auch Applets oder konventionelle Clients (ohne Browser) implementiert werden.

*Session versus Entity Beans*

In der mittleren Schicht unterscheidet J2EE zwischen den Objekten, die zur Kommunikation mit der obersten Schicht zuständig sind, und den eigentlichen Geschäftsobjekten, die in der untersten Schicht verwaltet werden. Zur Kommunikation mit Clients dienen so genannte *Session Beans*, eine spezielle Klasse von Java-Objekten, die in der Form von *Servlets* implementiert und dem Server bekannt gemacht werden. Geschäftsobjekte werden in *Enterprise Beans* (oder »Enterprise Java Beans«, EJB) verwaltet. Beide Klassen von Objekten werden in speziellen Containern verwaltet, die den Beans außerdem, ganz im Sinne der CORBA Services, verschiedene Dienste bieten:

*Dienste eines J2EE-Servers*

- Nachrichtendienste («Java Messaging Service«, JMS)
- Transaktionsdienste (»Java Transaction API«, JTA)
- Namens- und Verzeichnisdienste («Java Naming and Directory Service«, JNDI)
- Dienste zur Behandlung von XML und Web-Services (siehe Abschnitt 10.4)
- Dienste zum Ansteuern von relationalen Datenbanken (JDBC) und anderer Ressourcen («Java Connector Architecture«, JCA)

*Container-managed Persistenz*

Außerdem kann ein EJB-Container, wenn von der Anwendung gewünscht, die Persistenz der von ihm verwalteten EJBs automatisch sicherstellen und damit den Übergang in die dritte Schicht erleichtern.

*Generischer Zugriff auf Ressourcen*

Im Zusammenhang mit der Integration existierender Anwendungen ist die JCA von großer Bedeutung, die den *Zugriff auf beliebige Ressourcen* standardisiert. Die JCA spezifiziert ein generisches Interface, das Operationen zum Öffnen von Verbindungen zu einer Ressource, zum Absetzen einer Anfrage, zum Iterieren über dem Ergebnis und zum Abbau der Verbindung standardisiert. Die Implementierung der entsprechenden Funktionen erfolgt in anwendungsspezifischen *Adaptern*. Eine aktuelle Liste verfügbarer Adapter findet man auf den Webseiten der Firma Sun.

Im Unterschied zu CORBA ist die J2EE-Architektur speziell auf Java zugeschnitten; Zugriff auf Komponenten in anderen Programmiersprachen ist über eine J2EE/CORBA-Schnittstelle möglich. Dadurch wird die Entwicklung von verteilten Anwendungen, die ausschließlich auf Java basieren, wesentlich erleichtert. Auch existieren durch die engere Sprachbindung wesentlich homogenere und mächtigere Werkzeuge zur Entwicklung von J2EE-Anwendungen, die gut in grafische *Entwicklungsumgebungen* wie Eclipse integriert sind.

### Middleware und Informationsintegration

*Komplexe Anwendungen benötigen fertige Adapter*

Die hier vorgestellten Techniken sind oft eine wesentliche Erleichterung für die Realisierung von Integrationssystemen. Beispielsweise ist für die Integration komplexer Anwendungen wie ERP-Systeme die Verfügbarkeit eines (vom Hersteller bereitgestellten) JCA-Adapters fast schon Voraussetzung, da ein Zugriff nicht mit vertretbarem Aufwand selbst programmiert werden kann. Sind Schreibzugriffe auf Quellen erforderlich, ist eine adäquate Transaktionsunterstützung unerlässlich. Darüber hinaus ist die *Werkzeugunterstützung* gerade im Bereich von J2EE und Applikationsservern ein großer Vorteil gegenüber einer vollständig eigenständigen Lösung. Dem gegenüber steht unter Umständen ein erheblicher Einarbeitungsaufwand, der sich für einfache Anwendungen kaum lohnt.

*Keine Lösung semantischer und struktureller Heterogenität*

Es darf aber nicht vergessen werden, dass die hier beschriebenen Middleware-Systeme nur Unterstützung im Umgang mit technischer Heterogenität bieten, aber keine Hilfe bei der Überbrückung von struktureller, schematischer oder semantischer Heterogenität sind. Auch JCA ist im eigentlichen Sinne »semantikfrei«, so wie eine JDBC-Schnittstelle keine Kenntnis über die Tabellen besitzt, auf die zugegriffen wird. Diese Situation ändert sich aber, da Hersteller von Applikationsservern zunehmend Werkzeuge zum Schemamanagement und zur Definition von Abbildungen zwischen heterogenen Schemata integrieren.

## 10.3 Enterprise Application Integration

*Prozessintegration versus Datenintegration*

Mit dem Namen »Enterprise Application Integration« (EAI) bezeichnen wir Softwareprodukte zur *Integration von Prozessen*[8]. Prozessintegration ist ein grundlegend anderer Ansatz als die Daten- bzw. Informationsintegration, der wir uns in diesem Buch sonst widmen. Bei der Datenintegration geht man von einem *existierenden Datenbestand* aus, den es zu integrieren bzw. auf den es eine integrierte Sicht zu schaffen gilt. In der Prozessintegration steht dagegen die *Verknüpfung von Prozessen zur Laufzeit* im Vordergrund. Datenintegration setzt daher für gewöhnlich nach der Datenproduktion an, während Prozessintegration schon wäh-

[8]Die Bezeichnung EAI wird in der Literatur teilweise auch allgemein für Produkte zur Integration von Softwaresystemen verwendet. Wir nehmen hier eine enge Sicht auf EAI ein, die mit den meisten unter diesem Namen vertriebenen Produkten konform ist.

rend des Prozesses der Datenproduktion aktiv sein muss. Als Prozess betrachten wir dabei jeden für die Anwendung relevanten Geschäftsprozess bzw. dessen Repräsentation in IT-Systemen. Die Schwierigkeit, die EAI zu lösen versucht, ergibt sich daraus, dass typische Geschäftsprozesse Auswirkungen auf eine ganze Reihe von IT-Systemen haben.

*Geschäftsprozesse betreffen viele IT-Anwendungen*

Dies kann man am besten an einem Beispiel erklären. In einem Unternehmen ist die Einstellung eines neuen Mitarbeiters ein typischer Geschäftsprozess. Dieses Ereignis muss in *verschiedensten Anwendungen* reflektiert werden – beispielsweise muss man die Personalstelle informieren, eine Zugangskarte erstellen, die Mitarbeiterliste für den Sicherheitsdienst aktualisieren, einen Account auf den Rechnersystemen einrichten, eine Versicherung abschließen, einen Firmenwagen bestellen etc. Diese Vorgänge müssen oftmals alle in unterschiedlichen IT-Systemen reflektiert werden. Zwischen diesen Systemen können vielfältige Abhängigkeiten bestehen: Zum Beispiel erfolgt die Ausstellung der Zugangskarte erst nach einer Einstufung durch den Sicherheitsdienst, oder die Art des zu bestellenden Firmenwagens hängt von einer Eingruppierung ab, die von der Personalstelle vorgenommen wird. EAI-Produkte werden eingesetzt zur Entwicklung von Systemen, in denen man in einem solchen Fall den Geschäftsvorfall »Neuer Mitarbeiter« nur einmal auslösen muss und die verschiedensten IT-Systeme dann automatisch alle für sie relevanten Informationen im richtigen Format und zum richtigen Zeitpunkt erhalten.

*Remote Procedure Calls versus Nachrichtenaustausch*

Prozesse werden in IT-Systemen durch Funktionen realisiert. Soll eine Funktion in einer entfernten Anwendung aufgerufen werden, kann man entweder *Remote Procedure Calls* (RPC) einsetzen, wie dies typischerweise in objektorientierter Middleware geschieht, oder man kann die Anwendungen *Nachrichten* (engl. *messages*) austauschen lassen. Ein großer Vorteil einer nachrichtenbasierten Kopplung ist die Möglichkeit, das Absenden und Empfangen bzw. Bearbeiten von Nachrichten asynchron zu gestalten. Dadurch werden Anwendungen loser gekoppelt, als das bei einem synchronen RPC der Fall ist, was zu höherem Durchsatz, geringerer Fehleranfälligkeit und flexiblerer Gestaltung führt. Außerdem haben Nachrichten ein Eigenleben – sie können gespeichert, analysiert, verzögert und transformiert werden.

*Messagebroker*

EAI-Systeme realisieren Prozessintegration durch *Nachrichtenaustausch*. Im Kern jeder EAI-Anwendung steckt daher ein *Messagebroker*, der Nachrichten von Anwendungen empfangen und an Anwendungen weiterleiten kann. Die zentralistische Na-

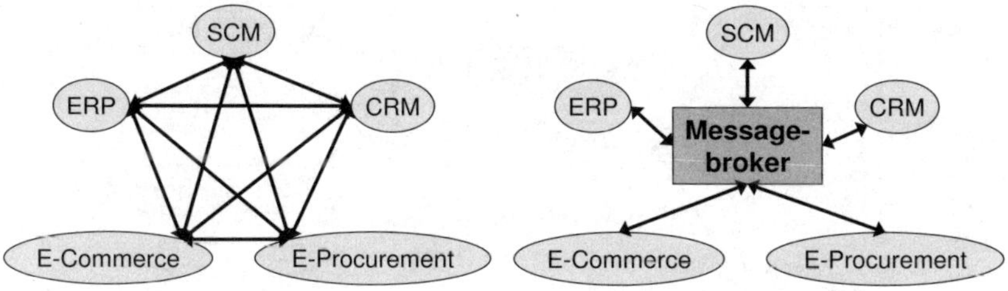


***Abbildung 10.3*** *Messagebroker versus paarweise Verknüpfungen*

tur des Messagebroker hat den Vorteil, dass die Zahl der notwendigen Programme zur *Nachrichtentransformation* kleiner ist als bei einer paarweisen Verknüpfung aller Nachrichten (siehe Abbildung 10.3).

Ein Messagebroker realisiert neben der Weiterleitung von Nachrichten typischerweise noch eine ganze Reihe von weiteren Funktionen:

*Aufgaben des Messagebroker*

- Die transaktionale Sicherstellung der Zustellung jeder Nachricht an jedes relevante System, auch bei Auftreten von Fehlern oder Systemausfällen
- Die Transformation von Nachrichten aus dem Quellformat, also dem Format der die Nachricht versendenden Anwendung, in verschiedene Zielformate
- Die Analyse von Nachrichten und deren Weiterleitung gemäß ihrem Inhalt oder ihrem Typ (»Content-based routing«)
- Die zentrale Administration der Nachrichtenverteilung
- Die revisionssichere Archivierung aller Nachrichten (und damit aller Geschäftsvorfälle)

*Publish-Subscribe*

Die Nachrichtenvermittlung in EAI-Systemen funktioniert nach dem *Publisher-Subscriber*-Modell (siehe Abbildung 10.4). Jede ausgehende Nachrichten einer Anwendung (Publisher) muss dazu einen Typ haben. Der Typ einer Nachricht bestimmt, in welchen *Kanal* diese Nachricht vom Broker gestellt wird. Kanäle wiederum werden von anderen Anwendungen, den Subscribern, abonniert.

Neben der Vermittlung muss der Broker auch die Transformation von Nachrichten übernehmen. Darüber hinaus realisieren kommerzielle Messagebroker typischerweise auch Workflowfunktionalität, um Abhängigkeiten zwischen Ereignissen angemessen zu repräsentieren.

*Produkte*

Es gibt eine ganze Reihe von EAI-Produkten, wie beispielsweise SeeBeyond's eGate, der Business Integration Server der Seeburger AG, MQSeries von IBM, BusinessWare von Vitria oder EntireX von der Software AG. Ein wichtiges Unterscheidungsmerkmal ist

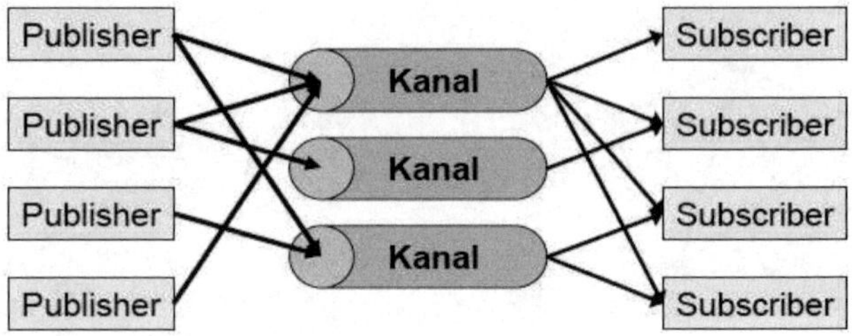


***Abbildung 10.4*** *Nachrichtenübertragung über Kanäle*

die Anzahl verfügbarer Adapter. Beispielsweise kann eine ERP-Lösung eine Vielzahl von unterschiedlichen Nachrichten aussenden, die alle im Broker geparst und in eine Vielzahl anderer Formate umgewandelt werden müssen. Dies ist von einem einzelnen Unternehmen kaum zu leisten; stattdessen wird man versuchen, die Adapter für die relevanten Produkte fertig zu kaufen. Diese vorkonfigurierte Anbindung an »typische« Unternehmensanwendungen unterscheidet EAI-Systeme von Lösungen, die nur auf die Nachrichtenweiterleitung fokussieren. Diese so genannten*Message Queues* gibt es auch in frei verfügbaren Implementationen wie JBoss oder ActiveMQ.

*Wenig Unterstützung bei der Informationsintegration*

EAI-Systeme sind mächtige Werkzeuge zur Integration von Softwaresystemen. Wie bereits in der Einleitung zu diesem Kapitel beschrieben, kann man sie aufgrund ihrer Konzentration auf die Prozessintegration aber als *orthogonal zu dem Fokus dieses Buches* betrachten. Bei der Integration bestehender Datenbestände sind EAI-Systeme in der Regel nicht hilfreich, da sie, einfach ausgedrückt, für die Weiterleitung von Nachrichten entworfen wurden und nicht für den Umgang mit großen Datenmengen. Andererseits müssen EAI-Systeme zur Transformation von Nachrichten, die im Kern oft hoch strukturierte XML-Dokumente sind, auch Abbildungen zwischen heterogenen Strukturen finden – und nehmen für diese Probleme Rückgriff auf Methoden des Schemamanagements, insbesondere des Schema Mapping (siehe Abschnitt 5.2).

## 10.4 Web-Services

*HTTP-Kommandos als RPC*

Web-Services entstanden als Reaktion auf die zunehmende Nutzung und Attraktivität der Nutzbarmachung von im Web verfügbarer Information durch bzw. für Computer. Informationen im Web werden typischerweise in Form von HTML-Seiten übertragen. Welche Information übertragen wird, bestimmt die URL des

Aufrufs. In komplexeren Anwendungen entsprechen diese URLs *Funktionsaufrufen*, bestehend aus der Serveradresse, dem Funktionsnamen und den Parametern der Funktion[9]. Der Schritt, »Webseiten« als Remote Procedure Calls zu betrachten, ist nahe liegend und im Grunde der Kern von Web-Services.

*Service-Oriented Architecture*

Web-Services und die darauf aufbauende »Service-Oriented Architecture« (SOA) sind in den letzten Jahren äußerst populär geworden und gelten als die zukünftige (und auch schon heutige) *Basistechnologie zur Integration von Anwendungen*. Wie EAI adressieren die mit Web-Services verbundenen Technologien vornehmlich die Integration von Prozessen, und nicht die von Daten. EAI-Anwendungen selber werden zunehmend über Web-Services realisiert. Wir stellen Web-Services daher nur sehr kurz vor und verweisen auf die weiterführende Literatur.

Hinter dem Begriff »Web-Services« verbirgt sich eine Reihe von *standardisierten Technologien*, die die Verwendung von HTTP (und anderen Techniken wie JMS, »Java Messaging Service«, oder SMTP, »Simple Mail Transfer Protocol«) für asynchrone RPCs ermöglichen (siehe Abbildung 10.5). Dies sind insbesondere:

*Basistechnologien*

**SOAP:** Das »Simple Object Access Protocol«[10] dient zur *Übertragung von Nachrichten*. Ein SOAP-Dokument ist eine Nachricht, die in einen standardisierten »Umschlag«, also eine Reihe von XML-Elementen, verpackt wird. Nachrichten können sowohl Funktionsaufrufe als auch Funktionsergebnisse oder Fehlermeldungen sein. SOAP ersetzt HTML als Übertragungsformat für Web-Services.

**WSDL:** Die »Web-Service Description Language« ist ein XML-Format, mit dem man die *Schnittstellen* von über SOAP aufrufbaren Funktionen beschreibt. Dazu gehören Funktionsnamen, Parameter und deren Datentypen sowie Ergebnistypen. Ebenso enthält die WSDL-Beschreibung eines Services die Information, wo man den Service findet und über welche Protokolle man ihn ansprechen kann.

**UDDI:** »Universal Description, Discovery, and Integration« ist ein *Verzeichnisdienst* für Web-Services. Mit UDDI können zentrale Services aufgebaut und angesprochen werden, die als »Gelbe Seiten« für Web-Services dienen. Ein UDDI-Server ist selber als Web-Service über SOAP erreichbar.

---

[9]Parameter können alternativ auch mit der POST-Methode des HTTP-Protokolls übertragen werden.

[10]Diese Auflösung der Abkürzung SOAP wird heute nicht mehr verwendet.

**Abbildung 10.5** *Web-Service Technologiestack*

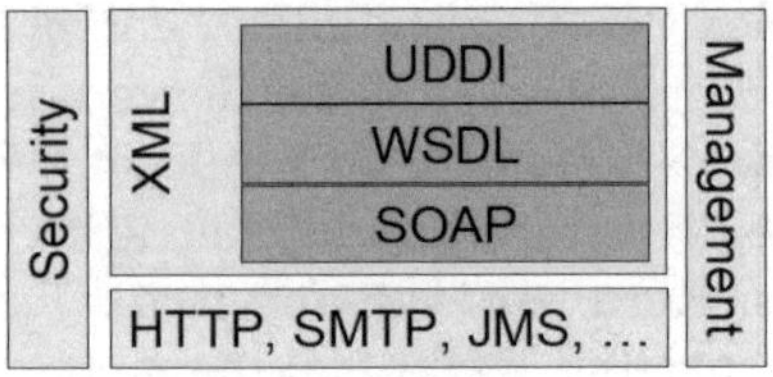


*Nutzung existierender Infrastrukturen*

Web-Services bieten gegenüber komplexeren Technologien wie CORBA eine Reihe von Vorteilen. Zunächst laufen Web-Services typischerweise in einem Web-Server und kommunizieren über den Port 8080, der auch von HTTP benutzt wird. Geht man davon aus, dass jedes Unternehmen so oder so einen eigenen Webserver betreibt, entfällt damit die Notwendigkeit zur *Wartung eines weiteren Servers* und zur Öffnung eines weiteren Ports durch die Firewall. Die Kopplung, die man über Web-Services zwischen Anwendungen herstellt, ist wesentlich loser als bei CORBA, da zum einen alle Aufrufe asynchron und zum anderen Typprüfungen weniger streng sind. Auch entfällt die in CORBA verwendete Klassenhierarchie – Web-Services kennen nur Funktionen und Parameter, aber keine Klassen oder Superklassen. Die lose Kopplung hat schnell zu einer *sehr guten Werkzeugunterstützung* geführt; so ist es heute in vielen Entwicklungsumgebungen möglich, aus einer gegebenen Java-Methode per Knopfdruck einen Web-Service zu generieren. Sowohl das SOAP-Format als auch die WSDL-Beschreibung können automatisch erzeugt und dem Server bekannt gemacht werden. Daneben sind Web-Services freie Spezifikationen, deren Umsetzung mit keinen Kosten für Server etc. verbunden sein muss.

*Lose Kopplung*

*Zustandslosigkeit von Verbindungen*

Der Nachteil von Web-Services liegt vor allem in der *Zustandslosigkeit* jeder Verbindung. Dadurch ist es zum Beispiel sehr schwierig, Web-Services mit transaktionaler Semantik anzusprechen bzw. an verteilten Transaktionen zu beteiligen. Zwar existieren dazu Vorschläge (zum Beispiel die »Web-Services Coordination and Transaction«-Spezifikation von IBM), aber bisher konnte sich keiner durchsetzen. Außerdem bringt das Ver- und Entpacken jeder Nachricht in XML einen erheblichen Performanzverlust mit sich, der bei Anwendungen, die auf hohen Nachrichtendurchsatz angewiesen sind, durchaus kritisch ist.

## 10.5 Weiterführende Literatur

Zu allen in diesem Kapitel angesprochenen Themen gibt es eine ganz Flut von Veröffentlichungen. Wir führen hier nur exemplarisch einige Bücher an; Hinweise auf Literatur zu speziellen Themen findet man in diesen Büchern.

*Verteilte Datenbanken*

Der Klassiker zu verteilten Datenbanken ist das Buch von Özsu und Valduriez [220] und im deutschsprachigen Raum das Buch von Dadam [61]. Einen Vergleich verschiedener Gateway-Produkte findet man in [72].

*Middleware*

Zu Middleware, speziell im Umfeld von J2EE und .NET, verweisen wir auf [134] und [228]. Ein aktuelles und anwendungsnahes Buch zu CORBA ist das von Aleksy und Kollegen [4]. Eine gute Übersicht über den Aufbau und Funktionsumfang von Applikationsservern bietet das Tutorial »Application servers and associated technologies« von C. Mohan[11]. Alle diese Themen werden auch in [58] dargestellt.

*Applikationsserver*

*EAI*

Speziell mit EAI befasst sich zum Beispiel Keller in [143] und aus einer stärker betriebswirtschaftlichen Perspektive Kaib in [137].

*Web-Services*

Eine knappe und gut verständliche Darstellung von Web-Services ist die von Kossmann und Leymann [154]. Eberhart und Fischer gehen näher auf viele praktische Aspekte der Umsetzung von Web-Services ein [79]. Die Integration von auf Web-Services basierenden Diensten behandelt sehr ausführlich [233], während [192] das Zusammenspiel von Web-Services und Workflow beleuchtet. Die aktuellen Spezifikationen im Bereich Web-Services findet man auf den Webseiten des W3C bzw. bei OASIS.

[11]Folien verfügbar unter `www.almaden.ibm.com/cs/people/mohan/AppServersTutorial_VLDB2002_Slides.pdf`.

# 11 Fallstudien: Integration molekularbiologischer Daten

Im folgenden Kapitel stellen wir einige Projekte zur Integration *molekularbiologischer Daten* vor. Die große Bedeutung der Datenintegration in der Bioinformatik hat seit den Anfängen des »Human Genome Project« Anfang der 90er Jahre zur Erforschung geeigneter Methoden und der Entwicklung von integrierten Datenbanken geführt. Einige davon werden wir in diesem Kapitel kurz darstellen, um einen Eindruck von den vielfältigen Möglichkeiten zu geben, die man mit den in diesem Buch beschriebenen Techniken zur Integration zur Verfügung hat. Die Fallstudien spannen den Bogen von einfachen Indexierungssystemen zu ontologiebasierten Ansätzen und Data Warehouses. Zum besseren Verständnis beginnen wir mit einer kurzen Darstellung der relevanten biologischen Datentypen und Datenbanken.

*Integration als Standardproblem der Bioinformatik*

## 11.1 Molekularbiologische Daten

Wir geben im Folgenden einen Abriss der wichtigsten biologischen Daten, die in heutigen Systemen gespeichert und integriert werden. Dieser Überblick ist notwendigerweise unvollständig und sehr vereinfachend (und dadurch an manchen Stellen auch nicht ganz korrekt); der interessierte Leser sei auf die gängigen Lehrbücher zur Biologie verwiesen. Wir möchten vor allem einen Eindruck von der Art und Vielfalt der Daten geben.

*Genom, Chromosom, Gen, Protein*

Das zentrale Ziel molekularbiologischer Forschung ist das Verständnis des Erbguts bzw. des *Genoms* einer Spezies. Dieses besteht aus *Chromosomen*, die man sich als lange Strings über einem vier-buchstabigen Alphabet vorstellen kann: der berühmten Desoxyribonukleinsäure (DNS), bestehend aus den Nukleinsäuren Adenin (A), Thymin (T), Guanin (G) und Cytosin (C). Ein Mensch besitzt 23 Chromosomenpaare, die zwischen 50 und 250 Millionen Zeichen lang sind. Die Sequenz eines Chromosoms kann in aufwändigen Versuchen experimentell bestimmt werden. Insbesondere sind dabei die auf den Chromosomen liegenden *Gene* von Bedeutung. Ein Gen ist für die folgende Darstellung vereinfachend ein Sequenzabschnitt, der kopiert und in ein *Protein* übersetzt werden kann.

*Vom Gen zum Protein*

Gene besitzen eine komplexe und noch nicht vollständig verstandene innere Struktur. Wichtig sind vor allem Abschnitte zur Markierung von Anfang und Ende eines Gens sowie Markierungen zur Abgrenzung von Exons und Introns. Introns werden vor der Übersetzung in Proteine aus dem kopierten Gen herausgeschnitten. Außerdem können durch differenzielles Splicen auch Exons herausgeschnitten werden. Daher besitzen Organismen, bei denen differenzielles Splicen auftritt, mehr unterschiedliche Proteine als Gene. Ein Mensch besitzt beispielsweise ca. 20.000 Gene und ca. 150.000 unterschiedliche Proteine.

*Proteinsequenz und -struktur*

Proteine sind die Funktionsträger der meisten biochemischen Vorgänge, die in einer Zelle ablaufen, und damit des Lebens an sich. Ein Protein ist auf den ersten Blick wiederum eine Zeichenkette über einem Alphabet von 20 Buchstaben, den Aminosäuren. Diese Sequenz wird durch die DNS-Sequenz des übersetzten Gens determiniert. Wichtig für die Funktion eines Proteins ist die komplexe räumliche Struktur, in die sich jedes Protein bei seiner Erzeugung aus DNS faltet. Die Vorhersage der *Struktur eines Proteins* aus seiner Sequenz ist eines der grundlegenden und noch nicht befriedigend gelösten Probleme der Bioinformatik. Die Proteinstruktur bestimmt aufgrund der räumlichen Anordnung der Atome ganz wesentlich das Verhalten des Proteins gegenüber anderen Molekülen und insbesondere anderen Proteinen – und damit seine Funktion, da zelluläre Aufgaben praktisch ausnahmslos von interagierenden Molekülen gelöst werden.

*Wichtig ist die Interaktion biologischer Objekte*

Ein wichtiger Zweig der Molekularbiologie, die *Systembiologie*, befasst sich mit der systematischen Erforschung der Interaktion von Proteinen und anderen Molekülen in Zellen. Zellen kommunizieren wiederum untereinander durch den Austausch von Botenstoffen oder, allgemeiner, Signalen. Sie formen Organe mit spezifischer Funktion und schlussendlich das Individuum.

### Molekularbiologische Datenbanken

*Viele MDB sind frei verfügbar*

Daten aus allen beschriebenen Bereichen werden weltweit in mehreren hundert *molekularbiologischen Datenbanken* (MDB) – genauer gesagt Datenbanken, die molekularbiologische Daten verwalten – in einer Vielzahl von Formaten frei verfügbar für die Forschung gespeichert. Anstelle einzelner Referenzen sei hier auf die jährliche Januarausgabe der Zeitschrift »Nucleic Acids Research« verwiesen, die Veröffentlichungen zu molekularbiologischen Datenbanken bündelt. Wichtige Datenbanken sind die internationalen DNS-Datenbanken (EMBL, GenBank und DDBJ), die Proteinsequenzdatenbank UniProt und die Proteinstrukturdatenbanken PDB und MSD, die Genomdatenbank Ensembl und die Proteininteraktionsdatenbank KEGG. Neben diesen auf bestimmte *Typen von Daten* spezialisierten Datenbanken gibt es auch speziesspezifische, wie MGD für Mäuse oder SDG für die Bäckerhefe, chromsomenenspezifische oder krankheitsspezifische Datenbanken. Eine weitere wichtige Datenquelle sind Publikationsdatenbanken, insbesondere Medline, oder publikationsähnliche, mit hohem manuellem Aufwand aktuell gehaltene Datensammlungen wie OMIM, das verschiedenste Informationen zu menschlichen Erbkrankheiten sammelt. Damit ist OMIM selber eine integrierte Datenbank, dient aber auch als wichtige Quelle für viele weitere Integrationsprojekte. Diese Konstellation ist typisch für MDB.

*Integration über mehrere Ebenen*

*Vernetzung von MDB durch Links*

Die verschiedenen Datenbanken sind untereinander *hochgradig vernetzt*. Praktisch jede MDB referenziert auf relevante Objekte in anderen Datenbanken; so enthält UniProt für eine Proteinsequenz nach Möglichkeit Links auf die für die Sequenz kodierenden Gene in Ensembl und Genbank und auf die vom Protein gebildete Struktur in PDB. Abbildung 11.1 zeigt die 129 Datenquellen und deren 278 Datenbankquerbezüge, die im August 2003 über das Integrationssystem SRS (siehe Abschnitt 11.2) abgefragt werden konnten [175].

*Hohe Heterogenität auf allen Ebenen*

Technisch basieren MDB auf einer Vielzahl unterschiedlicher Systeme. Daten werden in Dateien, in speziellen Anwendungen, in eigens programmierten Datenbanksystemen und in kommerziellen objektorientierten oder relationalen Systemen gespeichert. Bis heute haben *Flatfiles zum Datenaustausch* eine sehr große Bedeutung, auch wenn zunehmend XML eingesetzt wird. Zugriff auf MDB wird typischerweise nur über Webinterfaces gewährt, die, in unterschiedlichen Ausprägungen, die Formulierung von Anfragen gestatten und die Ergebnisse in Form von HTML-Seiten präsentieren. Außerdem sind viele MDB als Flatfiles oder in XML zum Download verfügbar.

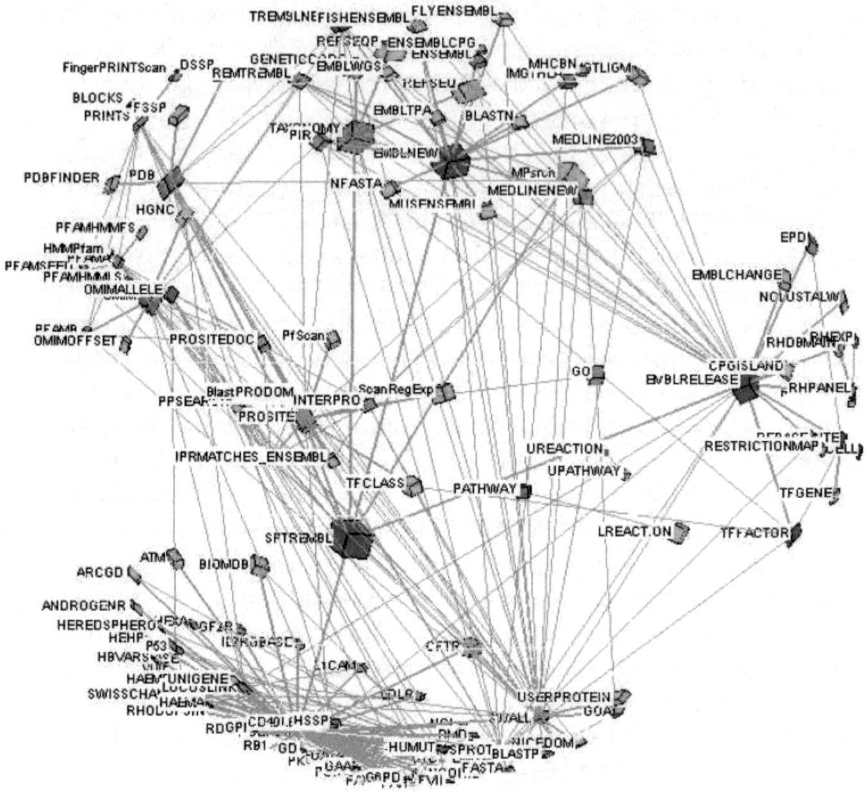


*Abbildung 11.1* Vernetzung biologischer Datenbanken

## Integration molekularbiologischer Datenbanken

In der molekularbiologischen Forschung ist die Informationsintegration in den letzten Jahren zu einem Problem geworden, das einen weiteren Fortschritt behindert. Die Gründe dafür sind vielfältig:

*Integrationsprobleme*

- *Hohe semantische Heterogenität* der Daten, die aus einer Vielzahl unterschiedlicher Experimente gewonnen werden.
- *Komplexe Fragestellungen*, die auf eine Vielzahl unterschiedlicher Daten angewiesen sind – schlussendlich geht es um die Modellierung und Simulation kompletter lebender Wesen mit vielen Billionen interagierender Zellen.
- *Weite Verteilung der Daten*, die in Tausenden Laboren weltweit gesammelt und in Hunderten Datenbanken verwaltet werden.

- *Hohe Redundanz* in den Daten bei oftmals eher schlechter Informationsqualität.
- Ein *hoher Grad an technischer Heterogenität* in den Quellen, ihren Formaten und Schnittstellen.
- Ein *hoher Grad an struktureller Heterogenität*, da Standards, bis auf wenige Ausnahmen, nicht vorhanden sind.
- Ein *hoher Grad an semantischer Heterogenität*, da auch über grundlegende biologische Begriffe wie den des »Gen« bei genauer Betrachtung noch kein wissenschaftlicher Konsens erzielt wurde [256].

*Integration erfolgt auf Projektbasis*

Die erste Generation von Integrationssystemen in der Bioinformatik verfolgte den Anspruch der *Integration aller Daten* in eine zentrale Datensammlung. Prominentes Beispiel dafür ist IGD, die »Integrated Genomics Database« [242]. Ziel des Projektes war die Integration aller weltweit verfügbaren molekularbiologischen Daten in ein zentrales Data Warehouse. Die semantische Integration erfolgte durch eine Vielzahl von manuell erstellten HTML/Flatfile-Parsern. Das Projekt scheiterte unter anderem an fehlender Skalierbarkeit der zugrunde liegenden Technik sowie dem immensen Aufwand zur Erstellung und Pflege der quellspezifischen Parser.

Integrationsprojekte in der Bioinformatik lassen sich grob in vier Klassen einteilen:

*Klassen von Integrationsansätzen*

- Bei der ersten Klasse handelt es sich um speziell auf die Bioinformatik zugeschnittene *Attributindexierungssysteme*. Datenquellen, die als Flatfiles vorliegen müssen, werden geparst und die einzelnen Felder indexiert. Auf diesen Indizes sind spezielle Anfragesprachen definiert. Wir werden als Vertreter dieser Klasse das System SRS vorstellen.
- Die zweite Klasse basiert auf *Multidatenbanksprachen* und konzentriert sich auf technische Aspekte der Integration, d.h. die Bereitstellung einer einheitlichen Schnittstelle zum Zugriff auf heterogene Quellsysteme ohne den Anspruch einer semantischen Integration. Wir werden aus dieser Klasse die Systeme OPM und DiscoveryLink vorstellen.
- Die dritte Klasse konzentriert sich auf die *semantische Integration von Daten*. Ziel ist die Bereitstellung eines integrierten und homogenen globalen Schemas, das semantische Unterschiede in Konzepten und Klassen der Quellsysteme vor dem Benutzer versteckt. Stellvertretend werden wir aus dieser Klasse das System TAMBIS charakterisieren.

- Die vierte Klasse basiert auf *Data-Warehouse-Techniken*, also der Integration von Daten in ein zentrales, homogenes System. Hierzu werden wir die Proteindatenbank Columba beschreiben.

*Ebenso wichtig: Anwendungsintegration*

Eng verwandt mit Projekten zur Datenintegration sind Ansätze zur *Anwendungsintegration*. Die Life Science Research Initiative[1] der OMG standardisierte dazu in 15 Arbeitsgruppen CORBA-Schnittstellen für den Zugriff auf Daten aus unterschiedlichen Bereichen, wie Sequenzen, bibliografische Informationen oder chemische Verbindungen. Diese Entwicklungen haben aber in den letzten Jahren an Bedeutung verloren gegenüber einer Reihe von Open-Source-Projekten wie BioSQL oder BioMOBY, die ebenfalls Werkzeuge und Methoden zur Daten- und Applikationsintegration implementieren (siehe Abschnitt 11.6).

## 11.2 Attributindexierungssysteme

*Attributbasierte Indexierung von Flatfiles*

Attributindexierungssysteme basieren auf der attributbasierten *Indexierung von als Flatfiles* verfügbaren Datenbanken. Nach diesem Prinzip arbeiten neben dem im Folgenden besprochenen SRS auch weitere Systeme, wie zum Beispiel Entrez und BioRS.

SRS, das »Sequence Retrieval System«, wurde Anfang der 90er Jahre als Zugriffs- und Indexierungssystem für die Sequenzdatenbank EMBL entwickelt [83]. Später wurde SRS für den integrierten Zugriff auf beliebige Flatfiles weiterentwickelt und 1998 von der Firma LION Bioscience AG übernommen, die die Software 2006 an die BioWisdom verkaufte[2]. SRS ist für akademische Zwecke weiterhin frei verfügbar.

*Datenbankspezifische Parser*

SRS verlangt eine lokale Installation aller Datenbanken als Flatfiles. Diese Flatfiles werden durch speziell zu entwickelnde Parser gelesen, die ihre Struktur in eine Menge von Objekten mit mengenwertigen Attributen abbilden und für ausgewählte Attribute einen Volltextindex bilden. Einen Klassenbegriff kennt SRS nicht – jede Datenbank besteht implizit nur aus einer Klasse von (komplexen) Objekten. Der Index kann mit der SRS-Anfragesprache durchsucht werden, einer Information-Retrieval-Sprache, erweitert um SRS-spezifische Operatoren (z.B. das Referenzieren geschachtelter Objekte) und die Formulierung von Bedingungen an durch den Parser definierte Attribute. Daten aus

*Nur vordefinierte Verknüpfungen*

[1] Siehe `www.omg.org/lsr/`.

[2] Siehe `www.biowisdom.com/solutions_srs.htm`.

verschiedenen Quellen können unter Ausnutzung von explizit gespeicherten Referenzen verknüpft werden. Dies entspricht in etwa einem relationalen Join, allerdings müssen alle Verknüpfungswege vorab definiert werden. Auch können mehrere Datenbanken gleichzeitig durchsucht werden.

*Hohe Verbreitung*

SRS war lange das vorherrschende Werkzeug zur Datenintegration in der Bioinformatik. Es gibt SRS-Parser für über 400 Datenquellen und weltweit über 100 Installationen des Systems. Eine SRS-Installation beinhaltet die Installation eines ausgefeilten Webinterface (siehe Abbildung 11.2). Durch exzessive Indexierung der Daten ist SRS sehr schnell und nach Aussagen ihrer Entwickler relationalen Datenbanken weit überlegen [307]. Neben dem Webinterface existieren APIs für gängige Programmiersprachen wie Java, Perl und C. Neuere Versionen von SRS können auch auf relationale Datenbanken zugreifen.

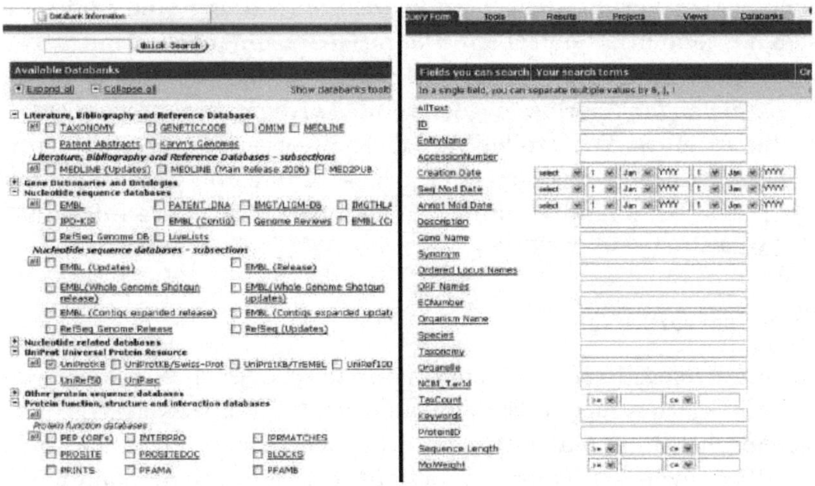

***Abbildung 11.2***
*SRS – Auswahl der Datenbanken (links), Suchformular (rechts)*

*Lose Kopplung*

SRS ist ein Vertreter einer *sehr losen Integration*. Ein globales Schema existiert nicht, stattdessen werden Anfragen in dem lokalen Schema – also den Attributen – einer vorab auszuwählenden Datenbank formuliert. Sollen mehrere Datenbanken gleichzeitig durchsucht werden, können nur für die Schnittmenge ihrer Attribute Bedingungen angegeben werden. Eine semantische oder strukturelle Integration findet nicht statt, und das Ergebnis einer Suche sind immer die originalen Datenbankeinträge. Eine Verknüpfung von Quellen kann nur erfolgen, wenn diese vorkonfiguriert wurde und die Verknüpfung auf Datenebene bereits in Form von Zeigern (Links) existiert. Eine physische Verteilung der Datenbanken ist nicht möglich. Technische Heterogenität kann nur

*Keine Verteilungstransparenz*

in begrenztem Maße überbrückt werden (Flatfiles oder RDBMS); sehr vielfältig sind dafür die Möglichkeiten zur Überbrückung syntaktischer Heterogenität, was aber die Programmierung entsprechender Parser verlangt. Damit ist das System sehr anfällig auf Formatänderungen.

SRS basiert auf einer vollständigen Materialisierung der Daten an einem Ort. Damit könnte man SRS auch als Data Warehouse betrachten; wir tun dies aber nicht, da keine Integration der Datenquellen stattfindet.

## 11.3 Multidatenbanksysteme

*Konzentration auf den entfernten Zugriff*

Multidatenbanksprachen gestatten den einfachen und deklarativen Zugriff auf entfernte Datenbanken, ohne ein einheitliches globales Schema zur Verfügung zu stellen. Dies hat für Werkzeugentwickler den Vorteil, dass sie *domänenunabhängig* sind und man sich um semantische Probleme keine Gedanken machen muss. Die Überbrückung semantischer oder struktureller Probleme bleibt dem Anwender überlassen, der seine Anfragen entsprechend formulieren muss. Wir stellen aus dieser Klasse zwei Projekte vor: das ursprünglich akademische Projekt OPM und DiscoveryLink der Firma IBM, eine Vorstufe des heutigen Websphere Information Integrator.

### OPM und OPM*QL

*Datenmodell mit speziellen biologischen Elementen*

OPM ( »Object Protocol Model«) war ursprünglich ein Werkzeug zur objektorientierten Modellierung von Datenbanken [51]. Für biologische Datenbanken eignete es sich insbesondere dadurch, dass Protokolle – Sequenzen von aufeinander aufbauenden biologischen Experimenten – als eigenständige Modellierungselemente vorhanden waren. OPM wurde zur Modellierung verschiedener Datenbanken im Umfeld des *Human Genome Project* eingesetzt, wie z.B. der Genome Database und der Genome Sequence Database. Zur Implementierung wurden OPM-Modelle sowie Anfragen in der OPM-Anfragesprache OPM-QL in relationale Schemata bzw. Anfragen übersetzt. Die Software wurde 1997 von der Firma GeneLogic übernommen und kommerziell vertrieben; später wurde der Vertrieb eingestellt.

*Multidatenbanksprache OPM*QL*

OPM-QL hatte ungefähr den Umfang von OQL [47] ohne Methodenaufrufe und ohne berechnete Klassen. Aufbauend auf dieser Sprache wurde die *Multidatenbanksprache OPM*QL* entwickelt. Der wesentliche Unterschied bestand darin, dass in OPM*QL Klassennamen mit Datenbanknamen qualifiziert werden konnten. Mit Hilfe eines Repositories aller bekannten OPM-Modelle wurde eine OPM*QL-Anfrage zur Auswertung in Teilanfragen an die beteiligten Quellen zerlegt, diese verschickt, lokal ausgewertet und das Gesamtergebnis aus den Teilergebnissen zusammengesetzt. Voraussetzung für die Integration einer Datenquelle war deshalb die Existenz eines OPM-Modells, das auch die Form einer Menge von OPM-Sichten auf ein eigentlich relationales Schema haben konnte. Beispielsweise berechnet die folgende Anfrage alle Namen und Beschreibungen von Genen des X-Chromosoms, die in der Datenbank `gsdb` bekannt sind, wobei die Genbeschreibungen aus der Datenbank `hgd` geholt werden.

```
SELECT name = gsdb.gene.name,
       annotation = hgd.gene.annotation
FROM   gsdb.gene, hgd.gene
WHERE  gsdb.gene.gdb_xref = hgd.gene.accession_id
       AND gsdb.gene.chrom_location = 'X';
```

*Keine strukturelle oder semantische Integration*

OPM stellt dem Benutzer weder ein homogenes globales Schema zur Verfügung noch unterstützt es ihn bei der Überbrückung semantischer Konflikte. Wie man an der Beispielanfrage sieht, existieren auch keine Mechanismen, um Duplikate in verschiedenen Datenbanken zu erkennen – die Verknüpfung der Quellen erfolgt, wie bei einem relationalen Join, über identische Werte, die in den Daten vorhanden sein müssen. Werkzeuge z.B. zur Integration von OPM-Modellen oder zum Einbinden von Datenintegrationsfunktionen fehlen, und die Optimierung verteilter Anfragen ist nur prototypisch erfolgt, was zu unzureichender Performanz führte.

### DiscoveryLink

*Zugriff auf externe Datenquellen aus RDBMS*

DiscoveryLink entstand aus dem IBM-Forschungsprojekt Garlic [110], das die *Optimierung von Anfragen* mit verteilten und beschränkten Quellen zum Ziel hatte. Dazu müssen Datenquellen in DB2 als virtuelle Tabelle registriert werden und können dann wie normale Tabellen benutzt und in beliebigen SQL-Anfragen verwendet werden. Der tatsächliche Zugriff erfolgt über speziell zu entwickelnde *Wrapper*. Verwendet eine Anfrage gegen eine solche virtuelle Tabelle Operatoren, die ein Wrapper bzw. die zugrunde liegende Datenquelle nicht ausführen kann, so wird dies von DB2 automatisch ausgeglichen. Die in Garlic entwickelten Methoden haben die Definition des SQL/MED-Standards ganz wesentlich beeinflusst und finden sich dort teilweise praktisch unverändert wieder (siehe Abschnitt 10.1); wir verzichten hier daher auf eigene Beispiele.

*Fokus auf der Anfrageoptimierung*

Kernstück des Systems ist der *Anfrageoptimierer* [111]. Für jede SQL-Anfrage wird zunächst ein konventioneller Anfragebaum erstellt. Für alle Teile der Anfrage, die externe Quellen adressieren, werden die entsprechenden Wrapper während der Anfrageoptimierung vom System gefragt, welche Teile der Anfrage sie zu welchen geschätzten Kosten auswerten können. Aus allen Möglichkeiten wird dann der vermutlich schnellste Plan ausgewählt, was auch die Berechnung von Joins außerhalb von DB2 implizieren kann. Der Vorteil dieses Ansatzes liegt in seiner Flexibilität – Quellen können sehr schnell mit generischen Wrappern eingebunden werden, die bei Bedarf später gemäß den speziellen Fähigkeiten der Quelle verbessert werden.

*Integrationslösung für die Lebenswissenschaften*

DiscoveryLink, zusammen mit eine Menge von Wrappern für wichtige biologische Datenbanken, wurde von IBM als Integrationslösung für die Lebenswissenschaften vermarktet. Es besitzt dieselben Nachteile wie OPM: kein globales Schema, keine Unterstützung bei struktureller und semantischer Heterogenität und keine Unterstützung bei der Datenintegration.

## 11.4 Ontologiebasierte Integration

*Fokus auf semantischer Integration*

Ontologiebasierte Integration hat in der Bioinformatik vor allem mit dem Projekt TAMBIS (»Transparent Access to Multiple Bioinformatics Information Sources«) große Popularität erhalten [102]. Im Unterschied zu den bisher vorgestellten Systemen widmet sich TAMBIS vornehmlich den *semantischen Problemen* der Integration heterogener Datenquellen in der Molekularbiologie. Fragen des Datenzugriffs, der Verteilung oder der Anfragemöglichkeiten werden nicht adressiert, sondern durch die Benutzung einer Multidatenbanksprache als Infrastruktur umgangen.

*Ontologie aus 1800 Begriffen*

Kern von TAMBIS ist eine 1800 Begriffe umfassende Ontologie molekularbiologischer Begriffe. Zur Erstellung der Ontologie wurde eine gemischte Top-down-/Bottom-up-Strategie verfolgt: Zunächst wurde eine Kernontologie, die die wichtigsten Begriffe der Anwendungsdomäne in einer Konzepthierarchie anordnet, modelliert. In einem zweiten Schritt wurden konkrete Anfragen an Quellsysteme in den Begriffen der Kernontologie beschrieben und dann durch Subsumption eingeordnet.

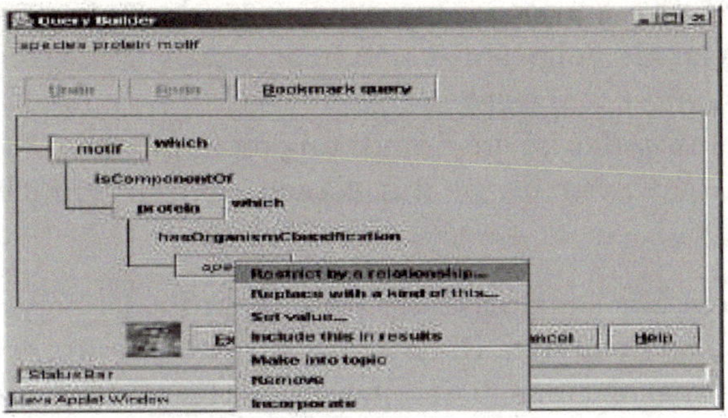


***Abbildung 11.3***
*Anfrageformulierung in TAMBIS*

Anfragen in TAMBIS werden als Konzepte beschrieben, die in einem ersten Schritt durch Subsumption in die Ontologie eingeordnet werden. In einem zweiten Schritt werden alle subsumierten Konzepte, die an konkrete Quellanfragen gebunden sind, bestimmt und die entsprechenden Anfragen ausgeführt (siehe Abschnitt 7.1.4). Um Benutzern den Zugang zum System zu erleichtern, wurde eine grafische, interaktive Anfrageschnittstelle entwickelt, die die formalen Definitionen der Konzepte zur *Vermeidung sinnloser Anfragen* ausnutzt (siehe Abbildung 11.3).

*Einordnung*

TAMBIS ist zweifellos das umfangreichste Projekt zur Adressierung semantischer Heterogenität in der Bioinformatik. Wie bereits auf Seite 294 erläutert, kann man es aber durchaus kritisch betrachten. Obwohl semantische Heterogenität kontinuierlich als dringendes Problem postuliert und die Forderung nach transparentem und homogenem Zugriff aufgestellt wird [119], muss bezweifelt werden, ob dies tatsächlich zutrifft:

*Nachteile einer engen semantischen Integration*

- *Quellentransparenz verdeckt wichtige Informationen*, die bei der Auswahl und Einschätzung einer Datenbank durch einen Biologen eine wichtige Rolle spielen, wie die Reputation der Hersteller, die verwendeten experimentellen Methoden, die Vollständigkeit und Fehlerfreiheit der Daten etc. [214]. Transparenz in Bezug auf Datenquellen ist deshalb unter Umständen ein Hindernis für die Benutzung eines Integrationssystems.
- Die Forderung nach *semantischer Korrektheit* und Redundanzfreiheit eines Modells ist nicht realistisch, da die *Semantik vieler Begriffe* in der Molekularbiologie nicht eindeutig definiert ist. Außerdem halten Datenquellen die Semantik ihrer Schemaelemente oft bewusst unscharf, um einer zu starken Einengung ihrer Forschung bzw. der Notwendigkeit zur ständigen Anpassung zu entgehen. Diese Unschärfe soll-

te nicht als Unterlassung der Entwickler betrachtet werden, sondern als Folge eines sich in *ständiger Bewegung befindlichen Anwendungsgebiets*.

- Für Anwender ist die Benutzung eines globalen Schemas oftmals schwierig, da sie mit dessen Konzepten nicht vertraut sind.

Das Problem der semantischen Heterogenität ist selbstverständlich nicht verschwunden. Die Auflösung der Konflikte erfolgt heute aber meist spezifisch nach den jeweiligen Projektgegebenheiten.

## 11.5 Data Warehouses

Die vorherrschende Architektur zur Datenintegration in der molekularbiologischen Forschung sind Data Warehouses. Grund dafür ist eine Reihe von Vorteilen:

*Vorteile einer DWH-basierten Integration*

- Sie sind *konzeptionell einfach* und verlangen keine komplizierten Anfragebearbeitungsmechanismen.
- Da viele molekularbiologischen Datenbanken in Flatfiles verfügbar sind, ist für die Integration einer Datenquelle aus technischer Sicht oftmals *nur ein Parser* notwendig.
- Anfragen sind *sehr performant*, da sie lokal ausgeführt werden. Dies ist insbesondere für komplexere Analysen, die in der Bioinformatik alltäglich sind, ein unschlagbarer Vorteil gegenüber einer virtuellen Integration.
- Innerhalb des DWH können *beliebige (SQL-)Anfragen* formuliert und beantwortet werden, während man bei einer virtuellen Integration oft mit eingeschränkten Interfaces zu kämpfen hat.
- Die *Verfügbarkeit der Daten* wird nicht mehr von externen Quellen bestimmt.
- Daten können in *verschiedenen Versionen* gehalten werden, was angesichts des sehr schnellen Wissenszuwachses in der Bioinformatik für konsistente Analysen unerlässlich ist.
- *Daten können im DWH verändert werden*, beispielsweise um Fehler zu beheben oder fehlende Daten zu ergänzen.

*DWH-Lösungen sind alltäglich*

Die materialisierte Integration von Daten wird daher in einer Vielzahl von Projekten betrieben, meist ohne dass man diese Tätigkeit überhaupt als »Informationsintegration« begreift. Da Forschungsprojekte oftmals nur eine kurze Laufzeit haben und mit einer konkreten Fragestellung verbunden sind, erfolgt die Integration oftmals nur einmalig. Damit fällt der Nachteil der für DWH typischen *mangelnden Aktualität der Daten* wenig ins Gewicht.

*Zwei Klassen*

Unter den DWH-basierten Ansätzen kann man zwei Klassen unterscheiden: Projekte wie IXDB (»Integrated X Chromosome Database« [173]), IGD (»Integrated Genomic Database« [242]) oder GIMS (»Genome Information Management System« [59]) besitzen ein *homogenes Schema*. Datenquellen werden analysiert und entsprechend der Struktur und Semantik des DWH-Schemas transformiert. Der Nachteil dieses Ansatzes liegt im hohen Aufwand, der zur Integration von Daten notwendig ist, und der *Verschleierung der Datenherkunft*. Der Vorteil ist die Erreichung von Schema-, Orts- und Verteilungstransparenz. Die zweite Klasse von DWH-Projekten adaptiert die DWH-Idee eines *multidimensionalen Schemas*, indem eine bestimmte Klasse zentraler Daten durch vielfältige Dimensionen näher beschrieben wird. Wir stellen im Folgenden ein Projekt der zweiten Klasse kurz vor.

### Columba: Multidimensionale Integration von Proteinannotation

*Integration von Proteinannotation*

Columba integriert Daten aus ca. 14 verschiedenen biologischen Datenbanken aus dem Bereich Proteinstruktur und -annotation in ein DWH [279]. Den Kern von Columba bilden Proteinstrukturen, die aus der PDB extrahiert werden. Zu jeder Proteinstruktur werden Daten zur Proteinsequenz und -funktion, der Beteiligung in biologischen Netzwerken, der Zugehörigkeit zu Proteinfamilien sowie eine Reihe weiterer Informationen integriert. Diese Informationen sind ursprünglich in unterschiedlichen Datenquellen vorhanden, die in Flatfiles von den betreffenden Webseiten bezogen, geparst und in Columba eingefügt werden.

*Datenquellen bilden Dimensionen*

Konzeptionell ist das Columba-Schema einem *Starschema* ähnlich (siehe Abbildung 11.4). Im Zentrum befinden sich die Proteinstrukturen aus der PDB. Die unterschiedlichen Informationen, die zu jeder Proteinstruktur aus den verschiedenen Quellen integriert werden, befinden sich in *quellspezifischen Subschemata*, die sternförmig um die zentralen Tabellen angeordnet sind. Jede Datenquelle bildet damit eine Dimension der zentralen Informationseinheiten. Alle Dimensionen sind mit der PDB-Tabelle verknüpft.

Trotz dem ähnlichen Aufbau gibt es eine Reihe von Unterschieden zu herkömmlichen multidimensionalen DWH-Modellen (siehe Abschnitt 9.2):

**Abbildung 11.4**
*Aufbau von Columba*

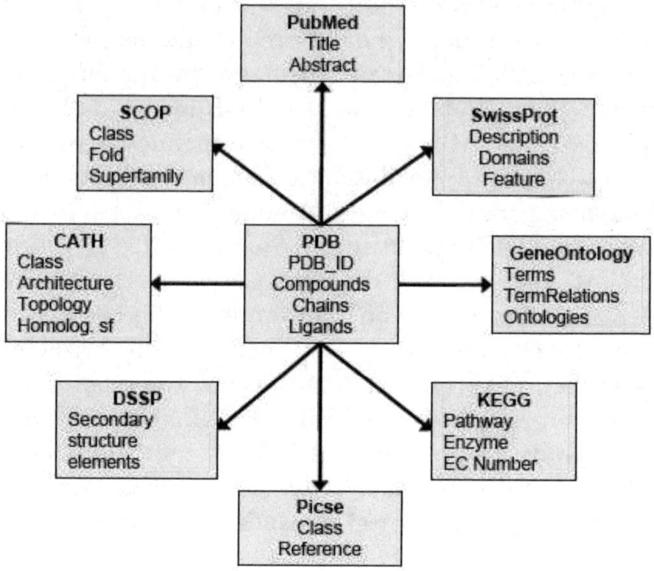


*Unterschiede*

- Die meisten Dimensionen sind nicht hierarchisch, sondern flach strukturiert.
- Die Beziehung zwischen »Fakten« (also Proteinstrukturen) und Dimensionswerten ist nicht strikt *n:1*, sondern *m:n*; beispielsweise können zu einer Proteinstruktur mehrere Veröffentlichungen erschienen sein.
- Die Aggregation von Fakten ist semantisch sinnlos. Dimensionen werden nur zur Auswahl von Daten verwendet, aber nicht zur Verdichtung.

*Hoher Wiedererkennungswert*

Durch die Abbildung jeder Datenquelle in eine eigene Dimension nimmt Columba nur eine *begrenzte Form von Datenintegration* vor. Beispielsweise werden die, oberflächlich gesehen sehr ähnlichen, Datenquellen zu Proteinfamilien SCOP und CATH nicht in eine abstrakte Tabelle »Proteinfamilien« integriert, sondern liegen als zwei isolierte Tabellen vor. Dies hat den großen Vorteil, dass Biologen die ihnen bekannten Quellen wiedererkennen und daher die Informationen viel besser einschätzen können. Darüber hinaus werden die Auswirkungen von Änderungen in den Datenquellen auf genau definierte Subschemata begrenzt, was die *Wartbarkeit des Systems* erhöht. Ein weiterer Vorteil liegt darin, dass dieses Schema automatisch zu einem *intuitiven Anfragemechanismus* führt – Benutzer wählen Bedingungen für alle gewünschten Dimensionen, und die Proteinstrukturen, die alle Bedingungen erfüllen, werden als Ergebnis zurückgegeben.

*Intuitives Anfragemodell*

## 11.6 Weiterführende Literatur

Die Integration molekularbiologischer Datenbanken wird seit ca. 15 Jahren intensiv erforscht. Typische Probleme, die dabei auftreten, diskutieren zum Beispiel Leser und Kollegen [173] sowie [69] und [191]. Übersichten zu Integrationsprojekten findet man beispielsweise in [123] (aus einer Datenbankperspektive) und in [271] (aus einer eher biologischen Perspektive). Unsere Darstellung lehnt sich in Teilen an [175] an. Allgemeine Probleme beim Management biologischer Daten werden von Lacroix und Critchlow in [160] besprochen. Eine Reihe konkreter Datenbanken wird im Buch von Baxevanis und Ouellette dargestellt [19].

Neben den hier besprochenen Projekten gibt es eine Vielzahl weiterer Systeme. Ein weiterer Vertreter der Multidatenbanksprachen ist BioKleisli [67], ein anderes multidimensional angelegtes Data-Warehouse-Projekt ist BioMart bzw. EnsMart [142]. Standards zum Datenaustausch existieren zum Beispiel für Genexpressionsdaten (MIAME [34]) und für Pathway-Daten (BioPAX). Web-Service-basierte Anwendungsintegration verfolgen die Projekte IRIS [232] und BioMOBY [300]. Ein typischer Vertreter eines Middleware-Ansatzes zur Informationsintegration ist ISYS [265].

# 12 Praktikum: Ein föderierter Webshop für Bücher

Im Rahmen einer neu gestalteten, vierstündigen Vorlesung zum Thema Informationsintegration, aus der auch das vorliegende Buch entstanden ist, hat unsere Arbeitsgruppe im Sommersemester 2004 eine Übung zum gleichen Thema angeboten[1]. Inspiriert durch den Artikel «Learning About Data Integration Challenges from Day One« von Alon Halevy [115] ließen wir Studenten in der Übung in Einzelarbeit Datenbanken entwerfen, die daraufhin in Gruppenarbeit zu *Firmen* integriert wurden, um eine WWW-Einkaufsplattform zu realisieren. Schließlich trieben die Firmen mittels Web-Services untereinander Handel, um Bestellungen ausführen zu können. So lernten Studenten hautnah die Probleme bei der Integration autonom entworfener Datenbanken und bei dem Datenaustausch mit anderen Firmen kennen. Nach einigen Anlaufschwierigkeiten mit diesem kommunikationsintensiven Lehrkonzept war die Motivation der Studenten und insgesamt der Lernerfolg groß, wie uns die Lehrevaluation bestätigte.

In diesem Kapitel stellen wir das Konzept der Übung und unsere Erfahrungen bei der Durchführung dar und wollen so andere Arbeitsgruppen motivieren und dabei unterstützen, diese spannende Übung durchzuführen. Wir stellen unser Übungsmaterial (Aufgabenblätter und Folien) unter `www.informatik.hu-berlin.de/mac/` zur Verfügung.

## 12.1 Das Konzept

Die hier vorgestellte Übung ist eng angelehnt an die Vorschläge aus [115] und die von Alon Halevy und seiner Gruppe freundlicherweise zur Verfügung gestellten Materialien. Die ursprünglichen Aufgaben richten sich an Studenten einer Datenbankgrund-

[1] Der folgende Text erschien in weiten Teilen bereits als Artikel im Datenbank Spektrum [210].

vorlesung, also an Studenten, die das relationale Modell, SQL etc. noch nicht kennen. In der Zielgruppe unseres Kurses hingegen hatten Studenten bereits Grundkenntnisse im Datenbankbereich. Entsprechend wurden gewisse Übungselemente gekürzt oder herausgenommen und andere stärker betont. Die Übung ist in drei Phasen unterteilt:

### 1. Schemaentwurf und Datenbankgenerierung

Basierend auf der Beschreibung dreier verschiedener Anwendungsdomänen sollen die Studenten in Einzelarbeit während der Übungsstunde ein relationales Schema entwerfen. Die Domänen Rechnung, Versand und Produkte sind so gewählt, dass später Gruppen gebildet werden können, in denen jede der Domänen durch einen Studenten vertreten ist. Die in der Übungsstunde erstellten Schemata sollen daraufhin direkt und unverändert in jeweils eine Datenbank eingetragen und mit Daten befüllt werden. Die Erstellung der Schemata in Einzelarbeit und unter zeitlichem Druck innerhalb der Übungsstunde stellt sicher, dass (wie im wirklichen Leben) die Schemata nicht perfekt und insbesondere nicht aufeinander abgestimmt sind. Änderungen im Schema, auch in den folgenden Phasen, sind nur nach einem schriftlichen Antrag mit Begründung erlaubt. Als zweite Aufgabe dieser Phase soll jeder Student ein einfaches webbasiertes Frontend zu ihrer/seiner Datenbank erstellen.

### 2. Firmengründung, Webshop und Managementanfragen

Zu Beginn dieser Phase gründen jeweils drei Studenten (ein Vertreter aus jeder Domäne) eine virtuelle Firma, entwerfen ein Logo und erstellen eine Firmen-Homepage. Die weitere Arbeit gliedert sich in zwei Teile. Der erste und umfangreichere Teil ist die Erstellung eines Webshops, der es neuen Kunden erlaubt, sich zu registrieren und einzuloggen, die angebotenen Waren zu durchstöbern, gezielt nach Waren zu suchen, einen Warenkorb zu füllen und schließlich den Inhalt des Warenkorbes unter Angabe von Zahlungs- und Lieferbedingungen zu bestellen. Um dies erfolgreich zu realisieren, müssen zunächst die Schemadifferenzen überwunden werden. Beispielsweise enthalten alle Domänen Angaben über Lagerhäuser. In einem integrierten System muss nun entschieden werden, welche der jeweiligen Relationen mit welchen Attributen verwendet werden soll. Weitere Elemente wie z.B. der Warenkorb, der in keiner Domänenbeschreibung auftaucht, müssen hinzugefügt werden. Das Anlegen neuer Kundendaten und Bestellungen erfordert gleichzeitigen schreibenden Zugriff auf mehrere Datenbanken. Die zweite Aufgabe dieser Phase ist die Erstellung eines webbasierten Frontends, das auf Knopfdruck einige OLAP-artige Anfragen beantwortet. Diese Anfragen benötigen Daten aus mindestens zwei verschiedenen Datenbanken, so dass Techniken für Joins zwischen mehreren Datenbanken entwickelt werden müssen.

### 3. Web-Services und Handel

Das Ziel der letzten Phase ist eine Web-Service-basierte Zusammenarbeit der Firmen auf einem virtuellen Marktplatz. Zunächst muss jede Firma einige Web-Services mit vorgegebenen Signaturen zur Annahme von Bestellungen, zum Kaufen bei anderen Web-Services und zur Protokollierung dieser Transaktionen implementieren. Zum Testen dieser Phase wird ein zentrales Produktlager zur Verfügung gestellt, in dem Firmen innerhalb eines bestimmten Budgets per Web-Service einkaufen können. Durch die Übungsleiter gesteuert wird ein bestimmter Prozentsatz der Produkte bei den Firmen zurückgekauft. Ziel der Firmen ist es, einen möglichst großen Gewinn zu erzielen. Wenn eine Firma ein Produkt während des Rückkaufs nicht anbieten kann, kann sie das Produkt (ebenfalls per Web-Service) bei einer der anderen Firmen einkaufen und weiterverkaufen. Die initiale Einkaufsstrategie und die Preisgestaltung obliegen dabei den einzelnen Firmen.

Den Abschluss der Übung bilden die Erstellung eines kurzen Erfahrungsberichts jeder Firma und die Prämierung der am Marktplatz erfolgreichsten Firma.

## 12.2 Zur Durchführung

Die Übung umfasste zwölf zweistündige Termine. Davon wurden vier Termine für Phase 1, drei Termine für Phase 2 und fünf Termine für Phase 3 genutzt. Während der Übungsstunden vermittelten wir den Studenten das für die jeweiligen Aufgaben nötige Wissen, insbesondere stellten wir neue Technologien vor. Die letzte Stunde vor dem Abgabetermin einer Phase war zur Diskussion vorgesehen, um auf konkrete Probleme bei der Bearbeitung der Aufgaben eingehen zu können und den Austausch zwischen den einzelnen Gruppen zu fördern. Auch außerhalb der vorgesehenen Übungstermine waren die Studenten nicht auf sich allein gestellt, da sie uns jederzeit ansprechen konnten. Dieses Angebot wurde von den Studenten genutzt und sehr geschätzt.

Technischer Hintergrund der Implementation waren eine DB2-Datenbank, ein Apache-Webserver und Tomcat als Servletcontainer. Aus Sicherheitsgründen war der Zugriff nur innerhalb der Universität möglich. Als Programmiersprache wurde Java vereinbart, die Interaktion zwischen Webseiten und Datenbank erfolgte mittels Java Server Pages (JSP). Es wurde nur ein einziger DB2-Benutzer für alle Studenten eingerichtet, was die Administration erleichterte, doch auch das Risiko barg, dass Studenten schreibenden Zugriff auf die Relationen anderer Gruppen hatten.

Um die Webseiten zu erstellen, stand jedem Studenten ein eigenes Homeverzeichnis auf dem Apache Webserver zur Verfügung. Die Rechte wurden so vergeben, dass Studenten zunächst nur auf ihr Verzeichnis Zugriff haben, doch für Phase zwei und drei ihren Gruppenmitgliedern Rechte selbst erteilen können. Um Schemata in DB2 zu implementieren und die Datenbanken mit Daten zu befüllen, wurde Aqua Data Studio[2] empfohlen, und zur Realisierung der Web-Services wurde den Studenten das Java Web-Services Developer Pack (JWSDP) von Sun zur Verfügung gestellt. Wir schränkten die zu benutzenden Softwaresysteme auf diese Weise ein, um technische Probleme möglichst gering zu halten und um den Studenten technische Unterstützung garantieren zu können.

### Phase 1: Schemaentwurf und Datenbankgenerierung

Nach einer Einführung wurde in der ersten Stunde wiederholt, wie man von einer natürlichsprachlichen Beschreibung einer zu modellierenden Domäne zu einer benutzbaren Datenbank gelangt. Dies umfasste relationalen Datenbankentwurf und SQL. Dieses Wissen wurde während der zweiten Übungsstunde angewandt, in der jeder Student ein Datenbankschema zu einer der Domänen Inventar, Rechnung und Versand entwarf. Informationen zu den Domänen und dem weiteren Verlauf der Übung wurden den Studenten in der ersten Stunde vorenthalten, um Absprachen beim Schemadesign zu vermeiden. Wie auch im echten Leben sollten später Probleme beim Integrieren mehrerer Schemata auftreten. Die Geheimhaltung des Übungsverlaufs führte bei den Studenten zu anfänglicher Ratlosigkeit, wurde aber akzeptiert. Dennoch entstand eine Prüfungsatmosphäre, die durch unsere Hilfestellung bei Fragen und das Angebot zur Fragestellung an die Gruppe nicht auf-

[2]Siehe `http://www.aquafold.com/`.

gelöst werden konnte. Der Rest der ersten Phase beinhaltete zum einen, das modellierte Schema zu implementieren und die Datenbank mit Beispieldaten zu füllen. Zum anderen wurden vorgegebene parametrisierte Anfragen über eine Webseite mittels JSP an die Datenbank gestellt und deren Ergebnisse in HTML dargestellt. Zu diesem Zweck wurden JSP- und JDBC-Grundlagen in der dritten Übungsstunde vorgestellt. Um die Rechte der Studenten auf der Datenbank auf das Erstellen und Ändern von Tabellen beschränken zu können, wurden ihnen von uns angelegte Datenbanken zugewiesen. Die Diskussionsstunde wurde dazu genutzt, eine Datenbank pro Domäne vorzustellen und die Lösung zu diskutieren bzw. mit anderen zu vergleichen.

### Phase 2: Firmengründung, Webshop und Managementanfragen

Phase 2 begann mit der Firmengründung und der Erläuterung der Funktionalität des Webshops. Die Schwierigkeit beider Aufgaben war, dass alle drei Schemata (Versand, Inventar und Rechnung) verwendet werden mussten, was die Studenten vor typische Integrationsprobleme stellte. Zum Beispiel haben wir bei der Formulierung der OLAP-Anfragen darauf geachtet, dass mindestens zwei Datenbanken benötigt werden, so dass es nicht genügt, eine einfache SQL-Anfrage zu stellen. Jede Firma bestand aus drei Studenten, von denen jeder eine unterschiedliche Domäne in Phase 1 bearbeitet hatte. Da 18 Studenten an der Übung teilnahmen, gab es sechs Webshops, unter denen wir den besten prämierten. Der technische Teil von Phase 2 beschäftigte sich mit Java Beans und JSP. Während der Diskussionsstunde vor Abgabe wurden Probleme diskutiert, auf die die Studenten bei der Integration stießen, und ihre Lösungsansätze. Ungewohnt für die Studenten war es, innerhalb der Gruppen eng zusammenzuarbeiten. Die sonst übliche Aufteilung von Aufgaben unter den Gruppenmitgliedern war kaum möglich. Entsprechende Kritik («zu kommunikationsintensiv!«, «schwierig, einen gemeinsamen Termin zu finden!«) nahmen wir gelassen hin, bestätigte sie doch die Wirkung der Aufgaben.

### Phase 3: Web-Services und Handel

Die meisten technischen Probleme gab es in der dritten Phase, da sich das Zusammenbringen von Java, Tomcat und WebService-Kit als schwierig herausstellte. Die Aufgabe wurde in zwei Teilen bearbeitet. Im ersten Teil sollten die Studenten Web-Service-Hüllen bereitstellen, deren Signatur vorgegeben war, um die Kommunikation zwischen den Web-Services für Testzwecke zu gewährleisten. Darauf folgte die Implementierung der vollen Funktionalität im zweiten Teil. Eine Übungsstunde wurde dafür verwendet, die Aufgabenstellung und Konzepte von Web-Services vorzustellen. In einer weiteren Übungsstunde befassten wir uns mit der Implementierung und Nutzung von Web-Services. Die Verwendung des JWSDK erleichterte die Umsetzung erheblich, da die Behandlung der Web-Service-Aufrufe nicht selbst programmiert werden musste. Die Studenten konnten sich so auf die Funktionalität, die Einkaufsstrategie und das Verhalten beim Einkauf bei anderen Services konzentrieren. Es stellte sich beim Testen heraus, dass die Einkaufsstrategien der Webshops nur wenig Interaktivität und wenig Zwischenhandel auslösten, da jeder mehr verdienen wollte als der andere. Leider konnten nur wenige Tests durchgeführt werden, da das Aufrufen der Web-Services wegen einiger ineffizienter Implementierungen viel Zeit in Anspruch nahm.

## 12.3 Evaluation

Die Arbeit der Studenten wurde mit bestanden oder nicht bestanden bewertet. Da die jeweiligen Phasen aufeinander aufbauen, war Voraussetzung für das Bestehen der Übung die »hinreichend« erfolgreiche Bearbeitung aller Phasen. Diese Art der Evaluation stellte sich als zu subjektiv und für Studenten schwer nachvollziehbar heraus, so dass wir in kommenden Veranstaltungen ein Punktesystem einführen werden.

Zur Evaluation der Übung haben wir einen Feedbackbogen entworfen, bei dem wir den Aufbau der Übung, Zeitaufwand für die einzelnen Phasen, die Teamarbeit und den Lerneffekt in den benutzten Technologien bewerten ließen. Positive und negative Kritik sowie Verbesserungsvorschläge konnten ebenfalls eingebracht werden.

Insgesamt war die Evaluation der Übung positiv. Generell war ein Lerneffekt vorhanden, und die Projektarbeit hat Spaß gemacht. Kritikpunkte waren, dass es zu viel Programmierung ohne viel Nachdenken gab (z.B. Daten in Datenbank einfügen und HTML schreiben). Viele Studenten wünschten sich zudem Zugriff auf DB2 und den Webserver außerhalb der Universität, um auch von zu Hause aus die Übungen zu bearbeiten. Mit Hilfe der Evaluation haben wir die Übung für zukünftige Semester modifiziert. Die Programmierarbeit wird den Studenten zum Teil abgenommen, indem wir die Datenbanken komplett vorgeben und implementieren und ein Webshop-Template mit HTML-Seiten zur Verfügung stellen.

# Literaturverzeichnis

[1] Sebastian Abeck, Peter C. Lockemann, Jochen Schiller und Joachim Seitz. *Verteilte Informationssysteme. Integration von Datenübertragungstechnik und Datenbanktechnik*. dpunkt.verlag, Heidelberg, 2003.

[2] Serge Abiteboul und Oliver M. Duschka. *Complexity of Answering Queries using Materialized Views*. In: *17th ACM Symposium on Principles of Database Systems*, S. 254–263, Seattle, WA, 1998.

[3] Serge Abiteboul, Richard Hull und Victor Vianu. *Foundations of Databases*. Addison-Wesley, Reading, Massachusetts, 1995.

[4] Markus Aleksy, Axel Korthaus und Martin Schader. *Implementing Distributed Systems with Java and CORBA*. Springer-Verlag, Berlin, 2005.

[5] Rohit Ananthakrishna, Surajit Chaudhuri und Venkatesh Ganti. *Eliminating Fuzzy Duplicates in Data Warehouses*. In: *Proceedings of the International Conference on Very Large Databases (VLDB)*, Hong Kong, China, 2002.

[6] Grigoris Antoniou und Frank von Harmelen. *A Semantic Web Primer*. MIT Press, 2004.

[7] Yigal Arens, Chung-Nan Hsu und Craig A. Knoblock. *Query Processing in the SIMS Information Mediator*. In: Austin Tate (Hrsg.), *Advanced Planning Technology*, S. 61–69. AAAI Press, Menlo Park, California, 1996.

[8] Yigal Arens, Craig A. Knoblock und Wei-Min Shen. *Query Reformulation for Dynamic Information Integration*. *Journal of Intelligent Information Systems – Special Issue on Intelligent Information Integration*, 6(2/3):99–130, 1996.

[9] Morton M. Astrahan, Mike W. Blasgen, Donald D. Chamberlin, Kapali P. Eswaran, Jim Gray, Patricia P. Griffiths, W. Frank King III, Raymond A. Lorie, Paul R. McJones, James W. Mehl, Gianfranco R. Putzolu, Irving L. Traiger, Bradford W. Wade und Vera Watson. *System R: Relational Approach to Database Management*. *ACM Transactions on Database Systems (TODS)*, 1(2):97–137, 1976.

[10] Paolo Atzeni, Giansalvatore Mecca und Paolo Merialdo. *To weave the Web*. In: *23rd Conference on Very Large Database Systems*, S. 206–215, Athens, Greece, 1997.

[11] Franz Baader, Diego Calvanese, Deborah McGuinness, Daniele Nardi und Peter Patel-Schneider (Hrsg.). *The Description Logic Handbook*. Cambridge University Press, 2003.

[12] Ricardo A. Baeza-Yates und Berthier A. Ribeiro-Neto. *Modern Information Retrieval*. Addison-Wesley, 1999.

[13] A. Bairoch, R. Apweiler, C. H. Wu, W. C. Barker, B. Boeckmann, S. Ferro, E. Gasteiger, H. Huang, R. Lopez, M. Magrane, M. J. Martin, D. A. Natale, C. O'Donovan, N. Redaschi und L. S. Yeh. *The Universal Protein Resource (UniProt)*. *Nucleic Acids Res*, 33(Database issue):D154–159, 2005.

[14] Donald P. Ballou und Giri Kumar Tayi. *Enhancing data quality in data warehouse environments*. *Communications of the ACM*, 42(1):73–78, 1999.

[15] José Barateiro und Helena Galhardas. *A survey of data quality tools*. *Datenbank Spektrum*, 14, 2005.

[16] Carlo Batini, Maurizio Lenzerin und Shamkant B. Navathe. *A Comparative Analysis of Methodologies for Database Schema Integration*. *ACM Computing Surveys*, 18(4):323–364, 1986.

[17] Carlo Batini und Monica Scannapieco. *Data Quality: Concepts, Methods and Techniques*. Springer Verlag, Heidelberg, 2006.

[18] Andreas Bauer und Holger Günzel (Hrsg.). *Data-Warehouse-Systeme*. dpunkt.verlag, Heidelberg, 2004.

[19] Andreas D. Baxevanis und B. F. Francis Ouellette (Hrsg.). *Bioinformatics: A Practical Guide to the Analysis of Genes and Proteins*. Wiley-Interscience, 2004.

[20] Tim Berners-Lee, James Hendler und Ora Lassila. *The Semantic Web*. *Scientific American*, 284:34–43, 2001.

[21] Philip A. Bernstein. *Applying Model Management to Classical Meta Data Problems*. In: *Proceedings of the Conference on Innovative Data Systems Research (CIDR)*, Asilomar, CA, 2003.

[22] Philip A. Bernstein, Fausto Giunchiglia, Anastasios Kementsietsidis, John Mylopoulos, Luciano Serafini und Ilya Zaihrayeu. *Data management for peer-to-peer computing: A vision*. In: *Proceedings of the ACM SIGMOD Workshop on the Web and Databases (WebDB)*, 2002.

[23] Philip A. Bernstein und Nathan Goodman. *Query Processing in a System for Distributed Databases (SDD-1)*. In: *ACM Transactions on Database Systems (TODS)*, volume 6, S. 602–625, December 1981.

[24] Philip A. Bernstein, Alon Y. Halevy und Rachel Pottinger. *A Vision of Management of Complex Models*. *SIGMOD Record*, 29(4):55–63, 2000.

[25] Philip A. Bernstein und Eric Newcomer. *Principles of Transaction Processing*. Morgan Kaufmann Publishers, San Francisco, California, 1996.

[26] Alexander Bilke, Jens Bleiholder, Christoph Böhm, Karsten Draba, Felix Naumann und Melanie Weis. *Automatic Data Fusion with HumMer*. In: *Proceedings of the International Conference on Very Large Databases (VLDB)*, 2005. Demonstration.

[27] Alexander Bilke und Felix Naumann. *Schema Matching using Duplicates*. In: *Proceedings of the International Conference on Data Engineering (ICDE)*, S. 69–80, Tokyo, Japan, 2005.

[28] Jens Bleiholder und Felix Naumann. *Declarative Data Fusion – Syntax, Semantics, and Implementation*. In: *Advances in Databases and Information Systems (ADBIS)*, Tallin, Estonia, 2005.

[29] G. Booch, J. Rumbaugh und I. Jacobsen. *Unified Modelling Language User Guide*. Addison-Wesley, 1999.

[30] A. Borgida. *Description Logic in Data Management*. *IEEE Transactions on Knowledge and Data Engineering*, 7(5):671–682, 1995.

[31] A. Borgida. *On the relative Expressivness of Description Logics and Predicate Logics*. *Artificial Intelligence*, 82(1 - 2):353–367, 1996.

[32] Ronald J. Brachman und Hector J. Levesque. *Knowledge Representation and Reasoning*. Elsevier, 2004.

[33] Ronald J. Brachman und James G. Schmolze. *An Overview of the KL-ONE Knowledge Representation System*. *Cognitive Science*, 9(2):171–216, 1985.

[34] A. Brazma, P. Hingamp, J. Quackenbush, G. Sherlock, P. Spellman, C. Stoeckert, J. Aach, W. Ansorge, C. A. Ball, H. C. Causton, T. Gaasterland, P. Glenisson, F. C. Holstege, I. F. Kim, V. Markowitz, J. C. Matese, H. Parkinson, A. Robinson, U. Sarkans, S. Schulze-Kremer, J. Stewart, R. Taylor, J. Vilo und M. Vingron. *Minimum information about a microarray experiment (MIAME) – toward standards for microarray data*. *Nature Genetics*, 29(4):365–371, 2001.

[35] M. L. Brodie und M. Stonebraker. *Migrating Legacy Systems: Gateways, Interfaces and the Incremental Approach*. Morgan Kaufmann Publishers, San Francisco, California, 1995.

[36] Peter Buneman. *Semistructured Data*. In: *16th ACM Symposium on Principles of Database Systems*, S. 117–121, Tuscon, Arizona, 1997.

[37] Peter Buneman, Susan Davidson, Gerd Hillebrand und Dan Suciu. *A Query Language and Optimisation Techniques for Unstructured Data*. In: *ACM SIGMOD Int. Conference on Management of Data 1997*, S. 505–516, Tuscon, Arizona, 1996.

[38] Peter Buneman, Sanjeev Khanna und Wang Chiew Tan. *Why and Where: A Characterization of Data Provenance*. In: *Proceedings of the International Conference on Database Theory (ICDT)*, S. 316–330, London, UK, 2001.

[39] S. Busse und Ralf Kutsche. *Metainformationsmodelle für flexibles Information Retrieval in vernetzten Umweltinformationsstrukturen*. *Umwelt-Informatik aktuell*, 18:583–596, 1998.

[40] Susanne Busse. *Modellkorrespondenzen für die kontinuierliche Entwicklung mediatorbasierter Informationssysteme*. Logos Verlag, Berlin, 2002.

[41] Susanne Busse, Ralf-Detlef Kutsche, Ulf Leser und Herbert Weber. *Federated Information Systems: Concepts, Terminology and Architectures*. , Forschungsberichte des Fachbereichs Informatik, Nr. 99-9, Technische Universität Berlin, 1999.

[42] Marco Cadoli, Luigi Palopoli und Maurizio Lenzerini. *Datalog and Description Logics: Expressive Power*. In: *6th Workshop on Database Programming Languages*, S. 281–298, Estes Park, Colorado, 1997.

[43] Andrea Calì, Diego Calvanese, Giuseppe De Giacomo und Maurizio Lenzerini. *Data integration under integrity constraints*. *Information Systems*, 29(2):147–163, 2004.

[44] Diego Calvanese, Giuseppe De Giacomo, Maurizio Lenzerini, Daniele Nardi und Ricardo Rosati. *Description Logic Framework for Information Integration*. In: *6th Int. Conf. on Knowledge Representation and Reasoning*, Trento, Italy, 1998.

[45] M.J. Carey, L.M. Haas, P.M. Schwarz, M. Arya, W.F. Cody, R. Fagin, M. Flickner, A.W. Luniewski, W. Niblack, D. Petkovic, J. Thomas, J.H. Williams und E.L. Wimmers. *Towards Heterogeneous Multimedia Information Systems: The Garlic Approach*. In: *Proceedings of the International Workshop on Research Issues in Data Engineering (RIDE)*, S. 161–172, March 1995.

[46] T. Catarci und M. Lenzerini. *Representing and Using Interschema Knowledge in Cooperative Information Systems*. *Journal for Intelligent and Cooperative Information Systems*, 2(4):375–399, 1993.

[47] R. G. G. Cattell und Douglas K. Barry (Hrsg.). *The Object Database Standard: ODMG 2.0*. Morgan Kaufmann Publishers, San Francisco, California, 1997.

[48] Ashok K. Chandra und Philip M. Merlin. *Optimal Implementation of Conjunctive Queries in Relational Databases*. In: *9th ACM Symposium on Theory of Computing*, S. 77–90, 1977.

[49] Surajit Chaudhuri und Umeshwar Dayal. *An Overview of Data Warehousing and OLAP Technology*. *SIGMOD Record*, 26(1):65–74, 1997.

[50] Sudarshan Chawathe, Hector Garcia-Molina, Joachim Hammer, Kelly Ireland, Yannis Papakonstantinou, Jeffrey D. Ullman und Jennifer Widom. *The TSIMMIS Project: Integration of heterogeneous information sources*. In: *16th Meeting of the Information Processing Society of Japan*, S. 7–18, Tokyo, Japan, 1994.

[51] I. A. Chen und V. M. Markowitz. *An Overview of the Object-Protocol Model (OPM) and OPM Data Management Tools*. *Information Systems*, 20(5):393–418, 1995.

[52] Peter Chen. *The Entity Relationship Model – Toward a Unified View of Data*. *ACM Transactions on Database Systems (TODS)*, 1(1), 1976.

[53] Edgar Codd. *A Data Base Sublanguage Founded on the Relational Calculus*. In: *Proceedings of the ACM SIGFIDET Workshop on Data Description, Access, and Control*, 1971.

[54] Edgar F. Codd. *A Relational Model of Data for Large Shared Data Banks*. *Communications of the ACM*, 13(6):377–387, 1970.

[55] Sara Cohen, Werner Nutt und Yehoshua Sagiv. *Containment of Aggregate Queries*. In: *9th International Conference on Database Theory*, S. 111–125, Siena, Italy, 2003. Springer-Verlag, LNCS 2672.

[56] William W. Cohen, Pradeep Ravikumar und Stephen E. Fienberg. *A Comparison of String Distance Metrics for Name-Matching Tasks*. In: *Proceedings of IJCAI-03 Workshop on Information Integration on the Web (IIWeb)*, S. 73–78, 2003.

[57] Stefan Conrad. *Föderierte Datenbanksysteme: Konzepte der Datenintegration*. Springer-Verlag, Berlin, Heidelberg, New York, 1997.

[58] Stefan Conrad, Willi Hasselbring, Arne Koschel und R. Tritsch. *Enterprise Application Integration*. Spektrum Akademischer Verlag, 2006.

[59] Mike Cornell, Norman W. Paton, Wu Shengli, Carole A. Goble, Crispin J. Miller, Paul Kirby, Karen Eilbeck, Andy Brass, Andrew Hayes und Stephen G. Oliver. *GIMS – A Data Warehouse for Storage and Analysis of Genome Sequence and Function Data*. In: *2nd IEEE International Symposium on Bioinformatics and Bioengineering*, Bethesda, Maryland, 2001.

[60] Yingwei Cui und Jennifer Widom. *Lineage tracing for general data warehouse transformations*. *VLDB Journal*, 12(1):41–58, 2003.

[61] Peter Dadam. *Verteilte Datenbanken und Client / Server Systeme – Grundlagen, Konzepte und Realisierungsformen*. Springer-Verlag, Berlin, Heidelberg, New York, 1996.

[62] S. Dar, M. Franklin, B. Jonsson, Divesh Srivastava und M. Tan. *Semantic Data Caching and Replacement*. In: *22nd Conference on Very Large Databases*, S. 330–341, Bombay, India, 1996.

[63] Souripriya Das, Eugene Chong, George Eadon und Jagannathan Srinivasan. *Supporting Ontology-based Semantic Matching in RDBMS*. In: *30th Conference on Very Large Databases (VLDB04)*, S. 1054–1065, Toronto, Canada, 2004.

[64] Tamraparni Dasu und Theodore Johnson. *Exploratory Data Mining and Data Cleaning*. John Wiley & Sons, New York, NY, 2003.

[65] Chris J. Date. *Relational Database (selected writings)*. Addison-Wesley, Reading, MA, USA, 1986.

[66] Chris J. Date. *The Database Relational Model: A Retrospective Review and Analysis*. Addison-Wesley, Reading, MA, USA, 2000.

[67] Susan Davidson, Jonathan Crabtree, B.P. Brunk, Jonathan Schug, Val Tannen, G. Christian Overton und C. J. Stoecker Jr. *K2 / Kleisli and GUS: Experiments in Integrated Access to Genomic Data Sources*. *IBM Systems Journal*, 40(2):512–531, 2001.

[68] Susan Davidson und Anthony S. Kosky. *WOL: A Language for Database Transformations and Constraints*. In: *13th Int. Conference on Data Engineering*, S. 55–65, Birmingham, UK, 1997.

[69] Susan Davidson, G. Christian Overton und Peter Buneman. *Challenges in Integrating Biological Data Sources*. *Journal of Computational Biology*, 2(4):557–572, 1995.

[70] Umeshwar Dayal und Philip A. Bernstein. *On the Correct Translation of Update Operations on Relational Views*. *ACM Transactions on Database Systems (TODS)*, 7(3):381–416, 1982.

[71] Umeshwar Dayal, Meichun Hsu und Rivka Ladin. *Business Process Coordination: State of the Art, Trends, and Open Issues*. In: *27th Conference on Very Large Databases*, S. 3–13, Rome, Italy, 2001.

[72] Fernando de Ferreira Rezende und Klaudia Hergula. *The Heterogeneity Problem and Middleware Technology: Experiences with and Performance of Database Gateways*. In: *24th Conference on Very Large Database Systems*, S. 146–157, New York, 1998.

[73] Robin Dhamankar, Yoonkyong Lee, AnHai Doan, Alon Halevy und Pedro Domingos. *iMAP: Discovering Complex Semantic*

*Matches between Database Schemas*. In: *Proceedings of the ACM International Conference on Management of Data (SIGMOD)*, S. 383–394, 2004.

[74] Hong-Hai Do und Erhard Rahm. *COMA – A System for flexible combination of schema matching approaches*. In: *Proceedings of the International Conference on Very Large Databases (VLDB)*, S. 610–621, Hong Kong, China, 2002.

[75] AnHai Doan, Pedro Domingos und Alon Y. Halevy. *Learning to Match the Schemas of Databases: A Multistrategy Approach*. *Machine Learning Journal*, 50(3):279–301, 2003.

[76] Xin Dong, Alon Halevy und Jayant Madhavan. *Reference reconciliation in complex information spaces*. In: *Proceedings of the ACM International Conference on Management of Data (SIGMOD)*, S. 85–96, 2005.

[77] Xin Dong, Alon Y. Halevy und Igor Tatarinov. *Containment of Nested XML Queries*. In: *30th Conference on Very Large Databases*, S. 132–143, Toronto, Canada, 2004.

[78] Oliver M. Duschka und Michael R. Genesereth. *Answering recursive queries using views*. In: *16th ACM Symposium on Principles of Database Systems*, S. 109–116, Tuscon, Arizona, 1997.

[79] Andreas Eberhart und Stefan Fischer. *Web-Services. Grundlagen und praktische Umsetzung mit J2EE und .NET*. Hanser Fachbuchverlag, 2003.

[80] Rainer Eckstein und Silke Eckstein. *XML und Datenmodellierung*. dpunkt.verlag, Heidelberg, 2004.

[81] Ramez Elmasri und Shamkant B. Navathe. *Grundlagen von Datenbanksystemen*. Pearson Studium, München, 2002.

[82] Larry English. *Improving Data Warehouse and Business Information Quality*. Wiley & Sons, 1999.

[83] Thure Etzold, Anatoly Ulyanov und Patrick Argos. *SRS: Information Retrieval System for Molecular Biology Data Banks*. *Methods in Enzymology*, 266:114–128, 1996.

[84] Ronald Fagin, Phokion G. Kolaitis, Renée J. Miller und Lucian Popa. *Data Exchange: Semantics and Query Answering*. In: *Proceedings of the International Conference on Database Theory (ICDT)*, Siena, Italy, 2003.

[85] I. Fellegi und A. Sunter. *A theory of record linkage*. *Journal of the American Statistical Association*, 64(328), 1969.

[86] Dieter Fensel. *Ontologies: A Silver Bullet for Knowledge Management and Electronic Commerce*. Springer-Verlag, Berlin, Heidelberg, New York, 2001.

[87] George H. L. Fletcher und Catharine M. Wyss. *Data Mapping as Search*. In: *Proceedings of the International Conference on Extending Database Technology (EDBT)*, S. 95–111, Munich, Germany, 2006.

[88] Marc Friedman, Alon Y. Levy und Todd Millstein. *Navigational Plans for Data Integration*. In: *IJCAI-99 Workshop on Intelligent Information Integration*, Stockholm, Sweden, 1999.

[89] Marc Friedman und Daniel S. Weld. *Efficiently Executing Information-Gathering Plans*. In: *15th International Joint Conference on Artificial Intelligence*, S. 785–791, Nagoya, Japan, 1997.

[90] Ariel Fuxman, Elham Fazli und Renée J. Miller. *ConQuer: Efficient Management of Inconsistent Databases*. In: *Proceedings of the ACM International Conference on Management of Data (SIGMOD)*, S. 155–166, 2005.

[91] Gaballah Ali Gaballah. *A Journey to Ancient Egypt*. Proceedings of the International Conference on Very Large Databases (VLDB), 2000. Invited Talk.

[92] Helena Galhardas, Daniela Florescu, Dennis Sasha, Eric Simon und Christian-Augustin Saita. *Declarative Data Cleaning: Model, Language, and Algorithms*. In: *27th Conference on Very Large Database Systems*, S. 371–380, Rome, Italy, 2001.

[93] César Galindo-Legaria, Arjan Pellenkoft und Martin Kersten. *Fast, Randomized Join-Order Selection – Why Use Transformations?* In: *Proceedings of the International Conference on Very Large Databases (VLDB)*, S. 85–95, Santiago, Chile, 1994.

[94] Erich Gamma, Richard Helm, Ralph Johnson und John Vlissides. *Design Patterns*. Addison-Wesley, 1995.

[95] Hector Garcia-Molina, Yannis Papakonstantinou, Dallan Quass, Anand Rajaraman, Yehoshua Sagiv, Jeffrey D. Ullman, Vasilis Vassalos und Jennifer Widom. *The TSIMMIS Approach to Mediation: Data Models and Languages*. *Journal of Intelligent Information Systems*, 8(2):117–132, 1997.

[96] Hector Garcia-Molina und Ramana Yerneni. *Coping with Limited Capabilities of Sources*. In: *8th GI Fachtagung: Datenbanksysteme in Buero, Technik und Wissenschaft*, S. 1–19, Freiburg, Germany, 1999. Springer-Verlag.

[97] M. Garcia-Solaco, F. Saltor und M. Castellanos. *Semantic Heterogeneity in Multidatabase Systems*. In: Omran Bukhres und Ahmed K. Elmagarmid (Hrsg.), *Object-Oriented Multidatabase Systems – A Solution for Advanced Applications*, S. 129–202. Prentice Hall, Englewood Cliffs, 1996.

[98] Manuel García-Solaco, Fèlix Saltor und Malú Castellanos. *A Structure Based Schema Integration Methodology*. In: *Proceedings*

*of the International Conference on Data Engineering (ICDE)*, S. 505–512, Taipei, Taiwan, 1995.

[99] The GeneOntology Consortium. *Creating the gene ontology resource: design and implementation*. *Genome Research*, 11(8):1425–1433, 2001.

[100] Michael R. Genesereth, Arthur M. Keller und Oliver M. Duschka. *Infomaster: An Information Integration System*. In: *ACM SIGMOD Int. Conference on Management of Data 1997*, S. 539–542, Tuscon, Arizona, 1997.

[101] Oliver Günther. *Environmental Information Systems*. Springer-Verlag, Berlin, Heidelberg, New York, 1998.

[102] Carole Goble, Robert Stevens, Sean Bechhofer, G. Ng, Sean Bechhofer, Norman Paton, Sean Baker, M. Peim und Andy Brass. *Transparent Access to Multiple Bioinformatics Information Sources*. *IBM Systems Journal*, 40(2):532–551, 2001.

[103] Jim Gray, Surajit Chaudhuri, Adam Bosworth, Andrew Layman, Don Reichart, Murali Venkatrao, Frank Pellow und H. Pirahesh. *Data Cube: A Relational Operator Generalizing Goup-By, Cross-Tabs, and Sub-Totals*. *Journal for Data Mining and Knowledge Discovery*, 1(1):29–53, 1997.

[104] Sergio Greco, Luigi Pontieri und Ester Zumpano. *Integrating and Managing Conflicting Data*. In: *Revised Papers from the 4th International Andrei Ershov Memorial Conference on Perspectives of System Informatics*, S. 349–362, 2001.

[105] Steven D. Gribble, Alon Y. Halevy, Zachary G. Ives, Maya Rodrig und Dan Suciu. *What Can Database Do for Peer-to-Peer?* In: *Proceedings of the ACM SIGMOD Workshop on the Web and Databases (WebDB)*, S. 31–36, 2001.

[106] Thomas R. Gruber. *A Translation Approach to Portable Ontology Specifications*. *Knowledge Acquisition*, 5(2):199–220, 1993.

[107] N. Guarino und P. Giaretta. *Ontologies and Knowledge Bases: Towards a Terminological Clarification*. In: N. J. I. Mars (Hrsg.), *Towards Very Large Knowledge Bases*, S. 25–32. IOS Press, Amsterdam, 1995.

[108] Ashish Gupta und Inderpal Singh Mumick. *Maintenance of Materialized Views: Problems, Techniques and Applications*. *IEEE Quarterly Bulletin on Data Engineering; Special Issue on Materialized Views and Data Warehousing*, 18(2):3–18, 1995.

[109] Volker Haarslev und Ralf Möller. *Description of the RACER System and its Applications*. In: *Description Logics 2001*, Stanford, CA, 2001.

[110] Laura M. Haas, Donald Kossmann, Edward L. Wimmers und Jun Yang. *Optimizing Queries across Diverse Data Sources*. In: *23rd*

*Conference on Very Large Database Systems*, S. 276–285, Athens, Greece, 1997.

[111] Laura M. Haas, P. M. Schwarz, P. Kodali, E. Kotlar, J. Rice und W. C. Swope. *DiscoveryLink: A System for Integrated Access to Life Sciences Data Sources*. *IBM Systems Journal*, 40(2):489–511, 2001.

[112] Peter Haase, Jeen Broekstra, Andreas Eberhart und Raphael Volz. *A Comparison of RDF Query Languages*. In: *International Semantic Web Conference*, S. 502–517, Hiroshima, Japan, 2004.

[113] Alon Y. Halevy. *Answering Queries Using Views: A Survey*. *The VLDB Journal*, 10(4):270–294, 2001.

[114] Alon Y. Halevy. *Data Integration: A Status Report*. In: *Proceedings of the Conference Datenbanksysteme in Büro, Technik und Wissenschaft (BTW)*, S. 24–29, 2003.

[115] Alon Y. Halevy. *Learning about data integration challenges from day one*. *SIGMOD Record*, 32(3):16–17, 2003.

[116] Alon Y. Halevy, Oren Etzioni, AnHai Doan, Zachary G. Ives, Jayant Madhavan, Luke McDowell und Igor Tatarinov. *Crossing the Structure Chasm*. In: *Proceedings of the Conference on Innovative Data Systems Research (CIDR)*, Asilomar, CA, 2003.

[117] Alon Y. Halevy, Zachary Ives, Dan Suciu und Igor Tatarinov. *Schema mediation in peer data management systems*. In: *Proceedings of the International Conference on Data Engineering (ICDE)*, 2003.

[118] Dennis Heimbigner und Dennis McLeod. *A Federated Architecture for Information Management*. *ACM Transactions on Information Systems*, 3(3):253–278, 1985.

[119] James Hendler. *Science and the Semantic Web*. *Science*, 299:520–521, 2003.

[120] Mauricio Hernández, Renée Miller und Laura Haas. *Clio: A semi-Automatic Tool fo Schema Mapping*. In: *Proceedings of the ACM International Conference on Management of Data (SIGMOD)*, S. 607, Santa Barbara, CA, 2001. Demonstration.

[121] Mauricio A. Hernández und Salvatore J. Stolfo. *The Merge/Purge Problem for Large Databases*. In: *Proceedings of the ACM International Conference on Management of Data (SIGMOD)*, S. 127–138, 1995.

[122] Mauricio A. Hernández und Salvatore J. Stolfo. *Real-world Data is Dirty: Data Cleansing and The Merge/Purge Problem*. *Data Mining and Knowledge Discovery*, 2(1):9–37, 1998.

[123] Thomas Hernandez und Subbarao Kambhampati. *Integration of Biological Sources: Current Systems and Challenges Ahead*. *SIGMOD Record*, 33(5):51–60, 2004.

[124] Andreas Heuer und Gunter Saake. *Datenbanken: Konzepte und Sprachen*. mitp, 2000.

[125] Christoph Holzheuer. *Wrappergenerierung für WWW Datenquellen*. Diploma thesis, Technische Universität Berlin, 1999.

[126] Ian Horrocks. *Using an Expressive Description Logic: FaCT or Fiction?* In: *KR98*, S. 636–649, Trento, Italy, 1998.

[127] Ian Horrocks, Peter F. Patel-Schneider und Frank van Harmelen. *From SHIQ and RDF to OWL: The Making of a Web Ontology Language*. *Journal of Web Semantics*, 1(1), 2003.

[128] Theo Härder, Günther Sauter und Joachim Thomas. *The intrinsic problems of structural heterogeneity and an approach to their solution*. *The VLDB Journal*, 8(1):25–43, 1999.

[129] Gerald Huck, Peter Fankhauser, Karl Aberer und Erich Neuhold. *JEDI: Extracting and Synthesizing Information from the Web*. In: *6th Int. Conf. on Cooperative Information Systems*, S. 32–43, New York, 1998.

[130] Richard Hull. *Managing Semantic Heterogeneity in Databases: A Theoretical Perspective*. In: *16th ACM Symposium on Principles of Database Systems*, S. 51–61, Tuscon, Arizona, 1997.

[131] International Standards Organization (ISO). *Information Technology—Database Language SQL*, 2003.

[132] Zachary G. Ives, Daniela Florescu, Marc Friedman, Alon Y. Levy und Daniel S. Weld. *An Adaptive Query Execution System for Data Integration*. In: *ACM SIGMOD Int. Conference on Management of Data 1999*, S. 299–310, Philapdelphia, USA, 1999.

[133] Matthias Jarke, Maurizio Lenzerini, Yannis Vassilou und Panos Vassiliadis. *Fundamentals of Data Warehouses*. Springer-Verlag, Berlin, Heidelberg, New York, 2002.

[134] Rod Johnson. *J2EE Design and Development*. Wrox Press, 2002.

[135] Vanja Josifovski, Peter Schwarz, Laura Haas und Eileen Lin. *Garlic: A New Flavour of Federated Query Processing in DB2*. In: *Proceedings of the ACM International Conference on Management of Data (SIGMOD)*, Madison, WN, 2002.

[136] Marcus Jürgens. *Index Structures for Data Warehouses*. Springer-Verlag, Berlin.

[137] Michael Kaib. *Enterprise Application Integration*. Deutscher Universitäts Verlag, 2002.

[138] Olga Kapitskaja, Anthony Tomasic und Patrick Valduriez. *Dealing with Discrepancies in Wrapper Functionality*. Technical Report 3138, INRIA: Institute National de Recherche en Informatique et en Automatique, 1997.

[139] P. D. Karp, M. Riley, M. Saier, I. T. Paulsen, J. Collado-Vides, S. M. Paley, A. Pellegrini-Toole, C. Bonavides und S. Gama-Castro. *The EcoCyc Database. Nucleic Acids Res*, 30(1):56–58, 2002.

[140] Gregory Karvounarakis, Sofia Alexaki, Vassilis Christophides, Dimitris Plexousakis und Michel Scholl. *RQL: a declarative query language for RDF*. In: *WWW Conference*, S. 592–603, Honolulu, Hawaii, USA, 2002.

[141] Vipul Kashyap und Amit Sheth. *Semantic and Schematic Similarities between Database Objects: A Context-Based Approach. The VLDB Journal*, 5(4):276–304, 1996.

[142] A. Kasprzyk, D. Keefe, D. Smedley, D. London, W. Spooner, C. Melsopp, M. Hammond, P. Rocca-Serra, T. Cox und E. Birney. *EnsMart: a generic system for fast and flexible access to biological data. Genome Res*, 14(1):160–169, 2004.

[143] Wolfgang Keller. *Enterprise Application Integration. Erfahrungen aus der Praxis.* dpunkt.Verlag, Heidelberg, 2002.

[144] Alfons Kemper und Andre Eickler. *Datenbanksysteme*. Oldenbourg Verlag, 2004.

[145] Michael Kifer und Georg Laussen. *F-Logic: A high Order Language for Reasoning about Objects, Inheritance and Scheme*. In: *ACM SIGMOD Int. Conference on Management of Data*, S. 134–146, Portland, Oregon, 1989.

[146] W. Kim und J. Seo. *Classifying Schematic and Data Heterogeneity in Multidatabase Systems. IEEE Computer*, 24(12):12–18, 1991.

[147] Won Kim, Injun Choi, Sunit Gala und Mark Scheevel. *On Resolving Schematic Heterogeneity in Multidatabase Systems*. In: Won Kim (Hrsg.), *Modern Database Systems*, S. 521–550. ACM Press, Addison-Wesley Publishing Company, New York, 1995.

[148] Won Y. Kim, Byoung-Ju Choi, Eui Kyeong Hong, Soo-Kyung Kim und Doheon Lee. *A Taxonomy of Dirty Data. Data Mining and Knowledge Discovery*, 7(1):81–99, 2003.

[149] Ralph Kimball, Laura Reeves, Margy Ross und Warren Thornthwaite. *The Data Warehouse Lifecycle Toolkit*. John Wiley and Sons, 1998.

[150] Meike Klettke. *Reuse of Database Design Decisions*. In: *Advances in Conceptual Modeling: ER '99 Workshops on Evolution and Change in Data Management, Reverse Engineering in Information Systems, and the World Wide Web and Conceptual Modeling, Paris, France*, volume 1727 of *Lecture Notes in Computer Science*, S. 213–224, 1999.

[151] Meike Klettke und Holger Meyer. *XML & Datenbanken*. dpunkt.verlag, Heidelberg, 2003.

[152] Silvia Kolmschlag. *Schemaevolution in föderierten Datenbanksystemen*. Shaker Verlag, Aachen, 1999.

[153] Donald Kossmann. *The State of the Art in Distributed Query Processing*. *ACM Computing Surveys*, 32(4):422–269, 2000.

[154] Donald Kossmann und Frank Leymann. *Web Services*. *Web Services*, 27(2):117–128, 2004.

[155] Nick Koudas und Divesh Srivastava. *Approximate Joins: Concepts and Techniques*. In: *Proceedings of the International Conference on Very Large Databases (VLDB)*, S. 1363, 2005. Tutorial.

[156] Ravi Krishnamurthy, W. Litwin und William Kent. *Language Features for Interoperability of Databases with Schematic Discrepancies*. In: *ACM SIGMOD Int. Conference on Management of Data 1991*, S. 40–49, Denver, Colorado, 1991.

[157] Werner Kuhn. *Geospatial Semantics: Why, of What, and How?* *Journal on Data Semantics (Special Issue on Semantic-based Geographical Information Systems)*, S. 1–24, 2005.

[158] Nicholas Kushmerick. *Wrapper induction: Efficiency and expressiveness*. *Artificial Intelligence*, 118(1-2):15–68, 2000.

[159] Chung T. Kwok und Daniel S. Weld. *Planning to Gather Information*. In: *13th AAAI National Conf. on Artificial Intelligence*, S. 32–39, Portland, Oregon, 1996. AAAI / MIT Press.

[160] Zoe Lacroix und Terence Critchlow (Hrsg.). *Bioinformatics - Managing Scientific Data*. Morgan Kaufmann Publishers, San Francisco, California, 2003.

[161] Alberto H. F. Laender, Berthier A. Ribeiro-Neto, Altigran S. da Silva und Juliana S. Teixeira. *A brief survey of web data extraction tools*. *SIGMOD Record*, 31(2):84–93, 2002.

[162] Laks V. S. Lakshmanan, Fereidoon Sadri und Iyer N. Subramanian. *On the Logical Foundation of Schema Integration and Evolution in Heterogeneous Database Systems*. In: *2nd Int. Conf. on Deductive and Object-Oriented Databases*, S. 81–100, Phoenix, Arizona, 1993.

[163] Laks V. S. Lakshmanan, Fereidoon Sadri und Subbu N. Subramanian. *SchemaSQL: An extension to SQL for multidatabase interoperability*. *ACM Transactions on Database Systems (TODS)*, 26(4):476–519, 2001.

[164] Mong Li Lee, Tok Wang Ling und Wai Lup Low. *IntelliClean: a knowledge-based intelligent data cleaner*. In: *Proceedings of the ACM International Conference on Knowledge discovery and data mining (SIGKDD)*, S. 290–294, Boston, MA, 2000.

[165] Frank Legler. *Datentransformation mittels Schema Mapping*. Master's thesis, Humboldt-Universität zu Berlin, 2005.

[166] Wolfgang Lehner. *Datenbanktechnologie für Data-Warehouse-Systeme*. dpunkt.verlag, Heidelberg, 2003.

[167] Wolgang Lehner und Harald Schöning. *XQuery*. dpunkt.verlag, Heidelberg, 2004.

[168] H.-J. Lenz und A. Shoshani. *Summarizability in OLAP and Statistical Databases*. In: *9th International Conference on Scientific and Statistical Database Management*, S. 132–143, Olympia, Washington, 1997.

[169] Maurizio Lenzerini. *Data Integration – A Theoretical Perspective*. In: *21st ACM Symposium on Principles of Database Systems (PODS)*, S. 233–246, 2002.

[170] Ulf Leser. *Combining Heterogeneous Data Sources through Query Correspondence Assertions*. In: *Workshop on Web Information and Data Management, in conjunction with CIKM'98*, S. 29–32, Washington, D.C., 1998.

[171] Ulf Leser. *Maintenance and Mediation in Federated Databases*. In: *8th Workshop on Information Technology and Systems*, S. 187–196, Helsinki, Finland, 1998. TR-19, University of Jyvaeskylae.

[172] Ulf Leser. *Query Planning in Mediator Based Information Systems*. Dissertation, Technical University Berlin, 2000.

[173] Ulf Leser, Hans Lehrach und Hugues Roest Crollius. *Issues in Developing Integrated Genomic Databases and Application to the Human X Chromosome*. *Bioinformatics*, 14(7):583–590, 1998.

[174] Ulf Leser und Felix Naumann. *(Almost) Hands-Off Information Integration for the Life Sciences.* In: *Proceedings of the Conference on Innovative Data Systems Research (CIDR)*, S. 131–143, 2005.

[175] Ulf Leser und Peter Rieger. *Integration molekularbiologischer Daten*. *Datenbank-Spektrum*, 6:56–66, 2003.

[176] Vladimir Levenshtein. *Binary codes capable of correcting spurious insertions and deletions of ones*. *Problems of Information Transmission*, 1:8–17, 1965.

[177] Alon Y. Levy, Alberto O. Mendelzon, Yehoshua Sagiv und Divesh Srivastava. *Answering Queries Using Views*. In: *14th ACM Symposium on Principles of Database Systems*, S. 95–104, San Jose, CA, 1995.

[178] Alon Y. Levy, Anand Rajaraman und Joann J. Ordille. *Query-Answering Algorithms for Information Agents*. In: *13th AAAI National Conf. on Artificial Intelligence*, S. 40–47, Portland, Oregon, 1996.

[179] Alon Y. Levy, Anand Rajaraman und Joann J. Ordille. *Querying Heterogeneous Information Sources Using Source Descriptions*. In: *22nd Conference on Very Large Databases*, S. 251–262, Bombay, India, 1996.

[180] Alon Y. Levy und Yehoshua Sagiv. *Queries Independent of Updates*. In: *19th Conference on Very Large Databases*, S. 171–181, Dublin, Ireland, 1993.

[181] Chen Li, Ramana Yerneni, Vasilis Vassalos, Hector Garcia-Molina, Yannis Papakonstantinou, Jeffrey D. Ullman und Murty Valiveti. *Capability Based Mediation in TSIMMIS*. In: *Proceedings of the ACM International Conference on Management of Data (SIGMOD)*, S. 564–566, Seattle, WA, 1998.

[182] Wen-Syan Li und Chris Clifton. *SEMINT: a tool for identifying attribute correspondences in heterogeneous databases using neural networks*. *Data and Knowledge Engineering (DKE)*, 33(1):49–84, 2000.

[183] Wen-Syan Li, Chris Clifton und Shu-Yao Liu. *Database Integration Using Neural Networks: Implementation and Experiences*. *Knowledge and Information Systems*, 2(1):73–96, 2000.

[184] W. Litwin, A. Abdellatif, A. Zeroual, B. Nicolas und Ph. Vigier. *MSQL: A multidatabase language*. *Information Sciences*, 49:59–101, 1989.

[185] Witold Litwin und Abdelaziz Abdellatif. *Multidatabase Interoperability*. *IEEE Computer*, 19(12):10–18, 1986.

[186] Witold Litwin, Leo Mark und Nick Roussopoulos. *Interoperability of Multiple Autonomous Databases*. *ACM Computing Surveys*, 22(3):267–293, 1990.

[187] Alexander Löser, Wolfgang Nejdl, Martin Wolpers und Wolf Siberski. *Information integration in schema-based peer-to-peer networks*. In: *Proceedings of the Conference on Advanced Information Systems Engineering (CAiSE)*, 2003.

[188] Jayant Madhavan, Philip A. Bernstein, AnHai Doan und Alon Halevy. *Corpus-based Schema Matching*. In: *Proceedings of the International Conference on Data Engineering (ICDE)*, S. 57–68, Tokyo, Japan, 2005.

[189] Jayant Madhavan, Philip A. Bernstein und Erhard Rahm. *Generic schema matching with Cupid*. In: *Proceedings of the International Conference on Very Large Databases (VLDB)*, Rome, Italy, 2001.

[190] David Maier, Alberto O. Mendelzon und Yehoshua Sagiv. *Testing Implications of Data Dependencies*. *ACM Transactions on Database Systems (TODS)*, 4(4):455–469, 1979.

[191] V. M. Markowitz und O. Ritter. *Characterizing Heterogeneous Molecular Biology Database Systems*. *Journal of Computational Biology*, 2(4):547–556, 1995.

[192] Axel Martens. *Verteilte Geschäftsprozesse – Modellierung und Verifikation mit Hilfe von Web Services*. Dissertation, Humboldt-Universität zu Berlin, 2003.

[193] Brian McBride. *Jena: Implementing the RDF Model and Syntax Specification*. In: *2nd International Workshop on the Semantic Web*, Hongkong, China, 2001.

[194] Peter McBrien und Alexandra Poulovassilis. *Data Integration by Bi-Directional Schema Transformation Rules*. In: *19th Int. Conference on Data Engineering*, Bangalore, India, 2003.

[195] Uwe Meixner. *Einführung in die Ontologie*. Wissenschaftliche Buchgesellschaft, 2004.

[196] Sergey Melnik. *Generic Model Management: Concepts and Algorithms*. LNCS 2967. Springer Verlag, Berlin – Heidelberg – New York, 2004.

[197] Sergey Melnik, Philip A. Bernstein, Alon Halevy und Erhard Rahm. *Supporting executable mappings in model management*. In: *Proceedings of the ACM International Conference on Management of Data (SIGMOD)*, S. 167–178, 2005.

[198] Sergey Melnik, Hector Garcia-Molina und Erhard Rahm. *Similarity Flooding: A Versatile Graph Matching Algorithm*. In: *Proceedings of the International Conference on Data Engineering (ICDE)*, 2002.

[199] Sergey Melnik, Erhard Rahm und Philip A. Bernstein. *Developing metadata-intensive applications with Rondo*. *Web Semantics: Science, Services and Agents on the World Wide Web*, 1(1):47–74, 2003.

[200] E. Mena, Vipul Kashyap, Amit Sheth und A. Illarramendi. *OBSERVER: An Approach for Query Processing in Global Information Systems based on Interoperation across Pre-existing Ontologies*. In: *4th Int. Conf. on Cooperative Information Systems*, S. 14–25, Bruessels, Belgium, 1996.

[201] Renee J. Miller. *Using Schematically Heterogeneous Structures*. In: Laura M. Haas und Ashutosh Tiwari (Hrsg.), *ACM SIGMOD Int. Conference on Management of Data 1998*, S. 189–200, Seattle, Washington, 1998.

[202] Renée J. Miller, Laura M. Haas und Mauricio A. Hernández. *Schema Mapping as Query Discovery*. In: *Proceedings of the International Conference on Very Large Databases (VLDB)*, S. 77–88, Cairo, Egypt, 2000.

[203] Renee J. Miller, Yannis Ioannidis und Raghu Ramakrishnan. *The Use of Information Capacity in Schema Integration and Translation*. In: *19th Conference on Very Large Data Bases*, S. 122–133, Dublin, Ireland, 1993.

[204] T. Mitchell. *Machine Learning*. McGraw Hill, 1997.

[205] Heiko Müller und Johann C. Freytag. *Problems, Methods, and Challenges in Comprehensive Data Cleansing*. Technical report 164, Humboldt Universität Berlin, 2003.

[206] Heiko Müller, Melanie Weis, Jens Bleiholder und Ulf Leser. *Erkennen und Bereinigen von Datenfehlern in naturwissenschaftlichen Daten*. *Datenbank-Spektrum*, 15:26–35, 2005.

[207] Alvaro E. Monge und Charles P. Elkan. *An efficient domain-independent algorithm for detecting approximately duplicate database records*. In: *SIGMOD Workshop on Research Issues on Data Mining and Knowledge Discovery (DMKD)*, S. 23–29, Tuscon, AZ, 1997.

[208] Amihai Motro und Philipp Anokhin. *Fusionplex: resolution of data inconsistencies in the integration of heterogeneous information sources*. *Information Fusion*, 2005.

[209] Felix Naumann. *Quality-driven Query Answering for Integrated Information Systems*, volume 2261 of *Lecture Notes on Computer Science (LNCS)*. Springer Verlag, Heidelberg, 2002.

[210] Felix Naumann, Jens Bleiholder und Melanie Weis. *Eine Übung zur Vorlesung Informationsintegration*. *Datenbank Spektrum*, 11:50–52, 2004.

[211] Felix Naumann, Johann-Christoph Freytag und Ulf Leser. *Completeness of Integrated Information Sources*. *Information Systems*, 29(7):583–615, 2004.

[212] Felix Naumann und Matthias Häussler. *Declarative Data Merging with Conflict Resolution*. In: *Proceedings of the International Conference on Information Quality (IQ)*, Cambridge, MA, 2002.

[213] Felix Naumann, Ching-Tien Ho, Xuqing Tian, Laura Haas und Nimrod Megiddo. *Attribute Classification Using Feature Analysis*. RJ 10264, IBM Almaden Research Center, 2002.

[214] Felix Naumann, Ulf Leser und Johann C. Freytag. *Quality-driven Integration of Heterogeneous Information Systems*. In: *25th Conference on Very Large Database Systems*, S. 447–458, Edinburgh, UK, 1999.

[215] Gonzalo Navarro. *A guided tour to approximate string matching*. *ACM Computing Surveys*, 33(1):31–88, 2001.

[216] Wee Siong Ng, Beng Chin Ooi, Kian-Lee Tan und Aoying Zhou. *PeerDB: A P2P-based system for distributed data sharing*. In: *Proceedings of the International Conference on Data Engineering (ICDE)*, 2003.

[217] Peter Norvig und Stuart Russell. *Künstliche Intelligenz: Ein moderner Ansatz*. Pearson Studium, 2004.

[218] Karsten Oehler. *OLAP: Grundlagen, Modellierung und betriebswirtschaftliche Grundlagen*. Carl Hanser Verlag, München, Wien, 2000.

[219] Bernd Oestereich. *Analyse und Design mit UML 2.1*. Oldenbourg Verlag, 2006.

[220] Tamer Özsu und Patrick Valduriez. *Principles of Distributed Database Systems*. Prentice-Hall, 2. Auflage, 1999.

[221] Yannis Papakonstantinou, Serge Abiteboul und Hector Garcia-Molina. *Object Fusion in Mediator Systems*. In: *Proceedings of the International Conference on Very Large Databases (VLDB)*, S. 413–424, Bombay, India, 1996.

[222] Yannis Papakonstantinou, Hector Garcia-Molina und Jeffrey D. Ullman. *MedMaker: A Mediation System Based on Declarative Specifications*. In: *Proceedings of the International Conference on Data Engineering (ICDE)*, S. 132–141, New Orleans, Louisiana, 1996.

[223] Yannis Papakonstantinou, Hector Garcia-Molina und Jennifer Widom. *Object Exchange across Heterogeneous Information Sources*. In: *11th Conference on Data Engineering*, S. 251–260, Taipei, Taiwan, 1995. IEEE Computer Society.

[224] Thomas B. Passin. *Explorer's Guide to the Semantic Web*. Manning Publications C., 2004.

[225] William Phillips, Jr. , Anita K. Bahn und Mabel Miyasaki. *Person-matching by electronic methods*. *Communications of the ACM*, 5(7):404–407, 1962.

[226] Lucian Popa, Yannis Velegrakis, Renée J. Miller, Mauricio A. Hernández und Ronald Fagin. *Translating Web Data*. In: *Proceedings of the International Conference on Very Large Databases (VLDB)*, Hong Kong, 2002.

[227] Rachel Pottinger und Alon Y. Halevy. *MiniCon: A scalable algorithm for answering queries using views*. *The VLDB Journal*, 10(2-3):182–198, 2001.

[228] Arno Puder und Kay Römer. *Middleware für verteilte Systeme*. dpunkt.verlag, Heidelberg, 2000.

[229] Sven Puhlmann, Melanie Weis und Felix Naumann. *XML Duplicate Detection Using Sorted Neigborhoods*. In: *Proceedings of the International Conference on Extending Database Technology (EDBT)*, Munich, Germany, 2006.

[230] Dorian Pyle. *Data Preparation for Data Mining*. Morgan Kaufmann, 1999.

[231] Xiaolei Qian. *Query Folding*. In: Stanley Y. Su (Hrsg.), *12th Int. Conference on Data Engineering*, S. 48–55, New Orleans, Louisiana, 1996.

[232] U. Radetzki, U. Leser, S. C. Schulze-Rauschenbach, J. Zimmermann, J. Lussem, T. Bode und A. B. Cremers. *Adapters, shims, and glue – service interoperability for in silico experiments*. *Bioinformatics*, 22(9):1137–1143, 2006.

[233] Uwe Radetzki. *Service-Interoperabilität für naturwissenschaftliche Anwendungen*. Dissertation, Universität Bonn, 2005.

[234] Erhard Rahm und Philip A. Bernstein. *A survey of approaches to automatic schema matching*. *VLDB Journal*, 10(4):334–350, 2001.

[235] Erhard Rahm und Hong-Hai Do. *Data Cleaning: Problems and Current Approaches*. *IEEE Data Engineering Bulletin*, 23(4):3–13, 2000.

[236] Erhard Rahm, Andreas Thor, David Aumueller, Hong-Hai Do, Nick Golovin und Toralf Kirsten. *iFuice – Information Fusion utilizing Instance Correspondences and Peer Mappings*. In: *Proceedings of the ACM SIGMOD Workshop on the Web and Databases (WebDB)*, S. 7–12, 2005.

[237] Anand Rajaraman, Yehoshua Sagiv und Jeffrey D. Ullman. *Answering Queries using Templates with Binding Patterns*. In: *14th ACM Symposium on Principles of Database Systems*, S. 105–112, San Jose, CA, 1995.

[238] Raghu Ramakrishnan, Yehoshua Sagiv, Jeffrey D. Ullman und M. Y. Vardi. *Proof-Tree Transformation Theorems and their Applications*. In: *8th ACM Symposium on Principles of Database Systems*, S. 172 – 181, Philadelphia, 1989.

[239] M. P. Reddy, Bandreddi E. Prasad, P. G. Reddy und Amar Gupta. *A Methodology for Integration of Heterogeneous Databases*. *IEEE Transactions on Knowledge and Data Engineering (TKDE)*, 6(6):920–933, 1994.

[240] Thomas C. Redman. *Data Quality for the Information Age*. Artech House, Boston, London, 1996.

[241] Thomas C. Redman. *Data Quality – The Field Guide*. Digital Press, Boston, 2001.

[242] Otto Ritter. *The Integrated Genomic Database (IGD)*. In: Sandor Suhai (Hrsg.), *Computational Methods in Genome Research*, S. 57–74. Plenum Press, New York, 1994.

[243] Patricia Rodríguez-Gianolli, Maddalena Garzetti, Lei Jiang, Anastasios Kementsietsidis, Iluju Kiringa, Mehedi Masud, Renée J. Miller und John Mylopoulos. *Data Sharing in the Hyperion Peer Database System*. In: *Proceedings of the*

*International Conference on Very Large Databases (VLDB)*, S. 1291–1294, 2005. demo.

[244] Armin Roth und Felix Naumann. *Benefit and Cost of Query Answering in PDMS*. In: *Proceedings of the International Workshop on Databases, Information Systems and Peer-to-Peer Computing (DBISP2P)*, 2005.

[245] Armin Roth, Felix Naumann, Tobias Hübner und Martin Schweigert. *System P: Query Answering in PDMS under Limited Resources*. In: *Proceedings of the International Workshop on Information Integration on the Web (IIWeb)*, 2006.

[246] Mary Tork Roth und Peter M. Schwarz. *Don't Scrap It, Wrap It! A Wrapper Architecture for Legacy Data Sources*. In: *Proceedings of the International Conference on Very Large Databases (VLDB)*, S. 266–275, 1997.

[247] Arnaud Sahuguet und Fabian Azavant. *Building Light-Weight Wrappers for Legacy Web Data-Sources using W4F*. In: *25th Conference on Very Large Database Systems*, S. 738–741, Edingurgh, UK, 1999.

[248] F. Saltor, M. Castellanos und M. Garcia-Solaco. *Suitability of Data Models as Canonical Models for Federated Databases*. *ACM SIGMOD Record*, 20(4):44–48, 1991.

[249] Carsten Sapia, Markus Blaschka, Gabriele Höfling und Barbara Dinter. *Extending the E/R Model for the Multidimensional Paradigm*. In: *Workshop on Data Warehousing and Data Mining*, S. 105–116, Singapore, 1998.

[250] Kai-Uwe Sattler, Stefan Conrad und Gunter Saake. *Interactive Example-driven Integration and Reconciliation for Accessing Database Federations*. *Information Systems*, 28(5):393–414, 2003.

[251] G. Sauter. *Interoperabilität von Datenbanksystemen bei struktureller Heterogenitaet*. Infix, Sankt Augustin, 1998.

[252] M. Scannapieco, A. Virgillito, C. Marchetti, M. Mecella und R. Baldoni. *The DaQuinCIS Architecture: A Platform for Exchanging and Improving Data Quality in Cooperative Information Systems*. *Information Systems*, 29(7):551–582, 2004.

[253] Ingo Schmitt. *Schemaintegration für den Entwurf Föderierter Datenbanken*, volume 43 of *Dissertationen zu Datenbanken und Informationssystemen*. infix-Verlag, Sankt Augustin, 1998.

[254] Ingo Schmitt und Gunter Saake. *A comprehensive database schema integration method based on the theory of formal concepts*. *Acta Informatica*, 41(7-8):475 – 524, 2005.

[255] Michael Schrefl und Erich J. Neuhold. *Object Class Definition by Generalization Using Upward Inheritance*. In: *Proceedings of the International Conference on Data Engineering (ICDE)*, S. 4–13, Los Angeles, CA, 1988.

[256] Steffen Schulze Kremer. *Ontologies for Molecular Biology*. In: *3rd Pacific Symposium on Biocomputing*, S. 705–716, 1998.

[257] Jürgen Sellentin und Bernhard Mitschang. *Design and Implementation of a CORBA Query Service Accessing EXPRESS based Data*. In: *6th Int. Conf. on Database Systems for Advanced Applications*, Hsinchu, Taiwan, 1999.

[258] Timos K. Sellis und Subrata Ghosh. *On the Multiple-Query Optimization Problem*. *IEEE Transactions on Knowledge and Data Engineering*, 2(2):262–266, 1990.

[259] Ming-Chien Shan, Rafi Ahmed, Jim Davis, Weimin Du und William Kent. *Pegasus: A Heterogeneous Information Management System*. In: Won Kim (Hrsg.), *Modern Database Systems*, S. 664–682. ACM Press, Addison-Wesley, New York, 1995.

[260] G. Shankaranarayanan, Richard Y. Wang und Mostapha Ziad. *IP-MAP: Representing the Manufacture of an Information Product*. In: *Proceedings of the International Conference on Information Quality (IQ)*, S. 1–16, 2000.

[261] Amit Sheth und Vipul Kashyap. *So Far (Schematically) Yet So Near (Semantically)*. In: *Proc. IFIP WG 2.6 Database Semantics Conference on Interoperable Database Systems*, S. 283–312, Lorne, Victoria, Australia, 1993.

[262] Amit P. Sheth und James A. Larson. *Federated Database Systems for Managing Distributed, Heterogeneous, and Autonomous Databases*. *ACM Computing Surveys*, 22(3):183–236, September 1990.

[263] Oded Shmueli. *Equivalence of DATALOG Queries is Undecidable*. *Journal of Logic Programming*, 15:231–241, 1993.

[264] Amit Shukla, Prasad Deshpande und Jeffrey F. Naughton. *Materialized View Selection for Multidimensional Datasets*. In: *24th Conference on Very Large Database Systems*, S. 488–499, New York, 1998.

[265] A. Siepel, A. Farmer, A. Tolopko, M. Zhuang, P. Mendes, W. Beavis und B. Sobral. *ISYS: A Decentralized, Component-Based Approach to the Integration of Heterogeneous Bioinformatics Resources*. *Bioinformatics*, 17(1):83–94, 2001.

[266] Munidar P. Singh, Philip E. Cannata, Michael N. Huhns, Nigel Jacobs, Tomasz Ksiezyk, Kayliang Ong, Amit Sheth, Christine Tomlinson und Darrell Woelk. *The CARNOT Heterogeneous Database Project: Implementated Applications*. *Journal of Distributed and Parallel Databases*, 5(2):207–225, 1997.

[267] Barry Smith, Jacob Köhler und Anand Kumar. *On the Application of Formal Principles to Life Science Data: a Case Study in the Gene Ontology*. In: *International Workshop on Data*

*Integration in the Life Sciences (DILS)*, S. 79–94, Leipzig, Germany, 2004. Springer-Verlag.

[268] Stefano Spaccapietra und Christine Parent. *Conflicts and Correspondence Assertions in Interoperable Databases*. *SIGMOD Record – Semantic Issues in Multidatabase Systems*, 20(4):49–54, 1991.

[269] Stefano Spaccapietra, Christine Parent und Yann Dupont. *Model Independent Assertions for Integration of Heterogeneous Schemas*. *The VLDB Journal*, 1(1):81–126, 1992.

[270] Steffen Staab und Heiner Stuckenschmidt (Hrsg.). *Semantic Web and Peer-to-Peer*. Springer-Verlag, Berlin, 2005.

[271] L. D. Stein. *Integrating biological databases*. *Nat Rev Genet*, 4(5):337–345, 2003.

[272] Michael Stonebraker, Paul M. Aoki, Robert Devine, Witold Litwin und Michael Olson. *Mariposa: A New Architecture for Distributed Data*. In: *Proceedings of the International Conference on Data Engineering (ICDE)*, S. 54–65, Houston, Texas, 1994.

[273] Michael Stonebraker, Paul M. Aoki, Avi Pfeffer, Adam Sah, Jeff Sidell, Carl Staelin und Andrew Yu. *Mariposa: A Wide-Area Distributed Database System*. *VLDB Journal*, 5:48–63, January 1996.

[274] Heiner Stuckenschmidt und Frank von Harmelen. *Information Sharing on the Semantic Web*. Springer-Verlag, Berlin, 2004.

[275] Igor Tatarinov und Alon Halevy. *Efficient query reformulation in peer data management systems*. In: *Proceedings of the ACM International Conference on Management of Data (SIGMOD)*, 2004.

[276] A. Tomasic, Louiqa Raschid und Patrick Valduriez. *A Data Model and Query Processing Technique for Scaling Access to Distributed heterogeneous Databases in DISCO*. *IEEE Transactions on Computers, special issue on Distributed Computing Systems*, 1997.

[277] Anthony Tomasic, Louiqa Raschid und Patrick Valduriez. *Scaling Heterogeneous Databases and the Design of DISCO*. In: *16th Int. Conference on Distributed Computing Systems*, S. 449–457, Hong Kong, 1996. IEEE Computer Society.

[278] Silke Trissl und Ulf Leser. *Querying ontologies in relational database systems*. In: *2nd Conference on Data Integration in the Life Sciences*, S. 63–79, San Diego, USA, 2005.

[279] Silke Trissl, Kristian Rother, Heiko Müller, Ina Koch, Thomas Steinke, Robert Preissner, Cornelius Frömmel und Ulf Leser. *Columba: An Integrated Database of Proteins, Structures, and Annotations*. *BMC Bioinformatics*, 6:81, 2005.

[280] Can Türker. *SQL:1999 & SQL:2003: Objektrelationales SQL, SQLJ & SQL/XML*. dpunkt.verlag, Heidelberg, 2003.

[281] Can Türker und Gunter Saake. *Objektrelationale Datenbanken*. dpunkt, 2005.

[282] Dennis C. Tsichritzis und Anthony Klug. *The ANSI/X3/SPARC DBMS Framework Report of the Study Group on Database Management Systems*. *Information Systems*, 3(3):173–191, 1978.

[283] Jeffrey D. Ullman. *Principles of Database and Knowledge-Base Systems, Volume I.* Computer Science Press, 1988.

[284] Jeffrey D. Ullman. *Principles of Database and Knowledge-Base Systems, Volume II.* Computer Science Press, 1989.

[285] Jeffrey D. Ullman. *Information Integration using Logical Views*. In: *6th Int. Conference on Database Theory*, S. 19–40, Delphi, Greece, 1997.

[286] Mike Uschold. *Building Ontologies: Towards a Unified Methodology*. In: *16th Annual Conf. of the British Computer Society Specialist Group on Expert Systems*, Cambridge, UK, 1996.

[287] Panos Vassiliadis. *Modeling Multidimensional Databases, Cubes, and Cube Operations*. In: *10th International Conference on Scientific and Statistical Database Management*, S. 53–62, Capri, Italy, 1998.

[288] T. Vetterli, A. Vaduva und M. Staudt. *Metadata Standards for Data Warehousing: Open Information Model versus Common Warehouse Model*. *SIGMOD Record*, 29(3):68–75, 2000.

[289] Pepjijn R. S. Visser, Dean M. Jones, T. J. M. Bench-Capon und M.J.R. Shave. *An Analysis of Ontological Mismatches: Heterogeneity versus Interoperability*. In: *AAAI 1997 Spring Symposium on Ontological Engineering*, Stanford, USA, 1997.

[290] Richard Y. Wang, M. P. Reddy und Henry B. Kon. *Towards Quality Data: An Attribute-based Approach*. *Decision Support Systems*, 13:349–372, 1995.

[291] Richard Y. Wang und Diane M. Strong. *Beyond Accuracy: What data quality means to data consumers*. *Journal on Management of Information Systems*, 12(4):5–34, 1996.

[292] Richard Y. Wang, Mostapha Ziad und Yang W. Lee. *Data Quality*. Kluwer Academic Publishers, Boston/Dordrecht/London, 2001.

[293] S. Weibel. *The State of the Dublin Core Metadata Initiative April 1999*. *D-Lib Magazine*, 5(4), 1999.

[294] Gerhard Weikum. *Principles and Realization Strategies of Multilevel Transaction Management*. *ACM Transactions on Database Systems (TODS)*, 16(1):132–180, 1991.

[295] Melanie Weis und Felix Naumann. *DogmatiX Tracks down Duplicates in XML*. In: *Proceedings of the ACM International Conference on Management of Data (SIGMOD)*, S. 431–442, Baltimore, MD, 2005.

[296] Andreas Wendemuth. *Grundlagen der stochastischen Sprachverarbeitung*. Oldenbourg Wissenschaftsverlag GmbH, München, 2004.

[297] Jennifer Widom. *Trio: A System for Integrated Management of Data, Accuracy, and Lineage*. In: *Proceedings of the Conference on Innovative Data Systems Research (CIDR)*, S. 262–276, Asilomar, CA, 2005.

[298] Gio Wiederhold. *Mediators in the Architecture of Future Information Systems*. *IEEE Computer*, 25(3):38–49, 1992.

[299] Gio Wiederhold und Michael Genesereth. *The Conceptual Basis for Mediation Services*. *IEEE Expert: Intelligent Systems and Their Applications*, 12(5):38–47, 1997.

[300] M. D. Wilkinson und M. Links. *BioMOBY: an open source biological web services proposal*. *Brief Bioinform*, 3(4):331–341, 2002.

[301] William Winkler. *Methods for Evaluating and Creating Data Quality*. In: *Proceedings of the International Workshop on Data Quality in Cooperative Information Systsems (DQCIS)*, Siena, Italy, 2003.

[302] Ling Ling Yan, Renée J. Miller, Laura M. Haas und Ronal Fagin. *Data-driven Understanding and Refinement of Schema Mappings*. In: *Proceedings of the ACM International Conference on Management of Data (SIGMOD)*, S. 485–496, Santa Barbara, CA, 2001.

[303] Ling Ling Yan und M. Tamer Özsu. *Conflict Tolerant Queries in AURORA*. In: *Proceedings of the International Conference on Cooperative Information Systems (CoopIS)*, S. 279–290, 1999.

[304] Ling Ling Yan, M. Tamer Özsu und Ling Liu. *Accessing heterogeneous data through homogenization and integration mediators*. In: *Proceedings of the International Conference on Cooperative Information Systems (CoopIS)*, S. 130–139, Kiawah Island, SC, 1997.

[305] Ramana Yerneni, Hector Garcia-Molina und Jeffrey D. Ullman. *Computing Capabilities of Mediators*. In: *ACM SIGMOD Int. Conference on Management of Data 1999*, S. 443–545, Philadelphia, USA, 1999.

[306] Clement Yu und Weiyi Meng. *Principles of Database Query Processing for Advanced Applications*. Morgan Kaufmann Publishers, San Francisco, California, 1998.

[307] Evgeni M. Zdobnov, Rodrigo Lopez, Rolf Apweiler und Thure Etzold. *The EBI SRS Server – Recent Developments*. *Bioinformatics*, 18(2):368–373, 2000.

# Index

Andreas Bauer · Holger Günzel (Hrsg.)
Data Warehouse Systeme
Architektur, Entwicklung, Anwendung
dpunkt.verlag